U0133637

中國歷代
畫家存世作品總覽

第三冊

佘　城　編著

文史哲出版社印行

名稱	形式	質地	色彩	尺寸 高x寬 ㎝	創作時間	收藏處所	典藏號碼

明　代（續）

胡宗蘊

| 梅花圖 | 卷 | 紙 | 水墨 | 27.5 x 123.4 | | 北京 首都博物館 | |

畫家小傳：胡宗蘊。畫史無載。身世待考。

鄒嘉生

| 松泉話別圖 | 軸 | 綾 | 設色 | 不詳 | | 北京 首都博物館 | |

畫家小傳：鄒嘉生。畫史無載。身世待考。

語　濱

| 麻姑獻壽圖 | 軸 | 絹 | 設色 | 140.5 x 82.8 | | 北：京 中國美術館 | |

畫家小傳：語濱。畫史無載。身世待考。

李　茞

| 煉丹圖 | 軸 | 絹 | 水墨 | 不詳 | | 北京 中央美術學院 | |

畫家小傳：李茞。畫史無載。身世待考。

涑　倉

| 羅漢圖 | 卷 | 紙 | 泥金 | 不詳 | | 北京 中央美術學院 | |

畫家小傳：涑倉。畫史無載。身世待考。

雅　仙

| 二老彈琴圖 | 軸 | 絹 | 設色 | 不詳 | | 北京 中央美術學院 | |

畫家小傳：雅仙。畫史無載。身世待考。

陳一潢

| 肖像 | 軸 | 絹 | 設色 | 不詳 | | 北京 中國美術館 | |

畫家小傳：陳一潢。畫史無載。身世待考。

名稱	形式	質地	色彩	尺寸 高×寬㎝	創作時間	收藏處所	典藏號碼

秋 潭

附：

| 水族圖 | 卷 | 絹 | 設色 | 不詳 | | 北京 中國文物商店總店 | |

畫家小傳：秋潭。畫史無載。身世待考。

姚 琰

附：

| 蘭亭修禊圖 | 卷 | 絹 | 水墨 | 30.5 × 610 | | 北京 北京市工藝品進出口公司 | |

畫家小傳：姚琰。畫史無載。身世待考。

養源道人

附：

| 竹石蘭花圖 | 軸 | 絹 | 水墨 | 不詳 | | 北京 北京市工藝品進出口公司 | |

畫家小傳：養源道人。畫史無載。身世待考。

讀 體

| 華藏世界圖 | 卷 | 紙 | 設色 | 不詳 | | 北京 中國文物商店總店 | |

畫家小傳：讀體。畫史無載。身世待考。

陳 丑

| 漁樂圖 | 軸 | 紙 | 設色 | 140.5 × 49.1 | | 天津 天津市藝術博物館 | |

畫家小傳：陳丑。畫史無載。身世待考。

金汝潛

| 林蔭對話圖 | 軸 | 紙 | 水墨 | 97.7 × 36.6 | | 上海 上海博物館 | |

畫家小傳：金汝潛。畫史無載。身世待考。

廖 經

| 山水圖（10幀） | 冊 | 絹 | 設色 | （每幀）18.8 × 22.6 | | 上海 上海博物館 | |

畫家小傳：廖經。畫史無載。身世待考。

蔣 崧

| 攜琴訪友圖 | 卷 | 紙 | 設色 | 28.9 × 122 | | 上海 上海博物館 | |

名稱	形式	質地	色彩	尺寸 高×寬 cm	創作時間	收藏處所	典藏號碼
秋溪曳杖圖	軸	絹	設色	139.1 × 95.9		上海 上海博物館	
無盡溪山圖	軸	綾	水墨	123.1 × 53.5		上海 上海博物館	
坐對泉流圖	摺扇面	金箋	水墨	不詳		上海 上海博物館	
看雲圖	摺扇面	灑金箋	水墨	17.4 × 49.3		南京 南京博物院	

畫家小傳：蔣崧。畫史無載。身世待考。

劉　韓

名稱	形式	質地	色彩	尺寸 高×寬 cm	創作時間	收藏處所	典藏號碼
玉蘭牡丹圖	軸	絹	設色	190.1 × 98.5		上海 上海博物館	
端午鍾馗圖	軸		設色	93.1 × 49.7		天津 天津市藝術博物館	

畫家小傳：劉韓。畫史無載。身世待考。

吳自孝

名稱	形式	質地	色彩	尺寸 高×寬 cm	創作時間	收藏處所	典藏號碼
寒香幽鳥圖	軸	絹	設色	167.7 × 81.3		上海 上海博物館	

畫家小傳：吳自孝。畫史無載。身世待考。

吳元良

名稱	形式	質地	色彩	尺寸 高×寬 cm	創作時間	收藏處所	典藏號碼
山水圖	卷	紙	設色	289 × 450.5		上海 上海博物館	

畫家小傳：吳元良。畫史無載。身世待考。

吳爾成

名稱	形式	質地	色彩	尺寸 高×寬 cm	創作時間	收藏處所	典藏號碼
高紫巘作山水圖	軸	紙	水墨	169 × 51.5		上海 上海博物館	

畫家小傳：吳爾成。畫史無載。身世待考。

南　湖

名稱	形式	質地	色彩	尺寸 高×寬 cm	創作時間	收藏處所	典藏號碼
松下聽阮圖	摺扇面	金箋	設色	不詳		上海 上海博物館	

畫家小傳：南湖。畫史無載。身世待考。

名稱	形式	質地	色彩	尺寸 高x寬㎝	創作時間	收藏處所	典藏號碼

韋道豐

| 雪景山水圖 | 軸 | 絹 | 設色 | 139.5 × 103.6 | | 上海 上海博物館 | |

畫家小傳：韋道豐。畫史無載。身世待考。

嚴 澍

| 楊岐禪師像 | 軸 | 絹 | 設色 | 74.5 × 63.1 | | 南京 南京博物院 | |

畫家小傳：嚴澍。畫史無載。身世待考。

皇甫鈍

| 顧隱亮小像 | 卷 | 紙 | 設色 | 32.5 × 91.2 | | 南京 南京博物院 | |

畫家小傳：皇甫鈍。畫史無載。身世待考。

羅虛白

| 魏沅初（仲雪）像 | 卷 | 紙 | 設色 | 28 × 98 | | 南京 南京博物院 | |

畫家小傳：羅虛白。畫史無載。身世待考。

靳嗣誠

| 松峰雪霽圖 | 軸 | 紙 | 設色 | 423.2 × 103.8 | | 南京 南京博物院 | |

畫家小傳：靳嗣誠。畫史無載。身世待考。

朱約佶

| 屈原圖 | 軸 | 絹 | 設色 | 153.1 × 78.1 | | 南京 南京博物院 | |
| 採藥仙人圖 | 軸 | 絹 | 設色 | 136.8 × 97.6 | | 重慶 重慶市博物館 | |

畫家小傳：朱約佶。畫史無載。身世待考。

王 沖

| 山水圖 | 軸 | 紙 | 不詳 | 不詳 | | 蘇州 江蘇省蘇州博物館 | |

畫家小傳：王沖。畫史無載。身世待考。

名稱	形式	質地	色彩	尺寸 高×寬㎝	創作時間	收藏處所	典藏號碼

聞　一

附：

| 詩意山水圖 | 軸 | 紙 | 設色 | 163 × 49.5 | | 紐約 佳士得藝品拍賣公司/拍賣目錄 1990,05,31. | |

畫家小傳：聞一。畫史無載。身世待考。

蔡　宣

附：

| 山水圖（諸家書畫扇面冊18之 1幀） | 摺扇面 | 金箋 | 水墨 | 不詳 | | 香港 佳士得藝品拍賣公司/拍賣目錄 1996,04,28. | |

畫家小傳：蔡宣。畫史無載。身世待考。

馮夢桂

附：

| 羅漢圖 | 軸 | 紙 | 水墨 | 96.6 × 33 | | 紐約 蘇富比藝品拍賣公司/拍賣目錄 1985,06,03. | |
| 松蔭說法圖 | 軸 | 紙 | 水墨 | 96.6 × 33 | | 紐約 蘇富比藝品拍賣公司/拍賣目錄 1986,06,03. | |

畫家小傳：馮夢桂。字丹芬。江蘇長洲人。身世不詳。善畫。（見明畫錄、畫史會要、中國畫家人名大辭典）

吳良知

| 寒林嗓鴉圖 | 軸 | 絹 | 水墨 | 139.2 × 97.1 | | 日本 東京國立博物館 | TA-516 |
| 江岩賞月圖 | 軸 | 絹 | 設色 | 163.5 × 104.2 | | 日本 江田勇二先生 | |

畫家小傳：吳良知。畫史無載。身世待考。

景　初

| 藻魚圖 | 軸 | 紙 | 設色 | 132.1 × 59.7 | | 日本 東京國立博物館 | TA-365 |

畫家小傳：景初。畫史無載。身世待考。

珪　觀

名稱	形式	質地	色彩	尺寸 高×寬cm	創作時間	收藏處所	典藏號碼
山水圖	紈扇面	絹	設色	29.3 × 27.8		日本 東京國立博物館	TA-48

畫家小傳：珪觀。畫史無載。身世待考。

戴 澤

| 牧童圖（唐繪手鑑筆耕圖上冊之第18幀） | 冊頁 | 絹 | 設色 | 25 × 22.5 | | 日本 東京國立博物館 | TA-487 |

畫家小傳：戴澤。畫史無載。身世待考。

趙 麒

| 蝦蟆仙人圖（劉海圖） | 軸 | 絹 | 設色 | 不詳 | | 日本 東京根津美術館 | |

畫家小傳：趙麒。畫史無載。身世待考。

孔貞運

| 孔子一代圖 | 卷 | 絹 | 設色 | 41.6 × ？ | | 日本 東京出光美術館 | |

畫家小傳：孔貞運。畫史無載。身世待考。

任時中

| 墨雞圖 | 軸 | 綾 | 水墨 | 137.9 × 45.4 | | 日本 東京岩崎小彌太先生 | |

畫家小傳：任時中。畫作鈐印「希可」。畫史無載。身世待考。

林孟祥

| 秋景山水圖 | 軸 | 綾 | 水墨 | 不詳 | | 日本 東京岩崎小彌太先生 | |

畫家小傳：林孟祥。畫史無載。身世待考。

蔡鼎臣

| 墨竹圖 | 軸 | 絹 | 水墨 | 142.1 × 73.5 | | 日本 東京井上辰九郎先生 | |

畫家小傳：蔡鼎臣。畫史無載。身世待考。

陳汝礪

| 山水圖（2幅） | 軸 | 絹 | 設色 | （每幅）231.8 × 99.6 | | 日本 橫濱岡山美術館 | |

畫家小傳：陳汝礪。畫史無載。身世待考。

名稱	形式	質地	色彩	尺寸 高x寬cm	創作時間	收藏處所	典藏號碼
雲 友							
山水圖（寒林雙燕）	摺扇面	金箋	水墨	18.4 x 54.7		日本 橫濱岡山美術館	
畫家小傳：雲友。畫史無載。身世待考。							
董良史							
山水詩畫（12幀）	冊	絹	設色	（每幀）20 x 17.8		日本 京都國立博物館	A甲743
畫家小傳：董良史。畫史無載。身世待考。							
宋賓孟							
珠江秋月圖（明人扇面畫冊之36）	摺扇面	金箋	設色	17.8 x 47.3		日本 京都國立博物館	A甲685
畫家小傳：宋賓孟。畫史無載。身世待考。							
其 錄							
松柏圖（明人扇面畫冊之49）	摺扇面	金箋	水墨	18.8 x 51.8		日本 京都國立博物館	A甲685
畫家小傳：其錄。畫史無載。身世待考。							
樹彥標							
山水圖（明人扇面畫冊之52）	摺扇面	金箋	水墨	15.8 x 48		日本 京都國立博物館	A甲685
畫家小傳：樹彥標。畫史無載。身世待考。							
楊士束							
仿黃公望山水圖（明人扇面畫冊之53）	摺扇面	金箋	水墨	17 x 51.2		日本 京都國立博物館	A甲685
畫家小傳：楊士束。畫史無載。身世待考。							
月 洲							
孔雀花鳥圖	軸	絹	設色	170.1 x 100.4		日本 京都泉屋博古館	
花鳥圖（錦雉牡丹竹石）	軸	絹	設色	145.6 x 77.4		英國 倫敦大英博物館	1881.12.10.38(ADD140)
花鳥圖（錦雉梅雀竹石）	軸	絹	設色	145.6 x 77.4		英國 倫敦大英博物館	1881.12.10.39(ADD141)

名稱	形式	質地	色彩	尺寸 高x寬㎝	創作時間	收藏處所	典藏號碼

畫家小傳：月洲。畫史無載。身世待考。

沈 恢

| 雪景花鳥（雪梅雁雀圖） | 軸 | 絹 | 設色 | 184.4 × 105.1 | | 日本 京都泉屋博古館 | 32 |

畫家小傳：沈恢。畫史無載。自署仁和人。以畫風看，似為畫院中人。待考。

月 光

| 說法圖 | 軸 | 絹 | 設色 | 不詳 | | 日本 京都慈照寺（銀閣寺） | |

畫家小傳：月光。畫史無載。自署會稽弟子。身世待考。

李 明

| 雲山采藥圖 | 軸 | 絹 | 設色 | 不詳 | | 日本 京都南禪寺 | |

畫家小傳：李明。自署鐵塘李明，知為浙江人。畫史無載。身世待考。

王 極

| 山水圖 | 摺扇面 | 金箋 | 設色 | 17 × 52.5 | | 日本 京都萬福寺 | |

畫家小傳：王極。畫史無載。身世待考。

閔文逸

| 溪山釣艇圖 | 摺扇面 | 金箋 | 設色 | 15.8 × 49.5 | | 日本 京都萬福寺 | |

畫家小傳：閔文逸。畫史無載。身世待考。

陳 玄

| 山水圖（似箴韋先生） | 摺扇面 | 金箋 | 設色 | 18 × 56.8 | | 日本 京都萬福寺 | |

畫家小傳：陳玄。畫史無載。身世待考。

周士昌

| 山水（雲山林舍圖） | 摺扇面 | 金箋 | 設色 | 18.1 × 56.3 | | 日本 京都萬福寺 | |

畫家小傳：周士昌。畫史無載。身世待考。

盧 江

| 五湖泛舟圖 | 摺扇面 | 金箋 | 設色 | 17 × 32.6 | | 日本 京都萬福寺 | |

畫家小傳：盧江。畫史無載。身世待考。

名稱	形式	質地	色彩	尺寸 高×寬㎝	創作時間	收藏處所	典藏號碼

李 遠

| 雪景山水圖 | 軸 | 絹 | 設色 | 149.5 × 81.5 | | 日本 京都柳孝先生 | |

畫家小傳：李遠。畫史無載。身世待考。

陳 鎣

| 山水圖并書詩 | 橫幅 | 紙 | 設色 | 25.6 × 62.9 | | 日本 京都柳孝先生 | |

畫家小傳：陳鎣。畫史無載。身世待考。

蘆 宗

| 荷塘野雁圖（2幅） | 軸 | 絹 | 設色 | （每幅）142.6 × 82.2 | | 日本 京都北野正男先生 | |

畫家小傳：蘆宗。畫史無載。身世待考。

鄭大觀

| 松石圖 | 軸 | 綾 | 水墨 | 128.5 × 49.4 | | 日本 京都山岡泰造先生 | A2873 |

畫家小傳：鄭大觀。畫史無載。身世待考。

張 弼

| 古木群鴉圖 | 摺扇面 金箋 | | 水墨 | 15.8 × 50.6 | | 日本 大阪橋本大乙先生 | |

畫家小傳：張弼。畫史無載。身世待考。

周聖昌

| 風雨歸舟圖 | 摺扇面 金箋 | | 設色 | 17.6 × 50.4 | | 日本 大阪橋本大乙先生 | |

畫家小傳：周聖昌，字崇郎。畫史無載。身世待考。

雲 江

| 觀瀑圖 | 摺扇面 金箋 | | 設色 | 19.8 × 52.2 | | 日本 大阪橋本大乙先生 | |

畫家小傳：雲江。畫史無載。身世待考。

沈 觀

| 樓閣山水圖 | 軸 | 紙 | 水墨 | 98.3 × 25.5 | | 日本 兵庫縣黑川古文化研究所 | |

名稱	形式	質地	色彩	尺寸 高x寬cm	創作時間	收藏處所	典藏號碼

畫家小傳：沈觀。字用賓。浙江錢塘人。畫史無載。身世待考。

紀 鎮

春苑戲犬圖	軸	絹	設色	145.8 × 83.5		日本 兵庫縣黑川古文化研究所	

畫家小傳：紀鎮。畫史無載。身世待考。

楊震卿

人物圖	軸	絹	設色	70.5 × 40.9		日本 兵庫縣藪本莊五郎先生	

畫家小傳：楊震卿。浙江苕溪人。畫史無載。身世待考。

隆 珂

野菜圖	軸	絹	設色	114.1 × 71.1		日本 兵庫縣藪本莊五郎先生	

畫家小傳：隆珂。畫史無載。身世待考。

汪邦秀

一塵不染（墨梅圖）	軸	紙	水墨	95 × 28.3		日本 兵庫縣藪本莊五郎先生	

畫家小傳：汪邦秀。畫史無載。身世待考。

王大慶

雪景山水圖	軸	絹	設色	91.1 × 55.5		日本 愛知縣新美忠夫先生	A2496

畫家小傳：王大慶。畫史無載。身世待考。

劉 駮

仿吳鎮曲江放邸圖	軸	絹	設色	107 × 32.7		日本 佐賀縣鶴田鶴雄先生	

畫家小傳：劉駮。畫史無載。身世待考。

王任治

山水圖	軸	絹	設色	90.3 × 36.9		日本 熊本縣松田文庫	11-107
布袋圖	軸	紙	設色	99.7 × 48		日本 私人	

畫家小傳：王任治。畫史無載。身世待考。

名稱	形式	質地	色彩	尺寸 高×寬㎝	創作時間	收藏處所	典藏號碼

紅白川

名稱	形式	質地	色彩	尺寸 高×寬㎝	創作時間	收藏處所	典藏號碼
花卉草蟲圖	軸	絹	設色	108.9 × 52.9		日本 群馬縣立近代美術館	7
蓮池水禽圖	軸	絹	設色	127 × 78.5		德國 柏林東亞藝術博物館	5808

畫家小傳：紅白川。畫史無載。身世待考。

汪宗哲

名稱	形式	質地	色彩	尺寸 高×寬㎝	創作時間	收藏處所	典藏號碼
蔬菜圖	軸	絹	水墨	133.1 × 40.2		日本 中埜又左衛門先生	

畫家小傳：汪宗哲。畫史無載。身世待考。

蔡國重

名稱	形式	質地	色彩	尺寸 高×寬㎝	創作時間	收藏處所	典藏號碼
墨竹圖	軸	絹	水墨	154.7 × 73.7		日本 山口正夫先生	

畫家小傳：蔡國重。自號英南山人。畫史無載。身世待考。

希 悅

名稱	形式	質地	色彩	尺寸 高×寬㎝	創作時間	收藏處所	典藏號碼
鷲捕禽圖	軸	絹	水墨	142.7 × 87.2		日本 山口正夫先生	

畫家小傳：希悅。畫史無載。身世待考。

朴 夫

名稱	形式	質地	色彩	尺寸 高×寬㎝	創作時間	收藏處所	典藏號碼
山水圖	軸	絹	水墨	不詳		日本 江田勇二先生	

畫家小傳：朴夫。畫史無載。身世待考。

王一清

名稱	形式	質地	色彩	尺寸 高×寬㎝	創作時間	收藏處所	典藏號碼
松鳥圖	橫軸	絹	設色	46.6 × 105.4		日本 江田勇二先生	

畫家小傳：王一清。畫史無載。身世待考。

古 愚

名稱	形式	質地	色彩	尺寸 高×寬㎝	創作時間	收藏處所	典藏號碼
濤石白鶴圖	軸	絹	設色	不詳		日本 江田勇二先生	

畫家小傳：古愚。畫史無載。身世待考。

素 庵

名稱	形式	質地	色彩	尺寸 高×寬㎝	創作時間	收藏處所	典藏號碼
蔬果草蟲圖	軸	絹	設色	166.5×100.2		日本 江田勇二先生	

畫家小傳：素庵。畫史無載。身世待考。

楊 枝

| 山水圖（明清名家合裝書畫扇面一冊之第11幀） | 摺扇面 金箋 | | 設色 | 21.2 × 55.6 | | 日本 私人 | |

畫家小傳：楊枝。畫史無載。身世待考。

陳 箴

花鳥山水圖	軸	絹	設色	183.5 × 91.3		日本 私人	A2262
附：							
百雁圖	卷	紙	水點	不詳		上海 上海文物商店	

畫家小傳：陳箴。畫史無載。身世待考。

丘仕倫

| 帝鑑圖（4幅） | 軸 | 絹 | 設色 | （每幅）145.3 × 73.3 | | 日本 私人 | |

畫家小傳：丘仕倫。畫史無載。身世待考。

月 梅

| 樓閣山水圖 | 軸 | 絹 | 設色 | 149.3 × 82.3 | | 日本 私人 | |

畫家小傳：月梅。畫史無載。身世待考。

李克新

| 月梅圖 | 軸 | 絹 | 水墨 | 140.4 × 73.2 | | 日本 私人 | |

畫家小傳：李克斯。畫史無載。身世待考。

沈墨庵

| 老松柏圖 | 軸 | 紙 | 水墨 | 180.8 × 82.6 | | 日本 私人 | |

名稱	形式	質地	色彩	尺寸 高x寬cm	創作時間	收藏處所	典藏號碼

畫家小傳：沈墨庵。畫史無載。身世待考。

翁學易

| 孤山夜月圖 | 軸 | 紙 | 水墨 | 124.7 x 61.2 | | 日本 私人 | |
| 東閣橫煙圖 | 軸 | 紙 | 水墨 | 124.7 x 61.2 | | 日本 私人 | |

畫家小傳：翁學易。畫史無載。身世待考。

周　方

| 雪景山水圖 | 軸 | 絹 | 設色 | 124.2 x 69.7 | | 日本 私人 | |

畫家小傳：周方。畫史無載。身世待考。

陸允誠

| 墨梅（舞風斯臘圖） | 軸 | 絹 | 水墨 | 150.5 x 77.9 | | 日本 私人 | |

畫家小傳：陸允誠。畫史無載。身世待考。

陸守重

| 巖上鳴鶴圖 | 軸 | 絹 | 設色 | 137.4 x 69.8 | | 日本 私人 | |

畫家小傳：陸守重。畫史無載。身世待考。

鄭景賢

| 故霜傲雪圖 | 軸 | 絹 | 水墨 | 126.4 x 48.6 | | 日本 私人 | |

畫家小傳：鄭景賢。畫史無載。身世待考。

擔鶴道人

| 游雁幽禽圖 | 軸 | 絹 | 設色 | 128.2 x 66.7 | | 日本 私人 | |

畫家小傳：擔鶴道人。畫史無載。身世待考。

名稱	形式	質地	色彩	尺寸 高×寬cm	創作時間	收藏處所	典藏號碼

吳建寧

山水圖（明清名家合裝書畫扇　摺扇面 金箋　設色　18.4 × 56.2　　　　日本 私人
面二冊之第7）

畫家小傳：吳建寧。畫史無載。身世待考。

陸鴻漸

山水圖（明諸名家祝壽詩畫冊　冊頁　金箋　水墨　30.7 × 36.8　　　　日本 私人
之第4）

畫家小傳：陸鴻漸。畫史無載。身世待考。

王承庚

山水圖（明諸名家祝壽詩畫冊　冊頁　金箋　水墨　30.7 × 36.8　　　　日本 私人
之第10）

畫家小傳：王承庚。畫史無載。身世待考。

盛符升

山水圖（明諸名家祝壽詩畫冊　冊頁　金箋　設色　30.7 × 36.8　　　　日本 私人
之第12）

畫家小傳：盛符升。畫史無載。身世待考。

景　來

山水圖（明人扇面冊之第4）　摺扇面 金箋　設色　18.1 × 55.9　　　　日本 私人
畫家小傳：景來。畫史無載。身世待考。

毛　寅

山水圖（明人扇面冊之第6）　摺扇面 金箋　水墨　18 × 53.2　　　　日本 私人
畫家小傳：毛寅。畫史無載。身世待考。

周　弼

仿李唐剡溪帆影圖（書畫扇面　摺扇面 金箋　水墨　16 × 49.5　　　　日本 私人
一冊之第8）

畫家小傳：周弼。畫史無載。身世待考。

劉榮仲

名稱	形式	質地	色彩	尺寸 高x寬㎝	創作時間	收藏處所	典藏號碼
藻魚圖	軸	紙	水墨	110.5 × 45		日本 私人	

畫家小傳：劉榮仲。畫史無載。身世待考。

野　舟

| 山水人物（載酒過江圖） | 軸 | 絹 | 設色 | 122.5 × 68.8 | | 日本 私人 | |

畫家小傳：野舟。畫史無載。身世待考。

李宗成

| 山水（坐聽江風圖） | 軸 | 絹 | 設色 | 171.6 × 101.8 | | 日本 私人 | |

畫家小傳：李宗成。畫史無載。身世待考。

朱　□

| 東閣清風（梅花竹石） | 軸 | 絹 | 水墨 | 168.8 × 95.5 | | 日本 私人 | |
| 大庾寒煙（梅花竹石） | 軸 | 絹 | 水墨 | 168.8 × 95.1 | | 日本 私人 | |

畫家小傳：朱□。名不詳。待考。

石　溪

| 山水（行旅憩息圖） | 軸 | 絹 | 設色 | 139.9 × 76.9 | | 日本 私人 | |

畫家小傳：石溪。畫史無載。身世待考。

范道生

| 達摩圖（釋即非題贊） | 軸 | 絹 | 設色 | 198.8 × 35.9 | | 日本 西源寺 | |

畫家小傳：范道生。畫史無載。身世待考。

馬　定

| 芙蓉蜻蜓圖 | 紈扇面 | 絹 | 設色 | 28.4 × 34.2 | | 日本 平山堂 | |

畫家小傳：馬定。畫史無載。身世待考。

名稱	形式	質地	色彩	尺寸 高x寬cm	創作時間	收藏處所	典藏號碼

胡珀旭

| 山水（山齋小睡圖） | 軸 | 絹 | 設色 | 92.2 x 77 | | 日本 檀王法林寺 | |

畫家小傳：胡珀旭。畫史無載。身世待考。

三山道人

| 竹鳥圖 | 軸 | 紙 | 水墨 | 119.1 x 43.1 | | 美國 普林斯頓大學藝術館 | 63-47 |

畫家小傳：三山道人。畫史無載。身世待考。

馬世達

| 蔬菜圖 | 軸 | 紙 | 水墨 | 110.1 x 46.5 | | 美國 紐約大都會藝術博物館 | 47.18.22 |

畫家小傳：馬世達。畫史無載。身世待考。

謝祖德

| 仕女像 | 軸 | 絹 | 設色 | 156.8 x 96.1 | | 美國 紐約大都會藝術博物館 | 59.49.2 |
| 柳齋曾叔祖八十五齡壽圖 | 軸 | 絹 | 設色 | 156.8 x 96.3 | | 美國 紐約大都會藝術博物館 | 59.49.1 |

畫家小傳：謝祖德。畫史無載。身世待考。

南莊鉏叟

| 紅梅圖 | 軸 | 紙 | 設色 | 106.5 x 24.7 | | 美國 紐約大都會藝術博物館 | 1983.85 |

畫家小傳：南莊鉏叟。畫史無載。身世待考。

蕭 增

| 芙蓉白鷺圖 | 軸 | 絹 | 設色 | 148.5 x 81.5 | | 美國 紐約王季遷明德堂 | |

畫家小傳：蕭增。畫史無載。身世待考。

王良臣

| 葡萄圖 | 軸 | 紙 | 水墨 | 186.6 x 60.2 | | 美國 華盛頓特區弗瑞爾藝術館 | 16.240 |

名稱	形式	質地	色彩	尺寸 高x寬cm	創作時間	收藏處所	典藏號碼

畫家小傳：王良臣。畫史無載。身世待考。

劉 枋

| 鍾馗圖 | 軸 | 絹 | 設色 | 101.5 x 59.4 | | 美國 華盛頓特區弗瑞爾藝術館 | 09.164 |

畫家小傳：劉枋。畫史無載。身世待考。

樵 友

| 人物圖 | 軸 | 絹 | 設色 | 116.8 x 55.9 | | 美國 華盛頓特區弗瑞爾藝術館 | 11.274 |

畫家小傳：樵友。畫史無載。身世待考。

陳 烓

| 呂洞賓像 | 軸 | 紙 | 水墨 | 219.3 x 93.5 | | 美國 華盛頓特區弗瑞爾藝術館 | 1212.1920 |

畫家小傳：陳烓，一名萊仙。畫史無載。身世待考。

程于聖

| 為魯望畫蘭竹樹石圖 | 卷 | 紙 | 水墨 | 31.2 x 496.2 | | 美國 芝加哥藝術中心 | 1954.105 |

畫家小傳：程于聖。畫史無載。字散聖、散逸。號日睿。身世、籍里不詳。待考。

閩許宰

| 臨雲林秋山讀書圖（贈天愚老公祖） | 軸 | 紙 | 水墨 | 不詳 | | 美國 勃克萊加州大學藝術館 | |

畫家小傳：閩許宰。畫史無載。身世待考。

隨山晶

| 山水圖（明遺老詩畫集冊之1） | 冊頁 | 紙 | 設色 | 19.5 x 13.2 | | 美國 勃克萊加州大學藝術館 | |

畫家小傳：隨山晶。字茉水。號茉庵。畫史無載。身世待考。

鄧 旭

| 墨梅圖 | 軸 | 絹 | 水墨 | 127.1 x66.6 | | 美國 克利夫蘭藝術博物館 | 70.80 |

名稱	形式	質地	色彩	尺寸 高x寬cm	創作時間	收藏處所	典藏號碼

畫家小傳：鄧旭。畫史無載。身世待考。

趙 璧

| 畫松 | 摺扇面 金箋 | 設色 | 不詳 | | 美國 聖路易斯市吳訥孫教授 | |

畫家小傳：趙璧。畫史無載。身世待考。

(釋) 復 原

| 墨梅圖 | 軸 紙 | 水墨 | 103.2 × 33 | | 美國 堪薩斯市納爾遜-艾金斯 藝術博物館 | 51-76 |

畫家小傳：復原。僧。畫史無載。身世待考。

曾熙志

| 人物圖 | 軸 絹 | 設色 | 118 × 41.2 | | 美國 勃克萊加州大學藝術館 | |

畫家小傳：曾熙志。畫史無載。身世待考。

魏 節

| 燕子磯圖（明人畫冊之1） | 冊頁 絹 | 設色 | 29.8 × 21.6 | | 美國 勃克萊加州大學藝術館 （高居翰教授寄存） | |

畫家小傳：魏節。畫史無載。身世待考。

歸有光

| 山水圖 | 摺扇面 紙 | 水墨 | 15.6 × 49.2 | | 美國 加州 Richard Vinograd 先生 | |

畫家小傳：歸有光。畫史無載。身世待考。

文元素

| 山水圖 | 摺扇面 金箋 | 設色 | 15.7 × 47.6 | | 美國 夏威夷火魯奴奴藝術學 院 | 7047.1 |

畫家小傳：文元素。畫史無載。身世待考。

張一正

| 林和靖探梅圖 | 軸 絹 | 設色 | 178.3 × 105.5 | | 美國 私人 | |

名稱	形式	質地	色彩	尺寸 高x寬cm	創作時間	收藏處所	典藏號碼

畫家小傳：張一正。畫史無載。身世待考。

關世運

輞川圖	卷	絹	水墨	31.1 x ?		英國 倫敦大英博物館	1984.2.3.042 (ADD494)

畫家小傳：關世運。畫史無載。身世待考。

黃少溟

三教論道圖通景（2幅）	軸	絹	設色	（每幅）143.4 x 105.3		英國 倫敦大英博物館	1896.5.11.26 (ADD 126)；1896.5.11.27 (ADD 127)

畫家小傳：黃少溟。畫史無載。身世待考。

陶 佾

雲龍圖	軸	絹	水墨	171.7 x 107.1		英國 倫敦大英博物館	1910.2.12.489(ADD134)

畫家小傳：陶佾。自署「一山陶佾」。畫史無載。身世待考。

余 人

山水圖	軸	絹	設色	147.8 x 96.1		英國 倫敦大英博物館	1910.2.12.480(ADD213)

畫家小傳：余人。自署「怡庵余人」。畫史無載。身世待考。

蕭海山

雙鵜圖（巖樹鸕鷥圖）	軸	絹	設色	177.5 x 100.4		英國 倫敦大英博物館	1910.2.1,530 (ADD219)

畫家小傳：蕭海山。畫史無載。自署「錦衣」，疑為畫院中人。身世待考。

古 良

學士圖	卷	絹	設色	30.2 x 232.5		英國 倫敦大英博物館	1902.6.6.42(ADD156

畫家小傳：古良。畫史無載。身世待考。

名稱	形式	質地	色彩	尺寸 高×寬cm	創作時間	收藏處所	典藏號碼

墨 山

| 棘石幽鳥圖 | 冊頁 | 絹 | 水里 | 26.8 × 22.5 | | 英國 倫敦大英博物館 | 1947.7.12 016(ADD236) |

畫家小傳：墨山。畫史無載。身世待考。

文 實

| 瓊林玉樹圖 | 軸 | 絹 | 水墨 | 149 × 77.4 | | 德國 柏林東亞藝術博物館 | 5812 |

畫家小傳：文實。畫史無載。身世待考。

余 昇

| 山水圖 | 摺扇面 | 金箋 | 水墨 | 16.6 × 49.5 | | 德國 柏林東亞藝術博物館 | 1988-341 |

畫家小傳：余昇。畫史無載。身世待考。

孫 璉

| 山水圖 | 摺扇面 | 金箋 | 設色 | 16.3 × 51 | | 德國 柏林東亞藝術博物館 | 1988-284 |

畫家小傳：孫璉。畫史無載。身世待考。

韓 源

| 山水圖 | 摺扇面 | 金箋 | 設色 | 15.8 × 50.6 | | 德國 柏林東亞藝術博物館 | 1988-225 |

畫家小傳：韓源。畫史無載。身世待考。

鴻 朗

| 達磨圖 | 軸 | 紙 | 水墨 | 107.6 × 36.2 | | 德國 慕尼黑國立民族學博物館 | |

畫家小傳：鴻朗。畫史無載。身世待考。

古 澹

附：

| 梅花（明名家書畫集冊16之1 冊頁 | 金箋 | 水墨 | 29.8 × 20.3 | | 香港 蘇富比藝品拍賣公司/拍 |
幀）| | | | | 賣目錄 1999.10.31 |

畫家小傳：古澹。畫史無載。身世待考。

吳 珍

附：

| 山水圖（諸家書畫扇面冊18 | 摺扇面 金箋 | 水墨 | 不詳 | | 香港 佳士得藝品拍賣公司/拍 |

名稱	形式	質地	色彩	尺寸 高×寬㎝	創作時間	收藏處所	典藏號碼

之1幀）　　　　　　　　　　　　　　　　　　　　　　　　　　賣目錄 1996.04.28

畫家小傳：吳珍。畫史無載。身世待考。

何 泓

附：

山水圖（諸家書畫扇面冊18　　　摺扇面 金箋　水墨　不詳　　　　　　　　香港 佳士得藝品拍賣公司/拍
之1幀）　　　　　　　　　　　　　　　　　　　　　　　　　　賣目錄 1996.04.28

畫家小傳：何泓。字郢生。福建福清人。善畫山水，得宋元人法；兼能寫照，無閩派結習，為時珍賞。（見閩雜記、中國畫家人名大辭典）

陸兆榛

附：

山水圖（諸家書畫扇面冊18　　　摺扇面 金箋　水墨　不詳　　　　　　　　香港 佳士得藝品拍賣公司/拍
之1幀）　　　　　　　　　　　　　　　　　　　　　　　　　　賣目錄 1996.04.28.

畫家小傳：陸兆榛。畫史無載。身世待考。

張德榮

附：

貴戚閱馬圖　　　　　　　　　　軸　　絹　　設色　123 x 84　　　　　　　香港 佳士得藝品拍賣公司/拍
　　　　　　　　　　　　　　　　　　　　　　　　　　　　　　　　賣目錄 1998.09.15.

畫家小傳：張德榮。畫史無載。身世待考。

譚山古

附：

山水圖（諸家書畫扇面冊18　　　摺扇面 金箋　水墨　不詳　　　　　　　　香港 佳士得藝品拍賣公司/拍
之1幀）　　　　　　　　　　　　　　　　　　　　　　　　　　賣目錄 1996,04,28.

畫家小傳：譚山古。畫史無載。身世待考。

無名氏

(佛、道宗教畫)

名稱	形式	質地	色彩	尺寸 高×寬㎝	創作時間	收藏處所	典藏號碼
金畫佛像	卷	藍箋	描金	27 x 238.8	宣德元年（丙午，1426）	台北 故宮博物院	故畫 01658
觀音變相圖	卷	紙	水墨	不詳		北京 中國歷史博物館	
羅漢圖	卷	絹	白描	不詳		北京 中國美術館	
玉陽洞天圖	卷	絹	設色	38.3 x 781.2		天津 天津市藝術博物館	

名稱	形式	質地	色彩	尺寸 高x寬cm	創作時間	收藏處所	典藏號碼
羅漢渡海圖	卷	紙	水墨	27 x 975		太原 山西省博物館	
揭缽圖	卷	紙	水墨	不詳		上海 上海博物館	
搜山圖	卷	紙	設色	不詳		上海 上海博物館	
白描五百羅漢圖	卷	紙	水墨	不詳		南京 南京大學	
羅漢渡海圖	卷	紙	水墨	不詳		蘇州 江蘇省蘇州博物館	
十六羅漢圖	卷	紙	水墨	28.3 x 379.7		日本 東京藝術大學美術館	482
羅漢圖	卷	絹	水墨	28.9 x ?		日本 東京細川護貞先生	
羅漢圖	卷	絹	設色	30.1 x ?		日本 佐賀縣鍋島報效會	3-卷-10
十六羅漢圖	卷	絹	設色	34.1 x 333		日本 私人	
地藏洗象圖	卷	絹	設色	不詳		美國 哈佛大學福格藝術館	1935.55
大方廣佛華嚴經入法界品十方菩薩像	卷	藍箋	泥金	29.9 x ?		美國 耶魯大學藝術館	1952.52.22
揭缽圖	卷	絹	設色	29 x ?		美國 華盛頓特區弗瑞爾藝術館	17.134
蟠桃仙會圖	卷	絹	青綠	52 x 476		美國 堪薩斯市納爾遜-艾金斯藝術博物館	
道教神像圖	卷	紙	設色	52.7 x ?		美國 聖地牙哥藝術博物館	61.94
洛神圖	卷	絹	設色	53.6 x 821.5		英國 倫敦大英博物館	1930.10.15.02（ADD71）
葛稚川移居圖	卷	絹	設色	30 x 164		捷克 布拉格 Narodoni Gale-rie v Praze	Vm933-1151/21
龍王禮佛圖	卷	紙	白描	32.5 x 328		德國 柏林宋鳳恩先生	
普賢大士像	軸	絹	設色	156.6 x 94		台北 故宮博物院	故畫 02990
觀音大士像	軸	絹	設色	158.4 x 94.5		台北 故宮博物院	故畫 02989
準提菩薩	軸	紙	泥金	126.7 x 81		台北 故宮博物院	故畫 01375
觀世音菩薩普門品經像	軸	紙	水墨	98.1 x 35.6		台北 故宮博物院	故畫 01374
臨宋人白描大士像	軸	紙	白描	99.5 x 52.1		台北 故宮博物院	故畫 01373
羅漢	軸	絹	設色	165 x 80.7		台北 故宮博物院	故畫 02357
大藏佛畫	軸	絹	設色	不詳		台北 歷史博物館	
天王神像	軸	絹	設色	不詳		台北 歷史博物館	
如來佛圖	橫幅	絹	設色	139 x 280.5		台北 長流美術館	
三尊佛圖	橫幅	絹	設色	139 x 278.2		台北 長流美術館	
佛像	軸	絹	設色	278 x 140		台北 長流美術館	

名稱	形式	質地	色彩	尺寸 高×寬㎝	創作時間	收藏處所	典藏號碼
佛像圖	軸	絹	設色	274 × 139		台北 長流美術館	
十王圖	軸	紙	設色	163.5 × 89.9		澳門 賈梅士博物館	
普賢像	軸	絹	設色	不詳	嘉靖二十一年（壬寅，1542）	北京 中國歷史博物館	
地獄變相圖	軸	絹	設色	不詳	嘉靖二十四年（乙巳，1545）	北京 中國歷史博物館	
羅漢圖（4幅）	軸	絹	設色	不詳		北京 首都博物館	
十方法界輪王聖眾圖	軸	絹	設色	不詳		北京 北京畫院	
十二圓覺菩薩像	軸	絹	設色	不詳		北京 北京畫院	
佛像	軸	絹	設色	不詳	天啟元年（辛酉，1621）	天津 天津市藝術博物館	
鍾馗像	軸	絹	設色	162 × 103		天津 天津市藝術博物館	
呂、劉二仙圖	軸	絹	設色	152.5 × 93		天津 天津市楊柳青畫社	
釋迦像	軸	絹	設色	133.8 × 68		石家莊 河北省博物館	
天王像	軸	絹	設色	不詳	隆慶六年（壬申，1572）	濟南 山東省博物館	
拾得像	軸	紙	設色	不詳		合肥 安徽省博物館	
三仙圖	軸	絹	設色	不詳		南通 江蘇省南通博物苑	
佛像	軸	絹	設色	不詳		上海 上海博物館	
供養人像（2幅）	軸	絹	設色	不詳		上海 上海博物館	
二仙採芝圖	軸	絹	水墨	不詳		上海 上海博物館	
羅漢圖	軸	絹	水墨	不詳		鎮江 江蘇省鎮江市博物館	
羅漢圖	軸	絹	設色	不詳		無錫 江蘇省無錫市博物館	
十六羅漢圖（?幅）	軸	絹	設色	（每幅）118 × 54		昆山 崑崙堂美術館	
文殊菩薩圖	軸	絹	設色	86 × 52		昆山 崑崙堂美術館	
佛畫（2幅）	軸	絹	設色	不詳	嘉靖四十五年（丙寅，1566）	桐鄉 浙江省桐鄉縣博物館	
道教水陸圖（3幅）	軸	絹	設色	（每幅）140 × 79.5	萬曆四年（丙子，1576）	成都 四川省博物院	
佛像	軸	絹	設色	145.2 × 81		成都 四川省博物院	
佛像	軸	絹	設色	131.5 × 62.5		成都 四川省博物院	
佛像	軸	絹	設色	166.8 × 121		成都 四川省博物院	
盧舍那佛像	軸	絹	設色	138.8 × 78.4		重慶 重慶市博物館	

名稱	形式	質地	色彩	尺寸 高x寬cm	創作時間	收藏處所	典藏號碼
八仙圖	軸	絹	設色	不詳		廣州 廣東省博物館	
釋迦三尊像	軸	絹	設色	136.4 x 61		日本 東京帝室博物館	
羅漢圖	軸	絹	設色	89 x 46.1		日本 東京國立博物館	
天帝圖	軸	絹	設色	122.7 x 63.3		日本 東京靈雲寺	
觀世音像	軸	絹	設色	71.8 x 36.4		日本 東京岡崎正也先生	
釋迦傳道圖（4幅）	軸	絹	設色	不詳		日本 東京根津美術館	
布袋圖（釋仁元題贊）	軸	絹	設色	57.1 x 30		日本 東京藤田美術館	
羅漢圖（2幅）	軸	絹	設色	（每幅）173.7 x 91.1		日本 京都國立博物館	A甲788
釋迦牟尼變現大力明王圖	軸	絹	設色	180.1 x 72.2		日本 奈良大和文華館	856
羅漢圖（2幅）	軸	絹	設色	（每幅）174 x 90.1		日本 兵庫縣山岡千太郎先生	
釋迦八相圖（13幅）	軸	絹	設色	（每幅）132.1 x 66.9		日本 鹿兒島黎明會	美工4110
楊柳觀音圖	軸	絹	設色	141 x 72.3		日本 熊本縣大慈寺	
淨土曼茶羅圖	軸	絹	設色	186.8 x 105		日本 熊本縣大慈寺	
十六羅漢圖（16幅）	軸	絹	設色	（每幅）156.4 x 77.5		日本 福岡縣永岡平八郎先生	
羅漢圖（5幅）	軸	紙	水墨	不詳		日本 京都府東福寺	
護法諸天（樹神密跡二天）	軸	絹	設色	不詳		日本 真光寺	
護法諸天（地神龍王二天）	軸	絹	設色	不詳		日本 真光寺	
護法諸天（日光摩利二天）	軸	絹	設色	不詳		日本 真光寺	
護法諸天（持國廣利二天）	軸	絹	設色	不詳		日本 真光寺	
護法諸天（散脂鬼母二天）	軸	絹	設色	不詳		日本 真光寺	
護法諸天（吉祥梵王二天）	軸	絹	設色	不詳		日本 真光寺	
護法諸天（月光首羅二天）	軸	絹	設色	不詳		日本 真光寺	
護法諸天（多聞增長二天）	軸	絹	設色	不詳		日本 真光寺	
護法諸天（辯才帝釋二天）	軸	絹	設色	不詳		日本 真光寺	
護法諸天（韋馱訶利二天）	軸	絹	設色	不詳		日本 真光寺	
羅漢圖（第一西牛貨洲賓慶羅跋羅墮闍尊者）	軸	絹	設色	不詳		日本 見性寺	
觀音圖	軸	絹	設色	不詳		日本 京都新知恩院	

名稱	形式	質地	色彩	尺寸 高×寬㎝	創作時間	收藏處所	典藏號碼
苦行釋迦圖	軸	絹	設色	不詳		日本 京都妙心寺	
李鐵拐圖	軸	絹	設色	129.8 × 63		日本 京都妙心寺	
普陀落山圖	軸	絹	設色	不詳		日本 定勝寺	
羅漢圖	軸	絹	設色	不詳		日本 大乘寺	
寒山圖	軸	絹	設色	不詳		日本 江田勇二先生	
羅漢圖	軸	絹	設色	不詳		日本 善田昌運堂	
羅漢圖（3幅）	軸	綾	設色	（每幅）15.7 × 20.2		日本 中埜又左衛門先生	
觀音圖（柳瓶觀音）	軸	紙	水墨	107.1 × 33.8	僧道約題贊於永樂癸未（元年，1403）二月誕日	日本 私人	
繩衣文殊圖（天童僧帝衣贊）	軸	紙	設色	88.7 × 35.3	僧帝衣題贊於永樂四年（1407）春正月	日本 私人	
如來坐像	軸	絹	設色	165.3 × 95		日本 私人	
變相圖	軸	絹	設色	120 × 57.6		日本 私人	
曼荼羅圖	軸	絹	設色	137.1 × 57		日本 私人	
變相圖	軸	絹	設色	32.9 × 57.5		日本 私人	
菩薩坐像	軸	絹	設色	142 × 76.8		日本 私人	
羅漢圖	軸	絹	設色	不詳		美國 波士頓美術館	
勢至菩薩圖	軸	紙	設色	209.9 × 98.7		美國 紐約大都會藝術博物館	53.130.1
觀音圖	軸	絹	設色	183.4×114.5		美國 紐約大都會藝術博物館	18.39.2
慈母觀音圖	軸	絹	設色	120.9 × 60.2		美國 紐約大都會藝術博物館	1989.152
文殊白象圖	軸	絹	設色	189.3 × 81.4		美國 華盛頓特區弗瑞爾藝術館	06.270
如來坐像	軸	絹	設色	168.5 × 73.2		美國 華盛頓特區弗瑞爾藝術館	05.293
羅漢圖	軸	絹	設色	116.5 × 53.5		美國 華盛頓特區弗瑞爾藝術館	04.336.337
等覺位十地菩薩圖	軸	絹	設色	146.8 × 79.4	景泰五年（甲戌，1454）八月初三日	美國 克利夫蘭藝術博物館	73.70

名稱	形式	質地	色彩	尺寸 高×寬㎝	創作時間	收藏處所	典藏號碼
樹下釋迦圖	軸	絹	設色	129 × 62.2		美國 克利夫蘭藝術博物館	71.68
天龍八部羅剎女眾圖	軸	絹	設色	141 × 79.2		美國 克利夫蘭藝術博物館	73.71
佛母摩利支天菩薩壇	軸	絹	設色	134.6×108.1		美國 堪薩斯市納爾遜-艾金斯藝術博物館	
釋迦牟尼像	軸	絹	設色	145.4×76.2		美國 堪薩斯市納爾遜-艾金斯藝術博物館	
釋迦牟尼像	軸	絹	設色	135.9 × 72.4		美國 堪薩斯市納爾遜-艾金斯藝術博物館	
觀音	軸	絹	設色	167.6 × 106		美國 堪薩斯市納爾遜-艾金斯藝術博物館	
達摩渡江圖	軸	絹	設色	95.3 × 56.5		美國 堪薩斯市納爾遜-艾金斯藝術博物館	
道教人物圖	軸	絹	設色	119.7 × 25.4		美國 堪薩斯市納爾遜-艾金斯藝術博物館	
道教神仙像	軸	絹	設色	264.4×157.6		美國 堪薩斯市納爾遜-艾金斯藝術博物館	
西藏佛像（唐卡）	軸	帛	設色	不詳		美國 洛杉磯郡立藝術館	
如來佛像	軸	絹	設色	147.3 × 60.9		美國 舊金山亞洲藝術館	
普賢像	軸	絹	設色	147.3 × 60.9		美國 舊金山亞洲藝術館	
文殊像	軸	絹	設色	147.3 × 60.9		美國 舊金山亞洲藝術館	
釋迦像	軸	絹	設色	78.3 × 34.5		美國 勃克萊加州大學藝術館（高居翰教授寄存）	
西藏佛像（唐卡）	軸	絹	設色	125.8 × 98.4		美國 勃克萊加州大學藝術館（高居翰教授寄存）	
西藏佛像（唐卡）	軸	紗	設色	80.6 × 62.2		美國 洛杉磯郡藝術博物館	
西藏佛像（唐卡）	軸	紗	設色	151.9 × 63.7		美國 洛杉磯郡藝術博物館	
西藏佛像（唐卡）	軸	紗	設色	151.1 × 125		美國 洛杉磯郡藝術博物館	
西藏佛像（唐卡）	軸	紗	設色	97.5 × 80		美國 洛杉磯郡藝術博物館	
西藏佛像（唐卡）	軸	紗	設色	88.3 × 80.3		美國 洛杉磯郡藝術博物館	
西藏佛像（唐卡）	軸	紗	設色	130.8 × 106		美國 洛杉磯郡藝術博物館	

名稱	形式	質地	色彩	尺寸 高×寬㎝	創作時間	收藏處所	典藏號碼
西藏佛像（唐卡）	軸	紗	設色	100.3 × 86.3		美國 洛杉磯郡藝術博物館	
西藏佛像（唐卡）	軸	紗	設色	134.6 × 117		美國 洛杉磯郡藝術博物館	
西藏佛像（唐卡）	軸	紗	設色	124.4 × 67.3		美國 洛杉磯郡藝術博物館	
西藏佛像（唐卡）	小軸	紗	設色	29.2 × 24.6		美國 洛杉磯郡藝術博物館	
西藏佛像（唐卡）	軸	紗	設色	93.9 × 69.2		美國 洛杉磯郡藝術博物館	
西藏佛像（唐卡）	軸	紗	設色	73 × 46.9		美國 洛杉磯郡藝術博物館	
十方十地諸佛像圖	軸	絹	設色	136.1 × 72		美國 加州曹仲英先生	
天龍八部眾圖	軸	絹	設色	160.5 × 92.7		英國 倫敦大英博物館	1983.1.25.01（ADD439）
列仙圖	軸	絹	設色	119 × 71.8		英國 倫敦大英博物館	1910.2.12 506(272)
四羅漢與侍者圖	軸	絹	設色	169 × 87		英國 倫敦大英博物館	BMOA1983.75.02（ADD442）
曼荼羅圖	軸	絹	設色	150.9 × 98.6		英國 倫敦維多利亞-艾伯特博物館	E61-1191
西藏佛像（唐卡）	軸	絹	設色	不詳		法國 巴黎居美博物館	
出山釋迦圖	軸	絹	設色	85.8 × 48.1		德國 柏林東亞藝術博物館	207
天女圖（壁畫殘片）	軸	粉壁	設色	61 × 34.8		德國 慕尼黑國立民族學博物館	
羅漢圖	軸	絹	水墨	128 × 61.4		義大利 巴馬中國藝術博物館	
觀音圖	軸	絹	泥金	102 × 31		捷克 布拉格 Narodoni Gale-rie v Praze	Vm3456-1161/23
十王曼荼羅圖	軸	絹	設色	145 × 74		捷克 布拉格 Narodoni Gale-rie v Praze	Vm2240-1151/49
保合太和圖（和合二仙）	軸	絹	設色	112.9 × 44		台北 故宮博物院	故畫 02363
吉慶圖（鍾馗）	軸	紙	設色	96.4 × 53.7		台北 故宮博物院	故畫 02365
犬土像	軸	絹	設色	不詳		上海 上海博物館	
蝦蟆、鐵枴圖（2幅）	軸	絹	設色	（每幅）134.8 × 73.3		日本 東京帝室博物館	
蘆葉達摩像	軸	絹	設色	101.2 × 42		日本 東京淺野長勳先生	
鍾馗圖	軸	絹	設色	不詳		日本 東京井上三郎	
清原宣賢像（弘治二年惟高妙	軸	絹	設色	不詳		日本 東京舟橋清賢先生	

名稱	形式	質地	色彩	尺寸 高x寬cm	創作時間	收藏處所	典藏號碼
安贊）							
寒山拾得圖（對幅，約之崇裕贊）	軸	絹	水墨	91.4 × 36.2		日本 大阪市萬野美術館	0271
達磨圖	軸	絹	水墨	94 × 43.4		日本 和泉市久保惣紀念美術館	
仙女圖（嫦娥圖）	軸	絹	設色	158.2 × 90		日本 牧野辰雄先生	
瘟元帥像	軸	絹	設色	不詳		美國 波士頓美術館	
諸神像	軸	絹	設色	98.7 × 62.8		美國 紐約大都會藝術博物館	1989.155
五戰神	軸	絹	設色	163.5 × 78		美國 紐約布魯克林博物館	
渡海蝦蟇仙人圖	軸	絹	設色	139.2 × 97.4		美國 華盛頓特區弗瑞爾藝術館	15.12
道教神像圖	軸	絹	設色	94.5 × 45.8		美國 華盛頓特區弗瑞爾藝術館	04.341
李鐵拐圖	軸	絹	設色	167.6 × 103.7		美國 華盛頓特區弗瑞爾藝術館	11.241
松下仙人圖	軸	絹	設色	129.7 × 95.4		美國 芝加哥大學藝術博物館	1974.103
達摩渡江圖	軸	紙	水墨	不詳		美國 堪薩斯市納爾遜-艾金斯藝術博物館	
朝元圖	軸	絹	設色	128.3 × 89.5		美國 堪薩斯市納爾遜-艾金斯藝術博物館	
道家人物像	軸	絹	設色	不詳		美國 堪薩斯市納爾遜-艾金斯藝術博物館	
三教圖	軸	絹	設色	146.7 × 73.7		美國 堪薩斯市納爾遜-艾金斯藝術博物館	
道教神像圖	軸	絹	設色	92.2 × 33		美國 私人	
列仙圖	軸	絹	設色	119 × 71.8		英國 倫敦大英博物館	1910.2.12.506(ADD272)
仙女鳳凰圖	軸	絹	設色	146.8 × 94.5		英國 倫敦大英博物館	1919.51.017(ADD84)
應真補衲（珍圖薈帙冊之6）	冊頁	絹	設色	21.1 × 17.5		台北 故宮博物院	故畫 03495-6
羅漢像（18幀，附董其昌書）	冊	絹	白描	（每幀）25.2 × 21		台北 故宮博物院	故畫 03182

名稱	形式	質地	色彩	尺寸 高x寬㎝	創作時間	收藏處所	典藏號碼
瑤池仙會（珍圖薈帙冊之3）	冊頁	絹	設色	25 x 25.9		台北 故宮博物院	故畫 03495-3
十八羅漢渡海圖	摺扇面	金箋	設色	不詳		合肥 安徽省博物館	
職貢圖（幀）	冊	絹	設色	（每幀）28 x 25		昆山 崑崙堂美術館	
九歌圖（殘幅）	冊頁	絹	設色	28.8 x 24.3		美國 華盛頓特區弗瑞爾藝術館	03.112
羅漢圖	冊頁	絹	水墨	20.3 x 16.5		美國 西雅圖市藝術館	52.111
觀音圖（版畫，3幀）	冊頁	紙	設色	（每幀）26.2 x 23.2		美國 西雅圖市藝術館	47.180-182
羅漢圖 （圖像畫）	紈扇面	絹	設色	11 x 11		瑞典 斯德哥爾摩遠東古物館	NMOK130
楊維禎像	卷	紙	設色	32.5 x 51.5		台北 故宮博物院	故畫 01088
老子像	卷	紙	水墨	24.8 x 117.7		北京 故宮博物院	
五峰像	卷	紙	設色	18.6 x 17		北京 故宮博物院	
周振華像	卷	紙	設色	不詳		濟南 山東省博物館	
張宇虛像并題贊	卷	綾	設色	29.4 x 23		青島 山東省青島市博物館	
朱西洲肖像	卷	紙	設色	不詳		上海 上海博物館	
朱愛蘭、朱批小像	卷	紙	設色	29.8 x 96.6 不等		上海 上海博物館	
姚氏家譜像（冊頁裝）	卷	絹	設色	24.5 x 28.6 不等		上海 上海博物館	
歷代帝王名賢像	卷	絹	設色	不詳		重慶 重慶市博物館	
王陽明像	卷	紙	水墨	24.1 x 42.7		美國 普林斯頓大學藝術館	79-95
明太祖坐像(7-1)	軸	紙	設色	190 x 112.6		台北 故宮博物院	中畫 00284
明太祖坐像(7-5)	軸	絹	設色	167 x 99		台北 故宮博物院	中畫 00285
明太祖半身像(4-4)	軸	紙	設色	107.1 x 70		台北 故宮博物院	中畫 00286
明太祖半身像(4-1)	軸	紙	設色	101.6 x 65.4		台北 故宮博物院	中畫 00287
明太祖坐像(6-2)	軸	絹	設色	170 x 163.6		台北 故宮博物院	中畫 00288
明太祖半身像(4-2)	軸	紙	設色	110 x 61.6		台北 故宮博物院	中畫 00289
明太祖半身像(4-3)	軸	紙	設色	107.6 x 65.3		台北 故宮博物院	中畫 00290

名稱	形式	質地	色彩	尺寸 高×寬cm	創作時間	收藏處所	典藏號碼
明太祖坐像(-4)	軸	紙	設色	83.2 × 50		台北 故宮博物院	中畫 00291
明太祖坐像(7-3)	軸	絹	設色	193 × 104		台北 故宮博物院	中畫 00292
明太祖坐像(7-1)	軸	絹	設色	203.3×100.8		台北 故宮博物院	中畫 00293
明太祖坐像(7-7)	軸	絹	設色	220 × 150		台北 故宮博物院	中畫 00311
明成祖坐像	軸	絹	設色	220 × 150		台北 故宮博物院	中畫 00312
明仁宗坐像	軸	絹	設色	111.2 × 76		台北 故宮博物院	中畫 00294
明宣宗坐像(2-2)	軸	絹	設色	210 × 171.8		台北 故宮博物院	中畫 00313
明宣宗馬上像	軸	絹	設色	84.1 × 68.1		台北 故宮博物院	中畫 00295
明宣宗坐像(2-1)	軸	絹	設色	252.2×124.8		台北 故宮博物院	中畫 00296
明英宗坐像	軸	絹	設色	208.9×154.5		台北 故宮博物院	中畫 00314
明憲宗坐像	軸	絹	設色	206.9 × 156		台北 故宮博物院	中畫 00315
明孝宗坐像	軸	絹	設色	209.8 × 115		台北 故宮博物院	中畫 00316
明武宗坐像	軸	絹	設色	211.3×149.8		台北 故宮博物院	中畫 00317
明世宗坐像	軸	絹	設色	209.7×155.2		台北 故宮博物院	中畫 00318
明穆宗坐像	軸	絹	設色	205.3×154.5		台北 故宮博物院	中畫 00319
明神宗坐像	軸	絹	設色	110.7 × 76		台北 故宮博物院	中畫 00297
明光宗坐像	軸	絹	設色	203.3×131.2		台北 故宮博物院	中畫 00298
明熹宗坐像	軸	絹	設色	203.6×156.9		台北 故宮博物院	中畫 00320
明興獻王坐像	軸	絹	設色	237.6 ×164.2		台北 故宮博物院	中畫 00321
明孝慈高皇后半身像	軸	絹	設色	106.5 × 74.8		台北 故宮博物院	中畫 00299
陳白沙先生像	軸	紙	設色	122.8 × 46.2		香港 中文大學中國文化研究所文物館	73.116
董蘿石先生肖像	軸	絹	設色	24.4 × 21		香港 許晉義崇宜齋	

名稱	形式	質地	色彩	尺寸 高×寬㎝	創作時間	收藏處所	典藏號碼
諸葛亮立像	軸	絹	設色	192.1 × 95.6		北京 中國歷史博物館	
孔子像	軸	絹	設色	不詳		北京 中國歷史博物館	
長源公像	軸	絹	設色	不詳		天津 天津市藝術博物館	
范景文像	軸	紙	設色	39.5 × 24.5		石家莊 河北省博物館	
婦人坐像	軸	絹	設色	不詳		合肥 安徽省博物館	
王守仁像	軸	紙	設色	106.1 × 50		上海 上海博物館	
張三豐像	軸	絹	設色	88.6 × 44		上海 上海博物館	
顧璘像	軸	絹	設色	209 × 106		南京 南京市博物館	
顧璘夫人像	軸	絹	設色	209 × 106	（嘉靖二十三年，甲辰，1544）	南京 南京市博物館	
王聲遠像	軸	紙	設色	不詳		杭州 浙江省博物館	
呂懋像	軸	絹	設色	149.3 × 96		嘉興 浙江省嘉興市博物館	
寫像	軸	絹	設色	66 × 64.5		溫州 浙江省溫州博物館	
范欽肖像	軸	絹	設色	不詳		寧波 浙江省寧波市天一閣文物保管所	
張玉翁像	軸	絹	設色	不詳	丁亥（順治四年，1647）	成都 四川大學	
以亨得謙像	軸	絹	設色	83.9 × 39.5		日本 佐賀縣萬歲寺	
別峰大殊像（姑孰道遐書贊）	軸	絹	設色	不詳	贊題於永樂乙酉（三年，1405）十二月八日	日本 松竹寺	
王陽明像	軸	紙	水墨	24.1 × 42.7		美國 普林斯頓大學藝術館	
宣德公主像	軸	絹	設色	282.1 × 91.4		美國 維吉尼亞美術館	47.17.2
官宦婦女坐像	軸	絹	設色	166.3 × 92.7		美國 維吉尼亞美術館	61.17
官宦婦女坐像	軸	絹	設色	214.9 × 120.3		美國 維吉尼亞美術館	80.372
略陽縣訓導楊復九神像	軸	絹	設色	170 × 99.6		美國 維吉尼亞美術館	80.369
武鄉縣主簿尚忠府君像	軸	絹	設色	167 × 99		美國 維吉尼亞美術館	80.365
無名士夫像	軸	絹	設色	137.7 × 81.9		美國 聖路易斯市藝術館	50.1918

名稱	形式	質地	色彩	尺寸 高x寬cm	創作時間	收藏處所	典藏號碼
官宦婦女坐像	軸	絹	設色	171.4 × 107.6		美國 堪薩斯市納爾遜-艾金斯藝術博物館	
官宦婦女坐像	軸	絹	設色	160 × 104.1		美國 堪薩斯市納爾遜-艾金斯藝術博物館	
文天祥像	軸	絹	設色	166.4 × 83.5		美國 西雅圖市藝術館	46.89
無名氏肖像	軸	絹	設色	190.2 × 98.9		美國 西雅圖市藝術館	33.5-1
陸宣公像	橫幅	紙	設色	29.2 × 78.4		美國 勃克萊加州大學藝術館（高居翰教授寄存）	
李復初妻郭氏肖像	軸	絹	設色	171.2 × 89.5		美國 聖地牙哥藝術博物館	44.52
陸魯望圖	軸	絹	設色	127.4 × 76.5		英國 倫敦大英博物館	1936.10.9.036（ADD115）
關羽像（對幅）	軸	麻布	設色	（每幅）45 × 32		捷克 布拉格Narodoni Gale-rie v Praze	Vm2805，2806-1151/94，95
朱元璋像	軸	絹	設色	108.7 × 51.1		瑞典 斯德哥爾摩遠東古物博物館	OM12/63
明太祖高皇帝像（明代帝后半身像之1）	冊頁	絹	設色	63.7 × 51.8		台北 故宮博物院	中畫00326-1
太宗文皇帝像(明代帝后半身像之3)	冊頁	絹	設色	65.8 × 52.1		台北 故宮博物院	中畫00326-3
明仁宗昭皇像（明代帝后半身像之5）	冊頁	絹	設色	65.5 × 51.2		台北 故宮博物院	中畫00326-5
明宣宗章皇帝像(明代帝后半身像之7)	冊頁	絹	設色	65.6 × 51.7		台北 故宮博物院	中畫00326-7
明英宗睿皇帝像(明代帝后半身像之10)	冊頁	絹	設色	63.7 × 50.9		台北 故宮博物院	中畫00326-10
明憲宗純皇帝像(明代帝后半身像之13)	冊頁	絹	設色	64.4 × 52.3		台北 故宮博物院	中畫00326-13
明孝宗敬皇帝(明代帝后半身像之15)	冊頁	絹	設色	64.6 × 52.1		台北 故宮博物院	中畫00326-15
明武宗毅皇帝像(明代帝后半身像之17)	冊頁	絹	設色	63.3 × 50.9		台北 故宮博物院	中畫00326-17

名稱	形式	質地	色彩	尺寸 高×寬㎝	創作時間	收藏處所	典藏號碼
孝慈高皇后像(明代帝后像之2)	冊頁	絹	設色	65.5 × 51.7		台北 故宮博物院	中畫 00326-2
仁孝文皇后像(明代帝后半身像之4)	冊頁	絹	設色	65.7 × 52.1		台北 故宮博物院	中畫 00326-4
誠孝昭皇后像(明代帝后半身像之6)	冊頁	絹	設色	65.5 × 51.5		台北 故宮博物院	中畫 00326-6
孝恭章皇后像(明代帝后半身像之8)	冊頁	絹	設色	65.7 × 51.8		台北 故宮博物院	中畫 00326-8
孝惠皇后像(明代帝后半身像之9)	冊頁	絹	設色	65.3 × 51.2		台北 故宮博物院	中畫 00326-9
孝莊睿皇后像(明代帝后半身像之11)	冊頁	絹	設色	63.5 × 52.3		台北 故宮博物院	中畫 00326-11
孝肅皇后像(明代帝后半身像之13)	冊頁	絹	設色	63 × 51.1		台北 故宮博物院	中畫 00326-13
明孝貞純皇后像(明代帝后半身像之14)	冊頁	絹	設色	65.4 × 52.3		台北 故宮博物院	中畫 00326-14
孝康敬皇后像(明代帝后半身像之16)	冊頁	絹	設色	64.2 × 52		台北 故宮博物院	中畫 00326-16
孝靜毅皇后像(明代帝后半身像之18)	冊頁	絹	設色	62.7 × 50.6		台北 故宮博物院	中畫 00326-18
明世宗肅皇帝像(明代帝后半身像之19)	冊頁	絹	設色	63.6 × 51.3		台北 故宮博物院	中畫 00326-19
明穆宗莊皇帝像(明代帝后半身像之22)	冊頁	絹	設色	65.2 × 51.2		台北 故宮博物院	中畫 00326-22
明神宗顯皇帝像(明代帝后半身像之26)	冊頁	絹	設色	65.1 × 51.4		台北 故宮博物院	中畫 00326-26
明光宗貞皇帝像(明代帝后半身像之29)	冊頁	絹	設色	73.3 × 42.8		台北 故宮博物院	中畫 00326-29
明熹宗悊皇帝像(明代帝后半身像之33)	冊頁	絹	設色	64.4 × 50.3		台北 故宮博物院	中畫 00326-33
明孝潔肅皇后像(明代帝后半身像之20)	冊頁	絹	設色	63.9 × 51		台北 故宮博物院	中畫 00326-20
明孝恪皇后像(明代帝后半身像之21)	冊頁	絹	設色	63.8 × 51.2		台北 故宮博物院	中畫 00326-21

名稱	形式	質地	色彩	尺寸 高x寬㎝	創作時間	收藏處所	典藏號碼
明孝懿莊皇后像(明代帝后半身像之23)	冊頁	絹	設色	65.4 × 51.1		台北 故宮博物院	中畫 00326-23
明孝安后半身像(明代帝后半身之24)	冊頁	絹	設色	65 × 51		台北 故宮博物院	中畫 00326-24
明孝定皇后像(明代帝后半身像之25)	冊頁	絹	設色	64.6 × 50.8		台北 故宮博物院	中畫 00326-25
明孝端顯皇后像(明代帝后半身像之27)	冊頁	絹	設色	65 × 51.4		台北 故宮博物院	中畫 00326-27
明孝靖皇后像(明代帝后半身像之28)	冊頁	絹	設色	64.9 × 51.5		台北 故宮博物院	中畫 00326-28
明孝元貞皇后像(明代帝后半身像之30)	冊頁	絹	設色	73.5 × 42.9		台北 故宮博物院	中畫 00326-30
明孝和皇后像(明代帝后半身像之31)	冊頁	絹	設色	71 × 43.6		台北 故宮博物院	中畫 00326-31
明孝純皇后像(明代帝后半身像之32)	冊頁	絹	設色	71.2 × 43.5		台北 故宮博物院	中畫 00326-32
大成至聖文宣王像(至聖先賢半身像之1)	冊頁	紙	設色	33.3 × 24.3		台北 故宮博物院	中畫 00329-1
兗國復聖顏回子淵像(至聖先賢半身像之2)	冊頁	紙	設色	33.3 × 24.3		台北 故宮博物院	中畫 00329-2
郕國宗聖公曾參子輿像(至聖先賢半身像之3)	冊頁	紙	設色	33.3 × 24.3		台北 故宮博物院	中畫 00329-3
沂國述聖公孔伋子思像(至聖先賢半身像之4)	冊頁	紙	設色	33.3 × 24.3		台北 故宮博物院	中畫 00329-4
鄒國亞聖公孟軻像(至聖先賢半身像之5)	冊頁	紙	設色	33.3 × 24.3		台北 故宮博物院	中畫 00329-5
費公閔損子騫像(至聖先賢半身像之6)	冊頁	紙	設色	33.3 × 24.3		台北 故宮博物院	中畫 00329-6
鄆公冉耕伯牛像(至聖先賢半身像之7)	冊頁	紙	設色	33.3 × 24.3		台北 故宮博物院	中畫 00329-7
薛公冉雍仲弓像(至聖先賢半身像之8)	冊頁	紙	設色	33.3 × 24.3		台北 故宮博物院	中畫 00329-8
齊公宰予子我像(至聖先賢半身像之9)	冊頁	紙	設色	33.3 × 24.3		台北 故宮博物院	中畫 00329-9

名稱	形式	質地	色彩	尺寸 高x寬cm	創作時間	收藏處所	典藏號碼
黎公端木賜子貢像(至聖先賢半身像之10)	冊頁	紙	設色	33.3 x 24.3		台北 故宮博物院	中畫 00329-10
徐公冉求子有像(至聖先賢半身像之11)	冊頁	紙	設色	33.3 x 24.3		台北 故宮博物院	中畫 00329-11
衛公仲由子路像(至聖先賢半身像之12)	冊頁	紙	設色	33.3 x 24.3		台北 故宮博物院	中畫 00329-12
吳公言偃子游像(至聖先賢半身像之13)	冊頁	紙	設色	33.3 x 24.3		台北 故宮博物院	中畫 00329-13
魏公卜商子夏像(至聖先賢半身像之14)	冊頁	紙	設色	33.3 x 24.3		台北 故宮博物院	中畫 00329-14
陳公顓孫師子張像(至聖先賢半身像之15)	冊頁	紙	設色	33.3 x 24.3		台北 故宮博物院	中畫 00329-15
單父侯宓不齊子賤像(至聖先賢半身像之16)	冊頁	紙	設色	33.3 x 24.3		台北 故宮博物院	中畫 00329-16
金鄉侯澹臺滅明子羽像(至聖先賢半身像之17)	冊頁	紙	設色	33.3 x 24.3		台北 故宮博物院	中畫 00329-17
高密侯公冶長子像(至聖先賢半身像之18)	冊頁	紙	設色	33.3 x 24.3		台北 故宮博物院	中畫 00329-18
任城侯原憲子思像(至聖先賢半身像之19)	冊頁	紙	設色	33.3 x 24.3		台北 故宮博物院	中畫 00329-19
北海侯公皙哀季次像(至聖先賢半身像之20)	冊頁	紙	設色	33.3 x 24.3		台北 故宮博物院	中畫 00329-20
汝陽侯南宮适子容像(至聖先賢半身像之21)	冊頁	紙	設色	33.3 x 24.3		台北 故宮博物院	中畫 00329-21
曲阜侯顏無繇季路像(至聖先賢半身像之22)	冊頁	紙	設色	33.3 x 24.3		台北 故宮博物院	中畫 00329-22
萊蕪侯曾點子皙像(至聖先賢半身像之23)	冊頁	紙	設色	33.3 x 24.3		台北 故宮博物院	中畫 00329-23
共城侯高柴子羔像(至聖先賢半身像之24)	冊頁	紙	設色	33.3 x 24.3		台北 故宮博物院	中畫 00329-24
須昌侯商瞿子木像(至聖先賢半身像之25)	冊頁	紙	設色	33.3 x 24.3		台北 故宮博物院	中畫 00329-25
壽張侯公伯寮子周像(至聖先賢半身像之26)	冊頁	紙	設色	33.3 x 24.3		台北 故宮博物院	中畫 00329-26

名稱	形式	質地	色彩	尺寸 高x寬cm	創作時間	收藏處所	典藏號碼
平輿侯漆雕開子若像(至聖先賢半身像之27)	冊頁	紙	設色	33.3 x 24.3		台北 故宮博物院	中畫 00329-27
鉅野侯公西赤子華像(至聖先賢半身像之28)	冊頁	紙	設色	33.3 x 24.3		台北 故宮博物院	中畫 00329-28
睢陽侯司馬耕子牛像(至聖先賢半身像之29)	冊頁	紙	設色	33.3 x 24.3		台北 故宮博物院	中畫 00329-29
益都侯樊子遲像(至聖先賢半身像之30)	冊頁	紙	設色	33.3 x 24.3		台北 故宮博物院	中畫 00329-30
平陰侯有若子有像(至聖先賢半身像之31)	冊頁	紙	設色	33.3 x 24.3		台北 故宮博物院	中畫 00329-31
千乘侯梁鱣叔魚像(至聖先賢半身像之32)	冊頁	紙	設色	33.3 x 24.3		台北 故宮博物院	中畫 00329-32
東阿侯巫馬施子旗像(至聖先賢半身像之33)	冊頁	紙	設色	33.3 x 24.3		台北 故宮博物院	中畫 00329-33
沭陽侯伯虔子析像(至聖先賢半身像之34)	冊頁	紙	設色	33.3 x 24.3		台北 故宮博物院	中畫 00329-34
陽穀侯顏辛子柳像(至聖先賢半身像之35)	冊頁	紙	設色	33.3 x 24.3		台北 故宮博物院	中畫 00329-35
臨沂侯冉孺子魯像(至聖先賢半身像之36)	冊頁	紙	設色	33.3 x 24.3		台北 故宮博物院	中畫 00329-36
上蔡侯曹卹子循像(至聖先賢半身像之37)	冊頁	紙	設色	33.3 x 24.3		台北 故宮博物院	中畫 00329-37
當陽侯任不齊子選像(至聖先賢半身像之38)	冊頁	紙	設色	33.3 x 24.3		台北 故宮博物院	中畫 00329-38
枝紅侯公孫龍子石像(至聖先賢半身像之39)	冊頁	紙	設色	33.3 x 24.3		台北 故宮博物院	中畫 00329-39
高苑侯漆雕徒父子期像(至聖先賢半身像之40)	冊頁	紙	設色	33.3 x 24.3		台北 故宮博物院	中畫 00329-40
馮翊侯秦商子丕像(至聖先賢半身像之41)	冊頁	紙	設色	33.3 x 24.3		台北 故宮博物院	中畫 00329-41
鄒平侯商澤子季像(至聖先賢半身像之42)	冊頁	紙	設色	33.3 x 24.3		台北 故宮博物院	中畫 00329-42
雷澤侯顏高子驕像(至聖先賢半身像之43)	冊頁	紙	設色	33.3 x 24.3		台北 故宮博物院	中畫 00329-43
濮冉侯漆雕哆子歛像(至聖先	冊頁	紙	設色	33.3 x 24.3		台北 故宮博物院	中畫 00329-44

名稱	形式	質地	色彩	尺寸 高x寬cm	創作時間	收藏處所	典藏號碼
賢半身像之 44)							
上邽侯壤駟亦子徒像(至聖先賢半身像之 45)	冊頁	紙	設色	33.3 x 24.3		台北 故宮博物院	中畫 00329-45
諸城侯冉季子產像(至聖先賢半身像之 46)	冊頁	紙	設色	33.3 x 24.3		台北 故宮博物院	中畫 00329-46
成紀侯石作蜀子明像(至聖先賢半身像之 47)	冊頁	紙	設色	33.3 x 24.3		台北 故宮博物院	中畫 00329-47
牟平侯公良孺子正像(至聖先賢半身像之 48)	冊頁	紙	設色	33.3 x 24.3		台北 故宮博物院	中畫 00329-48
鉅平侯公夏守千乘像(至聖先賢半身像之 49)	冊頁	紙	設色	33.3 x 24.3		台北 故宮博物院	中畫 00329-49
梁公侯公肩定子仲像(至聖先賢半身像之 50)	冊頁	紙	設色	33.3 x 24.3		台北 故宮博物院	中畫 00329-50
膠東侯后處子里像(至聖先賢半身像之 51)	冊頁	紙	設色	33.3 x 24.3		台北 故宮博物院	中畫 00329-51
新息侯秦冉子開像(至聖先賢半身像之 52)	冊頁	紙	設色	33.3 x 24.3		台北 故宮博物院	中畫 00329-52
滏陽侯勾井疆像(至聖先賢半身像之 53)	冊頁	紙	設色	33.3 x 24.3		台北 故宮博物院	中畫 00329-53
聊域侯鄡單子家像(至聖先賢半身像之 54)	冊頁	紙	設色	33.3 x 24.3		台北 故宮博物院	中畫 00329-54
富陽侯顏祖子襄像(至聖先賢半身像之 55)	冊頁	紙	設色	33.3 x 24.3		台北 故宮博物院	中畫 00329-55
祁鄉侯□父黑子黑像(至聖先賢半身像之 56)	冊頁	紙	設色	33.3 x 24.3		台北 故宮博物院	中畫 00329-56
濟陽侯奚容葳子皙像(至聖先賢半身像之 57)	冊頁	紙	設色	33.3 x 24.3		台北 故宮博物院	中畫 00329-57
淄川侯申黨周像(至聖先賢半身像之 58)	冊頁	紙	設色	33.3 x 24.3		台北 故宮博物院	中畫 00329-58
鄂城侯秦祖子南像(至聖先賢半身像之 59)	冊頁	紙	設色	33.3 x 24.3		台北 故宮博物院	中畫 00329-59
厭次侯榮旂子祺像(至聖先賢半身像之 60)	冊頁	紙	設色	33.3 x 24.3		台北 故宮博物院	中畫 00329-60
即墨侯公祖句茲子之像(至聖先賢半身像之 61)	冊頁	紙	設色	33.3 x 24.3		台北 故宮博物院	中畫 00329-61

名稱	形式	質地	色彩	尺寸 高x寬cm	創作時間	收藏處所	典藏號碼
南華侯左人郢子行像(至聖先賢半身像之62)	冊頁	紙	設色	33.3 x 24.3		台北 故宮博物院	中畫 00329-62
河源侯燕伋子思像(至聖先賢半身像之63)	冊頁	紙	設色	33.3 x 24.3		台北 故宮博物院	中畫 00329-63
樂平侯原亢子藉像(至聖先賢半身像之64)	冊頁	紙	設色	33.3 x 24.3		台北 故宮博物院	中畫 00329-64
武成侯縣成子橫像(至聖先賢半身像之65)	冊頁	紙	設色	33.3 x 24.3		台北 故宮博物院	中畫 00329-65
朐山侯鄭國子徒像(至聖先賢半身像之66)	冊頁	紙	設色	33.3 x 24.3		台北 故宮博物院	中畫 00329-66
宛句侯顏之僕子叔像(至聖先賢半身像之67)	冊頁	紙	設色	33.3 x 24.3		台北 故宮博物院	中畫 00329-67
昨城侯廉潔子曹像(至聖先賢半身像之68)	冊頁	紙	設色	33.3 x 24.3		台北 故宮博物院	中畫 00329-68
建成侯樂欬子聲像(至聖先賢半身像之69)	冊頁	紙	設色	33.3 x 24.3		台北 故宮博物院	中畫 00329-69
博平侯叔仲會子期像(至聖先賢半身像之70)	冊頁	紙	設色	33.3 x 24.3		台北 故宮博物院	中畫 00329-70
堂邑侯顏何子冉像(至聖先賢半身像之71)	冊頁	紙	設色	33.3 x 24.3		台北 故宮博物院	中畫 00329-71
高堂侯邦選子飲像(至聖先賢半身像之72)	冊頁	紙	設色	33.3 x 24.3		台北 故宮博物院	中畫 00329-72
林盧侯狄黑皙之像(至聖先賢半身像之73)	冊頁	紙	設色	33.3 x 24.3		台北 故宮博物院	中畫 00329-73
臨朐侯公西輿如子之像(至聖先賢半身像之74)	冊頁	紙	設色	33.3 x 24.3		台北 故宮博物院	中畫 00329-74
鄆侯孔忠子蔑像(至聖先賢半身像之75)	冊頁	紙	設色	33.3 x 24.3		台北 故宮博物院	中畫 00329-75
內黃侯蘧瑗伯玉像(至聖先賢半身像之76)	冊頁	紙	設色	33.3 x 24.3		台北 故宮博物院	中畫 00329-76
徐城侯公西蒧子上像(至聖先賢半身像之77)	冊頁	紙	設色	33.3 x 24.3		台北 故宮博物院	中畫 00329-77
長山侯林放子止像(至聖先賢半身像之78)	冊頁	紙	設色	33.3 x 24.3		台北 故宮博物院	中畫 00329-78

名稱	形式	質地	色彩	尺寸 高×寬cm	創作時間	收藏處所	典藏號碼
臨濮侯施之常子恒像(至聖先賢半身像之79)	冊頁	紙	設色	33.3 × 24.3		台北 故宮博物院	中畫00329-79
南頓侯陳亢子禽像(至聖先賢半身像之80)	冊頁	紙	設色	33.3 × 24.3		台北 故宮博物院	中畫00329-80
華亭侯秦非子之像(至聖先賢半身像之81)	冊頁	紙	設色	33.3 × 24.3		台北 故宮博物院	中畫00329-81
陽平侯琴張子開像(至聖先賢半身像之82)	冊頁	紙	設色	33.3 × 24.3		台北 故宮博物院	中畫00329-82
文登侯申棖像(至聖先賢半身像之83)	冊頁	紙	設色	33.3 × 24.3		台北 故宮博物院	中畫00329-83
博昌侯步叔乘子車像(至聖先賢半身像之84)	冊頁	紙	設色	33.3 × 24.3		台北 故宮博物院	中畫00329-84
濟陰侯顏噲子聲像(至聖先賢半身像之85)	冊頁	紙	設色	33.3 × 24.3		台北 故宮博物院	中畫00329-85
泗水侯孔鯉像(至聖先賢半身像之86)	冊頁	紙	設色	33.3 × 24.3		台北 故宮博物院	中畫00329-86
中都伯左邱明像(至聖先賢半身像之87)	冊頁	紙	設色	33.3 × 24.3		台北 故宮博物院	中畫00329-87
蘭凌伯荀況像(至聖先賢半身像之88)	冊頁	紙	設色	33.3 × 24.3		台北 故宮博物院	中畫00329-88
臨淄白公羊高像(至聖先賢半身像之89)	冊頁	紙	設色	33.3 × 24.3		台北 故宮博物院	中畫00329-89
睢陽伯穀梁亦像(至聖先賢半身像之90)	冊頁	紙	設色	33.3 × 24.3		台北 故宮博物院	中畫00329-90
乘氏伯伏勝像(至聖先賢半身像91)	冊頁	紙	設色	33.3 × 24.3		台北 故宮博物院	中畫00329-91
萊蕪伯高堂生像(至聖先賢半身像之92)	冊頁	紙	設色	33.3 × 24.3		台北 故宮博物院	中畫00329-92
歧陽伯賈逵像(至聖先賢半身像之93)	冊頁	紙	設色	33.3 × 24.3		台北 故宮博物院	中畫00329-93
樂壽伯毛萇像(至聖先賢半身像之94)	冊頁	紙	設色	33.3 × 24.3		台北 故宮博物院	中畫00329-94
青城伯戴聖像(至聖先賢半身像之95)	冊頁	紙	設色	33.3 × 24.3		台北 故宮博物院	中畫00329-95

名稱	形式	質地	色彩	尺寸 高×寬㎝	創作時間	收藏處所	典藏號碼
彭城伯劉向像(至聖先賢半身像之96)	冊頁	紙	設色	33.3 × 24.3		台北 故宮博物院	中畫00329-96
曲阜伯孔安國像(至聖先賢半身像之97)	冊頁	紙	設色	33.3 × 24.3		台北 故宮博物院	中畫00329-97
成都伯楊雄像(至聖先賢半身像之98)	冊頁	紙	設色	33.3 × 24.3		台北 故宮博物院	中畫00329-98
中牟伯鄭眾像(至聖先賢半身像之99)	冊頁	紙	設色	33.3 × 24.3		台北 故宮博物院	中畫00329-99
高密伯鄭元像(至聖先賢半身像之100)	冊頁	紙	設色	33.3 × 24.3		台北 故宮博物院	中畫00329-100
緱氏伯杜子春像(至聖先賢半身像之101)	冊頁	紙	設色	33.3 × 24.3		台北 故宮博物院	中畫00329-101
扶風伯馬融像(至聖先賢半身像之102)	冊頁	紙	設色	33.3 × 24.3		台北 故宮博物院	中畫00329-102
良鄉侯(應作伯)盧植像(至聖先賢半身像之103)	冊頁	紙	設色	33.3 × 24.3		台北 故宮博物院	中畫00329-103
新野伯范寧像(至聖先賢半身像之104)	冊頁	紙	設色	33.3 × 24.3		台北 故宮博物院	中畫00329-104
榮陽伯服虔像(至聖先賢半身像之105)	冊頁	紙	設色	33.3 × 24.3		台北 故宮博物院	中畫00329-105
任城伯何休像(至聖先賢半身像之106)	冊頁	紙	設色	33.3 × 24.3		台北 故宮博物院	中畫00329-106
偃師伯王弼像(至聖先賢半身像之107)	冊頁	紙	設色	33.3 × 24.3		台北 故宮博物院	中畫00329-107
司徒杜預像(至聖先賢半身像之108)	冊頁	紙	設色	33.3 × 24.3		台北 故宮博物院	中畫00329-108
司空王肅像(至聖先賢半身像之109)	冊頁	紙	設色	33.3 × 24.3		台北 故宮博物院	中畫00329-109
昌黎伯韓愈像(至聖先賢半身像之110)	冊頁	紙	設色	33.3 × 24.3		台北 故宮博物院	中畫00329-110
道國公周敦頤像(至聖先賢半身像之111)	冊頁	紙	設色	33.3 × 24.3		台北 故宮博物院	中畫00329-111
豫國公程顥像(至聖先賢半身像之112)	冊頁	紙	設色	33.3 × 24.3		台北 故宮博物院	中畫00329-112
洛國公程頤像(至聖先賢半身	冊頁	紙		33.3 × 24.3		台北 故宮博物院	中畫00329-

名稱	形式	質地	色彩	尺寸 高×寬㎝	創作時間	收藏處所	典藏號碼
像之113)							113
新安伯邵雍像(至聖先賢半身像之114)	冊頁	紙	設色	33.3 x 24.3		台北 故宮博物院	中畫00329-114
郿伯張載像(至聖先賢半身像之115)	冊頁	紙	設色	33.3 x 24.3		台北 故宮博物院	中畫00329-115
溫國公司馬光像(至聖先賢半身像之116)	冊頁	紙	設色	33.3 x 24.3		台北 故宮博物院	中畫00329-116
徽國公朱熹像(至聖先賢半身像之117)	冊頁	紙	設色	33.3 x 24.3		台北 故宮博物院	中畫00329-117
華陽伯張栻像(至聖先賢半身像之118)	冊頁	紙	設色	33.3 x 24.3		台北 故宮博物院	中畫00329-118
開封伯呂祖謙像(至聖先賢半身像之119)	冊頁	紙	設色	33.3 x 24.3		台北 故宮博物院	中畫00329-119
魏國公許衡魯齋像(至聖先賢半身像之120)	冊頁	紙	設色	33.3 x 24.3		台北 故宮博物院	中畫00329-120
伏羲像(聖君賢臣全身像之1)	冊頁	絹	水墨	28.6 x 21.8		台北 故宮博物院	中畫00330-1
神農像(聖君賢臣全身像之2)	冊頁	絹	水墨	28.6 x 21.8		台北 故宮博物院	中畫00330-2
黃帝像(聖君賢臣全身像之3)	冊頁	絹	水墨	28.6 x 21.8		台北 故宮博物院	中畫00330-3
少昊像(聖君賢臣全身像之4)	冊頁	絹	水墨	28.6 x 21.8		台北 故宮博物院	中畫00330-4
帝堯像(聖君賢臣全身像之5)	冊頁	絹	水墨	28.6 x 21.8		台北 故宮博物院	中畫00330-5
帝舜像(聖君賢臣全身像之6)	冊頁	絹	水墨	28.6 x 21.8		台北 故宮博物院	中畫00330-6
夏禹像(聖君賢臣全身像之7)	冊頁	絹	水墨	28.6 x 21.8		台北 故宮博物院	中畫00330-7
成湯像(聖君賢臣全身像之8)	冊頁	絹	水墨	28.6 x 21.8		台北 故宮博物院	中畫00330-8
文王像(聖君賢臣全身像之9)	冊頁	絹	水墨	28.6 x 21.8		台北 故宮博物院	中畫00330-9
武王像(聖君賢臣全身像之10)	冊頁	絹	水墨	28.6 x 21.8		台北 故宮博物院	中畫00330-10
成王像(聖君賢臣全身像之11)	冊頁	絹	水墨	28.6 x 21.8		台北 故宮博物院	中畫00330-11
宣王像(聖君賢臣全身像之12)	冊頁	絹	水墨	28.6 x 21.8		台北 故宮博物院	中畫00330-12
漢高祖像(聖君賢臣全身像之13)	冊頁	絹	水墨	28.6 x 21.8		台北 故宮博物院	中畫00330-13
文帝像(聖君賢臣全身像之14)	冊頁	絹	水墨	28.6 x 21.8		台北 故宮博物院	中畫00330-14
景帝像(聖君賢臣全身像之15)	冊頁	絹	水墨	28.6 x 21.8		台北 故宮博物院	中畫00330-15
武帝像(聖君賢臣全身像之16)	冊頁	絹	水墨	28.6 x 21.8		台北 故宮博物院	中畫00330-16
宣帝像(聖君賢臣全身像之17)	冊頁	絹	水墨	28.6 x 21.8		台北 故宮博物院	中畫00330-17
光武像(聖君賢臣全身像之18)	冊頁	絹	水墨	28.6 x 21.8		台北 故宮博物院	中畫00330-18
明帝像(聖君賢臣全身像之19)	冊頁	絹	水墨	28.6 x 21.8		台北 故宮博物院	中畫00330-19

名稱	形式	質地	色彩	尺寸 高x寬cm	創作時間	收藏處所	典藏號碼
蜀先主像(聖君賢臣全身像之20)	冊頁	絹	水墨	28.6 x 21.8		台北 故宮博物院	中畫00330-20
昊大帝像(聖君賢臣全身像之21)	冊頁	絹	水墨	28.6 x 21.8		台北 故宮博物院	中畫00330-21
晉武帝像(聖君賢臣全身像之22)	冊頁	絹	水墨	28.6 x 21.8		台北 故宮博物院	中畫00330-22
元帝像(聖君賢臣全身像之23)	冊頁	絹	水墨	28.6 x 21.8		台北 故宮博物院	中畫00330-23
明帝像(聖君賢臣全身像之24)	冊頁	絹	水墨	28.6 x 21.8		台北 故宮博物院	中畫00330-24
唐高祖像(聖君賢臣全身像之25)	冊頁	絹	水墨	28.6 x 21.8		台北 故宮博物院	中畫00330-25
太宗像(聖君賢臣全身像之26)	冊頁	絹	水墨	28.6 x 21.8		台北 故宮博物院	中畫00330-26
玄宗像(聖君賢臣全身像之27)	冊頁	絹	水墨	28.6 x 21.8		台北 故宮博物院	中畫00330-27
德宗像(聖君賢臣全身像之28)	冊頁	絹	水墨	28.6 x 21.8		台北 故宮博物院	中畫00330-28
伯夷像(聖君賢臣全身像之29)	冊頁	絹	水墨	28.6 x 21.8		台北 故宮博物院	中畫00330-29
叔齊像(聖君賢臣全身像之30)	冊頁	絹	水墨	28.6 x 21.8		台北 故宮博物院	中畫00330-30
太公望像(聖君賢臣全身像之31)	冊頁	絹	水墨	28.6 x 21.8		台北 故宮博物院	中畫00330-31
周公像(聖君賢臣全身像之32)	冊頁	絹	水墨	28.6 x 21.8		台北 故宮博物院	中畫00330-32
老子像(聖君賢臣全身像之33)	冊頁	絹	水墨	28.6 x 21.8		台北 故宮博物院	中畫00330-33
孔子像(聖君賢臣全身像之34)	冊頁	絹	水墨	28.6 x 21.8		台北 故宮博物院	中畫00330-34
顏子像(聖君賢臣全身像之35)	冊頁	絹	水墨	28.6 x 21.8		台北 故宮博物院	中畫00330-35
孫武子像(聖君賢臣全身像之36)	冊頁	絹	水墨	28.6 x 21.8		台北 故宮博物院	中畫00330-36
伍員像(聖君賢臣全身像之37)	冊頁	絹	水墨	28.6 x 21.8		台北 故宮博物院	中畫00330-37
孟子像(聖君賢臣全身像之38)	冊頁	絹	水墨	28.6 x 21.8		台北 故宮博物院	中畫00330-38
列子像(聖君賢臣全身像之39)	冊頁	絹	水墨	28.6 x 21.8		台北 故宮博物院	中畫00330-39
莊子像(聖君賢臣全身像之40)	冊頁	絹	水墨	28.6 x 21.8		台北 故宮博物院	中畫00330-40
鬼谷子像(聖君賢臣全身像之41)	冊頁	絹	水墨	28.6 x 21.8		台北 故宮博物院	中畫00330-41
藺相如像(聖君賢臣全身像之42)	冊頁	絹	水墨	28.6 x 21.8		台北 故宮博物院	中畫00330-42
屈原像(聖君賢臣全身像之43)	冊頁	絹	水墨	28.6 x 21.8		台北 故宮博物院	中畫00330-43

名稱	形式	質地	色彩	尺寸 高×寬㎝	創作時間	收藏處所	典藏號碼
張良像(聖君賢臣全身像之44)	冊頁	絹	水墨	28.6 × 21.8		台北 故宮博物院	中畫 00330-44
蕭何像(聖君賢臣全身像之45)	冊頁	絹	水墨	28.6 × 21.8		台北 故宮博物院	中畫 00330-45
韓信像(聖君賢臣全身像之46)	冊頁	絹	水墨	28.6 × 21.8		台北 故宮博物院	中畫 00330-46
倉頡像(歷代聖賢半身像之1)	冊頁	絹	設色	42.6 × 34.6		台北 故宮博物院	中畫 00328-1
咎繇像(歷代聖賢半身像之2)	冊頁	絹	設色	42.6 × 34.6		台北 故宮博物院	中畫 00328-2
后稷像(歷代聖賢半身像之3)	冊頁	絹	設色	42.6 × 34.6		台北 故宮博物院	中畫 00328-3
契像(歷代聖賢半身像之4)	冊頁	絹	設色	42.6 × 34.6		台北 故宮博物院	中畫 00328-4
伊尹(歷代聖賢半身像之5)	冊頁	絹	設色	42.6 × 34.6		台北 故宮博物院	中畫 00328-5
博說像(歷代聖賢半身像之6)	冊頁	絹	設色	42.6 × 34.6		台北 故宮博物院	中畫 00328-6
姜太公像(歷代聖賢半身像之7)	冊頁	絹	設色	42.6 × 34.6		台北 故宮博物院	中畫 00328-7
周公像(歷代聖賢半身像之8)	冊頁	絹	設色	42.6 × 34.6		台北 故宮博物院	中畫 00328-8
老子像(歷代聖賢半身像之9)	冊頁	絹	設色	42.6 × 34.6		台北 故宮博物院	中畫 00328-9
孔子像(歷代聖賢半身像之10)	冊頁	絹	設色	42.6 × 34.6		台北 故宮博物院	中畫 00328-10
屈原像(歷代聖賢半身像之11)	冊頁	絹	設色	42.6 × 34.6		台北 故宮博物院	中畫 00328-11
張良像(歷代聖賢半身像之12)	冊頁	絹	設色	42.6 × 34.6		台北 故宮博物院	中畫 00328-12
東方朔像(歷代聖賢半身像之13)	冊頁	絹	設色	42.6 × 34.6		台北 故宮博物院	中畫 00328-13
董仲舒(歷代聖賢半身像之14)	冊頁	絹	設色	42.6 × 34.6		台北 故宮博物院	中畫 00328-14
司馬遷像(歷代聖賢半身像之15)	冊頁	絹	設色	42.6 × 34.6		台北 故宮博物院	中畫 00328-15
揚雄像(歷代聖賢半身像之16)	冊頁	絹	設色	42.6 × 34.6		台北 故宮博物院	中畫 00328-16
嚴子凌像(歷代聖賢半身像之17)	冊頁	絹	設色	42.6 × 34.6		台北 故宮博物院	中畫 00328-17
諸葛亮像(歷代聖賢半身像之18)	冊頁	絹	設色	42.6 × 34.6		台北 故宮博物院	中畫 00328-18
司馬懿像(歷代聖賢半身像之19)	冊頁	絹	設色	42.6 × 34.6		台北 故宮博物院	中畫 00328-19

名稱	形式	質地	色彩	尺寸 高×寬㎝	創作時間	收藏處所	典藏號碼
王羲之像(歷代聖賢半身像之20)	冊頁	絹	設色	42.6 × 34.6		台北 故宮博物院	中畫 00328-20
陶淵明像(歷代聖賢半身像之21)	冊頁	絹	設色	42.6 × 34.6		台北 故宮博物院	中畫 00328-21
謝靈運像(歷代聖賢半身像之22)	冊頁	絹	設色	42.6 × 34.6		台北 故宮博物院	中畫 00328-22
檀道濟像(歷代聖賢半身像之23)	冊頁	絹	設色	42.6 × 34.6		台北 故宮博物院	中畫 00328-23
昭明太子像(歷代聖賢半身像之24)	冊頁	絹	設色	42.6 × 34.6		台北 故宮博物院	中畫 00328-24
文中子王通像(歷代聖賢半身像之25)	冊頁	絹	設色	42.6 × 34.6		台北 故宮博物院	中畫 00328-25
房元齡像(歷代聖賢半身像之26)	冊頁	絹	設色	42.6 × 34.6		台北 故宮博物院	中畫 00328-26
杜如晦像(歷代聖賢半身像之27)	冊頁	絹	設色	42.6 × 34.6		台北 故宮博物院	中畫 00328-27
李靖像(歷代聖賢半身像之28)	冊頁	絹	設色	42.6 × 34.6		台北 故宮博物院	中畫 00328-28
李勣像(歷代聖賢半身像之29)	冊頁	絹	設色	42.6 × 34.6		台北 故宮博物院	中畫 00328-29
尉遲敬德像(歷代聖賢半身像之30)	冊頁	絹	設色	42.6 × 34.6		台北 故宮博物院	中畫 00328-30
狄仁傑像(歷代聖賢半身像之31)	冊頁	絹	設色	42.6 × 34.6		台北 故宮博物院	中畫 00328-31
姚崇像(歷代聖賢半身像之32)	冊頁	絹	設色	42.6 × 34.6		台北 故宮博物院	中畫 00328-32
宋璟像(歷代聖賢半身像之33)	冊頁	絹	設色	42.6 × 34.6		台北 故宮博物院	中畫 00328-33
顏真卿像(歷代聖賢半身像之34)	冊頁	絹	設色	42.6 × 34.6		台北 故宮博物院	中畫 00328-34
郭子儀像(歷代聖賢半身像之35)	冊頁	絹	設色	42.6 × 34.6		台北 故宮博物院	中畫 00328-35
李白像(歷代聖賢半身像之36)	冊頁	絹	設色	42.6 × 34.6		台北 故宮博物院	中畫 00328-36
杜甫像(歷代聖賢半身像之37)	冊頁	絹	設色	42.6 × 34.6		台北 故宮博物院	中畫 00328-37
韓愈像(歷代聖賢半身像之38)	冊頁	絹	設色	42.6 × 34.6		台北 故宮博物院	中畫 00328-38

名稱	形式	質地	色彩	尺寸 高x寬cm	創作時間	收藏處所	典藏號碼
柳完元像(歷代聖賢半身像之39)	冊頁	絹	設色	42.6 x 34.6		台北 故宮博物院	中畫 00328-39
白居易像(歷代聖賢半身像之40)	冊頁	絹	設色	42.6 x 34.6		台北 故宮博物院	中畫 00328-40
孟郊像(歷代聖賢半身像41)	冊頁	絹	設色	42.6 x 34.6		台北 故宮博物院	中畫 00328-41
賈島像(歷代聖賢半身像42)	冊頁	絹	設色	42.6 x 34.6		台北 故宮博物院	中畫 00328-42
高瓊像(歷代聖賢半身像43)	冊頁	絹	設色	42.6 x 34.6		台北 故宮博物院	中畫 00328-43
包拯像(歷代聖賢半身像44)	冊頁	絹	設色	42.6 x 34.6		台北 故宮博物院	中畫 00328-44
劉擬之像(歷代聖賢半身像之45)	冊頁	絹	設色	42.6 x 34.6		台北 故宮博物院	中畫 00328-45
司馬光像(歷代聖賢半身像之46)	冊頁	絹	設色	42.6 x 34.6		台北 故宮博物院	中畫 00328-46
蘇東坡像(歷代聖賢半身像之47)	冊頁	絹	設色	42.6 x 34.6		台北 故宮博物院	中畫 00328-47
黃庭堅像(歷代聖賢半身像之48)	冊頁	絹	設色	42.6 x 34.6		台北 故宮博物院	中畫 00328-48
邵雍像(歷代聖賢半身像之49)	冊頁	絹	設色	42.6 x 34.6		台北 故宮博物院	中畫 00328-49
周敦頤像(歷代聖賢半身像之50)	冊頁	絹	設色	42.6 x 34.6		台北 故宮博物院	中畫 00328-50
程顥像(歷代聖賢半身像之51)	冊頁	絹	設色	42.6 x 34.6		台北 故宮博物院	中畫 00328-51
程頤像(歷代聖賢半身像52)	冊頁	絹	設色	42.6 x 34.6		台北 故宮博物院	中畫 00328-52
張載像(歷代聖賢半身像53)	冊頁	絹	設色	42.6 x 34.6		台北 故宮博物院	中畫 00328-53
楊時像(歷代聖賢半身像54)	冊頁	絹	設色	42.6 x 34.6		台北 故宮博物院	中畫 00328-54
岳飛像(歷代聖賢半身像55)	冊頁	絹	設色	42.6 x 34.6		台北 故宮博物院	中畫 00328-55
朱熹像(歷代聖賢半身像56)	冊頁	絹	設色	42.6 x 34.6		台北 故宮博物院	中畫 00328-56
張栻像(歷代聖賢半身像57)	冊頁	絹	設色	42.6 x 34.6		台北 故宮博物院	中畫 00328-57
呂祖謙像(歷代聖賢半身像58)	冊頁	絹	設色	42.6 x 34.6		台北 故宮博物院	中畫 00328-58
蔡元定像(歷代聖賢半身像59)	冊頁	絹	設色	42.6 x 34.6		台北 故宮博物院	中畫 00328-59
蔡沈像(歷代聖賢半身像60)	冊頁	絹	設色	42.6 x 34.6		台北 故宮博物院	中畫 00328-60
真德秀像(歷代聖賢半身像61)	冊頁	絹	設色	42.6 x 34.6		台北 故宮博物院	中畫 00328-61

名稱	形式	質地	色彩	尺寸 高x寬cm	創作時間	收藏處所	典藏號碼
許衡像(歷代聖賢半身像62)	冊頁	絹	設色	42.6 x 34.6		台北 故宮博物院	中畫 00328-62
董其昌小像	冊頁	紙	設色	不詳		台北 故宮博物院	故書？
少數民族像（5幀）	冊	紙	設色	（每幀）43.7 x 30.8		北京 故宮博物院	
元太祖成吉思汗像	冊頁	紙	設色	不詳		北京 中國歷史博物館	
歷代帝王像（17幀）	冊	絹	設色	不詳		天津 天津市藝術博物館	
瞿式耜四世像（4幀）	冊	紙	設色	不詳		常熟 江蘇省常熟市文物管理委員會	
羅漢圖（17幀）（故實人物畫）	冊	菩提葉	設色	不詳		長沙 湖南省博物館	
耆英勝會圖	卷	絹	設色	47 x 344		瀋陽 遼寧省博物館	
（明）憲宗行樂圖	卷	紙	設色	36.6 x 630.6		北京 中國歷史博物館	
西園雅集圖	卷	絹	水墨	不詳		北京 中國歷史博物館	
五同會圖	卷	絹	設色	不詳		北京 中國歷史博物館	
貞觀多士圖	卷	紙	水墨	不詳		北京 中國歷史博物館	
摹韓熙載夜宴圖	卷	絹	設色	不詳		北京 中國歷史博物館	
蘭亭修禊圖	卷	紙	設色	不詳		北京 中國歷史博物館	
李泌出山圖	卷	絹	設色	29.2 x 94		北京 首都博物館	
德保松下讀書圖	卷	絹	設色	不詳		北京 首都博物館	
搜山圖	卷	絹	設色	40.5 x 468		濟南 山東省博物館	
竹林七賢圖	卷	紙	設色	不詳		濟南 山東省博物館	
忠孝堂圖	卷	絹	設色	30.8 x 93.5		上海 上海博物館	
蘭亭修禊圖	卷	絹	設色	27.7 x 177.7		上海 上海博物館	
孔子見老子圖	卷	絹	設色	30.5 x 106.7		南京 南京大學	
劉備訪諸葛亮（雪景山水人物）	卷	絹	設色	35.1 x 118.5		日本 東京永青文庫	
孔子弟子圖（3幅）	短卷	絹	設色	（每幅）27 x 49.9		日本 東京住友寬一先生	
文姬歸漢圖	卷	絹	設色	25.6 x 1214.5		日本 奈良大和文華館	
虎溪三笑圖	卷	絹	水墨	不詳		日本 江田勇二先生	
袁安臥雪圖	卷	絹	設色	不詳		美國 哈佛大學福格藝術館	1923.151

名稱	形式	質地	色彩	尺寸 高x寬cm	創作時間	收藏處所	典藏號碼
王陽明像圖	短卷	紙	水墨	24.1 x 42.7		美國　普林斯頓大學藝術館	
孔子問禮圖	卷	絹	設色	47 x 77		美國　華盛頓特區弗瑞爾藝術館	16.114
蘭亭修禊圖	卷	絹	設色	33.3 x 865.7		美國　堪薩斯州立大學藝術博物館	
洛神圖	卷	絹	設色	53.6 x 821.5		英國　倫敦大英博物館	1930.10.15. 02(ADD71)
五王醉歸圖	軸	絹	設色	116.6 x 72.5		台北　故宮博物院	故畫 00678
西園雅集	軸	絹	設色	144.8 x 64.9		台北　故宮博物院	故畫 02354
摹西園雅集圖	軸	絹	設色	191.2 x 98.3		台北　故宮博物院	故畫 00946
盧仝煮茶圖	軸	紙	設色	不詳		旅順　遼寧省旅順博物館	
驢背吟詩圖	軸	紙	水墨	112.2 x 30.3		北京　故宮博物院	
王右軍寫經換鵝圖	軸	絹	設色	不詳		北京　中國歷史博物館	
朱見深（憲宗）調禽圖	軸	絹	設色	不詳		北京　中國歷史博物館	
屈原問渡圖	軸	絹	設色	不詳		北京　中國歷史博物館	
版築求賢圖	軸	絹	設色	151 x 78		北京　首都博物館	
右軍書扇圖	軸	絹	設色	138 x 78		北京　徐悲鴻紀念館	
伏生授經圖	軸	絹	設色	148.2 x 104.5		天津　天津市藝術博物館	
馬融授經圖	軸	絹	設色	181.5 x 104		天津　天津市藝術博物館	
袁安臥雪圖	軸	絹	設色	196.5 x 92.5		天津　天津市藝術博物館	
楊妃簪花圖	軸	絹	設色	132.7 x 69.5		天津　天津市藝術博物館	
承天王府君早朝圖	軸	絹	設色	不詳		天津　天津市歷史博物館	
蘭亭修禊圖	軸	絹	設色	162.5 x 88		太原　山西省博物館	
七子過關圖	軸	絹	設色	不詳		太原　山西省博物館	
畢自嚴四友圖	軸	絹	設色	182 x 94		濟南　山東省博物館	
畢自嚴訓子圖	軸	絹	設色	152 x 72		濟南　山東省博物館	
孔明出山圖	軸	絹	設色	192.7 x 142		上海　上海博物館	
太上老君圖	軸	絹	設色	不詳		南京　南京大學	

名稱	形式	質地	色彩	尺寸 高x寬cm	創作時間	收藏處所	典藏號碼
伏女傳經圖	軸	絹	設色	不詳		鎮江 江蘇省鎮江市博物館	
九老圖	軸	絹	設色	178 × 104		重慶 重慶市博物館	
學士登瀛洲圖	軸	絹	設色	不詳		廣州 廣州市美術館	
送日使小西次忠還國圖（徐楓岡序）	軸	絹	設色	不詳	徐序於嘉靖廿九年（庚戌，1550）	日本 東京高木八尺先生	
前後赤壁圖（2幅）	軸	絹	設色	（每幅）156 × 90.9		日本 京都妙心寺	
明皇窺浴圖	軸	絹	設色	151.5 × 88.5		日本 京都藤井善助先生	
魏徵奉使圖	軸	絹	設色	134.7 × 59.2		日本 岡山縣立美術館	
竹林七賢圖	軸	絹	設色	不詳		日本 成菩提院	
函關訪真圖	軸	絹	設色	250 × 162		美國 普林斯頓大學藝術館	46-194
掛禪圖	軸	絹	設色	151.8 × 99.7		美國 普林斯頓大學藝術館	47-291
王昭君出塞圖	軸	絹	設色	105.7 × 49.7		美國 華盛頓特區弗瑞爾藝術館	17.332
孔子問禮圖	軸	絹	設色	47 × 77		美國 華盛頓特區弗瑞爾藝術館	
李白醉酒圖	軸	絹	設色	144.8×111.8		美國 堪薩斯市納爾遜-艾金斯藝術博物館	
放鶴圖	軸	絹	水墨	127.9 × 99.5		美國 舊金山亞洲藝術館	
劉備三顧茅盧圖	軸	幻	設色	134 × 91.6		美國 勃克萊加州大學高居翰景元齋	
觀碑圖	軸	絹	設色	129.6 × 52.1		德國 科隆東亞藝術博物館	A10.28
昭君出塞圖	團扇面	絹	設色	23.5 × 25.5		昆山 崑崙堂美術館	
明皇幸蜀圖	冊頁	絹	設色	13.6 × 18		美國 賓夕法尼亞州大學藝術館	

（人物畫）

名稱	形式	質地	色彩	尺寸 高x寬cm	創作時間	收藏處所	典藏號碼
出警圖	卷	絹	設色	92.1×2601.3		台北 故宮博物院	中畫 00054
入蹕圖	卷	絹	設色	92.1×3003.6		台北 故宮博物院	中畫 00055

名稱	形式	質地	色彩	尺寸 高x寬cm	創作時間	收藏處所	典藏號碼
瑞應圖（曾棨書瑞應圖序）	卷	紙	設色	30 × 686.3	曾書於永樂十二年（甲午，1414）	台北 故宮博物院	故畫 01660
昭君出塞圖（楊奐、楊凌題）	卷	絹	設色	29 × 232		台北 長流美術館	
白描人物圖	卷	紙	水墨	31.5 × ?		香港 香港大學馮平山博物館	
百老圖	卷	紙	設色	25 × 357.4		哈爾濱 黑龍江省博物館	
約齋圖	卷	絹	設色	31 × 169.7		北京 中國歷史博物館	
人物畫像粉本	卷	紙	設色	29 × 222		天津 天津市藝術博物館	
漁父圖	卷	紙	設色	42.7 × 662		上海 上海博物館	
畿甸觀風圖（？段）	卷	紙	設色	（每段）29 × 89.8不等		上海 上海博物館	
五同會圖	卷	絹	設色	37.4 × 188.2		上海 上海博物館	
洗硯圖	卷	絹	設色	13.6 × 111		成都 四川省博物院	
琴棋書畫圖	卷	絹	設色	29.3 × 186.4		日本 東京藝術大學美術館	484
漁樂圖	卷	絹	設色	不詳		日本 京都小川廣己先生	
招飲圖	卷	絹	設色	不詳		美國 波士頓美術館	
清明上河圖	卷	絹	設色	不詳		美國 紐約大都會藝術博物館	47.18.1
文會圖	卷	絹	設色	31.4 × 53.7		美國 華盛頓特區弗瑞爾藝術館	16.183
五陵挾彈圖	卷	絹	設色	30 × ?		英國 倫敦大英博物館	954.12.11.05 (ADD 286)
故事人物圖	卷	絹	設色	29.9 × 174.5		英國 倫敦大英博物館	902.6.6.45(72
三十六詩仙圖	卷	紙	設色	不詳		日本 兵庫藪本莊五郎先生	
人物	軸	絹	設色	124 × 53.3		台北 故宮博物院	故畫 02947
賣漿圖	軸	絹	設色	60.9 × 38.7		台北 故宮博物院	故畫 02359
品茶圖	軸	絹	設色	157.1 × 67		台北 故宮博物院	故畫 02362
松風高逸	軸	絹	設色	132 × 46		台北 故宮博物院	故畫 02352
秋山高士	軸	紙	設色	80.3 × 26.3		台北 故宮博物院	故畫 02353
樵讀圖	軸	絹	設色	不詳		長春 吉林省博物館	
琵琶仕女圖	軸	絹	設色	121 × 69		瀋陽 遼寧省博物館	
一團和氣圖	軸	紙	設色	不評		北京 故宮博物院	
社戲圖	軸	絹	設色	159 × 101.5	嘉靖元年（壬午，1522）	北京 中國歷史博物館	

名稱	形式	質地	色彩	尺寸 高×寬㎝	創作時間	收藏處所	典藏號碼
貨郎圖	軸	絹	設色	不詳		北京 中國歷史博物館	
蓮社圖	軸	絹	設色	不詳		北京 中國歷史博物館	
提籠鵝圖	軸	絹	設色	不詳		北京 中國歷史博物館	
醉歸圖	軸	絹	設色	不詳		北京 中國美術館	
嬰戲圖	軸	絹	設色	175.5 × 96		北京 中國美術館	
人物故事	軸	絹	設色	不詳		北京 中國美術館	
觀瀑圖	軸	紙	水墨	不詳		北京 中國美術館	
二老談心圖	軸	絹	設色	166.7 × 97.4		天津 天津市藝術博物館	
鬼戲圖	軸	絹	設色	162.8 × 112		天津 天津市藝術博物館	
蕉蔭納涼圖	軸	絹	設色	134.5 × 50.2		天津 天津市藝術博物館	
授經圖	軸	絹	設色	149 × 29.5		天津 天津市藝術博物館	
博古圖	軸	絹	設色	173 × 94.5		天津 天津市歷史博物館	
貨郎圖	軸	絹	設色	不詳		濟南 山東省博物館	
絲綸圖	軸	紙	設色	177 × 84.5		濟南 山東省博物館	
聽琴圖	軸	絹	設色	不詳		濟南 山東省博物館	
釣讀圖	軸	絹	設色	不詳		煙臺 山東省煙臺市博物館	
楓林停車圖	軸	絹	設色	不詳		煙臺 山東省煙臺市博物館	
仿韓幹秋郊牧馬圖	軸	絹	設色	40.5 × 30		合肥 安徽省博物館	
樹下博古圖	軸	絹	設色	143.9 × 78.8		合肥 安徽省博物館	
牧羊圖	軸	絹	設色	不詳		上海 上海博物館	
金盆撈月圖	軸	絹	設色	187.2 × 1401		上海 上海博物館	
會琴圖	軸	絹	設色	152 × 95.7		上海 上海博物館	
聘使問答圖	軸	絹	設色	不詳		上海 上海博物館	
觀瀑圖	軸	絹	設色	144.9 × 71.8		上海 上海博物館	
王尊巡河圖	軸	絹	設色	172 × 92		上海 上海古籍書店	
採芝圖	軸	絹	設色	不詳		南京 南京市博物館	
騎驢探梅圖	軸	絹	設色	不詳		南京 南京大學	
松蔭高士圖	軸	絹	設色	不詳		南京 南京大學	
探梅圖	軸	絹	設色	不詳		南京 南京大學	
邯鄲夢圖	軸	絹	設色	159.3 × 93.1		無錫 江蘇省無錫市博物館	

名稱	形式	質地	色彩	尺寸 高x寬cm	創作時間	收藏處所	典藏號碼
觀潮圖	軸	絹	設色	158 x 98.1		無錫 江蘇省無錫市博物館	
松溪談道圖	軸	絹	設色	不詳		蘇州 江蘇省蘇州博物館	
雪溪探梅圖	軸	絹	設色	167.8 x 100.8		蘇州 江蘇省蘇州博物館	
停舟迎客圖	軸	絹	設色	不詳		蘇州 江蘇省蘇州博物館	
柳蔭高士圖	橫幅	絹	設色	46.5 x 85.5		昆山 崑崙堂美術館	
撲棗圖	軸	絹	設色	不詳		杭州 浙江省杭州市文物考古所	
觀雁圖	軸	絹	水墨	128 x 53.7		長沙 湖南省博物館	
捕魚圖	軸	絹	水墨	143 x 97.5		武漢 湖北省博物館	
嬰戲圖	軸	絹	設色	不詳		武漢 湖北省博物館	
修竹仕女圖	軸	絹	設色	110 x 57.7		成都 四川省博物院	
探梅圖	軸	絹	設色	136 x 70		成都 四川省博物院	
山房對奕圖	軸	絹	水墨	不詳		重慶 重慶市博物館	
聽泉圖	軸	絹	設色	161 x 46		廣州 廣東省博物館	
文會圖	軸	絹	設色	195 x 136		深圳 廣東省深圳市博物館	
評書圖	軸	絹	設色	151.5 x 92.8		昆明 雲南省博物館	
松下高士圖	軸	絹	設色	172.4 x 105.6		日本 仙台市博物館	
高士觀瀑圖（對幅）	軸	絹	設色	（每幅）160.5 x 40		日本 仙台市博物館	
賣貨郎圖（2幅）	軸	絹	設色	（每幅）159.4 x 90.9		日本 東京藝術大學美術館	
賣貨郎圖（2幅）	軸	絹	設色	不詳		日本 東京根津美術館	
松下散仙圖	軸	絹	設色	不詳		日本 東京村上與四郎先生	
多子圖（子孫滿堂）	軸	絹	設色	不詳		日本 東京村上與四郎先生	
彈琴圖	軸	絹	設色	不詳		日本 兵庫縣藪本莊五郎先生	
魏徵奉使圖	軸	絹	設色	134.7 x 59.2		日本 岡山縣立美術館	
高士圖（對幅）	軸	絹	設色	（每幅）112.4 x 46.1		日本 岡山縣立美術館	
高士賞梅圖	軸	絹	設色	不詳		日本 京都新知恩院	
奕棋、撫琴圖（對幅）	軸	絹	水墨	（對幅）127 x 58.7		日本 京都高臺寺	

名稱	形式	質地	色彩	尺寸 高×寬cm	創作時間	收藏處所	典藏號碼
高士聽阮圖	軸	絹	設色	不詳		日本 江田勇二先生	
試馬圖	軸	絹	水墨	不詳		日本 江田勇二先生	
貨郎圖	軸	絹	設色	不詳		日本 江田勇二先生	
琴、棋圖（對幅）	軸	絹	設色	不詳		日本 江田勇二先生	
高士奕棋圖	軸	絹	設色	不詳		日本 江田勇二先生	
高士奕棋圖	橫幅	絹	設色	不詳		日本 江田勇二先生	
高士圖（飲饌圖）	軸	絹	設色	不詳		日本 江田勇二先生	
琴、棋圖（對幅）	軸	絹	設色	不詳		日本 江田勇二先生	
五老賞畫圖	軸	絹	設色	119 × 69.1		日本 木佐靖治先生	
松蔭博古圖	軸	絹	設色	154.3 × 85.8		日本 私人	
倚石觀瀑圖	軸	絹	設色	137.6 × 70.4		日本 私人	
琴棋書畫圖（3幅）	軸	紙	設色	（每幅）96.2 × 57.7		美國 耶魯大學藝術館	1954.40.20a .b.c.
二美品畫圖	軸	絹	設色	145.4×103.6		美國 普林斯頓大學藝術館	47-83
文苑圖	軸	絹	設色	不詳		美國 紐約大都會藝術博物館	57.174.2
漁婦紡繡圖	軸	絹	設色	110.8 × 81.2		美國 紐約大都會藝術博物館	13.220.115
背面仕女圖	小軸	絹	設色	18.2 × 22		美國 紐約大都會藝術博物館	47.18.146
松林高士圖	軸	絹	設色	25 × 27.8		美國 紐約布魯克林博物館	
竹林高士圖	軸	紙	設色	99 × 52.4		美國 印地安那波里斯市藝術 博物館	69.80.3
仕女圖	軸	絹	設色	123.1 × 51.4		美國 堪薩斯市納爾遜-艾金斯 藝術博物館	
美人圖	軸	絹	設色	不詳		美國 堪薩斯市納爾遜-艾金斯 藝術博物館	
仕女圖	軸	絹	設色	不詳		美國 堪薩斯市納爾遜-艾金斯 藝術博物館	
學士圖	軸	絹	設色	135.9 × 91.8		美國 堪薩斯市納爾遜-艾金斯 藝術博物館	F68-30
三報圖	軸	絹	設色	146.7 × 73.7		美國 堪薩斯市納爾遜-艾金斯 藝術博物館	
聽琴圖	軸	絹	設色	27.3 × 22.2		美國 堪薩斯市納爾遜-艾金斯	

名稱	形式	質地	色彩	尺寸 高x寬cm	創作時間	收藏處所	典藏號碼
						藝術博物館	
故事人物圖	軸	絹	設色	134 × 91.6		美國 勃克萊加州大學藝術館（高居翰教授寄存）	
高士探梅圖	軸	絹	設色	136.7 × 91		美國 勃克萊加州大學藝術館（Schlenker 先生寄存）	
牧童晚笛圖	軸	絹	設色	135.3 × 70.3		美國 加州曹仲英先生	
人物（吳超敬題）	軸	絹	設色	62.4 × 90.2		加拿大 多倫多皇家安大略博物館	
仙女鳳凰圖	軸	絹	設色	146.8 × 94.5		英國 倫敦大英博物館	
射獵圖	軸	絹	設色	27.3 × 19.3		英國 倫敦大英博物館	1936.10.9 012(ADD91)
眷屬圖（2幅）	軸	木板	設色	40.5 × 19；41 × 18.6		法國 巴黎賽紐斯基博物館	M.C.7412 , 7413
嬰戲圖	軸	絹	設色	130 × 70		法國 巴黎何順榜、徐維平夫婦	
雪江獨釣圖	軸	絹	設色	52.8 × 37.5		德國 慕尼黑國立民族學博物館	
賣貨郎圖	軸	絹	設色	179.8×117.6		德國 柏林東亞藝術博物館	1968-6
漁夫閒話圖	軸	絹	設色	274.2 × 139		德國 科隆東亞藝術博物館	A11.16
高士圖	軸	絹	設色	105.6 × 44.1		瑞典 斯德哥爾摩遠東古物館	NMOK 424
五子摘桃圖	軸	絹	設色	89 × 48.9		荷蘭 阿姆斯特丹 Rijks 博物館（私人寄存）	
品泉圖（歷朝名人圖繪冊之2）	冊頁	絹	設色	27.5 × 57.4		台北 故宮博物院	故畫 01260-2
覽事圖(歷朝名人圖繪冊之3)	冊頁	絹	設色	31.6 × 51.6		台北 故宮博物院	故畫 01260-3
踢踘圖（清無款花鳥畫冊之14）	冊頁	絹	水墨	不詳		台北 故宮博物院	故畫 03441-14
打馬球（清無款花鳥畫冊之15）	冊頁	絹	水墨	不詳		台北 故宮博物院	故畫 03441-15
漢宮春曉(珍圖薈帙冊之2)	冊頁	絹	設色	24.8 × 24.9		台北 故宮博物院	故畫 03495-2
仕女折梅（珍圖薈帙冊之4）	冊頁	絹	設色	19.7 × 19.7		台北 故宮博物院	故畫 03495-4
力大如牛（明人書畫扇（元）冊之8）	摺扇面	紙	水墨	19.2 × 56.5		台北 故宮博物院	故畫 03564-8
仿顧愷之仙女圖（仿唐宋元山水人物花卉翎毛走獸圖冊	紈扇面	絹	設色	238 × 24.6		香港 劉作籌虛白齋	1c

名稱	形式	質地	色彩	尺寸 高×寬cm	創作時間	收藏處所	典藏號碼
之2）							
仿李公麟人物圖（仿唐宋元山水人物花卉翎毛走獸圖冊之8）	冊頁	絹	設色	27.6 x 21.4		香港 劉作籌虛白齋	1i
仿盛師顏嬰戲圖（仿唐宋元山水人物花卉翎毛走獸圖冊之15）	紈扇面	絹	設色	25.2 x 27.2		香港 劉作籌虛白齋	1t
仿王詵仕女圖（仿唐宋元山水人物花卉翎毛走獸圖冊之11）	紈扇面	絹	設色	24.2 x 23.3		香港 劉作籌虛白齋	1l
仿李昭道山水人物圖（仿唐宋元山水人物花卉翎毛走獸圖冊之3）	紈扇面	絹	設色	26.9 x 28.4		香港 劉作籌虛白齋	1d
仿劉松年山水人物圖（仿唐宋元山水人物花卉翎毛走獸圖冊之5）	紈扇面	絹	設色	32.2 x 29.3		香港 劉作籌虛白齋	1f
出獵圖	冊頁	紙	設色	不詳		北京 中國歷史博物館	
秦淮佳麗圖（畫6幀，書8幀）	冊	絹	設色	不詳		北京 中國歷史博物館	
密跡圖	冊	絹	設色	不詳		北京 中央工藝美術學院	
觀瀑圖	摺扇面	金箋	設色	不詳		上海 上海博物館	
貨郎圖	冊頁	絹	設色	27.5 x 23		昆山 崑崙堂美術館	
背面仕女圖	冊頁	絹	設色	18.2 x 22		美國 紐約大都會藝術博物館	
對奕圖	冊頁	絹	設色	26.9 x 25.4		美國 堪薩斯市納爾遜-艾金斯藝術博物館	
憩睡圖	冊頁	絹	設色	20.4 x 22.8		美國 堪薩斯市納爾遜-艾金斯藝術博物館	
牽馬圖	冊頁	絹	設色	27.9 x 24.1		美國 堪薩斯市納爾遜-艾金斯藝術博物館	
春社圖	紈扇面	絹	設色	25.4 x 22.5		美國 堪薩斯市納爾遜-艾金斯藝術博物館	
高士觀水圖	冊頁	絹	設色	21.6 x 24.2		美國 聖路易斯市藝術館	2.85
漁樂圖	摺扇面	金箋	設色	15.9 x 47		美國 勃克萊加州大學藝術館	CM125
樵夫圖	摺扇面	金箋	水墨	17.9 x 48.3		美國 勃克萊加州大學藝術館（高居翰教授寄存）	CM80
漁夫圖(柳陰小睡)	冊頁	絹	設色	25.5 x 25.2		英國 倫敦大英博物館	1936.10.9 027(ADD106)
松下人物圖（四朝墨寶冊之8	冊頁	絹	設色	27.1 x 31.2		英國 倫敦大英博物館	1946.4.13.8

名稱	形式	質地	色彩	尺寸 高x寬㎝	創作時間	收藏處所	典藏號碼
）							（ADD219）
獨釣圖（明人畫冊之3）	冊頁	紙	設色	30 x 29.7		英國 倫敦大英博物館	1902.6.6.62-3（ADD360）
狩獵圖	冊頁	絹	設色	27.3 x 19.3		英國 倫敦大英博物館	1936.10.9.012（ADD91）
歸牧圖	冊頁	絹	設色	34.3 x 31.7		英國 倫敦大英博物館	1978.12.18.03（ADD412）
拈花美人圖	紈扇面	絹	設色	22.8 x 25.5		英國 倫敦大英博物館	1945.11.1.068（ADD218）
（山水畫）							
釣月亭圖	卷	紙	設色	29.4 x 91.3	祝允明題跋於弘治九年（1496）十一月	台北 故宮博物院	故畫 01087
長江萬里圖	卷	絹	設色	31.7 x 1559.6		台北 故宮博物院	故畫 01655
雪景	卷	紙	水墨	31.7 x 137.3		台北 故宮博物院	故畫 01656
集錦山水精品	卷	紙	設色	21.6 x ？		台北 華叔和後真賞齋	
長江萬里圖	卷	絹	設色	34.3 x 628.4		長春 吉林省博物館	
湖山勝概圖	卷	絹	設色	28.5 x 340		濟南 山東省博物館	
山水圖	卷	絹	設色	27 x 118		上海 上海博物館	
山水圖	卷	絹	設色	25 x 109.9		上海 上海博物館	
江山秋色圖	卷	絹	設色	不詳		上海 上海博物館	
幽壑流泉圖	卷	紙	設色	33.4 x 161.5		成都 四川省博物院	
闕里勝蹟圖	卷	紙	水墨	32.4 x 1645.6		成都 四川省博物院	
江山千里圖	卷	紙	設色	31.8 x 898.4		重慶 重慶市博物館	
雁蕩山圖	卷	綾	設色	不詳		廈門 福建省廈門市博物館	
金碧樓閣山水	卷	絹	青綠	51.5 x 757.5		日本 東京藤井伊藏先生	
雪景山水圖	卷	紙	水墨	23.5 x ？		美國 紐約大都會藝術博物館	55.124
四時山水圖	卷	不詳	不詳	不詳		美國 紐約顧洛阜先生	

名稱	形式	質地	色彩	尺寸 高x寬㎝	創作時間	收藏處所	典藏號碼
山水圖	卷	絹	設色	23.8 × 475.5		美國 堪薩斯市納爾遜-艾金斯 藝術博物館	
青綠山水(仙境圖)	卷	絹	設色	52 × 479.6		美國 堪薩斯市納爾遜-艾金斯 藝術博物館	F72-29
雪景山水圖	卷	絹	水墨	27.8 × 52.3		美國 聖路易斯市吳納孫教授	
臨王維輞川圖	卷	絹	設色	30 × 480.1		美國 西雅圖藝術館	
臨海路王維雪景山水圖	卷	絹	設色	24.3 × ?		美國 夏威夷火魯奴奴藝術學 院	3852.1
山水圖	卷		設色	19.6 × ?		加拿大 多倫多皇家安大略博 物館	
山水圖（溪山樓閣）	卷	絹	設色	28.2 × 156.5		德國 慕尼黑國立民族學博物 館	
山水	軸	紙	水墨	84 × 41.2		台北 故宮博物院	故畫 00677
望海樓圖	軸	絹	設色	159.8 × 93.2		台北 故宮博物院	故畫 00945
山水	軸	紙	設色	69.1 × 39.1		台北 故宮博物院	故畫 02355
雪峰圖	軸	絹	水墨	163.4 × 101.4		台北 故宮博物院	中畫 00041
西湖圖	軸	絹	設色	60.8 × 63		台北 王靄雲先生	
山水圖	軸	絹	設色	不詳	永樂十年壬辰（ 1412）春三月	北京 中國歷史博物館	
雪景山水圖	軸	紙	設色	不詳		北京 中國歷史博物館	
山水圖	軸	絹	設色	不詳		北京 中國美術館	
岳陽樓圖	軸	絹	設色	不詳		北京 中國美術館	
山水圖	軸	絹	水墨	不詳		北京 北京市文物局	
青綠山水圖	軸	絹	設色	139 × 69.2		天津 天津市藝術博物館	
仿宋人重江疊嶂圖	軸	絹	設色	192 × 113		天津 天津市藝術博物館	
高山樓閣圖	軸	絹	設色	138.1 × 58.2		天津 天津市藝術博物館	
雪景山水圖	軸	絹	設色	157 × 74.5		太原 山西省博物館	
重山秋水圖	軸	絹	設色	142 × 111		濟南 山東省濟南市博物館	
雪景山水圖	軸	絹	水墨	不詳		青島 山東省青島市博物館	
山閣茅舍圖	軸	絹	設色	126.2 × 74.		徐州 江蘇省徐州市博物館	
山水圖	軸	紙	設色	不詳		上海 上海博物館	

名稱	形式	質地	色彩	尺寸 高×寬㎝	創作時間	收藏處所	典藏號碼
山水樓閣圖	軸	絹	設色	不詳		上海 上海博物館	
山樓風雨圖	軸	絹	設色	222.4 × 113.6		上海 上海博物館	
北岳圖	軸	絹	設色	210.7 × 65.4		上海 上海博物館	
仙山樓閣圖	軸	絹	設色	172.5 × 88.9		上海 上海博物館	
青山紅樹圖	軸	絹	設色	195 × 93.9		上海 上海博物館	
雨景山水圖	軸	絹	水墨	不詳		上海 上海博物館	
宮苑圖	軸	絹	設色	172.5 × 82		南京 南京市博物館	
石沉江心圖	軸	絹	設色	下詳		南京 南京市博物館	
秋山樓閣圖	軸	絹	設色	不詳		南京 南京市博物館	
春山圖	軸	紙	水墨	不詳		蘇州 江蘇省蘇州博物館	
山水圖	軸	絹	青綠	47.2 × 48.5		重慶 重慶市博物館	
山水圖	軸	紙	設色	不詳		廣州 廣州市美術館	
林堂秋色圖	軸	紙	設色	不詳		廣州 廣州市美術館	
遠浦歸帆圖	軸	絹	設色	136 × 98		廣州 廣州市美術館	
雪滿山中圖	軸	絹	設色	164 × 90.5		南寧 廣西壯族自治區博物館	
咸陽宮圖	軸	絹	設色	137 × 118.6		日本 東京永青文庫	
山水圖（2幅，杜岳山贊）	軸	紙	水墨	不詳		日本 東京荻原安之助先生	
竹林山水（來復禪師贊）	軸	紙	水墨	77.3 × 32.4		日本 東京岩崎小彌太先生	
海福圖	軸	絹	設色	160.6 × 55.4		日本 東京淺野長勳先生	
四時山水（4幅）	軸	絹	設色	（每幅）149.7 × 76.1		日本 橫濱原富太郎先生	
秋景圖（野水孤舟）	軸	絹	設色	16.4 × 20.2		日本 大阪市立美術館	
山水圖	軸	絹	設色	100 × 43.9		日本 岡山縣藤原祥宏先生	
山水圖（臺閣仙苑）	軸	絹	設色	不詳		日本 江田勇二先生	
山水圖（2幅）	軸	絹	設色	不詳		日本 江田勇二先生	
江村幽居圖	軸	絹	設色	150.4 × 106.8		日本 阿形邦三先生	
山水圖	軸	絹	設色	143.2 × 75.6		日本 究理堂文庫	

名稱	形式	質地	色彩	尺寸 高x寬cm	創作時間	收藏處所	典藏號碼
山水圖	軸	絹	設色	不詳		日本 群馬縣長樂寺	
泰山圖	軸	絹	水墨	198.1×108.6		美國 哈佛大學福格藝術館	1923.198
山水圖	軸	絹	設色	123.2×106.7		美國 哈佛大學福格藝術館	1931.114
山水圖	軸	絹	設色	189.2×85.5		美國 耶魯大學藝術館	1953.27.9
山水圖	軸	絹	設色	128×73		美國 耶魯大學藝術館	1956.38.5d
春景山水圖	軸	絹	設色	205.7×114.8		美國 耶魯大學藝術館（Drab-kin先生寄存）	
懸崖秋樹圖	軸	絹	設色	223.5×122.5		美國 紐約大都會藝術博物館	13.220.8
山水圖	軸	絹	設色	94.7×29.6		美國 紐約大都會藝術博物館	1988.153.2
雪景山水圖	軸	紙	設色	170.8×91.8		美國 紐約大都會藝術博物館	1976.2
山水圖	軸	絹	設色	156×99.6		美國 華盛頓特區弗瑞爾藝術館	19.127
山水圖	軸	絹	設色	134×74		美國 華盛頓特區弗瑞爾藝術館	68.43
壽山福海圖（桃澗激湍）	軸	絹	設色	182.4×110.7		美國 華盛頓特區弗瑞爾藝術館	11.270
山水圖	軸	絹	水墨	146×74.3		美國 華盛頓特區弗瑞爾藝術館	68.44
仿馬遠山水圖	軸	絹	水墨	24.4×19.5		美國 密歇根大學藝術博物館	1983/2.140
山水（礐巖古剎）	軸	絹	設色	188×153.2		美國 堪薩斯市納爾遜-艾金斯藝術博物館	
溪山積雪	軸	絹	設色	134.3×83.5		美國 印地安那波里斯市藝術博物館	73.60
青綠山水	軸	絹	設色	158.7×100.8		美國 舊金山亞洲藝術館	B70 D7
山水人物圖	軸	絹	設色	152.1×90		美國 勃克萊加州大學藝術館	1983.24.4
青綠山水圖	軸	絹	設色	144.1×55.4		美國 勃克萊加州大學藝術館（高居翰教授寄存）	CM8
山水圖	軸	絹	水墨	98×45.2		美國 勃克萊加州大學藝術館（高居翰教授寄存）	CM3
山水圖	橫幅	絹	設色	30×53.8		美國 勃克萊加州大學藝術館（高居翰教授寄存）	CM5

名稱	形式	質地	色彩	尺寸 高x寬 cm	創作時間	收藏處所	典藏號碼
山水圖（松巖樓閣）	軸	絹	設色	173.5 x47		美國 鳳凰市美術館(Mr.Roy And Marilyn Papp 寄存）	
山水圖	軸	絹	設色	148.6 × 86.5		英國 倫敦大英博物館	1936.10.9.03 5(ADD114)
山水圖	軸	絹	水墨	160.3×101.4		英國 倫敦大英博物館	1936.10.9.03 7(ADD116)
水陸圖	軸	絹	設色	138 × 74.5		德國 柏林東亞藝術博物館	1987-42
摹趙千里吳宮萬玉圖（文徵明題）	軸	金箋	水墨	28.5 × 38.6		德國 柏林東亞藝術博物館	1988-447
山水圖	軸	絹	設色	133 × 47.6		德國 科隆東亞西亞藝術館	A10.5
山水圖	軸	絹	設色	175.1×104.8		德國 科隆東亞西亞藝術館	A79.105
柱石呈祥圖	軸	絹	設色	180 × 89.5		瑞典 斯德哥爾摩遠東古物館	NMOK400
林亭秋色（歷朝名人圖繪冊之4）	冊頁	紙	水墨	27.5 × 50.7		台北 故宮博物院	故畫 01260-4
明人仿宋元諸家山水（20幀）	冊	絹	設色	（每幀）53.3 × 34.5		台北 故宮博物院	故畫 01297
明人畫山水（8幀）	冊	絹	設色	（每幀）38 × 30.5		台北 故宮博物院	故畫 03181
雪景山水（宋元明集繪冊之4）	冊頁	絹	設色	22.6 × 22.7		台北 故宮博物院	故畫 03474-4
山崖築亭（列朝名繪冊之3）	冊頁	絹	設色	26 × 24.6		台北 故宮博物院	故畫 03479-3
翠山巘飛閣（集古名繪冊之11）	冊頁	絹	設色	25 × 24.6		台北 故宮博物院	故畫 03482-11
小村風雨（明人畫岩堅清暉冊之7）	冊頁	絹	設色	32.7 × 22.8		台北 故宮博物館	故畫 03512-7
楓林懸泉（明人畫岩堅清暉冊之9）	冊頁	絹	設色	32.7 × 22.8		台北 故宮博物館	故畫 03512-9
溪山村落（明人畫岩堅清暉冊之10）	冊頁	絹	設色	32.7 × 22.8		台北 故宮博物館	故畫 03512-10
雪山蕭寺（明人畫岩堅清暉冊之12）	冊頁	絹	設色	32.7 × 22.8		台北 故宮博物館	故畫 03512-12
滕王閣圖（各人書畫扇（王）冊之0）	摺扇面	紙	設色	不詳		台北 故宮博物院	故畫 03560-0
層巖若雲（各人書畫扇（王）冊之12）	摺扇面	紙	設色	不詳		台北 故宮博物院	故畫 03560-12

名稱	形式	質地	色彩	尺寸 高x寬㎝	創作時間	收藏處所	典藏號碼
湖上綠楊（明人書畫扇（元）冊之1）	摺扇面	紙	水墨	19.2 x 56.5		台北 故宮博物院	故畫 03564-1
水心亭子（明人書畫扇（元）冊之2）	摺扇面	紙	水墨	19.2 x 56.5		台北 故宮博物院	故畫 03564-2
瀉地秋風（明人書畫扇（元）冊之3）	摺扇面	紙	水墨	19.2 x 56.5		台北 故宮博物院	故畫 03564-3
綠樹梢頭（明人書畫扇（元）冊之5）	摺扇面	紙	水墨	19.2 x 56.5		台北 故宮博物院	故畫 03564-5
秋暮漁舟（明人書畫扇（元）冊之7）	摺扇面	紙	水墨	19.2 x 56.5		台北 故宮博物院	故畫 03564-7
紫陌穿楊（明人書畫扇（元）冊之10）	摺扇面	紙	水墨	19.2 x 56.5		台北 故宮博物院	故畫 03564-10
江上帆影（明人書畫扇（元）冊之24）	摺扇面	紙	水墨	19.2 x 56.5		台北 故宮博物院	故畫 03564-24
柳岸遠寺（明人書畫扇（亨）冊之3）	摺扇面	紙	設色	19.2 x 56.5		台北 故宮博物院	故畫 03565-3
舟行江中（明人書畫扇（亨）冊之4）	摺扇面	紙	設色	19.2 x 56.5		台北 故宮博物院	故畫 03565-4
春江庭院（韞真集慶冊之4）	冊頁	絹	設色	20.2 x 22.4		台北 故宮博物館	故畫 03948-4
瀟湘八景圖（8幀，對幅彭年題）	冊	絹	設色	（每幀）18.3 x 12.9		台北 蘭千山館	
山水圖	冊頁	絹	設色	26.3 x 51.6		香港 李潤桓心泉閣	K92.97
山水圖（明清名家書畫扇面冊之5）	摺扇面	金箋	水墨	18.1 x 55.5		香港 潘祖堯小聽颿樓	CP73
仿顧愷之避暑宮圖（仿唐宋元山水人物花卉翎毛走獸圖冊之1）	紈扇面	絹	設色	27.3 x 28.8		香港 劉作籌虛白齋	1b
仿燕文貴雪景山水圖（仿唐宋元山水人物花卉翎毛走獸圖冊之7）	紈扇面	絹	設色	24.5 x 26.5		香港 劉作籌虛白齋	1h
伺馬遠雪景山水圖（仿唐宋元山水人物花卉翎毛走獸圖冊之9）	紈扇面	絹	設色	25.2 x 27.5		香港 劉作籌虛白齋	1j
樓閣圖	冊頁	絹	設色	不詳		北京 中國歷史博物館	
西湖圖	紈扇面	絹	設色	不詳		合肥 安徽省博物館	

名稱	形式	質地	色彩	尺寸 高x寬cm	創作時間	收藏處所	典藏號碼
秋山夜月圖	紈扇面	絹	設色	19.1 x 19.4		上海 上海博物館	
黃鶴樓圖	冊頁	絹	設色	33.2 x 30.4		上海 上海博物館	
黃鶴樓圖	冊頁	絹	設色	23.3 x 20.9		上海 上海博物館	
蘆汀小艇圖	冊頁	絹	設色	24 x 25.3		上海 上海博物館	
山水圖（12幀）	冊	絹	設色	（每幀）10.5 x 10.5		南寧 廣西壯族自治區博物館	
秋景圖	冊頁	絹	設色	16.4 x 20.2		日本 大阪市立美術館	
山水圖	摺扇面	金箋	設色	18 x 48.1		日本 大阪橋本大乙先生	
山水(湖山客居圖)	冊頁	絹	設色	24.7 x 26.6		美國哈佛大學福格藝術館	1936.111
山水圖	冊頁	紙	設色	20.9 x 29.2		美國哈佛大學福格藝術館	1923.175a
山水圖	紈扇面	絹	設色	23.8 x 24.7		美國 紐約大都會藝術博物館	47.18.136
山水圖	紈扇面	絹	設色	22.4 x 23.1		美國 紐約大都會藝術博物館	47.18.37
青綠山水圖	紈扇面	絹	設色	24 x 25.5		美國 紐約顧洛阜先生	
青綠山水圖	紈扇面	絹	設色	24 x 25.5		美國 紐約顧洛阜先生	
山水	紈扇面	絹	設色	23.8 x 24.7		美國 紐約顧洛阜先生	
山水	紈扇面	絹	設色	22.4 x 23.1		美國 紐約顧洛阜先生	
婁江圖（諸名賢壽文徵明八十詩畫冊之9）	冊頁	絹	設色	21.8 x 19		美國 紐約王季遷明德堂	
水閣臨流（明山水冊之8）	冊頁	紙	設色	不詳		美國 紐約Hobart 先生	
山水（7幀）	冊	紙	設色	不詳		美國 紐約Hobart 先生	
古松泉水圖	冊頁	絹	設色	30.5 x 30.3		美國 賓夕法尼亞州大學藝術館	
山水圖）	冊頁	絹	水墨	29 x 28.8		美國 華盛頓特區弗瑞爾藝術館	05.264
樓閣山水圖	紈扇面	絹	設色	26.6 x 27.9		美國 華盛頓特區弗瑞爾藝術館	11.155d
樓閣山水圖	紈扇面	絹	設色	27.1 x 27.2		美國 華盛頓特區弗瑞爾藝術館	11.155c
樓閣山水圖	紈扇面	絹	設色	23.9 x 26.4		美國 華盛頓特區弗瑞爾藝術館	11.155e
青綠山水圖	紈扇面	絹	設色	28.8 x 30.9		美國 華盛頓特區弗瑞爾藝術館	11.155f
山水圖	紈扇面	絹	設色	22.9 x 21.8		美國 克利夫蘭藝術博物館	
山水圖	冊頁	紙	設色	不詳		美國 堪薩斯市納爾遜-艾金斯	

名稱	形式	質地	色彩	尺寸 高×寬cm	創作時間	收藏處所	典藏號碼
山水圖	紈扇面	絹	設色	不詳		藝術博物館 美國 堪薩斯市納爾遜-艾金斯 藝術博物館	
山水圖	紈扇面	絹	設色	26.5 × 26.6		美國 舊金山亞洲藝術館	B77 D1
山水圖(明清扇面圖冊之1)	摺扇面	金箋	水墨	不詳		美國 加洲勃克萊大學藝術館 （Schlenker 先生寄存）	
山水圖（5幀）	冊	絹	設色	（每幀）23.1 × 19.8		美國 聖地牙哥藝術博物館	85.44a - e
山水圖	紈扇面	絹	水墨	24.5 × 25		加拿大 多倫多皇家安大略博 物館	920.21.33
樓閣圖	摺扇面	絹	設色	23.1 × 24.2		英國 倫敦大英博物館	1951.4.7.01 6(ADD274)
山水圖	冊頁	絹	水墨	27.9 × 18.2		英國 倫敦大英博物館	1964.4.11.5 6(ADD339)
山水圖	摺扇面	絹	水墨	24.3 × 23		英國 倫敦大英博物館	1975.3.3.02 (ADD388)
山水圖（明人畫冊之1）	冊頁	紙	水墨	30.2 × 39.8		英國 倫敦大英博物館	1902.6.6.64 (ADD 360)
山水圖	摺扇面	金箋	設色	19.5 × 58.6		英國 倫敦維多利亞-艾伯特博 物館	F.E.6-1974
山水圖 （山水人物畫）	摺扇面	金箋	設色	15.8 × 50.3		德國 科隆東亞藝術博物館	A55.6
皇都積勝圖	卷	絹	設色	不詳		北京 中國歷史博物館	
錢塘觀潮圖	卷	紙	設色	38 × 334.2		廣州 廣東省博物館	
竹蔭納涼圖	軸	絹	設色	174.3 × 109.3		長春 吉林大學	
磻谿問道圖	軸	絹	設色	195 × 100.5		長春 吉林大學	
秋林垂釣圖	軸	絹	設色	不詳		北京 故宮博物院	
曉耕圖	軸	絹	設色	217.9 × 176.9		北京 中國歷史博物館	
蘆溝橋運筏圖	軸	絹	設色	143.6 × 104.8		北京 中國歷史博物館	
攜琴訪友圖	軸	絹	設色	226.5 × 115		北京 北京畫院	
風雨歸耕圖	軸	絹	水墨	不詳		北京 中央工藝美術學院	
竹亭聽秋圖	軸	絹	設色	148 × 53		天津 天津市藝術博物館	

名稱	形式	質地	色彩	尺寸 高x寬cm	創作時間	收藏處所	典藏號碼
雪江泛舟圖	軸	絹	設色	140 x 65		天津 天津市藝術博物館	
停琴聽阮圖	軸	絹	設色	141.6 x 105.6		天津 天津市藝術博物館	
攜琴過橋圖	軸	絹	水墨	160.5 x ?		天津 天津市藝術博物館	
臨瀑撫琴圖	軸	絹	設色	147.5 x 80		石家莊 河北省博物館	
春亭閑憩圖	軸	絹	設色	157.5 x 103.5		濟南 山東省博物館	
梅下圍棋圖	軸	絹	設色	57.5 x 46.5		濟南 山東省博物館	
雪山歸騎圖	軸	絹	設色	112 x 55		濟南 山東省濟南市博物館	
深山歸旅圖	軸	絹	設色	178.3 x101		合肥 安徽省博物館	
園林掃花圖	軸	絹	設色	不詳		泰州 江蘇省泰州市博物館	
入山圖	軸	絹	設色	160 x 102		徐州 江蘇省徐州市博物館	
山居樂志圖	軸	紙	設色	133.2 x 50.9		上海 上海博物館	
山樓思詩圖	軸	絹	設色	145.5 x 61.1		上海 上海博物館	
竹林策杖圖（冊頁裝成）	軸	紙	水墨	116.7 x 60.6		上海 上海博物館	
松坡行旅圖	軸	絹	設色	166.3 x 82		上海 上海博物館	
松蔭論古圖	軸	紙	設色	不詳		上海 上海博物館	
春涉圖	軸	絹	設色	不詳		上海 上海博物館	
研砆點易圖	軸	絹	設色	180.3 x 103.7		上海 上海博物館	
秋林策蹇圖	軸	絹	設色	142.8 x 59.6		上海 上海博物館	
雪山訪友圖	軸	絹	設色	不詳		上海 上海博物館	
雪溪沽魚圖	軸	絹	設色	157.5 x 83.5		上海 上海博物館	
溪山遠眺圖	軸	絹	設色	193.6 x 105.5		上海 上海博物館	
攜琴訪友圖	軸	絹	設色	139.2 x 76.5		上海 上海博物館	
攜琴訪友圖	軸	紙	設色	116.6 x 36.7		上海 上海博物館	
蜀江歸棹圖	軸	絹	設色	192.6 x 39.1		上海 上海博物館	
蓮塘宴集圖	軸	絹	設色	170.2 x 92.1		上海 上海博物館	
騎驢尋春圖	軸	絹	設色	不詳		上海 上海博物館	
溪橋幽賞圖	軸	絹	設色	不詳		上海 上海古籍書店	
松齋靜坐圖	軸	絹	水墨	10 x 106.7		南京 南京博物院	
海屋添籌圖	軸	絹	設色	不詳		南京 南京市博物館	
高閣客至圖	軸	絹	設色	不詳		南京 南京市博物館	
臨流賦詩圖	軸	絹	設色	187.2 x 103		南京 南京大學	

名稱	形式	質地	色彩	尺寸 高×寬cm	創作時間	收藏處所	典藏號碼
雪山行旅圖	軸	絹	設色	147.5 × 83.2		溫州 浙江省溫州博物館	
茅亭客話圖	軸	絹	設色	121 × 66		成都 四川省博物館	
行旅圖	軸	絹	設色	162 × 72		廈門 福建省廈門華僑博物館	
竹林覓句圖	軸	紙	設色	272.8 × 86.4		廣州 廣東省博物館	
松溪垂釣圖	軸	絹	設色	171.5 × 98		廣州 廣東省博物館	
溪山行旅圖	軸	絹	設色	143 × 79.		廣州 廣東省博物館	
漁浦晚歸圖	軸	絹	設色	143 × 86.7		廣州 廣東省博物館	
溪山高隱圖	軸	絹	設色	176 × 104.5		南寧 廣西壯族自治區博物館	
秋山行旅圖	軸	紙	設色	153.2 × 50		日本 東京國立博物館	TA491
楓林停車圖	軸	絹	設色	164.2×109.4		日本 東京國立博物館	TA360
山水人物（樵夫圖）	軸	紙	設色	141 × 49.6		日本 東京永青文庫	
山水人物（歸漁圖）	軸	紙	設色	141 × 49.6		日本 東京永青文庫	
山水人物（休憩圖）	軸	紙	設色	141 × 49.6		日本 東京永青文庫	
山水人物	軸	絹	設色	不詳		日本 東京根津美術館	
樓閣人物圖	軸	絹	設色	不詳		日本 東京根津美術館	
青綠山水（春景游賞圖）	軸	紙	設色	135 × 77.6		日本 山口縣菊屋嘉十郎先生	
倚松賞菊圖	軸	絹	設色	不詳		日本 江田勇二先生	
谿館聽松圖	軸	絹	設色	199.5×106.2		美國 華盛頓特區弗瑞爾藝術館	70.36
秋亭賞月圖	軸	絹	設色	129.8 × 45.6		美國 華盛頓特區弗瑞爾藝術館	07.140
山水人物圖	軸	絹	設色	93.1 × 48.8		美國 堪薩斯市納爾遜-艾金斯藝術博物館	34-277
山水人物圖	軸	絹	設色	185.9 × 98		加拿大 多倫多皇家安大略博物館	
樹下讀書圖	軸	絹	設色	127.5 × 77.8		英國 倫敦大英博物館	1936.10.9.042(ADD121)
攜琴訪友圖	軸	絹	水墨	148.6 × 89.4		英國 倫敦大英博物館	1947.7.12.04(ADD228)
山水人物圖	軸	絹	設色	85.7 × 42.5		英國 倫敦大英博物館	1950.11.11.05(ADD259)
騎驢人物山水圖	軸	絹	水墨	93.1 × 46.1		英國 倫敦大英博物館	1926.4.10.05（ADD36）
柳塘結夏（清人小畫冊之4）	冊頁	絹	水墨	不詳		台北 故宮博物院	故畫 03441-4

名稱	形式	質地	色彩	尺寸 高x寬㎝	創作時間	收藏處所	典藏號碼
水閣招涼（清人小畫冊之11）	冊頁	絹	水墨	不詳		台北 故宮博物院	故畫 03441-11
連朝花信（祝壽書畫合璧冊之12）	冊頁	絹	設色	不詳		台北 故宮博物院	故畫 03443-12
雪山行旅（宋元明集徐冊之9）	冊頁	絹	設色	22.6 x 23.6		台北 故宮博物院	故畫 03457-9
柳塘採菱（宗之明人合璧冊之11）	冊頁	絹	設色	21.7 x 19.9		台北 故宮博物院	故畫 03478-11
石梁舟渡（列朝名繪冊之5）	冊頁	絹	設色	38.7 x 30.8		台北 故宮博物院	故畫 03479-5
虛室彈琴（列朝名繪冊之13）	冊頁	絹	設色	30 x 28.4		台北 故宮博物院	故畫 03479-13
寒林策蹇（集古名繪冊之10）	冊頁	絹	設色	15.9 x 20		台北 故宮博物院	故畫 03482-10
雪屋寒吟（集古名繪冊之12）	冊頁	絹	設色	21.9 x 27.2		台北 故宮博物院	故畫 03482-12
松下觀泉（珍閣薈帙冊之7）	冊頁	絹	設色	24.9 x 22.8		台北 故宮博物院	故畫 03495-7
梅園讀書（明人畫岩堅清暉冊之1）	冊頁	絹	設色	32.7 x 22.8		台北 故宮博物館	故畫 03512-1
溪橋策蹇（明人畫岩堅清暉冊之3）	冊頁	絹	設色	32.7 x 22.8		台北 故宮博物館	故畫 03512-3
荷塘結夏（明人畫岩堅清暉冊之4）	冊頁	絹	設色	32.7 x 22.8		台北 故宮博物館	故畫 03512-4
柳陰歇舟（明人畫岩堅清暉冊之5）	冊頁	絹	設色	32.7 x 22.8		台北 故宮博物館	故畫 03512-5
崇閣觀月（明人畫岩堅清暉冊之6）	冊頁	絹	設色	32.7 x 22.8		台北 故宮博物館	故畫 03512-6
竹林撫琴（明人畫岩堅清暉冊之8）	冊頁	絹	設色	32.7 x 22.8		台北 故宮博物館	故畫 03512-8
雪山行旅（明人畫岩堅清暉冊之11）	冊頁	絹	設色	32.7 x 22.8		台北 故宮博物館	故畫 03512-11
坐看瀑布（明人書畫扇（元）冊之4）	摺扇面	紙	水墨	19.2 x 56.5		台北 故宮博物院	故畫 03564-4
乘舟訪友（明人書畫扇（亨）冊之1）	摺扇面	紙	水墨	19.2 x 56.5		台北 故宮博物院	故畫 03565-1
蒼松幽溪（明人書畫扇（亨）冊之6）	摺扇面	紙	水墨	19.2 x 56.5		台北 故宮博物院	故畫 03565-6
春江水暖（明人書畫扇（亨）冊之7）	摺扇面	紙	設色	19.2 x 56.5		台北 故宮博物院	故畫 03565-7
暮雲春樹（明人書畫扇（亨）	摺扇面	紙	設色	19.2 x 56.5		台北 故宮博物院	故畫 03565-10

名稱	形式	質地	色彩	尺寸 高×寬㎝	創作時間	收藏處所	典藏號碼
冊之10）							
凌波新妝（明人書畫扇（亨）冊之11）	摺扇面	紙	設色	19.2 × 56.5		台北 故宮博物院	故畫 03565-11
支硎山圖（明人書畫扇（亨）冊之13）	摺扇面	紙	設色	19.2 × 56.5		台北 故宮博物院	故畫 03565-13
萬壑楓色（明人書畫扇（亨）冊之14）	摺扇面	紙	設色	19.2 × 56.5		台北 故宮博物院	故畫 03565-14
湖心亭子（明人書畫扇（亨）冊之23）	摺扇面	紙	設色	19.2 × 56.5		台北 故宮博物院	故畫 03565-23
水榭視梅（韞真集慶冊之2）	冊頁	絹	設色	19.8 × 21.2		台北 故宮博物館	故畫 03948-2
清溪垂釣（韞真集慶冊之5）	冊頁	絹	設色	25.6 × 27.1		台北 故宮博物館	故畫 03948-5
雪溪捕魚圖	冊頁	絹	水墨	148 × 76.8		北京 故宮博物院	
盤車圖	冊頁	絹	設色	27 × 29.3		北京 故宮博物院	
策蹇圖（6幀）	冊	絹	設色	不詳	庚寅（乾隆三十五年，1770）	北京 中國美術館	
松屋讀書圖	冊頁	絹	設色	32 × 83.9		淮安 江蘇省淮安縣博物館	
江城送別圖	冊頁	絹	水墨	32.3 × 73.9		淮安 江蘇省淮安縣博物館	
山堂客話圖	冊頁	絹	設色	18.4 × 16.5		上海 上海博物館	
山遊圖	冊頁	絹	設色	24.2 × 23.6		上海 上海博物館	
松溪喚渡圖	紈扇面	絹	水墨	24.3 × 24.4		上海 上海博物館	
風雨泛舟圖	冊頁	絹	設色	23.1 × 25.2		上海 上海博物館	
風雨歸舟圖	紈扇面	絹	水墨	24.3 × 24.2		上海 上海博物館	
高閣遊賞圖	冊頁	絹	水墨	22.4 × 24		上海 上海博物館	
祕殿焚香圖	冊頁	絹	設色	23 × 20.7		上海 上海博物館	
惜花圖	冊頁	絹	設色	不詳		上海 上海博物館	
寒山策蹇圖	冊頁	絹	設色	25.3 × 24		上海 上海博物館	
焚香圖	紈扇面	絹	設色	24.2 × 24.2		上海 上海博物館	
溪山客話圖	冊頁	絹	設色	28.9 × 27.7		上海 上海博物館	
雪山行旅	紈扇面	絹	設色	不詳		美國 波士頓美術館	
秋江覓渡	冊頁	絹	設色	不詳		美國 波士頓美術館	
荻岸扁舟	冊頁	絹	設色	不詳		美國 波士頓美術館	
湖岸繫舟圖	紈扇面	絹	設色	25.8 × 27.6		美國 華盛頓特區弗瑞爾藝術館	11.162c
臨流濯足	紈扇面	絹	設色	不詳		美國 華盛頓特區弗瑞爾藝術館	

名稱	形式	質地	色彩	尺寸 高×寬cm	創作時間	收藏處所	典藏號碼
山水人物圖	紈扇面	絹	水墨	25 × 25.8		美國 聖地牙哥藝術博物館	85.45
樓閣人物圖（走獸畫）	紈扇面	絹	設色	23 × 24.1		美國 聖地牙哥藝術博物館	85.47
驪虞圖	卷	絹	設色	54 × 129	永樂二年（甲申，1404）秋九月畫	台北 故宮博物院	故畫 01045
掃象圖	卷	紙	設色	33.6 × 135.8		台北 故宮博物院	中畫 00151
驪虞圖	卷	絹	設色	51.8 × 125	永樂二年（甲申，1404）秋九月畫	台北 故宮博物院	故畫 01662
考牧圖	卷	絹	設色	24.6 × 160.2		台北 故宮博物院	故畫 01657
百祿圖	卷	絹	設色	45.6 × 290		台北 故宮博物院	故畫 01659
洗馬圖	卷	絹	青綠	30 × 108		瀋陽 遼寧省博物館	
秋郊犬獵圖	卷	紙	水墨	不詳		北京 中國美術館	
九馬圖	卷	絹	設色	35.5 × ？		日本 岡山市藤原祥宏先生	
群馬圖（趙光遠題）	卷	絹	設色	43.4 × 80.8		日本 東京柳孝藏先生	
八駿圖	卷	紙	設色	29.1 × 117.3		美國 華盛頓特區弗瑞爾藝術館	15.5
牧牛圖	軸	紙	水墨	73.6 × 37.4		台北 故宮博物院	故畫 02356
眉壽圖	軸	絹	設色	117.6 × 49.6		台北 故宮博物院	故畫 02361
麒麟（沈度書頌）	軸	絹	設色	90.4 × 45		台北 故宮博物院	故畫 02364
㺱猊圖	軸	紙	設色	211.9 × 178.6		台北 故宮博物院	故畫 03749
調馬圖	軸	絹	青綠	181 × 91		瀋陽 遼寧省博物館	
竹石狸貓圖	軸	絹	設色	182.7 × 108.7		北京 故宮博物院	
貓蝶圖（耄耋圖）	軸	絹	設色	108 × 98.2		北京 中央美術學院	
牧牛圖	軸	絹	設色	不詳		太原 山西省博物館	
松蔭相馬圖	軸	絹	設色	不詳		濟南 山東省博物館	
蜂猴飲泉圖	軸	絹	設色	不詳		上海 上海博物館	
馬圖	軸	絹	設色	不詳		廈門 福建省廈門華僑博物館	
蕉蔭狸奴圖	軸	絹	水墨	178 × 105		廈門 福建省廈門華僑博物館	
伏虎圖	軸	絹	設色	141.6 × 72.3		廣州 廣東省博物館	
貓圖	軸	紙	水墨	不詳		日本 東京團伊能先生	
虎圖（對幅）	軸	絹	設色	（每幅）104 × 54.5		日本 山口縣菊屋嘉十郎先生	

名稱	形式	質地	色彩	尺寸 高x寬cm	創作時間	收藏處所	典藏號碼
枯木栗鼠圖	軸	紙	水墨	124.2 x 54.5		日本 京都木嶋櫻谷先生	
母虎幼子圖	軸	絹	設色	159 x 98.9		日本 京都東海庵	
龍、虎圖（對幅）	軸	絹	水墨	（每幅）115.3 x 54.2		日本 京都妙心寺	
牧馬圖（螺山題贊）	軸	絹	設色	不詳		日本 京都慈照寺	
松虎圖	軸	紙	設色	135 x 56.4		日本 熊本縣松田文庫	1-161
蜀葵遊貓圖	軸	絹	設色	192.5 x 96.3		美國 華盛頓特區弗瑞爾藝術館	11.281
相馬圖	軸	絹	設色	167.2 x 94.4		美國 印地安那波里斯市藝術博物館	1985.137
兔圖	軸	不詳	不詳	不詳		美國 堪薩斯市納爾遜-艾金斯藝術博物館	
貢馬圖	橫幅	絹	設色	94.2 x 97.5		美國 堪薩斯市納爾遜-艾金斯藝術博物館	
馬伕與馬	軸	不詳	不詳	不詳		美國 堪薩斯市納爾遜-艾金斯藝術博物館	
相馬圖	軸	絹	設色	74.8 x 44.5		美國 西雅圖市藝術館	Ch32.5
飼馬圖	軸	絹	設色	不詳		美國 舊金山亞洲藝術館	B60D115
猿猴圖	軸	紙	設色	197.3 x 102.4		瑞典 斯德哥爾摩遠東古物館	NMOK384
牧牛圖	軸	絹	水墨	95 x 50.5		荷蘭 阿姆斯特丹 Rijks 博物館（阿市私人寄存）	
掃象圖	軸	絹	設色	134.5 x 82		捷克 布拉格 Narodoni Galerie v Praze	Vm315-1161/20
牧牛圖（明人畫岩堅清暉冊之2）	冊頁	絹	設色	32.7 x 22.8		台北 故宮博物館	故畫 03512-2
仿馬遠梅下鹿圖（仿唐宋元山水人物花卉翎毛走獸圖冊之6）	冊頁	絹	設色	29.9 x 31.1		香港 劉作籌虛白齋	1g
人馬圖（原名元任仁發畫）	冊頁	絹	設色	32.1 x 57.9		淮安 江蘇省淮安縣博物館	
霜林白虎圖	冊頁	絹	設色	29.8 x 69		淮安 江蘇省淮安縣博物館	
三獅圖	冊頁	絹	設色	21.5 x 29		昆山 崑崙堂美術館	
牧牛圖（8幀）	冊	絹	設色	不詳		武漢 湖北省博物館	
鼠瓜圖	冊頁	絹	設色	24.6 x 25.6		英國 倫敦大英博物館	1945.11.1.067(ADD217)
歸牧圖	冊頁	絹	設色	34.3 x 31.7		英國 倫敦大英博物館	

名稱	形式	質地	色彩	尺寸 高x寬cm	創作時間	收藏處所	典藏號碼
鷹犬捕兔圖（唐宋畫冊之1）	冊頁	絹	設色	24.7 x 25.2		英國 倫敦大英博物館	1936.10.9.03（ADD82）
（鱗介畫）							
九龍圖	卷	絹	設色	31.2 x 378.5		天津 天津市藝術博物館	
群龍戲海圖	卷	絹	水墨	22 x 197.6		廣州 廣東省博物館	
藻魚圖	卷	絹	設色	25.5 x 104.2		美國 華盛頓特區弗瑞爾藝術館	11.226
群鮮朝鯉圖	卷	絹	設色	36.3 x ?		美國 印地安那波里斯市藝術博物館	
雙鯉圖	軸	絹	設色	不詳		北京 故宮博物院	
鯉魚圖	軸	絹	設色	87 x 44		昆山 崑崙堂美術館	
雲龍圖	軸	絹	水墨	不詳		日本 京都新知恩院	
游魚圖	軸	絹	水墨	不詳		美國 波士頓美術館	
藻魚圖	軸	紙	水墨	110 x 57.2		美國 紐約大都會藝術博物館	53.103
藻魚圖	軸	絹	設色	25.5 x 104.2		美國 華盛頓特區弗瑞爾藝術館	
魚藻圖	橫幅	絹	設色	35 x 53		美國 克利夫蘭藝術博物館	
藻魚圖	軸	紙	設色	68.4 x 36.5		美國 勃克萊加州大學藝術館（高居翰教授寄存）	
雙龍圖	軸	絹	設色	144.5 x 91.6		美國 聖地牙哥藝術博物館	91.50
蟹圖	紈扇面	絹	水墨	24.3 x 27.1		美國 聖地牙哥藝術博物館	85.43
（翎毛畫）							
梅花雙禽圖	卷	絹	設色	32.5 x 207		北京 故宮博物院	
鳴哀詳紀圖	卷	絹	設色	不詳		杭州 浙江省杭州西冷印社	
千雁圖	卷	紙	設色	32.3 x 1051.5		重慶 重慶市博物館	
白雁圖	卷	絹	設色	不詳		美國 波士頓美術館	
雙喜圖	軸	絹	設色	217.1 x 112.6		台北 故宮博物院	故畫 00947
花下雙鴛圖	軸	絹	設色	158 x 73.3		台北 故宮博物院	故畫 02366
畫雞	軸	絹	設色	49.4 x 74.8		台北 故宮博物院	故畫 02368
花鳥	軸	絹	設色	161.5 x 80.1		台北 故宮博物院	故畫 00679

名稱	形式	質地	色彩	尺寸 高x寬㎝	創作時間	收藏處所	典藏號碼
枯木群鳥圖	軸	絹	設色	192.3 x 107.6		台中 葉啟忠先生	
花鳥圖	軸	絹	設色	92.1 x 43.7		香港 香港大學馮平山博物館	HKU.P.67.5
翠椰黃鸝圖	軸	絹	設色	不詳		長春 吉林省博物館	
錦雉圖	軸	絹	設色	99.8 x 92.9		瀋陽 遼寧省博物館	
竹石斑鳩圖	軸	紙	水墨	不詳		北京 中國美術館	
柳塘集禽圖	軸	絹	設色	不詳		北京 中國美術館	
野塘游禽圖	軸	絹	設色	不詳		北京 中國美術館	
寒禽圖	軸	絹	水墨	不詳		北京 中央美術學院	
松鶴圖	軸	絹	設色	153 x 102		北京 徐悲鴻紀念館	
芙蓉水禽圖	軸	絹	設色	126 x 83		北京 徐悲鴻紀念館	
水仙竹禽圖	軸	絹	設色	140 x 66		天津 天津市藝術博物館	
桃竹集禽圖	軸	絹	水墨	161 x 96		青島 山東省青島市博物館	
蘆雁翠鳥圖	軸	絹	設色	不詳		煙臺 山東省煙臺市博物館	
雙鷹圖	軸	絹	設色	不詳		煙臺 山東省煙臺市博物館	
雪岸棲禽圖	軸	絹	設色	178.3 x 100		合肥 安徽省博物館	
寒梅雙雉圖	軸	絹	設色	189.5 x 116		泰州 江蘇省泰州市博物館	
松鶴圖	軸	絹	設色	不詳		上海 上海博物館	
芙蓉蘆雁圖	軸	絹	設色	163.3 x 92.3		上海 上海博物館	
花鳥圖	軸	絹	設色	174.3 x 116.9		上海 上海博物館	
花鳥圖	軸	絹	設色	不詳		上海 上海博物館	
春江聚禽圖	軸	絹	設色	176.4 x 98.8		上海 上海博物館	
梅竹白頭圖	軸	絹	設色	不詳		上海 上海博物館	
新鶯出谷圖	軸	絹	設色	137.8 x 92		上海 上海博物館	
歲寒禽趣圖	軸	絹	設色	145.5 x 79.5		上海 上海博物館	
蓼岸凫鷖圖	軸	絹	設色	131.8 x 72.8		上海 上海博物館	
蘆汀鴛鴦圖	軸	絹	設色	143 x 72.5		上海 上海博物館	
蘆雁圖	軸	絹	設色	不詳		上海 上海博物館	
蘆雁圖(飛鳴宿食圖)	軸	絹	水墨	154.7 x 68.3		南京 南京博物院	

名稱	形式	質地	色彩	尺寸 高×寬㎝	創作時間	收藏處所	典藏號碼
香樓翠鳥圖	軸	絹	設色	不詳		南京 南京市博物館	
牡丹孔雀圖	軸	絹	設色	不詳		南京 南京大學	
梅竹會禽圖	軸	絹	設色	不詳		南京 南京大學	
梅竹雙鶴圖	軸	絹	設色	不詳		南京 南京大學	
蘆雁圖	軸	絹	設色	111.8 × 56.4		南京 南京大學	
鷹攫錦雞圖	軸	絹	設色	不詳		南京 南京大學	
幽泉聚禽圖	軸	絹	設色	不詳		常州 江蘇省常州市博物館	
白眉錦雞圖	軸	絹	設色	179.5×104.1		無錫 江蘇省無錫市博物館	
三鷺圖	橫幅	絹	設色	56 × 103.5		昆山 崑崙堂美術館	
牡丹小鳥圖	軸	絹	設色	120 × 39		昆山 崑崙堂美術館	
百蝠百桃圖	軸	絹	設色	118 × 63		昆山 崑崙堂美術館	
秋林聚禽圖	軸	絹	設色	155.3 × 83.4		成都 四川省博物院	
荷塘聚禽圖	軸	絹	設色	266 × 192		成都 四川省博物院	
雪梅孤鶩圖	軸	絹	設色	128.6 × 56		成都 四川省博物院	
鷹擊天鵝圖	軸	絹	設色	202 × 100		成都 四川省博物院	
雪梅寒禽圖	軸	絹	設色	不詳		廈門 福建省廈門華僑博物館	
梅柳寒禽圖	軸	絹	設色	184 × 94.5		廣州 廣州市美術館	
松樹雙鷹圖	軸	絹	設色	164 × 97		昆明 雲南省博物館	
花鳥圖	軸	絹	設色	163.2 × 89.1		日本 仙台市博物館	
鴛鴦圖	軸	絹	設色	146.3 × 89.1		日本 東京帝室博物館	
雪鷺圖	軸	絹	設色	不詳		日本 東京根津美術館	
花鳥圖（磵溪雙鵝）	軸	絹	設色	131 × 62.7		日本 東京藝術大學美術館	485-1
花鳥圖（芙蓉雙鵝）	軸	絹	設色	131 × 62.7		日本 東京藝術大學美術館	485-2
松澗群鷺圖	軸	絹	設色	159.2 × 95.6		日本 東京永青文庫	
百花禽鳥圖（6幅）	軸	絹	設色	不詳		日本 東京森安三郎先生	
柏樹白鷹圖	軸	絹	設色	180.3 × 103		日本 東京濱尾四郎先生	
柳鷺圖	軸	絹	設色	151.5 × 75.8		日本 東京福田淺次郎先生	
竹石雙雞圖	軸	絹	設色	130.3 × 57.6		日本 東京福田淺次郎先生	

名稱	形式	質地	色彩	尺寸 高×寬㎝	創作時間	收藏處所	典藏號碼
花鳥圖（錦雞牡丹聚禽）	軸	絹	設色	不詳		日本 東京柳孝藏先生	
花鳥圖（鵓鴿牡丹花果）	軸	絹	設色	142.2 × 94.6		日本 東京柳孝藏先生	
花鳥圖（雪柳眠雁）	軸	絹	設色	不詳		日本 東京張允中先生	
寒梅鸂鶒圖（原題黃筌畫）	軸	絹	設色	220.5 × 88		日本 大阪市立美術館	
鶴唳天圖	軸	絹	設色	117.7 × 60.1		日本 大阪市萬野美術館	1774
柳蔭群鷺圖	軸	絹	設色	181.7 × 79		日本 大阪橋本大乙先生	
花鳥圖（孔雀牡丹桃禽）	軸	絹	設色	188.7 × 97.5		日本 奈良大和文華館	
秋景花鳥圖	軸	絹	設色	156.1 × 94.7		日本 兵庫縣住友吉左衛先生	
花鳥圖	軸	絹	設色	138.9 × 76.5		日本 京都妙心寺	
花鳥圖（花竹聚禽）	軸	絹	設色	不詳		日本 京都慈照寺	
牡丹圖（錦雞牡丹）	軸	絹	設色	不詳		日本 愛知縣妙興寺	
柏鷹圖	軸	絹	設色	163.4 × 104.5		日本 福井縣向嶽寺	
鷹捕雉圖	軸	絹	設色	163.4 × 104.5		日本 福井縣向嶽寺	
花鳥圖	軸	紙	設色	不詳		日本 福井縣向嶽寺	
花鳥圖（2幅）	軸	絹	設色	不詳		日本 大乘寺	
花鳥圖（雁禽芙蓉）	軸	絹	設色	150.9 × 92.7		日本 妙蓮寺	
花鳥圖（秋卉錦雞）	軸	絹	設色	不詳		日本 江田勇二先生	
雪景花鳥圖	軸	絹	設色	不詳		日本 江田勇二先生	
花鳥圖（春卉錦雞）	軸	絹	設色	不詳		日本 江田勇二先生	
雄雞將雛圖	軸	絹	設色	66.8 × 57.2		日本 中谷路子女士	
花鳥圖（花竹聚禽）	軸	絹	設色	138 × 56.5		日本 栗田壽美先生	
山鳥圖	軸	絹	設色	27.3 × 36.1		日本 阿形邦三先生	
蓮池水禽圖	軸	絹	設色	113.2 × 55		日本 私人	
杏花三鵝	軸	絹	設色	不詳		美國 波士頓美術館	
茶花梅禽	軸	絹	設色	不詳		美國 波士頓美術館	
春景花鳥圖	軸	絹	設色	155.1 × 93.4		美國 耶魯大學藝術館	1987.68.1.1

名稱	形式	質地	色彩	尺寸 高×寬㎝	創作時間	收藏處所	典藏號碼
雪景雙鷹圖	軸	絹	設色	178.1 × 99.5		美國 普林斯頓大學藝術館	47-72
鵪鶉圖	軸	絹	設色	64.4 × 74.9		美國 普林斯頓大學藝術館	47-7
鶴鳴日落圖	軸	絹	設色	166.3 × 85.2		美國 普林斯頓大學藝術館	47-229
激泉驚雀圖	軸	絹	設色	142.44 × 58.7		美國 普林斯頓大學藝術館	47-26
竹鶴圖	軸	絹	設色	185.8 × 101.8		美國 紐約大都會藝術博物館	L.1980.99
群鴨圖	軸	絹	設色	81.9 × 48.3		美國 紐約布魯克林博物館	
荷竹鶴禽圖	軸	絹	設色	208.2 × 94.6		美國 華盛頓特區弗瑞爾藝術館	11.271
鷹雛圖	軸	絹	設色	168.1 × 99		美國 華盛頓特區弗瑞爾藝術館	16.532
蘆鴨圖	軸	絹	設色	122.5 × 79.4		美國 克利夫蘭藝術博物館	
花鳥圖	軸	絹	設色	194 × 173.2		美國 堪薩斯市納爾遜-艾金斯藝術博物館	31-1474
鷹逐天鵝圖	軸	絹	設色	152.4 × 106		美國 堪薩斯市納爾遜-艾金斯藝術博物館	33-86
雙鷹圖	軸	絹	設色	180.4 × 97.7		美國 西雅圖市藝術館	33.1676
花鳥圖	軸	絹	設色	132.4 × 69.5		美國 舊金山亞洲藝術館	B60 D112
雙雀圖	小幅	絹	設色	24.6 × 27.5		美國 舊金山亞洲藝術館	B69 D3
鶉圖	軸	絹	設色	35 × 53.4		美國 勃克萊加州大學藝術館	CM113
鷹圖	軸	絹	設色	98.1 × 47		美國 勃克萊加州大學藝術館	
蓮池水禽圖	軸	絹	設色	153.3 × 78.2		英國 倫敦大英博物館	
鷺熊圖	軸	紙	設色	161.0 × 90.7		英國 倫敦大英博物館	1910.2.12.459(135)
蓮池白鷺圖	軸	絹	設色	113.9 × 44.8		英國 倫敦大英博物館	1936.10.9.073(ADD153)
蓮池水禽圖	軸	絹	設色	90.1 × 40		英國 倫敦大英博物館	1936.10.9.034(ADD113)

名稱	形式	質地	色彩	尺寸 高x寬cm	創作時間	收藏處所	典藏號碼
雙鵝圖	軸	絹	設色	177.5 x 100.4		英國 倫敦大英博物館	1910.2.12.530(ADD199)
野鷹殘荷圖（原題錢選畫）	軸	絹	設色	不詳		英國 倫敦維多利亞-艾伯特博物館	
松鷹圖	軸	絹	設色	50.7 x 41		德國 慕尼黑國立民族學博物館	
花鳥圖	軸	絹	設色	133.8 x 67.3		德國 慕尼黑國立民族學博物館	
花鳥圖（2幅）	軸	絹	設色	不詳		荷蘭 阿姆斯特丹 Ryks 博物館	
桃竹山禽（清人小畫冊之2）	冊頁	絹	設色	29.8 x 33.6		台北 故宮博物院	故畫 03441-2
梅竹山雀（清人小畫冊之3）	冊頁	絹	設色	不詳		台北 故宮博物院	故畫 03441-3
荷塘秋鷺（清人小畫冊之5）	冊頁	絹	水墨	不詳		台北 故宮博物院	故畫 03441-5
鵪鶉野菊（清人小畫冊之9）	冊頁	絹	設色	不詳		台北 故宮博物院	故畫 03441-9
紅蓼鵪鶉（清人小畫冊之10）	冊頁	絹	設色	不詳		台北 故宮博物院	故畫 03441-10
竹石黃鶯（清人小畫冊之16）	冊頁	絹	設色	不詳		台北 故宮博物院	故畫 03441-16
新篁竹雞（宋元明合璧冊之4）	冊頁	絹	設色	23.8 x 25.2		台北 故宮博物院	故畫 03478-4
鴛鴦嬉水（宋元明合璧冊之5）	冊頁	絹	設色	23.7 x 24		台北 故宮博物院	故畫 03478-5
花卉綬帶（宋元明合璧冊之10）	冊頁	絹	設色	27.7 x 25.5		台北 故宮博物院	故畫 03478-10
薔薇紫燕（宋元明合璧冊之12）	冊頁		設色	23.7 x 17		台北 故宮博物院	故畫 03478-12
竹鳥牽牛（明人書畫扇（亨）冊之8）	摺扇面	紙	設色	19.2 x 56.5		台北 故宮博物院	故畫 03565-8
柳枝小鳥（明人書畫扇（亨）冊之9）	摺扇面	紙	設色	19.2 x 56.5		台北 故宮博物院	故畫 03565-9
溪畔雙鴨（明人書畫扇（亨）冊之12）	摺扇面	紙	設色	19.2 x 56.5		台北 故宮博物院	故畫 03565-12
仿宋徽宗花鳥圖（仿唐宋元山水人物花卉翎毛走獸圖冊之10）	紈扇面	絹	設色	24.5 x 25.2		香港 劉作籌虛白齋	1k
仿吳元瑜花鳥圖（仿唐宋元山水人物花卉翎毛走獸圖冊之13）	紈扇面	絹	設色	30.9 x 31.3		香港 劉作籌虛白齋	1n
仿何尊師花鳥圖（仿唐宋元山水人物花卉翎毛走獸圖冊之16）	冊頁	絹	設色	26.4 x 27.2		香港 劉作籌虛白齋	1o

名稱	形式	質地	色彩	尺寸 高x寬cm	創作時間	收藏處所	典藏號碼
仿李迪桃雀圖（仿唐宋元山水人物花卉翎毛走獸圖冊之12）	紈扇面	絹	設色	25.2 x 23.1		香港 劉作籌虛白齋	1m
花卉雙禽圖	冊頁	絹	設色	29.5 x 29.5		北京 故宮博物院	
臘梅蠟嘴圖	冊頁	絹	設色	27.3 x 27.6		北京 故宮博物院	
枯木白頭圖	紈扇面	絹	設色	22 x 24.5		上海 上海博物館	
海棠黃鶯圖	冊頁	紙	設色	24.6 x 26.1		上海 上海博物館	
秋塘圖（原名元王淵畫）	冊頁	絹	設色	32.1 x 79.8		淮安 江蘇省淮安縣博物館	
鵪鶉圖	冊頁	絹	設色	不詳		南京 南京市博物館	
鸜鵒圖	紈扇面	絹	水墨	不詳		長沙 湖南省長沙市博物館	
蓮實小禽圖	摺扇面	金箋	水墨	16 x 48.5		日本 大阪橋本大乙先生	
松瀑群鷹圖	摺扇面	金箋	設色	18.6 x 47.4		日本 大阪橋本大乙先生	
鸚鵡圖	冊頁	絹	設色	33 x 33.5		美國 紐約布魯克林博物館	
竹梅鴛鴦圖	紈扇面	絹	設色	22.4 x 24.1		美國 克利夫蘭藝術博物館	
花鳥圖	冊頁	不詳	不詳	不詳		美國 堪薩斯市納爾遜-艾金斯藝術博物館	
花鳥	冊頁	不詳	不詳	不詳		美國 堪薩斯市納爾遜-艾金斯藝術博物館	
蘆雁圖	紈扇面	絹	設色	23.5 x 21.9		美國 堪薩斯市納爾遜-艾金斯藝術博物館	
山茶戲雀圖	紈扇面	絹	設色	22.6 x 26.2		美國 堪薩斯市納爾遜-艾金斯藝術博物館	49-13
白鷺圖	紈扇面	絹	水墨	25 x 24.9		美國 堪薩斯市納爾遜-艾金斯藝術博物館	
蘆鵝圖	紈扇面	絹	設色	21.6 x 23.2		美國 堪薩斯市納爾遜-艾金斯藝術博物館	
花鳥圖	紈扇面	紙	設色	31.5 x 32.3		美國 勃克萊加州大學藝術館	CY20
柳燕圖	冊頁	絹	設色	20.6 x 21.5		美國 聖地牙哥藝術博物館	82.90
枇杷山雀	紈扇面	絹	設色	25.3 x 27		美國 夏威夷火魯奴奴藝術學院	
花鳥圖（唐宋畫冊之3）	冊頁	絹	設色	25.5 x 21.7		英國 倫敦大英博物館	1936.10.9.02（ADD81）
鬥雀圖（唐宋畫冊之4）	紈扇面	絹	設色	27.3 x 27.3		英國 倫敦大英博物館	1936.10.9.05（ADD84）
柳鳥圖（唐宋畫冊之7）	冊頁	絹	設色	26 x 28.5		英國 倫敦大英博物館	1936.10.9.09（ADD88）

名稱	形式	質地	色彩	尺寸 高x寬cm	創作時間	收藏處所	典藏號碼
梨花小鳥圖（唐宋畫冊之8）	紈扇面	絹	設色	26 x 26		英國 倫敦大英博物館	1936.10.9.01（ADD86）
鳥圖	冊頁	絹	水墨	26.3 x 22.5		英國 倫敦大英博物館	1947.7.12.016（ADD236）
鳥圖（？幀）	冊頁	絹	水墨	（每幀）26.8 x 22.5		英國 倫敦大英博物館	1947.7.12.016(ADD251)
（草蟲畫）							
花蝶草蟲圖	卷	絹	設色	不詳		黃巖 浙江省黃巖縣博物館	
草蟲圖	軸	絹	設色	128.9 x 56.7		日本 東京國立博物館	TA-367
草蟲圖	軸	絹	設色	104.4 x 52.4		日本 東京出光美術館	
花蟲圖	軸	絹	設色	79.4 x 47		日本 東京淺野長勳先生	
草蟲圖	軸	絹	設色	27.3 x 25.9		日本 東京柳孝藏先生	
草蟲圖	軸	絹	設色	89.8 x 49.2		日本 大阪市萬野美術館	1380
花卉草蟲圖	軸	絹	設色	140.5 x 72.2		日本 不言堂	
花卉草蟲圖（對幅）	軸	絹	設色	（每幅）149 x 77.5		日本 九岡宗男先生	
草蟲圖（蜂、蝶、蜻蜓、菊花等）	軸	絹	設色	78.9 x 435.4		日本 私人	
草蟲圖（蜂、蝶、螳螂、菊、菜）	軸	絹	設色	72 x 45.6		日本 私人	
草蟲圖	軸	絹	設色	101.5 x 53		美國 紐約大都會藝術博物館	12.37.134
花卉革蟲圖（對幅）	軸	絹	設色	（每幅）96.6 x 46.4		英國 倫敦大英博物館	1881.12.10.35-36(ADD 20)
草蟲圖	軸	絹	設色	100 x 49.5		捷克 布拉格 Narodoni Gale-rie v Praze	Vm147-1161/14
海棠螽斯（諸仙妙繪冊之14）	冊頁	絹	設色	22.5 x 19.5		台北 故宮博物院	故畫 03501-14
草蟲圖	冊頁	絹	設色	22.7 x 19.5		台北 蘭千山館	
紡織娘圖	冊頁	絹	設色	24.3 x 19.5		昆山 崑崙堂美術館	
雙蝶圖	冊頁	絹	設色	20.5 x 21		昆山 崑崙堂美術館	
（植卉畫）							
花卉	卷	絹	設色	42.3 x 388.2		台北 故宮博物院	故畫 01661

名稱	形式	質地	色彩	尺寸 高×寬㎝	創作時間	收藏處所	典藏號碼
大耋重周（原未定時代）	卷	絹	設色	24.4 × 172.6		台北 故宮博物院	故畫 01754
畫花卉（2-1，原未定時代）	卷	絹	設色	15.3 × 80.5		台北 故宮博物院	故畫 01757
畫花卉（2-2，原未定時代）	卷	絹	設色	15.3 × 80.5		台北 故宮博物院	故畫 01758
梅花圖	卷	絹	設色	不詳		北京 故宮博物院	
花卉圖	卷	紙	設色	不詳		北京 故宮博物院	
竹石圖	卷	絹	水墨	不詳		北京 首都博物館	
四季花卉圖	卷	紙	設色	不詳		上海 上海博物館	
花卉	卷	紙	水墨	不詳		上海 上海博物館	
梅竹石圖	卷	絹	水墨	14 × 82.7		上海 上海博物館	
雪竹圖	卷	紙	水墨	42 × 1006.3		重慶 重慶市博物館	
花卉圖	卷	不詳	設色	不詳		美國 舊金山亞洲藝術館	B66D22
豐稔圖（瓶穗）	軸	絹	設色	75.3 × 38.5		台北 故宮博物院	故畫 02367
七星古檜圖	軸	紙	水墨	79.2 × 41		台北 故宮博物院	故畫 00680
玉蘭牡丹圖	軸	絹	設色	不詳		北京 故宮博物院	
竹石圖	軸	絹	水墨	116.8 × 67.1		天津 天津市藝術博物館	
椿萱蘭石圖	軸	絹	設色	225 × 143		休寧 安徽省休寧縣博物館	
荷藕圖	軸	絹	設色	不詳		南通 江蘇省南通博物苑	
歲朝圖	軸	絹	設色	不詳		南京 南京市博物館	
竹石圖	軸	絹	水墨	158 × 77		廣州 廣東省博物館	
牡丹圖	軸	絹	設色	80.3 × 81.7		日本 京都知恩寺	A2327
蓮花圖（2幅）	軸	絹	設色	不詳		日本 京都本法寺	
蘭圖	軸	絹	設色	160.6 × 54.5		日本 京都柳宗悅先生	
桃花圖	軸	絹	設色	24.9 × 19		日本 兵庫縣住友吉左衛門先生	
葡萄圖	軸	絹	水墨	不詳		日本 江口勇二先生	
巖竹椿花圖	軸	絹	設色	45.6 × 37.2		日本 阿形邦三先生	
蔬菜圖	軸	絹	設色	114.1 × 71		日本 私人	
芙蕖圖	軸	絹	設色	不詳		美國 波士頓美術館	
柿子圖	軸	絹	設色	不詳		美國 哈佛大學福格藝術館	1923.200
荷花紅蓼圖	軸	絹	設色	不詳		美國 辛辛那提市博物館	1964.700

名稱	形式	質地	色彩	尺寸 高x寬㎝	創作時間	收藏處所	典藏號碼
紅白蓮圖	軸	絹	設色	135.3 x 60.3		美國 德州金貝爾藝術館	AP1984.19
石榴圖	軸	絹	設色	22.9 x ?		美國 洛杉磯郡立藝術館	
蓮池圖	軸	絹	設色	120.2 x 60.3		美國 夏威夷火魯奴奴藝術學院	2395.1
柱石呈祥圖（牡丹奇石，原題宋徽宗畫，有王惲、鄧文原、唐寅、許初、王寵等元明人題跋）	軸	絹	設色	180 x 89.5		瑞典 斯德哥爾摩遠東古物館	NMOK400
梅竹（宋元明集繪冊之1）	冊頁	絹	設色	24.9 x 24.8		台北 故宮博物院	故畫 03474-1
榴實（清無款花鳥畫冊之12）	冊頁	絹	設色	24.4 x 23		台北 故宮博物院	故畫 03441-12
山茶（宋元明人合璧冊之2）	冊頁	絹	設色	21.6 x 17		台北 故宮博物院	故畫 03478-2
葵花（宋元明人合璧冊之6）	冊頁	絹	設色	21.8 x 16.4		台北 故宮博物院	故畫 03478-6
芙蓉圖（宋元明人合璧冊之8）	冊頁	絹	設色	24.1 x 16.6		台北 故宮博物院	故畫 03478-8
嘉禾薏姑（明人花果冊之1）	冊頁	絹	設色	33.2 x 31		台北 故宮博物院	故畫 03511-1
枇杷荔枝（明人花果冊之2）	冊頁	絹	設色	33.2 x 31		台北 故宮博物院	故畫 03511-2
菱藕蓮蓬（明人花果冊之3）	冊頁	絹	設色	33.2 x 31		台北 故宮博物院	故畫 03511-3
銀杏荔枝（明人花果冊之4）	冊頁	絹	設色	33.2 x 31		台北 故宮博物院	故畫 03511-4
瓜花（明人花果冊之5）	冊頁	絹	設色	33.2 x 31		台北 故宮博物院	故畫 03511-5
桃子西瓜（明人花果冊之6）	冊頁	絹	設色	33.2 x 31		台北 故宮博物院	故畫 03511-6
棗子石榴（明人花果冊之7）	冊頁	絹	設色	33.2 x 31		台北 故宮博物院	故畫 03511-7
扁豆玉蜀黍（明人花果冊之8）	冊頁	絹	設色	33.2 x 31		台北 故宮博物院	故畫 03511-8
菊花（明人書畫扇（亨）冊之5）	摺扇面	紙	設色	19.2 x 56.5		台北 故宮博物院	故畫 03565-5
牡丹雛菊（明人書畫扇（亨）冊之15）	摺扇面	紙	設色	19.2 x 56.5		台北 故宮博物院	故畫 03565-15
餐英菊花（明人書畫扇（亨）冊之16）	摺扇面	紙	設色	19.2 x 56.5		台北 故宮博物院	故畫 03565-16
水仙梅花（明人書畫扇（亨）冊之18）	摺扇面	紙	設色	19.2 x 56.5		台北 故宮博物院	故畫 03565-18
木筆花開（明人書畫扇（亨）冊之19）	摺扇面	紙	設色	19.2 x 56.5		台北 故宮博物院	故畫 03565-19
丹桂芝蘭（明人書畫扇（亨）冊之20）	摺扇面	紙	設色	19.2 x 56.5		台北 故宮博物院	故畫 03565-20
芭蕉	冊頁	紙	設色	23.5 x 27.4		台北 故宮博物院	故畫 03948-7

名稱	形式	質地	色彩	尺寸 高×寬cm	創作時間	收藏處所	典藏號碼
梅花	冊頁	紙	設色	23.4 × 14.4		台北 故宮博物院	故畫 03948-9
仿徐熙花卉圖（仿唐宋元山水人物花卉翎毛走獸圖冊之4）	紈扇面	絹	設色	27 × 27.3		香港 劉作籌虛白齋	1e
牡丹圖	冊頁	絹	設色	23.3 × 24.7		北京 故宮博物院	
花卉（29幀）	冊	雲母箋	設色	不詳		北京 中國歷史博物館	
竹石圖	冊頁	絹	水墨	23.7 × 24.7		上海 上海博物館	
雙桃圖	紈扇面	絹	設色	22.6 × 22.6		上海 上海博物館	
水仙圖	摺扇面	金箋	水墨	不詳		上海 上海博物館	
昌葵圖	冊頁	絹	設色	30 × 37		昆山 崑崙堂美術館	
歲寒三友圖（8幀）	冊	絹	設色	不詳		南寧 廣西壯族自治區博物館	
桃花圖	冊頁	絹	設色	23.7 × 25.1		日本 群馬縣立近代美術館	15
牡丹圖	冊頁	絹	設色	26 × 25.3		美國 哈佛大學福格藝術館	
花卉圖	冊頁	絹	設色	19.6 × 29		美國 華盛頓特區弗瑞爾藝術館	11.484
花籠圖（唐宋畫冊之6）	冊頁	絹	設色	25.9 × 16.8		英國 倫敦大英博物館	1936.10.9.011（ADD90）
蔬菜瓜豆圖	冊頁	絹	設色	25 × 24.2		英國 倫敦大英博物館	1947.7.12.014(ADD234)
花籃圖（水墨雜畫）	冊頁	絹	設色	不詳		荷蘭 阿姆斯特丹 Ryks 博物館	
蘭竹圖	軸	紙	水墨	不詳		日本 東京團伊能先生	
墨梅圖（2幅）	軸	絹	水墨	不詳		日本 愛知縣妙興寺	
寒木竹石圖（2幅）	軸	絹	水墨	不詳		美國 波士頓美術館	
墨竹圖	軸	絹	水墨	128.7 × 52.8		美國 加州 Schenker 先生	
墨竹圖	軸	絹	水墨	117.5 × 39.6		英國 倫敦大英博物館	1881.12.10.65(ADD 136)
墨竹圖	軸	紙	水墨	133.1 × 67		英國 倫敦韋陀（Roderick Wi-field)教授	
葡萄圖	軸	金箋	水墨	140.6 × 43.1		法國 巴黎賽紐斯基博物館	M.C.9257
仿趙孟堅水仙圖（仿唐宋元山水人物花卉翎毛走獸圖冊之14）	紈扇面	絹	水墨	31 × 31		香港 劉作籌虛白齋	1s

名稱	形式	質地	色彩	尺寸 高×寬cm	創作時間	收藏處所	典藏號碼
墨竹	冊頁	絹	水墨	不詳		美國 哈佛大學福格藝術館	1919.262
附：							
羅漢圖	卷	紙	設色	16 × 220		青島 山東省青島市博物館	
上林圖	卷	絹	設色	45.5×1171.6		香港 蘇富比藝品拍賣公司/拍賣目錄 1984,11,11.	
西園雅集圖	卷	絹	設色	28.6 × 398.8		香港 蘇富比藝品拍賣公司/拍賣目錄 1984,11,11.	
仿文徵明山水圖	短卷	紙	設色	19.7 × 52.7		香港 蘇富比藝品拍賣公司/拍賣目錄 1984,11,11.	
群丐圖（楊大經題）	卷	紙	設色	29.9 × 332		紐約 蘇富比藝品拍賣公司/拍賣目錄 1985,06,03.	
臨王蒙畫芝蘭室圖	卷	紙	設色	25.7 × 102.8		紐約 蘇富比藝品拍賣公司/拍賣目錄 1986,06,03.	
三友、梨花圖（2段）	卷	絹	水墨	1、21.8×147.3 2、21.8×153.7		紐約 佳仕得藝品拍賣公司/拍賣目錄 1986,12,01.	
文會圖	卷	絹	設色	119.5 × 48.3		紐約 佳仕得藝品拍賣公司/拍賣目錄 1986,12,01.	
胡笳十八拍圖	卷	絹	設色	30.3 × 305.3		紐約 佳仕得藝品拍賣公司/拍賣目錄 1986,12,01.	
人物圖	軸	絹	白描	不詳		北京 中國文物商店總店	
五老圖	軸	絹	設色	不詳		北京 中國文物商店總店	
貨郎圖	軸	絹	設色	146 × 91.7		北京 中國文物商店總店	
桂兔圖	軸	絹	設色	150 × 80.6		北京 中國文物商店總店	
雙鉤竹圖	軸	絹	水墨	不 詳		北京 中國文物商店總店	
雪景人物圖	軸	絹	設色	不詳		蘇州 蘇州市文物商店	
文會圖	軸	絹	設色	151 × 91		紐約 佳士得藝品拍賣公司/拍賣目錄 1983,11,30.	
花底戲狸圖	軸	絹	設色	129.5 × 59		紐約 佳士得藝品拍賣公司/拍賣目錄 1983,11,30.	
天王神像	軸	絹	設色	172 × 91.5		香港 蘇富比藝品拍賣公司/拍賣目錄 1984,11,11.	
滕王閣圖	小軸	絹	水墨	36 × 32		紐約 佳仕得藝品拍賣公司/拍賣目錄 1986,06,04.	

名稱	形式	質地	色彩	尺寸 高×寬㎝	創作時間	收藏處所	典藏號碼
羅漢圖	軸	絹	設色	184 × 99		紐約 佳仕得藝品拍賣公司/拍賣目錄 1986,06,04.	
仿貫休羅漢（2幅）	軸	絹	設色	（每幅）126.3 × 80		紐約 佳仕得藝品拍賣公司/拍賣目錄 1986,12,01.	
桐陰消暑圖	紈扇面	絹	設色	26.3 × 23.8		紐約 佳仕得藝品拍賣公司/拍賣目錄 1986,12,01.	

名稱	形式	質地	色彩	尺寸 高×寬cm	創作時間	收藏處所	典藏號碼

清　代

趙　裕

名稱	形式	質地	色彩	尺寸 高×寬cm	創作時間	收藏處所	典藏號碼
山水圖（明清諸賢詩畫扇面冊之12）	摺扇面	金箋	設色	17 × 52.6		日本 私人	

畫家小傳：趙裕。畫史無載。身世待考。

王　鐸

名稱	形式	質地	色彩	尺寸 高×寬cm	創作時間	收藏處所	典藏號碼
芝蘭竹石圖（為坦公作）	卷	紙	水墨	29 × ?	崇禎十六年（癸未，1643）八月初四日	台北 華叔和後真賞齋	
花卉圖	卷	紙	水墨	25 × ?		香港 劉作籌虛白齋	103
王屋圖并詩	卷	紙	水墨	26 × 512.5	丁亥（順治四年，1647），時年五十六歲	天津 天津市藝術博物館	
花果圖	卷	紙	水墨	24 ×175	丁亥（順治四年，1647）	北京 故宮博物院	
花卉圖	卷	紙	水墨	不詳	己丑（順治六年，1649）	北京 故宮博物院	
花卉圖	卷	紙	水墨	24.9 × 116	六十歲（順治八年，辛卯，1651）	上海 上海博物館	
書畫	卷	紙	水墨	21.5 × 121.5 不等	癸未（崇禎十六年，1643）	上海 上海博物館	
枯蘭復花圖	卷	紙	水墨	32.6 × 1034.5	己丑（順治六年，1649）	蘇州 江蘇省蘇州博物館	
蘭竹石圖（為維宗先生寫）	卷	絹	水墨	不詳	辛卯（順治八年，1651）	日本 京都小川廣已先生	
書畫合璧	卷	綾	水墨	32.8 × 610.8		日本 大阪市立美術館	
山水	軸	紙	水墨	121.2 × 43.8	癸酉（崇禎六年，633）十二月廿八日四鼓	台北 故宮博物館	故畫 02371
風竹圖	軸	紙	水墨	151.1 × 38.8	癸未（崇禎十六年，1643）	北京 故宮博物院	
西山紫翠圖	軸	紙	水墨	85 × 36	己丑（順治六年，1649）	北京 故宮博物院	

名稱	形式	質地	色彩	尺寸 高×寬㎝	創作時間	收藏處所	典藏號碼
山水圖	軸	綾	水墨	188.5 × 53	辛卯（順治八年，1651）	北京 故宮博物院	
為無黨作山水圖	軸	綾	水墨	186.8 × 51.3	順治辛卯（八年，1651）	北京 故宮博物院	
蘭石圖	軸	綾	水墨	不詳	崇禎十四年（辛巳，1641）	北京 故宮博物院	
西山臥游圖	軸	紙	設色	108 × 22	順治丙戌（三年，1646）	北京 首都博物館	
崇山蘭若圖	軸	綾	水墨	167 × 51	庚寅（順治七年，1650）	北京 首都博物館	
墨竹	軸	紙	水墨	106 × 28.2		天津 天津市藝術博物館	
雪景竹石圖	軸	絹	水墨	88 × 59.5	癸未（崇禎十六年，1643）	濟南 山東省濟南市博物館	
仿大癡山水圖	軸	絹	水墨	68 × 37	癸卯（萬曆三十一年，1603）	濟南 山東省濟南市博物館	
家山臥遊圖	軸	綾	水墨	137 × 55.4	崇禎十二年（己卯，1639）	上海 上海博物館	
夏景山水圖	軸	綾	水墨	不詳	庚寅（順治七年，1650）三月	日本 東京岩崎小彌太先生	
江山出峽圖	軸	綾	水墨	181.8 × 57.6		日本 東京尚裕先生	
雪景山水圖	軸	綾	水墨	162.1 × 55.8	庚寅（順治七年，1650）三月	日本 東京速水一孔先生	
墨竹圖	軸	絹	水墨	151.5 × 66.7		日本 東京尾崎洵盛先生	
山水（古木流泉圖）	軸	紙	水墨	111.5 × 49.8	庚寅（順治七年，1650）十月九日	日本 東京小幡醇一先生	
六根無塵圖（竹石圖）	軸	綾	水墨	190.4 × 52	庚辰（崇禎十三年，1640）冬日	日本 大阪橋本大乙先生	
有斐君子圖（竹石圖）	軸	綾	水墨	124.9 × 42.9		日本 京都貝塚茂樹先生	
秋山高隱圖	軸	紙	水墨	117.4 × 54.9		美國 紐約大都會藝術博物館	1985.214.149
山水圖	軸	綾	水墨	56 × 27		美國 紐約大都會藝術博物館	1989.365.117

名稱	形式	質地	色彩	尺寸 高x寬cm	創作時間	收藏處所	典藏號碼
山水圖	軸	綾	水墨	130.8 x 30.7		加拿大 多倫多皇家安大略博物館	968.215
書畫（30幀）	冊	灑金箋	設色	（每幀）19.7 x 19.9	庚寅（順治七年，1650）	瀋陽 遼寧省博物館	
深山幽居圖（王鐸山水圖冊之1）	冊頁	金箋	設色	20 x 20		瀋陽 遼寧省博物館	
遠村過訪圖（王鐸山水圖冊之2）	冊頁	金箋	設色	20 x 20		瀋陽 遼寧省博物館	
秋林碧泉圖（王鐸山水圖冊之3）	冊頁	金箋	設色	20 x 20		瀋陽 遼寧省博物館	
泖上園亭圖（王鐸山水圖冊之4）	冊頁	金箋	設色	20 x 20		瀋陽 遼寧省博物館	
十里松陰圖（王鐸山水圖冊之5）	冊頁	金箋	設色	20 x 20		瀋陽 遼寧省博物館	
山樓雨霽圖（王鐸山水圖冊之6）	冊頁	金箋	設色	20 x 20		瀋陽 遼寧省博物館	
山水圖（5幀）	摺扇面	紙	水墨	16.6 x 50.5 不等	己丑（順治六年，1649）	北京 故宮博物院	
山水圖	摺扇面	金箋	水墨	17 x 51.6	己丑（順治六年，1649）	北京 故宮博物院	
山水圖（2幀）	摺扇面	紙	水墨	17 x 50.8 不等	庚寅（順治七年，1650）	北京 故宮博物院	
山水圖	摺扇面	紙	水墨	16.8 x 51	辛卯（順治八年，1651）	北京 故宮博物院	
竹圖	摺扇面	金箋	水墨	不詳	辛未（崇禎四年，1631）	南京 南京市博物館	
蘭花圖	摺扇面	紙	水墨	不詳	辛巳（崇禎十四年，1641）	溫州 浙江省溫州博物館	
山水圖	摺扇面	紙	水墨	不詳	己丑（順治六年，1649）	溫州 浙江省溫州博物館	
墨筆山水圖（呂雲葆、王鐸合作）	摺扇面	金箋	水墨	不詳	丁亥（順治四年，1647）	寧波 浙江省寧波市天一閣文物保管所	
墨竹圖	摺扇面	金箋	水墨	不詳		寧波 浙江省寧波市天一閣文物保管所	

名稱	形式	質地	色彩	尺寸 高×寬㎝	創作時間	收藏處所	典藏號碼
墨蘭（清人書畫扇冊之第8幀）	摺扇面	金箋	水墨	不詳		日本 東京橋本辰二郎先生	
墨蘭	摺扇面	金箋	水墨	不詳	癸酉（崇禎六年，1633）春	日本 東京岡部長景先生	
山水圖（明清諸賢詩畫扇面冊之24）	摺扇面	金箋	水墨	17.8 × 54.2		日本 私人	
山水圖	摺扇面	紙	水墨	17.6 × 51		德國 柏林東亞藝術博物館	1988-291
附：							
芝蘭竹石圖	卷	紙	水墨	29.2 × 325.3	崇禎十六年（癸未，1643）八月四日	香港 佳士得藝品拍賣公司/拍賣目錄 1994.10.30.	
湖石圖	軸	綾	水墨	213.5 × 78.8	崇禎七年（甲戌，1634）	武漢 湖北省武漢市文物商店	
寒山古寺圖	軸	灑金箋	設色	194.3 × 43.8		紐約 佳士得藝品拍賣公司/拍賣目錄 1987.12.11	
竹石圖	軸	綾	水墨	137 × 52.5		紐約 佳士得藝品拍賣公司/拍賣目錄 1992.12.02	
墨蘭圖	摺扇面	金箋	水墨	16.5 × 50		紐約 佳士得藝品拍賣公司/拍賣目錄 1988.11.30	

畫家小傳：王鐸。字覺斯。河南孟津人。生於明神宗萬曆二十（1592）年。卒於清世祖順治九（1652）年。熹宗天啟二年進士。入清，官至尚書。工書、畫。畫山水宗法荊浩、關仝，筆墨沉鬱豐蔚，意趣自成。（見圖繪寶鑑續纂、國朝畫徵錄、桐陰論畫、中國畫家人名大辭典）

王時敏

名稱	形式	質地	色彩	尺寸 高×寬㎝	創作時間	收藏處所	典藏號碼
山水	卷	紙	水墨	30 × 126.5		台北 故宮博物院（蘭千山館寄存）	
擬巨然煙波漁艇圖（與王翬、吳歷合作）	卷	紙	水墨	30.7 × ?		香港 中文大學中國文化研究所文物館	95.406
仿黃公望山水圖	卷	紙	設色	28.4 × 473.8		香港 劉作籌虛白齋	
長白山圖	卷	紙	水墨	17.7 × 51.8	癸酉（崇禎六年，1633）	北京 故宮博物院	
淺絳溪山圖	卷	紙	設色	15.5 × 220.2	時年七十二（康熙二年，癸卯，1663）	天津 天津市藝術博物館	
仿米家山（與仿倪高士書畫合卷）	卷	紙	水墨	不詳	乙卯（康熙十四年，1675）	南京 南京博物院	

名稱	形式	質地	色彩	尺寸 高x寬cm	創作時間	收藏處所	典藏號碼
仿倪高士書畫（與仿米家山合卷）	卷	紙	水墨	不詳	乙卯（康熙十四年，1675）	南京 南京博物院	
山水圖	卷	紙	設色	30 x 369.5	丙辰（康熙十五年，1676）夏日	日本 東京高島菊次郎槐安居	
江山蕭寺圖	卷	紙	水墨	28.5 x 242.4	乙亥（崇禎八年，1635）五月	日本 奈良縣林平造先生	
仿一峰筆意山水圖(為無補作)	卷	紙	水墨	22.5 x ？	戊寅（康熙三十七年，1698）初秋	美國 普林斯頓大學藝術館（私人寄存）	L29.65
仿子久意山水圖	卷	紙	設色	31.7 x ？	丙子（崇禎九年，1636）夏日	美國 New Haven 翁萬戈先生	
山水圖（冊頁7幀裝成）	卷	紙	設色	（每幀）27.2 x 37.2		美國 華盛頓特區弗瑞爾藝術館	62.29a-g
仿王維江山雪霽	軸	紙	設色	133.7 x 60	戊申（康熙七年，1668）秋日	台北 故宮博物院	故畫 00683
仿黃公望山水	軸	絹	設色	147.8 x 67.4	康熙庚戌（九年，1670）暮春	台北 故宮博物院	故畫 00684
仿王蒙山水	軸	紙	設色	170 x 69.6	丁未（康熙六年，1667）秋日	台北 故宮博物院	故畫 00685
浮嵐暖翠	軸	絹	設色	163.4 x 99.1	壬子（康熙十一年，1672）長夏	台北 故宮博物院	故畫 00948
松巖靜樂圖	軸	絹	設色	168 x 76.3	辛亥（康熙十年，1671）秋日	台北 故宮博物院	故畫 00949
山水	軸	紙	設色	115 x 46.8	丙辰（康熙十五年，1676）夏日	台北 故宮博物院	故畫 02372
仿大癡浮嵐煙嶂圖	軸	紙	設色	91.6 x 60.2	崇禎癸未（十六年，1643）秋仲	台北 故宮博物院	故畫 02373
仿黃公望浮嵐暖翠圖	軸	紙	水墨	63.5 x 29.3	庚戌（康熙九年，1670）春仲	台北 故宮博物院	故畫 02374
瓶花圖（端陽清供圖）	軸	紙	設色	127.5 x 54.1	辛亥（康熙十年，1671）端陽	台北 蘭千山館	
仿大癡筆意山水圖	軸	紙	設色	69.7 x 30.8	庚午（康熙二十九年，1690）中秋後一日	台北 蘭千山館	
仿大痴山水	軸	紙	水墨	122.3 x 49.7	癸卯（康熙二年，	台北 故宮博物院（蘭千山館寄	

名稱	形式	質地	色彩	尺寸 高x寬cm	創作時間	收藏處所	典藏號碼
					1663）長夏	存）	
溪山秋爽圖	軸	紙	水墨	105.5 x 46		台北 國泰美術館	
千巖聳秀圖	軸	紙	設色	199.3 x 50.2		台北 張學良先生	
仿黃公望秋山圖	軸	紙	設色	140.3 x 71.6		台北 陳啟斌畏罍堂	
山水圖	軸	紙	水墨	131.7 x 62.6		香港 中文大學中國文化研究 所文物館	95.405
設色山水圖（為居翁作）	軸	絹	設色	139.5 x 61.3	癸丑（康熙十二年，1673）仲冬	香港 何耀光至樂樓	
仿大痴山水圖	軸	紙	水墨	103 x 51.5		香港 何耀光至樂樓	
山水（仿子久筆）	軸	紙	水墨	85.5 x 37.5	戊申（康熙七年，1668）冬日	香港 黃仲方先生	
仿黃公望山水圖	軸	紙	水墨	60 x 34	戊寅（崇禎十一年，1638）秋	香港 護輝堂	
山水圖（為祝雲谷壽作）	軸	紙	水墨	126 x 44	丁丑（崇禎十年，1637）	瀋陽 故宮博物院	
遠村雲水圖	軸	紙	水墨	96.5 x 55	癸巳（順治十年，1653）	瀋陽 遼寧省博物館	
南山積翠圖	軸	絹	設色	147.1 x 66.6	壬子（康熙十一年，1672）	瀋陽 遼寧省博物館	
山水圖（為瑞陽作）	軸	紙	設色	不詳	戊申（康熙七年，1668）初夏	瀋陽 故宮博物館	
秋山白雲圖	軸	紙	設色	96.7 x 41	己丑（順治六年，1649）	北京 故宮博物院	
山水圖	軸	紙	水墨	117.3 x 48	乙未（順治十二年，1655）	北京 故宮博物院	
山水圖（為衛仲作）	軸	紙	水墨	69.8 x 35	戊戌（順治十五年，1658）秋日	北京 故宮博物院	
松壑高士圖（為耿庵作）	軸	紙	水墨	79 x 47.8	辛丑（順治十八年，1661）秋日	北京 故宮博物院	
落木寒泉圖	軸	紙	水墨	83 x 41.2	癸卯（康熙二年，1663）長夏	北京 故宮博物院	
仙山樓閣圖	軸	紙	水墨	133 x 63.5	乙巳（康熙四年，	北京 故宮博物院	

名稱	形式	質地	色彩	尺寸 高x寬cm	創作時間	收藏處所	典藏號碼
					1665) 冬日		
虞山惜別圖	軸	紙	水墨	134 x 60.2	戊申（康熙七年，1668) 初秋	北京 故宮博物院	
山水圖（為公超作）	軸	紙	水墨	69 x 35	己酉（康熙八年，1669) 初夏	北京 故宮博物院	
山水圖	軸	絹	水墨	不詳	壬子（康熙十一年，1672）	北京 故宮博物院	
山水圖（為攝翁作）	軸	紙	水墨	133.3 x 62.5	乙卯（康熙十四年，1675) 春日	北京 故宮博物院	
山水圖	軸	紙	水墨	117 x 48.1	乙卯（康熙十四年，1675）	北京 故宮博物院	
端午圖	軸	紙	水墨	100.8 x 40.1	丙辰（康熙十五年，1676）	北京 故宮博物院	
仿黃子久山水圖	軸	紙	設色	不詳	丙辰（康熙十五年，1676) 清和	北京 故宮博物院	
南山圖	軸	絹	設色	130.5 x 60.3	癸亥（天啟三年，1623）	北京 首都博物館	
山水圖	軸	綾	水墨	不詳		北京 首都博物館	
淺絳山水圖（為祝金老親母六十壽作）	軸	紙	設色	206.5 x 90.3	庚戌（康熙九年，1670) 夏日	北京 首都博物館	
仿黃公望山水圖	軸`	紙	設色	不詳	辛亥（康熙十年，1671）	北京 中央美術學院	
叢林曲澗圖	軸	紙	水墨	100 x 52.8	庚寅（順治七年，1650）	天津 天津市藝術博物館	
雲峰樹色圖	軸	絹	設色	99.6 x 65	庚戌（康熙九年，1670）	天津 天津市藝術博物館	
松風疊嶂圖	軸	絹	設色	79.8 x 42	辛亥（康熙十年，1671）	天津 天津市藝術博物館	
山樓客話圖	軸	絹	設色	115.7 x 51.7	乙卯（康熙十四年，1675）	天津 天津市藝術博物館	
水邊亭子圖	軸	紙	水墨	不詳		天津 天津市藝術博物館	
茄竹圖	軸	紙	水墨	57 x 29		天津 天津市藝術博物館	
仿黃子久山水圖	軸	絹	設色	78.5 x 34.4	甲寅（康熙十三年，1674）	天津 天津市歷史博物館	

名稱	形式	質地	色彩	尺寸 高×寬cm	創作時間	收藏處所	典藏號碼
仿黃公望浮巒暖翠圖	軸	絹	設色	180.3×100.7	丙子（崇禎九年，1636）	青島 山東省青島市博物館	
松下茅亭圖	軸	紙	水墨	31 × 23	己亥（順治十六年，1659）初秋	合肥 安徽省博物館	
仿董北苑山水圖	軸	紙	水墨	91.8 × 37.1	己巳（崇禎二年，1629）	上海 上海博物館	
為奉山作山水圖	軸	紙	水墨	96.5 × 45.2	壬申（崇禎五年，1632）	上海 上海博物館	
春林山影圖	軸	紙	水墨	94.3 × 43.8	癸酉（崇禎六年，1633）	上海 上海博物館	
遠風閣作山水圖	軸	紙	水墨	147.2 × 49.4	戊寅（崇禎十一年，1638）	上海 上海博物館	
仿大癡山水圖	軸	紙	水墨	121.3 × 50.5	壬午（崇禎十五年，1642）	上海 上海博物館	
仿黃公望山水圖	軸	紙	水墨	96.7 × 44.9	戊子（順治五年，1648）	上海 上海博物館	
窗閒弄筆圖	軸	紙	水墨	89.5 × 29.9	己丑（順治六年，1649）	上海 上海博物館	
仿黃公望山水圖	軸	紙	設色	95.3 × 43.4	己丑（順治六年，1649）	上海 上海博物館	
維亭舟次作山水圖	軸	紙	水墨	84.5 × 40.8	辛卯（順治八年，1651）	上海 上海博物館	
仿大癡陡壑密林圖	軸	紙	水墨	91.4 × 52.2	丙申（順治十三年，1656）	上海 上海博物館	
戲墨山水圖（為西田作）	軸	紙	水墨	不詳	丙申（順治十三年，1656）夏五	上海 上海博物館	
山水圖（為伯敘作）	軸	紙	水墨	130.6 × 54.1	戊戌（順治十五年，1658）夏	上海 上海博物館	
雲壑煙灘圖	軸	紙	設色	130.6 × 54.1	戊戌（順治十五年，1658）長夏	上海 上海博物館	
巖阿別業圖	軸	紙	水墨	125 × 54.5	庚子（順治十七年，1660）小春	上海 上海博物館	
雪山圖	軸	紙	設色	171.7 × 60.2	辛丑（順治十八年，1661）秋日	上海 上海博物館	

名稱	形式	質地	色彩	尺寸 高×寬cm	創作時間	收藏處所	典藏號碼
山水圖	軸	紙	水墨	94.5 × 51.5	甲辰（康熙三年，1664）五月既望	上海 上海博物館	
仿黃子久臨水柴門圖	軸	紙	水墨	95.5 × 54	甲辰（康熙三年，1664）九秋	上海 上海博物館	
仿大癡山水圖	軸	紙	設色	不詳	甲辰（康熙三年，1664）子月	上海 上海博物館	
仿王蒙山水圖	軸	紙	水墨	79.6 × 41.3	乙巳（康熙四年，1665）小春	上海 上海博物館	
為王乃昭作山水圖（王鑑題）	軸	紙	水墨	93.3 × 59	丙午（康熙五年，1666）秋日	上海 上海博物館	
曲徑溪橋圖（仿子久）	軸	紙	水墨	91.4 × 33.2	丙午（康熙五年，1666）冬日	上海 上海博物館	
仿梅道人山水圖（為文信作）	軸	紙	水墨	127.6 × 52.3	丁未（康熙六年，1667）春仲	上海 上海博物館	
仿黃公望山水圖	軸	紙	設色	不詳	辛亥（康熙十年，1671）秋日	上海 上海博物館	
秋巒山瀑圖（王翬代作）	軸	紙	設色	142.9 × 67.1	康熙辛亥（十年，1671）秋日	上海 上海博物館	
山水圖（為文安親翁六十壽作）	軸	紙	設色	不詳	壬子（康熙十一年，1672）清和望前一日	上海 上海博物館	
山水圖（為含素贈答佳菊作）	軸	紙	設色	不詳	甲辰（康熙三年，1664）九月	南京 南京博物院	
層巒疊嶂圖	軸	紙	水墨	106.1 × 48.5	丙午（康熙五年，1666）夏日	南京 南京博物院	
夏山飛瀑圖（為世瞻作）	軸	紙	設色	155 × 72.5	丙午（康熙五年，1666）夏日	南京 南京博物院	
仿大癡山水圖	軸	紙	設色	不詳	己酉（康熙八年，1669）仲冬	南京 南京博物院	
仿子久山水圖（為孝翁作）	軸	絹	設色	175 × 96	辛亥（康熙十年，1671）長夏	常州 江蘇省常州市博物館	
秋山曉霽圖	軸	紙	設色	25.9 × 266.2	乙酉（順治二年，1645）	蘇州 江蘇省蘇州博物館	
煙樹雲嶺圖	軸	紙	水墨	100.2 × 42.8	辛卯（順治八年，	蘇州 江蘇省蘇州博物館	

名稱	形式	質地	色彩	尺寸 高x寬㎝	創作時間	收藏處所	典藏號碼
					1651）		
仿迂翁溪山亭子圖	軸	紙	水墨	84.7 x 37.3	丁卯（天啟七年，1627）五月	杭州　浙江省博物館	
雲山曲澗圖（為重其作）	軸	紙	水墨	94.2 x 42	己亥（順治十六年，1659）清和	杭州　浙江美術學院	
溪村晚靄圖	軸	紙	水墨	91 x 42	己亥（順治十六年，1659）	杭州　浙江省杭州西泠印社	
仿米山水圖	軸	紙	水墨	62 x 38		重慶　重慶市博物館	
午瑞圖	軸	紙	水墨	131.2 x 58.6	辛丑（順治十八年，1661）	廣州　廣東省博物館	
仿子久山水圖	軸	紙	水墨	100 x 51.5	甲辰（康熙三年，1664）清和	廣州　廣東省博物館	
為聞翁作山水圖	軸	絹	設色	120.6 x 53.5	乙巳（康熙四年，1665）	廣州　廣東省博物館	
雲壑鳴泉圖	軸	紙	水墨	71.1 x 38.3	八十二（康熙十二年，癸丑，1673）	廣州　廣州市美術館	
仿倪山水圖	軸	紙	水墨	77 x 42.5	八十三（康熙十三年，1674）	廣州　廣州市美術館	
春景山水圖	軸	綾	設色	101.5 x 37		日本　仙台市博物館	
仿董源筆意山水	軸	紙	水墨	94.5 x 43.9	乙巳（康熙四年，1665）夏日	日本　東京山本悌二郎先生	
山水圖	軸	金箋	設色	195.1 x 50.6	丁亥（順治四年，1647）小春	日本　東京山本悌二郎先生	
仿倪雲林山水圖	橫幅	金箋	水墨	31.1 x 46.9	戊午（康熙十七年，1678）清和月	日本　京都國立博物館（上野有A甲172竹齋寄贈）	
仿范寬雪景山水圖	軸	紙	水墨	96.7 x 57.6	丁未（康熙六年，1667）春三月	日本　京都國立博物館（上野有A甲173竹齋寄贈）	
墨筆山水圖	軸	紙	水墨	123 x 51.2	丙午（康熙五年，1666）夏日	日本　大阪市立美術館	
林壑清秋圖	軸	絹	水墨	81.5 x 34.5	丙辰（康熙十五年，1676）秋日	日本　大阪橋本大乙先生	
仿黃公望山水圖	軸	紙	水墨	60 x 34.3	戊寅（康熙三十七年，1698）秋	美國　耶魯大學藝術館	1976.26.1
仿倪瓚雅宜山齋圖（為勤中作	軸	紙	水墨	不詳	丙午（康熙五年，	美國　耶魯大學美術館	

名稱	形式	質地	色彩	尺寸 高x寬cm	創作時間	收藏處所	典藏號碼
）					1666）夏日		
仿黃公望山水圖	軸	紙	水墨	134.3 x 56.4	丙午（康熙五年，1666）小春	美國 紐約大都會藝術博物館	1980.426.2
仿王蒙夏日山居圖	軸	紙	設色	219.7 x 96.5	甲辰（康熙三年，1664）小春	美國 芝加哥藝術中心	1956.2
山水(夏日山居圖)	軸	紙	水墨	125.6 x 59.3	己亥（順治十六年，1662）清和	美國 克利夫蘭藝術博物館	TR15463.2
山水圖	軸	紙	水墨	92.4 x 40.6		美國 聖路易斯市藝術館（米蘇里州梅林先生寄存）	
仿黃公望山水圖	軸	絹	水墨	34.1 x 36.7		美國 勃克萊加州大學藝術館	CC225
仿黃公望層巒疊嶂圖	軸	紙	水墨	119 x 59		美國 加州曹仲英先生	
仿王蒙山水圖	小軸	紙	水墨	31.5 x 23		美國 私人	
山水圖（畫似方翁老先生教正）	軸	紙	水墨	177.5 x 56.9	甲午（順治十一年，1654）春日	英國 倫敦大英博物館	1960.10.8.01 (ADD311)
仿黃公望山水圖	軸	紙	水墨	85.9 x 34.8		德國 柏林東亞藝術博物館	1988-441
端午花卉圖	軸	紙	水墨	105.5 x 45.7	丁酉（順治十四年，1657）端陽戲墨	瑞典 斯德哥爾摩遠東古物館	NMOK514
叢巖密樹（國朝五家畫山水冊之1）	冊頁	紙	水墨	25.5 x 34.3	戊戌（順治十五年，1658）秋	台北 故宮博物院	故畫 01277-1
青嶂林亭（國朝五家畫山水冊之2）	冊頁	紙	設色	25.5 x 34.3		台北 故宮博物院	故畫 01277-2
松林野屋（國朝五家畫山水冊之3）	冊頁	紙	水墨	25.5 x 34.3		台北 故宮博物院	故畫 01277-3
雪浪雲堆（王時敏董其昌書畫合璧冊之1）	冊頁	紙	水墨	24 x 33		台北 故宮博物院	故畫 03442-1
秋光流潤（王時敏董其昌書畫合璧冊之3）	冊頁	紙	水墨	24 x 33		台北 故宮博物院	故畫 03442-3
石徑掩月（王時敏董其昌書畫合璧冊之5）	冊頁	紙	水墨	24 x 33		台北 故宮博物院	故畫 03442-5
西峰萬象（王時敏董其昌書畫合璧冊之7）	冊頁	紙	水墨	24 x 33		台北 故宮博物院	故畫 03442-7
風輪世界（王時敏董其昌書畫合璧冊之9）	冊頁	紙	水墨	24 x 33		台北 故宮博物院	故畫 03442-9
千峰翠袖（王時敏董其昌書畫	冊頁	紙	水墨	24 x 33		台北 故宮博物院	故畫 03442-11

名稱	形式	質地	色彩	尺寸 高×寬㎝	創作時間	收藏處所	典藏號碼
合璧冊 11）							
水面客舟（王時敏董其昌書畫 合璧冊 13）	冊頁	紙	水墨	24 × 33		台北 故宮博物院	故畫 03442-13
風軒水檻（王時敏董其昌書畫 合璧冊 15）	冊頁	紙	水墨	24 × 33		台北 故宮博物院	故畫 03442-15
崇嶺高閣（國朝人山水集繪冊 之 7）	冊頁	紙	水墨	31.8 × 37.9		台北 故宮博物院	故畫 03516-7
擬黃公望浮嵐圖（明人畫扇面 （甲）冊之 9）	摺扇面	紙	設色	不詳		台北 故宮博物院	故畫 03532-9
仿米西清山水圖（名人畫扇（ 下）冊之 3）	摺扇面	紙	水墨	不詳		台北 故宮博物院	故畫 03555-3
山水圖（畫中九友集錦冊之 3）	冊頁	紙	水墨	17.2 × 12.8		台北 故宮博物院（蘭千山館寄 存）	
仿黃公望山水圖	摺扇面	金箋	水墨	18.3 × 50.7		台北 陳啟斌畏罍堂	
山水圖	冊頁	紙	設色	不詳	己亥（順治十六年 ，1659）春日	香港 趙從衍先生	
山水圖(清初畫家集錦冊之 1)	冊頁	紙	水墨	39.5 × 26.5	丙午（康熙五年， 1666）秋日	香港 何耀光至樂樓	
江村林屋圖	摺扇面	金箋	水墨	16.4 × 51		香港 莫華釗承訓堂	K92.59
仿王蒙山水圖	摺扇面	金箋	水墨	15 × 48.5	戊戌（順治十五年 ，1658）春仲	香港 香港美術館	FA1991.091
層巒山居圖(清初三家山水冊 之 1)	冊頁	紙	設色	不詳	辛巳（崇禎十四年 ，1641）春日	長春 吉林省博物館	
為震翁作山水圖(清王時敏等 山水冊 9 之 1 幀)	冊頁	紙	設色	30.5 × 26.5	辛巳（崇禎十四年 ，1641）春日	長春 吉林省博物館	
為玉翁作山水圖（清王時敏等 山水冊 8 之第 1 幀）	冊頁	絹	設色	34 × 27	庚寅（順治七年， 1650）冬日	瀋陽 遼寧省博物館	
山水圖	摺扇面	金箋	設色	17.7 × 51.8	乙丑（天啟五年， 1625）	北京 故宮博物院	
山水圖	摺扇面	金箋	設色	16.8 × 51.5	乙丑（天啟五年， 1625）	北京 故宮博物院	
山水圖	摺扇面	金箋	水墨	17.7 × 54.5	丁卯（天啟七年， 1627）	北京 故宮博物院	
為子介作山水圖（清六大家山	冊頁	紙	設色	不詳	辛卯（順治八年，	北京 故宮博物院	

名稱	形式	質地	色彩	尺寸 高x寬cm	創作時間	收藏處所	典藏號碼
水冊 12 之 1 幀）					1651）冬		
仿古山水圖（12 幀）	冊	紙	設色	（每幀）25.7 x 18.7	壬辰（順治九年，1652）	北京 故宮博物院	
仿古山水圖（12 幀）	冊	紙	設色	不詳	壬辰（順治九年，1652）	北京 故宮博物院	
仿黃子久山水圖	摺扇面	紙	設色	15.2 x 49.4	戊戌（順治十五年，1658）初秋	北京 故宮博物院	
仿古山水圖（10 幀）	冊	紙	設色	（每幀）25.6 x 19.7	辛丑（順治十八年，1661）	北京 故宮博物院	
山水圖	摺扇面	金箋	水墨	15.9 x 50.7	壬寅（康熙元年，1662）夏五	北京 故宮博物院	
仿古山水圖（12 幀）	冊	紙	設色	（每幀）25.7 x 18.8	壬寅（康熙元年，1662）清和	北京 故宮博物院	
山水圖（為帽雪作）	摺扇面	紙	設色	不詳	壬寅（康熙元年，1662）夏日	北京 故宮博物院	
山水圖（為康翁作）	摺扇面	紙	設色	不詳	壬寅（康熙元年，1662）九秋	北京 故宮博物院	
仿倪瓚山水圖（為山民作）	冊頁	紙	水墨	不詳	甲辰（康熙三年，1664）小春	北京 故宮博物院	
仿董北苑山水圖（為虞升作）	冊頁	紙	水墨	不詳	乙巳（康熙四年，1665）春	北京 故宮博物院	
山水圖	摺扇面	紙	設色	17 x 51.8	乙巳（康熙四年，1665）	北京 故宮博物院	
杜甫詩意圖（12 幀，為董旭咸作）	冊	紙	設色	（每幀）39 x 25.5	乙巳（康熙四年，1665）臘月	北京 故宮博物院	
仿北苑筆山水圖（為虞叔作，四王吳惲集冊 17 之 1 幀）	冊頁	紙	設色	不詳	丙午（康熙五年，1666）春	北京 故宮博物院	
仿高尚書筆山水圖（為山民作，四王吳惲集冊 17 之 1 幀）	冊頁	紙	設色	不詳	甲辰（康熙三年，1664）小春	北京 故宮博物院	
山水（王時敏等山水冊之 1）	冊頁	紙	設色	31 x 23		北京 首都博物館	
仿黃子久筆意山水（清王時敏等書畫冊 16 之 1 幀）	冊頁	金箋	設色	31 x 47.5	戊午（康熙十七年，1678）夏	天津 天津市藝術博物館	
山水圖（10 幀）	冊	紙	設色	（每幀）27.2 x 22.4	丙午（康熙五年，1666）	天津 天津市歷史博物館	

名稱	形式	質地	色彩	尺寸 高×寬cm	創作時間	收藏處所	典藏號碼
松溪草閣圖	摺扇面	粉箋	水墨	不詳	庚戌（康熙九年，1670）秋日	合肥 安徽省博物館	
仿古山水圖（2幀）	冊頁	紙	水墨	不詳		泰州 江蘇省泰州市博物館	
為平若作山水圖	摺扇面	金箋	設色	不詳	甲子（天啟四年，1624）	上海 上海博物館	
為介老作山水圖	摺扇面	金箋	設色	不詳	乙丑（天啟五年，1625）	上海 上海博物館	
仿古山水圖（10幀）	冊	紙	水墨	（每幀）23.5×30.3	庚午（崇禎三年，1630）	上海 上海博物館	
仿雲林山水圖	摺扇面	金箋	設色	不詳	壬申（崇禎五年，1632）	上海 上海博物館	
為燁翁作山水圖	摺扇面	金箋	設色	不詳	甲戌（崇禎七年，1634）	上海 上海博物館	
為聖符作山水圖	摺扇面	金箋	設色	不詳	乙亥（崇禎八年，1635）	上海 上海博物館	
為暨遠作山水圖	摺扇面	金箋	設色	不詳	戊子（順治五年，1648）	上海 上海博物館	
為允老作山水圖	摺扇面	紙	設色	不詳	乙未（順治十二年，1655）	上海 上海博物館	
為三老叔作山水圖	摺扇面	金箋	設色	不詳	戊戌（順治十五年，1658）	上海 上海博物館	
山水圖（為元度老親翁作）	摺扇面	紙	水墨	不詳	辛丑（順治十八年，1661）初夏	上海 上海博物館	
山水圖	摺扇面	金箋	設色	不詳	甲辰（康熙三年，1664）春	上海 上海博物館	
山水圖（為介翁作）	摺扇面	金箋	設色	不詳	乙巳（康熙四年，1665）春	上海 上海博物館	
仿古山水圖（10幀）	冊	紙	設色、水墨	（每幀）23×15.4	始於丙午（康熙五年，1666)春日，戊申（1668）年完成	上海 上海博物館	
山水圖	摺扇面	金箋	設色	不詳	戊申（康熙七年，1668）	上海 上海博物館	
仿子久山水圖	摺扇面	紙	水墨	不詳	戊申（康熙七年，1668）	上海 上海博物館	

名稱	形式	質地	色彩	尺寸 高x寬cm	創作時間	收藏處所	典藏號碼
山水圖（仿黃公望）	冊頁	紙	設色	39.7 x 27.5	癸丑（康熙十二年，1673）小春	上海 上海博物館	
仿古山水（8幀）	冊	紙	設色	（每幀）28.5 x 20.4		上海 上海博物館	
仿宋元六家山水（9幀）	冊	紙	設色	不詳		上海 上海博物館	
為允冑作山水圖	摺扇面	紙	水墨	不詳		上海 上海博物館	
山水圖（明畫中九友山水扇面冊9之1幀）	摺扇面	金箋	設色	16.3 x 51.4	壬申（崇禎五年，1632）夏日	南京 南京博物院	
仿古山水圖（10幀）	冊	紙	設色	（每幀）31 x 23		常熟 江蘇省常熟市文物管理委員會	
山水圖（四王、吳、惲山水合冊20之4幀）	冊頁	紙	水墨	（每幀）32.2 x 14.3不等	癸卯（康熙二年，1663）	蘇州 江蘇省蘇州博物館	
山水圖	摺扇面	金箋	水墨	16 x 49	戊申（康熙七年，1688）	武漢 湖北省博物館	
山水圖（清王鑑等山水冊6之2幀）	冊頁	紙	設色	（每幀）20.8 x 51.5		成都 四川省博物院	
仿古山水圖（10幀）	冊	紙	設色	（每幀）28.8 x 20.5	丁未（康熙六年，1667）	南寧 廣西壯族自治區博物館	
淺絳山水（王時敏王翬扇冊之1）	摺扇面	金箋	不詳	不詳	辛未（崇禎四年，1631）	日本 東京橋本辰二郎先生	
墨筆山水（王時敏王翬扇冊之2）	摺扇面	金箋	不詳	不詳	丁卯（天啟七年，1627）	日本 東京橋本辰二郎先生	
墨筆山水（王時敏王翬扇冊之3）	摺扇面	金箋	不詳	不詳	丁卯（天啟七年，1627）	日本 東京橋本辰二郎先生	
仿大痴山水（王時敏王翬扇冊之4）	摺扇面	金箋	不詳	不詳	癸酉（崇禎六年，1633）	日本 東京橋本辰二郎先生	
仿大痴山水（王時敏王翬扇冊之5）	摺扇面	金箋	不詳	不詳	已酉（康熙八年，1669）	日本 東京橋本辰二郎先生	
設色山水（王時敏王翬扇冊之6）	摺扇面	金箋	不詳	不詳	甲午（順治十一年，1654）	日本 東京橋本辰二郎先生	
山水圖（8幀）	冊	紙	水墨	（每幀）24 x 16.5	庚午（康熙二十九年，1690）九秋	日本 京都國立博物館（上野有竹齋寄贈）	A甲220
仿陳惟允山水圖	冊頁	紙	水墨	27.6 x 40		日本 兵庫縣黑川古文化研究所	

名稱	形式	質地	色彩	尺寸 高×寬cm	創作時間	收藏處所	典藏號碼
山水圖	摺扇面	金箋	設色	20.6 × 52.9		日本 木佐靖治先生	
竹石圖	摺扇面	紙	水墨	17.8 × 48.9		韓國 首爾月田美術館	
山水圖（清人扇面圖冊之12）	摺扇面	金箋	設色	15.9 × 51.7		韓國 私人	
山水圖（清七家扇面合冊之1）	冊頁	絹	設色	不詳		美國 波士頓美術館	
山水圖	摺扇面	金箋	水墨	不詳	戊子（順治五年，1648）冬日	美國 紐約大都會藝術博物館	13.100.43
仿李成寒林圖（王翬、王時敏仿唐宋十家山水畫冊之11）	冊頁	紙	設色	22 × 33.7		美國 紐約大都會藝術博物館	1989.141.4k
仿趙孟頫夏木垂陰圖（王翬、王時敏仿唐宋十家山水畫冊之11）	冊頁	紙	設色	22 × 33.7		美國 紐約大都會藝術博物館	1989.141.41
仿黃子久筆意山水圖	摺扇面	紙	設色	15.8 × 49.9	丁巳（康熙十六年，1677）嘉平	美國 紐約顧洛阜先生	
仿古山水圖（2幀，附王翬仿古山水冊中）	冊頁	紙	設色	（每幀）22 × 33.6	丁巳（康熙十六年，1677）清和六日	美國 New Haven 翁萬戈先生	
仿古山水（6幀，為顥翁老年臺作）	冊	紙	設色	（每幀）27.2 × 37.2	庚戌（康熙九年，1670）仲夏	美國 華府弗瑞爾藝術陳列館	
山水圖	摺扇面	金箋	水墨	15.6 × 48.8		美國 印地安那波里斯市藝術博物館	1984.305
山水圖	摺扇面	金箋	水墨	16.3 × 51.2		德國 柏林東亞藝術博物館	1988-298
仿趙孟頫山水圖	摺扇面	紙	設色	17.5 × 51.7		德國 柏林東亞藝術博物館	1988-299
仿巨然山水圖	摺扇面	紙	設色	19.3 × 53.7		德國 柏林東亞藝術博物館	1988-300

附：

名稱	形式	質地	色彩	尺寸 高×寬cm	創作時間	收藏處所	典藏號碼
仿黃子久山水圖	卷	紙	設色	33.5 × 575.5	乙巳（康熙四年，1665）清秋	紐約 佳士得藝品拍賣公司/拍賣目錄 1991.05.29	
仿大癡山水圖	軸	紙	水墨	不詳	戊申（康熙七年，1668）	上海 上海文物商店	
南山圖	軸	絹	設色	152 × 78	壬子（康熙十一年，1672）	上海 上海工藝品進出口公司	
西田書舍山水圖	軸	紙	水墨	131.5 × 62.5	辛卯（順治八年，1651）夏日	紐約 佳士得藝品拍賣公司/拍賣目錄 1983.11.30	
山水圖	軸	紙	設色	114.2 × 45		紐約 蘇富比藝品拍賣公司/拍賣目錄 1982.06.05.	
仿大癡道人山水	軸	絹	設色	77.5 × 33.6	戊申（康熙七年，	紐約 蘇富比藝品拍賣公司/拍	

名稱	形式	質地	色彩	尺寸 高x寬㎝	創作時間	收藏處所	典藏號碼
					（1668）夏五月		賣目錄 1982.06.05.
仿黃公望山水圖	軸	絹	設色	144.8 x 54.3	康熙甲寅（十三年，1674）春仲既望	紐約 蘇富比藝品拍賣公司/拍賣目錄 1984.06.13	
端陽瑞景圖	軸	紙	水墨	89.4 x 39.4	甲午（順治十一年，1654）端陽	紐約 佳仕得藝品拍賣公司/拍賣目錄 1986.12.01	
山水圖	軸	紙	水墨	64.8 x 34.9	庚子（順治十七年，1660）長夏	紐約 佳士得藝品拍賣公司/拍賣目錄 1987.12.11	
仿黃子久山水圖	軸	絹	水墨	113 x 62.2	庚戌（康熙九年，1670）季夏	紐約 佳士得藝品拍賣公司/拍賣目錄 1989.06.01	
仿趙松雪筆意山水	軸	紙	水墨	55 x 35.3	壬申（崇禎五年，1632）長夏	紐約 蘇富比藝品拍賣公司/拍賣目錄 1989.09.28、29	
江山孤亭圖	軸	紙	水墨	66 x 35		紐約 佳士得藝品拍賣公司/拍賣目錄 1989.12.04	
仿黃子久山水圖	軸	絹	設色	160.5 x 85	乙巳（康熙四年，1665）新秋	香港 佳士得藝品拍賣公司/拍賣目錄 1991.03.18	
仿大癡秋山圖	軸	紙	設色	138.4 x 71.1	辛丑（順治十八年，1661）夏日	紐約 佳士得藝品拍賣公司/拍賣目錄 1992.06.02	
仿黃公望山水圖	軸	紙	設色	94.5 x 44	戊申（康熙七年，1668）新秋	紐約 佳士得藝品拍賣公司/拍賣目錄 1992.12.02	
仿黃公望山水圖	軸	紙	設色	95 x 48	癸丑（康熙十二年，1673）春日	紐約 佳士得藝品拍賣公司/拍賣目錄 1993.06.04	
仿董源山水圖	軸	紙	水墨	142.5 x 71	丙辰（康熙十五年，1676）秋七月上浣	紐約 佳士得藝品拍賣公司/拍賣目錄 1993.12.01	
午瑞圖	軸	紙	水墨	88.2 x 30		紐約 佳士得藝品拍賣公司/拍賣目錄 1994.06.01	
仿黃公望秋山圖	軸	絹	設色	126 x 59.7	辛未（崇禎四年，1631）三月	紐約 佳士得藝品拍賣公司/拍賣目錄 1995,03,22.	
山水圖	軸	紙	水墨	82.9 x 40.6	己卯（崇禎十二年，1639）小春	紐約 佳士得藝品拍賣公司/拍賣目錄 1996,003,27.	
山水圖	軸	灑金箋	水墨	154.3 x 74.3	乙亥（崇禎八年，1635）小春	香港 蘇富比藝品拍賣公司/拍賣目錄 1999.10.31.	
山水圖（清初名人書畫集冊之1）	冊頁	絹	設色	34 x 40	庚戌（康熙九年，1670）秋日	紐約 蘇富比藝品拍賣公司/拍賣目錄 1984.06.13	
山水圖	摺扇面	紙	設色	16 x 50	丙午（康熙五年，	紐約 佳士得藝品拍賣公司/拍	

名稱	形式	質地	色彩	尺寸 高x寬cm	創作時間	收藏處所	典藏號碼
					1666）春日	賣目錄 1990.05.31	
仿古山水圖（10幀）	冊	紙	水墨	（每幀）22.5 x 14.5	壬寅（康熙元年，1662）清和	紐約 佳士得藝品拍賣公司/拍 賣目錄 1993.12.01	
仿梅華道人筆意山水（王鑑、王時敏、王原祁山水冊3之1幀）	冊頁	紙	水墨	不詳		紐約 佳士得藝品拍賣公司/拍 賣目錄 1995,03,22.	
山水圖（四王吳惲山水冊第6之1幀）	摺扇面	金箋	水墨	16.5 x 51	戊戌（順治十五年，1658）中元	香港 佳士得藝品拍賣公司/拍 賣目錄 1995,01,月29.	
山水	摺扇面	金箋	設色	17.5 x 55	甲子（天啟四年，1624）仲冬	香港 佳士得藝品拍賣公司/拍 賣目錄 1996.04.28.	
仿大癡筆意山水（明清各家山水便面冊12之1幀）	摺扇面	金箋	水墨	16 x 51	丁未（康熙六年，1667）秋日	紐約 佳士得藝品拍賣公司/拍 賣目錄 1997.09.19.	
夏日山居圖	摺扇面	金箋	設色	16.5 x 52	壬子（康熙十一年，1672）夏日	香港 佳士得藝品拍賣公司/拍 賣目錄 1998.09.15.	

畫家小傳：王時敏。字遜之。號煙客、西廬老人。江蘇太倉人。生於明神宗萬曆二十（1592）年。卒於清聖祖康熙十九（1680）年。明崇禎初以蔭仕官至太常。博學、工詩文、善書。家富收藏，故擅畫山水，規撫宋元諸家，以法黃公望最登堂奧。被稱清初六大家「四王、吳、惲」之首。（見圖繪寶鑑續纂、國朝畫徵錄、無聲詩史、桐陰論畫、江南通志、毗陵六逸詩話、青田集、中國畫家人名大辭典）

張 素

名稱	形式	質地	色彩	尺寸 高x寬cm	創作時間	收藏處所	典藏號碼
花卉圖（藍瑛等合作花卉卷之1段）	卷	紙	設色	不詳		北京 故宮博物院	
秋海棠圖	軸	絹	設色	不詳	壬子（康熙十一年，1672）春二月	北京 故宮博物院	
竹石海棠圖	軸	紙	水墨	不詳	庚戌（康熙九年，1670）端陽後二日	杭州 浙江省杭州市文物考古所	
山水圖（龔賢等書畫冊8之1幀）	冊頁	紙	水墨	不詳		北京 中國歷史博物館	
山水圖	摺扇面	金箋	水墨	不詳		南京 南京市博物館	

畫夜小傳：張素。號邐璜。生於明神宗萬曆二十一（1593）年，聖祖康熙十一（1672）年尚在世。畫史無載。流傳署款紀年作品見於聖祖康熙九（（1670）年。身世待考。

沈 時

名稱	形式	質地	色彩	尺寸 高x寬cm	創作時間	收藏處所	典藏號碼
蘭亭修禊圖	卷	絹	設色	27.3 x 186.4	崇禎乙亥（八年，	北京 故宮博物院	

名稱	形式	質地	色彩	尺寸 高x寬cm	創作時間	收藏處所	典藏號碼
					1635）		
山水圖（龔賢等書畫冊8之1）	冊頁	紙	水墨	不詳		北京 中國歷史博物館	
山水圖（為汝為作）	冊頁	紙	設色	不詳	壬寅（康熙元年，1662）夏	長沙 湖南省博物館	
桐陰清話圖（明人書畫集冊之第四幀）	冊頁	紙	設色	30 x 21.8	丁丑（崇禎十年，1637）清秋	日本 兵庫縣黑川古文化研究所	
山水圖(明清扇面圖冊之10)	摺扇面	紙	設色	不詳		美國 加州勃克萊大學藝術館（Schlenker 先生寄存）	
山水人物圖	摺扇面	金箋	設色	16.8 x 49.1		瑞士 蘇黎士黎得堡博物館	RCH.1125j

畫家小傳：沈時。字可山。號建勳。籍里不詳。生於明神宗萬曆二十一（1593）年，清聖祖康熙元（1662）年尚在世。（見清畫家詩史、中國畫家人名大辭典）

（釋）普 荷

名稱	形式	質地	色彩	尺寸 高x寬cm	創作時間	收藏處所	典藏號碼
山水圖	卷	紙	水墨	不詳		北京 故宮博物院	
溪山古寺圖	卷	紙	水墨	30.9 x 280		天津 天津市藝術博物館	
荷花圖	軸	紙	水墨	158.3 x 42.7		香港 徐伯郊先生	
觀瀑圖	軸	綾	水墨	167 x 48.5		瀋陽 遼寧省博物館	
輞川圖意山水	軸	綾	水墨	135.8 x 52.4		北京 故宮博物院	
漁樂圖	軸	紙	水墨	不詳		北京 故宮博物院	
聽泉圖	軸	絹	水墨	135 x 45		重慶 重慶市博物館	
詩畫合冊（11幀）	冊	紙	設色	（每幀）23 x 11.5		香港 何耀光至樂堂	
山水圖（16幀）	冊	綾	水墨	不詳		北京 故宮博物院	
山水圖（8幀）	冊	絹	水墨	（每幀）26 x 23		北京 首都博物館	
山水圖（6幀）	冊	絹	水墨	不詳		天津 天津市藝術博物館	
山水圖（4幀）	冊	金箋	水墨	（每幀）50.8 x 33.2		成都 四川省博物院	
詩畫（？幀）	冊	紙	水墨	不詳		美國 波士頓美術館	
附：							
快雪時晴圖	軸	紙	水墨	93 x 49		昆明 雲南省文物商店	

畫家小傳：普荷（一作通荷）。僧。俗姓唐，名泰。字大來。號擔當。雲南普寧人。生於明神宗萬曆二十一（1593）年。卒於清聖祖康熙二十二（1683）年。明經出身。後剃髮出家。工詩。善畫山水，取法倪瓚。（見國朝畫徵錄、桐陰論畫、中國畫家人名大辭典）

名稱	形式	質地	色彩	尺寸 高x寬㎝	創作時間	收藏處所	典藏號碼

魏 湘

| 牧牛圖 | 軸 | 絹 | 設色 | 不詳 | 癸卯（康熙二年，1663） | 杭州 浙江省博物館 | |
| 花卉昆蟲圖（6幀） | 冊 | 絹 | 設色 | 不詳 | 戊申（康熙七年，1668）花朝 | 杭州 浙江省博物館 | |

畫家小傳：魏湘。字秀芳。號江蘭老人。浙江諸暨人。生於明神宗萬曆二十三（1595）年，清聖祖康熙七(1668)年尚在世。善畫花鳥、草蟲。(見耕硯田齋筆記、中國畫家人名大辭典)

蕭雲從

江山勝攬圖	卷	絹	設色	32 × 777	甲辰（康熙三年，1664）夏四月	台北 故宮博物院	故畫01669
山水圖	卷	紙	水墨	25.5 × 172.7		台北 長流美術館	
黃山雲海圖	卷	紙	設色	23 × 555		香港 劉作籌虛白齋	
青山高隱圖	卷	紙	設色	31.8 × 837.4	己丑（順治六年，1649）寒食	香港 鄭德坤木扉	
松石圖	卷	紙	水墨	41 × 913		瀋陽 故宮博物院	
江山勝覽圖	卷	紙	設色	28.9 × 482.5	七十二（康熙五年，丙午，1666）	瀋陽 遼寧省博物館	
山水圖	卷	紙	設色	不詳	七十四歲題稱三十餘年前舊作	北京 故宮博物院	
巖壑奇觀圖	卷	紙	設色	30.3 × 261.7	崇禎十六年癸未（1643）	北京 故宮博物院	
設色山水圖	卷	紙	設色	不詳	甲午（順治十一年，1654）正月廿七日	北京 故宮博物院	
山水圖	卷	紙	設色	不詳	己亥（順治十六年，1659）	北京 故宮博物院	
山水圖	卷	紙	設色	不詳	丙午（康熙五年，1666）菊月	北京 故宮博物院	
澗谷幽深圖	卷	紙	水墨	不詳	丙午（康熙五年，1666)	北京 故宮博物院	
山水圖	卷	紙	設色	不詳	（康熙七年，戊申，1668)	北京 故宮博物院	
松石圖	卷	紙	水墨	41.1 × 297	（康熙八年，己酉	北京 故宮博物院	

名稱	形式	質地	色彩	尺寸 高×寬㎝	創作時間	收藏處所	典藏號碼
					，1669）		
山水圖	卷	紙	設色	不詳		北京 故宮博物院	
淺絳山水圖	卷	紙	設色	不詳	庚子（順治十七年，1660）五月十二	北京 中國美術館	
煙鬟秋色圖	卷	紙	設色	28.3 × 584	戊子（順治五年，1648）	天津 天津市藝術博物館	
富春大嶺圖	卷	紙	設色	不詳	戊戌（順治十五年，1658）	天津 天津市歷史博物館	
江山清遠圖	卷	紙	水墨	30.6 × 539.5	庚子（順治十七年，1660）	天津 天津市歷史博物館	
山水圖	卷	紙	設色	24 × 877	戊申（康熙七年，1668）	天津 天津市文化局文物處	
溪山無盡圖（4段）	卷	紙	設色	29.1 × 138.3		合肥 安徽省博物館	
關山行旅圖	卷	紙	設色	28 × 320	崇禎壬午（十五年，1642）	上海 上海博物館	
梅蘭石圖	卷	紙	水墨	不詳	丙申（順治十三年，1656）	上海 上海博物館	
青綠山水圖	卷	紙	設色	33.5 × 782.8	乙巳（康熙四年，1665）秋	上海 上海博物館	
三清圖	卷	紙	水墨	26.4 × 344.7	乙巳（康熙四年，1665）	上海 上海博物館	
磵谷幽深圖	卷	紙	設色	不詳	己酉（康熙八年，1669）秋七月	上海 上海博物館	
江山勝覽圖	卷	紙	設色	不詳		上海 上海博物館	
桐下納涼圖	卷	紙	設色	29.7 × 580		上海 上海博物館	
雲臺疏樹圖	卷	絹	設色	26.2 × 233	丙申（順治十三年，1656）元旦	南京 南京博物院	
黃山松石圖	卷	紙	水墨	47.5 × 491	七十四翁（康熙八年，己酉，1669）	杭州 浙江省博物館	
關山行旅圖	卷	紙	設色	26.6 × 489.5	（康熙四年，乙巳，1665）	重慶 重慶市博物館	
秋山行旅圖	卷	紙	設色	25.4 × 554.5	丁酉（順治十四年，1657）花朝，題	日本 東京國立博物館	

名稱	形式	質地	色彩	尺寸 高x寬cm	創作時間	收藏處所	典藏號碼
					十年前作		
溪山無盡圖	卷	絹	設色	30.9 x 551.5	戊申（康熙七年，1668）秋七月	日本 東京上山滿之進先生	
山水圖	卷	紙	水墨	24.9 x 454.5	□申（？）春初	日本 東京大隈信常先生	
三清圖	卷	紙	水墨	25.6 x ？		日本 私人	
山水圖	卷	紙	水墨	24.6 x ？		美國 耶魯大學藝術館（私人寄存）	
江亭送別圖	卷	紙	設色	20 x 243.3		美國 華盛頓特區弗瑞爾藝術館	80.105
山水清音圖	卷	紙	設色	30.8 x 781.7	甲辰（康熙三年，1664）花朝	美國 克利夫蘭藝術博物館	54.262
山水圖	卷	紙	設色	24.8 x 429.9	己酉（康熙八年，1669）仲春	美國 洛杉磯郡立藝術館	
山水圖(谿山蒼翠圖)	卷	紙	設色	29.5 x 390.8	乙巳（康熙四年，1665）臘日，	美國 歐伯林（Oberlin,Ohio 藝術博物館	
霜林圖	卷	紙	設色	23 x ？	畫自壬辰（順治九年，1652），成於丁酉(十四年，1657)	英國 倫敦大英博物館	ADD334
安徽全景圖	卷	紙	設色	21.5 x 130.2	乙未（順治十二年，1655）秋七月	瑞士 蘇黎士黎得堡博物館	
霜林圖	卷	紙	設色	23 x ？		英國 倫敦大英博物館	1963.10.14.20（ADD334）
長江雨雲起圖詩畫	卷	紙	設色	19.7 x ？		德國 柏林東亞藝術博物館	1988-455
安徽全景圖（歸寓一元圖）	卷	紙	設色	21.5 x 130.2		瑞士 蘇黎士黎德堡博物館	RCH.1167
折枝梅花圖	軸	紙	水墨	110.7 x 53.5	己酉（康熙八年，1669）立冬二日	香港 何耀光至樂樓	
雲開南嶽圖	軸	紙	設色	122 x 55.3	壬辰（順治九年，1652）中秋	香港 何耀光至樂樓	
梅竹文石圖	軸	紙	水墨	100 x 39	七十四翁（康熙八年，己酉，1669）	香港 劉作籌虛白齋	
松蔭撫軫圖（為耒翁作）	軸	紙	設色	304.5x103.5	康熙四年（乙巳，1665）十二月	香港 劉作籌虛白齋	

名稱	形式	質地	色彩	尺寸 高×寬㎝	創作時間	收藏處所	典藏號碼
嘉樹林屋圖	軸	紙	設色	223 × 92	丁酉（順治十四年，1657）六月六日	香港 香港美術館・虛白齋	XB1992.156
幽谷村居圖	軸	紙	設色	80 × 30.5	己丑（順治六年，1649）	瀋陽 故宮博物院	
壽玉堂山水圖	軸	綾	設色	151.2 × 48.1	壬寅（康熙元年，1662）	瀋陽 遼寧省博物館	
山水圖	軸	紙	設色	88.1 × 33.6	崇禎甲申（十七年，1644）	北京 故宮博物院	
雪景山水圖	軸	紙	水墨	113.3 × 52	庚寅（順治七年，1650）	北京 故宮博物院	
雪岳讀書圖	軸	紙	設色	不詳	壬辰（順治九年，1652）	北京 故宮博物院	
山水圖	軸	紙	設色	不詳	甲辰（康熙三年，1664）	北京 故宮博物院	
秋景山水圖	軸	紙	設色	119.2 × 48.4	（康熙五年，丙午，1666）	北京 故宮博物院	
無垢持書照明圖	軸	紙	設色	不詳		北京 故宮博物院	
仿古山水圖（4幅）	軸	綾	設色	不詳		北京 故宮博物院	
青綠山水	軸	紙	青綠	88.1 × 33.6		北京 故宮博物館	
雪徑尋梅圖（為麟勛作）	軸	紙	設色	不詳	丁未（康熙六年，1667）七十二翁	北京 中國歷史博物館	
松風鼓琴圖	軸	紙	設色	不詳		北京 中央工藝美術學院	
疎林曳杖圖	軸	紙	水墨	107.2 × 31.5	戊子（順治五年，1648）冬杪	天津 天津市藝術博物館	
秋嶺山泉圖	軸	紙	設色	165 × 45.3	戊戌（順治十五年，1658）	天津 天津市藝術博物館	
山容飄緲圖	軸	絹	設色	133 × 65.8		天津 天津市藝術博物館	
雪峰訪舊圖	軸	紙	設色	不詳		天津 天津市藝術博物館	
溪橋遇客圖	軸	絹	設色	181.5 × 54.4		天津 天津市藝術博物館	
溪山茅屋圖	軸	紙	設色	132.3 × 37.7	戊戌（順治十五年，1658）	合肥 安徽省博物館	
榕蔭茅屋圖	軸	紙	設色	117.2 × 45.5	癸卯（康熙二年，1663）	合肥 安徽省博物館	

名稱	形式	質地	色彩	尺寸 高x寬㎝	創作時間	收藏處所	典藏號碼
松蔭溫舊圖	軸	綾	設色	152 × 63.5	丙午（康熙五年，1666）	合肥 安徽省博物館	
松徑攜琴圖	軸	紙	設色	不詳		合肥 安徽省博物館	
山居臨池圖	軸	紙	設色	不詳	丁酉（順治十四年，1657）	上海 上海博物館	
停琴共話圖	軸	紙	設色	不詳	七十翁（康熙四年，乙巳，1665)	上海 上海博物館	
百尺明霞圖	軸	紙	水墨	124.7 × 46.3	七十二翁（康熙六年，丁未，1667）	上海 上海博物館	
秋山圖	軸	絹	設色	171.2 × 52.1		上海 上海博物館	
松風琴韻圖	軸	紙	水墨	不詳	壬寅（康熙元年，1662) 長夏	南京 南京博物院	
松林班荊圖（為養翁作）	軸	紙	設色	不詳	甲辰（康熙三年，1664) 夏	南京 南京博物院	
雪景山水圖	軸	絹	設色	174 × 54		南京 南京市博物館	
山齋歸去圖	軸	綾	設色	197 × 53	丙午（康熙五年，1666)	廣州 廣東省博物館	
梅石水仙圖	軸	紙	水墨	97 × 42	戊申（康熙七年，1668）	廣州 廣東省博物館	
霜林秋嶂圖	軸	紙	水墨	60.2 × 21		廣州 廣東省博物館	
目送飛鴻圖	軸	綾	設色	不詳	辛卯（順治八年，1651) 四月三日	日本 江田勇二先生	
寫祝玉堂親翁山水圖	軸	綾	設色	179.6 × 50.8	壬寅（康熙元年，1662) 夏初	日本 江田勇二先生	
山水圖	軸	紙	設色	95.7 × 41	丁酉（順治十四年，1657) 十二月朔	美國 華盛頓特區弗瑞爾藝術館	58.10
山水（奇峰圖）	軸	絹	設色	130 × 95.2		美國 堪薩斯市納爾遜-艾金斯藝術博物館	
山水圖	軸	綾	設色	135.1 × 49.5		美國 勃克萊加州大學藝術館	CC200
山水圖	軸	絹	水墨	117.1 × 48	丁亥（順治四年，1647) 夏五	美國 勃克萊加州大學藝術館（高居翰教授寄存）	CC60
仿李唐山水圖	軸	紙	設色	91.2 × 30		美國 加州曹仲英先生	

名稱	形式	質地	色彩	尺寸 高x寬cm	創作時間	收藏處所	典藏號碼
宛丘（臨馬和之陳風圖冊之1）	冊頁	絹	設色	27 x 46.5		台北 故宮博物院	故畫 01212-1
東門之枌（臨馬和之陳風圖冊之2）	冊頁	絹	設色	27 x 46.5		台北 故宮博物院	故畫 01212-2
衡門（臨馬和之陳風圖冊之3）	冊頁	絹	設色	27 x 46.5		台北 故宮博物院	故畫 01212-3
東門之池（臨馬和之陳風圖冊之4）	冊頁	絹	設色	27 x 46.5		台北 故宮博物院	故畫 01212-4
東門之楊（臨馬和之陳風圖冊之5）	冊頁	絹	設色	27 x 46.5		台北 故宮博物院	故畫 01212-5
墓門（臨馬和之陳風圖冊之6）	冊頁	絹	設色	27 x 46.5		台北 故宮博物院	故畫 01212-6
防有鵲巢（臨馬和之陳風圖冊之7）	冊頁	絹	設色	27 x 46.5		台北 故宮博物院	故畫 01212-7
月出（臨馬和之陳風圖冊之8）	冊頁	絹	設色	27 x 46.5		台北 故宮博物院	故畫 01212-8
株林（臨馬和之陳風圖冊之9）	冊頁	絹	設色	27 x 46.5		台北 故宮博物院	故畫 01212-9
澤陂（臨馬和之陳風圖冊之10）	冊頁	絹	設色	27 x 46.5		台北 故宮博物院	故畫 01212-10
攝山圖（仿馬和之山水冊之1）	冊頁	紙	設色	23 x 15	乙酉（順治二年，1645）九月	香港 何耀光至樂樓	
翠壁丹崖（仿馬和之山水冊之2）	冊頁	紙	設色	23 x 15		香港 何耀光至樂樓	
疎林覽趣（仿馬和之山水冊之3）	冊頁	紙	設色	23 x 15		香港 何耀光至樂樓	
叢篁積翠（仿馬和之山水冊之4）	冊頁	紙	設色	23 x 15		香港 何耀光至樂樓	
雨花台圖（仿馬和之山水冊之5）	冊頁	紙	設色	23 x 15		香港 何耀光至樂樓	
遠浦歸帆（仿馬和之山水冊之6）	冊頁	紙	設色	23 x 15		香港 何耀光至樂樓	
溪山蕭寺（仿馬和之山水冊之7）	冊頁	紙	設色	23 x 15		香港 何耀光至樂樓	
漁浦春曉（仿馬和之山水冊之8）	冊頁	紙	設色	23 x 15		香港 何耀光至樂樓	
雲壑觀瀑（仿馬和之山水冊之9）	冊頁	紙	設色	23 x 15		香港 何耀光至樂樓	
高山飛雲（仿馬和之山水冊之	冊頁	紙	設色	23 x 15		香港 何耀光至樂樓	

名稱	形式	質地	色彩	尺寸 高x寬㎝	創作時間	收藏處所	典藏號碼
10）							
寒將雪霽（仿馬和之山水冊之11）	冊頁	紙	設色	23 x 15		香港 何耀光至樂樓	
秋山嵐影（仿馬和之山水冊之12）	冊頁	紙	設色	23 x 15		香港 何耀光至樂樓	
山水圖（2幀）	冊頁	紙	水墨	（每幀）20.3 x 18		香港 劉作籌虛白齋	87
山水圖（名家遺範冊8之1幀）	冊頁	紙	設色	不詳	乙未（順治十二年，1655）	北京 故宮博物院	
仿古山水圖（10幀，為士介作）	冊	紙	水墨	（每幀）23.1 x 14.8	丙午（康熙五年，1666）	北京 故宮博物院	
梅花圖（8幀）	冊	紙	水墨	不詳	己酉（康熙八年，1669）	北京 故宮博物院	
山水圖（為恕齋作，16幀）	冊	紙	設色	不詳	甲辰（康熙三年，1664）夏六月	北京 中國歷史博物館	
山水圖(為士介作，？幀)	冊	紙	水墨	不詳	癸巳（順治十年，1653）夏初	合肥 安徽省博物館	
雲峰樓閣圖（清史爾祉等山水冊8之1幀）	冊頁	絹	設色	25.3 x 20.5	（甲辰，康熙三年，1664）	天津 天津市歷史博物館	
梅花圖（10幀）	冊	紙	水墨	（每幀）23.7 x 23.6	丙午（康熙五年，1666）七十一翁	天津 天津市藝術博物館	
山水圖(為子翁作，10幀)	冊	紙	設色	（每幀）27.9 x 20.9	甲午（順治十一年，1654）新秋	上海 上海博物館	
策杖山行圖（為湧幢作，金陵畫家集畫冊10之第9幀）	冊頁	絹	設色	18.6 x 27.2	七十一翁（康熙五年，1666）	上海 上海博物館	
仿古山水圖（12幀）	冊	紙	設色	（每幀）19.5 x 14.5	七十四翁（康熙八年，1669）	上海 上海博物館	
山水圖（8幀）	冊	紙	設色	（每幀）35.7 x 23.4		上海 上海博物館	
山水圖	摺扇面	紙	水墨	不詳		杭州 浙江省博物館	
山水圖（6幀）	冊	紙	設色	不詳	癸巳（順治十年，1653）	成都 四川省博物院	
山水圖（10幀，為士介作）	冊	紙	設色	（每幀）30.7 x 23.8	丙午（康熙五年，1666）夏五	成都 四川省博物院	

名稱	形式	質地	色彩	尺寸 高x寬cm	創作時間	收藏處所	典藏號碼
山水圖（清高簡等山水冊8之1幀）	冊頁	絹	設色	不詳	（乙卯，康熙十四年，1675）	廣州 廣東省博物館	
山水圖（為跳石道兄畫）	摺扇面	紙	設色	不詳	甲申（順治元年，1644）冬初	日本 組田昌平先生	
山水雜畫（12幀）	冊	絹	設色	不詳	庚辰（1640）、乙酉（1645）、戊寅（1638）	日本 組田昌平先生	
山水圖	冊頁	紙	水墨	22.8 x 18.4		美國 哈佛大學福格藝術館	1970.119
山水圖（8幀）	冊	紙	設色	（每幀）20.9 x 15.7	戊申（康熙七年，1668）十月	美國 克利夫蘭藝術博物館	55.302a -g
山水人物圖	摺扇面	金箋	設色	14.9 x 48		美國 舊金山亞洲藝術館	B79 D25
問津圖	摺扇面	紙	設色	19.2 x 59.5	壬子（萬曆四十年，1612）冬	美國 西雅圖市藝術館	52.137
松石圖（明清人畫冊之9）	冊頁	紙	水墨	24.8 x 18.2		英國 倫敦大英博物館	1902.6.6.52-9（ADD352）
墨竹圖	摺扇面	金箋	水墨	16.5 x 48		德國 柏林東亞藝術博物館	1988-332
附：							
梅竹圖	卷	紙	水墨	29.2 x 303	戊申（康熙七年，1668）	北京 北京市工藝品進出口公司	
山水圖	卷	紙	設色	24.3 x 849		北京 北京市工藝品進出口公司	
天半晴峰圖	卷	紙	設色	29 x 640	壬寅（康熙元年，1662）	上海 朵雲軒	
師黃子久意山水圖	卷	紙	水墨	25 x 439.5		紐約 佳仕得藝品拍賣公司/拍賣目錄1986,12,01.	
山水（雨霽秋山圖）	卷	紙	設色	20.2 x 396.2	戊戌（順治十五年，1658）八月	紐約 蘇富比藝品拍賣公司/拍賣目錄1988,06,01.	
江山勝攬圖	卷	紙	設色	25 x 405	丙子（崇禎九年，1636）春初	紐約 佳士得藝品拍賣公司/拍賣目錄1993,12,01.	
山水（江湖萬里遊）	卷	紙	設色	28.5 x 254.5	丁酉（順治十四年，1657）秋日	紐約 佳士得藝品拍賣公司/拍賣目錄1996,09,18.	
石磴攤書圖	軸	紙	設色	不詳	己酉（康熙八年，1669）初夏	北京 榮寶齋	
松間草屋圖	軸	紙	設色	不詳	乙巳（康熙四年，	上海 上海工藝品進出口公司	

名稱	形式	質地	色彩	尺寸 高×寬cm	創作時間	收藏處所	典藏號碼
					1665）		
龍泉山圖	軸	紙	設色	175.2 × 46		紐約 佳仕得藝品拍賣公司/拍賣目錄 1986,12,01.	
秋谿泛舟圖	軸	紙	水墨	118.1 × 55.9	己卯（崇禎十二年，1639）夏四月	紐約 佳士得藝品拍賣公司//拍賣目錄 1989,06,01.	
林和靖賞梅圖	軸	紙	設色	113.5 × 40	丁酉（順治十四年，1657）十二月朔	紐約 佳士得藝品拍賣公司//拍賣目錄 1989,12,04.	
綠柳青溪釣艇	軸	紙	設色	92 × 29		紐約 佳士得藝品拍賣公司/拍賣目錄 1996,09,18.	
山水小圖（8幀）	冊	紙	設色	不詳	丁酉（順治十四年，1657）寒食	北京 榮寶齋	
山水圖（8幀）	冊	紙	設色	（每幀）23 × 17.5	戊申（康熙七年，1668）夏五	紐約 佳士得藝品拍賣公司//拍賣目錄 1983,11,30.	
叢樹出雲圖	摺扇面	金箋	水墨	15.9 × 50.8		紐約 佳士得藝品拍賣公司/拍賣目錄 1987,12,11.	
山水圖（10幀）	冊	紙	設色	（每幀）21.3 × 15		紐約 蘇富比藝品拍賣公司/拍賣目錄 1988,06,01.	
山水小景（新安名家合錦冊第1幀）	冊頁	紙	水墨	11 × 14	丁亥（順治四年，1647）暮春	紐約 佳士得藝品拍賣公司/拍賣目錄 1990,05,31.	
農罷賦歸（新安逸韻冊之一幀）	冊頁	紙	設色	不詳	丙申（順治十三年，1656）元日至人日	紐約 佳士得藝品拍賣公司/拍賣目錄 1990,05,31.	
山水圖（12幀）	冊	紙	水墨	（每幀）19.5 × 14		紐約 佳士得藝品拍賣公司/拍賣目錄 1990,11,28.	

畫家小傳：蕭雲從。字尺木。號無悶道人、鍾山老人。安徽蕪湖人。生於明神宗萬曆二十四（1596）年。卒於清聖祖康熙十二（1673）年。明崇禎間兩科副車。入清不仕。工詩文，精六書。善畫山水，得倪、黃筆法，晚年自成一格；兼善人物。（見明畫錄、圖繪寶鑑續纂、國朝畫徵錄、左田畫友錄、桐陰論畫、江南通志、中國畫家人名大辭典）

文　柟

名稱	形式	質地	色彩	尺寸 高×寬cm	創作時間	收藏處所	典藏號碼
歲寒三友圖（金俊明、文柟、金傳合作）	軸	紙	水墨	127.5 × 48	金寫梅於甲辰（康熙三年，1664）修禊日、文補松於丙午（五年，1666）	南京 南京博物院	
寒江漁隱圖（仿荊浩畫法）	軸	絹	設色	209 × 55.7	丁亥（順治四年，1647）七月既望	日本 大阪橋本大乙先生	

名稱	形式	質地	色彩	尺寸 高x寬cm	創作時間	收藏處所	典藏號碼
山水圖（明末二十名家書畫冊之5）	冊頁	綾	設色	23.2 x 17.6		台北 故宮博物院（蘭千山館寄存）	
山水圖	摺扇面	紙	設色	16 x 51.5	庚子（順治十七年，1660）	北京 故宮博物院	
山水人物圖	摺扇面	紙	設色	17.2 x 52	甲辰（康熙三年，1664）	北京 故宮博物院	

畫家小傳：文柟。字曲轅。號慨庵。江蘇長洲人。文從簡之子。生於明神宗萬曆二十四（1596）年。卒於清聖祖康熙六（1667）年。以文章節義稱於時。明亡後，奉親隱居以終。善畫山水，一秉祖法。（見國朝畫徵續錄、長洲縣志、文氏族譜續集、中國畫家人名大辭典）

史顏節

名稱	形式	質地	色彩	尺寸 高x寬cm	創作時間	收藏處所	典藏號碼
蘭竹石圖（清史喻義等蘭竹梅松卷之1段）	卷	綾	水墨	49.5 x 937.5	甲寅（康熙十三年，1674）立冬日，時年七十有九	石家莊 河北省博物館	
蘭竹石圖	卷	紙	水墨	不詳	甲戌（崇禎七年，1634）	瀋陽 故宮博物院	
竹石圖	軸	絹	水墨	210 x 93.3		台中 葉啟忠先生	
好竹連山圖（為文苑作）	軸	紙	設色	不詳	乙巳（康熙四年，1665）秋七月）	南京 南京博物院	
朱筆竹石圖	軸	絹	設色	不詳	庚辰（崇禎十三年，1640）	杭州 浙江省博物館	
竹石圖	軸	絹	水墨	不詳	康熙庚午（二十九年，1690）	杭州 浙江省博物館	
萬竿煙雨圖	軸	絹	水墨	186.5 x 91	丁亥（順治四年，1647）	紹興 浙江省紹興市博物館	
枯木竹石圖	軸	絹	水墨	不詳	庚子（順治十七年，1660）	溫州 浙江省溫州博物館	
月明竹石圖（為愚仲作）	軸	絹	水墨	139 x 46	丁酉（順治十四年，1657）季冬望閏	日本 大阪橋本大乙先生	
墨竹圖（為崑宿老親臺寫）	軸	絹	水墨	60 x 25.5	丁酉（順治十四年，1657）秋仲	美國 明尼安納波里斯市藝術中心	
墨竹圖	軸	絹	水墨	159.8 x 57.9		英國 倫敦大英博物館	1896.5.11.16（ADD184）
墨竹（明人便面畫冊肆冊（四	摺扇面	紙	水墨	不詳		台北 故宮博物院	故畫 03539-7

名稱	形式	質地	色彩	尺寸 高x寬cm	創作時間	收藏處所	典藏號碼
）之7）							
摹管夫人竹石圖（清曹岳等山水冊8之1幀）	摺扇面	金箋	設色	不詳	丁未（康熙六年，1667）又四月	天津 天津市楊柳青畫社	
附：							
墨竹圖	軸	紙	水墨	不詳	甲寅（康熙十三年，1674）仲夏	北京 中國文物商店總店	
竹石圖	軸	絹	水墨	不詳	壬辰（順治九年，1652）	上海 上海文物商店	
竹石圖	軸	絹	水墨	不詳	壬寅（康熙元年，1662）	上海 上海文物商店	
竹溪圖	軸	絹	水墨	142 x 45.3	壬寅（康熙元年，1662）	武漢 湖北省武漢市文物商店	

畫家小傳：史顏節。字睿子。浙江紹興人。生於明神宗萬曆二十四（1596）年。清聖祖康熙十三（1674）年尚在世。善畫墨竹，風晴雨露無一不妙，尤好作萬竿叢篠。（見圖繪寶鑑續纂、中國畫家人名大辭典）

童 塏

松鶴圖（童增、童塏合作）	軸	紙	設色	177 x 93.6		天津 天津市藝術博物館	
松鶴圖	軸	絹	設色	201 x 96.3	戊午（康熙十七年，1678）	合肥 安徽省博物館	
仿古百鳥圖	軸	絹	設色	202.3 x 84.1		美國 印地安那波里斯市藝術博物館	1984.104
花蝶圖（為牧翁作）	摺扇面	紙	設色	19 x 55.6	辛酉（天啟元年，1621）秋日	北京 故宮博物院	
附：							
菊石圖	軸	金箋	設色	57.5 x 28		紐約 佳士得藝品拍賣公司/拍賣目錄 1997,09,19.	

畫家小傳：童塏。字西爽。江蘇華亭人。善畫花卉、翎毛，鉤勒設色，俱從宋人得來；兼工寫真，少時曾為董其昌作小像。流傳署款紀年作品見於明熹宗天啟元（1621）年，至清聖祖康熙十七（1678）年。（見圖繪寶鑑續纂、婁縣志、中國畫家人名大辭典）

童 增

| 松鶴圖（童增、童塏合作） | 軸 | 紙 | 設色 | 177 x 93.6 | | 天津 天津市藝術博物館 | |

畫家小傳：童增。畫史無載。疑為童塏兄弟。待考。

項聖謨

名稱	形式	質地	色彩	尺寸 高×寬cm	創作時間	收藏處所	典藏號碼
後招隱圖	卷	絹	設色	32.4 × 772.5		台北 故宮博物院	故畫 01084
菊花圖（為俞慎齋作）	卷	紙	水墨	38.4 × ？	丁酉（順治十四年，1657）新秋	香港 何耀光至樂樓	
閩遊圖	卷	絹	設色	31.5 × 269.6	乙未（順治十二年，1655）	旅順 遼寧省旅順博物館	
楚澤流芳圖	卷	紙	水墨	46.2 × 1232	丁卯（天啟七年，1627）	北京 故宮博物院	
蔬果圖	卷	紙	水墨	29.2 × 279.5	癸酉（崇禎六年，1633）	北京 故宮博物院	
剪越江秋圖	卷	絹	設色	34.3 × 687.6	崇禎甲戌（七年，1634）	北京 故宮博物院	
山水圖（6段）	卷	紙	設色	不詳	崇禎辛巳（十四年，1641）	北京 故宮博物院	
山水圖	卷	紙	水墨	不詳		北京 故宮博物院	
且聽寒響圖	卷	紙	水墨	29.7 × 413.5		天津 天津市藝術博物館	
林泉高逸圖	卷	紙	水墨	33.6 × 126.2		上海 上海博物館	
探梅圖	卷	紙	水墨	25 × 71.8	辛卯（順治八年，1651）	上海 上海博物館	
秋林策杖圖	卷	紙	設色	26.7 × 115.5		南京 南京博物院	
三招隱圖并詩	卷	絹	設色	27 × 132	甲申（崇禎十七年，1644）	武漢 湖北省博物館	
松濤散仙（與謝彬合作）	卷	紙	水墨	不詳	壬辰（順治九年，1652）霜降	美國 波士頓美術館	
巖栖思訪圖	卷	紙	水墨	30.5 × 273	戊子（順治五年，1648）嘉平之初	美國 克利夫蘭藝術博物館	62.42
招隱圖并記	卷	紙	水墨	28.7 × 625	天啟丙寅（六年，1626）六月既望	美國 洛杉磯郡立藝術館	
雲壑喬松圖	卷	紙	水墨	31.7 × ？		美國 夏威夷火魯奴奴藝術學院	3169.1
山水	軸	紙	水墨	84.6 × 30.4	庚辰（崇禎十三年	台北 故宮博物院	故畫 00629

名稱	形式	質地	色彩	尺寸 高×寬㎝	創作時間	收藏處所	典藏號碼
					，1640）三月		
蘆雁	軸	紙	水墨	80.6 × 39.8		台北 故宮博物院	故畫 00630
三祝圖	軸	綾	水墨	135.2 × 49. 8		台北 故宮博物院	故畫 00631
古木幽篁圖	軸	紙	水墨	54.8 × 31.7		台北 故宮博物院	故畫 00632
桃花寫生	軸	紙	水墨	62.6 × 34.3		台北 故宮博物院	故畫 00633
山水小景	軸	紙	設色	106.6 × 24.3		台北 故宮博物院	故畫 00634
蟠桃圖	軸	紙	設色	111.3 × 31.4		台北 故宮博物院	故畫 01361
疏林秋雨	軸	紙	水墨	74.6 × 25.5		台北 故宮博物院	故畫 02317
畫山水（天香書屋圖）	軸	紙	水墨	74.1 × 31.7		台北 故宮博物院	故畫 02318
孤山放鶴圖	軸	紙	設色	94.8 × 32.7		台北 故宮博物院	故畫 02319
菊花竹石圖	軸	紙	水墨	52.2 × 33.9		台北 故宮博物院	故畫 02320
松竹梅（三友圖）	軸	紙	設色	111.1 × 44.7		台北 故宮博物院（蘭千山館寄存）	
仿石田翁山水圖	軸	紙	水墨	125 × 48.4	乙卯（萬曆四十三年，1615）清和月	台北 故宮博物院（蘭千山館寄存）	
淨墨山水圖	軸	紙	水墨	96.8 × 49.8	甲午（順治十一年，1654）驚蟄三日	香港 中文大學中國文化研究所文物館	95.557
疊巘秋爽圖	軸	紙	水墨	132.4 × 44.2		香港 何耀光至樂樓	
秋林書屋圖	軸	紙	設色	56.5 × 38	崇禎壬申（五年，1632）四月八日	香港 鄭德坤木扉	
秋林紅葉圖	軸	紙	設色	167 × 43.8		香港 黃仲方先生	
松石圖	軸	金箋	水墨	139.2 × 36		香港 葉義先生	
山水圖	軸	紙	水墨	89 × 46.5		香港 黃秉章先生	
松濤散仙圖（與項聖謨合作，謝彬畫像，項聖謨補松）	軸	紙	設色	39 × 40.2	壬辰（順治九年，1652）霜降	長春 吉林省博物館	
松石圖	軸	紙	水墨	不詳	丁酉（順治十四年，1657）	長春 吉林省博物館	
墨竹圖	軸	紙	水墨	不詳		長春 吉林省博物館	
松石圖	軸	紙	水墨	不詳	庚寅（順治七年，1650）	瀋陽 故宮博物院	

名稱	形式	質地	色彩	尺寸 高×寬cm	創作時間	收藏處所	典藏號碼
林下高士圖	軸	紙	水墨	56.5 × 31.3		瀋陽 遼寧省博物館	
仿黃公望山水圖	軸	紙	水墨	43.7 × 31	崇禎壬申（五年，1632）	北京 故宮博物院	
雨滿山齋圖	軸	紙	水墨	121 × 32.5	乙亥（崇禎八年，1635）	北京 故宮博物院	
林泉逸客圖	軸	紙	水墨	不詳	崇禎戊寅（十一年，1638）	北京 故宮博物院	
雪影漁人圖	軸	紙	設色	74.8 × 30.4	崇禎十四年（辛巳，1641）	北京 故宮博物院	
松石圖	軸	紙	水墨	不詳	崇禎壬午（十五年，1642）	北京 故宮博物院	
坐聽松風圖	軸	紙	水墨	不詳	庚寅（順治七年，1650）	北京 故宮博物院	
秋花圖	軸	紙	設色	104.8 × 36.7	辛卯（順治八年，1651）	北京 故宮博物院	
蕙石圖	軸	紙	設色	不詳	壬辰（順治九年，1652）	北京 故宮博物院	
鶴洲秋泛圖	軸	絹	設色	65.5 × 53.7	癸巳（順治十年，1653）九月	北京 故宮博物院	
朱葵石寫照(謝彬寫像，項聖謨補景)	軸	絹	水墨	69.2 × 49.7	癸巳（順治十年，1653）八月	北京 故宮博物院	
菊花圖	軸	紙	設色	98 × 33.8	甲午（順治十一年，1654）寒食後五日	北京 故宮博物院	
花果圖	軸	紙	設色	不詳	戊戌（順治十五年，1658）夏五	北京 故宮博物院	
大樹風號圖	軸	紙	設色	115.4 × 50.4		北京 故宮博物院	
日中市易圖	軸	紙	水墨	81.7 × 40.8		北京 故宮博物院	
古木竹石圖	軸	紙	水墨	不詳		北京 故宮博物院	
松石圖	軸	紙	水墨	不詳		北京 故宮博物院	
松蔭坐望圖	軸	金箋	水墨	不詳		北京 故宮博物院	
秋柳寒鴉圖	軸	紙	水墨	不詳		北京 故宮博物院	
秋荷圖	軸	紙	水墨	不詳		北京 故宮博物院	
清溪垂釣圖	軸	紙	水墨	87 × 37.5		北京 故宮博物院	

名稱	形式	質地	色彩	尺寸 高×寬㎝	創作時間	收藏處所	典藏號碼
雪景山水圖	軸	紙	設色	不詳		北京 故宮博物院	
梅花圖	軸	紙	水墨	不詳		北京 故宮博物院	
琴泉圖	軸	紙	水墨	65.5 x 29		北京 故宮博物院	
蒲蝶圖	軸	紙	水墨	111.8 x 57.8		北京 故宮博物院	
為墨樵作山水圖	軸	紙	水墨	不詳		北京 故宮博物院	
花卉圖（4幅）	軸	紙	設色	不詳		北京 故宮博物院	
杏林散步圖	軸	紙	水墨	不詳	崇禎庚辰（十三年，1640）	北京 中國歷史博物館	
梅花圖	軸	紙	水墨	60 x 30.3	丁亥（順治四年，1647）	北京 中國歷史博物館	
稻蟹圖	軸	紙	設色	106.2 x 38.5	辛卯（順治八年，1651）秋	天津 天津市藝術博物館	
松竹圖	軸	紙	設色	186 x 76.5	丁酉（順治十四年，1657）	天津 天津市藝術博物館	
江光晴日圖	軸	絹	水墨	117 x 52		天津 天津市藝術博物館	
楓林亭竹圖	軸	紙	水墨	不詳		天津 天津市藝術博物館	
蒼松竹石圖	軸	金箋	水墨	126.5 x 37.5		濟南 山東省博物館	
楓林山居圖	軸	紙	設色	71.5 x 37	壬申（崇禎五年，1632）四月八日	合肥 安徽省博物館	
懸松圖	軸	紙	水墨	124.4 x 58	乙未（順治十二年，1655）	合肥 安徽省博物館	
古柏圖	軸	絹	水墨	123 x 44		合肥 安徽省博物館	
珠蘭圖	軸	紙	水墨	不詳	崇禎元年（戊辰，1628）	上海 上海博物館	
五松圖	軸	紙	水墨	107.3 x 50.7	崇禎己巳（二年，1629）	上海 上海博物館	
秋林策杖圖	軸	紙	水墨	89.6 x 31.5	丙子（崇禎九年，1636）	上海 上海博物館	
枯木竹石圖	軸	紙	水墨	不詳	崇禎己卯（十二年，1639）	上海 上海博物館	
芳苑圖	軸	紙	設	96 x 27.5	崇禎辛巳（十四年，1641）	上海 上海博物館	

名稱	形式	質地	色彩	尺寸 高×寬㎝	創作時間	收藏處所	典藏號碼
西湖漫興圖	軸	紙	水墨	128.2 x 32	崇禎甲申（十七年，1644）	上海 上海博物館	
古木含青圖	軸	紙	水墨	57.3 x 24	乙酉（順治二年，1645）	上海 上海博物館	
尚友圖	軸	紙	設色	38.1 x 25.5	壬辰（順治九年，1652）	上海 上海博物館	
青山紅樹圖	軸	紙	設色	132.1 x 53.4	甲午（順治十一年，1654）八月	上海 上海博物館	
自贈詩畫	軸	紙	水墨	64 x 30		上海 上海博物館	
秋山漁艇圖	軸	灑金箋	水墨	不詳		上海 上海博物館	
松石圖	軸	絹	水墨	167 x 91.8	壬辰（順治九年，1652）十一月既望	杭州 浙江省博物館	
松石圖	軸	紙	水墨	69.9 x 36.7	丁酉（順治十四年，1657）	杭州 浙江省博物館	
竹聲木影圖	軸	紙	設色	168.8 x 89.9		杭州 浙江省博物館	
崇山峻嶺圖	軸	紙	水墨	55.7 x 41		杭州 浙江省杭州市文物考古所	
松風聽瀑圖	軸	紙	水墨	97 x 31.5		杭州 浙江省杭州西泠印社	
垂綸小影圖	軸	紙	水墨	97.5 x 41		杭州 浙江省杭州西泠印社	
梅花圖	軸	紙	水墨	103 x 41		嘉興 浙江省嘉興市博物館	
梅花山茶圖	軸	絹	設色	不詳		臨海 浙江省臨海市博物館	
秋樹歸鴉圖	軸	絹	設色	144.5 x 49		廣州 廣東省博物館	
柏泉圖	軸	紙	水墨	不詳		廣州 廣東省博物館	
澗路松風圖	軸	紙	水墨	173 x 93.5	丙申（順治十三年，1656）	廣州 廣州市美術館	
松崗觀泉圖	軸	紙	水墨	332 x 104	丁酉（順治十四年，1657）重陽日	廣州 廣州市美術館	
雲山圖	軸	紙	水墨	75.8 x 32.1		日本 東京帝室博物館	
青山秋雲圖	軸	紙	水墨	126 x 35.1		日本 東京山本悌二郎先生	
天香書屋圖	軸	紙	設色	不詳	崇禎元年（戊辰，1628）上元後三日	日本 東京江藤濤雄先生	
蒼松竹石圖	軸	紙	水墨	89 x 39.8		日本 東京細川護貞先生	

名稱	形式	質地	色彩	尺寸 高×寬cm	創作時間	收藏處所	典藏號碼
溪山雨後圖	軸	紙	水墨	不詳		日本 大阪齋藤悅藏先生	
費隱通容像（張琦、項聖謨合作）	軸	絹	設色	159.1 × 98.5	崇禎壬午（十五年，1642）仲夏日	日本 京都萬福寺	
為士老作山水圖	軸	綾	設色	95.8 × 46.2	順治壬辰（九年，1652）	日本 京都貝塚茂樹先生	
梧陰釣舟圖	軸	紙	水墨	101.5 × 39.7	崇禎癸未（十六年，1643）初夏三日	日本 兵庫縣黑川古文化研究所	
雙松圖	軸	絹	水墨	不詳		日本 組田昌平先生	
柱石不老圖	軸	絹	水墨	120.3 × 45.7		日本 私人	
梧桐竹石圖	軸	綾	水墨	193.5 × 51.1		美國 耶魯大學藝術館	1987.23.1
白菊圖	軸	紙	設色	67.4 × 39.4	甲午（順治十一年，1654）秋分後十日	美國 普林斯頓大學藝術館（Edward Elliott 先生寄存）	L91.74
山水圖	軸	紙	設色	119.3 × 59.4		美國 紐約顧洛阜先生	
自畫小像	軸	紙	設色	34.2 × 28.2		美國 New Haven 翁萬戈先生	
山水	軸	紙	水墨	40 × 28.5	丙午（萬曆三十四年，1606）	美國 哥倫比亞大學藝術館	
山水圖	軸	紙	水墨	54.2 × 29.4		美國 芝加哥藝術中心	1952.7
山水（春山過雨圖）	軸	紙	水墨	89.4 × 33.1		美國 舊金山亞州藝術館	B72 D37
山水圖	軸	紙	水墨	49.5 × 29.5		美國 勃克萊加州大學藝術館	CM115
曉靄橫看圖	軸	紙	設色	66.9 × 30.3		美國 勃克萊加州大學藝術館	1980.16
山水圖	軸	紙	水墨	125.6 × 35.3		美國 私人	
秋林讀書圖	軸	紙	設色	106.4 × 34.2	天啟癸亥（三年，1623）閏十月既望	英國 倫敦大英博物館	1960.5.14.09（ADD309）
四君子圖（四樹圖）	軸	紙	設色	195.4 × 76.3	丁酉（順治十四年，1657）嘉平月	英國 倫敦大英博物館	1967.10.16.06（ADD361）
端節花卉圖	軸	紙	設色	43.1 × 74		英國 倫敦維多利亞-艾伯特博物館	1974
花卉圖	軸	紙	水墨	62.6 × 33.4		英國 倫敦維多利亞-艾伯特博物館	F.E.5-1974

名稱	形式	質地	色彩	尺寸 高x寬cm	創作時間	收藏處所	典藏號碼
						物館	
竹圖	軸	紙	水墨	39.6 x 22.8		德國 柏林東亞藝術博物館	1988-452
雨竹蘭圖	軸	紙	水墨	63 x 32.1		德國 柏林東亞藝術博物館	1988-454
秋海棠圖	軸	紙	水墨	27.2 x 24		德國 柏林東亞藝術博物館	1988-453
山水圖	軸	紙	設色	134.6 x 38.3		瑞典 斯德哥爾摩遠東古物館	NMOK517
桃花游魚圖	軸	紙	水墨	84.1 x 46.2		瑞典 斯德哥爾摩遠東古物館	NMOK278
山水圖（為爾瞻表弟畫）	軸	紙	設色	73.2 x 30.9	壬辰（順治九年，1652）登高日	瑞士 蘇黎士黎德堡博物館	RCH.1146
村居圖（項聖謨山水冊之1）	冊頁	紙	水墨	28.8 x 30.5		台北 故宮博物院	故畫 01157-1
花溪漁隱（項聖謨山水冊之2）	冊頁	紙	水墨	28.8 x 30.5		台北 故宮博物院	故畫 01157-2
遠山喬木（項聖謨山水冊之3）	冊頁	紙	水墨	28.8 x 30.5		台北 故宮博物院	故畫 01157-3
雙崖夾澗（項聖謨山水冊之4）	冊頁	紙	水墨	28.8 x 30.5		台北 故宮博物院	故畫 01157-4
叢篁烟雨（項聖謨山水冊之5）	冊頁	紙	水墨	28.8 x 30.5		台北 故宮博物院	故畫 01157-5
摹趙松雪筆意（項聖謨山水冊之6）	冊頁	紙	水墨	28.8 x 30.5		台北 故宮博物院	故畫 01157-6
田家漁艇（項聖謨山水冊之7）	冊頁	紙	水墨	28.8 x 30.5		台北 故宮博物院	故畫 01157-7
寫一峯道人畫意（項聖謨山水冊之8）	冊頁	紙	水墨	28.8 x 30.5		台北 故宮博物院	故畫 01157-8
老樹臨溪（項聖謨山水冊之9）	冊頁	紙	水墨	28.8 x 30.5		台北 故宮博物院	故畫 01157-9
古木寒鴉（項聖謨山水冊之10）	冊頁	紙	水墨	28.8 x 30.5		台北 故宮博物院	故畫 01157-10
林亭積素（項聖謨山水冊之11）	冊頁	紙	水墨	28.8 x 30.5		台北 故宮博物院	故畫 01157-11
山雨歸漁（項聖謨山水冊之12）	冊頁	紙	水墨	28.8 x 30.5		台北 故宮博物院	故畫 01157-12
林橋曳杖（項聖謨仿古冊之1）	冊頁	紙	設色	19.7 x 30.9		台北 故宮博物院	故畫 01158-1
高厂看雲（項聖謨仿古冊之2）	冊頁	紙	水墨	19.7 x 30.9		台北 故宮博物院	故畫 01158-2
柳溪放棹（項聖謨仿古冊之3）	冊頁	紙	設色	19.7 x 30.9		台北 故宮博物院	故畫 01158-3
孤亭帆影（項聖謨仿古冊之4）	冊頁	紙	設色	19.7 x 30.9		台北 故宮博物院	故畫 01158-4
松亭坐眺（項聖謨仿古冊之5）	冊頁	紙	設色	19.7 x 30.9		台北 故宮博物院	故畫 01158-5
葦岸扁舟（項聖謨仿古冊之6）	冊頁	紙	設色	19.7 x 30.9		台北 故宮博物院	故畫 01158-6
疊岫偕行（項聖謨仿古冊之7）	冊頁	紙	水墨	19.7 x 30.9		台北 故宮博物院	故畫 01158-7
雪山行旅（項聖謨仿古冊之8）	冊頁	紙	設色	19.7 x 30.9		台北 故宮博物院	故畫 01158-8

名稱	形式	質地	色彩	尺寸 高x寬cm	創作時間	收藏處所	典藏號碼
玉蘭（項聖謨寫生冊之1）	冊頁	紙	水墨	23.5 x 16.5	丙戌（順治三年，1646）二月十二日	台北 故宮博物院	故畫 01159-1
碧桃花（項聖謨寫生冊之2）	冊頁	紙	設色	23.5 x 16.5		台北 故宮博物院	故畫 01159-2
竹石（項聖謨寫生冊之3）	冊頁	紙	水墨	23.5 x 16.5	乙酉（順治二年，1645）冬	台北 故宮博物院	故畫 01159-3
青桐（項聖謨寫生冊之4）	冊頁	紙	設色	23.5 x 16.5		台北 故宮博物院	故畫 01159-4
古松（項聖謨寫生冊之5）	冊頁	紙	水墨	23.5 x 16.5		台北 故宮博物院	故畫 01159-5
蘭（項聖謨寫生冊之6）	冊頁	紙	設色	23.5 x 16.5	丙戌（順治三年，1646）正月	台北 故宮博物院	故畫 01159-6
竹（項聖謨寫生冊之7）	冊頁	紙	水墨	23.5 x 16.5		台北 故宮博物院	故畫 01159-7
蕉石（項聖謨寫生冊之8）	冊頁	紙	設色	23.5 x 16.5		台北 故宮博物院	故畫 01159-8
秋林亭子（項聖謨寫生冊之9）	冊頁	紙	水墨	23.5 x 16.5		台北 故宮博物院	故畫 01159-9
白鵝（項聖謨寫生冊之10）	冊頁	紙	設色	23.5 x 16.5		台北 故宮博物院	故畫 01159-10
松菊（項聖謨寫生冊之11）	冊頁	紙	設色	23.5 x 16.5	丙戌（順治三年，1646）深秋	台北 故宮博物院	故畫 01159-11
靈壁石（項聖謨寫生冊之12）	冊頁	紙	水墨	23.5 x 16.5		台北 故宮博物院	故畫 01159-12
蠟梅練雀（項聖謨寫生冊之13）	冊頁	紙	設色	23.5 x 16.5	乙酉（順治二年，1645）臘月	台北 故宮博物院	故畫 01159-13
海棠（項聖謨寫生冊之14）	冊頁	紙	設色	23.5 x 16.5		台北 故宮博物院	故畫 01159-14
山茶（項聖謨寫生冊之15）	冊頁	紙	水墨	23.5 x 16.5		台北 故宮博物院	故畫 01159-15
梅花（項聖謨寫生冊之16）	冊頁	紙	水墨	23.5 x 16.5		台北 故宮博物院	故畫 01159-16
松下觀泉（周亮工集名家山水冊之13）	冊頁	紙	水墨	25.3 x 33.5		台北 故宮博物院	故畫 01274-13
設色梅花（明花卉畫冊之9）	冊頁	紙	設色	18.8 x 57		台北 故宮博物院	故畫 03513-9
溪船載酒（明人畫扇一冊之17）	摺扇面	紙	設色	不詳		台北 故宮博物院	故畫 03527-17
竹菊（明人畫扇一冊之24）	摺扇面	紙	水墨	不詳		台北 故宮博物院	故畫 03527-24
仿巨然山水（明人畫扇面（甲）冊之7）	摺扇面	紙	水墨	不詳		台北 故宮博物院	故畫 03532-7
古木竹石（明人畫扇集冊之10）	摺扇面	紙	水墨	不詳		台北 故宮博物院	故畫 03536-10
秋帆圖（明人畫扇集冊之11）	摺扇面	紙	設色	不詳		台北 故宮博物院	故畫 03536-11
喬松圖（明人便面畫冊肆冊（	摺扇面	紙	水墨	不詳		台北 故宮博物院	故畫 03538-16

名稱	形式	質地	色彩	尺寸 高x寬cm	創作時間	收藏處所	典藏號碼
二）之16)							
海棠圖（名人畫扇（甲）冊之2)	摺扇面	紙	設色	不詳		台北 故宮博物院	故畫03547-2
墨竹圖（名人畫扇冊之9)	摺扇面	紙	水墨	不詳		台北 故宮博物院	故畫03553-9
秋風林屋	摺扇面	紙	設色	不詳		台北 故宮博物院	故扇00116
虬松圖	冊頁	金箋	水墨	31.5 x 40		台北 黃君璧白雲堂	
高士讀書圖（扇面圖冊之3)	摺扇面	金箋	設色	18.3 x 50.4		台北 陳啟斌畏罍堂	
柳樹寒鴉圖	摺扇面	紙	水墨	16.2 x 49.2		香港 莫華釗承訓堂	K92.51
花卉竹石圖（4幀)	冊	絹	水墨	（每幀）22.5 x 20.3	甲戌（崇禎七年，1634)	瀋陽 遼寧省博物館	
花卉圖（10幀)	冊	紙	設色	（每幀）31 x 23.8	壬辰（順治九年，1652)	瀋陽 遼寧省博物館	
山水圖（王維詩意圖冊16之1幀)	冊頁	紙	設色	28 x 29.7	崇禎二年（己巳，1629）二月晦日	北京 故宮博物院	
山水圖（王維詩意圖冊16之1幀)	冊頁	紙	設色	28 x 29.7	己巳（崇禎二年，1629）春分二日	北京 故宮博物院	
蘭竹圖	摺扇面	金箋	水墨	16.8 x 51	戊寅（崇禎十一年，1638)	北京 故宮博物院	
山水圖（8幀)	冊	紙	水墨	不詳	崇禎十四年（辛巳，1641）至十五年（壬午，1642)	北京 故宮博物院	
天寒有鶴圖	摺扇面	紙	設色	20.3 x 55.3	辛卯（順治八年，1651)	北京 故宮博物院	
梧桐秋石圖	摺扇面	紙	設色	16.8 x 50.8	癸巳（順治十年，1653）中秋	北京 故宮博物院	
秋林白雲圖	摺扇面	紙	設色	不詳	癸巳（順治十年，1653）六月	北京 故宮博物院	
秋樹昏鴉圖	摺扇面	金箋	水墨	16 x 49	甲午（順治十一年，1654）正月上元	北京 故宮博物院	
山水、花卉圖(8幀)	冊	紙	設色	（每幀）29 x 20	丙申（順治十三年，1656）二月	北京 故宮博物院	
花卉圖(8幀)	冊	紙	設色	（每幀）31.5 x 26.8	丙申（順治十三年，1656)	北京 故宮博物院	
花卉圖(8幀)	冊	絹	設色	不詳		北京 故宮博物院	

名稱	形式	質地	色彩	尺寸 高×寬㎝	創作時間	收藏處所	典藏號碼
山水、花果(8幀)	冊	紙	設色	（每幀）29.3 × 21		北京 故宮博物院	
花果圖（10幀）	冊	紙	設色	（每幀）24.5 × 28		北京 故宮博物院	
山水圖	冊頁	紙	水墨	26.1 × 18.5		北京 故宮博物院	
山水圖(8幀)	冊	紙	設色	（每幀）25.3 × 16.6		北京 故宮博物院	
山雨欲來圖	摺扇面	金箋	水墨	16.3 × 51.2		北京 故宮博物院	
竹石圖	摺扇面	金箋	水墨	16.6 × 52.3		北京 故宮博物院	
山水圖（名筆集勝冊12之1幀）	冊頁	紙	設色	不詳		北京 故宮博物院	
關山月圖	冊頁	紙	水墨	35 × 22	崇禎戊辰（元年，1628）	北京 中國歷史博物館	
花卉圖（4幀）	冊	紙	水墨	不詳		北京 中國歷史博物館	
山水圖（清董邦達等山水花卉冊12之1幀　）	冊頁	紙	設色	30.5 × 57		天津 天津市藝術博物館	
梅花圖	摺扇面	金箋	水墨	不詳	丁卯（天啟七年，1627）	合肥 安徽省博物館	
松圖（金俊明、項聖謨梅松冊12之6幀）	冊頁	紙	水墨	（每幀）23 × 29.5不等	癸丑（康熙十二年，1673）一之日	合肥 安徽省博物館	
花卉圖（10幀）	冊	紙	設色	（每幀）27.6 × 42.5	崇禎癸未（十六年，1643）	上海 上海博物館	
山水圖（12幀）	冊	紙	水墨	（每幀）25.8 × 18.4	甲申（順治元年，1644）	上海 上海博物館	
山水圖（12幀）	冊	紙	設色	（每幀）13.3 × 24.4	戊子（順治五年，1648）	上海 上海博物館	
山水圖（8幀）	冊	紙	水墨	（每幀）31.5 × 22.7	戊戌（順治十五年，1658）櫻筍之候	上海 上海博物館	
山水圖（8幀）	冊	紙	水墨	（每幀）25.5 × 18.7		上海 上海博物館	
山水、花卉圖（6幀）	冊	紙	設色	（每幀）20.6 × 28.4		上海 上海博物館	
王維詩意圖（12幀）	冊	紙	水墨	（每幀）12.1 × 15.6		上海 上海博物館	

名稱	形式	質地	色彩	尺寸 高×寬cm	創作時間	收藏處所	典藏號碼
花果圖（8幀）	冊	紙	設色	（每幀）30.6 × 24.5		上海 上海博物館	
山水、蘭竹圖（12幀）	冊	紙	設色	（每幀）25.4 × 24.6	庚申（泰昌元年，1620）	蘇州 江蘇省蘇州博物館	
山水圖（6幀）	冊	紙	設色	（每幀）27 × 34.5		杭州 浙江省杭州西泠印社	
臨江舟泊圖	摺扇面	金箋	設色	不詳		寧波 浙江省寧波市天一閣文物保管所	
山水、人物圖（8幀）	冊	紙	水墨、設色	（每幀）30 × 48.8	崇禎戊寅（十一年，1638）	成都 四川省博物院	
山水雜畫（8幀）	冊	紙	設色	28.2 × 22	己卯（崇禎十二年，1639）七月	美國 普林斯頓大學藝術館（Edward Elliott 先生寄存）	L231.70a-h
秋景圖	冊頁	紙	設色	23.6 × 31.8	甲午（順治十一年，1654）九月朔	美國 紐約大都會藝術博物館	64.268.1
秋景山水圖（扇面圖冊之5）	摺扇面	金箋	設色	15.8 × 49.3		美國 印地安那波里斯市藝術博物館	73.61.5
山水圖（10幀）	冊	紙	水墨、設色	（每幀）30.9 × 21.9	丙申（順治十三年，1656）三月	美國 舊金山亞州藝術館	B74 D4
梅圖	摺扇面	金箋	水墨	18.2 × 55.2		德國 柏林東亞藝術博物館	1988-329
山水圖	摺扇面	金箋	水墨	16.5 × 50.9		德國 柏林東亞藝術博物館	1988-330
秋色圖	摺扇面	紙	設色	25.3 × 34.1		德國 柏林東亞藝術博物館	1988-451
山水圖	摺扇面	金箋	水墨	16.8 × 50.5		瑞士 蘇黎士黎德堡博物館	RCH.1127
摹梅道人筆意山水圖	冊頁	金箋	水墨	28.6 × 29.9		瑞士 蘇黎士黎德堡博物館	RCH.1147

附：

名稱	形式	質地	色彩	尺寸 高×寬cm	創作時間	收藏處所	典藏號碼
江山無盡圖	卷	紙	水墨	21 × 658		上海 朵雲軒	
平沙落雁圖	卷	紙	設色	29.7 × 100.5	崇禎丙子（九年，1636）秋日	紐約 佳士得藝品拍賣公司/拍賣目錄 1987,12,11.	
漁村待渡圖	卷	紙	水墨	28 × 255		紐約 佳士得藝品拍賣公司/拍賣目錄 1994,06,01.	
古渡寒鴉圖	軸	紙	水墨	75 × 31		北京 北京市工藝品進出口公司	
南山松石圖	軸	紙	水墨	82 × 29	天啟丁卯（七年，1627）	上海 朵雲軒	

名稱	形式	質地	色彩	尺寸 高x寬㎝	創作時間	收藏處所	典藏號碼
瓶花圖	軸	紙	水墨	80 × 46.3	乙酉（順治二年，1645）	上海 上海文物商店	
蕉石圖	軸	紙	設色	124.6 × 60		上海 上海文物商店	
煙江釣艇圖	軸	紙	水墨	51.3 × 32.6	辛卯（順治八年，1651）	武漢 湖北省武漢市文物商店	
松竹石圖	軸	灑金箋	水墨	138.4 × 35.5		香港 蘇富比藝品拍賣公司/拍賣目錄 1984,11,11.	
鴛鴦圖	軸	紙	設色	31.4 × 22		香港 蘇富比藝品拍賣公司/拍賣目錄 1984,11,11.	
茅亭遠岫圖	軸	紙	設色	31.4 × 21.3		香港 蘇富比藝品拍賣公司/拍賣目錄 1984,11,11.	
松柏泉石圖	軸	紙	設色	122 × 52.7		紐約 蘇富比藝品拍賣公司/拍賣目錄 1988,11,30.	
古松草亭圖	軸	紙	水墨	72.5 × 40		紐約 佳士得藝品拍賣公司/拍賣目錄 1991,05,29.	
松亭閒適圖	軸	紙	設色	89 × 52.5		香港 佳士得藝品拍賣公司/拍賣目錄 1991,03,18.	
梅花嬉雀圖	軸	紙	設色	124 × 46		香港 佳士得藝品拍賣公司/拍賣目錄 1991,03,18.	
古木幽篁圖	軸	紙	水墨	55 × 31.5		紐約 佳士得藝品拍賣公司/拍賣目錄 1992,06,02.	
清溪消夏圖	軸	絹	設色	155.3 × 47.5		紐約 佳士得藝品拍賣公司/拍賣目錄 1992,12,02.	
古松竹石圖	軸	紙	水墨	158 × 91		紐約 佳士得藝品拍賣公司/拍賣目錄 1995,3,22.	
雀梅圖	軸	紙	設色	123.2 × 45.4		紐約 佳士得藝品拍賣公司/拍賣目錄 1996,03,27.	
茅亭納涼圖	軸	紙	水墨	87 × 25.4		紐約 佳士得藝品拍賣公司/拍賣目錄 1997,09,19.	
三清圖	軸	紙	水墨	45.7 × 28		紐約 佳士得藝品拍賣公司/拍賣目錄 1998,03,24.	
秋景山水圖	軸	紙	水墨	67.7 × 30.5		香港 蘇富比藝品拍賣公司/拍賣目錄 1999,10,31.	
松林策杖圖（為揆翁作）	摺扇面	金箋	水墨	不詳	甲午（順治十一年	揚州 揚州市文物商店	

名稱	形式	質地	色彩	尺寸 高x寬cm	創作時間	收藏處所	典藏號碼
					，1654）七月穀日		
仿李公麟十六羅漢圖（16幀）	冊	紙	水墨	（每幀）30.8 x 29.2	崇禎壬午（十五年，1642）春	紐約 蘇富比藝品拍賣公司/拍賣目錄 1988,11,30.	
雜畫（三幀）	冊	紙	設色	（每幀）28.5 x 23		紐約 佳士得藝品拍賣公司/拍賣目錄 1991,05,29.	
梅花圖（10幀）	冊	紙	水墨	（每幀）21.6 x 29.3	戊寅（崇禎十一年，1638）八月	紐約 佳士得藝品拍賣公司/拍賣目錄 1993,06,04.	
山水圖（8幀）	冊	紙	水墨、設色	（每幀）26 x 35		紐約 佳士得藝品拍賣公司/拍賣目錄 1993,06,04.	
花卉圖（8幀）	冊	紙	水墨	（每幀）30.5 x 24		紐約 佳士得藝品拍賣公司/拍賣目錄 1993,12,01.	
山水紅樹圖（8幀）	冊	紙	設色	（每幀）31 x 25.5		紐約 佳士得藝品拍賣公司/拍賣目錄 1995,03,22.	
寫生花卉圖（10幀）	冊	紙	設色	（每幀）31 x 23.2	丙申（順治十三年，1656）春	香港 佳士得藝品拍賣公司/拍賣目錄 1995,04,30.	
老樹幽篁（明清各家山水便面冊12之1幀）	摺扇面	金箋	水墨	不詳		紐約 佳士得藝品拍賣公司/拍賣目錄 1996,09,18.	
家在江南黃葉村圖	摺扇面	金箋	設色	15.2 x 45.7		紐約 佳士得藝品拍賣公司/拍賣目錄 1996,09,18.	
山水（明清各家山水扇面冊12之1幀）	摺扇面	金箋	水墨	不詳		紐約 佳士得藝品拍賣公司/拍賣目錄 1997,09,19.	
山水（12幀）	冊	紙	水墨	（每幀）25.2 x 19	庚午（崇禎三年，1630）冬	紐約 佳士得藝品拍賣公司/拍賣目錄 1998,09,15.	

畫家小傳：項聖謨。字孔彰。號易庵、胥樵。浙江嘉興人。項元汴孫，項德新之子。生於明神宗萬曆二十五（1597）年。卒於清世祖順治十五（1658）年。工書、畫。畫山水，初學文徵明，後取法宋元；又作花竹、木石、松樹，亦精。（見明畫錄、圖繪寶鑑續纂、國朝畫徵錄、容臺集、嘉興府志、桐陰論畫、中國畫家人名大辭典）

方大猷

名稱	形式	質地	色彩	尺寸 高x寬cm	創作時間	收藏處所	典藏號碼
山水圖并書	卷	紙	水墨	不詳	癸卯（康熙二年，166）	天津 天津市藝術博物館	
雲岫萬松圖	軸	綾	設色	144.2 x 50.1		台北 鴻禧美術館	C1-814
山水（雲山柳艇圖）	軸	紙	水墨	187 x 92	壬子（康熙十一年，1672）秋月	台北 長流美術館	
潑墨山水圖	軸	紙	設色	148.3 x 71.6		香港 羅桂祥先生	

名稱	形式	質地	色彩	尺寸 高x寬cm	創作時間	收藏處所	典藏號碼
攜琴訪友圖	軸	絹	水墨	170 × 47	壬子（康熙十一年，1672）	瀋陽 故宮博物院	
日升月恒圖	軸	綾	設色	不詳	乙巳（崇禎二年，1629）	北京 故宮博物院	
松壑聽泉圖	軸	紙	水墨	不詳	乙卯（康熙十四年，1675）	北京 故宮博物院	
山水圖	軸	綾	水墨	不詳	甲辰（康熙三年，1664）	北京 首都博物館	
寰中六景圖（6幅）	軸	綾	設色	（每幅）182.3 × 48.8	壬子（康熙十一年，1672）	天津 天津市藝術博物館	
冰雲暮巒圖	軸	綾	水墨	192.5 × 50.5	丙辰（康熙十五年，1676）	濟南 山東省博物館	
仿米山水圖	軸	紙	水墨	不詳	丙申（順治十三年，1656）秋九月	鄭州 鄭州市博物館	
山水圖	軸	綾	水墨	不詳		南京 南京市博物館	
為敬翁作山水圖	軸	綾	水墨	183.5 × 55	庚戌（康熙九年，1670）中伏日	蘇州 江蘇省蘇州博物館	
竹里鋪圖（為長公作）	軸	金箋	水墨	不詳	辛亥（康熙十年，1671）仲夏	廣州 廣東省博物館	
山水圖	軸	紙	設色	不詳	己酉（康熙八年，1669）	廣州 廣州市美術館	
雲岫萬松圖	軸	綾	設色	145.1 × 50.3	康熙丁巳（十六年，1677）時年八十一	日本 明石細谷立齋先生	
山水圖(石古路細行人稀)	軸	綾	水墨	191.9 × 54.4	乙巳（康熙四年，1665）冬日	日本 私人	
山水圖（12幀）	冊	絹	設色	（每幀）47.5 × 34.5		濟南 山東省博物館	
仿梅道人山水圖（明遺老詩畫集冊之1） 附：	冊頁	紙	設色	19.5 × 13.2	戊申（康熙七年，1668）冬月	美國 勃克萊加州大學藝術館	
足下青雲圖	軸	綾	水墨	88 × 46		天津 天津市文物公司	
為棐公作山水圖	軸	綾	水墨	179 × 51.8	丙午（康熙五年，1666）莫春	紐約 蘇富比藝品拍賣公司/拍賣目錄 1987.12.08	
山居讀書圖	軸	綾	水墨	77 × 33.5		紐約 佳士得藝品拍賣公司/拍	

名稱	形式	質地	色彩	尺寸 高×寬cm	創作時間	收藏處所	典藏號碼
山水圖	軸	綾	水墨	97 × 47.5	丙辰（康熙十五年，1676）新秋	紐約 佳士得藝品拍賣公司/拍賣目錄 1988.11.30 賣目錄 1995,03,22.	
黃河遠上圖	摺扇面	金箋	水墨	不詳		上海 朵雲軒	

畫家小傳：方大猷。字歐餘。號允升、俺覽。烏程人。生於明神宗萬曆二十五（1597）年。聖祖康熙十七（1678）年尚在世。明思宗崇禎十年進士。入清，仕官至山東巡撫。工詩、善書。能畫山水，學董其昌，間法倪瓚、黃公望。（見國朝畫徵錄、中國畫家人名大辭典）

張 漣

附：

名稱	形式	質地	色彩	尺寸 高×寬cm	創作時間	收藏處所	典藏號碼
山水圖	摺扇面	金箋	水墨	18.5 × 52		紐約 佳士得藝品拍賣公司/拍賣目錄 1988.11.30.	

畫家小傳：張漣。字南垣。江蘇華亭人，徙居浙江秀水。少學畫山水，兼善寫真，後即以其畫意疊石，故所疊之丘壑皆有倣效，若荊、關、董、巨、黃、倪、吳，一一逼肖，深獲吳偉業之讚許。（見國朝畫徵錄、桐陰論畫、嘉興府志、中國畫家人名大辭典）

黃應諶

名稱	形式	質地	色彩	尺寸 高×寬cm	創作時間	收藏處所	典藏號碼
畫祛倦鬼文山水	軸	絹	設色	163.8 × 219	順治庚子（十七年，1660）春日	台北 故宮博物院	故畫 03695
陋室銘圖	軸	絹	設色	243.3 × 158	康熙丁未（六年，1667）中秋	台北 故宮博物院	中畫 00155
迎春送歲圖	軸	絹	設色	不詳	康熙十三年（甲寅，1674）	北京 故宮博物院	
奉旨畫屈原卜居圖	軸	絹	設色	201 × 131	順治庚子（十七年，1660)春日	石家莊 河北省博物館	
滿城風雨圖（為育坦作）	軸	絹	設色	166.7 × 75.8	甲寅（康熙十三年，1674）	石家莊 河北省博物館	
水閣曛風圖	軸	絹	設色	119.8 × 46.5	丙辰（康熙十五年，1676）	青島 山東省青島市博物館	
鍾馗圖	軸	絹	設色	不詳	八十一歲（康熙十七年，戊午，1678）	福州 福建省博物館	
牛車圖	軸	絹	設色	不詳		美國 賓夕法尼亞州大學藝術館	
月下觀梅圖	軸	絹	設色	不詳		美國 加州勃克萊大學藝術館	

畫家小傳：黃應諶。字敬一。號劍庵。順天人。生於明神宗萬曆二十五（1597）年，卒於聖祖康熙十五（1676）年。清世祖時，供奉內廷。

名稱	形式	質地	色彩	尺寸 高x寬cm	創作時間	收藏處所	典藏號碼

善畫人物、鬼判、嬰孩，傳染一遵古法。署款紀年作品見於順治十七（1660）年至聖祖康熙十三(1674)年。（見圖繪寶鑑續纂、熙朝名畫錄、中國畫家人名大辭典）

楊 補

名稱	形式	質地	色彩	尺寸 高x寬cm	創作時間	收藏處所	典藏號碼
山居讀書圖	卷	絹	水墨	29.2 x 115.2	戊子（順治五年，1648）	北京 故宮博物院	
山水（陳元素等人雜畫卷4之1段）	卷	紙	水墨	不詳		北京 故宮博物院	
仿雲林筆山水圖（楊補等 十四家仿古山水卷14之第1段）	卷	紙	設色	（全卷）20.1 x 654.5		上海 上海博物館	
山水圖	軸	紙	水墨	111.7 x 45.4		台北 故宮博物院	故畫 03669
秋景山水圖	軸	絹	設色	不詳		北京 故宮博物院	
吳山十景圖（屏風10幅）	軸	絹	設色	（每屏）220.9 x 48.6	丁酉（順治十四年，1657）	南京 南京博物院	
山水圖（楊補等各家山水冊12之1幀）	冊頁	紙	設色	25.5 x 26.5	（順治十年，癸巳，1653）	北京 故宮博物院	
梅石圖	摺扇面	金箋	水墨	15.7 x 48.4		北京 故宮博物院	
山高水長圖（祁豸佳等山水花鳥冊27之1幀）	冊頁	絹	設色	30 x 23.4		天津 天津市藝術博物館	
懷古圖詠（10幀）	冊	紙	水墨	26.7 x 33	戊子（順治五年，1648）	上海 上海博物館	
石屋泉圖	摺扇面	紙	設色	不詳		成都 四川大學	
附：							
江山帆影圖	卷	絹	設色	26 x 124.5		紐約 佳士得藝品拍賣公司/拍賣目錄 1996,03,27.	
巖泉獨往圖	軸	紙	水墨	107 x 49	己丑（順治六年，1649）	上海 上海工藝品進出口公司	
山水圖（20幀）	冊	紙	水墨	（每幀）26.5 x 18	乙未（順治十二年，1655）二月三日	紐約 佳士得藝品拍賣公司/拍賣目錄 1994,11,30.	

畫家小傳：楊補。字無補、白補。號古農。江西清江人，徙居江蘇長洲。生於明神宗萬曆二十六（1598）年。卒於清世祖順治十四（1657）年。明亡，隱居鄧蔚山。善畫山水。（見明畫錄、櫟園讀畫錄、圖繪寶鑑續纂、桐陰論畫、長洲縣志、中國畫家人名大辭典）

王 鑑

名稱	形式	質地	色彩	尺寸 高x寬cm	創作時間	收藏處所	典藏號碼
擬大癡秋山圖	卷	絹	水墨	29.5 x 218	歲在戊申（康熙七年，1668）夏日	台北 長流美術館	

名稱	形式	質地	色彩	尺寸 高×寬㎝	創作時間	收藏處所	典藏號碼
仿董北苑山水圖	卷	紙	設色	26 × 297		台北 黃君璧白雲堂	
仿巨然山水圖	卷	紙	水墨	28.5 × 130		香港 劉作籌虛白齋	
仿米氏春山圖	卷	紙	水墨	22 × 403.2	丁亥（順治四年，1647）	旅順 遼寧省旅順博物館	
仿董源溪山圖	卷	紙	水墨	24.2 × 425.3	丙申（順治十三年，1656）	北京 故宮博物院	
青綠山水圖	卷	紙	設色	22.8 × 199.2	戊戌（順治十五年，1658）	北京 故宮博物院	
山水圖（陳裸對人仿古山水合卷之1段）	卷	紙	設色	不詳		北京 中國歷史博物館	
仿巨然意山水圖	卷	紙	水墨	31 × 525		日本 東京國立博物館	
長江萬里圖	卷	紙	設色	不詳		韓國 首爾國立中央博物館	
仿董巨山水圖	卷	紙	水墨	28.5 × 146	甲辰（康熙三年，1664）	美國 紐約哥倫比亞大學藝術館	
仿黃公望山水圖	卷	不詳	設色	不詳		美國 辛辛那提市藝術館	
仿趙孟頫筆意山水圖	卷	絹	設色	30.5 × 365.9		美國 堪薩斯州立大學藝術館	
長江天塹圖	卷	紙	水墨	22.4 × ？		美國 私人	
仿范華原溪山深秀	軸	絹	設色	161.7 × 62.5	丙辰（康熙十五年，1676）春日	台北 故宮博物院	故畫00689
秋山圖（為季升作）	軸	絹	水墨	111.1 × 48.3	己卯（崇禎十二年，1639）九月	台北 故宮博物院	故畫00690
仿趙孟頫茂林蕭寺圖	軸	紙	設色	101.9 × 47.4	戊戌（順治十五年，1658）春二月	台北 故宮博物院	故畫00691
仿趙孟頫山水	軸	絹	青綠	160.4 × 96.4	丁巳（康熙十六年，1677）初秋	台北 故宮博物院	故畫00692
仿黃公望煙浮遠岫圖	軸	紙	設色	134.9 × 78.9	乙卯（康熙十四年，1675）夏日	台北 故宮博物院	故畫00693
仿黃公望山水	軸	紙	設色	78.8 × 38.8		台北 故宮博物院	故畫00694
仿王蒙秋山圖	軸	絹	設色	145.2 × 50.3		台北 故宮博物院	故畫00695
臨王蒙松陰丘壑	軸	紙	淺色	101.8 × 48.3	乙巳（康熙四年，1665）夏六月	台北 故宮博物院	故畫00696
仿倪瓚山水	軸	紙	水墨	78.3 × 35.8	癸卯（康熙二年，1663）冬日	台北 故宮博物院	故畫00697

名稱	形式	質地	色彩	尺寸 高x寬cm	創作時間	收藏處所	典藏號碼
花石盆蘭	軸	絹	設色	159.3 x 70.6		台北 故宮博物院	故畫 02231
仿巨然山水	軸	絹	設色	172 x 100.5		台北 故宮博物院	國贈 024911
仿北苑溪山蕭寺圖	軸	紙	設色	154 x 64.6	庚戌（康熙九年，1670）小春	台北 故宮博物院（蘭千山館 寄存）	
村店酒帘圖	軸	絹	水墨	164 x 46	癸巳（（順治十年，1653）新秋	台北 長流美術館	
仿李成積雪圖	軸	紙	設色	79.7 x 42.5	壬子（康熙十一年，1672）三月	台北 蘭千山館	
仿黃公望筆意山水圖	軸	紙	水墨	116.3 x 52.1	乙卯（康熙十四年，1675）春初	台北 蘭千山館	
青綠山水	軸	絹	青綠	117.5 x 51		台北 國泰美術館	
法趙文敏筆山水圖	軸	紙	設色	193 x 92	己酉（康熙八年，1669）清和	台北 清玩雅集	
仿董源瀟湘圖	軸	絹	水墨	144.9 x 84.6		香港 中文大學中國文化研究所文物館	95.409
仿董源山水圖	軸	紙	設色	197.5 x 98.1		香港 中文大學中國文化研究所文物館	95.408
仿黃公望陡壑密林圖	軸	紙	水墨	123 x 49.5		香港 香港美術館・虛白齋	XB1992.133
為日俞作山水圖	軸	金箋	水墨	109.2 x 53.4	丁酉（順治十四年，1657）仲冬	香港 何耀光至樂樓	
仿黃子久秋山圖	軸	絹	設色	48 x 28.3		香港 黃仲方先生	
設色山水圖	軸	絹	設色	108.5 x 28.7	癸丑（康熙十二年，1673）九秋	香港 黃仲方先生	
仿范寬山水圖	軸	紙	設色	119.5 x 48.8		香港 招署東先生	
仿王蒙雲壑松陰圖	軸	紙	水墨	141.4 x 48.2		香港 潘祖堯小聽颿樓	CP16
仿吳鎮山水	軸	紙	設色	120.4 x 53.7	己酉（康熙八年，1669）夏仲	香港 鄭德坤木扉	
仿巨然浮煙遠岫圖	軸	紙	設色	134.5 x 60.5	乙酉（順治二年，1645）春三月	香港 譓輝堂	
雲壑松陰圖	軸	絹	設色	78.5 x 81.3	乙巳（康熙四年，1665）	長春 吉林省博物館	

名稱	形式	質地	色彩	尺寸 高×寬㎝	創作時間	收藏處所	典藏號碼
仿董北苑山水圖	軸	絹	水墨	不詳	癸卯（康熙二年，1663）小春	瀋陽 故宮博物館	
門對翠微圖	軸	紙	水墨	131 × 60	癸卯（康熙二年，1663）	瀋陽 故宮博物館	
溪山訪友圖	軸	金箋	水墨	129 × 63	戊申（康熙七年，1668）	瀋陽 故宮博物館	
南山湧翠圖	軸	紙	設色	129 × 67	辛亥（康熙十年，1671）	瀋陽 故宮博物館	
竺溪結廬圖	軸	紙	水墨	119 × 55	辛亥（康熙十年，1671）	瀋陽 故宮博物館	
咫尺雲林圖	軸	紙	水墨	116 × 43		瀋陽 故宮博物院	
溪山無盡圖	軸	紙	設色	136.2 × 61.9	庚午（崇禎三年，1630）	瀋陽 遼寧省博物館	
仿黃子久遠水崗巒圖	軸	絹	設色	150.8 × 66.4	庚戌（康熙九年，1670）	瀋陽 遼寧省博物館	
秋山圖	軸	絹	設色	150.8 × 66.4	辛亥（康熙十年，1671）	瀋陽 遼寧省博物館	
四家靈氣圖	軸	紙	水墨	130 × 53.5	己丑（順治六年，1649）	北京 故宮博物院	
拂水巖圖	軸	紙	水墨	67.8 × 31.3	癸巳（順治十年，1653）	北京 故宮博物院	
夢境圖	軸	紙	設色	162.8 × 83.2	丙申（順治十三年，1656）	北京 故宮博物院	
仿黃公望夏山圖	軸	紙	設色	119 × 56.3	戊戌（順治十五年，1658）	北京 故宮博物院	
仿黃公望山水圖	軸	絹	設色	122.5 × 61.5	庚子（順治十七年，1660）	北京 故宮博物院	
陡壑密林圖	軸	紙	水墨	56 × 35	壬寅（康熙元年，1662）	北京 故宮博物院	
山水圖	軸	金箋	水墨	不詳	癸卯（康熙二年，1663）	北京 故宮博物院	
仿吳鎮山水圖	軸	絹	水墨	87.2 × 45.5	癸卯（康熙二年，1663）	北京 故宮博物院	
仿王叔明長松仙館圖（為尤侗	軸	紙	設色	138.5 × 54.6	丁未（康熙六年，	北京 故宮博物院	

名稱	形式	質地	色彩	尺寸 高×寬㎝	創作時間	收藏處所	典藏號碼
作）					1667）清和		
仿吳鎮溪亭山色圖	軸	紙	水墨	87.4 × 45.7	丁未（康熙六年，1667）小春	北京 故宮博物院	
仿李成溪山雪霽圖	軸	絹	設色	93.3 × 50.7	戊申（康熙七年，1668）	北京 故宮博物院	
仿雲林溪亭山色圖	軸	紙	水墨	80 × 41.1	庚戌（康熙九年，1670）二月朔	北京 故宮博物院	
仿董其昌山水圖	軸	紙	水墨	84 × 38.5	庚戌（康熙九年，1670）	北京 故宮博物院	
仿黃公望陡壑密林圖	軸	紙	水墨	不詳	庚戌（康熙九年，1670）	北京 故宮博物院	
雲山圖	軸	紙	水墨	143.8 × 62.6	辛亥（康熙十年，1671）	北京 故宮博物院	
仿惠崇山水圖	軸	紙	設色	不詳	辛亥（康熙十年，1671）冬	北京 故宮博物院	
山水圖	軸	金箋	設色	不詳	壬子（康熙十一年，1672）	北京 故宮博物院	
仿巨然山水圖	軸	絹	設色	192.5 × 99.7	癸丑（康熙十二年，1673）	北京 故宮博物院	
九夏松風圖	軸	紙	設色	83.7 × 42.8		北京 故宮博物院	
溪亭山色圖	軸	紙	水墨	80.1 × 41		北京 故宮博物院	
仿梅道人溪山深秀圖	軸	絹	設色	不詳	己酉（康熙八年，1669）	北京 中國歷史博物館	
九峰讀書圖	軸	紙	水墨	不詳		北京 中國歷史博物館	
仿沈周山水圖	軸	紙	水墨	83.5 × 37.5	庚寅（順治七年，1650）	北京 首都博物館	
富春山居圖	軸	紙	設色	117.5 × 50.5	戊戌（順治十五年，1658）	天津 天津市藝術博物館	
江南春圖	軸	紙	設色	不詳	戊申（康熙七年，1668）	天津 天津市藝術博物館	
山莊奇峰圖	軸	金箋	水墨	120.5 × 58	戊申（康熙七年，1668）	天津 天津市藝術博物館	
仿梅道人山水圖（為舜老作）	軸	紙	水墨	78 × 41.7	己酉（康熙八年，1669）春	天津 天津市藝術博物館	

名稱	形式	質地	色彩	尺寸 高×寬㎝	創作時間	收藏處所	典藏號碼
煙浮遠岫圖	軸	紙	設色	13.2 × 51	甲寅（康熙十三年，1674）	天津 天津市藝術博物館	
仿范寬山水圖	軸	紙	水墨	143.6 × 50	甲寅（康熙十三年，1674）	天津 天津市藝術博物館	
仿北苑山水圖	軸	絹	水墨	97.5 × 38.2		天津 天津市藝術博物館	
深淺雲山圖	軸	紙	設色	112 × 40.6		天津 天津市藝術博物館	
仿梅道人山水圖	軸	纖	水墨	43.9 × 36.6		天津 天津市藝術博物館	
雲壑松蔭圖	軸	紙	水墨	161 × 46.5		天津 天津市藝術博物館	
巒容川色圖	軸	綾	設色	230 × 50		天津 天津市藝術博物館	
嶺上白雲圖	軸	絹	設色	143.3 × 50		天津 天津市藝術博物館	
山水圖	軸	金箋	水墨	120.6 × 57.7		天津 天津市藝術博物館	
仿巨然山水圖	軸	紙	水墨	112 × 40.6		天津 天津市藝術博物館	
仿北苑山水圖	軸	紙	水墨	169 × 56.5	庚子（順治十七年，1660）秋	太原 山西省博物館	
仿黃公望溪亭山色圖	軸	紙	設色	不詳	辛丑（順治十八年，1661）嘉平	西安 陝西省博物館	
仿煙客山水圖	軸	紙	水墨	93 × 53.8	辛亥（康熙十年，1671）	青島 山東省青島市博物館	
為湘老作山水圖	軸	金箋	水墨	71 × 37.8	丁巳（康熙十六年，1677）	青島 山東省青島市博物館	
溪亭山色圖	軸	紙	水墨	61 × 58.5	辛丑（順治十八年，1661）	西安 陝西歷史博物館	
仿江貫道山水圖	軸	紙	水墨	35 × 30		合肥 安徽省博物館	
秋山圖	軸	紙	設色	124.2 × 54.5	丁丑（崇禎十年，1637）	上海 上海博物館	
溪山深秀圖	軸	絹	水墨	119.2 × 49.8	戊寅（崇禎十一年，1638）	上海 上海博物館	
仿黃公望山水圖	軸	紙	水墨	95.5 × 43.5	戊戌（順治十五年，1658）秋八月	上海 上海博物館	
水閣對話圖	軸	紙	水墨	112.6 × 58.6	己亥（順治十六年，1659）秋仲	上海 上海博物館	
仿范寬山水圖	軸	紙	設色	98 × 50.8	庚子（順治十七年，1660）八月朔	上海 上海博物館	
仿大癡山水圖	軸	紙	水墨	116.3 × 54.4	庚子（順治十七年	上海 上海博物館	

名稱	形式	質地	色彩	尺寸 高x寬cm	創作時間	收藏處所	典藏號碼
					，1660）冬日		
仿大癡山水圖	軸	紙	水墨	104 x 48	辛丑（順治十八年，1661）夏七夕前一日	上海 上海博物館	
仿倪雲林幽澗寒松圖	軸	紙	水墨	52.4 x 24.1	辛丑（順治十八年，1661）十二月望後二日	上海 上海博物館	
為懷翁作山水圖	軸	絹	水墨	不詳	辛丑（順治十八年，1661）	上海 上海博物館	
仿倪高士老樹遠山圖	軸	紙	水墨	80 x 29.8	壬寅（康熙元年，1662）小春	上海 上海博物館	
仿叔明山水圖（為國用作）	軸	紙	水墨	80.6 x 40.6	癸卯（康熙二年，1663）小春	上海 上海博物館	
仿吳鎮溪山無盡圖	軸	紙	設色	213.5 x 95.4	甲辰（康熙三年，1664）九秋	上海 上海博物館	
溪山無盡圖	軸	紙	水墨	116.4 x 97.5	乙巳（康熙四年，1665）	上海 上海博物館	
仿子久浮煙遠岫圖	軸	紙	設色	不詳	乙巳（康熙四年，1665）	上海 上海博物館	
仿江貫道山水圖	軸	紙	設色	98.1 x 46	戊申（康熙七年，1668）嘉平	上海 上海博物館	
仿巨然山水圖	軸	紙	設色	217.4) 101.2	己酉（康熙八年，1669）長夏	上海 上海博物館	
仿燕文貴山水圖（為章丞作）	軸	絹	設色	47.3 x 32.2	己酉（康熙八年，1669）	上海 上海博物館	
仿古山水圖（12幀，為大千之尊翁公濟六十華誕作）	軸	絹	設色	51.1 x 162.7	己酉（康熙八年，1669）新秋	上海 上海博物館	
仿北苑山水圖	軸	紙	水墨	105.9 x 56.9	己酉（康熙八年，1669）小春	上海 上海博物館	
仿江貫道筆意圖	軸	紙	設色	133 x 48.8	己酉（康熙八年，1669）	上海 上海博物館	
仿王叔明雲壑松蔭圖	軸	紙	設色	不詳	庚戌（康熙九年，1670）初夏	上海 上海博物館	
仿古山水圖（12幅，為孝翁作）	軸	絹	設色	56.5 x 200.4	庚戌（康熙九年，1670）菊月	上海 上海博物館	

名稱	形式	質地	色彩	尺寸 高x寬cm	創作時間	收藏處所	典藏號碼
夏山高隱圖	軸	紙	設色	110 x 55.7	辛亥（康熙十年，1671）初夏	上海 上海博物館	
仿江貫道山水圖（為魁翁六十壽作）	軸	紙	水墨	127 x 50.1	辛亥（康熙十年，1671）清和	上海 上海博物館	
臨巨然溪山圖	軸	紙	設色	88.6 x 50.8	辛亥（康熙十年，1671）	上海 上海博物館	
仿黃公望浮嵐暖翠圖	軸	紙	水墨	112 x 50	癸丑（康熙十二年，1673）小春	上海 上海博物館	
仿巨然山水圖	軸	紙	設色	不詳	甲寅（康熙十三年，1674）	上海 上海博物館	
雲壑松蔭圖（仿王叔明（	軸	紙	設色	108.3 x 52.2	乙卯（康熙十四年，1675)春	上海 上海博物館	
青綠山水圖（為辰老作）	軸	紙	設色	不詳	乙卯（康熙十四年，1675）夏五月	上海 上海博物館	
仿范寬關山秋霽圖	軸	紙	設色	125 x 54.5	乙卯（康熙十四年，1675）嘉平	上海 上海博物館	
煙巒水閣圖	軸	紙	水墨	96.6 x 49.5	丙辰（康熙十五年，1676）	上海 上海博物館	
仿三趙山水圖	軸	絹	青綠	162.7 x 51.1		上海 上海博物館	
仿北苑山水圖	軸	絹	水墨	不詳		上海 上海博物館	
仿巨然擬楊鐵崖詩意圖	軸	紙	水墨	不詳	己亥（順治十六年，1659）小春	南京 南京博物院	
溪上棹聲圖	軸	紙	設色	不詳	辛亥（康熙十年，1671）夏日	南京 南京博物院	
仿梅道人夏日山居圖	軸	絹	水墨	149.1 x 85.5	壬子（康熙十一年，1672）嘉平	南京 南京博物院	
仿子久浮嵐暖翠圖	軸	紙	設色	99.7 x 51.2	甲寅（康熙十三年，1674）九秋	南京 南京博物院	
仿子久山水圖（王時敏、吳偉業題）	軸	絹	設色	115 x 60	戊戌（順治十五年，1658）花朝	南京 江蘇省美術館	
仿巨然山水圖	軸	紙	水墨	126 x 61	壬寅（康熙元年，1662）冬日	昆山 崑崙堂美術館	
平林遠岫圖	軸	絹	水墨	不詳	癸巳（順治十年，	杭州 浙江省博物館	

名稱	形式	質地	色彩	尺寸 高×寬㎝	創作時間	收藏處所	典藏號碼
					1653）小春		
仿梅道人墨法浮巒暖翠圖	軸	紙	水墨	99.7 × 51.8	癸丑（康熙十二年，1673）嘉平上浣	杭州 浙江省博物館	
煙浮遠岫圖	軸	絹	設色	113.5 × 62.5	甲寅（康熙十三年，1674）	重慶 重慶市博物館	
北固山圖	軸	紙	水墨	102.5 × 47	己卯（崇禎十二年，1639）	廣州 廣東省博物館	
仙掌雲生圖	軸	紙	設色	11.3 × 76.7	丙辰（康熙十五年，1676）	廣州 廣東省博物館	
仿黃公望明陽洞天圖	軸	絹	水墨	55.8 × 31.3		廣州 廣東省博物館	
仿北苑山水圖	軸	紙	設色	216 × 98.5	戊申（康熙七年，1668）	廣州 廣州市美術館	
關山秋霽圖	軸	絹	水墨	177 × 95	庚戌（康熙九年，1670）	廣州 廣州市美術館	
仿高房山山水圖	軸	紙	設色	76 × 42.5	癸丑（康熙十二年，1673）	廣州 廣州市美術館	
雲壑松蔭圖	軸	紙	設色	不詳		廣州 廣州市美術館	
仿巨然山水圖	軸	紙	水墨	154.5 × 82.3	己丑（順治六年，1649）年	南寧 廣西壯族自治區博物館	
仿董、巨筆意圖	軸	紙	水墨	45.2 × 15.5	壬辰（順治九年，1652）	南寧 廣西壯族自治區博物館	
仿趙、黃筆意圖	軸	紙	設色	97.5 × 42	甲寅（康熙十三年，1674）	南寧 廣西壯族自治區博物館	
仿黃公望山水圖	軸	紙	水墨	36.4 × 28.2		南寧 廣西壯族自治區博物館	
仿董源山水圖	軸	絹	水墨	171 × 47		南寧 廣西壯族自治區博物館	
山水圖	軸	絹	水墨	不詳		日本 東京久志美術館	
危石青松圖	軸	紙	水墨	100 × 52.1	辛丑（順治十八年，1661）九秋	日本 東京山本悌二郎先生	
樹林圖	軸	紙	設色	88 × 51.5	己卯（崇禎十二年，1639）九秋	日本 東京高島菊次郎槐安居	
雲壑長松圖	軸	絹	青綠	177.9 × 56.4		日本 東京內野皎亭先生	
仿巨然清溪待渡圖	軸	紙	設色	211.7×99.1.4	己酉（康熙八年，	日本 東京小幡醇一先生	

名稱	形式	質地	色彩	尺寸 高x寬cm	創作時間	收藏處所	典藏號碼
					1669）九秋		
仿黃公望山水圖	軸	紙	水墨	133.8 x 54.3	戊寅（崇禎十一年，1638）春	日本 京都國立博物館（上野有竹齋寄贈）	A甲174
仿趙子昂筆意山水圖	軸	紙	水墨	49.6 x 34	己酉（康熙八年，1669）九月	日本 京都國立博物館（上野有竹齋寄贈）	A甲175
擬一峰老人筆意山水圖	軸	綾	設色	96.5 x 45.9	癸卯（康熙二年，1663）九秋	日本 京都貝塚茂樹先生	
仿王蒙溪亭步詠圖	軸	紙	水墨	88 x 33.3	己酉（康熙八年，1669）初夏	日本 大阪橋本大乙先生	
擬趙孟頫松陰高隱圖	軸	紙	設色	182.7 x 46.		日本 山形縣美術館	中國畫3
高士尋梅圖	軸	絹	設色	84.8 x 40.3		日本 沖繩縣立博物館	大A-29
仿范華原山水圖	軸	絹	設色	164.6 x 91.6	甲寅（康熙十三年，1674）冬日	日本 私人	
清溪侍渡圖	軸	紙	水墨	212 x 99.5		日本 私人	
仿吳鎮水竹山居圖	軸	紙	水墨	77.7 x 33.7		日本 私人	
擬北苑夏山圖意山水圖	軸	紙	水墨	170.2 x 90.5	崇禎壬午（十五年，1642）春三月	美國 New Haven 翁萬戈先生	
仿黃子久密林煙岫圖（似石亭老世兄）	軸	紙	設色	82 x 91	乙酉（順治二年，1645）花朝	美國 New Haven 翁萬戈先生	
仿巨然溪山高士圖	軸	紙	水墨	182.4 x 84		美國 紐約大都會藝術博物館	1991.117.1
仿黃公望秋山圖	軸	紙	水墨	115.5 x 56	丁酉（順治十四年，1657）冬	美國 紐約大都會藝術博物館	1972.278.4
仿吳鎮松林高士圖	軸	絹	設色	52.9 x 27.5		美國 紐約 Weill 先生	
仿巨然溪山漁艇圖	軸	絹	水墨	186.3 x 94.4		美國 紐約大都會藝術博物館（Denis 楊先生寄存）	
山水圖	軸	紙	設色	135.5 x 62.5	戊申（康熙七年，1668）五月	美國 華盛頓特區弗瑞爾藝術館	56.27
仿燕文貴攜琴訪友圖	軸	絹	設色	49.5 x 29.8		美國 底特律市藝術中心	F81.420
仿王蒙溪山行旅圖	軸	絹	水墨	55 x 33.6		美國 底特律市藝術中心	F81.418
仿趙孟頫長松仙館圖	軸	絹	設色	49.3 x 30.5		美國 底特律市藝術中心	F81.417
仿許道寧松下撫琴圖	軸	絹	水墨	56.8 x 33.2		美國 底特律市藝術中心	F81.419
仿巨然溪山深秀圖	軸	紙	設色	124.5 x 60.3		美國 底特律市藝術中心	77.91
仿盛子昭山水圖	軸	紙	設色	75 x 39.6		美國 底特律市 Faxon 先生	

名稱	形式	質地	色彩	尺寸 高x寬cm	創作時間	收藏處所	典藏號碼
仿王蒙雲壑松陰圖）	軸	紙	水墨	88 × 37.2	庚子（順治十七年，1660）清明	美國 克利夫蘭藝術博物館（Mr.& Mrs.Perry 寄存）	TR12213.1
雪景山水圖	軸	紙	水墨	不詳	丁未（康熙六年，1667）長夏	美國 芝加哥藝術中心	
仿巨然山水圖	軸	紙	設色	181.4 × 76.1	癸丑（康熙十二年，1673）嘉平	美國 舊金山亞洲藝術館	B65 D52
仿董源山水（翠峰萬木圖）	軸	紙	水墨	215.9 × 95.2	戊申（康熙七年，1668）春仲	美國 舊金山亞洲藝術館	
仿巨然筆意山水圖	軸	紙	水墨	219.4 × 96	癸酉（崇禎六年，1633）嘉平	美國 舊金山亞洲藝術館	B69 D2
仿黃公望秋山圖	軸	紙	水墨	71.4 × 39.8	丁酉（順治十四年，1657）冬	美國 勃克萊加州大學藝術館（高居翰教授寄存）	CC160
仿王蒙谿山仙館圖	軸	紙	設色	133.5 × 51.9	戊戌（順治十五年，1658）夏日	美國 勃克萊加州大學藝術館（高居翰教授寄存）	CC159
仿江參煙浮遠岫圖	軸	紙	設色	115.2 × 47.9		美國 加州曹仲英先生	
仿趙承旨筆山水圖	軸	紙	水墨	101.2 × 45.2	辛丑（順治十八年，1661）春三月	美國 勃克萊加州大學藝術館（Schlenker 先生寄存）	
仿巨然山水圖	軸	紙	設色	191.1 × 72.2		美國 聖地牙哥藝術博物館	68.18
仿吳鎮山水圖	軸	金箋	水墨	84.5 × 43.8		美國 夏威夷火魯奴奴藝術學院	6058.1
山水圖	軸	紙	水墨	不詳		美國 火魯奴奴 Hutchinson 先生	
臨巨然筆法山水圖	軸	紙	水墨	130.3 × 49.	甲午（順治十一年，1654）新秋	英國 倫敦大英博物館	1978.6.26.02（ADD402）
仿黃公望山水圖	軸	紙	設色	129.9 × 62.		德國 柏林東亞藝術博物館	1988-440
仿子久筆意山水圖	軸	紙	水墨	128.2 × 61.	乙卯（康熙十四年，1675）春日	瑞士 蘇黎世黎得堡博物館	RCH.1181
仿李營丘（王鑑擬各家山水冊之1）	冊頁	紙	設色	48.6 × 29.8		台北 故宮博物院	故畫 01174-1
仿范中立（王鑑擬各家山水冊之2）	冊頁	紙	水墨	48.6 × 29.8		台北 故宮博物院	故畫 01174-2
臨久子（王鑑擬各家山水冊之	冊頁	紙	設色	48.6 × 29.8		台北 故宮博物院	故畫 01174-3

名稱	形式	質地	色彩	尺寸 高x寬cm	創作時間	收藏處所	典藏號碼
3）							
仿大癡（王鑑擬各家山水冊之4）	冊頁	紙	水墨	48.6 x 29.8		台北 故宮博物院	故畫01174-4
仿叔明（王鑑擬各家山水冊之5）	冊頁	紙	設色	48.6 x 29.8		台北 故宮博物院	故畫01174-5
擬梅道人（王鑑擬各家山水冊之6）	冊頁	紙	水墨	48.6 x 29.8		台北 故宮博物院	故畫01174-6
訪趙仲穆（王鑑擬各家山水冊之7）	冊頁	紙	設色	48.6 x 29.8		台北 故宮博物院	故畫01174-7
仿巨然（王鑑擬各家山水冊之8）	冊頁	紙	水墨	48.6 x 29.8		台北 故宮博物院	故畫01174-8
擬巨然（王鑑擬各家山水冊之9）	冊頁	紙	水墨	48.6 x 29.8		台北 故宮博物院	故畫01174-9
擬倪瓚（王鑑擬各家山水冊之10）	冊頁	紙	水墨	48.6 x 29.8	癸卯（康熙二年，1663）仲秋	台北 故宮博物院	故畫01174-10
摹董北苑（王鑑仿古十幀冊之1）	冊頁	紙	設色	37.4 x 28.3		台北 故宮博物院	故畫01175-1
倣巨然（王鑑仿古十幀冊之2）	冊頁	紙	設色	37.4 x 28.3		台北 故宮博物院	故畫01175-2
米家山（王鑑仿古十幀冊之3）	冊頁	紙	水墨	37.4 x 28.3		台北 故宮博物院	故畫01175-3
倣黃大癡（王鑑仿古十幀冊之4）	冊頁	紙	水墨	52.5 x 27.5		台北 故宮博物院	故畫01175-4
倣趙松雪（王鑑仿古十幀冊之5）	冊頁	紙	水墨	52.3 x 27.4		台北 故宮博物院	故畫01175-5
臨王叔明（王鑑仿古十幀冊之6）	冊頁	紙	水墨	37.4 x 28.3		台北 故宮博物院	故畫01175-6
臨梅道人（王鑑仿古十幀冊之7）	冊頁	紙	水墨	37.4 x 28.3		台北 故宮博物院	故畫01175-7
倣黃子久（王鑑仿古十幀冊之8）	冊頁	紙	設色	37.4 x 28.3		台北 故宮博物院	故畫01175-8
倣陳惟允（王鑑仿古十幀冊之9）	冊頁	紙	水墨	37.4 x 28.3		台北 故宮博物院	故畫01175-9
倣倪雲林（王鑑仿古十幀冊之10）	冊頁	紙	水墨	37.4 x 28.3	庚子（順治十七年，1660）小春	台北 故宮博物院	故畫01175-10
仿子久（王鑑仿古山水一冊之	冊頁	紙	設色	30 x 25.3		台北 故宮博物院	故畫03183-1

名稱	形式	質地	色彩	尺寸 高x寬㎝	創作時間	收藏處所	典藏號碼
1）							
仿梅道人（王鑑仿古山水一冊之2）	冊頁	紙	水墨	30 x 25.3		台北 故宮博物院	故畫 03183-2
仿巨然（王鑑仿古山水一冊之3）	冊頁	紙	設色	30 x 25.3		台北 故宮博物院	故畫 03183-3
仿大癡秋山圖（王鑑仿古山水一冊之4）	冊頁	紙	水墨	30 x 25.3		台北 故宮博物院	故畫 03183-4
仿叔明雲壑松陰（王鑑仿古山水一冊之5）	冊頁	紙	設色	30 x 25.3		台北 故宮博物院	故畫 03183-5
仿一峰道人（王鑑仿古山水一冊之6）	冊頁	紙	水墨	30 x 25.3		台北 故宮博物院	故畫 03183-6
仿梅花庵主（王鑑仿古山水一冊之7）	冊頁	紙	水墨	30 x 25.3		台北 故宮博物院	故畫 03183-7
仿倪高士（王鑑仿古山水一冊之8）	冊頁	紙	水墨	30 x 25.3	庚子（順治十七年，1660）新秋	台北 故宮博物院	故畫 03183-8
仿松年竹塢幽居圖（王鑑仿古山水二冊之1）	冊頁	絹	設色	52.6 x 27.4		台北 故宮博物院	故畫 03184-1
擬范華原秋林蕭寺圖（王鑑仿古山水二冊之2）	冊頁	絹	設色	30 x 25.3		台北 故宮博物院	故畫 03184-2
仿巨然煙浮遠岫圖（王鑑仿古山水二冊之3）	冊頁	絹	水墨	30 x 25.3		台北 故宮博物院	故畫 03184-3
仿李成山陰雪霽圖（王鑑仿古山水二冊之4）	冊頁	絹	設色	30 x 25.3		台北 故宮博物院	故畫 03184-4
仿惠崇江南春曉圖（王鑑仿古山水二冊之5）	冊頁	絹	設色	30 x 25.3		台北 故宮博物院	故畫 03184-5
仿趙松雪溪山仙館圖（王鑑仿古山水二冊之6）	冊頁	絹	設色	30.5 x 25.3		台北 故宮博物院	故畫 03184-6
仿倪高士疎林遠壑圖（王鑑仿古山水二冊之7）	冊頁	絹	水墨	30.5 x 25.3		台北 故宮博物院	故畫 03184-7
仿子久夏山圖（王鑑仿古山水二冊之8）	冊頁	絹	設色	30.5 x 25.3		台北 故宮博物院	故畫 03184-8
仿叔明九峰讀書圖（王鑑仿古山水二冊之9）	冊頁	絹	設色	30 x 25		台北 故宮博物院	故畫 03184-9
仿董文敏溪山亭子圖（王鑑仿	冊頁	絹	水墨	52.6 x 27.5	庚子（順治十七年	台北 故宮博物院	故畫 03184-10

名稱	形式	質地	色彩	尺寸 高x寬cm	創作時間	收藏處所	典藏號碼
古山水二冊之10)					，1660)		
翠巘丹崖（國朝五家畫山水冊之4）	冊頁	紙	水墨	25.5 x 34.3	戊戌（順治十五年，1658）九秋	台北 故宮博物院	故畫 01277-4
晴厓蒼黿仿叔明筆（國朝五家畫山水冊之6）	冊頁	紙	設色	25.5 x 34.3		台北 故宮博物院	故畫 01277-6
仿大癡山巒翠峰（集名人畫冊之11）	冊頁	紙	水墨	27.5 x 20.3		台北 故宮博物院	故畫 03508-11
平林風帆（國初人山水集繪冊之3）	冊頁	紙	水墨	31.8 x 27.9		台北 故宮博物院	故畫 03516-3
仿黃公望溪亭山色圖（名人畫扇（下）冊之2）	摺扇面	紙	設色	不詳		台北 故宮博物院	故畫 03555-2
山水（畫中九友集錦冊之4）	冊頁	紙	設色	17.1 x 12.2		台北 故宮博物院（蘭千山館寄存）	
山水圖	摺扇面	金箋	水墨	16 x 51		台北 王靄雲先生	
仿宋元山水圖（10幀）	冊	紙	設色	（每幀）20.4 x 11.6		香港 中文大學中國文化研究所文物館	95.407
山水圖	摺扇面	金箋	水墨	17.4 x 52.4	戊申（康熙七年，1668）秋	香港 香港美術館	FA1991.059
山水圖（清初畫家集錦畫冊之6）	冊頁	紙	水墨	39.5 x 26.5	丙午（康熙五年，1666）九秋	香港 何耀光至樂樓	
仿子久秋山圖	冊頁	紙	不詳	不詳	辛丑（順治十八年，1661）小春	香港 趙從衍先生	
仿燕文貴山水圖	摺扇面	紙	水墨	18.5 x 57.6		香港 莫華釗承訓堂	K92.58
仿古山水圖（10幀）	冊	紙	設色、水墨	不詳	戊申（康熙七年，1668）秋日	香港 王南屏先生	
仿古山水圖（8幀）	冊	紙	設色	（每幀）24.5 x 29		瀋陽 故宮博物院	
仿倪高士山水（清王時敏等山水冊9之1幀）	冊頁	紙	設色	30.5 x 26.5		長春 吉林省博物館	
仿董源山水圖	摺扇面	紙	水墨	16 x 59.6	戊寅（崇禎十一年，1638）	北京 故宮博物院	
仿巨然山水圖	摺扇面	金箋	水墨	16.2 x 50.5	癸未（崇禎十六年，1643）	北京 故宮博物院	

名稱	形式	質地	色彩	尺寸 高×寬cm	創作時間	收藏處所	典藏號碼
山水圖（為藻儒作）	摺扇面	紙	水墨	16 × 49.7	丁酉（順治十四年，1657）春	北京 故宮博物院	
為松寰作山水圖（清六大家山水冊 12 之 1 幀）	冊頁	紙	設色	不詳	戊戌（順治十五年，1658）夏	北京 故宮博物院	
山水圖（清六大家山水冊 12 之 1 幀）	冊頁	紙	設色	不詳		北京 故宮博物院	
仿營丘山水圖（清六大家山水冊 12 之 1 幀）	冊頁	紙	設色	不詳		北京 故宮博物院	
仿吳鎮山水圖	摺扇面	紙	水墨	15.8 × 52	庚子（順治十七年，1660）	北京 故宮博物院	
山水圖	摺扇面	紙	設色	16 × 50	庚子（順治十七年，1660）	北京 故宮博物院	
仿黃公望山水圖	摺扇面	金箋	水墨	18.1 × 54.5	庚子（順治十七年，1660）	北京 故宮博物院	
仿古山水圖（12 幀）	冊	絹	設色、水墨	不詳	辛丑（順治十八年，1661）小春	北京 故宮博物院	
仿宋元山水圖（10 幀）	冊	紙	設色	（每幀）31.1 × 24	壬寅（康熙元年，1662）	北京 故宮博物院	
山水圖	摺扇面	金箋	設色	16 × 50	壬寅（康熙元年，1662）	北京 故宮博物院	
仿古山水圖（10 幀）	冊	絹	設色	（每幀）27.3 × 21.8	癸卯（康熙二年，1663）	北京 故宮博物院	
仿古山水圖（12 幀）	冊	絹	水墨	（每幀）43 × 33.1	丙午（康熙五年，1666）	北京 故宮博物院	
仿古山水圖（10 幀）	冊	紙	設色	（每幀）38.3 × 28.2	戊申（康熙七年，1668）	北京 故宮博物院	
山水圖	摺扇面	紙	水墨	15.4 × 50.5	庚戌（康熙九年，1670）	北京 故宮博物院	
山水圖	摺扇面	金箋	水墨	16 × 50	庚戌（康熙九年，1670）	北京 故宮博物院	
水村圖	摺扇面	紙	設色	16.9 × 52	辛亥（康熙十年，1671）	北京 故宮博物院	
仿王蒙山水圖	摺扇面	金箋	設色	16.5 × 51.5	丙辰（康熙十五年，1676）	北京 故宮博物院	

名稱	形式	質地	色彩	尺寸 高x寬cm	創作時間	收藏處所	典藏號碼
仿古山水圖（10幀）	冊	紙	設色	（每幀）22 x 14.7		北京 故宮博物院	
仿子久山水圖（四王吳惲集冊17之1幀）	冊頁	紙	設色	不詳	己亥（順治十六年，1659）清和	北京 故宮博物院	
為淑文壽作山水圖（四王吳惲集冊17之1幀）	冊頁	紙	設色	不詳	癸卯（康熙二年，1663）秋	北京 故宮博物院	
仿梅道人筆意山水圖（四王吳惲集冊17之1幀）	冊頁	紙	設色	不詳		北京 故宮博物院	
仿王叔明山水圖（四王吳惲集冊17之1幀）	冊頁	紙	設色	不詳		北京 故宮博物院	
仿梅道人山水圖（四王吳惲集冊17之1幀）	冊頁	紙	設色	不詳		北京 故宮博物院	
花溪漁樂圖	摺扇面	紙	設色	17 x 52		北京 故宮博物院	
山水圖（翁陵等山水冊12之1幀）	冊頁	紙	設色	不詳		北京 故宮博物院	
山水（王鑑等山水扇面冊之一）	摺扇面	紙	設色	不詳		北京 中國歷史博物館	
山水（王鑑等書畫集錦冊之一）	冊頁	紙	設色	不詳		北京 中國歷史博物館	
山水圖（書畫集錦冊14之1幀）	冊頁	絹	設色	不詳		北京 中國歷史博物館	
山水圖（十家書畫扇面冊10之1幀）	摺扇面	金箋	設色	16.2 x 48.6	癸丑（康熙十二年，1672）春	北京 首都博物館	
仿古山水圖（2冊，20幀）	冊	紙	設色	（每幀）31 x 22	壬寅（康熙元年，1662）	天津 天津市藝術博物館	
仿古山水圖（8幀）	冊	紙	設色	（每幀）36 x 29.8	乙巳（康熙四年，1665）	天津 天津市藝術博物館	
仿趙千里筆意山水（清王時敏等書畫冊16之1幀）	冊頁	金箋	設色	31 x 47.5	丁巳（康熙十六年，1677）春日	天津 天津市藝術博物館	
為公是作山水圖	摺扇面	紙	設色	不詳	戊戌（順治十五年，1658）	上海 上海博物館	
為平宙作山水圖	摺扇面	紙	水墨	不詳	己亥（順治十六年，1659）	上海 上海博物館	
仿宋元八家山水圖（8幀）	冊	紙	設色	（每幀）26.	庚子（順治十七年	上海 上海博物館	

名稱	形式	質地	色彩	尺寸 高x寬cm	創作時間	收藏處所	典藏號碼
				4 x 19.3	，1660）小春		
浮烟遠岫圖（為令午作）	摺扇面	雲母箋	設色	不詳	庚子（順治十七年，1660）九秋	上海 上海博物館	
仿子久山水圖（清山水集錦冊10之第1幀）	冊頁	紙	水墨	21.6 x 28.9	辛丑（順治十八年，1661）`	上海 上海博物館	
山水圖（10幀）	冊	紙	設色	（每幀）24.1 x 30.6	壬寅（康熙元年，1662）新秋	上海 上海博物館	
仿古山水圖（10幀）	冊	紙	設色	（每幀）31.6 x 23.7	壬寅（康熙元年，1662）	上海 上海博物館	
仿宋元山水圖（12幀，為文庶作）	冊	紙	水墨、設色	（每幀）55.2 x 35.2	壬寅（康熙元年，1662）嘉平望前三日	上海 上海博物館	
仿巨然山水圖（為隆吳作）	摺扇面	雲母箋	水墨	不詳	癸卯（康熙二年，1663）花朝	上海 上海博物館	
秋水客船圖	摺扇面	紙	水墨	不詳	甲辰（康熙三年，1664）	上海 上海博物館	
山水圖（10幀）	冊	紙	設色	（每幀）19.8 x 28	甲辰（康熙三年，1664）小春望日	上海 上海博物館	
為登木作山水圖	摺扇面	紙	水墨	不詳	甲辰（康熙三年，1664）	上海 上海博物館	
仿許道寧山水圖	摺扇面	紙	設色	不詳	乙巳（康熙四年，1665）	上海 上海博物館	
仿宋元十六家山水圖（16幀）	冊	紙	設色、水墨	（每幀）20.4 x 14.1	乙巳（康熙四年，1665）秋	上海 上海博物館	
仿宋元八家山水圖（8幀，為子羽作）	冊	紙	設色	（每幀）20.9 x 14.4	乙巳（康熙四年，1665）九秋	上海 上海博物館	
浮煙遠岫圖	摺扇面	紙	設色	不詳	丁未（康熙六年，1667）	上海 上海博物館	
仿子久山水圖	摺扇面	雲母箋	設色	不詳	戊申（康熙七年，1668）春初	上海 上海博物館	
白雲蕭寺圖	摺扇面	雲母箋	設色	不詳	戊申（康熙七年，1668）三月	上海 上海博物館	
清溪漁隱圖（為公濟作）	摺扇面	紙	設色	不詳	己酉（康熙八年，1669）初夏	上海 上海博物館	

名稱	形式	質地	色彩	尺寸 高x寬cm	創作時間	收藏處所	典藏號碼
仿宋元山水圖（10幀）	冊	紙	設色	（每幀）24.4 x 19.4	己酉（康熙八年，1669）九秋	上海 上海博物館	
溪山仙館圖（為滄旭作）	摺扇面	紙	設色	不詳	庚戌（康熙九年，1670）清和	上海 上海博物館	
仿古山水圖（16幀）	冊	紙	設色	（每幀）27.5 x 22.3不等	癸丑（康熙十二年，1673）九秋	上海 上海博物館	
清溪漁隱圖	摺扇面	紙	設色	不詳	癸丑（康熙十二年，1673）	上海 上海博物館	
為遠溪作山水圖	摺扇面	紙	設色	不詳	癸丑（康熙十二年，1673）	上海 上海博物館	
仿梅道人山水圖	摺扇面	紙	水墨	不詳	癸丑（康熙十二年，1673）	上海 上海博物館	
溪亭山色圖	摺扇面	雲母箋	設色	不詳	癸丑（康熙十二年，1673）	上海 上海博物館	
仿趙千里山水圖	摺扇面	紙	設色	不詳	甲寅（康熙十三年，1674）	上海 上海博物館	
秋壑山居圖（為顯翁作）	摺扇面	雲母箋	設色	不詳	乙卯（康熙十四年，1675）夏	上海 上海博物館	
雲壑松蔭圖	摺扇面	紙	設色	不詳	丙辰（康熙十五年，1676）	上海 上海博物館	
清夏雲山圖（為在震作）	摺扇面	雲母箋	設色	不詳	丁巳（康熙十六年，1677）春日	上海 上海博物館	
為敏翁作山水圖	摺扇面	紙	設色	不詳	丁巳（康熙十六年，1677）	上海 上海博物館	
山水圖（2幀）	冊頁	紙	設色	（每幀）34.8 x 29.9		上海 上海博物館	
仿古山水圖（8幀）	冊	紙	設色	（每幀）27 x 18.3		上海 上海博物館	
仿巨然山水圖	摺扇面	雲母箋	水墨	不詳		上海 上海博物館	
為朗老作山水圖	摺扇面	紙	設色	不詳		上海 上海博物館	
孤枝梅圖（二十家梅花圖冊20之第3幀）	冊頁	紙	設色	23 x 19.3		上海 上海博物館	
仿高尚書雲山圖（明畫中九友山水扇面冊9之1幀）	摺扇面	金箋	設色	16.3 x 51.4	甲寅（康熙十三年，1674）清和月朔	南京 南京博物院	

名稱	形式	質地	色彩	尺寸 高x寬cm	創作時間	收藏處所	典藏號碼
仿古山水圖（12幀）	冊	紙	設色	（每幀）36 x 26.3	丙午（康熙五年，1666）	常熟 江蘇省常熟市文物管理委員會	
仿古山水圖（6幀）	冊	紙	設色	（每幀）22 x 14.7		常熟 江蘇省常熟市文物管理委員會	
仿北苑山水圖	摺扇面	金箋	水墨	不詳		常熟 江蘇省常熟市文物管理委員會	
仿古山水圖（7幀）	冊	絹	設色	不詳		無錫 江蘇省無錫市博物館	
摹古山水圖（12幀）	冊	紙	設色	（每幀）24.5 x 18		無錫 江蘇省無錫市博物館	
虞山十景圖（10幀）	冊	紙	設色	（每幀）25.6 x 18	壬子（康熙十一年，1672）	蘇州 江蘇省蘇州博物館	
山水圖（四王、吳、惲山水合冊20之4幀）	冊頁	紙	水墨	（每幀）32.2 x 14.3不等		蘇州 江蘇省蘇州博物館	
仿宋元山水圖（8幀）	冊	紙	設色	（每幀）26 x 19.2	庚子（順治十七年，1660）小春	杭州 浙江省博物館	
仿子久山水圖（清王鑑等山水冊6之1幀）	冊頁	紙	設色	20.8 x 51.5	癸丑（康熙十二年，1673）小春	成都 四川省博物院	
仿梅道人山水圖	摺扇面	金箋	水墨	不詳	戊戌（順治十五年，1658）	重慶 重慶市博物館	
仿各家山水圖（10幀）	冊	紙	設色	（每幀）40.5 x 28.5	己酉（康熙八年，1669）	廣州 廣東省博物館	
仿古山水圖（9幀）	冊	紙	設色	（每幀）22.5 x 32	辛亥（康熙十年，1671）	廣州 廣東省博物館	
山水圖（8幀）	冊	絹	水墨	（每幀）17.5 x 25	崇禎癸未（十六年，1643）	廣州 廣州市美術館	
仿古山水圖（8幀）	冊	紙	設色	（每幀）26 x 18.5	戊申（康熙七年，1668）	廣州 廣州市美術館	
為佑公作山水圖	摺扇面	紙	設色	不詳	乙巳（康熙四年，1665）	南寧 廣西壯族自治區博物館	
畫扇面（12幀）	冊	紙	設色、水墨	不詳		日本 東京橋本辰二郎先生	
仿楊昇山水圖	摺扇面	紙	設色	16 x 48.6		日本 京都國立博物館	A甲561
山水圖（畫似思翁老表兄正）	摺扇面	紙	設色	16.9 x 52.3	丁未（康熙六年，1667）春	日本 京都泉屋博古館	

名稱	形式	質地	色彩	尺寸 高x寬cm	創作時間	收藏處所	典藏號碼
仿古山水圖（12幀）	冊	紙	設色	（每幀）27.8 x 19	癸丑（康熙十二年，1673）花朝	日本 大阪市立美術館	
仿梅道人山水圖（似君錫詞兄）	摺扇面	紙	設色	不詳	乙巳（康熙四年，1665）小春	日本 江田勇二先生	
仿王蒙山水圖	摺扇面	紙	設色	17.7 x 52.7		韓國 首爾湖巖美術館	13-161
山水圖（4幀）	冊	紙	設色	不詳		韓國 私人	
鵲山秋色圖（清人扇面圖冊之第10幀）	摺扇面	紙	設色	16.8 x 51.4		韓國 私人	
仿古山水圖（8幀，為畏侯年親翁作）	冊	紙	水墨、設色	（每幀）21.3 x 14.2	己酉（康熙八年，1669）清和	美國 耶魯大學藝術館	1976.26.3a -i
仿古山水圖（12幀）	冊	紙	水墨、設色	（每幀）35 x 25.8	乙卯（康熙十四年，1675）清和	美國 New Haven 翁萬戈先生	
仿古山水圖（6幀）	冊	紙	設色	（每幀）33.3 x 25.8		美國 普林斯頓大學方聞教授	
仿古山水圖（6幀）	冊	紙	設色	（每幀）33.3 x 25.8		美國 普林斯頓大學藝術館（私人寄存）	
山水圖（22幀）	冊	紙	水墨、設色	（每幀）32 x 29.8		美國 普林斯頓大學藝術館（私人寄存）	
仿惠崇筆山水圖	摺扇面	紙	設色	不詳	丙辰（康熙十五年，1676）清和	美國 紐約大都會藝術博物館	13.100.42
仿巨然山水圖（清初八大家山水集景冊8之1幀，為端老作）	冊頁	紙	設色	23 x 31.2	甲寅（康熙十三年，1674）小春	美國 紐約大都會藝術博物館	1979.500.1b
仿古山水圖（10幀，為陶馨之作）	冊	紙	設色	（每幀）25.4 x 16.3	戊申（康熙七年，1668）春二月	美國 紐約大都會藝術博物館	1979.439
山水圖（7幀）	冊	紙	水墨、設色	（每幀）17.5 x 12.1	辛丑（順治十八年，1661）元旦	美國 密歇根大學藝術博物館	1956/2.12 -18
仿趙令穰江鄉初夏圖	摺扇面	金箋	設色	16.9 x 52.5		美國 印地安翟波里斯市藝術博物館	1983.186
仿古山水圖（12幀）	冊	紙	水墨、設色	（每幀）35 x 26.7		美國 勃克萊加州大學藝術館	CC212
仿古山水圖（10幀）	冊	紙	水墨、設色	（每幀）25.6 x 32.2	戊子（順治五年，1648）春二月	美國 勃克萊加州大學藝術館（高居翰教授寄存）	CC158
設色山水（雪樵仙關圖）	摺扇面	金箋	設色	17.6 x 52.5		美國 夏威夷火魯奴奴藝術學	2308.1

名稱	形式	質地	色彩	尺寸 高x寬cm	創作時間	收藏處所	典藏號碼
						院	
仿黃公望秋山圖	摺扇面	紙	設色	17.3 x 51		德國 柏林東亞藝術博物館	1988-296
仿巨然山水圖	摺扇面	紙	設色	16.3 x 49.9		德國 柏林東亞藝術博物館	1988-297
仿王蒙山水圖	冊頁	紙	水墨	21.3 x 29.8		瑞典 斯德歌爾摩遠東古物館	NMOK304
仿關仝山水圖	冊頁	紙	水墨	21.9 x 29.9		瑞典 斯德歌爾摩遠東古物館	NMOK368
附：							
虞山山色圖	卷	紙	水墨	29.9 x 541.4	壬寅（康熙元年，1662）二月	紐約 蘇富比藝品拍賣公司/拍賣目錄 1984.06.13	
仿子昂、子久山水圖	卷	紙	水墨	23.1 x 268	戊戌（順治十五年，1658）秋七月	紐約 蘇富比藝品拍賣公司/拍賣目錄 1984.12.05	
群仙渡海圖	卷	紙	水墨	30.5 x 426		紐約 佳士得藝品拍賣公司/拍賣目錄 1989.06.01	
溪山清遠圖	卷	紙	設色	26.5 x 291	己亥（順治十六年，1659）秋仲	紐約 佳士得藝品拍賣公司/拍賣目錄 1990.05.31	
平林遠岫圖	軸	綾	水墨	144 x 51.8	癸巳（順治十年，1653）	北京 中國文物商店總店	
仿梅道人山水圖	軸	絹	水墨	不詳	甲午（順治十一年，1654）秋初	北京 中國文物商店總店	
深山古寺圖	軸	紙	水墨	154 x 68.6	甲午（順治十一年，1654）	北京 中國文物商店總店	
仿李營丘山水圖	軸	絹	設色	不詳	庚子（順治十七年，1660）初秋	北京 北京市文物商店	
仿子久山水圖	軸	紙	設色	不詳	己酉（康熙八年，1669）九秋	北京 北京市文物商店	
仿趙松雪山水圖	軸	紙	設色	不詳	己酉（康熙八年，1669）清和	北京 榮寶齋	
溪山圖（為今翁作）	軸	絹	水墨	不詳	丙辰（康熙十五年，1676）秋日	北京 榮寶齋	
仿黃子久秋山圖	軸	紙	設色	不詳	己酉（康熙八年，1669）	上海 朵雲軒	
仿巨然溪山遠岫圖	軸	紙	水墨	不詳	丙子（崇禎九年，1636）	上海 上海工藝品進出口公司	
東坡詩意圖	軸	紙	設色	不詳	甲寅（康熙十三年，1674）	上海 上海工藝品進出口公司	

名稱	形式	質地	色彩	尺寸 高×寬cm	創作時間	收藏處所	典藏號碼
煙浮遠岫圖	軸	絹	設色	118 × 64	壬子（康熙十一年，1672）	蘇州 蘇州市文物商店	
仿江貫道煙浮遠岫圖	軸	紙	設色	115 × 47.5	己酉（康熙八年，1669）冬日	紐約 佳士得藝品拍賣公司/拍賣目錄 1983.11.30	
仿黃子久山水圖	軸	紙	水墨	135.5 × 58.5	甲寅（康熙十三年，1674）夏月	紐約 佳士得藝品拍賣公司/拍賣目錄 1984.06.29	
仿徐賁山水圖	軸	絹	水墨	47 × 26.6		紐約 蘇富比藝品拍賣公司/拍賣目錄 1984.06.13	
仿王蒙山水（峰游讀書圖）	軸	紙	設色	78.1 × 34.6	丙午（康熙五年，1666）秋日	紐約 蘇富比藝品拍賣公司/拍賣目錄 1984.12.05	
仿梅華道人山居圖	軸	紙	水墨	116.2 × 50.2		紐約 佳仕得藝品拍賣公司/拍賣目錄 1986.06.04	
師子久意山水圖	軸	紙	水墨	94 × 43.2	癸巳（順治十年，1653）五月	紐約 佳仕得藝品拍賣公司/拍賣目錄 1986.12.01	
仿梅道人山水圖	軸	紙	水墨	62.9 × 34.3	乙巳（康熙四年，1665）九秋	紐約 佳士得藝品拍賣公司/拍賣目錄 1987.12.11	
仿趙松雪山水圖	軸	紙	設色	212 × 99.5	丙辰（康熙十五年，1676）清和	紐約 佳士得藝品拍賣公司/拍賣目錄 1988.11.30	
秋山高隱圖	軸	紙	設色	151 × 66	壬子（康熙十一年，1672）秋日	紐約 佳士得藝品拍賣公司/拍賣目錄 1989.12.04	
仿巨然山水圖	軸	紙	設色	140 × 40.5	乙巳（康熙四年，1665）秋仲	紐約 佳士得藝品拍賣公司/拍賣目錄 1989.12.04	
溪山無盡圖	軸	絹	水墨	152.7 × 33.5	戊申（康熙七年，1668）秋日	紐約 佳士得藝品拍賣公司/拍賣目錄 1989.12.04	
秋山圖	軸	紙	設色	90 × 50	辛亥（康熙十年，1671）夏日	紐約 佳士得藝品拍賣公司/拍賣目錄 1990.05.31	
雲山觀瀑圖	軸	絹	設色	108.5 × 28.5	癸丑（康熙十二年，1673）九秋	香港 佳士得藝品拍賣公司/拍賣目錄 1991.03.18	
仿許道寧山水圖	軸	紙	水墨	128 × 55.5	壬子（康熙十一年，1672）春初	紐約 佳士得藝品拍賣公司/拍賣目錄 1991.05.29	
秋水輕舟圖	軸	紙	水墨	106.5 × 40.6	辛亥（康熙十年，1671）夏日	紐約 佳士得藝品拍賣公司/拍賣目錄 1992.12.02	
仿巨然山水圖	軸	紙	水墨	99 × 40	戊申（康熙七年，1668）初夏	紐約 佳士得藝品拍賣公司/拍賣目錄 1993.12.01	

名稱	形式	質地	色彩	尺寸 高x寬cm	創作時間	收藏處所	典藏號碼
松雲觀瀑圖	軸	絹	設色	108.6 × 28	癸丑（康熙十二年，1673）九秋	紐約 佳士得藝品拍賣公司/拍賣目錄 1996,03,27.	
溪山蕭寺圖	軸	紙	設色	167 × 78	辛丑（順治十八年，1661）秋初	香港 佳士得藝品拍賣公司/拍賣目錄 1998.09.15.	
仿黃公望山水圖	軸	紙	水墨	136 × 58.5	甲寅（康熙十三年，1674）夏日	香港 佳士得藝品拍賣公司/拍賣目錄 1998.09.15.	
仿黃公望山水圖	軸	紙	水墨	56.5 × 28.2		香港 佳士得藝品拍賣公司/拍賣目錄 2001.04.29.	
山水圖（8幀，為李蔚作）	冊	紙	水墨、設色	不詳	壬子（康熙十一年，1672)中春	北京 北京市文物商店	
山水圖	摺扇面	金箋	水墨	不詳	庚子（順治十七年，1660）	濟南 山東省濟南市文物商店	
清溪結廬圖	摺扇面	紙	水墨	不詳	丁酉（順治十四年，1657）	武漢 湖北省武漢市文物商店	
仿古山水圖（8幀）	冊	紙	設色	（每幀）36.8 × 58.5	辛丑（順治十八年，1661）	廣州 廣州市文物商店	
仿宋元名家山水圖（8幀）	冊	紙	設色	（每幀）34.6 × 24		紐約 佳士得藝品拍賣公司/拍賣目錄 1987.06.03	
仿古山水圖（10幀）	冊	絹、紙	設色、水墨	（每幀）21 × 15.2	癸丑（康熙十二年1673）秋	紐約 佳士得藝品拍賣公司/拍賣目錄 1987.12.11	
湖山書屋圖	摺扇面	紙	設色	16.5 × 50.8	甲辰（康熙三年，1664）春	紐約 佳士得藝品拍賣公司/拍賣目錄 1988.11.30	
摹宋元諸家山水圖（10幀）	冊	紙	設色	（每幀）27.5 × 21.5		紐約 佳士得藝品拍賣公司/拍賣目錄 1991.05.29	
仿趙伯駒山水圖（畫中九友山水書法冊之一幀）	摺扇面	紙	設色	不詳	己酉（康熙八年，1669）下春	紐約 佳士得藝品拍賣公司/拍賣目錄 1993.12.01	
仿王蒙山水圖	摺扇面	紙	水墨	20.5 × 56.5		紐約 佳士得藝品拍賣公司/拍賣目錄 1994.11.30.	
仿古山水圖（10幀）	冊	紙	設色	（每幀）22 × 12.7		紐約 佳士得藝品拍賣公司/拍賣目錄 1994.11.30.	
山水圖（王鑑、王時敏、王原祁山水冊3之1幀）	冊頁	紙	水墨	不詳		紐約 佳士得藝品拍賣公司/拍賣目錄 1995,03,22.	
山水圖（四王吳惲山水冊第6之2幀）	摺扇面	金箋	水墨	17 × 50.5		紐約 佳士得藝品拍賣公司/拍賣目錄 1995,10,29.	

名稱	形式	質地	色彩	尺寸 高×寬㎝	創作時間	收藏處所	典藏號碼
仿馬琬筆意山水圖	摺扇面	金箋	水墨	16.5 × 51	丙午（康熙五年，1666）小春	香港 佳士得藝品拍賣公司/拍賣目錄 1996.04.28.	
雲山圖	摺扇面	紙	設色	16.5 × 50.2	辛丑（順治十八年，1661）春	紐約 佳士得藝品拍賣公司/拍賣目錄 1996,09,18.	
山水圖（明清名家山水扇面冊18之2幀）	摺扇面	金箋	水墨	不詳		紐約 佳士得藝品拍賣公司/拍賣目錄 1997.09.19.	
仿巨然山水圖	摺扇面	紙	水墨	19.5 × 59		香港 佳士得藝品拍賣公司/拍賣目錄 1998.09.15.	

畫家小傳：王鑑。字圓照。號湘碧、染香庵主。江蘇太倉人。生於明神宗萬曆二十六（1598）年。卒於清聖祖康熙十六（1677）年。曾仕官廉州太守。家富收藏。善畫山水，宗法董源、巨然。為清初六家「四王吳惲」之一。（見無聲詩史、圖繪寶鑑續纂、國朝畫徵錄、桐陰論畫、梅村集、漁洋集、中國畫家人名大辭典）

金　聲

附：

華不注山色圖	軸	綾	水墨	243 × 57.5	癸未（崇禎十六年，1643）三月	紐約 佳士得藝品拍賣公司/拍賣目錄 1995,10,09.	

畫家小傳：金聲。字秋澗。江蘇常熟人。生於明神宗萬曆二十六（1598）年。卒於清世祖順治二（1645）年。能畫山水，花卉較勝。（見虞山畫、中國畫家人名大辭典）

王　節

山水圖（陳裸對人仿古山水合卷之1段）	卷	紙	設色	不詳		北京 中國歷史博物館	
桃花源圖	軸	金箋	設色	不詳		天津 天津市藝術博物館	
奇觀石壁書畫合裝	軸	紙	水墨	不詳	甲申（崇禎十七年，1644）	常熟 江蘇省常熟市文物管理委員會	
仿黃公望山水（明王節畫山水冊之1）	冊頁	紙	設色	29 × 22.3		台北 故宮博物院	故畫 01164-1
仿高房山山水（明王節畫山水冊之2）	冊頁	紙	水墨	29 × 22.3		台北 故宮博物院	故畫 01164-2
仿黃子久山水（明王節畫山水冊之3）	冊頁	紙	淺設色	29 × 22.3		台北 故宮博物院	故畫 01164-3
畫高季迪詩意（明王節畫山水冊之4）	冊頁	紙	設色	29 × 22.3		台北 故宮博物院	故畫 01164-4
飛白法山水（明王節畫山水冊之5）	冊頁	紙	水墨	29 × 22.3		台北 故宮博物院	故畫 01164-5

名稱	形式	質地	色彩	尺寸 高×寬cm	創作時間	收藏處所	典藏號碼
之5）							
仿吳仲圭山水（明王節畫山水冊之6）	冊頁	紙	水墨	29 × 22.3		台北 故宮博物院	故畫01164-6
仿文徵明疏林清澗圖（明王節畫山水冊之7）	冊頁	紙	設色	29 × 22.3		台北 故宮博物院	故畫01164-7
孤峰島嶼（明王節畫山水冊之8）	冊頁	紙	水墨	29 × 22.3		台北 故宮博物院	故畫01164-8
疏林遠岫（明王節畫山水冊之9）	冊頁	紙	設色	29 × 22.3		台北 故宮博物院	故畫01164-9
仿唐寅北固山圖意（明王節畫山水冊之10）	冊頁	紙	設色	29 × 22.3		台北 故宮博物院	故畫01164-10
仿沈周觀梅圖意（明王節畫山水冊之11）	冊頁	紙	設色	29 × 22.3		台北 故宮博物院	故畫01164-11
竹溪聽瀑（明王節畫山水冊之12，為蕃翁壽作）	冊頁	紙	設色	29 × 22.3	壬辰（順治九年，1652）八月上浣	台北 故宮博物院	故畫01164-12
山水圖（楊補等各家山水冊12之1幀）	冊頁	紙	設色	25.5 × 26.5	癸巳（順治十年，1653）秋八月	北京 故宮博物院	
山水圖（楊補等各家山水冊12之1幀）	冊頁	紙	設色	25.5 × 26.5		北京 故宮博物院	
附：							
江干雪霽圖	軸	絹	設色	不詳	崇禎辛巳（十四年，1641）	上海 上海文物商店	
溪南高隱圖	軸	紙	設色	42.5 × 35	丁丑（崇禎十年，1637）冬月	紐約 佳士得藝品拍賣公司/拍賣目錄 1989.12.04	
寶林讀易圖	軸	絹	水墨	154 × 50		紐約 佳士得藝品拍賣公司/拍賣目錄 1994.11.30.	

畫家小傳：王節。字貞明。號愓齋。江蘇吳縣人。生於明神宗萬曆二十七（1599）年。卒於世祖順治十七（1660）年。順治間，曾官桃源縣教諭。工畫山水，又工詩，人以王維後身稱之。（見蘇州府志、吳縣志、退齋心賞錄、南畇文集、中國畫家人名大辭典）

夏　森

名稱	形式	質地	色彩	尺寸 高×寬cm	創作時間	收藏處所	典藏號碼
花卉圖（藍瑛等合作花卉卷之1段）	卷	紙	設色	不詳		北京 故宮博物院	
秋江歸棹圖（寫為景翁老詞宗）	軸	綾	水墨	167.6 × 48.5	甲子（天啟四年，1624）秋九月	香港 中文大學中國文化研究所文物	95.696

名稱	形式	質地	色彩	尺寸 高x寬cm	創作時間	收藏處所	典藏號碼
雲山古寺圖	軸	綾	設色	69.2 x 51.4	丁未（康熙六年，1667）	天津 天津市藝術博物館	
春江田疇圖	軸	絹	設色	51 x 15.3	己未（康熙十八年，1679）	天津 天津市人民美術出版社	
水閣遠山圖	軸	絹	設色	71.5 x 51.5		濟南 山東省博物館	
獻歲圖	軸	絹	設色	不詳	庚辰（崇禎十三年，1640）	蘇州 江蘇省蘇州博物館	
山水圖	軸	綾	水墨	193.5 x 48		日本 大阪橋本大乙先生	
秋林初霽圖（為惠老作）	軸	金箋	設色	198.6 x 48.9	己巳（崇禎二年，1629）春深	日本 私人	
山水圖（明人書畫扇（寅）冊之7）	摺扇面	紙	設色	不詳		台北 故宮博物院	故畫 03543-7
雨意圖（名人便面畫冊之5）	摺扇面	紙	水墨	不詳		台北 故宮博物院	故畫 03558-5
山水圖（鄒喆、夏森合冊12之6幀）	冊	絹	設色	（每幀）33 x 29		瀋陽 故宮博物院	
松谿煙艇圖（為楊翁作，清高岑等山水冊12之1幀）	冊頁	絹	設色	27.3 x 24.8	七十二山樵（？）	天津 天津市藝術博物館	
花鳥圖	摺扇面	金箋	設色	15.8 x 49.4		南京 南京博物院	

畫家小傳：夏森。字茂林。籍里、身世不詳。善畫山水、人物、花鳥。流傳署款紀年作品見於明熹宗天啟四（1624）年至清聖祖康熙十八（1679）年。（見圖繪寶鑑續纂、中國畫家人名大辭典）

謝 彬

名稱	形式	質地	色彩	尺寸 高x寬cm	創作時間	收藏處所	典藏號碼
澗曲農家圖	卷	絹	設色	不詳		旅順 遼寧省旅順博物館	
漁樂圖	卷	紙	設色	不詳	戊午（康熙十七年，1678）	北京 故宮博物院	
成晉徵便裝坐像	卷	紙	水墨	不詳	辛酉（康熙二十一年，1681）花朝	北京 故宮博物院	
佟寧年行樂圖	卷	絹	設色	不詳	甲戌（康熙三十三年，1694）	北京 故宮博物院	
漁樵耕獵圖	卷	絹	設色	不詳	己酉（康熙八年，1669）重九後二日	北京 中國歷史博物館	
筠巢像	卷	絹	設色	不詳	戊午（康熙十七年	惠民 山東省惠民縣文物管理	

名稱	形式	質地	色彩	尺寸 高x寬cm	創作時間	收藏處所	典藏號碼
					，1678）	所	
山水人物圖（謝彬寫人物，藍瑛補景，為士任老社翁作）	卷	紙	設色	29 × ？	戊子（順治五年，1648）秋七月七夕	美國 勃克萊加州大學藝術館（高居翰教授寄存）	CM48
松濤散仙圖（謝彬畫像，項聖謨補松）	軸	絹	設色	39.5 × 40.2	壬辰（順治九年，1652）霜降	長春 吉林省博物館	
風雨歸舟圖	軸	絹	設色	173 × 93	己未（康熙十八年，1679）	瀋陽 故宮博物院	
捕漁圖	軸	絹	設色	不詳	辛亥（康熙十年，1671）	旅順 遼寧省旅順博物館	
朱葵石寫照（項聖謨補景）	軸	絹	水墨	69.2 × 49.7	癸巳（順治十年，1653）八月	北京 故宮博物院	
明人像（謝彬寫像、藍瑛補石、諸昇添竹）	軸	紙	設色	不詳	丙申（順治十三年，1656）桂月	北京 故宮博物院	
竹林七賢圖	軸	絹	設色	不詳	庚申（康熙十九年，1680）	北京 故宮博物院	
淮淝奏捷圖	軸	絹	設色	171 × 98.2	（康熙二十年，辛酉，1681）	北京 故宮博物院	
楓林停車圖	軸	紙	設色	不詳		北京 故宮博物院	
八仙圖	軸	絹	設色	不詳	辛酉（康熙二十年，1681）	天津 天津市藝術博物館	
祝淵撫琴圖	軸	紙	設色	97.4 × 53.1	崇禎戊寅（十一年，1638）	杭州 浙江省博物館	
山邨爭水圖	軸	絹	設色	不詳	己未（康熙十八年，1679）	黃巖 浙江省黃巖縣博物館	
村鬥圖	軸	紙	設色	119.5 × 45.3	戊午（康熙十七年，1678）	重慶 重慶市博物館	
漁樂圖	軸	紙	設色	不詳		廣州 廣東省博物館	
嬰戲圖	軸	絹	設色	70.5 × 29.5		廣州 廣東省博物館	
騎驢探梅圖	軸	絹	設色	148.6 × 68.5		日本 私人	
鵝湖春社圖（謝彬、章谷合作）	軸	絹	設色	186 × 87.5	乙巳（康熙四年，1665）春二月	瑞典 斯德哥爾摩遠東博物館	
漁樂圖（寫為德翁道兄壽）	軸	絹	設色	186 × 87.5		瑞典 斯德哥爾摩遠東博物館	

名稱	形式	質地	色彩	尺寸 高x寬cm	創作時間	收藏處所	典藏號碼
雜畫（8幀）	冊	紙	水墨	不詳	乙巳（康熙四年，1665）	北京 故宮博物院	
探梅圖	摺扇面	金箋	水墨	18.5 x 55	康熙乙卯（十四年，1675）	北京 故宮博物院	
醉墨圖	冊頁	紙	設色	不詳		北京 故宮博物院	
顏光敏捫石長吟圖	冊頁	紙	設色	34.7 x 30.5	庚申（康熙十九年，1680）夏日	北京 首都博物館	
漁舟圖	冊頁	紙	設色	不詳	丁未（康熙六年，1667）	南京 江蘇省美術館	
山水圖（清呂智等雜畫冊10之1幀）附：	冊頁	絹	設色	不詳	（己酉，康熙八年，1669）	廣州 廣東省博物館	
柳溪春曉圖	軸	絹	設色	不詳	甲辰（康熙三年，1664）	上海 上海文物商店	
漁樂圖	軸	絹	設色	147.3 x 61		紐約 佳仕得藝品拍賣公司/拍賣目錄 1986,12,01.	
竹林長嘯圖（謝彬、魯得之合作）	軸	絹	設色	83.2 x 50.8		紐約 佳士得藝品拍賣公司/拍賣目錄 1996,09,18.	
耄耋圖（謝□畫貓蝶、程邃補石、石濤添竹卉并題）	軸	紙	設色	122.5 x 53.3	甲申（順治元年，1644）春	紐約 佳士得藝品拍賣公司/拍賣目錄 1997,09,19.	
松蔭消夏圖	摺扇面	金箋	設色	15.9 x 46.3	丙午（康熙五年，1666）夏日	紐約 蘇富比藝品拍賣公司/拍賣目錄 1986,06,03.	

畫家小傳：謝彬。字文侯。浙江上虞人，家寓錢塘。生於明神宗萬曆三十（1602）年。清聖祖康熙十九（1680）年尚在世。善傳神，為曾鯨高足，名聞南北。（見圖繪寶鑑續纂、國朝畫徵錄、中國畫家人名大辭典）

金俊明

名稱	形式	質地	色彩	尺寸 高x寬cm	創作時間	收藏處所	典藏號碼
梅花圖	軸	紙	水墨	不詳	辛亥（康熙十年，1671）夏五	北京 故宮博物院	
梅花圖	軸	紙	水墨	不詳	丙午（康熙五年，1666）	揚州 江蘇省揚州市博物館	
梅蘭竹圖（合作，歸莊寫竹、金俊明寫梅、陳邁寫蘭）	軸	紙	水墨	100.1 x 49.8	金：丁未（康熙六年，1667）□陬既望	上海 上海博物館	
歲寒三友圖（合作，金俊明寫	軸	紙	水墨	127.5 x 48	金：甲辰（康熙三	南京 南京博物院	

名稱	形式	質地	色彩	尺寸 高x寬cm	創作時間	收藏處所	典藏號碼
梅、文柟補松、金傳補竹）					年，1664）修禊日		
秀松圖	軸	紙	設色	89 × 39	戊戌（順治十五年，1658）	車重慶市博物館	
水墨梅花（明花卉畫冊之11）	冊頁	紙	水墨	16.5 × 50		台北 故宮博物院	故畫 03514-11
仿郭熙山水（清初畫家集錦畫冊之第3幀）	冊頁	紙	水墨	39.5 × 26.5	丙午（康熙五年，1666）重九	香港 何耀光至樂樓	
梅花圖（10幀）	冊	紙	設色	（每幀）21.4 × 30.7	壬寅（康熙元年，1662）冬暮	北京 故宮博物院	
梅竹圖	摺扇面	紙	水墨	16.2 × 50.2	丙午（康熙五年，1666）	北京 故宮博物院	
松竹梅圖（12幀）	冊	紙	水墨	（每幀）26 × 18	丁未（康熙六年，1667）初夏	北京 故宮博物院	
梅花圖（12幀）	冊	紙	水墨	（每幀）24.5 × 17.8	丁未（康熙六年，1667）	北京 故宮博物院	
梅花圖	摺扇面	紙	水墨	16.2 × 48.5	丁未（康熙六年，1667）重九後五日	北京 故宮博物院	
梅花圖（8幀）	冊	紙	設色	（每幀）31 × 27.9	甲寅（康熙十三年，1674）秋日	北京 故宮博物院	
梅花圖（5幀）	冊	紙	水墨	（每幀）17.5 × 23.7		北京 故宮博物院	
梅花圖（朱陵等雜畫冊10之1幀）	冊頁	紙	設色	不詳		北京 中國歷史博物館	
梅花圖（陳洪綬等十人花卉山水冊10之1幀）	冊頁	紙	水墨	23.1 × 3.5		天津 天津市藝術博物館	
梅花并自題對（10幀）	冊	紙	水墨	（每幀）21 × 16.2	乙未（順治十二年，1655）	青島 山東省青島市博物館	
蘆艇垂釣圖	摺扇面	金箋	水墨	不詳	辛亥（康熙十年，1671）	合肥 安徽省博物館	
梅花圖（金俊明、項聖謨梅松冊12之6幀）	冊頁	紙	水墨	（每幀）23 × 29.5不等	癸丑（康熙十二年，1673）一之日	合肥 安徽省博物館	
梅竹圖（金俊明梅、歸莊補竹，金俊民花卉冊10之1幀）	冊頁	紙	設色	28 × 20.6	庚午（崇禎三年，1630）嘉平月	上海 上海博物館	
松竹梅圖（金俊明梅竹、欽揖	冊頁	紙	設色	28 × 20.6	庚午（崇禎三年，	上海 上海博物館	

名稱	形式	質地	色彩	尺寸 高x寬cm	創作時間	收藏處所	典藏號碼
補松，金俊民花卉冊10之1幀)					1630）嘉平月		
梅石圖（金俊明梅、金侃補石，金俊民花卉冊10之1幀）	冊頁	紙	設色	28 x 20.6	庚午（崇禎三年，1630）嘉平月	上海 上海博物館	
二色梅圖（金俊明梅、黃章補黃梅，金俊民花卉冊10之1幀）	冊頁	紙	設色	28 x 20.6	庚午（崇禎三年，1630）嘉平月	上海 上海博物館	
梅竹雙清圖（金俊明梅、上震補綠竹，金俊民花卉冊10之1幀）	冊頁	紙	設色	28 x 20.6	庚午（崇禎三年，1630）嘉平月	上海 上海博物館	
梅圖（金俊明梅、文定補梅，金俊民花卉冊10之1幀）	冊頁	紙	設色	28 x 20.6	庚午（崇禎三年，1630）嘉平月	上海 上海博物館	
二色梅圖（金俊明梅、張適補墨梅，金俊民花卉冊10之1幀）	冊頁	紙	設色	28 x 20.6	庚午（崇禎三年，1630）嘉平月	上海 上海博物館	
梅蘭圖（金俊明梅、陳邁補蘭，金俊民花卉冊10之1幀）	冊頁	紙	設色	28 x 20.6	庚午（崇禎三年，1630）嘉平月	上海 上海博物館	
松梅圖（金俊明梅、陳嘉言補松，金俊民花卉冊10之1幀）	冊頁	紙	設色	28 x 20.6	庚午（崇禎三年，1630）嘉平月	上海 上海博物館	
梅花山茶圖（金俊明梅、顧章補山茶，金俊民花卉冊10之1幀）	冊頁	紙	設色	28 x 20.6	庚午（崇禎三年，1630）嘉平月	上海 上海博物館	
梅花圖（8幀）	冊	紙	水墨	（每幀）23.8 x 16.8	辛丑（順治十八年，1661）春日	海 上海博物館	
梅花圖（8幀）	冊	紙	水墨	（每幀）28.1 x 17.9	戊申（康熙七年，1668）中秋既望	上海 上海博物館	
梅花圖（壽宋母王太君作，王武等花卉冊8之第1幀）	冊頁	紙	設色	24.3 x 17.2	戊申（康熙七年，1668）中秋	上海 上海博物館	
梅花圖（10幀）	冊	紙	水墨	（每幀）30.7 x 22.3	己酉（康熙八年，1669）小春既望	上海 上海博物館	
梅花圖（12幀）	冊	紙	水墨	（每幀）23.4 x 32	己酉（康熙八年，1669）	上海 上海博物館	
花卉圖（清名家花卉冊8之1幀）	冊頁	紙	設色	24.3 x 17.2	戊申（康熙七年，1668）	上海 上海博物館	

名稱	形式	質地	色彩	尺寸 高x寬cm	創作時間	收藏處所	典藏號碼
花卉圖（吳歷等花竹禽魚圖冊 12之1幀）	冊頁	紙	設色	26.2 x 23.8		上海 上海博物館	
梅花圖（二十家梅花圖冊20之 第6幀）	冊頁	紙	設色	23 x 19.3		上海 上海博物館	
為潤甫作山水圖（清初名家山 水集冊12之1幀）	冊頁	絹	設色	22.6 x 19.1	癸卯（康熙二年， 1663）中秋	南京 南京博物院	
梅花圖（14幀）	冊	紙	水墨	（每幀）30 x 21		廣州 廣東省博物館	
仿梅道人盡意山水圖（畫似景 雍詞兄）	摺扇面	金箋	設色	17.8 x 52.7	丙午（康熙五年， 1666）暮春	美國 哈佛大學福格藝術館	1952.28
山水圖	冊頁	紙	水墨	22.8 x 31.1		德國 柏林東亞藝術博物館	1988-417
墨梅圖（8幀）	冊	紙	水墨	（每幀）23.7 x 16.7		德國 柏林東亞藝術博物館	1988-416

附：

名稱	形式	質地	色彩	尺寸 高x寬cm	創作時間	收藏處所	典藏號碼
梅竹雙清圖	橫幅	紙	設色	28 x 36.9	庚子（順治十七年 ，1660）嘉平月	紐約 佳士得藝品拍賣公司/拍 賣目錄1993,12,01.	
瑤臺艷雪圖	軸	絹	設色	131 x 52		香港 佳士得藝品拍賣公司/拍 賣目錄2001,04,29.	
竹石圖	摺扇面	紙	設色	17.2 x 47.3	庚戌（康熙九年， 1670）夏日	紐約 佳仕得藝品拍賣公司/拍 賣目錄1986,12,01.	
梅花圖（8幀）	冊	絹	水墨	（每幀）23.5 x 16.2	戊申（康熙七年， 1668）春日	紐約 佳士得藝品拍賣公司/拍 賣目錄1996,03,27.	

畫家小傳：金俊明。初名袞，字九章。後改今名，更字孝章。號耿庵、不寐道人。江蘇吳縣人。生於明神宗萬曆三十（1602）年。卒於
　　　清聖祖康熙十四（1675）年。為明諸生，入清隱居。博學，工詩、古文詞。間作山水、竹石，尤工墨梅，論者比之鄭所南之蘭。
　　　（見圖繪寶鑑續纂、國朝畫徵錄、居易錄、桐陰論畫、江南通志、吳縣志、中國畫家人名大辭典）

唐宇昭

名稱	形式	質地	色彩	尺寸 高x寬cm	創作時間	收藏處所	典藏號碼
仿倪雲林山水圖	卷	紙	水墨	18.5 x 320.7	丁亥（順治四年， 1647）	天津 天津市藝術博物館	
品茶圖	軸	紙	設色	不詳	庚子（順治十七年 ，1660）清和二日	北京 故宮博物院	
荷鷺圖	軸	絹	設色	126.5 x 45.5		常州 常州市博物館	
蘭花圖（為石谷作）	摺扇面	金箋	水墨	不詳	壬寅（康熙元年，	成都 四川省博物院	

名稱	形式	質地	色彩	尺寸 高x寬cm	創作時間	收藏處所	典藏號碼
					1662）二月		
蘭蓀柏子圖（惲壽平、唐宇昭 合作）	軸	絹	設色	96 x 42.5	己酉（康熙八年，1669）十月	廣州 廣州市美術館	

畫家小傳：唐宇昭（一作禹昭）。字孔明（一字雪谷、雲客）。號半園。江蘇武進人。生於明神宗萬曆三十（1602年，卒於聖祖康熙十一
　　　（1672）年。崇禎三年舉人。工詩，善書畫。畫作水墨竹石，淡逸飄舉，胸無些塵，筆有妙法。與惲壽平為金石交。（見武陽誌
　　　餘、昭代尺牘小傳、甌缽羅室書畫過目考、畫家知希錄、中國美術家人名辭典）。

王崇簡

名稱	形式	質地	色彩	尺寸 高x寬cm	創作時間	收藏處所	典藏號碼
仿倪瓚山水圖	軸	紙	水墨	77.2 x 31.5		石家莊 河北省博物館	
菊石圖	摺扇面	紙	設色	不詳	癸卯（康熙二年，1663）上元	北京 故宮博物院	
山水圖（16幀）	冊	絹	設色、水墨	不詳	辛亥（康熙十年，1671）五月	北京 故宮博物院	
寒鴉雪石圖	摺扇面	紙	水墨	不詳		重慶 重慶市博物館	

畫家小傳：王崇簡。字敬齋（一作敬哉）。河北宛平人。生於明神宗萬曆三十（1602）年，卒於聖祖康熙十七（1678）年。明思宗崇禎
　　　十六（1643）年進士。善畫米氏山。晚年命筆不落窠臼，頗得右丞逸致。（見圖繪寶鑑續纂、國朝畫徵錄、中國畫家人名大辭典）

金 傳

名稱	形式	質地	色彩	尺寸 高x寬cm	創作時間	收藏處所	典藏號碼
歲寒三友圖（金俊明寫梅、文 柟補松、金傳補竹）	軸	紙	水墨	127.5 x 48		南京 南京博物院	
山水圖（清吳歷等山水集冊 12之1幀）	冊頁	紙	設色	不詳	（甲寅，康熙十三年，1674）	杭州 浙江省博物館	

畫家小傳：金傳。字可庵。江蘇長洲人。與金俊明同時。善畫山水，學元倪瓚，清腴有致。（見耕硯田齋筆記、中國美術家人名辭典）

丁元公

名稱	形式	質地	色彩	尺寸 高x寬cm	創作時間	收藏處所	典藏號碼
佛像	軸	紙	設色	不詳	乙酉（順治二年，1645）	北京 故宮博物院	
秋林行吟圖	軸	紙	水墨	67.5 x 31.7		上海 上海博物館	
唐子遊戲圖	軸	紙	設色	96.3 x 31.2		日本 私人	
山水圖	摺扇面	金箋	水墨	16.9 x 53	己卯（崇禎十二年，1639）	北京 故宮博物院	
山水圖	摺扇面	金箋	水墨	不詳	己卯（崇禎十二年，1639）	北京 故宮博物院	
山水圖（繪林集妙冊75之1	冊頁	紙	設色	約26.6 x 30		上海 上海博物館	

名稱	形式	質地	色彩	尺寸 高×寬cm	創作時間	收藏處所	典藏號碼
幀）							
山水圖	摺扇面	金箋	設色	17 × 52	丁卯（天啟七年，1627）夏日	日本 大阪橋本大乙先生	
羅漢圖（四朝墨寶冊之11）	冊頁	絹本	設色	28.5 × 21.3		英國 倫敦大英博物館	1946.4.1311（ADD219）
附：							
仿吳彬羅漢圖	卷	紙	設色	29.5 × 405.1		紐約 佳士得藝品拍賣公司/拍賣目錄 1993.12.01	

畫家小傳：丁元公。字原躬。晚年為僧，名淨伊。號願庵。工書畫。善畫人物、山水、佛像，筆墨老而秀，工而不纖。流傳署款紀年作品見於明熹宗天啟七（1627）年，至清世祖順治二（1645）年。（見圖繪寶鑑續纂、國朝畫徵錄、桐陰論畫、靜志居詩話、旅堂集、中國畫家人名大辭典）

萬壽祺

名稱	形式	質地	色彩	尺寸 高×寬cm	創作時間	收藏處所	典藏號碼
歸去來圖（為門人程左車寫南澗三圖合卷之第1）	卷	紙	水墨	20.6 × 45	辛卯（順治八年，1651）	香港 何耀光至樂樓	
山水圖（為門人程左車寫寫南澗三圖合卷之第2）	卷	紙	水墨	24 × 175	辛卯（順治八年，1651）	香港 何耀光至樂樓	
山水圖（為門人程左車寫南澗三圖合卷之第3）	卷	紙	設色	24 × 145	辛卯（順治八年，1651）	香港 何耀光至樂樓	
秋江別思圖	卷	紙	水墨	18.4 × 178.2		杭州 浙江省博物館	
山水圖（為沂公畫山水圖卷之第1段）	卷	紙	水墨	20.1 × 72.1		法國 巴黎居美博物館	MA3389
隴西草堂圖（為沂公畫山水圖卷之第2段）	卷	紙	水墨	20.1 × 72.1		法國 巴黎居美博物館	MA3389
闊水揚帆（為沂公畫山水圖卷之第3段）	卷	紙	水墨	20.1 × 72.1	辛卯（順治八年，1651）三月廿九日	法國 巴黎居美博物館	MA3389
坐看遠水（為沂公畫山水圖卷之第4）	卷	紙	水墨	20.1 × 72.1		法國 巴黎居美博物館	MA3389
牧羊圖	軸	紙	設色	90.2 × 41.2		澳門 賈梅士博物館	A99
松石圖	軸	綾	水墨	110.4 × 52.7		北京 故宮博物院	
松溪獨坐圖	軸	綾	設色	160.5 × 50		北京 首都博物館	
花鳥圖	軸	紙	水墨	74.5 × 41.8		上海 上海博物館	

名稱	形式	質地	色彩	尺寸 高×寬cm	創作時間	收藏處所	典藏號碼
達摩圖	軸	紙	水墨	104.9 × 50.3		日本 東京小幡醇一先生	
高松幽岑圖（為瑞符居士畫）	軸	綾	水墨	99.5 × 54	丙戌（順治三年，1646）四月廿二日	日本 大阪橋本大乙先生	
陸凱寄友范曄梅花圖	軸	紙	設色	167.7 × 45.5		日本 田中好文先生	
山水人物圖（2 幅）	軸	絹	設色	（每幅）155.6 × 41.7		英國 倫敦大英博物館	1910.2.12.562-3ADD282-3）
樹石圖	摺扇面	金箋	水墨	不詳		蘇州 江蘇省蘇州博物館	
山水圖	摺扇面	金箋	水墨	不詳	乙丑（順治六年，1649）	成都 四川大學	
羅漢圖（12 幀）	冊	菩提葉	設色	（每幀）19 × 13.3		日本 大阪市萬野美術館	1944
高松幽岑圖	冊頁	綾	水墨	不詳	丙戌（順治三年，1646）四月廿二日	日本 大阪橋本末吉先生	
柳溪煙艇（萬壽祺書畫冊之 1）	冊頁	紙	水墨	25.8 × 17		美國 普林斯頓大學藝術館	68-206a
寒林遠瀑（萬壽祺書畫冊之 2）	冊頁	紙	水墨	25.8 × 17		美國 普林斯頓大學藝術館	68-206b
野亭竹趣（萬壽祺書畫冊之 3）	冊頁	紙	水墨	25.8 × 17		美國 普林斯頓大學藝術館	68-206c
秋林倚杖（萬壽祺書畫冊之 4）	冊頁	紙	水墨	25.8 × 17		美國 普林斯頓大學藝術館	68-206d
天竺金簪（萬壽祺書畫冊之 5）	冊頁	紙	水墨	25.8 × 17		美國 普林斯頓大學藝術館	68-206e
水仙茶花（萬壽祺書畫冊之 6）	冊頁	紙	水墨	25.8 × 17		美國 普林斯頓大學藝術館	68-206f
憑窗仕女圖（四朝墨寶冊之 7）	冊頁	絹	設色	19.5 × 25.3	辛未（崇禎四年，1631）秋九月	英國 倫敦大英博物館	1946.4.1307（ADD219）
山水圖	摺扇面	金箋	水墨	17 × 52.2		德國 柏林東亞藝術博物館	1988-289
附：							
隴西草堂圖（4 段）	卷	紙	水墨	（每段）21 × 73.5	辛卯（順治八年，1651）三月	紐約 佳士得藝品拍賣公司/拍賣目錄 1991,05,29.	
山水圖	短卷	紙	設色	22 × 31	庚寅（順治七年，1650）寒食	紐約 佳士得藝品拍賣公司/拍賣目錄 1993,12,01.	
壽字形內畫山水人物	軸	紙	設色	160 × 88.9	崇禎三年（庚午，1630）春	紐約 蘇富比藝品拍賣公司/拍賣目錄 1988,06,01.	
懸網圖	軸	紙	水墨	79.5 × 27.5	辛卯（順治八年，1651）三月廿九日	紐約 佳士得藝品拍賣公司/拍賣目錄 1997,09,19..	

名稱	形式	質地	色彩	尺寸 高x寬㎝	創作時間	收藏處所	典藏號碼

畫家小傳：萬壽祺。字年少。號沙門慧壽。江蘇徐州人。生於明神宗萬曆三十一（1603）年。卒於清世祖順治九（1652）年。明崇禎間孝廉。入清，儒衣僧帽往來吳楚間。為人博學，通曉百工技藝。又嫻熟古文、詩詞、書法、篆刻。善畫仕女，學周昉；畫山水，出己意隨興點染。（見無聲詩史、圖繪寶鑑續纂、國朝畫徵錄、桐陰論畫、江西通志、鄒之麟撰萬年少傳、中國畫家人名大辭典）

藍 濤

名稱	形式	質地	色彩	尺寸 高x寬㎝	創作時間	收藏處所	典藏號碼
雨後觀瀑圖	軸	絹	設色	110.5 x 45		台北 國泰美術館	
銀塘曉月圖	軸	絹	設色	不詳		旅順 遼寧省旅順博物館	
高山流水圖	軸	紙	設色	不詳	戊辰（康熙二十七年，1688）	北京 故宮博物院	
仿蕭照高秋川至圖	軸	絹	設色	不詳	（康熙三十四年，乙亥，1695）	北京 故宮博物院	
薔薇白頭鳥圖	軸	絹	設色	不詳		北京 故宮博物院	
僧房新綠圖	軸	絹	設色	129 x 47.2	乙丑（康熙二十四年，1685）暮春	北京 中國歷史博物館	
春深雨露圖	軸	絹	設色	190.6 x 69	戊辰（康熙二十七年，1688）	天津 天津市藝術博物館	
銷夏雲鷺圖	軸	紙	設色	128 x 49.8	辛未（康熙三十年，1691）	上海 上海博物館	
花鳥圖	軸	絹	設色	144 x 42.2	戊辰（康熙二十七年，1688）夏日	杭州 浙江省博物館	
花鳥圖（4幅）	軸	絹	設色	不詳		杭州 浙江省博物館	
採芝圖	軸	絹	設色	139.5 x 46.5		溫州 浙江省溫州博物館	
玉堂富貴圖（為獻翁作）	軸	絹	設色	170.3 x 75.7	己未（康熙十八年，1679）嘉平之朔	日本 大阪橋本大乙先生	
仿元人法山水圖	軸	絹	設色	174 x 42	戊子（康熙四十七七年，1708）	美國 鳳凰市美術館（Mr.Roy And Marilyn Papp 寄存）	
文禽秋卉（明人集繪冊之6）	冊頁	紙	設色	31 x 37.7		台北 故宮博物院	故畫 03510-6
山水圖（為慶陽年翁作，俞齡等雜畫冊38之1幀）	冊頁	絹	設色	31.2 x 31.8	丁卯（康熙二十六年，1687）春杪	上海 上海博物館	
竹菊圖	摺扇面	金箋	水墨	不詳		杭州 浙江省杭州市文物考古所	
雜畫（8幀）	冊	絹	設色	（每幀）34 x 25		南昌 江西省博物館	
山水圖（車以載等人山水圖冊	冊頁	紙	設色	19.7 x 14.5		荷蘭 阿姆斯特丹 Rijks 博物	RAK1990-10

名稱	形式	質地	色彩	尺寸 高×寬㎝	創作時間	收藏處所	典藏號碼

之2)　　　　　　　　　　　　　　　　　　　　　　　　　　　　　館

附：

秋園芳色圖	軸	絹	設色	159 × 63.5		揚州 揚州市文物商店	
花溪書屋圖	軸	絹	設色	197 × 98		上海 朵雲軒	
芙蓉菊石圖	軸	絹	設色	不詳		上海 上海文物商店	
雨後觀瀑圖	軸	綾	設色	92.7 × 45	壬寅（康熙元年，1662）歲暮	紐約 佳士得藝品拍賣公司/拍賣目錄 1993,12,01.	
菊花秋葵圖	摺扇面	金箋	水墨	不詳		上海 朵雲軒	

畫家小傳：藍濤。浙江錢塘人。藍孟次子，藍深之弟。善畫山水；兼工花木，頗得古法。流傳署款紀年作品見於思宗崇禎元（1628）年，至清聖祖康熙三十四（1695）年。（見圖繪寶鑑續纂、桐陰論畫、張庚畫徵錄、中華畫人室隨筆、中國畫家人名大辭典）

程正揆

江山臥遊圖	卷	紙	水墨	不詳	壬子（康熙十一年，1672）	旅順 遼寧省旅順博物館	
江山臥遊圖	卷	紙	設色	不詳	辛卯（順治八年，1651）	北京 故宮博物院	
江山臥遊圖	卷	紙	設色	26 × 305.1	壬辰（順治九年，1652）	北京 故宮博物院	
江山臥遊圖	卷	紙	設色	不詳	壬辰（順治九年，1652）	北京 故宮博物院	
江山臥遊圖	卷	紙	設色	不詳	乙巳（康熙四年，1665）秋八月	北京 故宮博物院	
江山臥遊圖（第2卷）	卷	紙	水墨	不詳	庚戌（康熙九年，1670）	北京 故宮博物院	
江山臥遊圖（第435卷）	卷	紙	設色	24.2 × 211.2	甲寅（康熙十三年，1674）春月	北京 故宮博物院	
江山臥遊圖	卷	紙	水墨	不詳	甲寅（康熙十三年，1674）夏至	北京 故宮博物院	
臥遊圖（第32卷）	卷	紙	水墨	27.1 × 277	甲寅（康熙十三年，1674）七月	北京 故宮博物院	
江山臥遊圖	卷	紙	設色	25.3 × 180.7	甲寅（康熙十三年，1674）	北京 故宮博物院	
江山臥遊圖（第74卷）	卷	紙	設色	不詳	丙辰（康熙十五年，1676）	北京 故宮博物院	

名稱	形式	質地	色彩	尺寸 高×寬 ㎝	創作時間	收藏處所	典藏號碼
江山臥遊圖	卷	紙	設色	不詳	辛卯（順治八年，1651）	天津 天津市藝術博物館	
江上臥遊圖（第187卷）	卷	紙	水墨	25.6 × 195.6	甲辰（康熙三年，1664）	上海 上海博物館	
江山臥遊圖	卷	紙	設色	23.4 × 241.7	甲寅（康熙十三年，1674）九月	上海 上海博物館	
江山臥遊圖（第150卷）	卷	紙	水墨	25 × 238	辛丑（順治十八年，1661）九月	成都 四川省博物院	
江山臥遊圖	卷	紙	設色	29 × 300.9	辛丑（順治十八年，1661）	南寧 廣西壯族自治區博物館	
江山臥遊圖（第253本）	卷	紙	水墨	25 × 429	壬寅（康熙元年，1662）晦月正日	日本 東京高島菊次郎槐安居	
江山臥遊圖	卷	紙	設色	不詳		美國 波士頓美術館	
江山臥遊圖	卷	絹	設色	23.2 × ？		美國 紐約大都會藝術博物館	55.212
為元亮社翁作山水圖	卷	紙	設色	19.7 × 282	乙未（順治十二年，1655）冬十月	美國 芝加哥藝術中心	1953.161
江山臥遊圖（第九十本）	卷	紙	設色	24.8 × 344.2	戊戌（順治十五年，1658）夏五	美國 克利夫蘭藝術博物館	60.182
江山臥遊圖（第百八十本）	卷	紙	水墨	26.3 × ？	庚戌（康熙九年，1670）四月	美國 史坦福大學藝術博物館	67.67
江山臥遊圖（第百五十本）	卷	紙	設色	37.1 × 901.7	辛丑（順治十八年，1661）十一月	美國 洛杉磯郡藝術博物館	
山水圖	卷	紙	設色	22.3 × ？		德國 柏林東亞藝術博物館	1988-394
仿唐六如法兼吳小仙意山水圖	軸	金箋	設色	119 × 27	崇禎癸酉（六年，1633）新秋	台北 故宮博物院（蘭千山館寄存）	
仿巨然山水圖	軸	紙	水墨	133 × 34	癸卯（康熙二年，1663）秋日	台北 故宮博物院（王世杰先生寄存）	
危峰寒瀑圖	軸	紙	設色	101.8 × 51.8		香港 劉作籌虛白齋	
秋山亭子圖	軸	紙	設色	62.3 × 34.1	丙戌（順治三年，1646）	長春 吉林省博物館	
山水圖	軸	綾	水墨	190.5 × 51.5	甲午（順治十一年，1654）	北京 故宮博物院	
山水圖	軸	紙	水墨	不詳	辛丑（順治十八年	北京 故宮博物院	

名稱	形式	質地	色彩	尺寸 高×寬㎝	創作時間	收藏處所	典藏號碼
					，1661）人日		
山水圖	軸	紙	設色	不詳	丙午（康熙五年，1666）	北京 故宮博物院	
山水圖（為紫垣作）	軸	紙	設色	125 × 38	乙卯（康熙十四年，1675）夏	北京 故宮博物院	
山水圖	軸	紙	水墨	104.8 × 40.6		北京 故宮博物院	
青山閒居圖	軸	紙	水墨	111.9 × 48		天津 天津市藝術博物館	
山水圖（為拙庵作）	軸	紙	水墨	不詳	癸巳（順治十年，1653）八月	青島 山東省青島市博物館	
突兀山容圖	軸	紙	設色	97.7 × 43.2	甲辰（康熙三年，1664）	上海 上海博物館	
為思齡作山水并書詩（吳偉業等書畫屏8之1幅）	軸	紙	水墨	48.6 × 21.5	（丙申，順治十三年，1656）	南京 南京博物院	
溪山林屋圖	軸	綾	水墨	143 × 45	辛丑（順治十八年，1661）人日	南京 南京博物院	
山水圖（為五子畢作）	軸	紙	水墨	不詳	甲寅（康熙十三年，1674）除夕	長沙 湖南省圖書館	
山水圖	軸	紙	水墨	不詳	乙卯（康熙十四年，1675）	武漢 湖北省博物館	
溪山深秀圖	軸	綾	水墨	189 × 55	乙未（順治十二年，1655）	廣州 廣東省博物館	
山水小方	軸	紙	水墨	不詳		日本 東京正木直彥先生	
為白梅作山水圖	軸	紙	設色	141.8 × 58.4	甲辰（康熙三年，1664）春日	日本 東京島田修二郎先生	
曳杖圖（仿黃華老人意）	軸	紙	設色	111.5 × 38		日本 大阪橋本大乙先生	
山水圖	軸	紙	水墨	30 × 35.8		日本 福岡縣石訽道雄先生	48
山水圖	軸	綾	水墨	137.4 × 47.7		日本 山口良夫先生	
山水圖	軸	紙	設色	110.5 × 47.4		美國 耶魯大學藝術館	1988.72.3
冬景山水圖	軸	紙	水墨	100 × 40.3	庚戌（康熙九年，1670）冬	美國 勃克萊加州大學藝術館（高居翰教授寄存）	CC31
山水圖	軸	紙	水墨	142.8 × 48.6	己酉（康熙八年，	瑞典 斯德歌爾摩遠東古物館	NMOK518

名稱	形式	質地	色彩	尺寸 高x寬cm	創作時間	收藏處所	典藏號碼
					1669）夏		
泉石林巒圖（周亮工集名家山水冊之6）	冊頁	紙	水墨	23.6 × 28.9		台北 故宮博物院	故畫 01274-6
山水圖（16幀）	冊	紙	設色	不詳	己丑（順治六年，1649）	北京 故宮博物院	
山水圖（金陵諸家山水集錦冊12之1幀）	冊頁	紙	設色	26.3 × 21.3	乙巳（康熙四年，1665）九月	北京 故宮博物院	
山水圖	摺扇面	紙	設色	17.5 × 53		北京 故宮博物院	
為石翁作山水圖（清莊冏生等山水冊6之1幀）	冊頁	紙	水墨	19.6 × 16.5	己丑（順治六年，1649）夏	天津 天津市藝術博物館	
書畫（11幀，為張象九作）	冊	紙	設色	（每幀）22.5 × 24.3	丙午（康熙五年，1666）四月朔	天津 天津市藝術博物館	
山水圖（9幀）	冊	紙	設色	（每幀）22.7 × 44.3	己酉（康熙八年，1669）	上海 上海博物館	
山水圖（5幀）	冊	紙	設色	（每幀）22.5 × 44.3		南京 南京博物院	
山水圖（清龔賢等山水冊6之1幀）	冊頁	紙	設色	31.5 × 47	（乙亥，康熙三十四年，1695）	南昌 江西省博物館	
山水圖（12幀）	冊	紙	設色	（每幀）26.4 × 37.9	戊申（康熙七年，1668）冬十二月	廣州 廣州市美術館	
山靜日長（清人書畫扇冊之1）	摺扇面	金箋	水墨	不詳		日本 東京橋本辰二郎先生	
臥遊圖	冊頁	紙	水墨	27 × 30.7		日本 兵庫縣黑川古文化研究所	
山水圖	摺扇面	金箋	設色	15.8 × 51.6		美國 密歇根大學藝術博物館	1979/2.89
仿吳鎮山水圖	摺扇面	金箋	水墨	15.4 × 48.8		美國 夏威夷火魯奴奴藝術學院	6219.1
山水圖	冊頁	紙	水墨	21.5 × 22		英國 倫敦大英博物館	1958.2.8.01（ADD291）
附：							
江山臥遊圖	卷	紙	設色	25 × 283	癸巳（順治十年，1653）	上海 朵雲軒	
江山臥遊圖	卷	紙	設色	28 × 377	丙辰（康熙十五年，1676）孟秋	紐約 佳士得藝品拍賣公司/拍賣目錄 1983,11,30.	
江山臥遊圖（第六本）	卷	紙	設色	23 × 402.5		紐約 佳士得藝品拍賣公司/拍	

名稱	形式	質地	色彩	尺寸 高x寬cm	創作時間	收藏處所	典藏號碼
						賣目錄 1993,12,01.	
山水圖	軸	紙	水墨	不詳	丙辰（康熙十五年，1676）	北京 北京市文物商店	
山水圖	軸	紙	設色	不詳	辛亥（康熙十年，1671）	上海 朵雲軒	
山水圖	軸	紙	設色	110.2 × 47.6		紐約 蘇富比藝品拍賣公司/拍賣目錄 1985,06,03.	
山水圖	軸	紙	水墨	64.8 × 33		紐約 蘇富比藝品拍賣公司/拍賣目錄 1989,09,28、29.	
山水圖	軸	紙	設色	99 × 26.7	丙午（康熙五年，1666）長至日	紐約 佳士得藝品拍賣公司/拍賣目錄 1996,03,27.	
碧嶂浮雲圖	軸	紙	水墨	222 × 92		香港 佳士得藝品拍賣公司/拍賣目錄 2001,04,29.	
山水圖	冊頁	紙	水墨	29 × 35.5		紐約 佳士得藝品拍賣公司/拍賣目錄 1991,05,29.	

畫家小傳：程正揆。初名正葵。明亡後，改今名。字端伯。號鞠陵、青溪道人。湖北孝感人，生於明神宗萬曆三十二（1604）年，清聖祖康熙十五(1676)年尚在世。明思宗崇禎四((1631)年進士。入清，卜居江寧。善屬文，工詩、書法。善畫山水，初師董其昌，後能自出機軸。(見無聲詩史、國朝畫徵錄、櫟園讀畫錄、桐陰論畫、鼉尾集、江寧縣志、中國畫家人名大辭典)

陳 星

名稱	形式	質地	色彩	尺寸 高x寬cm	創作時間	收藏處所	典藏號碼
山水圖	卷	紙	設色	不詳	己卯（崇禎十二年，1639）冬日	北京 故宮博物院	
漁樂圖	卷	絹	設色	29.8 × 128.6		日本 東京藝術大學美術館	489
雪景花卉圖	軸	絹	設色	不詳	甲午（順治十一年，1654）	北京 故宮博物院	
設色山水圖	軸		設色	不詳	癸卯（康熙二年，1663）花朝	北京 故宮博物院	
峨嵋積雪圖	軸	絹	設色	不詳	丙申（順治十三年，1656）	北京 中國歷史博物館	
山水圖（8幅）	軸	絹	設色	不詳	甲午（順治十一年，1654）	北京 中央美術學院	
梅花鷄鶵圖	軸	絹	設色	156 × 118	戊辰（康熙二十七年，1688）秋仲	烟臺 山東省烟臺市博物館	

名稱	形式	質地	色彩	尺寸 高x寬㎝	創作時間	收藏處所	典藏號碼
荷花翠鳥圖	軸	金箋	設色	不詳	壬寅（康熙元年，1662）	上海 上海古籍書店	
蘆雁圖	軸	絹	水墨	不詳		蘇州 靈巖山寺	
秋桂月兔圖	軸	絹	設色	130 × 56.9		日本 京都國立博物館	A甲 787
梅花翠羽（明人集繪冊之 12）	冊頁	紙	設色	28.5 × 20		台北 故宮博物院	故畫 03510-12
雲山圖（清章聲等山水冊 8 之第 5 幀）	冊頁	絹	設色	30.6 × 43.3	庚子（順治十七年，1660）花朝	旅順 遼寧省旅順博物館	
高士放棹圖（清劉度等山水花鳥冊 8 之 1 幀）	冊頁	絹	水墨	24.2 × 18.3	癸巳（順治十年，1653）冬日	天津 天津市藝術博物館	
附：							
牡丹鳳凰圖	軸		設色	不詳	丁卯（康熙二十六年，1687）夏日	北京 中國文物商店總店	
鷹擊雙雉圖	軸	絹	設色	不詳		天津 天津市文物公司	
深山行旅圖	軸	絹	設色	260 × 140	癸巳（順治十年，1653）季夏	上海 朵雲軒	
秋桂月兔圖	軸	絹	設色	131 × 57	乙巳（康熙四年，1665）秋日	紐約 佳士得藝品拍賣公司/拍賣目錄 1992,06,02.	

畫家小傳：陳星。字日生。籍里、身世不詳。生於明神宗萬曆三十二（1604）年，清聖祖康熙二十七（1688）年尚在世，年已八十五歲。善作寫意花鳥。（見歷代畫史彙傳附錄、中國畫家人名大辭典）

程 邃

名稱	形式	質地	色彩	尺寸 高x寬㎝	創作時間	收藏處所	典藏號碼
為梅壑散人畫秋山圖	卷	紙	水墨	26.1 × 195.7		香港 趙從衍先生	
山溪釣隱圖	卷	紙	水墨	不詳		北京 故宮博物院	
水邨山閣圖	卷	紙	水墨	19 × 103.2	壬子（康熙十一年，1672）	天津 天津市藝術博物館	
秋巖聳翠圖（為梅壑作）	卷	紙	水墨	26.2 × 153.4	壬子（康熙十一年，1672）新秋	上海 上海博物館	
溪山無盡圖	卷	絹	水墨	46 × 249.5	壬戌（康熙二十一年，1682）七月既望	廣州 廣東省博物館	
山水圖（程邃、張恂合作）	卷	紙	水墨	21 × 283.2		美國 華盛頓特區弗瑞爾藝術館	80.108
松石圖（寫祝電發壽）	軸	紙	水墨	89.5 × 29.6	辛巳（崇禎十四年，1641）重九	台北 蘭千山館	

名稱	形式	質地	色彩	尺寸 高x寬cm	創作時間	收藏處所	典藏號碼
課子圖	軸	紙	水墨	56.5 x 42		台北 黃君璧白雲堂	
讀書秋樹根圖（為白庵作）	軸	紙	水墨	90.1 x 30.9	八十四朽茅（康熙二十九年，1690)	香港 何耀光至樂樓	
山水圖	軸	紙	設色	140.9 x 34.5	辛丑（順治十八年，1661）冬十月望	香港 鄭德坤木扉	
渴筆山水圖	軸	紙	水墨	64.6 x 29.4	癸丑（康熙十二年，1673）冬日	北京 故宮博物院	
山水圖	軸	紙	水墨	78.8 x 42.5	丙辰（康熙十五年，1676）五月五日	北京 故宮博物院	
乘槎圖	軸	紙	水墨	62.3 x 57.8	乙丑（康熙二十四年，1685）七夕	北京 故宮博物院	
竹深幽居圖	軸	紙	水墨	66 x 43	乙丑（康熙二十四年，1685）三月	合肥 安徽省博物館	
秋山獨往圖	軸	紙	水墨	108 x 35.5		合肥 安徽省博物館	
贈漢恭山水圖	軸	紙	水墨	57.4 x 28.6	戊子（順治五年，1648)	上海 上海博物館	
仿黃公望幽居圖	軸	紙	水墨	81.3 x 42.8	丙辰（康熙十五年，1676）九月	上海 上海博物館	
山水圖	軸	紙	水墨	121 x 57.3		上海 上海博物館	
群峰泉飛圖	軸	紙	水墨	87.8 x 47.1		上海 上海博物館	
為王時敏作山水圖	軸	絹	水墨	29.8 x 41.2	辛亥（康熙十年，1671)	蘇州 江蘇省蘇州博物館	
千巖競秀圖	軸	紙	水墨	不詳	己巳（康熙二十八年，1689)	杭州 浙江省博物館	
石流溪樹圖	軸	紙	水墨	114.2 x 31.8		日本 東京山本悌二郎先生	
渴墨山水圖	軸	紙	水墨	不詳	丁酉（順治十四年，1657）長夏	日本 東京大谷光演先生	
山水圖	軸	紙	水墨	不詳		日本 兵庫縣黑川古文化研究所	
焦墨山水圖	軸	紙	水墨	26.5 x 39.4	丁酉（順治十四年，1657）長夏	日本 奈良大和文華館	
山水圖	軸	紙	水墨	138.7 x 30.9		日本 兵庫縣黑川古文化研究所	
溪山高逸圖	軸	紙	水墨	29.8 x 41.2		美國 紐約王季遷明德堂	

名稱	形式	質地	色彩	尺寸 高x寬cm	創作時間	收藏處所	典藏號碼
山水圖（為賓谷作）	軸	紙	設色	143.5 x 53		美國 華盛頓特區弗瑞爾藝術館	55.18
遠季先生訓誨子姪圖	軸	紙	水墨	33.5 x 25.1		美國 舊金山亞洲藝術館	B69 D43
閒中清玩圖（8幀）	冊	紙	水墨	（每幀）19.6 x 39.1		台北 華叔和後真賞齋	
山水圖	摺扇面	金箋	水墨	16.3 x 52.6		香港 莫華釗承訓堂	K92.52
仿巨然山水圖	摺扇面	金箋	水墨	16.6 x 51	戊子（順治五年，1648）	北京 故宮博物院	
山水圖（陳丹衷等十家山水冊10之1幀）	冊頁	紙	設色	33.2 x 45.5		北京 故宮博物院	
詩意山水圖（12幀，為梅墅作）	冊	紙	水墨	（每幀）33.4 x 25.6	壬子（康熙十一年，1672）秋日	合肥 安徽省博物館	
山水圖（8幀）	冊	紙	水墨	（每幀）61 x 39.5		歙縣 安徽省歙縣博物館	
為懷豐作山水圖（蕭一芸等書畫冊16之1幀）	冊頁	紙	水墨	23.7 x 16.2		上海 上海博物館	
溪樹平遠圖	摺扇面	金箋	水墨	16.8 x 54		南京 南京博物院	
策杖山行圖（明蔡世新等雜畫冊4之1幀）	冊頁	紙	設色	不詳		杭州 浙江省杭州市西泠印社	
山水圖（8幀，為古愚道兄作）	冊	紙	水墨	（每幀）32 x 20	壬戌（康熙二十一年，1682）七月既望	日本 兵庫縣黑川古文化研究所	
山水圖（8幀）	冊	紙	水墨	（每幀）25.1 x 41.8		美國 紐約布魯克林藝術博物館	80.119.2-1-8
附：							
山水（與石濤書法合卷）	短卷	紙	水墨	25 x 67.5		紐約 佳士得藝品拍賣公司/拍賣目錄 1993,06,04.	
適情寄意圖	卷	紙	水墨	28.5 x 137		紐約 佳士得藝品拍賣公司/拍賣目錄 1993,12,01.	
秋山圖	卷	紙	水墨	26 x 195.6		香港 蘇富比藝品拍賣公司/拍賣目錄 1999,10,31.	
溪山回首圖	軸	紙	水墨	51.4 x 44.9		上海 上海文物商店	
山水圖	軸	紙	水墨	82.5 x 20.7		紐約 蘇富比藝品拍賣公司/拍賣目錄 1981,05,07.	
梅石圖	軸	紙	水墨	68.6 x 43.8		紐約 佳士得藝品拍賣公司/拍	

名稱	形式	質地	色彩	尺寸 高×寬㎝	創作時間	收藏處所	典藏號碼
耄耋圖（謝□畫貓蝶、程邃補石、石濤添竹卉并題）	軸	紙	設色	122.5 × 53.3	甲申（崇禎十七年，1644）春	紐約 佳士得藝品拍賣公司/拍賣目錄 1996,03,27. 賣目錄 1997,09,19.	
雪景山水	摺扇面	金箋	水墨	16.5 × 48		紐約 佳士得藝品拍賣公司/拍賣目錄 1988,11,30.	
山水小景（新安名家合錦冊第10幀）	冊頁	紙	設色	11 × 14		紐約 佳士得藝品拍賣公司/拍賣目錄 1990,05,31.	

畫家小傳：程邃。字穆倩。號青溪、垢道人、江東布衣。安徽歙縣人，寓居江都。生於明神宗萬曆三十五（1607）年，卒於清聖祖康熙三十一（1692）年。人品端慤。工詩文、精篆刻。善畫山水，純用枯筆，寫巨然法，別具神氣。（見櫟園讀畫錄、國朝畫徵錄、桐陰論畫、江南通志、王昊廬集、中國畫家人名大辭典）

孫洴如

名稱	形式	質地	色彩	尺寸 高×寬㎝	創作時間	收藏處所	典藏號碼
山水圖	卷	絹	水墨	19.7 × 87.5	庚戌（康熙九年，1670）秋	北京 故宮博物院	
山水圖（10幀）	冊	紙	設色	不詳	其2：作於己酉（康熙八年，1669），庚戌（康熙九年，1670）	天津 天津市藝術博物館	
山水圖	摺扇面	紙	水墨	17 × 50.1	戊子（順治五年，1648）	蘇州 江蘇省蘇州博物館	

畫家小傳：孫洴如。字阿匯。號匯父。江南六合人。生於明神宗萬曆三十三（1605）年，卒年不詳。精畫理，曾為惲向所撰畫旨作序。亦善畫。流傳署款紀年作品見於清世祖順治五（1648）年至聖祖康熙九（1670）年。（見墨林韻語、中國畫家人名大辭典）

欽 楫

名稱	形式	質地	色彩	尺寸 高×寬㎝	創作時間	收藏處所	典藏號碼
園林圖	卷	紙	設色	不詳	丁未（康熙六年，1667）端陽日	北京 故宮博物院	
仿古山水圖（楊補等十四家仿古山水卷14之第5段）	卷	紙	設色	（全卷）20.1 × 654.5		上海 上海博物館	
千巖萬壑圖	軸	絹	設色	152 × 83.5		台北 故宮博物院	故畫 03105
雪景山水圖	軸	紙	設色	不詳		北京 故宮博物院	
蜀山行旅圖	軸	紙	設色	不詳		北京 故宮博物院	
仿趙孟頫山水圖	軸	紙	設色	140 × 61		北京 首都博物館	
袁安臥雪圖	軸	紙	設色	84 × 52	戊戌（順治十五年	天津 天津市藝術博物館	

名稱	形式	質地	色彩	尺寸 高x寬 cm	創作時間	收藏處所	典藏號碼
					，1658）正月廿日		
松鷹圖	軸	紙	設色	142 x 39.8		廣州 廣東省博物館	
袁安臥雪圖	軸	紙	設色	不詳		廣州 廣州市美術館	
竹樹遠山（欽揖摹古冊之1）	冊頁	紙	水墨	20.6 x 26.9		台北 故宮博物院	故畫 01223-1
仿李營邱意山水（欽揖摹古冊之2）	冊頁	紙	水墨	20.6 x 26.9		台北 故宮博物院	故畫 01223-2
茅亭客話（欽揖摹古冊之3）	冊頁	紙	水墨	20.6 x 26.9		台北 故宮博物院	故畫 01223-3
仿趙松雪古木竹石（欽揖摹古冊之4）	冊頁	紙	水墨	20.6 x 26.9		台北 故宮博物院	故畫 01223-4
仿徐幼文意山水（欽揖摹古冊之5）	冊頁	紙	水墨	20.6 x 26.9		台北 故宮博物院	故畫 01223-5
仿倪元鎮意山水（欽揖摹古冊之6）	冊頁	紙	水墨	20.6 x 26.9		台北 故宮博物院	故畫 01223-6
仿黃鶴山樵意山水（欽揖摹古冊之7）	冊頁	紙	水墨	20.6 x 26.9		台北 故宮博物院	故畫 01223-7
仿董北苑意山水（欽揖摹古冊之8）	冊頁	紙	水墨	20.6 x 26.9		台北 故宮博物院	故畫 01223-8
仿唐子畏意墨菊（欽揖摹古冊之9）	冊頁	紙	水墨	20.6 x 26.9		台北 故宮博物院	故畫 01223-9
仿文衡山意竹林撫琴（欽揖摹古冊之10）	冊頁	紙	水墨	20.6 x 26.9		台北 故宮博物院	故畫 01223-10
松下高士（欽揖摹古冊之11）	冊頁	紙	水墨	20.6 x 26.9		台北 故宮博物院	故畫 01223-11
寫意墨梅（欽揖摹古冊之12）	冊頁	紙	水墨	20.6 x 26.9		台北 故宮博物院	故畫 01223-12
仿元人山水圖（名人畫扇（下）冊之10）	摺扇面	紙	設色	不詳		台北 故宮博物院	故畫 03555-10
梅竹圖（？幀）	冊	紙	水墨	不詳	壬寅（康熙元年，1662）早春日	北京 故宮博物院	
幽壑奔泉圖（欽揖等八人山水合冊8之1幀）	冊頁	絹	設色	23 x 20.5		北京 故宮博物院	
古詩十九首圖（19幀）	冊	紙	設色	不詳		上海 上海博物館	
松竹梅圖（金俊明梅竹、欽揖補松，金俊民花卉冊10之1幀）	冊頁	紙	設色	28 x 20.6	庚午（崇禎三年，1630）嘉平月	上海 上海博物館	
仿松雪山水圖（為潤甫作，清	冊頁	絹	設色	22.6 x 19.1	（癸卯，康熙二年	南京 南京博物院	

名稱	形式	質地	色彩	尺寸 高×寬㎝	創作時間	收藏處所	典藏號碼
初名家山水集冊 12 之 1 幀）					，1663）		
擬黃鶴山樵山水圖（為懋修作，明清諸大家扇面冊之一幀）	摺扇面	紙	設色	16.5 × 50.8		日本 中埜又左衛門先生	
花卉圖（花卉雜畫冊之 5）	冊頁	絹	設色	不詳		美國 耶魯大學藝術館	1986.4.1.5
附：							
仿梅花道人法松石圖	小軸	紙	水墨	31 × 34.3		紐約 佳仕得藝品拍賣公司/拍賣目錄 1986,06,04.	
山水人物圖	摺扇面	紙	設色	不詳	庚午（崇禎三年，年，1630）	上海 朵雲軒	

畫家小傳：欽楫。字遠猶。江蘇吳縣人。學古通經。工書法。善畫山水，筆墨秀韻。流傳署款紀年作品見於明思宗崇禎三（1630）年，至清聖祖康熙六（1667）年。（見江南通志、蘇州府志、畫筍題詞、艮齋雜說、中國畫家人名大辭典）

金 侃

名稱	形式	質地	色彩	尺寸 高×寬㎝	創作時間	收藏處所	典藏號碼
桃花源圖	卷	絹	設色	不詳		台北 故宮博物院（蘭千山館寄存）	
花卉圖（沈顥等八人花卉合卷 8 之 1 段）	卷	絹	水墨	不詳		北京 故宮博物院	
秋山讀書圖	軸	紙	水墨	不詳	戊申（康熙七年，1668）修褉日	北京 故宮博物院	
柳溪圖	軸	紙	設色	不詳	戊申（康熙七年，1668）新秋日	杭州 浙江省杭州市文物考古所	
雪景山水圖	軸	絹	設色	110.5 × 62.6	戊申（康熙七年，1668）初冬	杭州 浙江省杭州市文物考古所	
梅花圖	軸	紙	水墨	24.8 × 32.8	戊午（康熙十七年，1678）暮秋	日本 私人	
為謙齋作山水圖	軸	絹	設色	189.2 × 85.5	甲辰（康熙三年，1664）季秋	美國 耶魯大學藝術館	1930.30
梅花書屋（名人畫扇貳冊（上）冊之 14）	摺扇面	紙	設色	不詳		台北 故宮博物院	故畫 03556-14
仿列子御風圖（畫呈文翁老師，清初畫家集錦畫冊之 4）	冊頁	紙	設色	39.5 × 26.5	丙午(康熙五年，1666)	香港 何耀光至樂樓	
山水圖	摺扇面	紙	設色	不詳	壬寅（康熙元年，1662）授衣月	北京 故宮博物院	
梅石圖（朱陵等雜畫冊 10 之	冊頁	紙	設色	不詳		北京 中國歷史博物館	

名稱	形式	質地	色彩	尺寸 高x寬cm	創作時間	收藏處所	典藏號碼
1幀)							
山水圖（10幀）	冊	紙	水墨	不詳		北京 中央工藝美術學院	
梅花圖（為直懷作，12幀）	冊	絹	設色	不詳	辛亥（康熙十年，1671）秋日	上海 上海博物館	
梅石圖（金俊明梅、金侃補石，金俊民花卉冊10之1幀）	冊頁	紙	設色	28 x 20.6	庚午（崇禎三年，1630）嘉平月	上海 上海博物館	
仿吳仲圭筆意山水（為潤甫作，清初名家山水集冊12之1）	冊頁	絹	水墨	22.6 x 19.1	癸卯（康熙二年，1663）八月	南京 南京博物院	
山水圖（清吳歷等山水集冊12之1幀）	冊頁	紙	設色	不詳	（甲寅，康熙十三年，1674）	杭州 浙江省博物館	
山水圖（8幀）	冊	紙	設色	（每幀）20 x 30.5	辛丑（順治十八年，1661）	廣州 廣州市美術館	
山水圖（清初八大家山水集景冊8之3，畫似端士道兄）	冊頁	紙	設色	23 x 31.2	乙卯（康熙十四年，1675）新秋	美國 紐約大都會藝術博物館	1979.500.1h
附：							
松竹梅石圖（文點、金侃、文揆合作）	軸	絹	水墨	131 x 62		上海 上海文物商店	
山水圖（明沈士充等山水合裝冊9之1幀）	摺扇面	金箋	設色	不詳	戊午（康熙十七年，1678）	上海 朵雲軒	

畫家小傳：金侃。字亦陶。號立庵。江蘇吳縣人。生年不詳，卒於聖祖康熙四十二（1703）年。金俊明之子。能詩，工書。善畫梅竹，傳承父學；兼能青綠山水。流傳署款紀年作品見於明思宗崇禎三（1630）年，至清聖祖康熙十七（1678）年。（見國朝畫徵錄、桐陰論畫、江南通志、中國畫家人名大辭典）

黃 章

名稱	形式	質地	色彩	尺寸 高x寬cm	創作時間	收藏處所	典藏號碼
二色梅圖（金俊明梅、黃章補黃梅，金俊民花卉冊10之1）	冊頁	紙	設色	28 x 20.6	庚午（崇禎三年，1630）嘉平月	上海 上海博物館	
花卉圖（金俊明、歸莊等花卉冊10之1幀）	冊頁	紙	設色	28 x 20.6		上海 上海博物館	

畫家小傳：黃章。籍里、身世均不詳。善畫山水。流傳署款紀年作品見於明思宗崇禎三（1630）年。（見歷代畫史彙傳附錄、中國畫家人名大辭典）

（釋）上 震

名稱	形式	質地	色彩	尺寸 高x寬cm	創作時間	收藏處所	典藏號碼
梅竹雙清圖（金俊明梅、上震補綠竹，金俊民花卉冊10之1	冊頁	紙	設色	28 x 20.6	庚午（崇禎三年，1630）嘉平月	上海 上海博物館	

名稱	形式	質地	色彩	尺寸 高x寬cm	創作時間	收藏處所	典藏號碼

帳）

畫家小傳：上震。疑為僧。畫史無載。流傳署款紀年作品見於明思宗崇禎三（1630）年。身世待考。

張 適

二色梅圖（金俊明梅、張適補墨梅，金俊民花卉冊10之1幀）	冊頁	紙	設色	28 x 20.6	庚午（崇禎三年，1630）嘉平月	上海 上海博物館	
為潤甫作山水圖（清初名家山水集冊12之1幀）	冊頁	絹	設色	22.6 x 19.1	癸卯（康熙二年，1663）秋日	南京 南京博物院	
桐陰觀鶴圖（清初八大家山水集景冊8之5，畫贈端士年道翁）	冊頁	紙	設色	23 x 31.2	乙卯（康熙十四年，1675）新秋	美國 紐約大都會藝術博物館	1979.500.1g

畫家小傳：張適。字鶴民。號梅莊。江蘇吳人。善畫梅花、山水，書法亦秀逸。流傳署款紀年作品見於明思宗崇禎三（1630）年至清聖祖康熙十四（1675）年。（圖繪寶鑑續纂、中國美術家人名辭典）

陳 邁

蘭孫圖	軸	紙	水墨	106.5 x 55.9	己亥（順治十六年，1659）	北京 故宮博物院	
梅蘭竹圖（合作，歸莊寫竹、金俊明寫梅、陳邁寫蘭）	軸	紙	水墨	100.1 x 49.8	陳：丁未（康熙六年，1667）花朝	上海 上海博物館	
梅蘭圖（金俊明梅、陳邁補蘭，金俊民花卉冊10之1幀）	冊頁	紙	設色	28 x 20.6	庚午（崇禎三年，1630）嘉平月	上海 上海博物館	

畫家小傳：陳邁。字孝觀，明江蘇長洲人，陳元素之子。能紹父藝，工詩畫，善寫墨蘭。流傳署款紀年作品見於明思宗崇禎三（1630）年至清聖祖康熙六（1667）年。（見圖繪寶鑑續纂、中國畫家人名大辭典）

文 定

繡球春鳥圖	軸	絹	設色	不詳		旅順 遼寧省旅順博物館	
花鳥圖（4幅）	軸	絹	設色	不詳		天津 天津市藝術博物館	
梅花雙雀圖（為賓日作）	軸	紙	水墨	不詳	乙丑（康熙二十四年，1685）春杪	上海 上海博物館	
菊花圖（明陳嘉言等菊花冊10之1幀）	冊頁	紙	設色	不詳		瀋陽 遼寧省博物館	
梅花圖（二十家梅花圖冊20之第14幀）	冊頁	紙	設色	23 x 19.3	（己未，康熙十八年，1679）	上海 上海博物館	

名稱	形式	質地	色彩	尺寸 高×寬cm	創作時間	收藏處所	典藏號碼
梅圖（金俊明梅、文定補梅，金俊民花卉冊10之1幀）	冊頁	紙	設色	28 × 20.6	庚午（崇禎三年，1630）嘉平月	上海 上海博物館	

畫家小傳：文定（一名止）。字子敬（或誤作子豹）。更字止庵。為文彭曾孫。善寫花鳥，與王武齊名。流傳署款紀年作品見於明思宗崇禎三（1630）年，至清聖祖康熙二十四（1685）年。（見國朝畫徵續錄、文氏族譜續集、中國畫家人名大辭典）

顧　章

名稱	形式	質地	色彩	尺寸 高×寬cm	創作時間	收藏處所	典藏號碼
梅花山茶圖（金俊明梅、顧章補山茶，金俊民花卉冊10之1幀）	冊頁	紙	設色	28 × 20.6	庚午（崇禎三年，1630）嘉平月	上海 上海博物館	

畫家小傳：顧章。畫史無載。流傳署款紀年作品見於明思宗崇禎三（1630）年。身世待考。

張　同

名稱	形式	質地	色彩	尺寸 高×寬cm	創作時間	收藏處所	典藏號碼
雄雞秋花圖	軸	絹	設色	144.5 × 90	庚午（崇禎三年，1630）	杭州 浙江省杭州西泠印社	

畫家小傳：張同。字揆一。江蘇崑山人。工畫花鳥、林木，秀潤有情。流傳署款紀年作品見於明思宗崇禎三（1630）年。（見崑新合志、中國畫家人名大辭典）

譚　嶸

附：

名稱	形式	質地	色彩	尺寸 高×寬cm	創作時間	收藏處所	典藏號碼
溪山高士圖	軸	絹	設色	206 × 93	庚午（崇禎三年，1630）	天津 天津市文物公司	

畫家小傳：譚嶸。字鶴坡。江蘇常熟人。善畫山水。流傳署款紀年作品見於明思宗崇禎三（1630）年。（見虞山畫志、中國畫家人名大辭典）

顧見龍

名稱	形式	質地	色彩	尺寸 高×寬cm	創作時間	收藏處所	典藏號碼
人物圖	卷	絹	設色	35 × ？		台北 華叔和後真賞齋	
什女圖（擬唐六如百美圖）	卷	絹	設色	35.1 × ？	癸丑（康熙十二年，1673）初秋	加拿大 多倫多皇家安大略博物館	969.14
雪景（擬松雪積素圖）	軸	絹	設色	67.6 × 30.4		台北 故宮博物院	故畫02428
臨范長壽壽星	軸	紙	水墨	60.7 × 31.4	康熙癸亥（二十二年，1683）陽月	台北 故宮博物院	故畫02429
平崗扶杖圖	軸	絹	設色	143.5 × 58	癸巳（順治十年，1653）	北京 故宮博物院	
品茶圖	軸	絹	設色	不詳		北京 中國歷史博物館	
弘儲像	軸	絹	設色	133 × 66	癸卯（康熙二年，	南通 江蘇省南通博物苑	

名稱	形式	質地	色彩	尺寸 高x寬cm	創作時間	收藏處所	典藏號碼
					1663）		
竹雀圖	軸	紙	設色	80.4 x 33.6	丁卯（康熙二十六年，1687）	上海 上海博物館	
賞月觀梅圖	軸	絹	設色	不詳		上海 上海古籍書店	
摹吳偉業像	軸	絹	設色	149.7 x 89.8		南京 南京博物院	
觀泉圖	軸	金箋	設色	不詳	癸亥（康熙二十二年，1683）桂月	杭州 浙江省杭州市文物考古所	
劍仙圖	軸	紙	水墨	105 x 57		成都 四川大學	
桂蔭秋艷圖	軸	絹	設色	148.5 x 46.5		廣州 廣東省博物館	
文會圖	軸	絹	設色	177.5 x 97.5		廣州 廣州市美術館	
祝壽圖	軸	絹	設色	200 x 97	康熙癸丑（十二年，1673）	南寧 廣西壯族自治區博物館	
降福驅邪圖	軸	紙	設色	110.6 x 55.1	辛未（崇禎四年，1631）八月既望	日本 京都圓山淳一先生	
東方朔圖（張烈題）	軸	絹	設色	56.3 x 28.3		日本 大阪橋本大乙先生	
秋興登仙圖	軸	紙	設色	87.3 x 31.6		日本 阿形邦三先生	
桐蔭銷夏圖	軸	絹	設色	110.5 x 60.3		美國 紐約 Hobart 先生	
馬士奇像	軸	紙	設色	145.5 x 88.2		美國 堪薩斯市納爾遜-艾金斯藝術博物館	
山林雅集圖	軸	絹	設色	150.8 x 71.7	康熙壬子（十一年，1672）秋八月	義大利 羅馬國立東方藝術博物館	7559
碧桃月季（明花卉畫冊之10）	冊頁	紙	設色	18.6 x 54.9		台北 故宮博物院	故畫 03513-10
梅花鸜鵒（各人書畫扇（王）冊之23）	摺扇面	紙	設色	不詳		台北 故宮博物院	故畫 03560-23
花鳥圖	摺扇面	紙	設色	不詳	戊申（康熙七年，1668）	北京 故宮博物院	
竹林館閣圖（八家壽意圖冊8之1幀）	冊頁	紙	設色	不詳	乙卯（康熙十四年，1675）夏，七十叟	北京 故宮博物院	
花鳥圖	摺扇面	紙	設色	17.1 x 53	戊申（康熙七年，1668）	北京 中國歷史博物館	

名稱	形式	質地	色彩	尺寸 高x寬cm	創作時間	收藏處所	典藏號碼
品茶圖（錢穀等雜畫扇面冊9之1幀）	摺扇面	金箋	設色	17.7 x 49.6	丁酉（順治十四年，1657）春仲	北京 首都博物館	
武穎凡琴堂補讀圖	冊頁	紙	設色	不詳		天津 天津市藝術博物館	
杏花雙燕圖	摺扇面	金箋	設色	不詳	庚申（康熙十九年，1680）除夕，七十五隻	日本 江田勇二先生	
擬倪高士山水圖（為爾公作）	摺扇面	金箋	水墨	15.4 x 49.1		日本 私人	
摹古範本（45幀）	冊	紙	水墨、設色	（每幀）30.2 x 18.8		美國 堪薩斯市納爾遜-艾金斯藝術博物館	
仕女圖	摺扇面	紙	設色	16.6 x 53		美國 加州 Richard Vinograd 先生	
相馬圖（四朝墨寶冊之10）	冊頁	絹	設色	21.1 x 23.5		英國 倫敦大英博物館	1946.4.1310（ADD219）
附：							
吳一韓琴瀑圖	卷	絹	設色	28 x 106.2		紐約 佳士得藝品拍賣公司/拍賣目錄1993,06,04.	
蘭蕙芝石圖	卷	紙	水墨	32.3 x 106		紐約 佳士得藝品拍賣公司/拍賣目錄1995,03,22.	
王時敏像	卷	絹	設色	35.5 x 119.5		香港 佳士得藝品拍賣公司/拍賣目錄1996,04,28.	
仿元人作夜宴桃李園圖	軸	絹	設色	不詳	甲寅（康熙十三年，1674）夏日	北京 榮寶齋	
梅枝棲禽圖	軸	紙	水墨	77.5 x 30	庚戌（康熙九年，1670）正月	紐約 蘇富比藝品拍賣公司/拍賣目錄1984,06,13.	
蟠桃獻壽圖	軸	紙	設色	71.8 x 38.1	康熙元年（壬寅，1662）三月既望	紐約 蘇富比藝品拍賣公司/拍賣目錄1989,09,28、29.	
山水（4幅）	軸	絹	設色	（每幅）181 x 50		香港 佳士得藝品拍賣公司/拍賣目錄1991,03,18.	
仿宋人筆意仕女圖	軸	絹	設色	99 x 44.4	庚子（順治十七年，1660）冬十月	洛杉磯 佳士得藝品拍賣公司/拍賣目錄1998,05,20.	
棲禽圖（清初名人書畫集冊之2）	冊頁	絹	設色	34 x 40	庚戌（康熙九年，1670）秋日	紐約 蘇富比藝品拍賣公司/拍賣目錄1984,06,13.	

畫家小傳：顧見龍。字雲臣。江蘇吳江人，居虎丘。生於明神宗萬曆三十四（1606）年，聖祖康熙二十二(1683)年尚在世。康熙初，祗候內廷。善畫人物、故實及寫真；尤工於臨摹。（見圖繪寶鑑續纂、國朝畫徵錄、吳江志、袁樸庵集、中國畫家人名大辭典）

名稱	形式	質地	色彩	尺寸 高×寬㎝	創作時間	收藏處所	典藏號碼

張 穆

名稱	形式	質地	色彩	尺寸 高×寬㎝	創作時間	收藏處所	典藏號碼
滾塵馬圖	卷	紙	設色	26.8 x 292	己酉（康熙八年，1669）	香港 中文大學中國文化研究所文物館	73.7
射鹿圖	卷	紙	設色	28.2 x 355.8		香港 劉作籌虛白齋	
臨錢選鍾馗出獵圖	卷	紙	水墨	28.5 x ?		香港 劉作籌虛白齋	
蘭竹石圖	卷	紙	水墨	不詳	壬子（康熙十一年，1672）暮春	北京 故宮博物院	
八駿圖	卷	紙	水墨	不詳	癸丑（康熙十二年，1673）清明	上海 上海博物館	
八駿圖	卷	紙	水墨	28.4 x 196	丁亥（順治四年，1647）	廣州 廣東省博物館	
郊獵圖	卷	紙	水墨	32.5 x 500	癸丑（康熙十二年，1673)	廣州 廣東省博物館	
七十龍梅圖	卷	紙	水墨	25.2) 1068.5	辛酉（康熙二十年，1681）	廣州 廣州市美術館	
八駿圖	卷	紙	設色	21.5 x 112		捷克 布拉格 Narodoni Gale-rie v Praze	Vm2516-1171/315
畫馬	軸	紙	水墨	106 x 33		台北 黃君璧白雲堂	
雙馬圖	軸	紙	水墨	124 x 41.2	丁亥（順治四年，1647）冬十月	香港 香港美術館・虛白齋	XB1992.069
柳坡憩馬圖	軸	紙	設色	114 x 44	壬子（康熙十一年，1672）長至	香港 香港美術館	FA1972.034
八駿圖	軸	紙	設色	154 x 72		香港 香港美術館	FA1983.131
古木繫馬圖	軸	紙	水墨	117 x 39	壬寅（康熙元年，1662）秋七月	香港 香港美術館	FA1983.132
枯木栓馬圖	軸	紙	水墨	118 x 43	壬子（康熙十一年，1672）秋九月	香港 香港美術館	FA1983.133
八駿圖	軸	紙	設色	142 x 70	戊午（康熙十七年，1678）清明後正日，	香港 香港美術館	FA1983.130
枯木駿馬圖	軸	紙	設色	171 x 56	壬寅（康熙元年，1662）長至	香港 香港美術館	FA1983.134
馬圖（猴戲馬）	軸	紙	設色	106 x 37.3	戊申（康熙七年，	香港 中文大學中國文化研究	73.8

名稱	形式	質地	色彩	尺寸 高x寬cm	創作時間	收藏處所	典藏號碼
					1668）中秋後一日	所文物館	
馬圖（馬滾地）	軸	紙	水墨	111.3 × 34.9	戊戌（順治十五年，1658）冬日	香港 中文大學中國文化研究所文物館	73.9
馬圖（馬擦癢）	軸	紙	水墨	111.7 × 34.5		香港 中文大學中國文化研究所文物館	73.10
馬圖（馬涉水）	軸	紙	水墨	110.3 × 40	壬寅（康熙元年，1662）秋七月	香港 利榮森北山堂	
寒柯憩馬圖（為爾榮作）	軸	紙	水墨	112 × 33.5	甲辰（康熙三年，1664）春日	香港 何耀光至樂樓	
蘭竹圖	軸	紙	水墨	140.2 × 28.7		香港 何耀光至樂樓	
鷹圖	軸	紙	設色	109.8 × 41.3		香港 葉承耀先生	
墨鷹圖	軸	紙	設色	103.8 × 30.9		香港 許晉義崇宜齋	
鷹石圖	軸	紙	設色	106.4 × 37.9		香港 許晉義崇宜齋	AG235
八駿圖	軸	紙	設色	141.6 × 70	戊午（康熙十七年，1678）	香港 鄭若琳先生	
畫牛	軸	絹	水墨	137.3 × 47.2	癸丑（康熙十二年，1673）	香港 鄭若琳先生	
梅雀圖	軸	紙	設色	71.8 × 35.3		澳門 賈梅士博物院	A192
奚官牧馬圖	軸	絹	設色	110 × 57.7	丙申（順治十三年，1656）夏六月	北京 故宮博物院	
馬圖	軸	紙	設色	135.5 × 56.3	己未（康熙十八年，1679）夏六月	北京 故宮博物院	
枯枝喜鵲圖	軸	紙	水墨	105 × 31.1	庚申（康熙十九年，1680）仲春	北京 故宮博物院	
枯木雙馬圖	軸	紙	水墨	不詳		北京 故宮博物院	
馬圖	軸	紙	水墨	不詳		北京 故宮博物院	
柳馬圖	軸	紙	水墨	不詳	丙申（順治十三年，1656)	北京 中國歷史博物館	
五馬圖	軸	綾	設色	180.1 × 54.9		成都 四川省博物院	

名稱	形式	質地	色彩	尺寸 高x寬 cm	創作時間	收藏處所	典藏號碼
紅樹秋鷹圖	軸	紙	設色	73 × 31.6	丙午（康熙五年，1666）	廣州 廣東省博物館	
喬柯駿馬圖	軸	紙	設色	131.7 × 50.7	丁未（康熙六年，1667）	廣州 廣東省博物館	
駿馬圖	軸	紙	設色	118.4 × 44.6	壬子（康熙十一年，1672）	廣州 廣東省博物館	
古木鳴駒圖	軸	紙	設色	115 × 61		廣州 廣東省博物館	
春柳雙駒圖	軸	紙	水墨	133.3 × 41.7	庚子（順治十七年，1660）	廣州 廣州市美術館	
三馬圖	軸	綾	設色	139.5 × 50	癸卯（康熙二年，1663）花朝	廣州 廣州市美術館	
水仙圖	軸	紙	設色	75.6 × 29.1		德國 科隆東亞藝術博物館	A74.2
楊柳幽禽圖（清花卉畫冊五冊之 10）	摺扇面	紙	設色	16.6 × 50.5		台北 故宮博物院	故畫 03521-10
山水、走獸、翎毛、花卉（？幀）	冊	紙	水墨	（每幀）25 × 13.4		台北 黃君璧白雲堂	
馬圖（鄭向去思詩書畫冊之 1）	冊頁	金箋	水墨	31.5 × 41.4		香港 中文大學中國文化研究所文物館	79.39a
花卉、走獸圖（8 幀）	冊	紙	設色、水墨	（每幀）19.6 × 13.8		香港 香港美術館	FA1980.053
明太祖事蹟圖（12 幀）	冊	紙	設色	（每幀）27.4 × 20.9		香港 劉作籌虛白齋	38
山水圖	摺扇面	紙	水墨	50.8 × ？	甲寅（康熙十三年，1674）	香港 劉作籌虛白齋	
叢竹圖	摺扇面	紙	水墨	16.2 × 50.7		香港 劉作籌虛白齋	60
溪畔鳥樂圖	摺扇面	金箋	水墨	16.5 × 52		香港 許晉義崇宜齋	AG27
蘭竹圖（8 幀）	冊	紙	水墨	不詳	戊申（康熙七年，1668）夏日	北京 故宮博物院	
樹下憩鹿圖（八家壽意圖冊 8 之 1 幀）	冊頁	紙	設色	不詳		北京 故宮博物院	
雜畫（10 幀）	冊	紙	設色	（每幀）25.5 × 19.5	己未（康熙十八年，1679）	廣州 廣東省博物館	
花卉、禽獸圖（8 幀）	冊	紙	設色	（每幀）37 × 27.4		廣州 廣東省博物館	

名稱	形式	質地	色彩	尺寸 高×寬cm	創作時間	收藏處所	典藏號碼
古木駿馬圖（清張穆等雜畫冊 8 之 1 幀）	冊頁	綾	設色	42 × 26	丁未（康熙六年，1667）孟冬	廣州 廣州市美術館	
竹禽圖（清張穆等雜畫冊 8 之 1 幀）	冊頁	綾	設色	42 × 26		廣州 廣州市美術館	
浴馬圖	摺扇面	紙	水墨	17.3 × 52.9	庚寅（順治七年，年，1650）秋日	美國 底特律市藝術中心	77.35
附：							
八駿圖	卷	紙	設色	19 × 163		紐約 佳士得藝品拍賣公司/拍賣目錄 1992,12,02.	
秋林繫馬圖	軸	紙	設色	不詳	乙巳（康熙四年，1665）中秋後二日	北京 北京市文物商店	
柳溪八駿圖	軸	絹	設色	不詳	辛丑（順治十八年，1661）	上海 朵雲軒	
松鼠樹雀圖	軸	紙	水墨	177 × 82.5		紐約 蘇富比藝品拍賣公司/拍賣目錄 1981.10.25.	
雙駿圖	軸	絹	水墨	93.3 × 41		紐約 佳士得藝品拍賣公司/拍賣目錄 1987,12,11.	
古樹蒼鷹	軸	紙	設色	106 × 38	己未（康熙十八年，1679）長至	紐約 佳士得藝品拍賣公司/拍賣目錄 1988,06,02.	
古木雙馬圖	軸	紙	水墨	99.7 × 24.8		紐約 蘇富比藝品拍賣公司/拍賣目錄 1988,11,30.	
駿馬圖	軸	紙	水墨	147.5 × 42.5	辛丑（順治十八年，1661）仲春	紐約 佳士得藝品拍賣公司/拍賣目錄 1989,12,04.	
立馬圖	軸	紙	水墨	85 × 26	丙午（康熙五年，1666）秋月	紐約 佳士得藝品拍賣公司/拍賣目錄 1990,05,31.	
滾塵馬圖	軸	紙	水墨	77 × 37	庚寅（順治七年，1650）秋日	紐約 佳士得藝品拍賣公司/拍賣目錄 1991,05,29.	
鷹圖	軸	紙	設色	104 × 31	戊申（康熙七年，1668）夏日	紐約 佳士得藝品拍賣公司/拍賣目錄 1992,06,02.	
馬猴喜鵲圖	軸	紙	設色	102.8 × 39.4	庚戌（康熙九年，1670）冬日	紐約 佳士得藝品拍賣公司/拍賣目錄 1993,12,01.	
怪石蒼松圖	軸	紙	水墨	71.8 × 37.5	七十三歲（康熙十年，己未，1679）	紐約 佳士得藝品拍賣公司/拍賣目錄 1996,9,18.	

名稱	形式	質地	色彩	尺寸 高x寬cm	創作時間	收藏處所	典藏號碼
水仙壽石（嶺南諸家書畫合冊之一幀）	冊頁	紙	設色	25.4 x 17.2	庚戌（康熙九年，1670）五月	紐約 佳士得藝品拍賣公司/拍賣目錄 1994,06,01.	

畫家小傳：張穆。字穆之。號鐵橋。廣東東莞人。生於明神宗萬曆三十五（1607）年。清聖祖康熙二十六（1687）年尚在世。能擊劍，善詩歌，好繪畫。畫擅馬、山水、鷹、蘭竹等。（見圖繪寶鑑續纂、國朝畫徵錄、嶺南畫徵略、曝書亭集、遠廬集、中國畫家人名大辭典）

唐 醻

名稱	形式	質地	色彩	尺寸 高x寬cm	創作時間	收藏處所	典藏號碼
牡丹圖	軸	紙	水墨	不詳	丙寅（康熙二十五年，1686）	上海 上海博物館	
牡丹壽石圖（為仲宣作）	軸	金箋	水墨	不詳	丁卯（康熙二十六年，1687）八十一歲	上海 上海博物館	
山水圖（清何遠等山水小品冊之1幀）	冊頁	金箋	設色	15.4 x 9.6	己亥（順治十六年，1659）臘月	蘇州 江蘇省蘇州博物館	

畫家小傳：唐醻。字去非。江蘇南匯人。生於明神宗萬曆三十五（1607）年，聖祖康熙二十六（1687）年尚在世。性好靜。居樓，屏跡不下二十年。工寫花鳥，也工水墨牡丹。（見海上墨林、南匯縣志、金山縣志、中國畫家人名大辭典）

鄭 旼

名稱	形式	質地	色彩	尺寸 高x寬cm	創作時間	收藏處所	典藏號碼
仿倪瓚獅子林圖	卷	紙	水墨	30.3 x 141.4	辛酉（康熙二十年，1681）晚秋	上海 上海博物館	
香烟詩意圖	軸	絹	水墨	不詳	甲寅（康熙十三年，1674）暑月	香港 劉作籌虛白齋	
九龍潭圖	軸	紙	設色	不詳	癸丑（康熙十二年，1673）	北京 故宮博物院	
寒林讀書圖	軸	紙	設色	21.6 x 88.8	庚申（康熙十九年，1680）	北京 故宮博物院	
淺絳山水圖	軸	紙	設色	不詳	壬戌（康熙二十一年，1682）	北京 故宮博物院	
寒溪落月圖	軸	紙	水墨	不詳	壬戌（康熙二十一年，1682）花朝	北京 故宮博物院	
仿黃公望山水圖	軸	紙	設色	不詳		北京 故宮博物院	
鳴弦泉圖	軸	紙	水墨	108 x 41		北京 故宮博物院	
洪井圖	軸	綾	水墨	191 x 43.5		天津 天津市藝術博物館	
秋山霜霽圖	軸	絹	設色	183 x 49		太原 山西省博物館	

名稱	形式	質地	色彩	尺寸 高x寬cm	創作時間	收藏處所	典藏號碼
棧道圖	軸	紙	設色	205.2 x 97.1	丙辰（康熙十五年，1676）仲冬	合肥 安徽省博物館	
松山草閣圖	軸	紙	設色	166 x 86.5	辛酉（康熙二十年，1681）	合肥 安徽省博物館	
擬吳仲圭墨法山水圖	軸	絹	水墨	73.8 x 30	壬戌（康熙二十一年，1682）	合肥 安徽省博物館	
扁舟讀騷圖	軸	紙	水墨	不詳		合肥 安徽省博物館	
黃山圖（4幅）	軸	紙	設色	（每幅）136 x 43		合肥 安徽省博物館	
廖廓林泉圖	軸	紙	水墨	110.5 x 28.5		合肥 安徽省博物館	
溪山亭子圖	軸	紙	水墨	133.9 x 46.9		合肥 安徽省博物館	
溪山獨往圖	軸	紙	水墨	125 x 39.5		歙縣 安徽省歙縣博物館	
為奠乙作山水圖	軸	紙	水墨	146.1 x 66.4	乙巳（康熙四年，1665)歲暮	上海 上海博物館	
黟山紀遊圖	軸	紙	設色	134.3 x 27.8	癸丑（康熙十二年，1673)夏	上海 上海博物館	
黃山天都蓮峰圖（為顧岊作）	軸	紙	設色	149.4 x 49.1	乙卯（康熙十四年，1675）	上海 上海博物館	
疏林小亭圖	軸	紙	水墨	不詳		上海 上海博物館	
黃山圖（4幅）	軸	紙	設色	（每幅）133.7 x 42.4		上海 上海博物館	
溪山泛舟圖	軸	紙	水墨	68.9 x 31.2	戊午（康熙十七年，1678）	杭州 浙江省博物館	
幽谷歸樵圖	軸	紙	水墨	138.1 x 71.9		杭州 浙江省博物館	
策杖觀書圖	軸	紙	水墨	116 x 50	丁巳（康熙十六年，1677	長沙 湖南省博物館	
雲山煙水圖	軸	紙	設色	110 x 34.9		成都 四川省博物院	
仿王蒙鐵網珊瑚圖	軸	紙	水墨	117.6 x 43.8	庚申（康熙十九年，1680）	福州 福建省博物館	
山水圖	軸	絹	水墨	164.8 x 44.4		日本 私人	

名稱	形式	質地	色彩	尺寸 高×寬㎝	創作時間	收藏處所	典藏號碼
山水圖	軸	紙	水墨	不詳		美國 耶魯大學藝術館	
秋林遠岫圖	軸	紙	設色	175.8 × 64.7		美國 勃克萊加州大學藝術館	CC249
詩畫（10幀）	冊	紙	水墨	（每幀）20.5 × 12.7	丙辰（康熙十五年，1676）	北京 故宮博物院	
山水圖	摺扇面	金箋	水墨	16.9 × 52	辛酉（康熙二十年，1681）	北京 故宮博物院	
仿古山水圖（12幀）	冊	紙	設色	不詳		北京 故宮博物院	
水亭消夏圖	摺扇面	紙	水墨	16 × 50.4		北京 故宮博物院	
山水圖（清蔡嘉等山水冊12之1幀）	冊頁	紙	設色	不詳		天津 天津市藝術博物館	
西樂紀遊圖（10幀）	冊	紙	設色	不詳	癸丑（康熙十二年，1673）三月十日	上海 上海博物館	
山水圖（繪林集妙冊75之1幀）	冊頁	紙	設色	約26.6 × 30	壬戌（康熙二十一年，1682）	上海 上海博物館	
仿元明人山水圖（6幀）	冊	紙	設色	不詳	壬子（康熙十一年，1672）五日	杭州 浙江省博物館	
山水圖（8幀）	冊	紙	設色	（每幀）19.8 × 16.3	丙辰（康熙十五年，1676)	杭州 浙江省博物館	
山水圖	摺扇面	金箋	設色	16 × 51.4		杭州 浙江省杭州市文物考古所	
山水圖（10幀，寫贈右翁）	冊	紙	設色	25.9 × 19		美國 普林斯頓大學藝術館（Edward Elliott先生寄存）	L23.72
雪景山水圖	摺扇面	紙	設色	18.4 × 58.4		美國 印地安那波里斯市藝術博物館（印州私人寄存）	
淨墨採蓴圖	摺扇面	紙	水墨	16.1 × 51		德國 柏林東亞藝術博物館	1988-378
附：							
江山勝攬圖	卷	紙	水墨	12 × 482.6	癸卯（康熙二年，1663）秋	紐約 佳士得藝品拍賣公司/拍賣目錄 1993,12,01.	
雨後春山圖	軸	紙	水墨	122 × 37		紐約 佳士得藝品拍賣公司/拍賣目錄 1989,06,01.	
山水圖（7幀）	冊	紙	設色	（每幀）22.7 × 18		上海 上海文物商店	

名稱	形式	質地	色彩	尺寸 高x寬cm	創作時間	收藏處所	典藏號碼
黃山小景（8幀）	冊	紙	水墨	（每幀）23.8 × 13.6	辛酉（康熙二十年，1681）秋七月	紐約 蘇富比藝品拍賣公司/拍賣目錄 1985,06,03.	
蕭林秋瑟圖（清朝名家山水集冊之第6幀）	冊頁	紙	設色	25 × 29.5	壬戌（康熙二十一年，1682）九月十三日	紐約 佳士得藝品拍賣公司/拍賣目錄 1989,12,04.	
虎丘勝景圖	摺扇面	紙	設色	16.5 × 51.5	戊申（康熙七年，1668）	紐約 佳士得藝品拍賣公司/拍賣目錄 1993,06,04.	

畫家小傳：鄭旼。字慕倩。安徽歙縣人。生於明神宗萬曆三十五（1607）年，卒時不詳。嗜理學，工書，善畫山水。清聖祖康熙二十一（1682)年，臨畫程孟陽登臺圖，年已七十六歲。著有拜經齋、致道堂諸集行世。（見清畫家詩史、徽州府誌、新安派名畫集、神州大觀、中國美術家人名辭典）

金道安

壽石芭蕉圖（吳歷等四人山水合冊12之1幀）	冊頁	紙	設色	18.8 × 28.1		北京 故宮博物院	
木石修竹圖（吳歷等四人山水合冊12之1幀）	冊頁	紙	設色	18.8 × 28.1	丙辰（康熙十五年，1676）長至前，七十歲	北京 故宮博物院	
山水圖（吳歷等四人山水合冊12之1幀）	冊頁	紙	設色	18.8 × 28.1	丁巳（康熙十六年，1677）春三月	北京 故宮博物院	

畫家小傳：金道安。字靜夫。生於明神宗萬曆三十五（1607）年。畫史無載。流傳署款紀年作品見於聖祖康熙十五（1676）、十六（1677）年。身世待考。

沈永令

葡萄山鼠圖	軸	紙	設色	128.1 × 56.6		美國 聖路易斯市藝術館（米蘇里州梅林先生寄存）	
雜畫（10幀）	冊	紙	水墨	不詳	戊戌（順治十五年，1658）夏日	上海 上海博物館	
附：							
葡萄松鼠圖	軸	紙	設色	84.8 × 30.8	甲戌（崇禎七年，1634）初夏	紐約 佳士得藝品拍賣公司/拍賣目錄 1997,09,19.	

畫家小傳：沈永令。字聞人。號一枝。浙江（一作江蘇吳江）人。清世祖順治五（1648）年舉人。善音律、小詞。工寫葡萄、松鼠。流傳署款紀年作品見於明思宗崇禎七（1634）年，至清世祖順治十五(1658)年。（見圖繪寶鑑續纂、國朝畫識、兩浙名畫記、中國畫家人名大辭典）

吳偉業

名稱	形式	質地	色彩	尺寸 高x寬cm	創作時間	收藏處所	典藏號碼
桃源圖（為石翁作）	卷	紙	設色	29.2 × 376	丙申（順治十三年，1656）春日	北京 故宮博物院	
雕橋莊圖	卷	紙	水墨	25.6 × 30	丙申（順治十三年，1656）	北京 故宮博物院	
為沂老作山水圖	軸	紙	水墨	106.6 × 60	乙未（順治十二年，1655）	北京 故宮博物院	
為舜工作山水圖	軸	紙	水墨	113.6 × 48	丁未（康熙六年，1667）	北京 故宮博物院	
仿王蒙山水圖	軸	綾	水墨	不詳		北京 故宮博物院	
長安消夏圖	軸	紙	水墨	65.3 × 32.7		北京 故宮博物院	
南湖春雨圖	軸	紙	水墨	113 × 42.4	壬辰（順治九年，1652）	上海 上海博物館	
書畫合璧	軸	絹	水墨	不詳	癸巳（順治十年，1653）	上海 上海博物館	
松風萬籟圖（為崑翁作）	軸	綾	水墨	189.5 × 51.4	丙申（順治十三年，1656）秋	上海 上海博物館	
丹青寶筏圖	軸	紙	水墨	77.8 × 63.3		上海 上海博物館	
為思齡作山水并書詩（吳偉業等書畫屏8之1幅）	軸	紙	水墨	48.6 × 21.5	（丙申，順治十三年，1656）	南京 南京博物院	
秋樹寒汀圖并書詩（吳偉業等書畫屏8之1幅）	軸	紙	水墨	48.6 × 21.5	丙申（順治十三年，1656）九秋	南京 南京博物院	
山水圖（雙溪第一峰）	軸	綾	水墨	134.8 × 38.1		日本 東京國立博物館	TA-518
河陽散牧圖	軸	紙	水墨	62.7 × 29.7	庚午（崇禎三年，1630）夏五月	日本 東京橋本辰二郎先生	
秋林遠山（國朝五家畫山水冊之5）	冊頁	紙	水墨	25.5 × 34.3	戊戌（順治十五年，1658）九月	台北 故宮博物院	故畫 01277-5
山水圖（畫中九友集錦冊之1）	冊頁	紙	水墨	17.8 × 13.2		台北 故宮博物院（蘭千山館寄存）	
山水圖（為文翁老先生作，清初畫家集錦畫冊之7）	冊頁	紙	水墨	39.5 × 26.5	丙午（康熙五年，1666）良月	香港 何耀光至樂樓	
山水圖（為行翁作）	摺扇面	金箋	設色	16.5 × 51	甲午（順治十一年，1654）初夏	北京 故宮博物院	
山水圖（吳偉業等八人繪畫集	冊頁	紙	設色	25.4 × 32.3	乙巳（康熙四年，	北京 故宮博物院	

名稱	形式	質地	色彩	尺寸 高x寬cm	創作時間	收藏處所	典藏號碼
錦冊8之1幀）					1665）冬日		
山水圖(16幀，為思齡作)	冊	紙	水墨、設色不詳		丙申（順治十三年，1656）九秋	南京 南京博物院	
仿元人山水圖（清名家書畫合冊之1幀）	冊頁	紙	水墨	27 x 30.4		日本 私人	
山水圖	摺扇面	金箋	水墨	16.3 x 50		美國 舊金山亞洲藝術館	B79 D14
山水圖（四朝墨寶冊之第5幀）	冊頁	絹	設色	26.2 x 20.3	崇禎壬申（五年，1632）秋日	英國 倫敦大英博物館	1946.4.1305（ADD219）
山水圖（明清人畫冊之第13幀）	冊頁	絹	水墨	29.2 x 19.5	丙戌（順治三年，1646）長夏	英國 倫敦大英博物館	1902.6.6.52-13（ADD352）
附：							
鴛湖春雨圖	卷	紙	水墨	24.5 x 144	壬辰（順治九年，1652）正月下浣	紐約 佳士得藝品拍賣公司/拍賣目錄 1998,09,15.	
山水圖	軸	綾	水墨	152.2 x 36.8	乙亥（崇禎八年，1635）冬初	紐約 佳士得藝品拍賣公司/拍賣目錄 1987,12,11.	
仿梅道人山水圖	軸	絹	水墨	168.5 x 46.5	己亥（順治十六年，1659）長夏	紐約 佳士得藝品拍賣公司/拍賣目錄 1990,11,28.	
山水圖（清初名人書畫集冊之第8幀）	冊頁	絹	設色	34 x 40	庚戌（康熙九年，1670）重九日	紐約 蘇富比藝品拍賣公司/拍賣目錄 1984,06,13.	
水繪園圖	軸	紙	水墨	103 x 38	丙戌（順治三年，1646）仲春	香港 佳士得藝品拍賣公司/拍賣目錄 2001,04,29.	

畫家小傳：吳偉業。字駿公。號梅村。江蘇太倉人。生於明神宗萬曆三十七（1609）年。卒於清聖祖康熙十（1671）年。思宗崇禎間進士。入清仕至祭酒。善詩、書。工畫山水，得董、黃法，筆意雅秀絕倫。與董其昌、王時敏等友好，撰「畫中九友」歌。（見櫟園讀畫錄、國朝畫稜錄、桐陰論畫、中國畫家人名大辭典）

黃向堅

名稱	形式	質地	色彩	尺寸 高x寬cm	創作時間	收藏處所	典藏號碼
尋親圖	卷	紙	設色	31.2 x ?	丙申（順治十三年，1656）秋杪上浣	香港 中文大學中國文化研究所文物	95.563
尋親紀程圖（8段）	卷	紙	設色	（每段）30.3 x 69	戊戌（順治十五年，1658）長夏	南京 南京博物院	
秋山聽瀑圖	軸	紙	設色	105.7 x 37.2	乙未（順治十二年，1655）春仲	台北 張群先生	
劍川圖	軸	紙	水墨	139 x 53.6		長春 吉林省博物館	
滇南勝景圖	軸	紙	設色	不詳	戊戌（順治十五年	北京 故宮博物院	

名稱	形式	質地	色彩	尺寸 高x寬cm	創作時間	收藏處所	典藏號碼
					，1658）		
金沙江圖	軸	紙	設色	不詳		北京 故宮博物院	
尋親圖	軸	紙	設色	63.8 × 31		北京 故宮博物院	
劍川篦那峽圖	軸	紙	設色	不詳		北京 故宮博物院	
巉崖陡壁圖	軸	紙	水墨	不詳		北京 故宮博物院	
太華山圖	軸	紙	設色	129 × 43		天津 天津市藝術博物館	
南安群山圖	軸	紙	設色	128.5 × 43		天津 天津市藝術博物館	
尋親圖	軸	紙	設色	不詳	戊申（康熙七年，1668）春	上海 上海博物館	
點蒼山色圖	軸	紙	設色	127.7 × 42.5		上海 上海博物館	
萬里尋親圖	軸	紙	設色	128.5 × 42.5		蘇州 江蘇省蘇州博物館	
盤江橋圖	軸	紙	水墨	97 × 49		貴陽 貴州省博物館	
尋親圖	軸	紙	設色	不詳	丁酉（順治十四年，1657）夏日	日本 東京張珩韞輝齋	
滇南尋親圖	軸	紙	設色	68.3 × 30.2		英國 倫敦大英博物館	1964.12.12.03（ADD341）
尋親記歷山水冊（12幀）	冊	紙	水墨	（每幀）26 × 31.5		香港 何耀光至樂樓	
萬里尋親圖	冊頁	紙	設色	25.5 × 30.9		香港 劉作籌虛白齋	94
萬里尋親圖（8幀）	冊	紙	設色	25.7 × 31.3	丙申（順治十三年，1656) 孟夏	北京 中國歷史博物館	
尋親紀程圖（9幀）	冊	紙	水墨	（每幀）26.4 × 20.4		南京 南京博物院	
萬里尋親圖(12幀)	冊	紙	水墨	（每幀）24.4 × 14.7	丙申（順治十三年，1656）秋日	蘇州 江蘇省蘇州博物館	
山水圖（8幀）	冊	紙	水墨	（每幀）26.4 × 20.2		貴陽 貴州省博物館	
響水關（黃孝子尋親圖冊之1）	冊頁	紙	水墨	37 × 26.5	丙申（順治十三年，1656）長夏	美國 紐約大都會藝術博物館	1970.2.1a
芭蕉關（黃孝子尋親圖冊之2）	冊頁	紙	水墨	37 × 26.5		美國 紐約大都會藝術博物館	1970.2.1b
龍場（黃孝子尋親圖冊之3）	冊頁	紙	水墨	37 × 26.5		美國 紐約大都會藝術博物館	1970.2.1c
關索嶺（黃孝子尋親圖冊之4）	冊頁	紙	水墨	37 × 26.5		美國 紐約大都會藝術博物館	1970.2.1d

名稱	形式	質地	色彩	尺寸 高×寬㎝	創作時間	收藏處所	典藏號碼
雞足山北麓（黃孝子尋親圖冊之5）	冊頁	紙	水墨	37 × 26.5		美國 紐約大都會藝術博物館	1970.2.1e
考盤江（黃孝子尋親圖冊之6）	冊頁	紙	水墨	37 × 26.5		美國 紐約大都會藝術博物館	1970.2.1f
阮州大瀧（黃孝子尋親圖冊之7）	冊頁	紙	水墨	37 × 26.5		美國 紐約大都會藝術博物館	1970.2.1g
點蒼洱海（黃孝子尋親圖冊之8）	冊頁	紙	水墨	37 × 26.5		美國 紐約大都會藝術博物館	1970.2.1h
谿柳寨（黃孝子尋親圖冊之9）	冊頁	紙	水墨	37 × 26.5		美國 紐約大都會藝術博物館	1970.2.1i
老子關（黃孝子尋親圖冊之10）	冊頁	紙	水墨	37 × 26.5		美國 紐約大都會藝術博物館	1970.2.1j
清浪衛城（黃孝子尋親圖冊之11）	冊頁	紙	水墨	37 × 26.5		美國 紐約大都會藝術博物館	1970.2.1k
思南村（黃孝子尋親圖冊之12）	冊頁	紙	水墨	37 × 26.5		美國 紐約大都會藝術博物館	1970.2.1l
白水河瀑布（黃孝子尋親圖冊之13）	冊頁	紙	水墨	37 × 26.5		美國 紐約大都會藝術博物館	1970.2.1m
狀元嶺（黃孝子尋親圖冊之14）	冊頁	紙	水墨	37 × 26.5		美國 紐約大都會藝術博物館	1970.2.1n
後跋一（黃孝子尋親圖冊之15）	冊頁	紙	水墨	37 × 26.5		美國 紐約大都會藝術博物館	1970.2.1o
後跋二（黃孝子尋親圖冊之16）	冊頁	紙	水墨	37 × 26.5		美國 紐約大都會藝術博物館	1970.2.1p
附：							
萬里尋親圖	卷	絹	設色	36.5 × 554	丙申（順治十三年，1656）秋杪	紐約 佳士得藝品拍賣公司/拍賣目錄 1987,06,03.	
蜀道圖	軸	紙	設色	133.8 × 61.8	丁酉（順治十四年，1657）	上海 上海文物商店	
碧雞金馬峰圖	軸	紙	設色	69 × 30.5	丙申（順治十三年，1656）秋杪	紐約 佳士得藝品拍賣公司/拍賣目錄 1983,11,30.	
松岡觀瀑圖	摺扇面	金箋	水墨	18.7 × 51.5	辛巳（崇禎十四年，1641）夏月	紐約 佳士得藝品拍賣公司/拍賣目錄 1988,11,30.	
山水（12幀）	冊	紙	水墨	（每幀）23.5 × 15.5		紐約 佳士得藝品拍賣公司/拍賣目錄 1993,12,01.	

畫家小傳：黃向堅。字端木。江蘇吳縣（一作常熟）人。生於明神宗萬曆三十七（1609）年。卒於清聖祖康熙十二（1673）年。為人至孝，父作官滇中，萬里尋親，並圖繪沿途山水。山水畫法，乾筆皴擦，天然蒼秀，有王蒙遺意。（見國朝畫徵續錄、海虞

名稱	形式	質地	色彩	尺寸 高x寬cm	創作時間	收藏處所	典藏號碼

畫苑略、桐陰論畫、蘇州府志、中國畫家人名大辭典）

吳山濤

名稱	形式	質地	色彩	尺寸 高x寬cm	創作時間	收藏處所	典藏號碼
山水圖（吳山濤、張學曾山水合裝）	卷	綾	水墨	23.9 x 244		上海 上海博物館	
春山放棹圖	軸	紙	設色	110 x 43		台北 王靄雲先生	
殘山賸水圖	軸	紙	水墨	不詳	甲子（康熙二十三年，1684）深秋	香港 何耀光至樂樓	
栗園圖	軸	紙	設色	101.6 x 72.3		上海 上海博物館	
雲山茅屋圖	軸	綾	水墨	144.7 x 48		溫州 浙江省溫州博物館	
山水圖	軸	紙	水墨	不詳		美國 耶魯大學藝術館	
山水圖	軸	綾	水墨	157.4 x 45.8		美國 私人	
山水圖	摺扇面	金箋	水墨	17 x 52.3		北京 故宮博物院	
山水圖	摺扇面	金箋	設色	16.2 x 50		北京 故宮博物院	
山水圖（十家書畫扇面冊 10 之 1 幀）	摺扇面	金箋	設色	16.2 x 48.6		北京 首都博物館	
書畫（為汝器作，10 幀）	冊	紙	水墨	不詳	丙辰（康熙十五年，1676）秋	上海 上海博物館	
山水圖（吳山濤、鄭之紘、柳堉、陳舒四家山水冊 4 之 1）	冊頁	紙	設色	不詳		上海 上海博物館	
為祉翁作山水圖	摺扇面	紙	設色	不詳		上海 上海博物館	
山水圖	摺扇面	金箋	水墨	不詳	戊子（康熙四十七年，1708）	成都 四川省博物院	
山水圖	摺扇面	紙	水墨	15.3 x 47		美國 紐約大都會藝術博物館	13.100.93
山水人物圖	摺扇面	金箋	水墨	15.8 x 51.5		德國 柏林東亞藝術博物館	1988-324

附：

名稱	形式	質地	色彩	尺寸 高x寬cm	創作時間	收藏處所	典藏號碼
溪山圖	軸	紙	設色	187.6 x 78.5		上海 上海友誼商店古玩分店	
山水圖	軸	紙	設色	151 x 68		紐約 佳仕得藝品拍賣公司/拍賣目錄 1986,06,04.	
山齋客話圖	軸	紙	設色	132 x 70		紐約 佳士得藝品拍賣公司/拍賣目錄 1990,11,28.	
春山放棹圖	軸	紙	設色	110 x 43		香港 佳士得藝品拍賣公司/拍賣目錄 1991,03,18.	
山亭品茶圖	軸	紙	設色	132 x 69.8		紐約 佳士得藝品拍賣公司/拍	

名稱	形式	質地	色彩	尺寸 高×寬cm	創作時間	收藏處所	典藏號碼
米氏春山圖	軸	紙	水墨	99.7 × 30.5		賣目錄 1993,12,01. 紐約 佳士得藝品拍賣公司/拍 賣目錄 1995,09,19.	

畫家小傳：吳山濤。字岱觀。號塞翁。安徽歙人，占籍錢塘。生於明神宗萬曆三十七（1609）年，卒於聖祖康熙二十九（1690）年。思宗崇禎十二年領鄉薦。工詩文、書法。善畫山水，筆墨蕭然淡遠，可方駕張風。（見耕硯田齋筆記、桐陰論畫、杭州府志、曝書亭集、中國畫家人名大辭典等）

沈　載

名稱	形式	質地	色彩	尺寸 高×寬cm	創作時間	收藏處所	典藏號碼
山水圖（清山水集錦冊10之第2幀）	冊頁	紙	設色	不詳	戊午（康熙十七年，1678）臘月朔，時年七十	上海 上海博物館	

畫家小傳：沈載。畫史無載。生於明神宗萬曆三十七（1609）年，聖祖康熙十七（1678）年尚在世。身世待考。

（釋）弘　仁

名稱	形式	質地	色彩	尺寸 高×寬cm	創作時間	收藏處所	典藏號碼
山水圖	卷	紙	水墨	28.9 × 480	辛丑（順治十八年，1661）十一月	台北 華叔和後真賞齋	
山水圖（方玉如集諸家山水圖卷之第6幅）	卷	紙	水墨	22.6 × ？		香港 黃仲方先生	K92.25
松石梅花圖	卷	紙	水墨	27.8 × 267	丙申（順治十三年，1656）	北京 故宮博物院	
林樾一區圖	卷	絹	水墨	23.3 × 155	庚子（順治十七年，1660）	北京 故宮博物院	
山水圖（冊頁裝卷，為昭素作）	卷	紙	水墨	不詳	辛丑（順治十八年，1661）二月	北京 故宮博物院	
曉江風便圖	卷	紙	設色	28.4 × 242	辛丑（順治十八年，1661）	合肥 安徽省博物館	
汀陵圖（新安五家合作汀陵圖，為生白作）	卷	紙	設色	29.2 × 385.5	己卯（崇禎十二年，1639）春日	上海 上海博物館	
山水三段圖	卷	紙	水墨	19.3 × 75.3	丙申（順治十三年，1656）	上海 上海博物館	
紙色山水圖	卷	紙	設色	16.7 × 696	丁酉（順治十四年，1657）	上海 上海博物館	
桐阜圖	卷	紙	水墨	27 × 91	壬寅（康熙元年，1662）秋	上海 上海博物館	

名稱	形式	質地	色彩	尺寸 高x寬㎝	創作時間	收藏處所	典藏號碼
疏泉洗研圖（為白榆作）	卷	紙	設色	19.7 x 69.7	癸卯（康熙二年，1663）春	上海 上海博物館	
子久筆意圖	卷	紙	設色	26.7 x 231.7		上海 上海博物館	
竹岸蘆浦圖	卷	紙	設色	24.8 x 238.2	壬辰（順治九年，1652）九月望後	日本 京都泉屋博古館	
江山無盡圖（畫似蓮士先生）	卷	紙	設色	28.5 x 292.8	辛丑（順治十八年，1661）十一月	日本 京都泉屋博古館	
山水圖	卷	紙	設色	19.6 x ？		日本 兵庫縣黑川古文化研究所	
芝易東湖圖	卷	紙	設色	不詳		美國 波士頓美術館	
江岸山色圖	卷	紙	水墨	28.5 x ？	辛丑（順治十八年，1661）歲臘	美國 紐約顧洛阜先生	
峭壁孤松圖	軸	紙	水墨	120 x 53	辛卯（順治八年，1651）小春	台北 侯彧華先生	
秋亭覓句圖	軸	紙	水墨	96.5 x 45.5		台北 黃君璧白雲堂	
孤帆遠影圖	軸	金箋	水墨	16 x 51		台北 黃君璧白雲堂	
豐溪秋色圖	軸	紙	水墨	109.6 x 33.4		台北 陳啟斌畏罍堂	
雲根丹室圖	軸	紙	設色	147 x 102		香港 何耀光至樂樓	
松岩蕭寺圖	軸	紙	水墨	116.5 x 44		香港 何耀光至樂樓	
雲根丹室圖	軸	紙	設色	不詳	丙申（順治十三年，1656）	香港 何耀光至樂樓	
山水圖	軸	紙	設色	187 x 78		香港 劉作籌虛白齋	
雙松巨石圖	軸	紙	水墨	240.8) 118.1		香港 劉作籌虛白齋	63
梅花圖	軸	紙	水墨	51.3 x 30.2	丙寅（天啟六年，1626）八月二日	香港 鄭德坤木扉	
疏林清溪圖	軸	紙	水墨	112.5 x 39.5	癸卯（康熙二年，1663）秋月	香港 護輝堂	
山水（寒樹遠岑圖）	軸	紙	水墨	77.3 x 30.8	戊戌（順治十五年，1658）臘月	新加坡 Dr.E.Lu	
披雲峰圖	軸	紙	設色	131 x 53	壬寅（康熙元年，1662）	瀋陽 故宮博物院	

名稱	形式	質地	色彩	尺寸 高×寬㎝	創作時間	收藏處所	典藏號碼
秋柳孤棹圖	軸	紙	水墨	94 × 30	癸卯（康熙二年，1663）	瀋陽 故宮博物院	
溪山野意圖	軸	紙	水墨	不詳		瀋陽 故宮博物院	
武夷岩壑圖	軸	紙	水墨	108.7 × 46.3		瀋陽 遼寧省博物館	
仿倪瓚山水圖	軸	紙	水墨	不詳	丙申（順治十三年，1656)	北京 故宮博物院	
山水圖	軸	紙	水墨	84.1 × 33.4	己亥（順治十六年，1659）	北京 故宮博物院	
節壽圖	軸	綾	水墨	102.5 × 51.6	庚子（順治十七年，1660)	北京 故宮博物院	
陶菴圖（為子翁作）	軸	紙	設色	不詳	庚子（順治十七年，1660)	北京 故宮博物院	
西巖松雪圖	軸	紙	水墨	192.8) 104.8	辛丑（順治十八年，1661）	北京 故宮博物院	
仿倪雲林幽亭秀木圖（為岳生作）	軸	紙	水墨	68 × 50.4	辛丑（順治十八年，1661）結夏	北京 故宮博物院	
山水圖（為日先作）	軸	紙	水墨	不詳	辛丑（順治十八年，1661）九月	北京 故宮博物院	
枯槎短荻圖	軸	紙	水墨	77.4 × 46		北京 故宮博物院	
松溪石壁圖	軸	紙	設色	118 × 50	丙申（順治十三年，1656)	天津 天津市藝術博物館	
竹石松泉詩意圖	軸	紙	水墨	58.5 × 33.6	己亥（順治十六年，1659)	天津 天津市藝術博物館	
疏林亭子圖	軸	紙	水墨	73.8 × 34.5		天津 天津市藝術博物館	
梧桐竹石圖	軸	紙	水墨	56.9 × 32.5		合肥 安徽省博物館	
松樹圖	屏風	白漆紙	水墨	不詳		合肥 安徽省博物館	
雨餘柳色圖（為閒止作）	軸	紙	水墨	84.4 × 45.3	丙申（順治十三年，1656）三月	上海 上海博物館	
林泉春暮圖	軸	紙	水墨	89.4 × 41.8	己亥（順治十六年，1659）	上海 上海博物館	
仿倪雲林山水圖	軸	紙	水墨	99 × 38	庚子（順治十七年，1660）臘月	上海 上海博物館	
黃海松石圖（為文翁作）	軸	紙	設色	198.7 × 81	庚子（順治十七年	上海 上海博物館	

名稱	形式	質地	色彩	尺寸 高×寬cm	創作時間	收藏處所	典藏號碼
					，1660)		
九谿峰壑圖	軸	紙	水墨	110.6 × 58.9		上海 上海博物館	
山水圖	軸	紙	設色	不詳		上海 上海博物館	
天都峰圖（為去疑作）	軸	紙	設色	不詳	庚子（順治十七年，1660)	南京 南京博物院	
疎柯坡石圖	軸	紙	水墨	41.7 × 27.1	辛丑（順治十八年，1661）蒲月	無錫 江蘇省無錫市博物館	
枯木竹石圖	軸	紙	水墨	40.8 × 27.9	庚子（順治十七年，1660)	杭州 浙江省博物館	
山水圖（為慧通山人作）	軸	紙	水墨	不詳	辛丑（順治十八年，1661）夏月	杭州 浙江省博物館	
黃山圖	軸	紙	設色	145 × 47.6	辛丑（萬曆十八年，1661)	婺源 江西省婺源縣博物館	
江干亭子圖	軸	紙	水墨	104.9 × 46.8		成都 四川省博物院	
松壑清泉圖	軸	紙	水墨	134 × 59.5		廣州 廣東省博物館	
始信峰圖（為旦先作）	軸	紙	設色	214 × 84	癸卯（康熙二年，1663)春	廣州 廣州市美術館	
巖壑繪詩圖	軸	紙	水墨	89 × 40.5		南寧 廣西壯族自治區博物館	
報恩寺圖	軸	紙	設色	不詳	癸卯（康熙二年，1663）佛成道日	日本 京都 Sumitomo Kichi-zaemon	
古柯寒篠圖（寫贈寶月尊師）	軸	紙	水墨	128 × 43.2		日本 大阪市立美術館	
黃海松石圖	軸	紙	水墨	115.1 × 54.5		日本 鹿兒島松元清幸先生	
雪巖寒溜圖	軸	紙	水墨	77.4 × 39.3		日本 江田勇二先生	
雪巖寒溜圖	軸	紙	水墨	77.1 × 49.2		美國 耶魯大學藝術館（私人寄存）	
黃山蟠龍松圖（為桴庵作）	軸	紙	設色	192.5 × 78.6		美國 普林斯頓大學藝術館（私人寄存）	L49.75A
黃山道中圖	軸	紙	設色	164.5 × 72	庚子（順治十七年，1660）秋八月	美國 紐約大都會藝術博物館	
幽谷泉聲圖（為交如居士寫）	軸	紙	水墨	102.5 × 41	辛丑（順治十八年，1661）春正	美國 紐約顧洛阜先生	

名稱	形式	質地	色彩	尺寸 高×寬㎝	創作時間	收藏處所	典藏號碼
山水圖	軸	紙	設色	218.5 × 66.6	己亥（順治十六年，1659）三月	美國 紐約王季遷明德堂	
山水圖	軸	紙	水墨	83.8 × 41.9		美國 華盛頓特區弗瑞爾藝術館	65.13
仿陸廣筆意山水圖	軸	紙	水墨	86.1 × 35.5	戊戌（順治十五年，1658）四月	美國 勃克萊加州大學藝術館（高居翰教授寄存）	CC76
老樹寒崖圖	軸	紙	設色	138.2 × 46. 7		美國 勃克萊加州大學藝術館	A30-162
秋景山水（板屋安居圖）	軸	紙	水墨	122.1 × 62.8		美國 夏威夷火魯奴奴藝術學院	2045.1
山水圖	軸	紙	設色	218.6 × 66.6		美國 私人	
山水圖	軸	紙	水墨	71.9 × 40.8		德國 柏林東亞藝術博物館	1988-408
疏林長堤圖（寫贈秀怕禪師）	軸	紙	水墨	69.7 × 29.4		德國 科隆東亞藝術博物館	A70.1
結志山居圖	軸	紙	水墨	不詳		瑞典 斯德哥爾摩遠東古物館	
山水（8幀）	冊	紙	水墨	（每幀）20.3 × 14.7	壬寅（康熙元年，1662）春三月既望	香港 鄭德坤木扉	
黃山圖（60幀）	冊	紙	設色	不 詳		北京 故宮博物院	
山水圖（8幀）	冊	紙	水墨	（每幀）21.3 × 25.1		北京 故宮博物院	
山水圖（8幀）	冊	金箋	水墨	（每幀）19.8 × 28.7		北京 故宮博物院	
南岡清韵圖	摺扇面	金箋	水墨	17.2 × 49.7		北京 故宮博物院	
山水圖	摺扇面	紙	水墨	不詳		北京 故宮博物院	
梅花圖	冊頁	紙	水墨	不詳		北京 故宮博物院	
山水圖（8幀）	冊	紙	設色	（每幀）19.5 × 22.3		天津 天津市藝術博物館	
山水圖	冊頁	紙	設色	29.5 × 22		天津 天津市藝術博物館	
山水圖（陳洪綬等十人花卉山水冊10之1幀）	冊頁	紙	水墨	23.1 × 3.5		天津 天津市藝術博物館	
山水、梅花圖（10幀）	冊	紙	水墨	22 × 13.8	戊戌（順治十五年，1658 ）	合肥 安徽省博物館	
秋江風帆圖	摺扇面	金箋	水墨	不詳	壬寅（康熙元年，1662）夏	合肥 安徽省博物館	

名稱	形式	質地	色彩	尺寸 高×寬㎝	創作時間	收藏處所	典藏號碼
仿一峰老人山水圖	摺扇面	金箋	設色	不詳		合肥 安徽省博物館	
仿大癡富春山圖	摺扇面	金箋	設色	不詳		上海 上海博物館	
仿子久山水圖	摺扇面	金箋	設色	不詳		上海 上海博物館	
山水圖（12幀）	冊	紙	設色	（每幀）25.2 × 25.3		上海 上海博物館	
為楚秋作山水圖	摺扇面	金箋	設色	不詳		上海 上海博物館	
為路然作山水圖	摺扇面	紙	設色	不詳		上海 上海博物館	
為錫蕃作山水圖	摺扇面	金箋	設色	不詳		上海 上海博物館	
山水圖（繪林集妙冊75之1幀）	冊頁	紙	設色	約 26.6 × 30		上海 上海博物館	
平山水閣圖	摺扇面	紙	設色	不詳		杭州 浙江省博物館	
平崗竹屋圖	摺扇面	金箋	水墨	不詳		杭州 浙江省博物館	
山水圖	冊頁	紙	水墨	30 × 26.6	庚戌（康熙九年，1670）	成都 四川大學	
蘆江秋泊圖	摺扇面	紙	水墨	不詳	庚寅（順治七年，1650）	廣州 廣東省博物館	
山水圖（12幀）	冊	紙	水墨	（每幀）18 × 16.5	王寅（康熙元年，1662）	廣州 廣東省博物館	
梅竹石圖	摺扇面	紙	水墨	不詳	癸卯（康熙二年，1663）	廣州 廣東省博物館	
戶外秀峰圖	摺扇面	紙	水墨	不詳		廣州 廣東省博物館	
山水圖	摺扇面	紙	水墨	不詳		廣州 廣東省博物館	
孤樓梅萼圖	摺扇面	紙	水墨	不詳		廣州 廣東省博物館	
仿梅道人山水圖	摺扇面	紙	水墨	不詳		廣州 廣東省博物館	
梅花圖	摺扇面	紙	水墨	不詳		廣州 廣東省博物館	
梅花圖	摺扇面	紙	水墨	不詳		廣州 廣東省博物館	
山水圖（4幀）	冊	紙	水墨	（每幀）17 × 22.5		廣州 廣州市美術館	
仿陸治山水圖（書畫扇面冊二冊之第6幀）	摺扇面	金箋	設色	16.4 × 51		日本 私人	
山水圖（明清名家合裝書畫扇面二冊之`第10幀）	摺扇面	金箋	設色	18 × 57.4		日本 私人	
古木清流圖（弘仁山水冊之1）	冊頁	紙	水墨	21.4 × 12.9		美國 普林斯頓大學藝術館（私人寄存）	L36.67a

名稱	形式	質地	色彩	尺寸 高×寬 cm	創作時間	收藏處所	典藏號碼
絕壁懸瀑（弘仁山水冊之2）	冊頁	紙	水墨	21.4 x 12.9		美國 普林斯頓大學藝術館（私人寄存）	L36.67b
枯樹奇石（弘仁山水冊之3）	冊頁	紙	水墨	21.4 x 12.9		美國 普林斯頓大學藝術館（私人寄存）	L36.67c
巖穴茅屋（弘仁山水冊之4）	冊頁	紙	水墨	21.4 x 12.9		美國 普林斯頓大學藝術館（私人寄存）	L36.67d
石池涼亭（弘仁山水冊之5）	冊頁	紙	水墨	21.4 x 12.9		美國 普林斯頓大學藝術館（私人寄存）	L36.67e
雲岫江帆（弘仁山水冊之6）	冊頁	紙	水墨	21.4 x 12.9		美國 普林斯頓大學藝術館（私人寄存）	L36.67f
疎林水磨（弘仁山水冊之7）	冊頁	紙	水墨	21.4 x 12.9		美國 普林斯頓大學藝術館（私人寄存）	L36.67g
崖麓村居（弘仁山水冊之8）	冊頁	紙	水墨	21.4 x 12.9		美國 普林斯頓大學藝術館（私人寄存）	L36.67h
江村清遠（弘仁山水冊之9）	冊頁	紙	水墨	21.4 x 12.9		美國 普林斯頓大學藝術館（私人寄存）	L36.67i
峭壁孤松（弘仁山水冊之10）	冊頁	紙	水墨	21.4 x 12.9	庚子（順治十七年，1660）春	美國 普林斯頓大學藝術館（私人寄存）	L36.67j
山水畫法（為中翁作，8幀，各為：1、澗；2、松；3、泉；4、池；5、岩；6、石；7、壁；8、岡。）	冊	紙	水墨	（每幀）24.6 x 17.1	癸卯（康熙二年，1663）嘉平八月	美國 堪薩斯市納爾遜-艾金斯藝術博物館	
山水圖（清人山水圖冊之第1幀）	冊頁	紙	水墨	21.4 x 12.9		美國 勃克萊加州大學藝術館	
山水圖（清人山水圖冊之第7幀）	冊頁	紙	水墨	13.4 x 24.4		美國 勃克萊加州大學藝術館	CC12g
黃山光明頂圖	冊頁	絹	設色	30 x 23.5		美國 勃克萊加州大學藝術館	CC222a
黃山煉丹臺圖	冊頁	絹	設色	30 x 23.5		美國 勃克萊加州大學藝術館	CC222b
書畫合璧（14幀）	冊	紙	設色	（每幀）18.2 x 12.9		美國 加州曹仲英先生	
梅花圖（明清人圖冊之10）	冊頁	絹	設色	27 x 18.5	丙戌（順治三年，1646）小春	英國 倫敦大英博物館	1902.6.6.52-10（ADD352）
山水圖（8幀）	冊	紙	水墨	（每幀）24.2 x 21		德國 柏林東亞藝術博物館	1988-458

名稱	形式	質地	色彩	尺寸 高×寬cm	創作時間	收藏處所	典藏號碼
旅亭子明聖湖詩意圖（12幀）	冊	紙	設色	（每幀）23.2 × 16.1		德國 柏林東亞藝術博物館	1988-409
山水圖	摺扇面	金箋	水墨	16.2 × 51.6		德國 柏林東亞藝術博物館	1988-227
山水花卉圖（10幀，為漢友居士作）	冊	紙	水墨	（每幀）15.1 × 22.7	丙申（順治十三年，1656）夏	瑞士 蘇黎士黎得堡博物館	RCH.1168
為稽居士作山水圖	扇面	紙	水墨	不詳		法國 F.Vannotti collec-Tion,Lu-gano	
附：							
山水圖	卷	紙	水墨	29 × 482.5	辛丑（順治十八年，1661）十一月	紐約 佳士得藝品拍賣公司/拍賣目錄1996,3,27.	
溪山清遠圖	卷	紙	水墨	17.8 × 126.3	辛丑（順治十八年，1661）九月廿日	紐約 佳士得藝品拍賣公司/拍賣目錄1998,03,24.	
寫徐巢友梅詩并作梅花圖（為修己作）	軸	紙	水墨	78 × 52.8	丁酉（順治十四年，1657）春	上海 上海文物商店	
峭壁梅竹圖	軸	紙	水墨	111 × 54.8		上海 上海文物商店	
樹石茅亭圖	軸	紙	水墨	40 × 31	辛丑（順治十八年，1661）十月	紐約 蘇富比藝品拍賣公司/拍賣目錄1981,11,07.	
寒山疏木圖	軸	紙	水墨	87 × 33		紐約 佳士得藝品拍賣公司/拍賣目錄1989,12,04.	
秋林讀莊圖	軸	紙	水墨	181.5 × 68.5		紐約 佳士得藝品拍賣公司/拍賣目錄1990,11,28.	
山水圖	軸	紙	水墨	161.3 × 91.5	癸卯（康熙二年，1663）夏	紐約 佳士得藝品拍賣公司/拍賣目錄1991,05,29.	
長松古壑圖（洪師虔題）	軸	紙	設色	122.5 × 47.5	洪題於甲申（順治元年，1644）十月	紐約 佳士得藝品拍賣公司/拍賣目錄1992,06,02.	
疏林亭子圖	軸	紙	水墨	82.5 × 30	戊戌（順治十五年，1658）臘月	紐約 佳士得藝品拍賣公司/拍賣目錄 1993,12,01.	
山水圖	摺扇面	紙	水墨	不詳	癸卯（康熙二年，1663）夏	北京 北京市文物商店	
書畫合璧（10幀）	冊	紙	水墨、設色	（每幀）18.7 × 12.7		紐約 蘇富比藝品拍賣公司/拍賣目錄1986,06,03.	
仿黃公望山水	摺扇面	金箋	設色	46.9 × 53		紐約 蘇富比藝品拍賣公司/拍賣目錄1988,11,30.	
岸晴竹筍肥（明清名家山水集	冊頁	紙	水墨	21.6 × 28		紐約 佳士得藝品拍賣公司/拍	

名稱	形式	質地	色彩	尺寸 高×寬cm	創作時間	收藏處所	典藏號碼
冊之1幀）						賣目錄 1989,12,04.	
山水小景（新安名家合錦冊第2幀）	冊頁	紙	設色	11 × 14		紐約 佳士得藝品拍賣公司/拍 賣目錄 1990,05,31.	
山水圖	摺扇面	金箋	設色	17.2 × 50.2		紐約 佳士得藝品拍賣公司/拍 賣目錄 1995,03,22.	
遠岸歸帆圖	冊頁	紙	設色	26 × 35.5		紐約 佳士得藝品拍賣公司/拍 賣目錄 1996,09,18.	
松樹圖（明清人扇面冊 12 之1幀）	摺扇面	金箋	水墨	不詳		香港 佳士得藝品拍賣公司/拍 賣目錄 1998,09,15.	
漁歌唱曉圖	摺扇面	金箋	設色	16.3 × 52.5		香港 佳士得藝品拍賣公司/拍 賣目錄 1998,09,15.	

畫家小傳：弘仁。僧。俗姓江，名韜，字六奇。安徽歙縣人。生於明神宗萬曆三十八（1610）年。卒於清聖祖康熙二（1663）年。少孤貧。後於報親寺出家，法名弘仁，字漸江，號梅花古衲。善畫山水，師法倪瓚得其三昧，好寫黃山景致。被稱「清初四僧」之一，為「黃山畫派」創始者。（見圖繪寶鑑續纂、國朝畫徵錄、桐陰論畫、黃山志、中國畫家人名大辭典）

吳述善

| 仿李唐山水圖 | 軸 | 紙 | 設色 | 不詳 | 庚申（康熙十九年，1680）夏日 | 北京 故宮博物院 | |
| 仿趙松雪筆意山水（清王時敏等書畫冊16之1幀） | 冊頁 | 金箋 | 設色 | 31.3 × 47.5 | 戊午（康熙十七年，1678）夏日 | 天津 天津市藝術博物館 | |

畫家小傳：吳述善。籍里、身世不詳。生於明神宗萬曆三十八（1610）年，清聖祖康熙十九（1680）年尚在世。善畫山水。（見虹廬畫談、中國畫家人名大辭典）

王崇節

| 臨李成寒林圖（孫承澤題） | 卷 | 絹 | 水墨 | 26.5 × 109 | 康熙元年（壬寅，1662） | 石家莊 河北省博物館 | |

畫家小傳：王崇節。字筠侶（一作玉筠）。河北宛平人。王崇簡之弟。與崔子忠友善，習其筆法遂工繪事。長於花鳥、人物，設色渲染筆墨精妙。年六十餘尚供奉畫院。流傳署款紀年作品見於明思宗崇禎九（1636）年，至康熙元(1662)年。（見圖繪寶鑑續纂、青箱集、五尺梧桐閣集、中國畫家人名大辭典、宋元明清書畫家年表）

黃應譚

| 月下觀梅圖 | 軸 | 絹 | 設色 | 152.7 × 55.1 | | 美國 勃克萊加州大學藝術館 （高居翰教授寄存） | CC75 |

畫家小傳：黃應譚。畫史無載。疑為黃應諶兄弟。待考。

名稱	形式	質地	色彩	尺寸 高×寬cm	創作時間	收藏處所	典藏號碼

顧 知

名稱	形式	質地	色彩	尺寸 高×寬cm	創作時間	收藏處所	典藏號碼
山水圖	卷	紙	設色	不詳	戊寅（崇禎十一年，1638）	北京 故宮博物院	
西園雅集圖	卷	紙	設色	24.8 × 416	丙戌（順治三年，1646）	天津 天津市藝術博物館	
松鹿圖	軸	紙	設色	131 × 42	辛己（崇禎十四年，1641）	天津 天津市藝術博物館	
山水、高士圖（4幀）	冊	紙	水墨、設色	（每幀）16.5 × 51.9		香港 李潤桓心泉閣	K92.9a-d
山水圖(11幀)	冊	紙	設色	不詳	丙子（崇禎九年，1636）	北京 故宮博物院	
山水圖（12幀）	冊	紙	設色	不詳		北京 故宮博物院	
雲峰林木圖	摺扇面	金箋	水墨	16.6 × 52.4	甲申（順治元年，1644）春日	北京 故宮博物院	
山水圖（名筆集勝冊12之1幀）	冊頁	紙	設色	不詳		北京 故宮博物院	
詩意山水圖（為仔肩作，明黃子錫等山水集冊6之1幀）	冊頁	紙	設色	31.4 × 38.6	癸巳（順治十年，1653）夏	蘇州 江蘇省蘇州博物館	
山水圖（12幀）	冊	紙	設色、水墨	（每幀）24.5 × 48.1	辛卯（順治八年，1651）春偶客武塘	日本 東京內野皎亭先生	

畫家小傳：顧知。字爾昭。號野漁。浙江錢塘人。善畫山水，用筆如草書，氣味清古；兼工梅、竹。流傳署款紀年作品見於明思宗崇禎九（1636）年，至清世祖順治十(1653)年。(見圖繪寶鑑續纂、國朝畫徵錄、東山外記、中國畫家人名大辭典）

（釋）弘 智

名稱	形式	質地	色彩	尺寸 高×寬cm	創作時間	收藏處所	典藏號碼
淺絳山水圖（截斷紅塵圖）	軸	紙	設色	60.1 × 33.7		香港 何耀光至樂樓	
樹石圖（為來發作）	軸	紙	水墨	103.5 × 35.2		香港 中文大學中國文化研究所文物館	95.492
騎驢圖	軸	紙	水墨	127.9 × 40.5		北京 故宮博物院	
千峰隱寺圖	軸	紙	水墨	215.5 × 84.1		北京 中國美術館	
疏樹古亭圖	軸	紙	水墨	52.9 × 30.3		合肥 安徽省博物館	
溪山松屋圖	軸	紙	水墨	143 × 46		合肥 安徽省博物館	

名稱	形式	質地	色彩	尺寸 高×寬cm	創作時間	收藏處所	典藏號碼
枯樹圖	軸	紙	水墨	107.7 × 35.7		日本 東京村上與四郎先生	
山水圖	軸	絹	水墨	101.9 × 54.8		日本 東京柳孝藏先生	
山水詩書合璧	軸	綾	水墨	21.8 × 33.3		日本 京都島川直次郎先生	
山水圖（岸舍遠帆圖）	軸	綾	水墨	147.6 × 53.2		日本 中埜又左衛門先生	
撫陸廣筆意山水圖	軸	紙	設色	145.9 × 45		美國 舊金山亞洲藝術館	B74 D3
仿倪瓚山水圖(為求玉寫)	軸	紙	水墨	44.1 × 29.1	壬午（崇禎十五年，1642）夏	美國 勃克萊加州大學藝術館（高居翰教授寄存）	CM37
山水圖（8幀）	冊	紙	水墨	（每幀）25.2 × 18.5		香港 鄭德坤木扉	
畫石（10幀）	冊	紙	水墨	（每幀）24.7 × 17.2	庚戌（康熙九年，1670）	合肥 安徽省博物館	
山水圖（4幀）	冊	紙	水墨	（每幀）25.2 × 17.7		合肥 安徽省博物館	
山水圖（方以智、羅牧山水冊11之?幀）	冊頁	紙	設色	不詳		合肥 安徽省博物館	
山水圖	摺扇面	金箋	水墨	不詳		合肥 安徽省博物館	
山水圖（繪林集妙冊75之1幀）	冊頁	紙	設色	約26.6 × 30		上海 上海博物館	
山水圖	冊頁	紙	水墨	26.4 × 29.7		德國 柏林東亞藝術博物館	1988-401
附：							
觀瀑圖	軸	紙	水墨	131 × 44.5		紐約 佳士得藝品拍賣公司/拍賣目錄 1996,03,27,	
破碎山河圖	軸	紙	水墨	78 × 25.5		紐約 佳士得藝品拍賣公司/拍賣目錄 1996,09,18.	
人物山水圖	軸	紙	水墨	130.8 × 45.1		紐約 佳士得藝品拍賣公司/拍賣目錄 1998,03,24.	
山水圖	摺扇面	金箋	水墨	不詳	辛巳（崇禎十四年，1641）	揚州 揚州市文物商店	
寒林秋居圖（為秋潤年兄作）	摺扇面	金箋	水墨	17 × 50		紐約 佳士得藝品拍賣公司/拍賣目錄 1991,05,29.	

名稱	形式	質地	色彩	尺寸 高x寬cm	創作時間	收藏處所	典藏號碼
山水（鄒之麟`、方以智山水合冊8之4幀）	冊頁	紙	水墨	（每幀）19.5 x 39		香港 佳士得藝品拍賣公司/拍賣目錄1995,04,30.	

畫家小傳：弘智。僧。俗姓方。名以智。字昌公。號鹿起、密之。安徽桐城人。生於明神宗萬曆三十九（1611）年，卒於清聖祖康熙十（1671）年。明崇禎十三（1640）年進士。為明末四公子之一。明亡入清，出家為僧，法名弘智，字無可，號墨歷、藥地和尚、浮山愚者等。為人多才藝，詩、詞、歌曲、書畫、優俳、雜藝之技，無一不精。畫山水，得元人法。（見續畫錄、無聲詩史、圖繪寶鑑續纂、國朝畫識、桐陰論畫、愚山集、釋氏疑年錄、中國美術家人名辭典）

冒 襄

名稱	形式	質地	色彩	尺寸 高x寬cm	創作時間	收藏處所	典藏號碼
墨竹	軸	紙	水墨	不詳		台北 故宮博物院	國贈 025161
山水圖	軸	紙	設色	79.5 x 40		香港 香港大學馮平山博物館	HKU.P.67.12
蘭竹石圖（與董白墨竹圖合裝）	軸	紙	水墨	30.9 x 36.5		新加坡 Dr.E.Lu	
玉山芝秀圖	軸	綾	設色	101.6 x 56.4		日本 愛知縣新美忠夫先生	A2554
山水圖	軸	紙	設色	37 x 86		德國 柏林宋鳳恩先生	
墨蘭圖	冊頁	紙	水墨	28.4 x 35.2		英國 倫敦大英博物館	1947.7.12.025(ADD215)

附：

名稱	形式	質地	色彩	尺寸 高x寬cm	創作時間	收藏處所	典藏號碼
梅花圖	軸	紙	水墨	70.5 x 21.6	庚午（康熙二十九年，1690）秋月	紐約 佳士得藝品拍賣公司/拍賣目錄1994,11,30.	

畫家小傳：冒襄。字辟疆。號巢民。江蘇如皋人。生於明神宗萬曆三十九（1611）年。卒於清聖祖康熙三十二（1693）年。為明季四君子之一。能詩，工書。間作山水、花卉，書卷之氣盎然。（見韓菼撰潛孝先生墓志、邸園消夏百一詩注、中國畫家人名大辭典）

李 漁

名稱	形式	質地	色彩	尺寸 高x寬cm	創作時間	收藏處所	典藏號碼
山水圖（少游詩意圖）	軸	綾	水墨	85 x 28	戊子（順治五年，1648）春日	美國 紐約顧洛阜先生	174
山水圖	軸	紙	水墨	162.5 x 61.4		美國 克利夫蘭藝術博物館	TR15774.15
山水圖（清吳彥等山水集錦冊12之1幀）	冊頁	紙	設色	不詳		杭州 浙江省杭州市文物考古所	

附：

名稱	形式	質地	色彩	尺寸 高x寬cm	創作時間	收藏處所	典藏號碼
煙光雲景圖	卷	絹	水墨	26 x 186		紐約 佳士得藝品拍賣公司/拍賣目錄1988,11,30.	
山水圖（陸達等雜畫卷4之1段）	卷	紙	設色	不詳		上海 上海文物商店	

名稱	形式	質地	色彩	尺寸 高x寬cm	創作時間	收藏處所	典藏號碼

畫家小傳：李漁。字笠翁。生於明神宗萬曆三十九（1611）年，卒於清聖祖康熙十九（1680）年。畫史無載。（見中國歷代人物年譜考錄、
　　　　　李漁全集附李漁年譜、中國美術家人名辭典）

吳　彥

| 山水圖（清吳彥等山水集錦冊 | 冊頁 | 紙 | 設色 | 不詳 | | 杭州 浙江省杭州市文物考古 | |
| 12之1幀） | | | | | | 所 | |

畫家小傳：吳彥。畫史無載。身世待考。

雲　溪

| 山水圖（清吳彥等山水集錦冊 | 冊頁 | 紙 | 設色 | 不詳 | | 杭州 浙江省杭州市文物考古 | |
| 12之1幀） | | | | | | 所 | |

畫家小傳：雲溪。畫史無載。身世待考。

方　龍

山水圖	摺扇面	金箋	水墨	不詳		北京 中國歷史博物館	
山水圖（清吳彥等山水集錦冊	冊頁	紙	設色	不詳		杭州 浙江省杭州市文物考古	
12之1幀）						所	

畫家小傳：方龍。畫史無載。身世待考。

羅　濤

| 山水圖（清吳彥等山水集錦冊 | 冊頁 | 紙 | 設色 | 不詳 | | 杭州 浙江省杭州市文物考古 | |
| 12之1幀） | | | | | | 所 | |

畫家小傳：羅濤。畫史無載。身世待考。

周　愷

山水圖（陳裸對人仿古山水合	卷	紙	設色	不詳		北京 中國歷史博物館	
卷之1段）							
松林鍾馗擊磬圖	軸	紙	設色	不詳	丙申（順治十三年	北京 故宮博物院	
					，1656）冬日		
山水圖（楊補等各家山水冊12	冊頁	紙	設色	25.5 x 26.5	癸巳（（順治十年	北京 故宮博物院	
之1幀）					，1653）仲秋		
山水圖（吳歷等花竹禽魚圖冊	冊頁	紙	設色	26.2 x 23.8		上海 上海博物館	
12之1幀）							
仿黃公望富春山色圖（祝蔣母	冊頁	金箋	設色	31.6 x 33.5	丙子（崇禎九年，	美國 耶魯大學藝術館	1965.130d
曹太夫人五十壽山水圖冊之4）					1636）正月		

名稱	形式	質地	色彩	尺寸 高×寬cm	創作時間	收藏處所	典藏號碼
仿董源筆法山水圖（祝蔣母曹太夫人五十壽山水圖冊之5）	冊頁	金箋	設色	31.6 × 33.5	丙子（崇禎九年，1636）新春	美國 耶魯大學藝術館	1965.130e

畫家小傳：周愷。字長康。號雪航、劍溪子。江蘇常熟人。工詩、畫。畫山水，學黃公望；兼善人物、仕女。流傳署款紀年作品見於明思宗崇禎九（1636）年至清世祖順治十三(1656)年。(見海虞畫苑略、虞山畫志、中國畫家人名大辭典)

吳 芝

名稱	形式	質地	色彩	尺寸 高×寬cm	創作時間	收藏處所	典藏號碼
山水圖（陳裸等人仿古山水合卷之1段）	卷	紙	設色	不詳		北京 中國歷史博物館	

畫家小傳：吳芝。畫史無載。。身世待考。

葉 璠

名稱	形式	質地	色彩	尺寸 高×寬cm	創作時間	收藏處所	典藏號碼
虎山秋月圖（楊補等各家山水冊12之1幀）	冊頁	紙	設色	25.5 × 26.5	（順治十年，癸巳，1653）中秋	北京 故宮博物院	
山水圖（書畫集錦冊12之1幀）	冊頁	紙	設色	25 × 19.5	壬子（康熙十一年，1672）冬日	北京 故宮博物院	
山水圖（吳歷等花竹禽魚圖冊12之1幀）	冊頁	紙	設色	26.2 × 23.8		上海 上海博物館	
附：							
桐蔭納涼圖	軸	絹	設色	不詳	庚寅（順治七年，1650）	北京 中國文物商店總店	
松陰會棋圖	軸	絹	設色	164.5 × 93.5	丙子（崇禎九年，1636）夏日	紐約 佳士得藝品拍賣公司/拍賣目錄 1988,06,02.	

畫家小傳：葉璠。字漢章。浙江海鹽人。身世不詳。善畫山水及人物。流傳署款紀年作品見於明思宗崇禎九（1636）年至清聖祖康熙十一(1672)年。(見彭氏家珍錄、南畇詩稿、中國畫家人名大辭典)

潘 澄

名稱	形式	質地	色彩	尺寸 高×寬cm	創作時間	收藏處所	典藏號碼
山水圖	卷	紙	設色	26 × 350.5	崇禎九年（丙子，1636）	上海 上海博物館	
仿王蒙山水圖	軸	紙	設色	192 × 86.4	丁酉（順治十四年，1657）	瀋陽 遼寧省博物館	
仿子久山水圖	軸	紙	設色	不詳		南京 南京博物院	
夾岸桃花圖	軸	紙	設色	12.5 × 58.5		廣州 廣州市美術館	
山水圖（12幀）	冊	紙	設色	（每幀）39 × 28.8	己亥（順治十六年，1659）	北京 故宮博物院	
仿王蒙山水圖	摺扇面	金箋	水墨	不詳	丁酉（順治十四年	北京 中國歷史博物館	

名稱	形式	質地	色彩	尺寸 高x寬cm	創作時間	收藏處所	典藏號碼
					，1657）		

附：

| 仿北苑觀瀑圖 | 軸 | 紙 | 設色 | 不詳 | 丙子（崇禎九年，1636） | 上海 朵雲軒 | |

畫家小傳：潘澄（一作澂）。畫史無載。流傳署款紀年作品見於明思宗崇禎九（1636）年，至清世祖順治十六（1659）年。身世待考。

張 坦

| 仿雲林山水圖 | 軸 | 綾 | 水墨 | 不詳 | | 瀋陽 故宮博物院 | |
| 溪山亭子圖 | 摺扇面 | 金箋 | 設色 | 不詳 | 丙子（崇禎九年，1636） | 成都 四川省博物院 | |

畫家小傳：張坦。字怡度。號青蘿。浙江平湖人。善畫山水。從雲間沈士充遊，盡得其法。繪有豳風、桃源等圖，為時所珍。流傳署款紀年作品見於明思宗崇禎九（1636）年。（見圖繪寶鑑續纂、平湖縣志、中國畫家人名大辭典）

黃 卷

隱居圖	卷	絹	水墨	不詳	丙申（順治十三年，1656）	北京 故宮博物院	
嬉春圖	卷	絹	設色	38 x 311.2	丙子（崇禎九年，1636）	上海 上海博物館	
柳蔭閑坐圖	軸	紙	水墨	54.5 x 32		瀋陽 魯迅美術學院	
採芝女仙圖（為玉翁老詞宗壽作）	軸	絹	設色	130.7 x 44.5	甲午（順治十一年，1654）春日	日本 私人	
人物圖	摺扇面	紙	設色	16.7 x 50	乙未（順治十二年，1655）	北京 故宮博物院	

附：

| 仕女圖（8幀） | 冊 | 絹 | 設色 | 不詳 | 庚子（順治十七年，1660）秋日 | 北京 榮寶齋 | |

畫家小傳：黃卷。字開益。畫史無載。流傳署款紀年作品見於明思宗崇禎九(1636)年，至清世祖順治十七(1660)年。身世待考。

章 疏

桃溪人家圖	軸	絹	設色	203 x 57.6		日本 高松縣鈴木幾次郎先生	
寒山萬木圖	軸	絹	設色	203 x 57.6		日本 高松縣鈴木幾次郎先生	
山水圖（明章疏等山水屏6之2幅）	軸	絹	設色	不詳	丙子（？崇禎九年，1636）	青島 山東省青島市博物館	

畫家小傳：章疏。畫史無載。流傳署款作品紀年疑為明思宗崇禎九(1636)年。身世待考。

名稱	形式	質地	色彩	尺寸 高×寬cm	創作時間	收藏處所	典藏號碼

楊 亭

名稱	形式	質地	色彩	尺寸 高×寬cm	創作時間	收藏處所	典藏號碼
山水圖（為素臣作，陳丹衷等六家山水冊12之4幀）	冊頁	紙	設色	（每幀）12.9 × 21.5	辛卯（順治八年，1651）春閏	北京 故宮博物院	
仿衡門山水圖（江左文心集冊12之1幀）	冊頁	紙	設色	16.8 × 21	甲午（順治十一年，1654）初夏	北京 故宮博物院	
山水圖（8幀）	冊	紙	設色	不詳		北京 中央工藝美術學院	
山水圖（張翀、楊亭等山水花卉冊6之第2幀）	冊頁	絹	設色	約28 × 14	己卯（崇禎十二年，1639）七月	上海 上海博物館	
山水圖	摺扇面	金箋	設色	不詳	丙子（崇禎九年，1636）	南京 南京博物院	

畫家小傳：楊亭。字玄草。江蘇維揚人，寄居秣陵。善畫山水，作品雖少溫潤，然挺特巉巖，能自成一家。家貧，不干求人，嘯詠自若。年七十餘，以貧死。流傳署款紀年作品見於明思宗崇禎九（1636）年至清世祖順治十一（1659）年。（見圖繪寶鑑續纂、檞園讀畫錄、中國畫家人名大辭典）

（釋）髡 殘

名稱	形式	質地	色彩	尺寸 高×寬cm	創作時間	收藏處所	典藏號碼
茂林秋樹	卷	紙	設色	21.8 × 237.1		台北 故宮博物院	故畫01094
山水圖	卷	紙	設色	17.3 × 129.5		台北 侯彧華先生	
臥遊圖	卷	紙	水墨	18.2 × 224.2	癸卯（康熙二年，1663）	北京 故宮博物院	
茂林秋樹圖	卷	紙	設色	不詳	辛丑（順治十八年，1661）	上海 上海博物館	
清江一曲圖（為爾止作）	卷	紙	設色	27.5 × 176.5	甲辰（康熙三年，1664）嘉平	上海 上海博物館	
書畫合璧（為繩其作）	卷	紙	設色	不詳	丙午（康熙五年，1666）長夏	上海 上海博物館	
溪山無盡圖	卷	紙	設色	29.7 × 266.1		上海 上海博物館	
千巖萬壑書畫（？段）	卷	紙	設色	（每段）27.8 × 182.5不等	庚子（順治十七年，1660）	蘇州 靈巖山寺	
江山臥遊圖	卷	紙	水墨	25 × ?		日本 京都藤井善助先生	
達摩面壁圖	卷	紙	水墨	21.3 × 74.3		日本 京都泉屋博古館	
山水四景圖（殘存2段合裝）	卷	紙	設色	31.2 × 64.3		美國 克利夫蘭藝術博物館	
山水四景圖（殘存2段合裝）	卷	紙	設色	31.2 × 4.2；	丙午（康熙五年，	英國 倫敦大英博物館	1963.5.20.03

名稱	形式	質地	色彩	尺寸 高×寬㎝	創作時間	收藏處所	典藏號碼
				31.2 × 64.5	1666）深秋		（ADD331）
山水圖	卷	紙	設色	31.5 × 64.2		德國 柏林東亞藝術博物館	1965-22
設色山水圖	卷	紙	設色	30.7 × 117.4		瑞典 斯德哥爾摩遠東古物博物館	NMOK439
面壁圖	軸	紙	水墨	59.7 × 35.9	庚子（順治十七年，1660）十月一日	台北 故宮博物院	國贈 003179
巖穴棲真圖	軸	紙	設色	130.2×125.5		台北 故宮博物院	國贈 003178
山高水長圖	軸	紙	設色	332.1×127.8		台北 故宮博物院	國贈 005305
詩畫山水真蹟	軸	綾	水墨	148 × 42	辛丑（順治十八年，1661）冬	台北 故宮博物院（蘭山千館寄存）	
曠懷圖	軸	紙	設色	107.2 × 41.7	癸卯（康熙二年，1663）小春	台北 故宮博物院（王世杰先生寄存）	
仿趙雍蕉蔭詩思圖	軸	絹	設色	192.3 × 47		台北 鴻禧美術館	C1-812
秋山草堂圖（為櫟公居士作）	軸	紙	設色	162.5 × 46	辛丑（順治十八年，1661）深秋	台北 長流美術館	
豢養之道圖	軸	紙	水墨	122 × 33	庚子（順治十七年，1660））八月	台北 長流美術館	
寒江罷釣圖	軸	紙	設色	121 × 29		台北 張群先生舊藏	
山水圖	軸	紙	設色	86.5 × 27.5	丙寅（天啟六年，1626）重九前三日	台北 張學良先生	
山水圖	軸	紙	設色	102.5 × 29	辛丑（順治十八年，1661）八月	台北 張學良先生	
崒屼凌霄圖	軸	紙	設色	95 × 30		台北 黃君璧白雲堂	
詩畫（山水圖）	軸	紙	設色	151.2 × 74	王寅（康熙元年，1662）小春陽	台北 華叔和後真賞齋	
墨畫山水圖	軸	紙	水墨	50.6 × 58.9	庚子（順治十七年，1660）冬十二月念二日	香港 利榮森北山堂	
雨花木末圖	軸	紙	設色	88.4 × 47.7	庚戌（康熙九年，1670）秋杪	香港 何耀光至樂樓	
山水圖	軸	紙	設色	不詳	癸卯（康熙二年，1663）九月	香港 趙從衍先生	

名稱	形式	質地	色彩	尺寸 高x寬cm	創作時間	收藏處所	典藏號碼
山水圖	軸	紙	設色	67.5 × 42.5	庚子（順治十七年，1660）秋仲	香港 霍寶材先生	
山水圖	軸	紙	設色	257 × 39		香港 黃仲方先生	
天都溪流圖	軸	紙	設色	102 × 39	庚子（順治十七年，1660）秋八月	香港 劉作籌虛白齋	
黃峰千仞圖	軸	紙	設色	141 × 39		香港 劉作籌虛白齋	
仿關仝山水圖	軸	紙	水墨	120.8 × 53.7		香港 羅桂祥先生	
為彝翁六十壽作山水圖	軸	紙	設色	不詳	癸卯（康熙二年，1663）冬十一月	香港 張碧寒先生原藏	
山水（雨洗山根白圖）	軸	紙	設色	97.3 × 43.3	癸卯（康熙二年，1663）秋九月	新加坡 Dr.E.Lu	
茅屋待客圖	軸	紙	設色	24.1 × 46.9	癸卯（康熙二年，1663）	長春 吉林省博物館	
江寺孤舟圖	軸	紙	設色	116.5 × 56.5		瀋陽 故宮博物院	
山水圖	軸	紙	水墨	不詳	辛丑（順治十八年，1661）修禊日	北京 故宮博物院	
仙源圖	軸	紙	設色	84 × 42.8	辛丑（順治十八年，1661）八月	北京 故宮博物院	
禪機畫趣圖	軸	紙	水墨	126 × 31.3	辛丑（順治十八年，1661）	北京 故宮博物院	
層巖叠壑圖	軸	紙	設色	107 × 41.4	癸卯（康熙二年，1663）秋九月	北京 故宮博物院	
雨洗山根圖	軸	紙	設色	103.2 × 60	癸卯（康熙二年，1663）	北京 故宮博物院	
重山叠嶂圖	軸	紙	水墨	113 × 31.6	癸卯（康熙二年，1663）	北京 故宮博物院	
雲洞流泉圖	軸	紙	設色	110.7 × 30.8	甲辰（康熙三年，1664）仲春	北京 故宮博物院	
雲中清磬圖	軸	紙	設色	不詳	壬寅（康熙正年，1662）	北京 中國歷史博物館	
仿王蒙山水圖	軸	紙	設色	74 × 42	癸卯（康熙二年，1663）冬	北京 北京市文物局	
松崖茅屋圖	軸	紙	水墨	101 × 35		天津 天津市藝術博物館	

名稱	形式	質地	色彩	尺寸 高×寬cm	創作時間	收藏處所	典藏號碼
潑墨溪山圖	軸	紙	水墨	77.2 × 27		天津 天津市藝術博物館	
幽棲圖（為湧幢作）	軸	紙	水墨	132.4 × 30.5	乙巳（康熙四年，1665）冬十月	天津 天津市歷史博物館	
江干垂釣圖	軸	紙	設色	106 × 60	庚子（順治十七年，1660）	煙臺 山東省煙臺市博物館	
水閣山亭圖	軸	紙	設色	100 × 28.5	丁未（康熙六年，1667）	合肥 安徽省博物館	
仿大癡山水圖（為赤林作）	軸	紙	設色	165 × 81.8	丁酉（順治十四年，1657）秋杪	上海 上海博物館	
秋江垂釣圖	軸	紙	設色	247 × 126.4	庚子（順治十七年，1660）	上海 上海博物館	
秋山釣艇圖	軸	紙	設色	285.2×130.3	庚子（順治十七年，1660）秋仲	上海 上海博物館	
溪山釣隱圖	軸	紙	設色	92.8 × 42.7	庚子（順治十七年，1660）	上海 上海博物館	
群山烟霧圖	軸	紙	設色	151.3 × 70	辛丑（順治十八年，1661）秋八月一日	上海 上海博物館	
茅屋白雲圖	軸	紙	設色	119.6 × 52.1	辛丑（順治十八年，1661）初冬	上海 上海博物館	
溪山閒釣圖	橫幅	紙	設色	126 × 242.4	癸卯（康熙二年，1663）春三月	上海 上海博物館	
春嶂凌霄圖	軸	紙	設色	91.2 × 44.6	癸卯（康熙二年，1663）四月	上海 上海博物館	
蒼山結茅圖	軸	紙	設色	89.8 × 33.8	癸卯（康熙二年，1663）十月一日	上海 上海博物館	
山寺秋巒圖	橫幅	紙	設色	44.6 × 59	癸卯（康熙二年，1663）秋七月廿一日	上海 上海博物館	
層巒晚靄圖（冊頁裝）	軸	紙	設色	56.5 × 47.4	癸卯（康熙二年，1663）	上海 上海博物館	
山水圖	軸	紙	設色	41.8 × 32	丙午（康熙五年，1666）	上海 上海博物館	
綠樹聽鸝圖（為蘊生作）	軸	紙	設色	118.9 × 32.9	庚戌（康熙九年，1670）三月	上海 上海博物館	

名稱	形式	質地	色彩	尺寸 高x寬cm	創作時間	收藏處所	典藏號碼
山樓秋色圖	軸	紙	設色	83.3 x 42.6		上海 上海博物館	
天都峰圖	軸	紙	水墨	307.5 x 99.6	庚子（順治十七年，1660）	南京 南京博物院	
蒼翠凌天圖	軸	紙	設色	85 x 40.5	庚子（順治十七年，1660）深秋	南京 南京博物院	
松巖樓閣圖（為野翁作）	軸	紙	設色	42 x 30.5	丁未（康熙六年，1667）重九前二日	南京 南京博物院	
黃嶽圖	軸	絹	設色	177.5 x 101	庚子（順治十七年，1660）冬日	南京 南京市博物館	
谷口白雲圖	軸	紙	水墨	57.4 x 27.2	庚子（順治十七年，1660）	無錫 江蘇省無錫市博物館	
溪橋策杖圖	軸	紙	設色	55.5 x 40	己酉（康熙八年，1669）夏六月	蘇州 靈巖山寺	
黃山煙樹圖	軸	紙	設色	281 x 128	辛丑（順治十八年，1661）	廣州廣東省博物館	
山水圖	軸	紙	水墨	107.6 x 42.1	癸卯（康熙二年，1663）秋八月	日本 東京小栗秋堂先生	
山水圖	軸	紙	設色	71.1 x 30.9		日本 東京幡生彌治郎先生	
小景山水圖（青山白雲）	小軸	紙	設色	24.3 x 17.3		日本 東京住友寬一先生	
小景山水圖（憶寫黃山）	小軸	紙	設色	24.3 x 17.3		日本 東京住友寬一先生	
淺絳山水圖	軸	紙	設色	221.8 x 33	癸卯（康熙二年，1663）春	日本 東京小田切滿壽之助先生	
雲房舞鶴圖	軸	紙	設色	90.8 x 26.4	庚子（順治十七年，1660）八月一日	日本 京都泉屋博古館	
山水圖（結社隱林泉）	軸	紙	設色	120.1 x 61.4		日本 京都泉屋博古館	
報恩寺圖	軸	紙	設色	131.8 x 74.4	癸卯（康熙二年，1663）冬十月	日本 京都泉屋博古館	
淺絳山水圖	軸	紙	設色	不詳	壬寅（康熙元年，1662）三月	日本 京都相國寺	
秋江問渡圖	軸	紙	設色	179.7 x 93.2	癸卯（康熙二年，1663）九月上浣	日本 大阪市立美術館	
觀瀑圖（與沈樹玉題跋合裝）	軸	紙	設色	23.6 x 27.2		日本 阿形邦三先生	
山水圖	軸	紙	設色	104.1 x 26.7	己亥（順治十六年	美國 哈佛大學福格藝術館	1964.96

名稱	形式	質地	色彩	尺寸 高x寬cm	創作時間	收藏處所	典藏號碼
					，1659）長夏		
山水圖	軸	紙	設色	86.7 x 64.5	甲寅（康熙十三年，1674）秋日	美國 哈佛大學福格藝術館	1923.228
黃山道中圖	軸	紙	設色	164.5 x 72		美國 紐約大都會藝術博物館	1973.308
山腰寒寺圖	軸	紙	設色	100.5 x 57	辛丑（順治十八年，1661）十月	美國 紐約亞洲社會社(The Asia Society)	
幽人結屋圖	軸	紙	設色	不詳	庚子（順治十七年，1660）四月	美國 紐約王季遷明德堂原藏	
重山疊嶂拄杖入山圖	軸	紙	設色	不詳	癸卯（康熙二年，1663）夏四月望後二日	美國 紐約王季遷明德堂原藏	
山水圖	軸	紙	設色	101.9 x 30	癸卯（康熙二年，1663）冬十月	美國 紐約王季遷明德堂	
老樹寒崖圖	軸	紙	設色	不詳		美國 紐約王季遷明德堂原藏	
山水圖	軸	紙	設色	124.1 x 60.3	丙子（崇禎九年，1636）秋八月上浣	美國 紐約顧洛阜先生	56
山水圖	軸	紙	設色	102.1 x 30.2		美國 紐約Weill先生	
黃山白岳詩意圖（4幅）	軸	紙	設色	（每軸）161.3 x 45.5		美國 密歇根大學藝術博物館	1987/1.196.1 -4
山水（溪山秋意圖）	軸	紙	設色	108 x 48.3	癸卯（康熙二年，1663）秋月	美國 堪薩斯市納爾遜-艾金斯藝術博物館	
山水圖	軸	紙	設色	不詳		美國 舊金山亞洲藝術館	B69 D43
山水圖	軸	紙	水墨	100.2 x 120	辛丑（順治十八年，1661）八月一日	美國 舊金山亞洲藝術館	B65 D53
老樹寒崖圖	軸	紙	設色	138.2 x 46.7		美國 勃克萊加州大學藝術館	CC197
雲山玄對圖	軸	紙	設色	133.5 x 30.5		美國 加州曹仲英先生	
石室三谿圖	軸	紙	設色	89.9 x 49.8		加拿大 多倫多Finlayson先生	
山水圖	軸	紙	設色	111.5 x 27.2		德國 柏林東亞藝術博物館	1988-420
清陰論道圖	軸	紙	設色	71 x 43.7	辛丑（順治十八年	瑞典 斯德哥爾摩遠東古物館	NMOK542

名稱	形式	質地	色彩	尺寸 高x寬cm	創作時間	收藏處所	典藏號碼
					，1661）八月一日		
山水圖	軸	紙	設色	125.8 x 54.7	癸卯（康熙二年，1663）秋八月	瑞典 斯德哥爾摩遠東古物館	NMOK430
雲山煙雨（周亮工集名家山水冊之第10）	冊頁	紙	水墨	24.3 x 31.5		台北 故宮博物院	故畫 01274-10
溪山雲樹（周亮工集名家山水冊之第12）	冊頁	紙	水墨	24.3 x 31.5		台北 故宮博物院	故畫 01274-12
山水圖（8幀）	冊	紙	水墨	不詳	庚子（順治十七年，1660）長至	北京 故宮博物院	
溪閣讀書圖	摺扇面	紙	水墨	16.7 x 52.1	戊申（康熙七年，1668）	北京 故宮博物院	
米氏雲山圖（髡殘等十人山水合冊10之1幀）	冊頁	金箋	設色	29.9 x 32.2		北京 故宮博物院	
物外田園圖（6幀）	冊	紙	水墨	（每幀）16.7 x 21.7		北京 故宮博物院	
山水圖（5幀）	冊	紙	設色	（每幀）24.9 x 18.5	癸卯（康熙二年，1663）	上海 上海博物館	
山水圖（10幀）	冊	紙	設色	（每幀）22.8 x 15.3	庚戌（康熙九年，1670）嘉平	上海 上海博物館	
山水圖（10幀）	冊	紙	設色	（每幀）21.9 x 15.9		上海 上海博物館	
自寫山居圖（繪林集妙冊75之1幀）	冊頁	紙	設色	約26.6 x 30		上海 上海博物館	
山頂居家圖（為湧幢作，金陵畫家集畫冊10之第6幀）	冊頁	絹	設色	18.6 x 27.2	（乙巳，康熙四年，1665）	上海 上海博物館	
山齋襌寂圖	摺扇面	紙	設色	18.8 x 57.5	丙午（康熙五年，1666）	南京 南京博物院	
松岡亭子圖	摺扇面	紙	水墨	16.3 x 53.1		南京 南京博物院	
柳岸春居圖	摺扇面	紙	水墨	16.8 x 51		南京 南京博物院	
為寒道人作山水圖	摺扇面	紙	設色	16 x 50.5	壬寅（康熙元年，1662）秋杪	杭州 浙江省博物館	
山水圖（為式公居士作）	摺扇面	紙	水墨	不詳	丁未（康熙六年，1667）暮春	成都 四川省博物院	
奇石圖（13幀）	冊	絹	水墨	（每幀）9.8		日本 大阪橋本大乙先生	

名稱	形式	質地	色彩	尺寸 高x寬cm	創作時間	收藏處所	典藏號碼
				× 12.3			
秋山友展圖	冊頁	紙	設色	31.8 × 64.5		美國 克利夫蘭藝術博物館	
山水圖（8幀）	冊	紙	水墨	23 × 28.9		美國 印地安那波里斯市藝術博物館	74.159
山水圖（扁舟傲嘯）	摺扇面	金箋	設色	17.9 × 55.2		瑞士 蘇黎世黎得堡博物館	RCH.1171
山水圖	摺扇面	紙	水墨	17.1 × 51.8		德國 柏林東亞藝術博物館	1988-245
仿吳鎮山水圖	摺扇面	金箋	水墨	16.7 × 51		德國 柏林東亞藝術博物館	1988-246
附：							
山水圖	軸	紙	設色	55.5 × 35.5	辛丑（順治十八年，1661）	北京 中國文物商店總店	
快雪時晴圖	小軸	紙	設色	11 × 35	壬寅（康熙元年，1662）	濟南 山東省濟南市文物商店	
華亭仙掌圖	軸	紙	水墨	73.2 × 44.9	丁未（康熙六年，1667）	上海 上海文物商店	
山水（松下晤對圖）	軸	紙	設色	102 × 30	癸卯（康熙二年，1663）冬十月	紐約 蘇富比藝品拍賣公司/拍賣目錄 1982,11,19.	
山水圖	軸	紙	設色	45 × 26.3		紐約 蘇富比藝品拍賣公司/拍賣目錄 1984,06,13.	
山水圖	軸	紙	設色	133.3 × 30.5	庚戌（康熙九年，1670）春	紐約 蘇富比藝品拍賣公司/拍賣目錄 1988,06,01.	
溪山古寺圖	軸	紙	設色	213.5×124.5	庚子（順治十七年，1660）秋八月五日	紐約 佳士得藝品拍賣公司/拍賣目錄 1990,05,31.	
聽泉圖	軸	紙	設色	153.5 × 38.5	庚子（順治十七年，1660）冬十一月	紐約 佳士得藝品拍賣公司/拍賣目錄 1992,06,02.	
洞庭讀書圖	軸	紙	水墨	124.4 × 53.3		紐約 佳士得藝品拍賣公司/拍賣目錄 1993,12,01.	
在山畫山圖	軸	紙	設色	149.9 × 74.5	壬寅（康熙元年，1662）	紐約 佳士得藝品拍賣公司/拍賣目錄 1993,12,01.	
谿山釣艇圖	軸	紙	設色	99 × 26	壬寅（康熙元年，1662）	香港 佳士得藝品拍賣公司/拍賣目錄 1994,10,30.	
高壑雲封圖	軸	紙	設色	144.8 × 55.2		紐約 佳士得藝品拍賣公司/拍賣目錄 1997,09,19.	
山水清音圖	軸	紙	設色	129 × 39	丁未（康熙七年，1667）冬日	香港 佳士得藝品拍賣公司/拍賣目錄 1998,09,15.	

名稱	形式	質地	色彩	尺寸 高×寬cm	創作時間	收藏處所	典藏號碼
山水（3幀）	冊	紙	水墨、設色	（每幀）23 × 20		紐約 佳士得藝品拍賣公司/拍賣目錄 1994,06,01.	

畫家小傳：髡殘。湖南武陵人。少時出家，法號髡殘。字石溪。號白禿、殘道人、石道人。生於明神宗萬曆四十（1612）年。卒於清聖祖康熙十二(1673)年。早年周遊諸名山，後長住金陵牛首山。工畫山水，奧境奇闢，緬邈深幽，深得元人之勝概。為「清初四僧」之一。（見圖繪寶鑑續纂、國朝畫徵錄、櫟園讀畫錄、桐陰論畫、青溪遺集、中國畫家人名大辭典）

周亮工

名稱	形式	質地	色彩	尺寸 高×寬cm	創作時間	收藏處所	典藏號碼
山水圖	軸	綾	水墨	79.4 × 40.2		香港 徐伯郊先生	
墨竹圖（祝壽翁作）	軸	紙	水墨	不詳	戊申（康熙七年，1668）清和	北京 中國歷史博物館	
晴樹烟嵐圖	軸	絹	水墨	102.5 × 50	庚戌（康熙九年，1670）秋仲	南京 南京博物院	
附：							
山水圖	軸	綾	水墨	80 × 40		紐約 佳士得藝品拍賣公司/拍賣目錄 1993,06,04.	

畫家小傳：周亮工。字元亮、緘齋。號櫟園、櫟下先生。祥符人，移家白下。生於明神宗萬曆四十（1612）年。卒於清聖祖康熙十一（1672）年。明崇禎十三年進士。工詩文。好書畫。畫作筆墨簡淡，秉致清逸。又善畫論，撰有櫟園讀畫錄行世。（見桐陰論畫、中國畫家人名大辭典）

陳 舒

名稱	形式	質地	色彩	尺寸 高×寬cm	創作時間	收藏處所	典藏號碼
山廚旨趣圖	卷	紙	設色	28.2 × 551	癸丑（康熙十二年，1673）	長春 吉林省博物館	
花卉圖	卷	絹	設色	不詳	庚申（康熙十九年，1680)	北京 故宮博物院	
花卉圖	卷	紙	設色	不詳		北京 故宮博物院	
花果圖	卷	紙	設色	29.6 × 649	壬子（康熙十一年，1672）	天津 天津市藝術博物館	
三山書院圖(之二卷)	卷	綾	設色	30.5 × 160	辛卯（康熙五十年，1711）八月朔	日本 大阪橋本大乙先生	
天中佳卉	軸	紙	設色	115.8 × 46.1		台北 故宮博物院	故畫 02905
天中佳卉	軸	紙	設色	124 × 40.2		台北 故宮博物院	故畫 02906
新年大吉	軸	紙	設色	99 × 40		台北 故宮博物院	故畫 03672
鍾馗圖	軸	紙	設色	不詳	甲辰（康熙三年，	長春 吉林省博物館	

名稱	形式	質地	色彩	尺寸 高×寬㎝	創作時間	收藏處所	典藏號碼
					1664）		
春山圖	軸	紙	水墨	214 × 56	己酉（康熙八年，1669）	瀋陽 遼寧省博物館	
寒江疏松圖	軸	紙	設色	不詳	癸卯（康熙二年，1663）	北京 故宮博物院	
菊石圖	軸	絹	設色	不詳	己酉（康熙八年，1669）九月	北京 故宮博物院	
山水圖	軸	絹	水墨	不詳		北京 故宮博物院	
杏花白頭圖	軸	紙	設色	132 × 45.7		北京 故宮博物院	
蘭花圖	軸	絹	設色	不詳		北京 故宮博物院	
香櫞游鴨圖	軸	紙	設色	不詳		北京 首都博物館	
桃花白頭圖	軸	絹	設色	174.8 × 59		天津 天津市藝術博物館	
鍾馗圖	軸	紙	設色	89.5 × 44.8		揚州 江蘇省揚州市博物館	
鍾馗圖	軸	紙	設色	不詳		揚州 江蘇省揚州市博物館	
細雨櫻花圖	軸	紙	設色	不詳	辛卯（康熙五十年，1711）夏五	南京 南京博物院	
香元圖	軸	紙	設色	不詳		南京 南京博物院	
疏樹遙岑圖	軸	絹	設色	不詳		紹興 浙江省紹興市博物館	
蕉蔭鶴立圖	軸	紙	設色	212 × 27		廣州 廣東省博物館	
芙蓉鴨子圖	軸	綾	設色	137.5 × 46		廣州 廣州市美術館	
桃柳黃鸝圖	軸	紙	設色	不詳		廣州 廣州市美術館	
竹陰隱士（國初人山水集繪冊之10）	冊頁	紙	水墨	31.8 × 37.9		台北 故宮博物院	故畫 03516-10
秋景山水圖（名賢集錦圖冊之11）	冊頁	紙	設色	15.6 × 18.7		台北 陳啟斌畏墨堂	
山水圖（5幀）	冊	紙	設色	不詳	甲辰（康熙三年，1664）	北京 故宮博物院	
花卉、果蔬圖（12幀）	冊	紙	設色	不詳	辛酉（康熙二十年，1681）	北京 故宮博物院	
花果圖（6幀）	冊	紙	設色	不詳		北京 故宮博物院	
花果圖（8幀）	冊	紙	設色	不詳		北京 故宮博物院	
雜畫（12幀）	冊	紙	設色	不詳		北京 故宮博物院	
雜畫（12幀）	冊	紙	設色	不詳		北京 故宮博物院	
白芍藥花圖	摺扇面	紙	設色	17.5 × 49.3		北京 故宮博物院	

名稱	形式	質地	色彩	尺寸 高x寬cm	創作時間	收藏處所	典藏號碼
山水圖（翁陵等山水冊12之1幀）	冊頁	紙	設色	不詳		北京 故宮博物院	
桃花源圖（為惕翁作，清高岑等山水冊12之1幀）	冊頁	絹	設色	27.3 × 24.8	丙辰（康熙十五年，1676）中秋	天津 天津市藝術博物館	
玉蘭圖（清葉欣等雜畫冊8之1幀）	冊頁	紙	設色	20.8 × 15.4		青島 山東省青島市博物館	
山水圖（吳山濤、鄭之紘、柳塒、陳舒四家山水冊4之4幀）	冊頁	紙	設色	不詳		上海 上海博物館	
山水圖（清陳舒雜畫冊12之第8幀）	冊頁	紙	設色	（每幀）23.8×18.3	乙巳（康熙四年，1665）	南京 南京博物院	
花卉圖（清陳舒雜畫冊12之第4幀）	冊頁	紙	設色	（每幀）23.8×18.3	乙巳（康熙四年，1665）	南京 南京博物院	
秋葵圖	摺扇面	紙	設色	不詳		南京 南京市博物館	
花果圖（10幀）	冊	紙	設色	（每幀）20 × 40.5		武漢 湖北省博物館	
花卉圖（10幀）	冊	絹	設色	（每幀）18 × 19		廣州 廣州市美術館	
花果圖（8幀）	冊	紙	設色	不詳		廣州 廣州市美術館	
設色蕉石（清人書畫扇冊之7）	摺扇面	金箋	設色	不詳		日本 東京橋本辰二郎先生	
附：							
松亭流水圖	軸	紙	設色	130 × 60		天津 天津市文物公司	
松山茅屋圖	軸	紙	設色	不詳		合肥 安徽省文物商店	
仿李流芳山水圖	軸	綾	水墨	48 × 15	丁未（康熙六年，1667）	蘇州 蘇州市文物商店	

畫家小傳：陳舒。字原舒。號道山。江蘇松江（一作華亭、浙江嘉善）人，移居金陵。生於明神宗萬曆四十（1612）年，聖祖康熙五十（1711）年尚在世。世祖順治六（1649）年進士。善畫花鳥、草蟲，尤長於畫荷，格在陳淳、徐渭間。（見國朝畫徵錄、櫟園讀畫錄、桐陰論畫、中國畫家人名大辭典）

文世光

名稱	形式	質地	色彩	尺寸 高x寬cm	創作時間	收藏處所	典藏號碼
五瑞圖	軸	紙	設色	不詳	壬辰（順治九年，1652）	北京 故宮博物院	
山水圖（吳歷等花竹禽魚圖冊12之1幀）	冊頁	紙	設色	26.2 × 23.8		上海 上海博物館	
秋塘野亮圖	冊頁	絹	設色	不詳	戊戌（順治十五年	南通 江蘇省南通博物苑	

名稱	形式	質地	色彩	尺寸 高×寬cm	創作時間	收藏處所	典藏號碼
					，1658）新秋		

畫家小傳：文世光。字仲英。江蘇長洲人。文從昌次子。生於明神宗萬曆四十（1612）年，卒於聖祖康熙三十三（1694）年。善畫花卉。（見文氏族譜續集、中國畫家人名大辭典）

張 昉

名稱	形式	質地	色彩	尺寸 高×寬cm	創作時間	收藏處所	典藏號碼
玉堂富貴圖	軸	絹	設色	161.5 × 60	辛亥（康熙十年，1671）	瀋陽 遼寧省博物館	
牡丹圖	軸	紙	設色	不詳	壬寅（康熙元年，1662）桂秋	北京 故宮博物院	
梅花山茶圖	軸	絹	設色	不詳	丁未（康熙六年，1667）	北京 首都博物館	
梅竹圖	軸	綾	設色	不詳		北京 首都博物館	
玉堂牡丹圖	軸	絹	設色	不詳	辛亥（康熙十年，11671）盛夏	北京 中央工藝美術學院	
寒花競妍圖	軸	紙	設色	142.5 × 77.1		杭州 浙江省博物館	
梅花圖	軸	絹	水墨	163 × 65		杭州 浙江美術學院	
松萱山鶡圖	軸	絹	設色	176.5 × 92	癸亥（康熙二十二年，1683）蒲月	杭州 浙江省杭州西泠印社	
三秋圖	軸	絹	設色	194.5×102.5	七十四齡（康熙二十四年，1685）	重慶 重慶市博物館	
牡丹（明人集繪冊之1）	冊頁	紙	設色	31 × 37.7		台北 故宮博物院	故畫 03510-1
蘭孫並茂（明花卉畫第三冊之10）	冊頁	紙	設色	16.1 × 50		台北 故宮博物院	故畫 03515-10
花卉圖（12幀）	冊	絹	設色	不詳	壬戌（康熙二十一年，1682）蒲月	北京 故宮博物院	
雙鉤竹圖	摺扇面	紙	水墨	不詳		北京 故宮博物院	
海棠圖	摺扇面	金箋	水墨	16.4 × 49.2		北京 中國歷史博物館	
牡丹圖（清洪都等雜畫冊8之1幀）	冊頁	絹	設色	26 × 17		天津 天津市歷史博物館	
花卉圖（為慶陽年翁作，俞齡等雜畫冊38之1幀）	冊頁	絹	設色	31.2 × 31.8	（丁卯，康熙二十六年，1687）	上海 上海博物館	
異石圖	摺扇面	紙	設色	不詳	壬子（康熙十一年，1672）	杭州 浙江省杭州西泠印社	
花竹圖	摺扇面	金箋	設色	16.8 × 51.3		成都 四川省博物院	

名稱	形式	質地	色彩	尺寸 高x寬cm	創作時間	收藏處所	典藏號碼

附：

| 牡丹奇石圖 | 軸 | 絹 | 設色 | 148.5 x 42 | | 揚州 揚州市文物商店 | |

畫家小傳：張昉。字叔昭。浙江錢塘人。生於明神宗萬曆四十（1612）年，聖祖康熙二十六（1687）年尚在世。為孫杕弟子。善畫鉤勒花卉，形態飄動，（見圖繪寶鑑續纂、國朝畫徵錄、中國畫家人名大辭典）

葉 舟

| 群仙獻芝（明人祝壽書畫合璧冊之1） | 冊頁 | 紙 | 設色 | 35.5 x 37 | | 台北 故宮博物院 | 故畫 03443-1 |

附：

| 設色花鳥（明末諸家壽李瞻翁書畫冊10之第10幀） | 冊頁 | 灑金箋 | 設色 | 34.3 x 26.3 | 丁丑（崇禎十年，1637）春日 | 香港 蘇富比藝品拍賣公司/拍賣目錄 1999,10,31. | |

畫家小傳：葉舟。字飄仙。號雪漁。江蘇松江人。明亡（1644）後，出家。善畫花卉，寫生設色不愧黃筌。流傳署款紀年作品見於明思宗崇禎十（1637）年。（見圖繪寶鑑續纂、顧允光寄園集、張壽孫題跋、中國畫家人名大辭典）

施 霖

山水圖	卷	綾	水墨	25.3 x ?		香港 葉承耀先生	K92.32
臨馬士英山水圖	軸	紙	水墨	72.2 x 29.3	丁丑（崇禎十年，1637）七月廿八日	北京 故宮博物院	
山水圖	摺扇面	紙	設色	不詳	癸巳（順治八年，1651）	北京 故宮博物院	
山水圖（江左文心集冊12之1幀）	冊頁	紙	設色	16.8 x 21	癸巳（順治十年，1653）春暮	北京 故宮博物院	
山水圖	摺扇面	紙	設色	不詳	丁酉（順治十四年，1657）	北京 故宮博物院	
松下觀瀑圖	摺扇面	金箋	水墨	不詳	庚寅（順治七年，1650）	武漢 湖北省博物館	
山水圖（10幀）	冊	紙	設色	（每幀）32.7 x 23.3	崇禎戊辰（元年，1628）	廣州 廣東省博物館	
山水圖	冊頁	紙	水墨	24.6 x 32.3		美國 紐約大都會藝術博物館	64.268.3
疏林亭子圖（周櫟園上款什冊之1幀）	冊頁	紙	水墨	24.6 x 32.2	丁亥（順治四年，1647）上元前二日	英國 倫敦大英博物館	1965.7.24.016（ADD308）
坐看遠峰圖（周櫟園上款什冊之1幀）	冊頁	紙	水墨	24.6 x 32.2		英國 倫敦大英博物館	1965.7.24.017（ADD308）

附：

名稱	形式	質地	色彩	尺寸 高x寬cm	創作時間	收藏處所	典藏號碼
山水圖（查士標題）	軸	紙	水墨	94 × 35		紐約 佳士得藝品拍賣公司/拍賣目錄 1993,12,01.	

畫家小傳：施霖。字雨若（一作雨咸）。江蘇江寧人。善畫山水，師法元人，景色閑靜，稱逸品。流傳署款紀年作品見於思宗崇禎十（1637）年，至清世祖順治十四（1657）年。（見明畫錄、江寧府志、桐陰論畫、清朝書畫家筆錄、中國畫家人名大辭典）

傅　濤

名稱	形式	質地	色彩	尺寸 高x寬cm	創作時間	收藏處所	典藏號碼
崆峒問道圖	軸	絹	設色	168.5 × 90.2		北京 中央美術學院	
秋山觀瀑圖	軸	紙	設色	210.4 × 96.6		杭州 浙江省博物館	
麻姑獻壽圖	軸	絹	設色	不詳	崇禎丁丑（十年，1637）	杭州 浙江省杭州西泠印社	
三祝圖	軸	絹	水墨	不詳		臨海 浙江省臨海市博物館	

畫家小傳：傅濤。浙江杭州人。身世不詳。善畫人物及仙佛；兼工花鳥。流傳署款紀年作品見於思宗崇禎十（1637）年。（見圖繪寶鑑續纂、中國畫家人名大辭典）

王仲成

附：

名稱	形式	質地	色彩	尺寸 高x寬cm	創作時間	收藏處所	典藏號碼
松蔭放鶴圖	軸	綾	設色	不詳	丁丑（？崇禎十年，1637）	北京 中國文物商店總店	

畫家小傳：王仲成。畫史無載。流傳署款作品紀年疑為明思宗崇禎十（1637）年。身世待考。

法若真

名稱	形式	質地	色彩	尺寸 高x寬cm	創作時間	收藏處所	典藏號碼
詩書畫三絕真跡	卷	紙	水墨	30.5 × 120	七十五歲（康熙二十六年，1687）	台北 王壯為仙麓居	
山水圖（2段）	卷	綾、紙	水墨	不詳		瀋陽 故宮博物院	
山水圖	卷	紙	水墨	不詳	戊午（康熙十七年，1678）正月八日	北京 故宮博物院	
天台山圖（為樟兒作）	卷	紙	設色	不詳	康熙二十年，辛酉（1681）七月	北京 故宮博物院	
溪山煙靄圖（清破門、法若真書畫卷之畫卷）	卷	綾	設色	25.7 × 644	康熙己酉（八年，1669）夏	天津 天津市藝術博物館	
菊石圖	卷	紙	水墨	51 × 387	甲戌（康熙三十三年，1694）	廣州 廣東省博物館	

名稱	形式	質地	色彩	尺寸 高×寬㎝	創作時間	收藏處所	典藏號碼
山水圖	卷	紙	水墨	44.2 × ？	戊辰（康熙二十七年，1688）夏仲	日本 東京國立博物館	TA-359
黃山木葉秋圖	卷	紙	設色	25.5 × 269.5	庚午（康熙二十九年，1690）八月	日本 東京高島菊次郎槐安居	
雪色接天白	卷	紙	水墨	29.3 ×-297.2	庚午（康熙二十九年，1690）	美國 克利夫蘭藝術博物館	
山水圖(為櫺兒作)	卷	紙	設色	31.5 × ？	辛酉（康熙二十年，1681）八月既望八日	美國 勃克萊加州大學藝術館（高居翰教授寄存）	CC47
賞月圖	軸	絹	設色	149 × 47.5		台北 王壯為仙麓居	
山高掛雨圖（為拙翁作）	軸	絹	水墨	147.5 × 46.5	丁未（康熙六年，1667）於長安	香港 香港美術館	FA1971.006
寫臥坐西山圖	軸	紙	水墨	136.5 × 62	癸丑（康熙十二年，1673）秋日	香港 王南屏先生	
冬景山水圖	軸	絹	設色	不詳	丁巳（康熙十六年，1677）	瀋陽 故宮博物院	
松泉山閣圖	軸	紙	設色	188 × 81	七十七歲（康熙二十八年，1689）	瀋陽 遼寧省博物館	
偃蓋篇圖	軸	綾	設色	158.8 × 50.5	丙辰（康熙十五年，1676）春仲	北京 故宮博物院	
山水圖	軸	紙	設色	不詳	乙丑（康熙二十四年，1685）	北京 故宮博物院	
松石圖	軸	紙	設色	不詳	戊辰（康熙二十七年，1688）八月	北京 故宮博物院	
山水圖	軸	紙	設色	不詳	（康熙二十七年，戊辰，1688）	北京 故宮博物院	
山水圖	軸	紙	水墨	145 × 44		北京 故宮博物院	
山水圖	軸	紙	設色	不詳		北京 故宮博物院	
雲山圖	軸	紙	水墨	138 × 44.2		北京 故宮博物院	
山水圖	軸	絹	水墨	不詳		北京 中國歷史博物館	
溪山白雲圖	軸	紙	設色	167.5 × 65		北京 北京市文物局	
雨中山色圖	軸	絹	水墨	不詳	丁巳（康熙十六年，1677）	北京 首都博物館	
秋山亭子圖	軸	紙	設色	100 × 54.3	癸亥（康熙二十二	北京 首都博物館	

名稱	形式	質地	色彩	尺寸 高x寬cm	創作時間	收藏處所	典藏號碼
					年，1683）八月二日		
叢山密雪圖	軸	紙	設色	207.5 x 91.5	甲戌（康熙三十三年，1694）	天津 天津市藝術博物館	
二米雲山圖	軸	絹	水墨	126.5 x 49		濟南 山東省博物館	
雲山欲雨圖	軸	紙	設色	206.5 x 95.1	庚午（康熙二十九年，1690）	青島 山東省青島市博物館	
雲峰激湍圖	軸	紙	設色	178.7 x 91	辛未（康熙三十年，1691）	青島 山東省青島市博物館	
山水圖(屏風)	軸	紙	水墨	不詳	丙子（康熙三十五年，1696）正月	青島 山東省青島市博物館	
崇山杏林圖	軸	紙	設色	205.6 x 97.9	七十一叟（康熙二十二年1683）	上海 上海博物館	
樹杪飛泉圖	軸	絹	設色	135.7 x 56.8	丁卯（康熙二十六年，1687）三月	上海 上海博物館	
壽武翁山水圖	軸	絹	設色	195.2x 101.8	乙亥（康熙三十四年，1695）	上海 上海博物館	
重山疊泉圖	軸	綾	設色	156.9 x 47.5		上海 上海博物館	
空山疏樹圖	軸	綾	水墨	186.5 x 49.1		南京 南京博物院	
梅花水仙圖	軸	絹	設色	不詳	戊午（康熙十七年，1678）	杭州 浙江省博物館	
墨竹圖	軸	絹	水墨	185 x 44		成都 四川省博物院	
山水圖	軸	綾	水墨	180 x 46.2		日本 京都中山善次先生	A2241
溪山春動圖（為孟樞年翁作）	軸	綾	水墨	145 x 48	癸丑（康熙十二年，1673）十月	日本 大阪橋本大乙先生	
為吉翁作山水圖	軸	紙	設色	134.4 x 56.5	庚午（崇禎三年，1630）冬	日本 私人	
千巖萬壑圖	軸	紙	水墨	118.7 x 58		美國 紐約王季遷明德堂	
山水圖	軸	紙	設色	不詳	崇禎戊寅（十一年，1638）暮既	美國 聖路易斯市吳納遜教授	
雨中山水圖	軸	紙	設色	133 x 17.2		美國 勃克萊加州大學藝術館	CC201
山水圖	軸	紙	設色	205.5 x 75		瑞典 斯德哥爾摩遠東古物館	NMOK50
山水圖（為型遠作）	摺扇面	紙	水墨	不詳	己未（康熙十八年	北京 故宮博物院	

名稱	形式	質地	色彩	尺寸 高x寬cm	創作時間	收藏處所	典藏號碼
					，1679)		
山水圖（16幀，為談暘作）	冊	紙	設色	（每幀）28.5 x 16.6	王戌（康熙二十一年，1682）八月	天津 天津市藝術博物館	
山水圖（10幀）	冊	紙	設色	不詳		濟南 山東省博物館	
山水圖（8幀）	冊	紙	設色	（每幀）34 x 30		重慶 重慶市博物館	
山水圖（8幀）	冊	紙	設色	（每幀）36.3 x 27.9	丙辰（康熙十五年，1676)	廣州 廣東省博物館	
山水（10幀）	冊	紙	設色	（每幀）20.6 x 19	辛丑（順治十八年，1661）長夏	日本 兵庫縣黑川古文化研究所	

附：

名稱	形式	質地	色彩	尺寸 高x寬cm	創作時間	收藏處所	典藏號碼
山水圖	卷	紙	設色	29.2 x 168.9		紐約 佳士得藝品拍賣公司/拍賣目錄 1998,03,24.	
山水圖	軸	紙	水墨	不詳		北京 中國文物商店總店	
為渠翁作山水圖	軸	紙	水墨	131 x 59	壬申（康熙三十一年，1692）夏五	上海 朵雲軒	
雙松圖	軸	紙	水墨	107.1 x 58		上海 上海文物商店	
華山圖	軸	紙	設色	不詳	七十三歲（康熙二十四年，1685)	上海 上海工藝品進出口公司	
山水圖	軸	絹	水墨	229.2 x 48.3		紐約 蘇富比藝品拍賣公司/拍賣目錄 1984,06,13.	
松峰煙靄圖	橫披	紙	設色	28.5 x 44		紐約 佳士得藝品拍賣公司/拍賣目錄 1993,12,01.	
山水圖	軸	絹	設色	206 x 95	丙辰（康熙十五年，1676）初秋	紐約 佳士得藝品拍賣公司/拍賣目錄 1994,11,30.	
雪麓山行圖	軸	緞	水墨			紐約 佳士得藝品拍賣公司/拍賣目錄 1996,03,27.	
雪景山水	軸	綾	水墨	229 x 48.5		香港 蘇富比藝品拍賣公司/拍賣目錄 1999,10,31.	

畫家小傳：法若真。字漢儒。號黃石、黃山。山東膠州人。生於明神宗萬曆四十一（1613）年。卒於清聖祖康熙三十五（1696）年。順治三年進士。康熙十八年舉博學鴻詞。工詩。精書法。善畫山水，瀟灑拔俗。（見圖繪寶鑑續纂、桐陰論畫、中國畫家人名大辭典）

施 溥

名稱	形式	質地	色彩	尺寸 高x寬㎝	創作時間	收藏處所	典藏號碼
蘭竹圖	卷	紙	水墨	不詳	乙丑（康熙二十四年，1685）春	北京 故宮博物院	
寒樹山煙圖	軸	絹	水墨	178 x 91	丙午（康熙五年，1666）	天津 天津市藝術博物館	
仿梅道人山水圖	軸	絹	水墨	207 x 46	甲辰（康熙三年，1664）	煙臺 山東省煙臺市博物館	
仿夏珪山水圖	軸	紙	水墨	不詳		南京 南京博物院	
仿李成山水圖	軸	絹	設色	不詳	辛亥（康熙十年，1671）	杭州 浙江省博物館	
秋林飛瀑圖	軸	紙	水墨	不詳		嘉興 浙江省嘉興市博物館	
溪山觀瀑圖（仿趙千里筆意）	軸	絹	水墨	177.2 x 97	己未（康熙十八年，1679）小春	日本 大阪市立美術館	
重嶂清溪圖（仿董北苑筆意）	軸	絹	設色	166.7 x 44.2	丁巳（康熙十六年，1677）仲夏	日本 廣島縣橋本吉兵衛先生	
墾堂訪友圖	軸	絹	設色	179.1 x 47.6	辛酉（康熙二十年，1681）冬日	日本 明石縣瀧野三郎先生	
仿趙孟頫筆意山圖	軸	絹	設色	179.8 x 99.8	甲辰（康熙三年，1664）菊月	日本 山口良夫先生	
仿米襄陽山水圖（清洪都等雜畫冊8之1幀）	冊頁	絹	水墨	26 x 17		天津 天津市歷史博物館	
學藍瑛山水圖	冊頁	金箋	水墨	不詳	辛丑（順治十八年，1661）	杭州 浙江省杭州市文物考古所	
山水圖（清呂智等雜畫冊10之1幀）	冊頁	絹	設色	不詳	（己酉，康熙八年，1669）	廣州 廣東省博物館	

畫家小傳：施溥。字子博。浙江錢塘人。生於明神宗萬曆四十一（1613）年，聖祖康熙二十四（1685）年尚在世。善畫山水，摹擬元吳鎮、倪瓚；亦作墨蘭、竹石，古勁可喜。（見圖繪寶鑑續纂、中國畫家人名大辭典）

歸　莊

名稱	形式	質地	色彩	尺寸 高x寬㎝	創作時間	收藏處所	典藏號碼
墨竹圖（陳元素等人雜畫卷4之1段）	卷	紙	水墨	不詳		北京 故宮博物院	
墨竹圖	卷	紙	水墨	29 x 241	戊戌（順治十五年，1658）夏日	香港 何耀光至樂樓	
墨竹并書越滿詩翰（為安卿作）	卷	紙	水墨	27.9 x 677.8	丁酉（順治十四年，1657）十一月	杭州 浙江省博物館	

名稱	形式	質地	色彩	尺寸 高×寬㎝	創作時間	收藏處所	典藏號碼
墨竹圖	軸	紙	水墨	131.6 × 40.7		台北 張建安先生	
竹石圖	軸	紙	水墨	139.5 × 35	癸卯（康熙二年，1663）	瀋陽 遼寧省博物館	
風竹圖	軸	紙	水墨	145 × 39.4		北京 故宮博物院	
竹石圖	軸	紙	水墨	110 × 76	丙午（康熙五年，1666）正月四日	天津 天津市藝術博物館	
梅蘭竹圖（歸莊寫竹、金俊明寫梅、陳邁寫蘭）	軸	紙	水墨	100.1 × 49.8	歸：丁未（康熙六年，1667）仲春	上海 上海博物館	
竹圖	軸	紙	水墨	132.5 × 39.5		上海 上海博物館	
竹石圖（為路安卿作）	軸	紙	水墨	不詳	己亥（順治十六年，1659）九月	南京 南京博物院	
墨竹圖并書越遊詩意（為路澤溥安卿作）	軸	紙	水墨	不詳	丁酉（順治十四年，1657）秋九月	杭州 浙江省博物館	
墨竹圖	軸	紙	水墨	122.2 × 53.6	甲寅（康熙十三年，1674）清和月二日	日本 京都貝塚茂樹先生	
墨竹圖（朱陵等雜畫冊10之1幀）	冊頁	紙	設色	不詳		北京 中國歷史博物館	
梅竹圖（金俊明梅、歸莊補竹，金俊民花卉冊10之1幀）	冊頁	紙	設色	28 × 20.6	庚午（崇禎三年，1630）嘉平月	上海 上海博物館	
竹圖（4幀）	冊	紙	水墨	（每幀）31.5 × 44	戊申（康熙七年，1668）	南寧 廣西壯族自治區博物館	
十六羅漢（16幀）	冊	紙	設色	（每幀）26.1 × 35.4		日本 私人	
羅漢圖	冊頁	紙	設色	26 × 35.3		美國 克利夫蘭藝術博物館	
附：							
墨竹圖	軸	紙	水墨	104.2 × 65		紐約 佳士得藝品拍賣公司/拍賣目錄1994,11,30.	
墨竹、書法（17幀）	冊	紙	水墨	（每幀）18 × 34.5	丁未（康熙六年，1667）	紐約 佳士得藝品拍賣公司/拍賣目錄1996,09,18.	

畫家小傳：歸莊，一名祚明。字元恭。號恒軒。江蘇崑山人。歸昌世之子。生於明萬曆四十一（1613）年。卒於清聖祖康熙十三（1674）年。明亡後，野服邀遊湖山間。工詩。善畫墨竹，入神品。（見海虞畫苑略、蘇州府志、崑新合志、桐陰論畫、中國畫家人名大辭典）

名稱	形式	質地	色彩	尺寸 高x寬cm	創作時間	收藏處所	典藏號碼

曹 溶

附：

| 花卉（10幀） | 冊 | 紙 | 水墨 | （每幀）21 x 27.5 | | 紐約 佳士得藝品拍賣公司/拍 賣目錄 1993.12.01. | |

畫家小傳：曹溶。號花尹。浙江嘉興人。生於明神宗萬曆四十一（1613）年。卒於清聖祖康熙廿四（1685）年。家貧，酷愛古書畫。喜作寫意花卉，尤擅長梅、蘭、竹、菊，有李鱓、鄭燮作品逸趣。（見墨林今話、中國畫家人名大辭典）

卜舜年

| 蘆汀白鷺圖 | 摺扇面 | 金箋 | 設色 | 不詳 | | 合肥 安徽省博物館 | |

附：

| 山水圖並自識（四段合裱） | 卷 | 紙 | 設色 | 不詳 | 己未（康熙十八年 ，1679）夏日 | 北京 北京市文物商店 | |

畫家小傳：卜舜年。字孟碩。江蘇吳江人。生於神宗萬曆四十一（1613）年。卒年不詳。工畫，見賞於董其昌、陳繼儒。流傳署款紀年作品見於清聖祖康熙十八（1679）年。（見國朝畫徵錄、耕硯田齋筆記、中國畫家人名大辭典）

馬負圖

畫虎	軸	絹	設色	157.9 x 91.4		台北 故宮博物院	故畫 02991
山村煙靄圖	軸	紙	設色	不詳		瀋陽 遼寧省博物館	
夏山風起圖	軸	紙	水墨	138.4 x 77		瀋陽 遼寧省博物館	
臥虎圖	軸	絹	設色	不詳		北京 中國歷史博物館	
鍾馗圖	軸	絹	設色	不詳		北京 首都博物館	
山水圖（4幅）	軸	絹	設色	（每幅）176 x 53.2		廣州 廣東省博物館	
山水圖	軸	絹	設色	不詳		廣州 廣東省博物館	
山水圖	軸	絹	設色	120 x 66		日本 群馬縣立近代美術館	12
松鷹圖	軸	紙	水墨	不詳		捷克 布拉格 Narodoni Museum v Praze-Naprstokovo Museum	19745

附：

| 鵪鶉圖 | 軸 | 絹 | 設色 | 不詳 | | 濟南 山東省濟南市文物商店 | |
| 山水圖 | 軸 | 紙 | 設色 | 不詳 | | 上海 上海文物商店 | |

名稱	形式	質地	色彩	尺寸 高x寬cm	創作時間	收藏處所	典藏號碼
豹雀圖	軸	絹	設色	208.2 × 111.7		洛杉磯 佳士得藝品拍賣公司/	
						拍賣目錄1998,05,20.	

畫家小傳：馬負圖。字伯河（一字希文）。山東長山（自署建州）人。生於明神宗萬曆四十二（1614）年。卒於清聖祖康熙二十（1681）年。順治十一年舉人。善畫山水。（見骨董瑣記、中國美術家人名辭典）

朱 陵

名稱	形式	質地	色彩	尺寸 高x寬cm	創作時間	收藏處所	典藏號碼
仿古山水圖（楊補等十四家仿古山水卷14之第14段）	卷	紙	設色	（全卷）20.1 × 654.5		上海 上海博物館	
菊花圖（明陳嘉言等菊花冊10之1幀）	冊頁	紙	設色	不詳		瀋陽 遼寧省博物館	
拜影樓圖（為掌和作，史爾祉等作山水冊12之1幀）	冊頁	紙	設色	19.5 × 16	壬寅（康熙元年，1662）初夏	北京 故宮博物院	
支硎法螺庵圖（為徐柯作）	冊頁	紙	設色	不詳	乙亥（康熙三十四年，1695）夏日	北京 故宮博物院	
山水圖（書畫集錦冊12之1幀）	冊頁	紙	設色	25 × 19.5		北京 故宮博物院	
山水圖（朱陵等雜畫冊10之1幀）	冊頁	紙	設色	不詳		北京 中國歷史博物館	
梅花圖（二十家梅花圖冊20之第12幀）	冊頁	紙	設色	23 × 19.3	（己未，康熙十八年，1679）	上海 上海博物館	
鄧蔚小景（清山水集錦冊10之第3幀）	冊頁	紙	水墨	21.5 × 28.9		上海 上海博物館	
為潤甫作山水圖（清初名家山水集冊12之1幀）	冊頁	絹	設色	22.6 × 19.1	癸卯（康熙二年，1663）中秋	南京 南京博物院	
山水圖（清吳歷等山水集冊12之1幀）	冊頁	紙	設色	不詳	（甲寅，康熙十三年，1674）	杭州 浙江省博物館	
閒窗讀書圖（為端士年翁作，清初八大家山水集景冊8之6）	冊頁	紙	設色	23 × 31.2	乙卯（康熙十四年，1675）新秋	美國 紐約大都會藝術博物館	1979.500.1g

附：

名稱	形式	質地	色彩	尺寸 高x寬cm	創作時間	收藏處所	典藏號碼
仿李營丘山水圖	軸	絹	設色	不詳		石家莊 河北省文物商店	

畫家小傳：朱陵。字子望。號亦巢。江蘇吳人。生於明神宗萬曆四十二（1614）年，聖祖康熙三十四（1695）年尚在世。與萬壽祺、王翬均友善。工畫山水，得黃公望筆意。（見清暉贈言、耕硯田齋筆記、歷代畫史彙傳、中國畫家人名大辭典）

顧 樵

名稱	形式	質地	色彩	尺寸 高x寬cm	創作時間	收藏處所	典藏號碼
西園雅集圖	軸	絹	設色	不詳	壬辰（康熙五十一年，1712）	北京 中國歷史博物館	
山水圖	軸	紙	設色	不詳	丁丑（康熙三十六年，1697）春	廣州 廣州市美術館	
雪景山水圖（為皆老作）	軸	紙	設色	216.8×103.7	辛未（康熙三十年，1691）中秋	美國 洛杉磯郡藝術博物館	
支硎山圖（名人畫扇（甲）冊之15）	摺扇面	紙	設色	不詳		台北 故宮博物院	故畫03547-15
溪閣聽泉圖（清山水集錦冊10之第9幀）	冊頁	紙	水墨	21.5×28.9	庚午（康熙二十九年，1690）	上海 上海博物館	
山水圖（8幀）	冊	絹	設色	（每幀）24.3×17.9		上海 上海博物館	

附：

西園雅集圖	軸	絹	設色	139.2×47.5	辛卯（康熙五十年，1711）	武漢 湖北省武漢市文物商店	

畫家小傳：顧樵。字樵水。號邪善。江蘇吳江人。生於明神宗萬曆四十二（1614）年，聖祖康熙五十一(1712)年尚在世。善畫山水，學明沈周，入能品。（見國朝畫徵錄、桐陰論畫、今世說、分甘餘話、松陵文集、中國畫家人名大辭典）

顧 眉

竹石幽蘭圖	卷	紙	設色	22.4×558.9		台北 故宮博物院(蘭千山館寄存)	
四清圖	卷	紙	水墨	23×？		香港 黃仲方先生	
九畹圖	卷	綾	水墨	29.4×183.1	癸未（崇禎十六年，1643）	北京 故宮博物院	
蘭花圖（范玨、顧眉作蘭花四段合卷）	短卷	紙	水墨	（每段）30×55不等		無錫 江蘇省無錫市博物館	
蘭石圖	卷	絹	水墨	31×446.5	丙戌（順治三年，1646）	廣州 廣東省博物館	
蘭石圖	軸	綾	水墨	90.7×40.5		長春 吉林省博物館	
花鳥圖	軸	絹	設色	126.3×50.3		日本 京都山岡泰造先生	A2570

附：

四君子圖	卷	紙	水墨	23×268.5	順治辛卯（八年，1651）嘉平月	紐約 佳士得藝品拍賣公司/拍賣目錄 1992,06,02.	

名稱	形式	質地	色彩	尺寸 高×寬cm	創作時間	收藏處所	典藏號碼
山水圖（清初名人書畫集冊之9）	冊頁	絹	設色	34 × 40	庚戌（康熙九年，1670）重九日	紐約 蘇富比藝品拍賣公司/拍賣目錄 1984,06,13.	

畫家小傳：顧眉（一作媚）。女。字眉生、眉莊。號橫波、智珠。金陵名妓，後適龔鼎孳，改姓徐。善音律。工詩畫。畫能山水，尤善畫蘭，時人推重。流傳署款紀年作品見於明思宗崇禎十二（1639）年至清聖祖康熙九（1670）年。（見無聲詩史、國朝畫徵錄、國朝畫識、桐陰論畫、青溪雜志、耕硯田齋筆記、中國畫家人名大辭典）

葉 雨

名稱	形式	質地	色彩	尺寸 高×寬cm	創作時間	收藏處所	典藏號碼
竹林高隱圖	軸	絹	設色	不詳	崇禎己卯（十二年，1639）	北京 故宮博物院	
松柏長春圖	軸	綾	設色	不詳	壬子（康熙十一年，1672）仲冬	北京 中國歷史博物館	
楓江夜泊圖	軸	紙	設色	154 × 50.5	辛丑（順治十八年，1661）	天津 天津市藝術博物館	
劍關秋色圖	軸	紙	水墨	不詳	己未（康熙十八年，1679）	天津 天津市藝術博物館	
煙嵐古寺圖	軸	紙	水墨	268 × 97.5	辛酉（康熙二十年，1681）	天津 天津市藝術博物館	
岳陽大觀圖（為君度作）	軸	紙	設色	不詳	己未（康熙十八年，1679）秋日	鎮江 江蘇省鎮江市博物館	
蜀山行旅圖	軸	絹	設色	132 × 57	癸卯（康熙二年，1663）	廣州 廣東省博物館	
泰山五松圖	軸	紙	設色	不詳	己未（康熙十八年，1679）	廣州 廣東省博物館	
松蔭消暑圖	軸	綾	水墨	210 × 49	庚申（康熙十九年，1680）	廣州 廣東省博物館	
碧山春謁圖	軸	金箋	設色	171 × 48	戊申（康熙七年，1668）臘月	日本 東京帝室博物館	
清溪歸棹	摺扇面	紙	設色	不詳		台北 故宮博物院	故扇00291
芙蓉翠鳥圖	摺扇面	金箋	設色	不詳	壬辰（順治九年，1652）	瀋陽 遼寧省博物館	
山水圖（8幀）	冊	紙	水墨	（每幀）28.1 × 28.9	乙未（順治十二年，1655）	瀋陽 遼寧省博物館	
蒼松碧澗圖（而肅六秩祝壽集錦畫冊 8 之 6)	冊頁	金箋	設色	31 × 34	戊戌（順治十五年，1658）	瀋陽 遼寧省博物館	

名稱	形式	質地	色彩	尺寸 高×寬cm	創作時間	收藏處所	典藏號碼
山水圖	摺扇面	紙	水墨	不詳	己亥（順治十六年，1659）	瀋陽 遼寧省博物館	
行旅圖（書畫集錦冊12之1幀）	冊頁	紙	設色	25 × 19.5	壬子（康熙十一年，1672）冬仲	北京 故宮博物院	
山水圖	摺扇面	紙	設色	不詳		北京 首都博物館	
山水圖（葉雨、吳徵山水合冊8之4幀）	冊頁	金箋	設色	（每幀）30 × 29	壬午（崇禎十五年，1642）	常熟 江蘇省常熟市文物管理委員會	
客騎歸鴉圖	摺扇面	金箋	設色	不詳	丙申（順治十三年，1656）	重慶 重慶市博物館	
客路鐘聲圖	摺扇面	金箋	設色	不詳	甲申（順治元年，1644）	廣州 廣州市美術館	
山水人物圖（明人扇面畫冊之35）	摺扇面	金箋	設色	17.2 × 49.1		日本 京都國立博物館	A甲685
山水圖（明清書畫合綴帖之5）	摺扇面	金箋	設色	15.6 × 49.5	壬辰（順治九年，1652）春日	美國 聖路易斯市吳納孫教授	
設色山水圖	摺扇面	金箋	設色	15.3 × 47.5		德國 柏林東方藝術博物館	1988-338
山水（行旅圖）	摺扇面	金箋	水墨	16.3 × 50.2	乙未（康熙五十四年，1715）春日	德國 柏林東方藝術博物館	1986-7
附：							
品花圖（文坧、歸瑀、王年、高簡、王武、吳宮、沈洪、宋裔、葉雨、陳坤、朱白、沈昉合作）	卷	紙	設色	21 × 319		紐約 佳士得藝品拍賣公司/拍賣目錄 1995,09,19.	
板橋霜迹圖	軸	紙	設色	不詳	乙未（康熙五十四年，1715）夏日	北京 榮寶齋	
岳陽大觀圖	軸	紙	設色	89 × 43		天津 天津市文物公司	
古樹慈烏圖	軸	絹	設色	159 × 56.5	崇禎壬午（十五年，1642）夏日	香港 蘇富比藝品拍賣公司/拍賣目錄 1984,11,11.	
玄墓寒香圖	軸	金箋	設色	196.3 × 48.2		紐約 佳士得藝品拍賣公司/拍賣目錄 1993,06,04.	
芙蓉翠鳥圖	摺扇面	金箋	設色	不詳	壬辰（順治九年，1652）	上海 朵雲軒	
山水圖	摺扇面	金箋	設色	不詳	己亥（順治十六年，1659）	上海 朵雲軒	

名稱	形式	質地	色彩	尺寸 高×寬㎝	創作時間	收藏處所	典藏號碼

畫家小傳：葉雨。字潤之。籍里不詳。善畫山水，彷彿李士達。流傳署款紀年作品見於明思宗崇禎十二（1639）年，至聖祖康熙五十四(17
　　15)年。(見歷代畫史彙傳附錄、中國畫家人名大辭典)

黃媛介

名稱	形式	質地	色彩	尺寸 高×寬㎝	創作時間	收藏處所	典藏號碼
山水圖	軸	綾	水墨	94.5 x 39.5	丙申（順治十三年，1656）上巳	上海 上海博物館	
墨戲山水（各人書畫扇（王）冊之 29）	摺扇面	紙	水墨	不詳		台北 故宮博物院	故畫 03560-29
白描觀音圖（10 幀）	冊	絹	水墨	不詳	戊戌（順治十五年，1658）	瀋陽 遼寧省博物館	
山水圖	摺扇面	金箋	水墨	不詳		北京 故宮博物院	
山水圖	摺扇面	金箋	水墨	16.6 x 51.4		北京 故宮博物院	
仿趙大年山水圖	摺扇面	金箋	水墨	不詳		成都 四川省博物院	

畫家小傳：黃媛介。女。字皆令。浙江秀水人，僑寓錢塘，適楊家。工詩詞、書法。善畫山水，似元吳鎮，筆墨簡遠。流傳署款紀年
　　作品見於明思宗崇禎十二（1639）年至清世祖順治十五(1658)年。(見無聲詩史、圖繪寶鑑續纂、國朝畫徵錄、檇李詩繫、
　　池北偶談、中國畫家人名大辭典等)

晏 如

名稱	形式	質地	色彩	尺寸 高×寬㎝	創作時間	收藏處所	典藏號碼
花鳥圖（朱陵等雜畫冊 10 之 1 幀）	冊頁	紙	設色	不詳		北京 中國歷史博物館	

畫家小傳：晏如。畫史無載。約與朱陵同時間。身世待考。

胡 章

名稱	形式	質地	色彩	尺寸 高×寬㎝	創作時間	收藏處所	典藏號碼
花鳥圖（朱陵等雜畫冊 10 之 1 幀）	冊頁	紙	設色	不詳		北京 中國歷史博物館	

畫家小傳：胡章。畫史無載。約與朱陵同時間。身世待考。

高 阜

名稱	形式	質地	色彩	尺寸 高×寬㎝	創作時間	收藏處所	典藏號碼
水仙圖	摺扇面	金箋	水墨	不詳		北京 故宮博物院	

畫家小傳：高阜。字康生。浙江杭州人，居金陵。為高岑之兄。善畫水仙，為魏考叔所讚賞。兄弟同稱高士。(見櫟園讀畫錄、中國
　　畫家人名大辭典)

查士標

名稱	形式	質地	色彩	尺寸 高×寬㎝	創作時間	收藏處所	典藏號碼
仿倪雲林山水圖	卷	紙	水墨	22.8 x 42		台北 故宮博物院（王世杰先生	

名稱	形式	質地	色彩	尺寸 高×寬㎝	創作時間	收藏處所	典藏號碼
						寄存）	
山水圖	卷	紙	水墨	24.1 × 131.7		香港 利榮森北山堂	
仿米氏雲山圖	卷	紙	設色	22.5 × 159	庚申（康熙十九年，1680）九月	香港 鄭德坤木扉	
書畫合璧（2段）	卷	紙	水墨	21 × 83		瀋陽 故宮博物院	
山水圖	卷	紙	水墨	19.3 × 151.9	康熙丁未（六年，1667）	北京 故宮博物院	
水雲樓圖（為汪次朗作）	卷	紙	水墨	25 × 259.5	康熙丁未（六年，1667）修禊後三日	北京 故宮博物院	
西溪草堂圖	卷	紙	水墨	不詳	康熙六年（丁未，1667）	北京 故宮博物院	
山水圖	卷	絹	設色	27.8 × 170.6	康熙己酉（八年，1669）	北京 故宮博物院	
山水圖	卷	紙	水墨	29.2 × 187	庚戌（康熙九年，1670）	北京 故宮博物院	
仿米友仁雲山圖（為則翁作）	卷	紙	水墨	不詳	庚戌（康熙九年，1670）	北京 故宮博物院	
南山雲樹圖（為德潤禪兄作）	卷	紙	水墨	25.7 × 161.9	康熙庚申（十九年，1680）六月	北京 故宮博物院	
幽壑流泉圖	卷	紙	水墨	不詳	己巳（康熙二十八年，1689）	北京 故宮博物院	
富春圖	卷	紙	水墨	不詳	康熙丁丑（三十六年，1697）	北京 故宮博物院	
山水圖	卷	紙	水墨	27.5 × 170.6		北京 故宮博物院	
竹石圖	卷	紙	水墨	不詳		北京 故宮博物院	
晴江漁艇圖	卷	紙	水墨	不詳		北京 故宮博物院	
書畫（冊頁合裱）	卷	綾	水墨	不詳		北京 中國歷史博物館	
雲山煙樹圖	卷	紙	設色	23 × 240		北京 中國美術館	
雲山圖	卷	絹	設色	26.3 × 199.5		天津 天津市藝術博物館	
詩畫	卷	紙	水墨	不詳	丁巳（康熙十六年，1677）	天津 天津市文化局文物處	

名稱	形式	質地	色彩	尺寸 高×寬㎝	創作時間	收藏處所	典藏號碼
抱琴山幽圖	卷	紙	設色	25 × 135.8	乙卯（康熙十四年，1675）	合肥 安徽省博物館	
山水圖（查士標、瑞道人合作）	卷	紙	水墨	不詳	康熙辛未（三十年，1691）	懷寧 安徽省懷寧縣文管所	
枯木竹石圖	卷	紙	水墨	19.2 × 154.9	丙午（康熙五年，1666）	上海 上海博物館	
伏雨新涼圖	卷	紙	水墨	22 × 397.8	己酉（康熙八年，1669）六月晦日	上海 上海博物館	
百尺梧桐圖	卷	紙	水墨	30.5 × 145	康熙己未（十八年，1679）七夕	上海 上海博物館	
黃鶴遺規圖	卷	紙	水墨	27.5 × 119.6	康熙庚午（二十九年，1690）元夕	上海 上海博物館	
渡口漁艇圖	卷	紙	水墨	32.4 × 120.3		上海 上海博物館	
書畫合璧	卷	紙	設色	不詳	壬子（康熙十一年，1672）	無錫 江蘇省無錫市博物館	
雲山圖	卷	紙	水墨	不詳		廣州 廣州市美術館	
擬黃公望富春山圖筆意山水	卷	紙	設色	24.2 × 213.5		日本 東京國立博物館	
山水圖	卷	紙	水墨	30.7 × ？	庚申（康熙十九年，1680）七月	日本 私人	
樵採圖	卷	紙	設色	25.2 × ？		美國 耶魯大學藝術館	1958.5
桃花源圖	卷	紙	設色	35.2 × 312.9	康熙乙亥（三十四年，1695）長至日	美國 堪薩斯市納爾遜-艾金斯藝術博物館	72-4
淺絳山水圖	軸	紙	設色	不詳		台北 故宮博物院	國贈 031063
清溪放棹圖	軸	紙	水墨	105.7 × 42.5		台北 故宮博物院（王世杰先生寄存）	
古木漁舟圖	軸	紙	水墨	90.2 × 36.3		台北 故宮博物院（王世杰先生寄存）	
古木竹石圖	軸	紙	水墨	105 × 37	甲辰（康熙四年，1664）五月	台北 歷史博物館	
松溪飛瀑圖	軸	絹	水墨	163.1 × 62.4	辛未（康熙三十年，1691）七月	台北 長流美術館	
雲山竹樹圖	軸	絹	水墨	173 × 48		台北 長流美術館	
白雲山色圖（畫呈密翁老先生）	軸	紙	水墨	131.5 × 60.5	辛亥（康熙十年，1671）九月	台北 蘭千山館	

名稱	形式	質地	色彩	尺寸 高×寬㎝	創作時間	收藏處所	典藏號碼
回首見南山圖	軸	紙	水墨	122 × 61		台北 黃君璧白雲堂	
竹石圖	軸	紙	水墨	53 × 26.5		台北 黃君璧白雲堂	
山水圖（仿米氏雲山）	軸	紙	水墨	162.5 × 56.5	癸丑（康熙十二年，1673）花朝後三日	台北 華叔和後真賞齋	
水光山色圖	軸	紙	水墨	242.6×106.3		台北 陳啟斌畏罍堂	
山水圖	軸	紙	水墨	不詳		台北 陳啟斌畏罍堂	
山水圖	軸	紙	水墨	169.9 × 70.1		香港 香港大學馮平山博物館	
翠壁丹崖圖	軸	紙	水墨	170.5 × 54.5		香港 何耀光至樂樓	
山水（平林曠望圖）	軸	紙	水墨	155.5 × 51	乙卯（康熙十四年，1675）春二月	香港 何耀光至樂樓	
潑墨山水（漁父圖）	軸	紙	水墨	150.3 × 71.1	甲子（康熙二十三年，1684）冬日	香港 何耀光至樂樓	
牧童圖（為漢白作）	軸	紙	水墨	72 × 33.2	丙寅（康熙二十五年，1686）正月雪後	香港 趙從衍先生	
山居抱膝圖	軸	紙	水墨	205 × 79.5	辛亥（康熙十年，1671）初夏	香港 劉作籌虛白齋	
山水圖	軸	紙	水墨	283 × 125.4		香港 劉作籌虛白齋	123
山居抱膝圖	軸	紙	水墨	204.5 × 79	辛亥（康熙十年，1671）初夏	香港 劉作籌虛白齋	
晚岫含青圖	軸	紙	水墨	92.6 × 52		香港 香港美術館・虛白齋	XB1992.146
蘭亭修禊圖	軸	紙	設色	164.9 × 48.7		香港 徐伯郊先生	
山水圖	軸	紙	水墨	167.5 × 53		香港 葉承耀先生	
仿董源春山圖	軸	紙	水墨	166.2 × 53		香港 葉承耀先生	
撫元人山水圖	軸	綾	水墨	185.6 × 46.5		香港 羅桂祥先生	
仿倪瓚山水圖	軸	紙	水墨	不詳	庚申（康熙十九年，1680）	長春 吉林省博物館	

名稱	形式	質地	色彩	尺寸 高x寬cm	創作時間	收藏處所	典藏號碼
雙松圖	軸	絹	設色	不詳	丙子（康熙三十五年，1696）	長春 吉林省博物館	
木落寒村圖	軸	紙	設色	不詳		長春 吉林省博物館	
山林逸趣圖	軸	紙	設色	166.5 x 78.5	乙巳（康熙四年，1665）	長春 吉林大學	
仿黃子久山水圖	軸	絹	設色	178.4 x 50.3	康熙己未（十八年，1679）	長春 吉林大學	
松下茅屋圖	軸	綾	水墨	112 x 47.5	庚戌（康熙九年，1670）	瀋陽 故宮博物院	
山水圖（4幅）	軸	紙	設色	不詳	康熙丁卯（二十六年，1687）	瀋陽 故宮博物院	
江東煙嵐圖	軸	紙	水墨	不詳	丙子（康熙三十五年，1696）	瀋陽 故宮博物院	
松竹溪山圖	軸	紙	水墨	不詳		瀋陽 故宮博物院	
溪山放棹圖	軸	紙	水墨	不詳		瀋陽 故宮博物院	
山水圖	軸	紙	設色	不詳	戊午（康熙十七年，1678）	瀋陽 遼寧省博物館	
清溪漁隱圖	軸	紙	水墨	不詳	丙寅（康熙二十五年，1686）	瀋陽 遼寧省博物館	
清溪放艇圖	軸	紙	水墨	不詳		旅順 遼寧省旅順博物館	
秋林遠岫圖（為叔安作）	軸	紙	設色	117 x 51.3	乙巳（康熙四年，1665）七夕	北京 故宮博物院	
山水圖（6幅）	軸	絹	設色	（每幅）195.7 x 47.5	丙午（康熙五年，1666）菊月上浣	北京 故宮博物院	
山水圖	軸	紙	設色	53.2 x 42.5	丁未（康熙六年，1667）	北京 故宮博物院	
名山訪勝圖（查士標、王翬合作，為笪重光作）	軸	紙	水墨	150 x 58	辛亥（康熙十年，1671）五月	北京 故宮博物院	
鶴林煙雨圖（查士標、王翬合作）	軸	紙	水墨	159.3 x 53.5	壬子（康熙十一年，1672）	北京 故宮博物院	
秋山訪隱圖	軸	紙	設色	不詳	癸丑（康熙十二年，1673）九秋	北京 故宮博物院	
日長山靜圖	軸	綾	水墨	不詳	丙辰（康熙十五年	北京 故宮博物院	

名稱	形式	質地	色彩	尺寸 高×寬 cm	創作時間	收藏處所	典藏號碼
					，1676）九月		
南村草堂圖	軸	紙	設色	不詳	康熙丙辰（十五年，1676）冬日	北京 故宮博物院	
林亭山色圖（為晉賢作）	軸	紙	水墨	112.3 × 49	丁巳（康熙十六年，1677）午夏望日	北京 故宮博物院	
補多侯松坡獨坐圖像	軸	紙	設色	不詳	丁巳（康熙十六年，1677）	北京 故宮博物院	
空山結屋圖（為玉峰作）	軸	紙	水墨	85.4 × 45.4	丁巳（康熙十六年，1677）	北京 故宮博物院	
唐人詩意圖	軸	紙	水墨	不詳	戊午（康熙十七年，1678）	北京 故宮博物院	
松溪仙館圖	軸	紙	水墨	141.6 × 49	庚申（康熙十九年，1680）	北京 故宮博物院	
空山結屋圖	軸	紙	設色	98.7 × 53.3	癸亥（康熙二十二年，1683）	北京 故宮博物院	
林泉邂逅圖	軸	紙	水墨	94.7 × 55.6	康熙乙丑（二十四年，1685）	北京 故宮博物院	
溪頭放牧圖	軸	紙	設色	不詳	丙寅（康熙二十五年，1686）二月	北京 故宮博物院	
雙松挺秀圖	軸	紙	水墨	不詳	甲戌（康熙三十三年，1694）	北京 故宮博物院	
山水圖	軸	紙	設色	不詳		北京 故宮博物院	
山水圖	軸	紙	水墨	不詳		北京 故宮博物院	
山水圖	軸	紙	設色	52.2 × 42.8		北京 故宮博物院	
山水圖（查士標、釋道濟合作）	軸	紙	水墨	230 × 83.4		北京 故宮博物院	
江山攬勝圖	軸	絹	設色	不詳		北京 故宮博物院	
仿倪瓚山水圖	軸	紙	水墨	105.5 × 42		北京 故宮博物院	
海岳庵圖	軸	紙	水墨	不詳		北京 故宮博物院	
梧桐竹石圖	軸	紙	設色	不詳		北京 故宮博物院	
溪亭煙樹圖	軸	絹	水墨	不詳		北京 故宮博物院	
蓮稻圖	軸	綾	水墨	不詳		北京 故宮博物院	
雙峰蘭若圖	軸	紙	水墨	243.2 × 78		北京 故宮博物院	
邗江放棹圖	軸	紙	水墨	不詳	康熙庚戌（九年，	北京 中國歷史博物館	

名稱	形式	質地	色彩	尺寸 高×寬㎝	創作時間	收藏處所	典藏號碼
					1670）申月		
溪橋策杖圖	軸	紙	水墨	不詳	康熙丁巳（十六年，1677）	北京 中國歷史博物館	
溪淡雲聲圖（為聖老作）	軸	紙	設色	不詳	康熙辛未（三十年，1691）初夏	北京 中國歷史博物館	
山水（8幅）	軸	絹	設色	不詳		北京 中國歷史博物館	
谿山春曉圖	軸	紙	水墨	不詳	康熙十七年（戊午，1678）長至後一日	北京 首都博物館	
溪山清曉圖	軸	紙	水墨	不詳	戊午（康熙十七年，1678）	北京 首都博物館	
秋山行旅圖	軸	絹	設色	135 × 49.2		北京 首都博物館	
樹石小景	軸	紙	水墨	不詳	辛酉（康熙二十年，1681）	北京 北京市文物局	
仿郭熙秋山圖	軸	紙	設色	不詳		北京 北京市文物局	
江國扁舟圖	軸	紙	水墨	210 × 75		北京 中央美術學院	
山水圖	軸	紙	水墨	不詳		北京 中央美術學院	
山水圖	軸	絹	水墨	不詳	癸亥（康熙二十二年，1683）	北京 中央工藝美術學院	
山水圖	軸	紙	水墨	不詳		北京 中央工藝美術學院	
南山山色圖	軸	紙	水墨	不詳		北京 北京畫院	
百齡圖	軸	絹	水墨	不詳	己酉（康熙八年，1669）	天津 天津市藝術博物館	
溪亭獨眺圖	軸	紙	水墨	不詳	乙卯（康熙十四年，1675）	天津 天津市藝術博物館	
雲容水影圖	軸	紙	設色	143.6 × 72	辛酉（康熙二十年，1681）	天津 天津市藝術博物館	
喬松古木圖	軸	紙	水墨	不詳	壬戌（康熙二十一年，1682）	天津 天津市藝術博物館	
仿倪瓚山水圖	軸	綾	水墨	163 × 50	丙寅（康熙二十五年，1686）	天津 天津市藝術博物館	
青山卜居圖	軸	紙	水墨	91.5 × 55.4		天津 天津市藝術博物館	
枯木竹石圖	軸	紙	水墨	106 × 53.5		天津 天津市藝術博物館	
柳溪蕩舟圖	軸	紙	設色	不詳		天津 天津市藝術博物館	
深山樵徑圖	軸	絹	設色	164.5 × 51.3		天津 天津市藝術博物館	

名稱	形式	質地	色彩	尺寸 高×寬㎝	創作時間	收藏處所	典藏號碼
喬柯竹石圖	軸	紙	水墨	不詳		天津　天津市藝術博物館	
仿米元暉雲山圖	軸	紙	水墨	不詳		天津　天津市美術學院	
耕雲軒圖	軸	紙	水墨	不詳	己酉（康熙八年，1669）	天津　天津市人民美術出版社	
秋溪竹屋圖	軸	紙	設色	140 × 72	辛丑（康熙二十年，1681）	天津　天津市人民美術出版社	
青溪水閣圖	軸	綾	水墨	163.5 × 48	丁酉（順治十四年，1657）	天津　天津市楊柳青畫社	
松蔭遠望圖	軸	絹	設色	129 × 41	戊午（康熙十七年，1678）	煙臺　山東省煙臺市博物館	
溪山客來圖	軸	綾	水墨	164.5 × 52	丁酉（順治十四年，1657）	石家莊　河北省博物館	
仿米氏雲山圖（為螺青作）	軸	紙	水墨	不詳	甲寅（康熙十三年，1674）秋	太原　山西省博物館	
仿黃公望林亭春曉圖	軸	綾	水墨	125 × 47	康熙庚申（十九年，1680）正月	太原　山西省博物館	
松壑泉聲圖	軸	紙	水墨	不詳	康熙己巳（二十八年，1689）小春月	太原　山西省博物館	
古柏圖	軸	紙	水墨	不詳		西安　陝西歷史博物館	
幽谷松泉圖（為友琴作）	軸	紙	水墨	不詳	順治十七年（庚子，1660）臘月望前二日	合肥　安徽省博物館	
曳杖過橋圖	軸	紙	設色	131.9 × 61.4	癸卯（康熙二年，1663）	合肥　安徽省博物館	
古木遠山圖	軸	紙	水墨	108.5 × 47	丁未（康熙六年，1667）	合肥　安徽省博物館	
擬黃子久晴巒暖翠圖	軸	絹	設色	74.2 × 50.7	乙卯（康熙十四年，1675）	合肥　安徽省博物館	
仿北苑山水圖	軸	綾	水墨	不詳	康熙丙辰（十五年，1676）	合肥　安徽省博物館	
仿梅道人山水圖	軸	綾	水墨	不詳	壬戌（康熙二十一年，1682）	合肥　安徽省博物館	
泉聲山色圖	軸	紙	水墨	170.7 × 87.7		合肥　安徽省博物館	

名稱	形式	質地	色彩	尺寸 高x寬cm	創作時間	收藏處所	典藏號碼
草亭竹樹圖	軸	紙	水墨	132 x 55.5		合肥 安徽省博物館	
宿雨初收圖	軸	絹	水墨	不詳		合肥 安徽省博物館	
沙清岸曲圖	軸	綾	水墨	不詳	丙辰（康熙十五年，1676）	黃山 安徽省黃山市博物館	
仿夏禹玉山水圖	軸	紙	水墨	不詳	甲戌（康熙三十三年，1694）	歙縣 安徽省歙縣博物館	
雲山圖	軸	紙	設色	不詳	丙午（康熙五年，1666）	揚州 江蘇省揚州市博物館	
枯木竹石圖	軸	紙	水墨	不詳		南通 江蘇省南通博物苑	
疎樹深溪圖	軸	絹	水墨	不詳		南通 江蘇省南通博物苑	
仿大癡山水圖	軸	金箋	水墨	不詳	丁酉（順治十四年，1657）	上海 上海博物館	
江干七樹圖（為友潢作）	軸	紙	水墨	71.6 x 51.9	己亥（順治十六年，1659）臘月之望	上海 上海博物館	
仿黃公望富春攬勝圖	軸	紙	水墨	92.5 x 44.9	庚戌（康熙九年，1670）臘月廿七日	上海 上海博物館	
清溪茅屋圖	軸	紙	水墨	103.7 x 51.7	戊午（康熙十七年，1678）	上海 上海博物館	
平川艤舟圖	軸	紙	水墨	132.4 x 54.4	庚申（康熙十九年，1680）	上海 上海博物館	
仙居縹緲圖（為天一作）	軸	紙	水墨	86.5 x 40.7	庚申（康熙十九年，1680）閏中秋日	上海 上海博物館	
仿倪瓚山水圖	軸	紙	水墨	222.6 x 89	康熙戊辰（二十七年，1688）仲秋下浣	上海 上海博物館	
騎驢看山圖	軸	紙	水墨	67.8 x 44.2	甲戌（康熙三十三年，1694）	上海 上海博物館	
村舍歸舟圖	軸	紙	設色	105.2 x 53.4	八十老人（康熙三十三年，1694）	上海 上海博物館	
小亭臨水圖	軸	紙	水墨	130 x 62.4		上海 上海博物館	
水竹茅齋圖	軸	紙	設色	126.3 x 49		上海 上海博物館	
扶杖看松圖	軸	紙	設色	不詳		上海 上海博物館	
柳溪小舟圖	軸	紙	水墨	115.7 x 44.1		上海 上海博物館	
清溪並棹圖	軸	紙	水墨	不詳		上海 上海博物館	

名稱	形式	質地	色彩	尺寸 高x寬㎝	創作時間	收藏處所	典藏號碼
清溪垂釣圖	軸	紙	水墨	不詳		上海 上海博物館	
清溪垂釣圖	軸	紙	設色	172.5 × 46		上海 上海博物館	
清溪漁隱圖	軸	紙	設色	134 × 48		上海 上海博物館	
仿倪瓚竹暗泉聲圖	軸	紙	水墨	149 × 46.5	甲寅（康熙十三年，1674）臘月	南京 南京博物院	
林亭山色圖	軸	紙	水墨	不詳		南京 南京博物院	
雲山圖	軸	紙	水墨	不詳		南京 南京博物院	
萬壑松雲圖（為觀翁九十壽作）	軸	絹	水墨	不詳	乙卯（康熙十四年，1675）正月	南京 江蘇省美術館	
溪山清嘯圖	軸	綾	水墨	197 × 47		南京 江蘇省美術館	
雲山圖	軸	絹	水墨	不詳		南京 南京市博物館	
策杖看幽圖	軸	紙	水墨	不詳		南京 南京市博物館	
青溪漁舟圖	軸	紙	設色	不詳		無錫 江蘇省無錫市博物館	
溪山佳處圖（為歧庵作）	軸	紙	水墨	不詳	丁卯（康熙二十六年，1687）仲冬	蘇州 江蘇省蘇州博物館	
烟江叠嶂圖	軸	紙	水墨	45.3 × 30.1	康熙己巳（二十八年，1689）	蘇州 江蘇省蘇州博物館	
南徐山水圖（作與子光盟道兄）	軸	紙	水墨	138 × 52	康熙庚申（十九年，1680）臘月立春前一日	昆山 崑崙堂美術館	
為季均作山水圖	軸	紙	水墨	111 × 37.4	丁未（康熙六年，1667）小春二日	杭州 浙江省博物館	
山水圖	軸	紙	水墨	不詳		杭州 浙江省博物館	
重溪二橋圖	軸	紙	水墨	80.5 × 44		杭州 浙江美術學院	
秋山行旅圖	軸	絹	設色	不詳		杭州 浙江省杭州西泠印社	
碧樹丹山圖	軸	紙	水墨	不詳		寧波 浙江省寧波市天一閣	
溪亭小坐圖	軸	綾	設色	77.6 × 47.5		景德鎮 江西省景德鎮博物館	
雨後山光圖	軸	紙	水墨	118 × 54		婺源 江西省婺源縣博物館	
秋水浮天圖	軸	絹	水墨	159 × 50		長沙 河南省博物館	
長松危峰圖	軸	綾	水墨	不詳	丁未（康熙六年，1667）	成都 四川省博物院	
水竹村居圖	軸	紙	水墨	不詳	戊辰（康熙二十七年，1688）	成都 四川省博物院	
秋林野興圖	軸	綾	水墨	150.2 × 52.5		成都 四川省博物院	

名稱	形式	質地	色彩	尺寸 高×寬㎝	創作時間	收藏處所	典藏號碼
夕陽棚障圖	軸	紙	水墨	不詳		成都 四川大學	
雨餘新漲圖	軸	紙	設色	不詳	丁未（康熙六年，1667）	重慶 重慶市博物館	
天臺赤城圖	軸	紙	水墨	240 × 128.5	康熙丁巳（十六年，177）	重慶 重慶市博物館	
天外芙蓉圖	軸	紙	水墨	128 × 57		重慶 重慶市博物館	
松石圖	軸	紙	水墨	不詳		重慶 重慶市博物館	
野屋臨溪圖	軸	紙	水墨	不詳		重慶 重慶市博物館	
西風野意圖	軸	絹	水墨	不詳		廣州 廣東省博物館	
松岡夕照圖	軸	紙	水墨	不詳		廣州 廣東省博物館	
秋山入畫圖	軸	絹	設色	不詳		廣州 廣東省博物館	
仿梅道人山水田	軸	絹	水墨	143.5 × 48		廣州 廣東省博物館	
寒江獨釣圖	軸	紙	水墨	不詳		廣州 廣東省博物館	
煙水輕舟圖	軸	紙	水墨	不詳		廣州 廣東省博物館	
隔溪白雲圖	軸	紙	水墨	143 × 66		廣州 廣東省博物館	
山水圖	軸	紙	水墨	不詳	丙子（康熙三十五年，1696）	廣州 廣州市美術館	
騎驢看山圖	軸	紙	設色	不詳		廣州 廣州市美術館	
鶴山草堂圖	軸	紙	水墨	174 × 88	康熙戊辰（二十七年，1688）	南寧 廣西壯族自治區博物館	
山行晴雪圖	軸	紙	水墨	168 × 51.5		南寧 廣西壯族自治區博物館	
谷口松風圖	軸	絹	設色	113.8 × 48.4	乙巳（康熙四年，1665）	貴陽 貴州省博物館	
雲樹泉聲圖	軸	紙	設色	不詳	丙午（康熙五年，1666）	烏魯木齊 新疆維吾爾自治區博物館	
擬董北苑畫法山水圖	軸	紙	水墨	不詳		日本 東京國立博物館	
擬倪雲林山水圖	軸	紙	水墨	86 × 30.8		日本 東京國立博物館	
枯木竹石圖	軸	紙	水墨	172.7 × 57.9		日本 東京篠崎都香佐先生	
水墨山水圖	軸	絹	水墨	90.9 × 42.1	庚子（順治十七年，1660）夏四月	日本 東京田邊碧堂先生	
山水圖	軸	紙	水墨	115.7 × 30.9		日本 東京高島菊次郎槐安居	
擬北苑畫法雨過江翠圖	軸	絹	水墨	不詳		日本 東京村上與四郎先生	

名稱	形式	質地	色彩	尺寸 高×寬㎝	創作時間	收藏處所	典藏號碼
枯木竹石圖	軸	絹	水墨	不詳		日本 東京村上與四郎先生	
山水圖	軸	絹	水墨	164.8 × 97.8		日本 東京河井荃盧先生	
晚樹歸鴉圖	軸	絹	水墨	174.5 × 47.5		日本 東京林宗毅先生	
山水圖	軸	紙	設色	122.7 × 39.8	丁卯（康熙二十六年，1687）八月廿七日	日本 東京柳孝藏先生	
山水圖（日斜山路歸）	軸	絹	水墨	162.8 × 44.9		日本 京都泉屋博古館	
山水圖	軸	紙	水墨	不詳		日本 京都 Ishiguro Toyoji	
擬北苑畫法山水圖	軸	絹	水墨	171.3 × 53.1	癸酉（康熙三十二年，1693）春深	日本 京都相國寺	
石壁圖	軸	紙	水墨	118.5 × 39.1		日本 京都桑名鐵城先生	
法董香光筆清谿歸棹圖	軸	絹	水墨	103.2 × 32.5		日本 大阪市立美術館	
秋景山水圖	軸	紙	設色	127.6 × 41.9		日本 大阪市立美術館	
淺絳山水圖	軸	紙	設色	93.9 × 43.9		日本 大阪高松長左衛門先生	
喬柯竹石圖	軸	紙	水墨	105.4 × 52.9		日本 兵庫縣黑川古文化研究所	
秋林暮靄圖	軸	絹	設色	133.9 × 43.9	辛亥（康熙十年，1671）秋九月	日本 澤原縣靜衛先生	
擬黃子久畫意山水（為圃翁先生作）	軸	綾	水墨	92.9 × 45		日本 山口良夫先生	
溪山無盡圖	軸	紙	水墨	133.5 × 43.6		日本 山口良夫先生	
仿思翁筆意山水圖	軸	絹	水墨	不詳		日本 組田昌平先生	
仿梅華庵主山水圖	軸	絹	水墨	不詳		日本 田中好文先生	
鶴林煙雨圖（為笪重光作，王翬為補筆）	軸	紙	設色	115.9 × 25.8	王翬補筆於壬子（康熙十一年，1672）九月	日本 中埜又左衛門先生	
秋景山水圖	軸	絹	設色	159.8 × 59.2		日本 私人	

名稱	形式	質地	色彩	尺寸 高×寬㎝	創作時間	收藏處所	典藏號碼
仿黃公望山水圖	軸	綾	水墨	158.5 × 50.4		日本 私人	
仿董源春山圖	軸	絹	水墨	174.5 × 50.4		日本 私人	
仿沈周亭皋舒嘯圖	軸	紙	水墨	94.3 × 45.4		日本 私人	
赤壁圖	軸	紙	設色	151.2 × 49.5		日本 私人	
松柏竹石圖	軸	紙	水墨	114.1 × 57.3		日本 私人	
幽亭秀木圖	軸	紙	水墨	不詳		韓國 首爾國立中央博物館	
鬱岡真隱圖	軸	紙	水墨	不詳		美國 波士頓美術館	
山水圖	軸	紙	設色	121.7 × 54.7		美國 麻州 Henry & Harrison 先生	
山水圖	軸	紙	水墨	204.4 × 75.4		美國 耶魯大學藝術館	1992.3.1
野岸扁舟圖	軸	紙	水墨	183.7 × 49.7		美國 普林斯頓大學藝術館（私人寄存）	L300.72
江山風雨圖	軸	紙	水墨	88.3 × 49.7	康熙丁卯（二十六年，1687）	美國 普林斯頓大學藝術館（私人寄存）	L300.72
剡溪泛棹圖	軸	紙	水墨	175.6 × 68.2		美國 紐約大都會藝術博物館	69.242.7
山水圖	軸	紙	水墨	154.2 × 47		美國 紐約布魯克林博物館	L82.68.2
仿董源雲山烟樹圖	軸	紙	水墨	189 × 50.8		美國 密歇根大學藝術博物館	1975/1.73
谷口泉清圖	軸	紙	設色	186 × 77.3		美國 印地安那波里斯市藝術博物館	60.42
山水人物圖	軸	紙	設色	146.1 × 62.3		美國 西雅圖市藝術館	T.L.155.4
山水圖（竹松草堂）	軸	紙	水墨	126.6 × 52	康熙丙寅（二十五年 1686）九月	美國 舊金山亞洲藝術館	B69 D41
仿王蒙松壑觀泉圖	軸	絹	水墨	173 × 50.5		美國 勃克萊加州大學藝術館（高居翰教授寄存）	
仿吳鎮山水圖	軸	絹	水墨	174.7 × 50.6		美國 勃克萊加州大學藝術館（高居翰教授寄存）	
仿倪瓚畫法山水圖	軸	紙	水墨	不詳		美國 勃克萊加州大學藝術館（高居翰教授寄存）	

名稱	形式	質地	色彩	尺寸 高×寬 cm	創作時間	收藏處所	典藏號碼
山水圖（扁舟秋興）	軸	紙	設色	106.1 × 40.9	甲辰（康熙三年，1664）七月	美國 勃克萊加州大學藝術館（高居翰教授寄存）	CC15
野岸山亭圖	軸	紙	設色	93.5 × 43.5		加拿大 多倫多市 Finlayson 先生	
山水圖（寒山秋水圖）	軸	紙	水墨	109 × 57.5	乙卯（康熙十四年，1675）初冬	瑞典 斯德哥爾摩遠東古物館	NMOK297
擬倪瓚山水圖	軸	紙	水墨	111.2 × 33.8		荷蘭 阿姆斯特丹 Rijks 博物館（私人寄存）	39
仙樓高嶠（查士標書畫合璧冊之1）	冊頁	紙	水墨	17.5 × 12.4		台北 故宮博物院	故畫 01173-1
水滿平湖（查士標書畫合璧冊之2）	冊頁	紙	水墨	17.5 × 12.4		台北 故宮博物院	故畫 01173-2
春暖桃溪（查士標書畫合璧冊之3）	冊頁	紙	水墨	17.5 × 12.4		台北 故宮博物院	故畫 01173-3
秋晚閒渡（查士標書畫合璧冊之4）	冊頁	紙	水墨	17.5 × 12.4		台北 故宮博物院	故畫 01173-4
山光雨潤（查士標書畫合璧冊之5）	冊頁	紙	水墨	17.5 × 12.4		台北 故宮博物院	故畫 01173-5
海岳庵（查士標書畫合璧冊之六6）	冊頁	紙	水墨	17.5 × 12.4		台北 故宮博物院	故畫 01173-6
江天秋水長（查士標書畫合璧冊之7）	冊頁	紙	水墨	17.5 × 12.4		台北 故宮博物院	故畫 01173-7
驢背聯吟（查士標書畫合璧冊之8）	冊頁	紙	水墨	17.5 × 12.4	壬子（康熙十一年，1672）	台北 故宮博物院	故畫 01173-8
仿梅花庵主山水（明十名家便面薈萃冊之14）	摺扇面	紙	水墨	18.8 × 55		台北 故宮博物院（蘭千山館寄存）	
仿古山水圖（10幀）	冊	紙	水墨	（每幀）26.5 × 39.5	甲戌（康熙三十三年，1694）秋仲	香港 鄭德坤木扉	
山水圖（8幀）	冊	紙	設色	（每幀）24.4 × 28.5		香港 招署東先生	
仿吳鎮漁父圖	摺扇面	金箋	水墨	16.5 × 51.2		香港 莫華釗承訓堂	K92.57
仿元各家山水圖（10幀，為于升作）	冊	紙	設色	（每幀）21.6 × 17.4	丙午（康熙五年，1666）長至又二日	瀋陽 遼寧省博物館	
仿古山水圖（8幀）	冊	紙	設色	（每幀）32 × 22.2	壬辰（順治九年，1652）	北京 故宮博物院	

名稱	形式	質地	色彩	尺寸 高x寬cm	創作時間	收藏處所	典藏號碼
山水圖（6幀）	冊	紙	水墨	不詳	壬寅（康熙元年，1662）	北京 故宮博物院	
山水圖（10幀）	冊	紙	設色	不詳	乙巳（康熙四年，1665）	北京 故宮博物院	
仿元人山水圖（8幀）	冊	紙	設色	（每幀）26.1 x 39.6	乙巳（康熙四年，1665）	北京 故宮博物院	
溪橋策杖圖（金陵諸家山水集錦冊12之1幀）	冊頁	紙	設色	26.3 x 21.3	乙巳（康熙四年，1665）九月	北京 故宮博物院	
仿古山水圖（12幀）	冊	紙	水墨	不詳	丁未（康熙六年，1667）	北京 故宮博物院	
策杖尋幽圖	摺扇面	紙	水墨	16.8 x 51.5	甲寅（康熙十三年，1674）	北京 故宮博物院	
為檗翁作山水圖（諸家山水圖冊12之1幀）	冊頁	紙	設色	26.5 x 22	己未（康熙十八年，1679）燈夕	北京 故宮博物院	
書畫（10幀）	冊	紙	設色	不詳	己未（康熙十八年，1679）	北京 故宮博物院	
山水圖（10幀）	冊	絹	設色	不詳	癸亥（康熙二十二年，1683）	北京 故宮博物院	
山水圖（12幀）	冊	紙	水墨	不詳	康熙戊辰（二十七年，1688）七月廿一日	北京 故宮博物院	
仿古山水圖（12幀）	冊	紙	設色	不詳	康熙己巳（二十八年，1689）	北京 故宮博物院	
仿宋元畫法山水圖（8幀）	冊	紙	設色	（每幀）25.8 x 22.6	癸酉（康熙三十二年，1693）十月	北京 故宮博物院	
西陂詩意圖（12幀）	冊	紙	水墨	（每幀）33 x 52.8	康熙甲戌（三十三年，1694）秋日	北京 故宮博物院	
山水圖（10幀）	冊	紙	設色	不詳	丙子（康熙三十五年，1696）春初	北京 故宮博物院	
山水圖（10幀）	冊	紙	水墨	不詳		北京 故宮博物院	
仿古山水圖（12幀）	冊	紙	水墨	不詳		北京 故宮博物院	
竹嶼圖（吳偉業等八人繪畫集錦冊8之1幀）	冊頁	紙	設色	25.4 x 32.3		北京 故宮博物院	
山水圖（畫宗領異圖冊25之1幀）	冊頁	紙	設色	不詳		北京 故宮博物院	

名稱	形式	質地	色彩	尺寸 高x寬cm	創作時間	收藏處所	典藏號碼
山水圖（翁陵等山水冊 12 之 1 幀）	冊頁	紙	設色	不詳		北京 故宮博物院	
山水圖（書畫集錦冊 14 之 1 幀）	冊頁	絹	設色	不詳		北京 中國歷史博物館	
山水圖（龔賢等書畫冊 8 之 1 幀）	冊頁	紙	水墨	不詳		北京 中國歷史博物館	
書畫（12 幀）	冊	紙	水墨	（每幀）22.4 x 17.3	庚戌（康熙九年，1670）	天津 天津市藝術博物館	
山水圖（10 幀）	冊	紙	水墨	不詳	戊辰（康熙二十七年，1688）	津 天津市藝術博物館	
山水圖（12 幀）	冊	紙	設色	不詳		青島 山東省青島市博物館	
仿各家山水、竹石圖（8 幀）	冊	紙	水墨	不詳	辛酉（康熙二十年，1681）	煙臺 山東省煙臺市博物館	
山水圖（為書雲作，? 幀）	冊	紙	水墨	不詳	癸酉（康熙三十二年，1693）小春月	合肥 安徽省博物館	
山水圖（清陳洽等書畫冊之 1 幀）	摺扇面	金箋	水墨	不詳	戊申（康熙七年，1668）	南京 南京市博物館	
山水圖	冊頁	紙	設色	不詳	丙午（康熙五年，1666）	揚州 江蘇省揚州市博物館	
山水圖	冊頁	紙	水墨	不詳	康熙丙辰（十五年，1676）	南通 江蘇省南通博物苑	
仿宋元人山水圖（8 幀）	冊	紙	設色	（每幀）27 x 21	乙丑（康熙二十四年，1685）二月	南通 江蘇省南通博物苑	
山水圖（10 幀，為五老作）	冊	紙	設色、水墨	（每幀）23.9 x 21.4	乙巳（康熙四年，1665）初夏	上海 上海博物館	
仿古山水圖（10 幀）	冊	紙	設色	（每幀）21.1 x 17.2	丙午（康熙五年，1666）	上海 上海博物館	
仿宋元山水圖（12 幀）	冊	紙	設色、水墨	（每幀）23 x 16.1	丁未（康熙六年，1667）九月	上海 上海博物館	
山水圖	摺扇面	紙	水墨	不詳	戊申（康熙七年，1668）	上海 上海博物館	
仿元明山水圖（8 幀）	冊	紙	水墨、設色	不詳	戊申（康熙七年，1668）春日	上海 上海博物館	
山水圖（8 幀）	冊	紙	水墨	（每幀）24.5 x 31.3	己酉（康熙八年，1669）	上海 上海博物館	

名稱	形式	質地	色彩	尺寸 高x寬cm	創作時間	收藏處所	典藏號碼
書畫自賞（10幀）	冊	紙	設色	（每幀）18.7 x 15.4	庚戌（康熙九年，1670）	上海 上海博物館	
仿宋元十二家山水圖（12幀，為允企作）	冊	紙	設色、水墨	（每幀）22.2 x 17.7	甲寅（康熙十三年，1674）浴佛日	上海 上海博物館	
仿古山水圖（6幀）	冊	紙	設色	（每幀）23.8 x 19.4	甲寅（康熙十三年，1674）八月	上海 上海博物館	
林亭秋曉圖	摺扇面	紙	水墨	不詳	戊午（康熙十七年，1678）立夏	上海 上海博物館	
仿古山水圖（12幀，為漢白作）	冊	紙	水墨、設色	（每幀）28.5 x 21.8	康熙己未（十八年，1679）清和月廿一日	上海 上海博物館	
山水圖（8幀）	冊	紙	設色、水墨	（每幀）29 x 22.2	壬申（康熙三十一年，1692）七月	上海 上海博物館	
畫（項穆之、醒甫等雜畫冊22之1）	冊頁	紙	設色	38.5 x 23.6		上海 上海博物館	
滌硯圖	摺扇面	紙	設色	不詳		南京 南京博物院	
柴門老樹圖	摺扇面	紙	水墨	不詳		南京 南京博物院	
山水圖（8幀）	冊	絹	設色	不詳		南京 南京市博物館	
山水圖（清陳洽等書畫冊之1幀）	摺扇面	金箋	水墨	不詳		南京 南京市博物館	
山水圖（8幀）	冊	紙	水墨	不詳	己巳（康熙二十八年，1689）冬日	杭州 浙江省博物館	
山水圖（10幀）	冊	絹	水墨	不詳		杭州 浙江省博物館	
山水圖	摺扇面	金箋	水墨	不詳		杭州 浙江省博物館	
柳溪泛舟圖	摺扇面	紙	水墨	不詳		杭州 浙江省博物館	
山水圖（10幀）	冊	紙	水墨	不詳	辛未（康熙三十年，1691）八月中秋日	杭州 浙江省杭州市文物考古所	
瀟湘白雲圖	摺扇面	金箋	水墨	不詳		杭州 浙江省杭州市文物考古所	
山水圖（8幀）	冊	紙	設色	（每幀）22.7 x 29.8	戊午（康熙十七年，1678）	南昌 江西省博物館	
林亭秋晚圖	摺扇面	紙	設色	不詳	戊午（康熙十七年，1678）	成都 四川省博物院	
仿古山水圖（8幀）	冊	絹	水墨	（每幀）29.2		貴陽 貴州省博物館	

名稱	形式	質地	色彩	尺寸 高×寬㎝	創作時間	收藏處所	典藏號碼
				× 24.5			
山水圖（10幀）	冊	紙	水墨	（每幀）24.9 × 21.2	甲寅（康熙十三年，1674）十二月	日本 東京國立博物館	
夏山煙雨圖（仿董北苑筆意）	冊頁	紙	設色	24 × 21.4		日本 東京藝術大學美術館	
仿李營邱山水（清人書畫扇冊之1）	摺扇面	紙	水墨	不詳		日本 東京橋本辰二郎先生	
山水圖（寒林水舍）	軸	紙	水墨	不詳		日本 東京張允中先生	
山水圖（8幀）	冊	紙	設色	（每幀）29.9 × 15.9		日本 京都國立博物館	A甲665
擬郭河陽法山水（10幀，奉正於升先生）	冊	紙	設色	（每幀）21 × 15	丙午（康熙五年，1666）長至又二日	日本 京都川島直次郎先生	
仿古山水圖（12幀）	冊	紙	設色	（每幀）23.5 × 19.1	丁卯（康熙二十六年，1687）長夏	日本 山口良夫先生	
山水圖（10幀）	冊	紙	水墨	（每幀）22.2 × 16.4	庚申（康熙十九年，1680）秋月	日本 中埜又左衛門先生	
山水圖（明清諸賢詩畫扇面冊之第30幀）	摺扇面	金箋	水墨	16.9 × 51.6		日本 私人	
溪山放棹圖	摺扇面	紙	水墨	17.4 × 52.3	丁巳（康熙十六年，1677）三月	日本 私人	
山水圖	摺扇面	紙	水墨	15.3 × 46.7		美國 耶魯大學藝術館	1986.141.7
山水圖（10幀）	冊	紙	設色	（每幀）25.6 × 19.1	戊申（康熙七年，1668）秋	美國 New Haven 翁萬戈先生	
山水圖（10幀）	冊	紙	設色	（每幀）29.9 × 39.4	甲子（康熙廿三年，1684）三月	美國 克利夫蘭藝術博物館	55.37
山水圖（12幀）	冊	紙	設色	（每幀）19.1 × 13.8		美國 勃克萊加州大學藝術館	CC291
山水圖（10幀）	冊頁	紙	水墨	18.2 × 14.4	甲午（順治十一年，1654）立秋	美國 勃克萊加州大學藝術館（高居翰教授寄存）	
山水圖（8幀）	冊	紙	水墨	（每幀）20.6 × 31.5	己巳（康熙二十八年，1689）秋日	美國 勃克萊加州大學藝術館（Schlenker 先生寄存）	
山水圖（8幀）	冊	紙	水墨	（每幀）20.6 × 31.6		美國 加州曹仲英先生	
山水圖（12幀）	冊	紙	設色、水墨	（每幀）31 × 22	丁卯（康熙二十六七年，1687）春	美國 鳳凰市美術館（Mr.Roy And Marilyn Papp 寄存）	

名稱	形式	質地	色彩	尺寸 高×寬cm	創作時間	收藏處所	典藏號碼
山水圖（四朝墨寶冊之1）	冊頁	紙	水墨	22.6 × 30.6	康熙丁丑（三十六年，1697）冬	英國 倫敦大英博物館	1946.4.1313（ADD219）
山水圖	摺扇面	紙	設色	15.6 × 51.3		德國 柏林東亞藝術博物館	1988-188
山水圖	冊頁	紙	水墨	23.5 × 33.9		德國 柏林東亞藝術博物館	1988-393
附：							
山水圖（為婿方子東作）	卷	紙	水墨	不詳	庚午（康熙二十九年，1690）冬	北京 北京市文物商店	
煙樹層巒圖	卷	紙	水墨	16 × 105		香港 佳士得藝品拍賣公司/拍賣目錄 1991,03,18	
疏林亭子圖	卷	絹	水墨	28 × 94.5		紐約 佳士得藝品拍賣公司/拍賣目錄 1994,11,30	
山水圖	卷	紙	設色	31.1 × 274.3	庚子（順治十七年，1660）秋日	紐約 佳士得藝品拍賣公司/拍賣目錄 1997,09,19	
仿趙大年山水圖	軸	絹	設色	92.5 × 50.8		北京 北京市工藝品進出口公司	
雲樹江村圖	軸	紙	水墨	不詳	康熙二年（癸卯，1663）嘉平月六日	北京 榮寶齋	
湖鄉清夏圖	軸	絹	設色	95 × 51	庚午（康熙二十九年，1690）	上海 朵雲軒	
山水圖	軸	紙	設色	不詳		上海 朵雲軒	
林亭遠岫圖	軸	紙	水墨	不詳		上海 朵雲軒	
秋山閒憩圖	軸	紙	設色	不詳		上海 朵雲軒	
溪山雨餘圖	軸	紙	水墨	不詳		上海 朵雲軒	
書畫合璧	軸	紙	設色	不詳		上海 朵雲軒	
仿一峰山水圖	軸	紙	水墨	130.1 × 50.5	乙亥（康熙三十四年，1695）	上海 上海友誼商店古玩分店	
雙松行舟圖	軸	絹	水墨	不詳		上海 上海市文物商店	
紅樹青山圖	軸	絹	設色	156 × 48		上海 上海工藝品進出口公司	
煙巒重疊圖	軸	紙	水墨	不詳		無錫 無錫市文物商店	
山溪浮艇圖	軸	紙	水墨	196.5 × 75.1		蘇州 蘇州市文物商店	
楚山春曉圖	軸	紙	設色	170 × 76		武漢 湖北省武漢市文物商店	
溪山雲樹圖	軸	紙	水墨	183 × 53		昆明 雲南省文物商店	
山水圖	軸	紙	水墨	122 × 45.7	戊午（康熙十七年，1678）春暮	紐約 蘇富比藝品拍賣公司/拍賣目錄 1981.10.25.	

名稱	形式	質地	色彩	尺寸 高×寬cm	創作時間	收藏處所	典藏號碼
仿王蒙山水圖	軸	絹	水墨	172.7 × 50.4		紐約 蘇富比藝品拍賣公司/拍賣目錄 1983.12.07.	
畫北苑墨法山水圖	軸	紙	水墨	95.5 × 35.5	康熙己未（十六年，1677）二月	紐約 佳士得藝品拍賣公司/拍賣目錄 1984,06,29	
湖山春曉圖	軸	綾	水墨	152.5 × 50.8	辛酉（康熙二十年，1681）花朝前二日	紐約 佳士得藝品拍賣公司/拍賣目錄 1984,06,29	
山居養鶴圖（為宗周道仁兄作）	軸	紙	設色	156.5 × 78.4	乙巳（康熙四年，1665）冬仲	香港 蘇富比藝品拍賣公司/拍賣目錄 1984,11,11	
仿倪瓚山水（為不凡社兄作）	軸	紙	水墨	78.1 × 36.5		紐約 蘇富比藝品拍賣公司/拍賣目錄 1985,06,03	
梅石圖	軸	紙	水墨	104.5 × 47	康熙辛未（三十年，1691）十月望日	紐約 佳仕得藝品拍賣公司/拍賣目錄 1986,06,04	
仿雲林山水圖	軸	絹	水墨	158.1 × 45.8	戊子（順治五年，1648）中秋前一日	紐約 佳仕得藝品拍賣公司/拍賣目錄 1986,12,01	
山水圖（溪山白雲）	軸	絹	設色	137 × 96	甲寅（康熙十三年，1674）秋日	紐約 蘇富比藝品拍賣公司/拍賣目錄 1987,12,08	
觀瀑圖	軸	紙	水墨	32.4 × 22.2	康熙己未（十八年，1679）四月	紐約 佳士得藝品拍賣公司/拍賣目錄 1987,12,11	
仿黃公望山水圖	軸	紙	設色	78.2 × 36.5		紐約 蘇富比藝品拍賣公司/拍賣目錄 1988,11,30	
古木竹石圖	軸	紙	水墨	145.5 × 42		紐約 佳士得藝品拍賣公司/拍賣目錄 1988,11,30	
仿吳鎮山水圖	軸	紙	設色	159 × 50		紐約 佳士得藝品拍賣公司/拍賣目錄 1989,12,04	
松杉擁翠圖	軸	紙	水墨	175 × 51.5		紐約 佳士得藝品拍賣公司/拍賣目錄 1990,05,31	
溪山放棹圖	軸	絹	水墨	169.5 × 49.5		紐約 佳士得藝品拍賣公司/拍賣目錄 1990,05,31	
騎驢看山圖	軸	紙	水墨	88.5 × 50		紐約 佳士得藝品拍賣公司/拍賣目錄 1991,05,29	
溪山艇子圖	軸	紙	水墨	242.5 × 106.5		香港 佳士得藝品拍賣公司/拍賣目錄 1991,03,18	
仿倪雲林山水圖	軸	紙	水墨	204.4 × 75.4		紐約 佳士得藝品拍賣公司/拍賣目錄 1991,11,25	

名稱	形式	質地	色彩	尺寸 高x寬㎝	創作時間	收藏處所	典藏號碼
仿倪雲林山水圖	軸	紙	水墨	47.5 x 29		紐約 佳士得藝品拍賣公司/拍賣目錄 1992,06,02	
溪山艇子圖	軸	絹	設色	171.5 x 99.7		紐約 佳士得藝品拍賣公司/拍賣目錄 1992,06,02	
柳溪消夏圖	軸	紙	水墨	93.5 x 51.5	丙子（康熙三十五年，1696）暮春	紐約 佳士得藝品拍賣公司/拍賣目錄 1992,12,02	
長松生夏寒圖	軸	紙	水墨	216 x 78.8		紐約 佳士得藝品拍賣公司/拍賣目錄 1992,12,02	
深山行吟圖	軸	紙	設色	73 x 28		紐約 佳士得藝品拍賣公司/拍賣目錄 1993,12,01	
清江漁艇圖	軸	紙	設色	130.8 x 63		紐約 佳士得藝品拍賣公司/拍賣目錄 1993,12,01	
竹樹圖	軸	紙	水墨	155.5 x 51.5	癸丑（康熙十二年，1673）秋	紐約 佳士得藝品拍賣公司/拍賣目錄 1994,06,01	
綠陰釣艇圖	軸	紙	水墨	130.8 x 50.8	乙亥（康熙三十四年，1695）春杪	紐約 佳士得藝品拍賣公司/拍賣目錄 1994,11,30	
山水圖	軸	絹	水墨	89 x 38.1	甲子（康熙二十三年，1684）秋日	紐約 佳士得藝品拍賣公司/拍賣目錄 1995,03,22	
雲山圖	軸	紙	水墨	162.5 x 57	癸丑（康熙十二年，1673）花朝後三日	香港 佳士得藝品拍賣公司/拍賣目錄 1996,04,28	
仿黃子久秋山圖畫法山水	軸	紙	水墨	26.5 x 20.5	康熙丁丑（三十六年，1697）前十年	紐約 佳士得藝品拍賣公司/拍賣目錄 1996,09,18	
仿倪瓚山水圖	軸	紙	水墨	66 x 43.2		紐約 佳士得藝品拍賣公司/拍賣目錄 1996,09,18	
仿梅花道人山水圖	軸	紙	設色	176.5 x 47		紐約 佳士得藝品拍賣公司/拍賣目錄 1997,09,19	
策杖行吟圖	軸	紙	設色	123.3 x 27.7		紐約 佳士得藝品拍賣公司/拍賣目錄 1997,09,19	
山水圖（清人雜畫扇面冊之一幀）	摺扇面	紙	水墨	不詳		北京 北京市工藝品進出口公司	
山水圖（12幀）	冊	絹	設色	（每幀）21 x 15	丙寅（康熙二十五年，1686）	上海 朵雲軒	
江干送別圖	摺扇面	紙	水墨	不詳	康熙二十八年（己巳，1689）	上海 朵雲軒	

名稱	形式	質地	色彩	尺寸 高x寬cm	創作時間	收藏處所	典藏號碼
山水圖（6幀）	冊	絹	設色	（每幀）20 x 15		上海 朵雲軒	
山水圖（10幀）	冊	絹	設色	（每幀）30 x 25.4	壬寅（康熙元年，1662）九月	紐約 蘇富比藝品拍賣公司/拍賣目錄 1988,11,30	
山水圖	摺扇面	紙	水墨	18 x 51.5		紐約 佳士得藝品拍賣公司/拍賣目錄 1988,11,30	
山水小景（新安名家合錦冊第4幀）	冊頁	紙	水墨	11 x 14	癸巳（順治十年，1653）二月	紐約 佳士得藝品拍賣公司/拍賣目錄 1990,05,31	
仿倪瓚山水圖	冊頁	紙	水墨	24.5 x 33	庚戌（康熙九年，1670）九月	紐約 佳士得藝品拍賣公司/拍賣目錄 1991,05,29	
摹北苑秋曉圖（諸名家雜畫冊之一幀）	冊頁	紙	水墨	25.4 x 33		紐約 佳士得藝品拍賣公司/拍賣目錄 1992,12,02	
山水圖（4幀）	冊頁	紙	水墨	（每幀）28 x 22.5	己未（康熙十八年，1679）十月	紐約 佳士得藝品拍賣公司/拍賣目錄 1993,06,04.	
柳溪垂釣圖	摺扇面	金箋	水墨	17 x 51.5	丙辰（康熙十五年，1676）二月	紐約 佳士得藝品拍賣公司/拍賣目錄 1993,06,04	
仿古山水圖（8幀）	冊	紙	水墨、設色	（每幀）25.5 x 31	康熙丙寅（二十五年，1686）	紐約 佳士得藝品拍賣公司/拍賣目錄 1993,12,01	
山水圖（8幀）	冊	紙	水墨	（每幀）24.5 x 30		紐約 佳士得藝品拍賣公司/拍賣目錄 1994,11,30	
山水圖（8幀）	冊	紙	水墨	（每幀）23.2 x 15.6	丙寅（康熙二十五年，1686）春三月	紐約 佳士得藝品拍賣公司/拍賣目錄 1995,03,22	
山水圖（8開）	冊	紙	水墨	（每幀）20.5 x 31.5	己巳（康熙二十八年，1689）秋日	紐約 佳士得藝品拍賣公司/拍賣目錄 1996,03,27	
仿古山水圖（8幀）	冊	紙	水墨	（每幀）21 x 16		紐約 佳士得藝品拍賣公司/拍賣目錄 1996,03,27	

畫家小傳：查士標。字二瞻。號梅壑。海陽人。生於明神宗萬曆四十三（1615）年。卒於清聖祖康熙三十七（1698）年。明末諸生。明亡，棄舉子業，專事書畫。家富收藏，精鑑賞。書學董其昌。畫法倪瓚，筆墨精簡，氣韻荒寒。為徽派健將。（見圖繪寶鑑續纂、國朝畫徵錄、江南通志、耕硯田齋筆記、桐陰論畫、嘯虹筆記、中國畫家人名大辭典）

龔鼎孳

名稱	形式	質地	色彩	尺寸 高x寬cm	創作時間	收藏處所	典藏號碼
山水圖（為魏蔚州作）	軸	紙	設色	113 x 35.6	己亥（順治十六年，1659）七月廿五日	香港 徐伯郊先生	

畫家小傳：龔鼎孳。字孝升。號芝麓。安徽合肥人。龔孚肅之子。生於明萬曆四十三（1615）年。卒於清聖祖康熙十二（1673）年。明崇禎元年翰林。清康熙間官至禮部尚書。博學洽聞。工詩文。善書畫。（見甌缽羅室書畫過目考、中國畫家人名大辭典）

名稱	形式	質地	色彩	尺寸 高x寬 cm	創作時間	收藏處所	典藏號碼

左 楨

名稱	形式	質地	色彩	尺寸 高x寬 cm	創作時間	收藏處所	典藏號碼
山水圖	卷	紙	水墨	不詳	壬辰（順治九年，1652）	北京 故宮博物院	
怪石圖	軸	綾	水墨	322.2 x 78.8	崇楨十三年（庚辰，1640）	美國 堪薩斯市納爾遜-艾金斯藝術博物館	67-17
山水圖	摺扇面	金箋	水墨	不詳	丁亥（順治四年，1647）初夏	北京 故宮博物院	

畫家小傳：左楨。籍里、身世不詳。善畫山水，有宋郭熙風格。流傳署款紀年作品見於明崇禎十三（1640）年，至清世祖順治九（1652）年。（見國朝畫徵續錄、中國畫家人名大辭典）

曹有光

名稱	形式	質地	色彩	尺寸 高x寬 cm	創作時間	收藏處所	典藏號碼
翠微煙靄圖	卷	絹	設色	32.2 x 320.1	丁亥（順治四年，1647）	廣州 廣東省博物館	
花蝶圖	卷	絹	設色	不詳	壬辰（順治九年，1652）	廣州 廣州市美術館	
千峰萬壑圖	軸	絹	設色	172 x 46.5	己亥（順治十六年 年659）	瀋陽 遼寧省博物館	
仿王蒙山水圖	軸	絹	設色	不詳	戊戌（順治十五年，1658）	北京 故宮博物院	
桃花滿徑圖	軸	金箋	設色	69 x 49.4	庚子（順治十七年，1660）臘月之望	北京 故宮博物院	
仿董源山水圖	軸	絹	設色	不詳	辛丑（順治十八年，1661）秋仲	北京 故宮博物院	
仿一峰山水圖	軸	絹	設色	196.4 x 48		天津 天津市藝術博物館	
山水圖	軸	絹	設色	164.5 x 40	丙午（康熙五年，1666）	天津 天津市歷史博物館	
山水圖	軸	綾	水墨	不詳	壬寅（康熙元年，1662）夏仲	太原 山西省博物館	
松下停舟圖	軸	紙	設色	54.7 x 45.4	丁亥（順治四年，1647）	杭州 浙江省博物館	
仿高房山山水圖	軸	絹	設色	不詳		紹興 浙江省紹興市博物館	
千崖秋爽圖	軸	絹	設色	不詳	庚寅（順治七年，1650）	重慶 重慶市博物館	
水鳴松雲圖	軸	絹	設色	189 x 87	癸卯（康熙二年，	廣州 廣東省博物館	

名稱	形式	質地	色彩	尺寸 高×寬cm	創作時間	收藏處所	典藏號碼
					1663）		
洞天雲海圖	軸	絹	設色	不詳		廣州 廣東省博物館	
秋景山水圖	軸	絹	設色	148.4 × 41.8		日本 東京岩崎小彌太先生	
松谿豪飲圖（法趙松雪筆）	軸	綾	設色	197 × 66.7		日本 京都桑名鐵城先生	
松谿豪飲圖	軸	絹	設色	197 × 66.5		日本 大阪橋本大乙先生	
紫薇（曹有光孫杕畫冊之1）	冊頁	紙	設色	30.4 × 39		台北 故宮博物院	故畫 01230-1
翠鳥藻魚（曹有光孫杕畫冊之2）	冊頁	紙	設色	30.4 × 39		台北 故宮博物院	故畫 01230-2
松竹水仙（曹有光孫杕畫冊之3）	冊頁	紙	水墨	30.4 × 39		台北 故宮博物院	故畫 01230-3
石竹（曹有光孫杕畫冊之4）	冊頁	紙	設色	30.4 × 39		台北 故宮博物院	故畫 01230-4
蠡斯豆蔻（曹有光孫杕畫冊之5）	冊頁	紙	設色	30.4 × 39	辛卯（順治八年，1651）十月之望	台北 故宮博物院	故畫 01230-5
杞實秋花（曹有光孫杕畫冊之6）	冊頁	紙	設色	30.4 × 39		台北 故宮博物院	故畫 01230-6
奇石花蝶（曹有光孫杕畫冊之7）	冊頁	紙	設色	30.4 × 39		台北 故宮博物院	故畫 01230-7
玉簪花卉（清花卉畫冊三冊之3）	冊頁	紙	水墨	不詳		台北 故宮博物院	故畫 03519-3
山水圖（10幀）	冊	金箋	設色	（每幀）31.4 × 34.3	庚寅（順治七年，1650）桂月	香港 中文大學中國文化研究所文物館	95.561
松下觀泉圖（清洪都等雜畫冊8之1幀）	冊頁	絹	設色	26 × 17	乙巳（康熙四年，1665）清和	天津 天津市歷史博物館	
雲山古寺圖（清劉度等山水花鳥冊8之1幀）	冊頁	絹	水墨	24.2 × 18.3	癸巳（順治十年，1653）夏至	天津 天津市藝術博物館	
策杖尋秋圖（清劉度等山水花鳥冊8之1幀）	冊頁	絹	水墨	24.2 × 18.3	癸巳（順治十年，1653）冬	天津 天津市藝術博物館	
為藏蘊作山水圖	摺扇面	金箋	水墨	不詳	壬辰（順治九年，1652）	上海 上海博物館	
山水圖	摺扇面	金箋	設色	不詳	乙巳（康熙四年，1665）	南京 南京博物院	
蜀道圖	摺扇面	金箋	設色	17.7 × 50.6	庚辰（崇禎十三年，1640）	南京 南京博物院	

名稱	形式	質地	色彩	尺寸 高x寬cm	創作時間	收藏處所	典藏號碼
曳杖扣雲嶺（明人書畫合璧冊之11，寫似莪翁）	冊頁	絹	設色	28.7 x 20	庚寅（順治七年，1650）	日本 大阪市立美術館	
花鳥圖（明清諸賢詩畫扇面冊之6）	摺扇面	金箋	水墨	16.6 x 52.2		日本 私人	
附：							
仿范華原法山水	軸	絹	設色	182.8 x 94.6	庚子（順治十七年，1660）秋仲	紐約 蘇富比藝品拍賣公司/拍賣目錄 1982,06,05.	
萬壑松濤圖	軸	絹	設色	178.1 x 92.1		紐約 佳士得藝品拍賣公司/拍賣目錄 1991,05,29.	
買魚沽酒圖	軸	紙	設色	179.5 x 95	庚子（順治十七年，1660）秋仲	紐約 佳士得藝品拍賣公司/拍賣目錄 1992,12,02.	
樹石圖（明藍瑛等樹石冊6之1幀）	冊頁	紙	水墨	不詳		上海 上海文物商店	
仿一峰老人山水圖（清章日能等雜畫冊14之1幀）	摺扇面	金箋	設色	29 x 37.4	乙巳（康熙四年，1665）中秋	武漢 湖北省武漢市文物商店	
海濤圖	摺扇面	金箋	水墨	17 x 53.5	甲辰（康熙三年，1664）	紐約 佳士得藝品拍賣公司/拍賣目錄 1993,06,04.	

畫家小傳：曹有光。字子夜（一作西畸）。江蘇吳縣（一作績溪）人，寄寓杭州西湖。康熙三年進士。善書畫。能作山水、花卉、草蟲，筆墨淡雅。流傳署款紀年作品見於明思宗崇禎十三（1640）年，至聖祖康熙五（1666）年。（見圖繪寶鑑續纂、國朝畫徵錄、百幅庵畫寄、中國畫家人名大辭典）

周世臣

名稱	形式	質地	色彩	尺寸 高x寬cm	創作時間	收藏處所	典藏號碼
淨墨山水圖	摺扇面	金箋	水墨	16.3 x 49.6		德國 柏林東亞藝術博物館	1988.379

畫家小傳：周世臣。字穎侯。江蘇宜興人。明思宗崇禎十三（1640）年進士。長於詩歌。工畫山水，師學藍瑛，筆墨淡遠。（見無聲詩史、圖繪寶鑑續纂、國朝畫識、湖海樓集、中國畫家人名大辭典）

陳 祐

名稱	形式	質地	色彩	尺寸 高x寬cm	創作時間	收藏處所	典藏號碼
桃花源圖	卷	紙	設色	25.7 x 294.5	庚辰（崇禎十三年，1640）	南京 南京博物院	
附：							
白描五百羅漢圖	卷	紙	水墨	32.5 x 2620		紐約 佳士得藝品拍賣公司/拍賣目錄 1995,03,22.	
山水（明清人山水書法冊之1幀）	摺扇面	金箋	設色	17.2 x 51		紐約 佳士得藝品拍賣公司/拍賣目錄 1995,3,22.	

名稱	形式	質地	色彩	尺寸 高×寬㎝	創作時間	收藏處所	典藏號碼

畫家小傳：陳祐。字君祚。人稱陳癡。江蘇崑山人。工寫真。清世祖順治十六（1659）年，湖寇犯吳，父子為賊所擄，祐為其首寫真，因像肖而喜獲釋。流傳署款紀年作品見於明思宗崇禎十三（1640）年。（見崑山志稿、中國畫家人名大辭典）

樊圻

名稱	形式	質地	色彩	尺寸 高×寬㎝	創作時間	收藏處所	典藏號碼
四時山水圖	卷	絹	設色	23.9 × 416	辛未（康熙三十年，1691）秋仲	台北 華叔和後真賞齋	
四時山水圖	卷	絹	設色	19.5 × 401.5	壬戌（康熙二十一年，1682）寅月	香港 張碧寒先生	
江浦風帆圖（為周亮工作）	卷	絹	設色	29 × 317	丁酉（順治十四年，1657）清和	瀋陽 遼寧省博物館	
柳溪漁樂圖（為承篤作）	卷	絹	設色	28.5 × 170	己酉（康熙八年，1669）蒲月	北京 故宮博物院	
花蝶圖	卷	絹	設色	外詳	辛卯（康熙五十年，1711）	北京 故宮博物院	
柳溪漁艇圖	卷	絹	設色	28.4 × 168		北京 故宮博物院	
金陵五景圖（冊頁裝）	卷	絹	設色	（每頁）30.1 × 60 不等	戊申（康熙七年，1668）	上海 上海博物館	
平山曲澗圖	卷	紙	設色	31.2 × 288	己丑（順治六年，1649）	杭州 浙江省博物館	
山水圖	卷	絖	水墨	160.2 × 46	康熙五年（丙午，1666）	日本 東京國立博物館	
蘭亭修禊圖	卷	絹	設色	28.1 × 392.8	辛卯（順治八年，1651）仲冬	美國 克利夫蘭藝術博物館	
山水圖	卷	紙	設色	30.7 × 411.5	乙酉（順治二年，1645）冬十一月	美國 舊金山亞洲藝術館	B66 D19
山水圖	卷	絹	設色	30.1 × ？		德國 柏林東亞藝術博物館	
山水圖	軸	絹	設色	206.5 × 89.5	乙巳（康熙四年，1665）夏四月	台北 吳普心先生	
桃源圖	軸	綾	設色	94 × 49.4	己巳（康熙二十八年，1689）春三月	瀋陽 遼寧省博物館	
秋山聽瀑圖（為黃翁作）	軸	絹	設色	183.6 × 57.6	戊申（康熙七年，1668）春	旅順 遼寧省旅順博物館	
寒林策杖圖	軸	紙	水墨	不詳	壬寅（康熙元年，1662）	北京 故宮博物院	

名稱	形式	質地	色彩	尺寸 高×寬cm	創作時間	收藏處所	典藏號碼
山水圖	軸	絹	設色	不詳	丙午（康熙五年，1666）	北京 故宮博物院	
觀梅圖	軸	綾	設色	不詳	丁未（康熙六年，1667）	北京 故宮博物院	
山水圖（通景12屏）	軸	絹	設色	不詳	壬申（康熙三十一年，1692）	北京 故宮博物院	
山水圖	軸	絹	設色	不詳		北京 故宮博物院	
山村秋色圖	軸	絹	設色	不詳	庚辰（康熙九年，1670）冬日	北京 中國歷史博物館	
山水圖（為晉翁作）	軸	絹	設色	192.5 × 55	丙寅（康熙二十五年，1686）小春	北京 首都博物館	
山徑騎驢圖	軸	絹	設色	169.7 × 48		北京 首都博物館	
溪山林壑圖	軸	絹	設色	123.5 × 38.8	庚寅（順治七年，1650）	北京 中央美術學院	
山水圖	軸	絹	設色	不詳		北京 中央美術學院	
歲寒三友圖	軸	紙	設色	88 × 57.5	癸亥（康熙二十二年，1683）嘉平月	天津 天津市藝術博物館	
梅溪會友圖	軸	綾	設色	163 × 50		濟南 山東省濟南市博物館	
洗桐圖	軸	絹	設色	103.3 × 52.5		青島 山東省青島市博物館	
花鳥圖（清陳卓等花鳥4幅之1）	軸	金箋	設色	248 × 65.1	（己未，康熙十八年，1679）	青島 山東省青島市博物館	
牡丹圖	軸	絹	設色	168.4 × 46.4		合肥 安徽省博物館	
秋山暮靄圖	軸	紙	設色	不詳	乙卯（康熙十四年，1675）	上海 上海博物館	
雪景山水圖	軸	紙	設色	162.9 × 49.3	丁巳（康熙十六年，1677）菊月	上海 上海博物館	
雪山圖	軸	絹	設色	46.5 × 28.3		上海 上海博物館	
寇湄像（吳宏、樊圻合作）	軸	紙	水墨	79.5 × 60.6	辛卯（順治八年，1651）	南京 南京博物院	
雪景山水圖	軸	絹	設色	83 × 48.3	丙午（康熙五年，1666）菊月	南京 南京博物院	
春山策杖圖（為旭翁作）	軸	金箋	設色	79 × 47.5	甲戌（康熙三十三	南京 南京博物院	

名稱	形式	質地	色彩	尺寸 高×寬 cm	創作時間	收藏處所	典藏號碼
					年，1694）春日		
長峰幽澗圖	軸	絹	設色	165 × 52.2	癸丑（康熙十二年，1673）冬月	南京 南京大學	
曲岸風帆圖	軸	紙	水墨	不詳	癸丑（康熙十二年，1673）	成都 四川大學	
秋林書屋圖	軸	綾	設色	77.2 × 47.6	甲辰（康熙三年，1664）	景德鎮 江西省景德鎮博物館	
奇峰飛瀑圖	軸	金箋	水墨	190 × 47	庚子（順治十七年，1660）	廣州 廣東省博物館	
遠浦梅村圖	軸	絹	設色	83.7 × 53.9		貴陽 貴州省博物館	
山水（巉峰溪屋圖）	軸	絹	設色	159.7 × 46.5	丙午（康熙五年，1666）冬日	日本 東京國立博物館	
忘憂貓兒圖	軸	綾	設色	141.8 × 38.4		日本 私人	
芙蓉小禽圖	軸	絹	設色	112 × 47.9		日本 私人	
秋山行旅圖	軸	絹	設色	127.1 × 50.2		美國 紐約 Weill 先生	
山水圖	軸	紙	水墨	135 × 39.5		美國 華盛頓特區弗瑞爾藝術館	80.145
山水圖	軸	絹	設色	181 × 81.6		美國 勃克萊加州大學藝術館	1980.37
山水圖	軸	紙	水墨	24.3 × 29.7		美國 勃克萊加州大學藝術館（高居翰教授寄存）	CC48
仿李唐山水圖	軸	絹	設色	206 × 100		捷克 布拉格 Narodoni Gale-rie v Praze	Vm3023-1161/139
竹林高士圖（山水冊之6）	冊頁	金箋	設色	28 × 20.4		台北 私人	
高士圖（山水冊之7）	冊頁	金箋	設色	28 × 20.4		台北 私人	
雪景山水圖（山水冊之8）	冊頁	金箋	設色	28 × 20.4		台北 私人	
林屋清溪圖	摺扇面	金箋	水墨	18.7 × 55.4		香港 莫華釗承訓堂	K92.56
墨筆花卉圖(12幀)	冊	紙	水墨	（每幀）20.3 × 48	壬戌（康熙二十一年，1682）寅月	香港 鄭德坤木扉	
山水圖（雜畫冊之5）	冊頁	紙	水墨	17.2 × 19.4		香港 葉承耀先生	
人物圖	摺扇面	金箋	設色	16.7 ×52	癸未（崇禎十六年，1643）	北京 故宮博物院	
山水圖（為素臣作，陳丹衷等	冊頁	紙	設色	12.9 × 21.5	辛卯（順治八年，	北京 故宮博物院	

名稱	形式	質地	色彩	尺寸 高x寬cm	創作時間	收藏處所	典藏號碼
六家山水冊12之2幀）					1651）春日		
拜影樓圖（為掌和作，史爾祉等作山水冊12之1幀）	冊頁	紙	設色	19.5 x 16		北京 故宮博物院	
山水圖（金陵諸家山水集錦冊12之1幀）	冊頁	紙	設色	26.3 x 21.3	（乙巳，康熙四年，1665）	北京 故宮博物院	
雲鎖江村圖（髡殘等十人山水合冊10之1幀）	冊頁	金箋	設色	29.9 x 32.2	丙午（康熙五年，1666）春日	北京 故宮博物院	
為孟翁作山水圖（樊圻等名人書畫冊12之1幀）	冊頁	絹	設色	25.7 x 32.5	戊申（康熙七年，1668）初夏	北京 故宮博物院	
山水圖（樊圻等名人書畫冊12之1幀）	冊頁	絹	設色	25.7 x 32.5		北京 故宮博物院	
山水圖	冊頁	紙	設色	25.4 x 31.4	己未（康熙十八年，1679）	北京 故宮博物院	
秋山行旅圖	摺扇面	紙	設色	18.7 x 55.2	甲子（康熙二十三年，1684）	北京 故宮博物院	
桃柳游騎圖	摺扇面	紙	設色	17.8 x 50.8	丁卯（康熙二十六年，1687）	北京 故宮博物院	
花卉圖	冊頁	紙	設色	25.4 x 31.4		北京 故宮博物院	
看月圖	摺扇面	金箋	設色	16.4 x 51.3	乙酉（康熙四十四年，1705）	北京 故宮博物院	
花蝶圖（金陵名筆集勝冊8之1幀）	冊頁	紙	設色	17 x 21.3		北京 故宮博物院	
山水圖（諸家山水圖冊12之1幀）	冊頁	紙	設色	26.5 x 22		北京 故宮博物院	
山水圖（畫宗領異圖冊25之1幀）	冊頁	紙	設色	不詳		北京 故宮博物院	
胡笳十八拍圖（18幀）	冊	絹	設色	（每幀）22.3 x 32.1		北京 首都博物館	
山水圖（陳洪綬等十人花卉山水冊10之1幀）	冊頁	紙	設色	23.1 x 3.5	癸卯（康熙二年，1663）	天津 天津市藝術博物館	
為惕翁作山水（清高岑等山水冊12之1幀）	冊頁	絹	設色	27.3 x 24.8	丙辰（康熙十五年，1676）秋八月	天津 天津市藝術博物館	
山水圖（8幀）	冊	絹	設色	（每幀）17.3 x 19.9		青島 山東省青島市博物館	

名稱	形式	質地	色彩	尺寸 高x寬cm	創作時間	收藏處所	典藏號碼
高閣凌雲圖	摺扇面	金箋	設色	不詳		合肥 安徽省博物館	
溪山無盡圖（樊圻、呂煥成山水冊8之6幀）	冊	紙	設色	（每幀）23.5 x 29		合肥 安徽省博物館	
山澗奔流圖（為子力作）	摺扇面	金箋	設色	不詳	丁酉（順治十四年，1657）夏日	上海 上海博物館	
為弨老作山水圖	摺扇面	金箋	水墨	不詳	戊戌（順治十五年，1658）夏日	上海 上海博物館	
山樓雲壑圖（為湧幢作，金陵畫家集畫冊10之第2幀）	冊頁	絹	設色	18.6 x 27.2	丙午（康熙五年，1666）春二月	上海 上海博物館	
臨流圖	冊頁	紙	設色	不詳	壬子（康熙十一年，1672）	上海 上海博物館	
山水圖（12幀）	冊	絹	設色	（每幀）13.1 x 22.1		上海 上海博物館	
山水圖（6幀）	冊	絹	設色	（每幀）29.9 x 21.8		上海 上海博物館	
塞外歸駝圖	冊頁	絹	設色	不詳		上海 上海博物館	
山水圖（10幀，與龔賢為湧幢合作）	冊	紙	水墨	不詳	丙午（康熙五年，1666）	上海 上海博物館	
山水圖（繪林集妙冊75之1幀）	冊頁	紙	設色	約26.6 x 30		上海 上海博物館	
朔風寒林圖（金陵名家山水冊之1幀）	冊頁	紙	設色	不詳	庚子（順治十七年，1660）冬日	南京 南京博物院	
山水圖（清金陵八家扇面集冊8之1幀）	摺扇面	金箋	水墨	18.4 x 54.3		南京 南京博物院	
松泉對酌圖	摺扇面	金箋	設色	17 x 51	乙丑（康熙二十四年，1685）	南京 南京市博物館	
高士舟居圖	摺扇面	金箋	水墨	16.5 x 51.2		日本 京都國立博物館	A甲577h
山水圖（8幀）	冊	紙	設色	（每幀）19.4 x 26.6	丁卯（康熙二十六年，1687）	重慶 重慶市博物館	
山水圖（2幀）	冊	絹	設色	（每幀）19 x 23		重慶 重慶市博物館	
山水圖（龔賢等山水冊8之1幀）	冊頁	紙	水墨	15.7 x 19.2		廣州 廣州市美術館	
山閣歸舟圖	摺扇面	紙	設色	不詳	庚戌（康熙九年，	南寧 廣西壯族自治區博物館	

名稱	形式	質地	色彩	尺寸 高×寬cm	創作時間	收藏處所	典藏號碼
					1670）		
山水圖（樊圻、樊沂山水合冊 8之4幀）	冊頁	絹	設色	（每幀）24.5 × 28		南寧 廣西壯族自治區博物館	
桐院清課圖（山水圖冊之1）	冊頁	紙	設色	17 × 20.2	丙戌（順治三年， 1646）秋九月	美國 紐約大都會藝術博物館	69.242.8
秋林策蹇圖（山水圖冊之2）	冊頁	紙	設色	17 × 20.2		美國 紐約大都會藝術博物館	69.242.9
松陰聽泉圖（山水圖冊之3）	冊頁	紙	設色	17 × 20.2		美國 紐約大都會藝術博物館	69.242.10
金陵遠眺圖（山水圖冊之4）	冊頁	紙	設色	17 × 20.2		美國 紐約大都會藝術博物館	69.242.11
江干風雨圖（山水圖冊之5）	冊頁	紙	設色	17 × 20.2		美國 紐約大都會藝術博物館	69.242.12
柳亭招涼圖（山水圖冊之6）	冊頁	紙	設色	17 × 20.2		美國 紐約大都會藝術博物館	69.242.13
策杖尋梅圖（山水圖冊之7）	冊頁	紙	設色	17 × 20.2		美國 紐約大都會藝術博物館	69.242.14
江磯遠帆圖（山水圖冊之8）	冊頁	紙	設色	17 × 20.2		美國 紐約大都會藝術博物館	69.242.15
山水圖（8幀，畫似玉翁先生）	冊	紙	設色	（每幀）15.2 × 18.8	癸丑（康熙十二年 ，1673）清和月	美國 紐約顧洛阜先生	
山水圖	摺扇面	金箋	設色	15.5 × 50		美國 紐約大都會藝術博物館 （紐約Denis 楊先生寄 存）	
山水花卉雜畫（10幀）	冊	絹	設色	（每幀）12.6 × 17.3		美國 克利夫蘭藝術博物館	75.22
山水圖（殘冊2幀 ）	冊頁	紙	設色	（每幀）17 × 20.4		美國 夏威夷火魯奴奴藝術學 院	4144.1、 4145.1
山水圖（為元翁作）	摺扇面	金箋	設色	15.8 × 51.8	壬寅（康熙元年， 1662）冬日	德國 柏林東方藝術博物館	1988-214
人物圖	摺扇面	金箋	設色	17.3 × 54		德國 柏林東方藝術博物館	1988-215
倚樹高士圖（寫似朗生老親翁）	摺扇面	金箋	設色	16.2 × 49.9	己亥（順治十六年 ，1659）孟夏	德國 科隆東方西亞藝術館	A55.25
附：							
四季山水圖	卷	絹	設色	23.8 × 418.2	辛未（康熙三十年 ，1691）秋日	紐約 佳士得藝品拍賣公司/拍 賣目錄 1987,12,11.	
四季山水圖	卷	絹	設色	19.3 × 385.4	壬申（康熙三十一 年，1692）春	紐約 蘇富比藝品拍賣公司/拍 賣目錄 1988,06,01.	
桃源圖	軸	絹	設色	不詳	己酉（康熙八年， 1669）秋日	北京 北京市文物商店	
策杖凌虛圖	軸	絹	設色	不詳	庚午（康熙二十九	北京 北京市文物商店	

名稱	形式	質地	色彩	尺寸 高x寬cm	創作時間	收藏處所	典藏號碼
					年，1690）夏日		
山水圖	軸	紙	設色	不詳	庚午（康熙二十九年，1690）	北京 北京市文物商店	
柳閣觀書圖（樊圻、陳卓合作）	軸	絹	設色	119.2 x 52.9	甲子（康熙二十三年，1684）	武漢 湖北省武漢市文物商店	
山水圖（龔賢等書畫屏 8 之 1 幅）	軸	紙	設色	24.7 x 15.5	（戊子，順治五年，1648）	武漢 湖北省武漢市文物商店	
山水圖	軸	絹	設色	222.3 x 95.3	乙卯（康熙十四年，1675）仲春	紐約 蘇富比藝品拍賣公司/拍賣目錄 1987,12,08.	
山水圖（15 幀）	冊	紙	水墨、設色	不詳	丁未（康熙六年，1667）二月	北京 北京市文物商店	
山水圖	摺扇面	紙	設色	不詳	癸卯（康熙二年，1663）	上海 朵雲軒	
秋江扁舟圖（清初金陵名家山水花鳥冊之一幀）	冊頁	紙	設色	不詳	庚戌（康熙九年，1670）冬日	紐約 佳士得藝品拍賣公司/拍賣目錄 1989,12,04.	
山水圖（金陵各家山水人物冊 12 之 4 幀）	冊頁	灑金箋	設色	28 x 20.3	乙酉（康熙四十四年，1705）冬	紐約 佳士得藝品拍賣公司/拍賣目錄 1992,06,02.	
策杖訪友圖	摺扇面	金箋	設色	19.5 x 56.5	己卯（康熙三十八年，1699）秋	紐約 佳士得藝品拍賣公司/拍賣目錄 1993,12,01.	

畫家小傳：樊圻。字會公。更字洽公。江寧人。生於明神宗萬曆四十四（1616）年。清聖祖康熙四十四（1705）年尚在世。善畫，山水、人物、花卉無不極其妙境。為「金陵八家」之一。（見圖繪寶鑑續纂、檡園讀畫錄、國朝畫徵錄、桐陰論畫、池北偶談、中國畫家人名大辭典）

黃宗炎

名稱	形式	質地	色彩	尺寸 高x寬cm	創作時間	收藏處所	典藏號碼
畫松（12 幀）	冊	紙	水墨	（每幀）25.9 x 27.8		日本 京都國立博物館	A甲 558

畫家小傳：黃宗炎。字晦水，一字立谿。人稱鷓鴣先生。浙江餘姚人。生於明神宗萬曆四十四（1616）年，卒於清聖祖康熙廿五（1686）年。明亡，以賣畫為生。善畫山水，宗法唐李昭道。又工書法與製硯。（見國朝畫徵續錄、桐陰論畫、書畫記略、中國畫家人名大辭典）

張 恂

名稱	形式	質地	色彩	尺寸 高x寬cm	創作時間	收藏處所	典藏號碼
山水圖	卷	綾	水墨	不詳	丙寅（康熙二十五年，1686）春夏之交	北京 故宮博物院	
他山求友圖	卷	紙	水墨	20.1 x 275.		北京 故宮博物院	

名稱	形式	質地	色彩	尺寸 高×寬cm	創作時間	收藏處所	典藏號碼
東汉山居圖	卷	紙	水墨	31 × 174		無錫 江蘇省無錫市博物館	
仿王蒙山水圖	軸	綾	水墨	161.2 × 47.5		瀋陽 遼寧省博物館	
仿北苑山水圖	軸	綾	設色	150.2 × 51.5		天津 天津市藝術博物館	
山水圖	軸	紙	水墨	不詳	丙寅（康熙二十五年，1686）秋七月	西安 西安市文物研究中心	
梧屋獨坐圖	軸	綾	設色	146.3 × 51.9		杭州 浙江省博物館	
太華八面圖	軸	絹	水墨	141.5 × 60		重慶 重慶市博物館	
門外飛泉圖	軸	絹	水墨	145 × 50.3		廣州 廣東省博物館	
山水（溪山幽趣圖）	軸	紙	設色	86 × 40.6	壬戌（康熙二十一年，1682）夏五	日本 京都泉屋博古館	
仿黃公望山水圖	軸	絹	設色	147.5 × 41.5		日本 大阪橋本大乙先生	
山水圖（為澹庵作，山水合璧冊12之1幀）	冊頁	紙	水墨	27.4 × 30		北京 中央工藝美術學院	
山水圖（為澹庵作，山水合璧冊12之1幀）	冊頁	紙	水墨	27.4 × 30		北京 中央工藝美術學院	
山水圖（12幀）	冊	紙	水墨	（每幀）20.3 × 25.7	乙未（康熙六年，1667）	天津 天津市藝術博物館	

畫家小傳：張恂。字穉恭。涇陽人。生於明神宗萬曆四十四(1616)年，聖祖康熙二十五（1686）年尚在世。明思宗崇禎十六(1643)年進士。工古文、詞。善畫山水，師法董源，後自成一家，善用枯筆。(見圖繪寶鑑續纂、國朝畫徵錄、櫟園讀畫錄、江南通志、清溪集、中國畫家人名大辭典等)

高 儼

名稱	形式	質地	色彩	尺寸 高×寬cm	創作時間	收藏處所	典藏號碼
四時山色圖	卷	紙	設色	30.8 × 475.8	乙丑（康熙二十四年，1685）中和節	香港 利榮森北山堂	
山水圖	卷	紙	水墨	27.5 × 229.7	辛丑（順治十八年，1661）冬	香港 何耀光至樂樓	
雪景山水圖	軸	紙	水墨	不詳		台北 故宮博物院	國贈 026718
夏壑寒泉圖	軸	紙	設色	174.7 × 38.2	庚申（康熙十九年，1680）孟夏	香港 香港美術館	FA1983.136
山水圖（雲瀑幽棲）	軸	絹	設色	211 × 47		香港 香港美術館	FA1981.033

名稱	形式	質地	色彩	尺寸 高x寬cm	創作時間	收藏處所	典藏號碼
山水人物圖	軸	絹	水墨	70.1 x 37.8	己巳（康熙二十八年，1689）	香港 中文大學中國文化研究所文物館	73.94
雪景山水圖	軸	絹	設色	169.7 x 91.4		香港 中文大學中國文化研究所文物館	73.98
秋寺晚鐘圖	軸	紙	設色	167 x 38.3		香港 何耀光至樂樓	
秋原策杖圖	軸	絹	設色	181.6 x 46.1		香港 許晉義崇宜齋	AG94
山寺泉聲圖	軸	綾	設色	142 x 50	庚午（康熙二十九年，1690）嘉平月	成都 四川省博物院	
夏山深秀圖	軸	絹	設色	174.5 x 151	丙午（康熙五年，1666）	廣州 廣東省博物館	
山水圖	軸	紙	設色	不詳	庚申（康熙十九年，1680	廣州 廣東省博物館	
水閣泛舟圖	軸	紙	設色	不詳	丙寅（康熙二十五年，1686）夏六月	廣州 廣州市美術館	
秋林觀瀑圖	軸	紙	設色	117 x 57.5		廣州 廣州市美術館	
溪樹扁舟圖	軸	綾	水墨	168.3 x 44.5	庚午（康熙二十九年，1690）	廣州 廣州美術學院	
山水人物圖	摺扇面	紙	水墨	51.7 x ?		香港 中文大學中國文化研究所文物館	
山村漁隱圖（清張穆等雜畫冊8之1幀）	冊頁	綾	設色	42 x 26	丁未（康熙六年，1667）冬日	廣州 廣州市美術館	
山水圖（12幀）	冊	紙	水墨、設色	（每幀）38.2 x 24.9		美國 私人	
附：							
春景山水圖	軸	紙	設色	40.7 x 26.5	癸丑（康熙十二年，1673）新春	紐約 佳士得藝品拍賣公司/拍賣目錄 1988,06,02.	
羅浮春曉圖	軸	綾	設色	182.8 x 44.	庚戌（康熙九年，1670）上春	紐約 佳士得藝品拍賣公司/拍賣目錄 1993,12,01.	
竹杖尋詩圖	軸	紙	設色	?	癸丑（康熙十二年，1673）新春	紐約 佳士得藝品拍賣公司/拍賣目錄 1997,09,19.	
山水圖（嶺南諸家書畫合冊之1幀）	冊頁	紙	水墨	25.4 x 17.2	庚戌（康熙九年，1670）秋八月	紐約 佳士得藝品拍賣公司/拍賣目錄 1994,06,01.	

畫家小傳：高儼。字望公。廣東新會人。生於明萬曆四十四（1616）年。清康熙二十九（1690）年尚在世。平南王尚可喜屢辟不就，

名稱	形式	質地	色彩	尺寸 高x寬cm	創作時間	收藏處所	典藏號碼

人稱高士。工詩、書，善畫山水，時稱「三絕」。（見圖繪寶鑑續纂、廣東通志、七十二松堂集、中國畫家人名大辭典）

舒時禎

名稱	形式	質地	色彩	尺寸 高x寬cm	創作時間	收藏處所	典藏號碼
王心一小像（舒時禎寫像、張宏補景）	卷	紙	設色	35.6 x 129.3	崇禎辛巳（十四年，1641）小春	天津 天津市藝術博物館	
周茂蘭像（王武補景）	軸	紙	設色	137.7 x 58.2	己亥（順治十六年，1659）	北京 故宮博物院	
廷朝居士像	軸	紙	設色	不詳	丁酉（順治十四年，1657）	南京 南京博物院	

畫家小傳：舒時禎。字固卿。江西人。身世不詳。善寫神。流傳署款紀年作品見於明思宗崇禎十四（1641）年至清世祖順治十六（1659）年。（見在亭叢稿、中國畫家人名大辭典）

汪 濬

名稱	形式	質地	色彩	尺寸 高x寬cm	創作時間	收藏處所	典藏號碼
雲山採芝圖（為欽之作）	卷	紙	設色	不詳	辛巳（崇禎十四年，1641）冬日	南京 南京博物院	
臨九龍山人溪山圖	卷	紙	設色	24.6 x 707.7	壬辰（順治九年，1652）春	上海 上海博物館	
山水圖 附：	摺扇面	紙	水墨	不詳		杭州 浙江省博物館	
山水圖	摺扇面	金箋	設色	16.5 x 51		紐約 佳士得藝品拍賣公司/拍賣目錄 1984,06,29.	

畫家小傳：汪濬。字秋澗。畫史無載。流傳署款紀年作品見於明思宗崇禎十四（1641）年，至清世祖順治九（1652）年。身世待考。

藍 孟

名稱	形式	質地	色彩	尺寸 高x寬cm	創作時間	收藏處所	典藏號碼
花卉圖（藍瑛等合作花卉卷之1段）	卷	紙	設色	不詳		北京 故宮博物院	
仿關仝山水圖	軸	絹	設色	不詳	甲辰（康熙三年，1664）	瀋陽 故宮博物院	
秋林逸居圖	軸	絹	設色	217.3 x 68.3	康熙三年（甲辰，1664）六月	旅順 遼寧省旅順博物館	
華峽春暉圖	軸	絹	設色	不詳	戊申（康熙七年，1668）	旅順 遼寧省旅順博物館	
仿李成溪山秋老圖	軸	絹	設色	165.7 x 51	丁酉（順治十四年，1657）中秋	北京 故宮博物院	

名稱	形式	質地	色彩	尺寸 高x寬cm	創作時間	收藏處所	典藏號碼
山水圖（法李咸熙）	軸	綾	水墨	不詳	乙巳（康熙四年，1665）春二月望	北京 故宮博物院	
仿王蒙溪山深秀圖	軸	絹	設色	不詳		北京 故宮博物院	
仿米山水圖	軸	綾	水墨	不詳		北京 故宮博物院	
仿黃公望天池石壁圖	軸	絹	設色	不詳		北京 故宮博物院	
秋山訪友圖	軸	絹	設色	不詳		北京 故宮博物院	
溪山秋意圖	軸	絹	設色	172.4 x 47.3		北京 故宮博物院	
仿古山水圖（4幅）	軸	絹	設色	（每幅）185 x 46.8		北京 故宮博物院	
桃源漁隱圖	軸	絹	設色	不詳	辛巳（崇禎十四年，1641）	北京 中央工藝美術學院	
仿王蒙山水圖	軸	絹	設色	202 x 66.2	壬午（崇禎十五年，1642）	天津 天津市藝術博物館	
春湖橫笛圖	軸	絹	設色	220.5 x 96.8		天津 天津市藝術博物館	
仿倪瓚山水圖	軸	紙	水墨	41.5 x 30.9	甲申（順治元年，1644）	石家莊 河北省石家莊文物管理所	
秋林遐征圖	軸	絹	設色	180 x 47.5		太原 山西省博物館	
摹天池石壁圖	軸	絹	設色	180 x 46.5		濟南 山東省博物館	
秋林青嶂圖	軸	絹	設色	153 x 46.5	辛亥（康熙十年，1671）	濟南 山東省濟南市博物館	
仿曹雲西山水圖	軸	絹	設色	170.5 x 48.1		青島 山東省青島市博物館	
梅溪泛舟圖	軸	絹	設色	197 x ？	甲辰（雍正二年，1724）	煙臺 山東省煙臺市博物館	
木落皋亭圖	軸	綾	設色	151 x 50.5		泰州 江蘇省泰州市博物館	
秋山話舊圖	軸	絹	設色	不詳		上海 上海博物館	
雲壑清秋圖	軸	絹	設色	不詳		上海 上海博物館	
春山詩話圖	軸	絹	設色	183.5 x 91		鎮江 江蘇省鎮江市博物館	
晴嵐暖翠圖	軸	絹	設色	不詳	乙巳（康熙四年，1665）	無錫 江蘇省無錫市博物館	
玉堂牡丹圖	軸	絹	設色	193 x 97.6		無錫 江蘇省無錫市博物館	
江村消夏圖	軸	絹	設色	178.2 x 46.2		無錫 江蘇省無錫市博物館	

名稱	形式	質地	色彩	尺寸 高x寬cm	創作時間	收藏處所	典藏號碼
洞天青靄圖	軸	絹	設色	173.9 x 92.5	癸卯（康熙二年，1663）	杭州 浙江省博物館	
仿趙榮祿洞天春靄圖	軸	絹	設色	173.9 x 92.5	癸卯（康熙二年，1663）清和	杭州 浙江省博物館	
仿王晉卿梅花書屋圖	軸	絹	設色	181.4 x 47.1	甲辰（康熙三年，1664）冬杪	杭州 浙江省博物館	
曳杖尋詩圖	軸	絹	設色	174.5 x 47		杭州 浙江省杭州西泠印社	
荷鄉清夏圖	軸	絹	設色	184 x 47		杭州 浙江省杭州西泠印社	
仿倪瓚筆作春山疏樹圖	軸	絹	水墨	不詳	乙巳（康熙四年，1665）	成都 四川大學	
喬岳高秋圖	軸	絹	設色	191 x 92		南寧 廣西壯族自治區博物館	
山水圖	軸	絹	設色	212.1 x 48.5	甲辰（康熙三年，1664）夏午	日本 東京小幡酉吉先生	
法董源畫法山水圖	軸	絹	設色	158.6 x 44.3		日本 東京小幡醇一先生	
雲亭詩話圖（摹高克恭畫意，為采臣作）	軸	絹	設色	不詳		日本 東京小幡醇一先生	
雪景山水（仿王維寒江垂釣畫法）	軸	絹	設色	不詳	甲辰（康熙三年，1664）仲春	日本 東京岩崎小彌太先生	
秋景山水(秋山覓句)	軸	絹	設色	不詳		日本 東京西原龜三先生	
擬趙雍蕉蔭詩思意山水圖	軸	絹	設色	193 x 46.4		日本 江田勇二先生	
法趙孟頫仙源漁隱圖畫法山水圖	軸	絹	設色	185.9 x 46.9		日本 鈴木功子、輝子女士	
摹子久天池石壁圖筆法山水圖	軸	絹	設色	185.9 x 46.9	辛丑（順治十八年，1661）夏六月	日本 鈴木功子、輝子女士	
梅華書屋圖（仿王詵畫）	軸	絹	設色	182.7 x 48.5		日本 私人	
剡溪釣雪圖（仿王維畫法）	軸	絹	設色	220 x 95.5	乙巳（康熙四年，1665）秋	日本 私人	
山水人物圖	軸	絹	設色	230.8 x 96.9		美國 西雅圖市藝術館	34.176
仿巨然山水圖	軸	絹	設色	182.5 x 47	甲辰（康熙三年，1664）夏月	美國 鳳凰市美術館（Mr.Roy And Marilyn Papp 寄存）	
仿黃山水圖（為梁子舉作）	摺扇面 紙		設色	不詳	壬午（崇禎十五年，1642）	天津 天津市藝術博物館	

名稱	形式	質地	色彩	尺寸 高x寬㎝	創作時間	收藏處所	典藏號碼
山水圖（8幀）	冊	紙	設色	（每幀）25.2 x 32.1	癸未（崇禎十六年，1643）	上海 上海博物館	
仿古山水圖（12幀）	冊	絹	設色	（每幀）20.8 x 27.3	戊申（康熙七年，1668）秋八月一日	上海 上海博物館	
閉戶註經圖（為西樵作，四家山水冊8之1幀）	冊頁	紙	設色	17.5 x 18.8	（丙午秋，康熙五年，1666）	上海 上海博物館	
仿黃鶴山樵畫法山水圖（四家山水冊8之1幀，為西樵作）附：	冊頁	紙	設色	17.5 x 18.8	（丙午秋，康熙五年，1666）	上海 上海博物館	
幽居圖	卷	絹	水墨	30 x 281	辛丑（順治十八年，1661）三月	紐約 佳士得藝品拍賣公司/拍賣目錄 1996,03,27.	
曲江樓閣圖	軸	絹	設色	不詳		青島 青島市文物商店	
秋江放舟圖	軸	絹	設色	181.6 x 47	甲辰（康熙三年，1664）	上海 上海文物商店	
青山紅樹圖（仿張僧繇）	軸	絹	設色	100.5 x 46.2		紐約 佳士得藝品拍賣公司/拍賣目錄 1988,06,02.	
仿元人山水圖	軸	紙	設色	122 x 40.5		紐約 佳士得藝品拍賣公司/拍賣目錄 1993,06,04.	
山水圖	軸	紙	水墨	121.9 x 40.7		紐約 佳士得藝品拍賣公司/拍賣目錄 1998,03,24.	

畫家小傳：藍孟。字次工（一作亦與）。浙江錢塘人。藍瑛之子。善畫山水，摹仿宋元人。流傳署款紀年作品見於思宗崇禎十四(1641)年，至清聖祖康熙十(1671)年。（見明畫錄、杭州府志、中國畫家人名大辭典）

何騰蛟

高士觀瀑圖	軸	紙	設色	162.5 x 53.8	辛巳（崇禎十四年，1641）初夏	日本 大阪市立美術館	

畫家小傳：何騰蛟。字雨生。福建惠安人。工畫山水，大幅動筆蒼老，小幀脫穎秀媚。流傳署款紀年作品見於崇禎十四(1641)年。（見惠安縣志、中國畫家人名大辭典）

吳 宏

山水圖	卷	不詳	不詳	不詳		北京 故宮博物館	
清江行旅圖	卷	紙	設色	不詳	康熙壬子（十一年，1672）重九前一日	上海 上海博物館	
小遠歌圖	卷	紙	設色	30.8 x 137.1		上海 上海博物館	

名稱	形式	質地	色彩	尺寸 高×寬㎝	創作時間	收藏處所	典藏號碼
竹石圖	卷	紙	水墨	27 × 402.5		廣州 廣東省博物館	
蒼松圖	卷	紙	水墨	29.8 × 130.2		上海 上海博物館	
湖畔幽居圖	軸	絹	設色	200.4 × 47.3		台南 石允文先生	
秋山閒眺圖	軸	綾	水墨	101.5 × 51.2		瀋陽 故宮博物院	
江樓訪友圖	軸	絹	設色	160.8 × 78.2		旅順 遼寧省旅順博物館	
山水圖	軸	紙	設色	不詳	康熙丁未（六年，1667）春月	北京 故宮博物院	
擬元人山水圖	軸	絹	設色	不詳	康熙乙巳（四年，1665）新夏	中國歷史博物館	
竹石圖	軸	絹	水墨	不詳		中國歷史博物館	
負廓邨居圖	軸	絹	設色	198 × 98		天津 天津市藝術博物館	
春山遊侶圖	軸	絹	設色	96 × 55		天津 天津市歷史博物館	
水亭坐賞圖	軸	絹	設色	129.7 × 51.9		青島 山東省青島市博物館	
山水圖（清高岑等山水4幅之1）	軸	金箋	設色	249 × 65	（己未，康熙十八年，1679）	青島 山東省青島市博物館	
蘆艇夜泊圖	軸	絹	設色	146 × 63	壬子（康熙十一年，1672）	煙臺 山東省煙臺市博物館	
仿唐棣山水圖	軸	絹	設色	77 × 32		煙臺 山東省煙臺市博物館	
仿李唐山水圖	軸	紙	水墨	177 × 80	庚子（康熙五十九年，1720）	西安 陝西歷史博物館	
江帆山色圖	軸	絹	設色	198 × 51	乙卯（康熙十四年，1675）嘉平	合肥 安徽省博物館	
水榭待客圖（仿元人墨法）	軸	絹	設色	不詳	壬子（康熙十一年，1672）重九前二日	上海 上海博物館	
寇湄像（吳宏、樊圻合作）	軸	紙	水墨	79.5 × 60.6	辛卯（順治八年，1651）	南京 南京博物院	
松溪草堂圖（為石翁作）	軸	絹	設色	160.5 × 79.8	壬子（康熙十一年，1672）	南京 南京博物院	

名稱	形式	質地	色彩	尺寸 高x寬cm	創作時間	收藏處所	典藏號碼
仿元人山水圖	軸	綾	水墨	77.8 × 45.7	甲辰（康熙三年，1664）	景德鎮 江西省景德鎮博物館	
竹石圖	軸	絹	設色	156 × 56.5		成都 四川省博物院	
墨竹圖	軸	絹	水墨	241.1 × 102		日本 繭山龍泉堂	
鳳臺秋月圖	軸	絹	設色	不詳		日本 江田勇二先生	
山水圖	軸	綾	設色	159.3 × 41.8		日本 私人	
鳳台秋月圖	軸	絹	設色	177.1 × 51.4		美國 耶魯大學藝術館	1988.18.1
山水圖	軸	綾	設色	不詳		美國 紐約王季遷明德堂（孔達先生原藏）	
山水圖	軸	綾	設色	85.5 × 46.1		美國 勃克萊加州大學藝術館	1968.1
山水圖	軸	紙	設色	166.1 × 46.1		英國 倫敦大英博物館	1969.7.21.01（ADD370）
墨竹圖	軸	絹	水墨	218.4 × 73.5		瑞典 斯德哥爾摩遠東古物館	NMOK127
綠柳清溪圖（名人書畫合冊之13）	冊頁	紙	不詳	16.3 × 52.3		台北 故宮博物院	故畫 03582-13
擬元人山水圖	摺扇面	紙	水墨	不詳	康熙癸卯（二年，1663）陰月	北京 故宮博物院	
秋林讀書圖	摺扇面	紙	設色	不詳	康熙甲辰（三年，1664）二月	北京 故宮博物院	
山水圖	冊頁	紙	設色	不詳	康熙丙午（五年，1666）	北京 故宮博物院	
元人墨法山水圖（髡殘等十人山水合冊10之1幀）	冊頁	金箋	設色	29.9 × 32.2	丙午（康熙五年，1666）	北京 故宮博物院	
山水圖（樊圻等名人書畫冊12之1幀）	冊頁	絹	設色	25.7 × 32.5		北京 故宮博物院	
垂釣圖	摺扇面	紙	設色	15.1 × 44.9	康熙戊申（七年，1668）	北京 中國歷史博物館	
寒林溪館圖（陳洪綬等十人花卉山水冊10之1幀）	冊頁	紙	水墨	23.1 × 3.5	壬寅（康熙元年，1662）陽月	天津 天津市藝術博物館	
為惕翁作山水圖（清高岑等山水冊12之1幀）	冊頁	絹	設色	27.3 × 24.8	丙辰（康熙十五年，1676）中秋	天津 天津市藝術博物館	

名稱	形式	質地	色彩	尺寸 高x寬cm	創作時間	收藏處所	典藏號碼
嬰戲圖	冊頁	紙	設色	22.5 x 16.3		合肥 安徽省博物館	
為龍翁作山水圖	摺扇面	金箋	水墨	不詳	癸巳（順治十年，1653）	上海 上海博物館	
清溪獨釣圖	摺扇面	金箋	設色	不詳	乙未（順治十二年，1655）秋八月	上海 上海博物館	
山水圖（8幀）	冊	絹	設色	（每幀）17.5 x 20.3		上海 上海博物館	
古木幽居圖	冊頁	紙	水墨	不詳		上海 上海博物館	
仿元人山水圖	摺扇面	金箋	設色	不詳		上海 上海博物館	
山水圖（8幀）	冊	紙	水墨	不詳	庚寅（康熙四十九年，1710）	南京 南京博物院	
墨竹圖（清金陵八家扇面集冊8之1幀）	摺扇面	金箋	水墨	18.4 x 54.3		南京 南京博物院	
停舟讀書圖	摺扇面	金箋	設色	不詳		寧波 浙江省寧波市天一閣文物保管所	
仿蘇軾墨竹（清人書畫扇冊之9）	摺扇面	金箋	水墨	不詳		日本 東京橋本辰二郎先生	
山水圖	摺扇面	金箋	設色	16.3 x 51.7		德國 柏林東亞藝術博物館	1988-321
山水人物圖（12幀）	冊	紙	設色	（每幀）22.6 x 20.7		德國 柏林東亞藝術博物館	1988-448
附：							
擬李成墨法作山水圖	軸	紙	水墨	不詳	康熙丙辰（十五年，1676）秋八月	北京 北京市文物商店	
仿范華原墨法作山水(屏風)	軸	紙	水墨	不詳	庚午（康熙二十九年，1690）	北京 北京市文物商店	
江渚泊舟圖	軸	絹	設色	151.5 x 56		武漢 湖北省武漢市文物商店	
湖畔幽居圖	軸	絹	設色	200 x 47		紐約 佳仕得藝品拍賣公司/拍賣目錄1986,06,04.	
仿元人山水圖	摺扇面	金箋	水墨	16.5 x 49	辛巳（順治十四年，1641）夏日	紐約 佳士得藝品拍賣公司/拍賣目錄1996,09,18.	

畫家小傳：吳宏。字遠度。江西金溪人，家寓金陵。善畫山水，能自闢蹊徑。為「金陵八家」之一。流傳署款紀年作品見於明思宗崇禎十四（1641）年，至聖祖康熙二十九(1690)年。（見國朝畫徵錄、櫟園讀畫錄、桐陰論畫、安雅堂集、江寧志、中國畫家人名大辭典）

項玉筍

名稱	形式	質地	色彩	尺寸 高×寬㎝	創作時間	收藏處所	典藏號碼
墨蘭圖并書（2卷）	卷	紙	水墨	不詳	康熙三十年（辛未，1691）三月	成都 四川省博物院	
山水圖（清陳洽等書畫冊之1幀）	摺扇面	金箋	水墨	不詳		南京 南京市博物館	

畫家小傳：項玉筍。字知文（一字嵋雪）。浙江嘉興人。項聖謨從子。生於明神宗萬曆四十五（1617）年，聖祖康熙三十（1691）年尚在世。工寫墨蘭。（見國朝畫徵錄、中國畫家人名大辭典）

丘　園

名稱	形式	質地	色彩	尺寸 高×寬㎝	創作時間	收藏處所	典藏號碼
仿北苑山水圖（為崑翁作）	軸	絹	水墨	99.2 × 49.8	丁未（康熙六年，1667）夏日	北京 中央工藝美術學院	
仿王蒙山水圖	軸	紙	水墨	71.4 × 31.9	丁丑（康熙三十六年，1697）	上海 上海博物館	
擬古作觀泉圖	軸	紙	設色	不詳	己巳（康熙二十八年，1689）九秋	南京 南京博物院	

畫家小傳：丘園。字嶼雪。江蘇常熟人。隱居烏丘山，因號烏丘先生。生於明神宗萬曆四十五（1617）年，聖祖康熙二十八（1689）年尚在世。善度曲。工畫山水，得潑墨法；雪景尤妙。為黃鼎之師。（見海虞畫苑錄、琴川志、歸愚文鈔、中國畫家人名大辭典）

王　瀚

名稱	形式	質地	色彩	尺寸 高×寬㎝	創作時間	收藏處所	典藏號碼
仿米芾山水圖（各人書畫扇（王）冊之30）	摺扇面	紙	水墨	不詳		台北 故宮博物院	故畫 03560-30
山水圖	冊頁	絹	設色	25.2 × 19.8	癸未（崇禎十六年，1643）皋月	台北 華叔和後真賞齋	
山水圖（8幀）	冊	紙	水墨	不詳	乙未（順治十二年，1655）	北京 故宮博物院	
山水圖（10幀）	冊	紙	設色	不詳	壬午（崇禎十五年，1642	天津 天津市藝術博物館	

畫家小傳：王瀚。字其仲。自稱香山如來國中人。江蘇吳縣人。與金俊明同時。善畫山水，筆墨秀潤，集諸家之長，別具風致。流傳署款紀年作品見於明思宗崇禎十五（1642）年至清世祖順治十二年（1655）年。（見耕硯田齋筆記、金俊明題跋、中國畫家人名大辭典）

諸　昇

名稱	形式	質地	色彩	尺寸 高×寬㎝	創作時間	收藏處所	典藏號碼
竹石圖（為公佩作）	卷	絹	水墨	不詳	乙卯（康熙十四年，1675）小春	北京 故宮博物院	
雜畫（諸昇等五人雜畫合卷5之1段）	卷	紙	設色	不詳	丁卯（康熙二十六年，1687）	北京 故宮博物院	
竹石圖	卷	絹	水墨	不詳	壬戌（康熙二十一	上海 上海博物館	

名稱	形式	質地	色彩	尺寸 高x寬㎝	創作時間	收藏處所	典藏號碼
					年，1682)		
竹石清泉圖	卷	絹	水墨	37 x 510	壬戌（康熙二十一年，1682) 小春	南京 江蘇省美術館	
山水圖（曹振、諸昇合作）	卷	紙	水墨	27.6 x 206		杭州 浙江省博物館	
蘭竹石圖	卷	絹	水墨	33.5 x 541.8	戊申（康熙七年，1668)	成都 四川省博物院	
竹石圖	卷	絹	水墨	31.5 x 329.6	己巳（康熙二十八年，1689)	重慶 重慶市博物館	
蘭竹石圖	卷	紙	水墨	不詳	丁巳（康熙十六年，1677)	廣州 廣州市美術館	
墨竹	卷	紙	水墨	30 x 530.3	乙巳（康熙四年，1665) 小春	日本 東京幡生彌治郎先生	
竹石聚雀圖（諸昇、戴有合作）	卷	絹	設色	43.5 x 207.5		英國 倫敦大英博物館	1975.7.28.1 (ADD)
雪景竹石真跡	軸	絹	水墨	204.2 x 98.7	庚午（康熙二十九年，1690) 長夏，時年七十三	台北 故宮博物院	故畫 02992
畫竹	軸	紙	水墨	不詳		台北 故宮博物院	國贈 031064
蘭竹	軸	紙	水墨	23.5 x 33	癸亥（康熙二十二年，1683) 桂秋	台北 國泰美術館	
竹石圖	軸	絹	水墨	185 x 70.1		台北 長流美術館	
竹雀圖	軸	絹	設色	168.5 x 53	己巳（康熙二十八年，1689) 秋日	台北 清玩雅集	
蘭竹圖	軸	紙	水墨	23 x 32.6	壬寅（康熙元年，1662) 秋日	台北 張建安先生	
墨竹圖（為晴翁寫）	軸	綾	水墨	166 x 56.4	癸亥（康熙二十二年，1683) 桂秋	香港 何耀光至樂樓	
明人像(謝彬寫像、藍瑛補石、諸昇添竹)	軸	紙	設色	不詳	丙申（順治十三年，1656) 桂月	北京 故宮博物院	
雪竹圖	軸	絹	水墨	194.7 x 95.7	甲寅（康熙十三年，1674)	北京 故宮博物院	
竹石圖	軸	絹	水墨	不詳	丁卯（康熙二十六年，1687)	北京 故宮博物院	
墨竹圖	軸	絹	水墨	不詳	（康熙二十七年，戊辰，1688)	北京 故宮博物院	

名稱	形式	質地	色彩	尺寸 高×寬㎝	創作時間	收藏處所	典藏號碼
仿管仲姬竹石圖	軸	絹	水墨	不詳	戊辰（康熙二十七年，1688）	北京 故宮博物院	
竹石圖	軸	絹	水墨	不詳	己巳（康熙二十八年，1689）	北京 故宮博物院	
竹石圖	軸	絹	水墨	不詳	庚午（康熙二十九年，1690）	北京 故宮博物院	
山水圖	軸	絹	水墨	178 × 47		北京 故宮博物院	
竹雀圖（諸昇、戴有合作）	軸	絹	設色	153 × 63	丙寅（康熙二十五年，1686）七夕	北京 故宮博物院	
竹石圖	橫幅	紙	水墨	不詳		北京 中國歷史博物館	
竹石圖	軸	紙	水墨	不詳	壬戌（康熙二十一年，1682）	北京 首都博物館	
竹石圖	軸	紙	水墨	不詳	七十二叟（康熙二十八年，1689）	北京 首都博物館	
墨竹圖	軸	絹	水墨	不詳		北京 首都博物館	
竹石圖	軸	絹	水墨	不詳	辛未（康熙三十年，1691）	北京 中央美術學院	
竹泉圖	軸	絹	水墨	213.5 × 69.5	己未（康熙十八年，1679）	天津 天津市藝術博物館	
竹圖	軸	紙	水墨	不詳	甲子（康熙二十三年，1684）	天津 天津市藝術博物館	
竹林觀書圖（諸昇、曹垣合作）	軸	絹	設色	161 × 66	甲寅（康熙十三年，1674）	天津 天津市楊柳青畫社	
竹石圖通景（4幅）	軸	絹	水墨	不詳		唐山 河北省唐山市博物館	
竹石圖	軸	絹	水墨	247.5 × 99	乙丑（康熙二十四年，1685）	濟南 山東省博物館	
仿董北苑山水圖	軸	絹	水墨	185 × 96.5	丁卯（康熙二十六年，1687）	濟南 山東省博物館	
竹石圖（12幅）	軸	絹	水墨	不詳	七十四叟（康熙三十年，辛未，1691）	濟南 山東省濟南市博物館	
竹林七賢圖	軸	紙	設色	不詳	丙午（康熙五年，1666）	合肥 安徽省博物館	
竹石圖（4幅）	軸	絹	水墨	不詳		合肥 安徽省博物館	
竹石圖	軸	綾	水墨	不詳	甲子（康熙二十三年，1684）	南通 江蘇省南通博物苑	

名稱	形式	質地	色彩	尺寸 高x寬cm	創作時間	收藏處所	典藏號碼
墨竹圖	軸	絹	水墨	不詳	己未（康熙十八年，1679）	泰州 江蘇省泰州市博物館	
竹石圖	軸	絹	水墨	不詳	己未（康熙十八年，1679）	上海 上海古籍書店	
竹石通景（12幅）	軸	絹	水墨	不詳	丁卯（康熙二十六年，1687)	南京 南京博物院	
竹石圖	軸	絹	水墨	不詳	戊申（康熙七年，1668）	常州 江蘇省常州市博物館	
竹石圖	軸	絹	水墨	不詳	壬戌（康熙二十一年，1682）	蘇州 江蘇省蘇州博物館	
竹石流泉圖	軸	紙	水墨	不詳	乙卯（康熙十四年，1675）	杭州 浙江省博物館	
竹石圖	軸	絹	水墨	不詳	七十二老人（康熙二十八年，1689）	杭州 浙江省杭州市文物考古所	
竹石圖	軸	絹	水墨	不詳		杭州 浙江省杭州市文物考古所	
竹石圖	軸	紙	水墨	不詳	壬寅（康熙元年，1662）	長興 浙江省長興縣博物館	
竹石圖	軸	絹	水墨	不詳	戊辰（康熙二十七年，1688）	紹興 浙江省紹興市博物館	
竹石圖	軸	綾	水墨	不詳		溫州 浙江省溫州博物館	
載花圖（諸昇、曹垣合作）	軸	絹	設色	不詳	壬寅（康熙元年，1662）	寧波 浙江省寧波市天一閣文物保管所	
竹泉圖	軸	紙	水墨	不詳		武漢 湖北省博物館	
竹石圖	軸	絹	水墨	不詳		成都 四川大學	
竹石圖	軸	絹	水墨	不詳	七十二（康熙二十九年，1690）	福州 福建省博物館	
竹雀圖（諸昇、戴有合作）	軸	紙	設色	不詳		福州 福建省博物館	
竹石圖	軸	絹	水墨	不詳	甲辰（康熙三年，1664）	廣州 廣東省博物館	
竹石圖	軸	絹	水墨	193.5 x 73.5	己未（康熙十八年，1679）	廣州 廣州市美術館	
竹石圖	軸	絹	水墨	不詳	甲子（康熙二十三年，1684）	廣州 廣州市美術館	
竹石圖	軸	紙	水墨	不詳		廣州 廣州市美術館	

名稱	形式	質地	色彩	尺寸 高x寬cm	創作時間	收藏處所	典藏號碼
竹石圖（10幅）	軸	絹	水墨	不詳		廣州 廣州市美術館	
雪竹圖	軸	絹	水墨	235.4 × 99.1	乙丑（康熙二十四年，1685）春日	日本 東京國立博物館	TA-613
墨竹圖	軸	絹	水墨	212.1 × 109	庚午（康熙二十九年，1690）秋日，七十三叟諸昇	日本 東京小幡酉吉先生	
墨竹圖	軸	絹	水墨	160.6 × 47.4		日本 京都國立博物館	A甲686
山水圖	軸	絹	設色	175.7 × 66.7	己巳（康熙二十八年，1689）桂秋	日本 京都圓山淳一先生	
竹石圖	軸	絹	水墨	107.8 × 47.4		日本 大阪橋本大乙先生	
叢竹雙禽圖	軸	絹	設色	179 × 93	乙丑（康熙二十四年，1685）秋日	日本 大阪橋本大乙先生	
竹石清泉圖	軸	絹	水墨	193.7 × 93.8	□午（康熙二十九年，1690）春日，七十四叟	日本 繭山龍泉堂	
竹林山水圖（為伯玉作）	軸	絹	水墨	174.2 × 92	己巳（康熙二十八年，1689）春正	日本 江田勇二先生	
竹石圖	軸	絹	水墨	192.5 × 95.5		日本 江田勇二先生	
竹石圖	軸	綾	水墨	134 × 41.7	丙寅（康熙二十五年，1686）春正	日本 中埜又左衛門先生	
月竹圖	軸	絹	水墨	177.3 × 98.1		日本 私人	
雪竹圖	軸	絹	水墨	163.2 × 65.8		美國 普林斯頓大學藝術館	47-31
墨竹圖	軸	絹	設色	181.3 × 90.5		美國 勃克萊加州大學藝術館	1980.42.7
竹石圖	軸	絹	水墨	201.5 × 90.4		美國 史坦福大學藝術博物館（加州私人寄存）	
墨竹圖	軸	絹	水墨	161 × 95.4		加拿大 多倫多皇家安大略博物館	
墨竹（明人集繪冊之4）	冊頁	紙	水墨	31 × 37.7		台北 故宮博物院	故畫03510-4
蘭竹圖	冊頁	紙	水墨	23 × 32.6		台北 張建安先生	

名稱	形式	質地	色彩	尺寸 高x寬cm	創作時間	收藏處所	典藏號碼
竹石圖（清惲壽平等山水花鳥冊10之第2幀）	冊頁	金箋	設色	23.2 x 13.4	庚戌（康熙九年，1670）秋日	瀋陽 遼寧省博物館	
蘭竹石圖（10幀）	冊	紙	水墨	不詳	壬戌（康熙二十一年，1682）	旅順 遼寧省旅順博物館	
竹石圖	摺扇面	紙	水墨	不詳	己亥（順治十六年，1659）	北京 故宮博物院	
墨竹圖（清洪都等雜畫冊8之1幀）	冊頁	絹	水墨	26 x 17		天津 天津市歷史博物館	
雲山欲雨圖（為慶陽年翁作，俞齡等雜畫冊38之1幀）	冊頁	絹	設色	31.2 x 31.8	丁卯（康熙二十六年，1687）春日	上海 上海博物館	
山水圖（沈廷瑞等四人山水合冊4之1幀）	冊頁	紙	設色	不詳		上海 上海博物館	
清溪十詠圖（8幀）	冊	絹	水墨	不詳		杭州 浙江省博物館	
仿黃公望山水圖	摺扇面	金箋	水墨	不詳	庚寅（順治七年，1650）	重慶 重慶市博物館	
竹石圖（清呂智等雜畫冊10之1幀）	冊頁	絹	設色	不詳	（己酉，康熙八年，1669）	廣州 廣東省博物館	
竹雀圖	摺扇面	金箋	設色	不詳	乙巳（康熙四年，1665）	南寧 廣西壯族自治區博物館	
為緯東作山水圖	摺扇面	金箋	水墨	不詳	庚寅（順治七年，1650）桂秋	日本 江田勇二先生	
蘭竹石圖（為榮壽作，明清諸大家扇面冊之一幀）附：	摺扇面	紙	水墨	16.2 x 49.8	甲辰（康熙三年，1664）小春	日本 中埜又左衛門先生	
蘭竹圖	卷	紙	水墨	29 x 547	甲子（康熙二十三年，1684）夏仲	香港 蘇富比藝品拍賣公司/拍賣目錄1984,11,11.	
萬竹圖	卷	絹	水墨	47 x 416.5	己巳（康熙二十八年，1689）冬月	紐約 佳士得藝品拍賣公司/拍賣目錄1989,12,04.	
竹石圖	卷	絹	水墨	33.5 x 405.2	己未（康熙十八年，1679）中秋	紐約 佳士得藝品拍賣公司/拍賣目錄1995,10,29.	
竹石圖	軸	絹	水墨	不詳	康熙辛酉（二十年，1681）	北京 中國文物商店總店	
竹石圖	軸	紙	水墨	不詳	康熙己巳（二十八年，1689）	北京 中國文物商店總店	
竹石圖	軸	絹	水墨	不詳	康熙庚午（二十九	北京 中國文物商店總店	

名稱	形式	質地	色彩	尺寸 高×寬cm	創作時間	收藏處所	典藏號碼
					年，1690）		
蘭竹石圖	軸	絹	設色	不詳	戊辰（康熙二十七年，1688）	上海 朵雲軒	
竹石流泉圖	軸	絹	水墨	不詳	七十一老人（康熙二十七年，戊辰，1688）	上海 朵雲軒	
竹石群雀圖	軸	絹	設色	133 × 83		上海 朵雲軒	
風雨竹石圖	軸	絹	水墨	不詳		上海 朵雲軒	
墨竹圖	軸	絹	水墨	不詳	甲辰（康熙三年，1664）	上海 上海文物商店	
竹石圖	軸	絹	水墨	不詳	丁卯（康熙二十六年，1687）	上海 上海文物商店	
竹石圖	軸	絹	水墨	不詳		上海 上海文物商店	
竹圖	軸	絹	水墨	不詳	辛丑（順治十八年，1661）	無錫 無錫市文物商店	
竹溪圖	軸	絹	水墨	165.1 × 68.5	乙丑（康熙二十四年，1685）冬日	紐約 蘇富比藝品拍賣公司/拍賣目錄1981,11,07.	
竹石圖	軸	紙	水墨	205 × 75		紐約 蘇富比藝品拍賣公司/拍賣目錄1984,10,12、13.	
墨竹圖	軸	絹	水墨	183 × 94	庚午（康熙二十九年，1690）秋日	紐約 佳士得藝品拍賣公司/拍賣目錄1989,12,04.	
策枚歸途圖	軸	絹	設色	163 × 47		紐約 佳士得藝品拍賣公司/拍賣目錄1991,05,29.	
墨竹圖	軸	絹	水墨	195.6 × 99		紐約 佳士得藝品拍賣公司/拍賣目錄1996,9,18.	
竹石圖（4幅）	軸	絹	水墨	（每幅）178.4 × 40.3		紐約 佳士得藝品拍賣公司/拍賣目錄1997,09,19.	
蘭竹靈芝圖	軸	紙	設色	160 × 85.1	戊辰（康熙二十七年，1688）夏日	紐約 佳士得藝品拍賣公司/拍賣目錄1998,03,24.	
墨竹圖	摺扇面	金箋	水墨	不詳		揚州 揚州市文物商店	
竹石圖（清王琦等雜畫冊6之1幀）	冊頁	紙	設色	55 × 26	庚戌（康熙九年，1670）	上海 朵雲軒	
墨竹（諸家書畫扇面冊18之1幀）	摺扇面	金箋	水墨	不詳		香港 佳士得藝品拍賣公司/拍賣目錄1996,04,28.	

畫家小傳：諸昇。字日如，號曦庵。浙江仁和人。生於明神宗萬曆四十六（1618）年，清聖祖康熙三十（1691）年尚在世。善畫墨竹石，

名稱	形式	質地	色彩	尺寸 高x寬cm	創作時間	收藏處所	典藏號碼

師魯得之用筆，勁利勻整。(見圖繪寶鑑續纂、國朝畫徵錄、仁和縣志、桐陰論畫、中國畫家人名大辭典)

柳 隱

| 月堤煙柳圖 | 卷 | 紙 | 設色 | 25.1 x 126.5 | 癸未（崇禎十六年，1643）寒食 | 天津 天津市藝術博物館 | |
| 楊柳圖 | 摺扇面 | 金箋 | 水墨 | 不詳 | | 天津 天津市藝術博物館 | |

附：

| 十八應真（18幀） | 冊 | 紙 | 水墨 | （每幀）26 x 18 | | 紐約 佳士得藝品拍賣公司/拍賣目錄 1993,06,04. | |
| 臨龍眠居士十八應真（12幀） | 冊 | 紙 | 水墨 | （每幀）26 x 18 | | 紐約 佳士得藝品拍賣公司/拍賣目錄 1993,06,04. | |

畫家小傳：柳隱。女。本姓楊，名愛兒，又名因，亦名是。字如是。號影憐、蘼蕪君。江蘇吳江人。生於明萬曆四十六（1618）年。卒於清聖祖康熙三（1664）年。本為妓，後歸錢謙益。能詩文。善書畫。作花卉、山水、竹石，淡逸雅秀。(見玉臺畫史、虞山畫志、徐英撰柳夫人傳、顧苓撰河東君傳、柳南隨筆、中國畫家人名大辭典等)

任有剛

| 山水圖（4幀） | 冊 | 金箋 | 設色 | （每幀）26 x 19.5 | 崇禎八年，乙亥（1635）秋八月十五日 | 南寧 廣西壯族自治區博物館 | |

畫家小傳：任有剛。字無欲。籍里不詳。生於明神宗萬曆四十六(1618)年。卒於聖祖康熙二十二(1683)年。(見中國美術家人名辭典)

沈 治

山水圖	卷	紙	水墨	27.8 x 744		北京 故宮博物院	
長林豐草圖	卷	紙	水墨	31.5 x 273.1	戊午（康熙十七年，1678）秋七月	上海 上海博物館	
崇山遠岫圖	卷	紙	水墨	22.3 x 266	己卯（康熙三十八年，1699）	廣州 廣東省博物館	
蓬萊仙館圖（為舜老尊慈王太夫人八秩榮壽作）	軸	絹	水墨	150.1 x 45.3	壬午（康熙四十一年，1702）嘉平，時年八十五	日本 京都國立博物館	A甲 01119
山水圖（7幀）	冊	紙	水墨	不詳	丁丑（康熙三十六年，1697）菊秋	南京 南京博物院	

畫家小傳：沈治。字約庵。浙江秀水人。生於明神宗萬曆四十六（1618）年，聖祖康熙四十一（1697）年尚在世。善畫山水，小景小幅尤長。(見國朝畫徵錄、中國畫家人名大辭典)

名稱	形式	質地	色彩	尺寸 高×寬㎝	創作時間	收藏處所	典藏號碼

高 岑

名稱	形式	質地	色彩	尺寸 高×寬㎝	創作時間	收藏處所	典藏號碼
江天樹影圖（為林屋作）	卷	絹	設色	27.2 × 354.3	乙卯（康熙十四年，1675）後蒲月	瀋陽 遼寧省博物館	
江山千里圖	卷	紙	水墨	25.1 × 477		瀋陽 遼寧省博物館	
石城紀勝圖	卷	紙	設色	36.4 × 701.8		北京 故宮博物院	
秋山歸帆圖	卷	絹	設色	29.1 × 160		上海 上海博物館	
千巖萬壑圖	卷	紙	水墨	25 × 382		廣州 廣東省博物館	
雲山行旅圖（仿李營丘筆法）	卷	絹	設色	23.6 × ？		日本 東京林宗毅先生	
松巒疊翠圖	軸	絹	設色	176.5 × 87	庚寅（順治七年，1650）冬十一月	台北 國泰美術館	
山水圖	軸	絹	設色	166.5 × 57	己酉（康熙八年，1669）秋九月	台北 清玩雅集	
雲巖秋容圖	軸	絹	設色	166.3 × 56.6		台南 石允文先生	
仿王詵山水圖	軸	絹	設色	不詳	癸丑（康熙十二年，1673）	北京 故宮博物院	
仿元人山水（2冊頁裝）	軸	紙	設色	（每頁）22.2 × 28.7		北京 故宮博物院	
青綠山水圖	軸	絹	設色	273 × 90.5		北京 故宮博物院	
秋景山水圖	軸	絹	設色	不詳		北京 故宮博物院	
萬山蒼翠圖	軸	絹	設色	185 × 78.5		北京 故宮博物院	
蒼山老樹圖	軸	絹	設色	180.2 × 74.4		北京 故宮博物院	
秋林書屋圖	軸	絹	設色	186 × 49.2		北京 中國歷史博物館	
松窗飛瀑圖	軸	絹	設色	179 × 95	癸丑（康熙十二年，1673）小春	天津 天津市藝術博物館	
天印樵歌圖	軸	絹	設色	168 × 51		天津 天津市藝術博物館	
嵩山圖	軸	絹	設色	149 × 55	丁卯（康熙二十六年，1687）	天津 天津市人民美術出版社	
山水圖（清高岑等山水4幅之1）	軸	金箋	設色	249 × 65	（己未，康熙十八年，1679）	青島 山東省青島市博物館	
仿江貫道山水圖	軸	金箋	水墨	68 × 28	庚戌（康熙九年，1670）	煙臺 山東省煙臺市博物館	
仿黃子久富春山圖	軸	絹	設色	198 × 51		合肥 安徽省博物館	

名稱	形式	質地	色彩	尺寸 高×寬cm	創作時間	收藏處所	典藏號碼
谷口幽居圖	軸	絹	設色	332 × 80		上海 上海博物館	
金山寺圖	軸	絹	設色	180.8 × 94.7		南京 南京博物院	
林蔭評古圖	軸	紙	設色	213.7 × 90.3	康熙己酉（八年，1669）秋七月望後一日	南京 南京博物院	
蕉蔭清興圖	軸	紙	設色	214.2 × 90.3	康熙乙酉（四十四年，1705）秋七月望後一日	南京 南京博物院	
山徑同遊圖	軸	紙	設色	不詳	丁卯（康熙二十六年，1687）如月	南京 南京博物院	
秋山萬木圖	軸	絹	設色	148.4 × 57.7		南京 南京博物院	
靈谷深松圖	軸	絹	設色	107 × 57		南京 南京市博物館	
曲岸松高圖	軸	絹	設色	168 × 48	己酉（康熙八年，1669）	溫州 浙江省溫州博物館	
板橋人蹟圖	軸	綾	設色	77.5 × 47.6	甲辰（康熙三年，1664）	景德鎮 江西省景德鎮博物館	
草亭望遠圖	軸	綾	設色	187 × 53		武漢 湖北省博物館	
秋林瀑布圖	軸	金箋	水墨	55.3 × 44.3		廣州 廣東省博物館	
臥遊圖	軸	絹	設色	208 × 58		南寧 廣西壯族自治區博物館	
臨郭河陽筆山水圖	軸	絹	設色	198.7 × 56.3		日本 東京小幡醇一先生	
玉山秋樹圖	軸	絹	設色	176 × 96.5		美國 哥倫比亞大學藝術館	
山水圖	軸	紙	設色	24.7 × 32		美國 華盛頓特區弗瑞爾藝術館	80.116
山水圖	軸	絹	設色	157.3 × 50.6	丙辰（康熙十五年，1676）嘉平月	美國 勃克萊加州大學藝術館（高居翰教授寄存）	
山水圖（為蘭翁作）	軸	絹	設色	129.6 × 57.8	癸卯（康熙二年，1663）暮春之初	美國 加州史坦福大學藝術博物館	67.61
畫棟丹堊（名人畫扇面（庚）冊之8）	摺扇面	紙	設色	不詳		台北 故宮博物院	故畫 03552-8
仿顧源春景山水圖（山水圖冊之9）	冊頁	金箋	設色	28 × 20.6		台北 私人	
山水圖（山水圖冊之10）	冊頁	金箋	設色	28.1 × 20.6		台北 私人	

名稱	形式	質地	色彩	尺寸 高×寬cm	創作時間	收藏處所	典藏號碼
山水圖（山水圖冊之11）	冊頁	金箋	設色	27.9 × 20.2		台北 私人	
雪景山水圖（山水圖冊之12）	冊頁	金箋	設色	27.9 × 20.2		台北 私人	
芙蓉翠鳥圖	摺扇面	金箋	設色	不詳	辛丑（順治十八年，1661）	北京 故宮博物院	
山水圖	摺扇面	紙	設色	不詳	癸卯（康熙二年，1663）五月	北京 故宮博物院	
山水圖	冊頁	紙	設色	不詳	甲辰（康熙三年，1664）六月	北京 故宮博物院	
山水圖（金陵諸家山水集錦冊12之1幀）	冊頁	紙	設色	26.3 × 21.3	（乙巳，康熙四年，1665）	北京 故宮博物院	
溪山林壑圖（髡殘等十人山水合冊10之1幀）	冊頁	金箋	設色	29.9 × 32.2	丙午（康熙五年，1666）修禊日	北京 故宮博物院	
山水圖	冊頁	紙	設色	22.7 × 63		北京 故宮博物院	
山水圖（高岑等十三人山水合冊14之1幀）	冊頁	紙	設色	不詳		北京 故宮博物院	
山水圖（陳丹衷等六家山水冊12之2幀）	冊頁	紙	設色	12.9 × 21.5		北京 故宮博物院	
坐觀流泉圖（樊圻等名人書畫冊12之1幀）	冊頁	絹	設色	25.7 × 32.5		北京 故宮博物院	
山水圖（名筆集勝冊12之1幀）	冊頁	紙	設色	不詳		北京 故宮博物院	
山水圖（江左文心集冊12之1幀）	冊頁	紙	設色	16.8 × 21		北京 故宮博物院	
昌江花茂圖（為楊翁作，清高岑等山水冊12之1幀）	冊頁	絹	設色	27.3 × 24.8	（丙辰，康熙十五年，1676）	天津 天津市藝術博物館	
臨黃子久富春山圖	冊頁	紙	設色	14 × 16	庚申（康熙十九年，1680）十月小春	合肥 安徽省博物館	
乾坤一草亭圖（繪林集妙冊75之1幀）	冊頁	紙	設色	約 26.6 × 30	戊申（康熙七年，1668）仲春	上海 上海博物館	
山樓登眺圖（為子長作）	摺扇面	紙	設色	17.2 × 54.7	癸卯（康熙二年，1663）夏六月	南京 南京博物院	
山水圖（清金陵八家扇面集冊8之1幀）	摺扇面	金箋	水墨	18.4 × 54.3	壬午（康熙四十一年，1702）春日	南京 南京博物院	
山水圖（金陵各家山水冊10之1幀）	冊頁	金箋	設色	29.1 × 35	庚子（順治十七年，1660）冬月	南京 南京博物院	

名稱	形式	質地	色彩	尺寸 高×寬cm	創作時間	收藏處所	典藏號碼
臨米元暉大姚村圖（金陵各家山水冊 10 之 1 幀）	冊頁	金箋	設色	29.1 x 35	（庚子，順治十七年，1660）	南京 南京博物院	
山水圖（清梅清等山水冊 12 之 1 幀）	冊頁	紙	設色	26.9 x 18.1	丙辰（康熙十五年，1676）	杭州 浙江省博物館	
山水圖（7 幀）	冊	絹	設色	（每幀）24.5 x 29.5	甲子（康熙二十三年，1684）	廣州 廣東省博物館	
山水圖（龔賢等山水冊 8 之 1 幀）	冊頁	紙	水墨	15.7 x 19.2		廣州 廣州市美術館	
山水圖	摺扇面	金箋	水墨	不詳		廣州 廣州市美術館	
竹西村舍圖	摺扇面	金箋	水墨	不詳	辛丑（順治十八年，1661）	南寧 廣西壯族自治區博物館	
臨宋元十二家墨法山水（12 幀）	冊	紙	設色	（每幀）15.2 x 18.1	壬子（康熙十一年，1672）春二月	日本 京都桑名鐵城先生	
山水圖（2 幀）	冊	絹	設色	28 x 36.7		美國 華盛頓特區弗瑞爾藝術館	80.179.180
金陵勝跡圖（24 幀）	冊	紙	設色	（每幀）21.6 x 31.3	丙午（康熙五年，1666）暮春	美國 密歇根大學藝術博物館	1970/2.159 -160
山水圖（周櫟園上款什冊之 5）	冊頁	紙	水墨	24.7 x 32.3		英國 倫敦大英博物館	1695.7.24.014
竹石圖（周櫟園上款什冊之 6）	冊頁	紙	水墨	24.7 x 32.2		英國 倫敦大英博物館	1695.7.24.015
臨宋元十二家墨法山水圖（12 幀）	冊	紙	設色	（每幀）15 x 18.1	壬子（康熙十一年，1672）春二月	德國 柏林東亞藝術博物館	1793
附：							
龍川垂釣圖	卷	綾	設色	33 x 194.5	庚子（順治十七年，1660）冬日	紐約 佳士得藝品拍賣公司/拍賣目錄 1987,12,11.	
山水圖	卷	紙	設色	18.3 x 81.2		紐約 蘇富比藝品拍賣公司/拍賣目錄 1988,06,01.	
江山無盡圖	卷	紙	設色	16.5 x 457		紐約 佳士得藝品拍賣公司/拍賣目錄 1992,12,02.	
仿劉松年山水圖	軸	綾	設色	42 x 55		大連 遼寧省大連市文物商店	
仿大癡山水圖（為鄲翁作）	軸	絹	設色	183 x 49	丁未（康熙六年，1667）秋仲	上海 朵雲軒	
山水圖	軸	絹	設色	167 x 56.8	己酉（康熙八年，	紐約 佳仕得藝品拍賣公司/拍	

名稱	形式	質地	色彩	尺寸 高×寬cm	創作時間	收藏處所	典藏號碼
					1669）秋九月	賣目錄 1986,12,01.	
山水圖（10幀）	冊	紙	水墨	（每幀）19.5 × 27.1		武漢 湖北省武漢市文物商店	
山水圖（8幀）	冊	紙	設色	（每幀 23 × 30.5		紐約 佳士得藝品拍賣公司/拍 賣目錄 1990,11,28.	
赤壁泛舟（清初金陵名家山 水花鳥冊之一幀）	冊頁	紙	設色	不詳	庚戌（康熙九年， 1670）冬日	紐約 佳士得藝品拍賣公司/拍 賣目錄 1989,12,04.	
山水圖（8幀）	冊	紙	設色	（每幀）22 × 14.5	壬戌（康熙二十一 年，1682）清和月	香港 佳士得藝品拍賣公司/拍 賣目錄 1991,03,18.	
山水圖（金陵各家山水人物 冊12之4幀）	冊頁	灑金箋	設色	28 × 20.3	丙戌（順治三年， 1646）三月	紐約 佳士得藝品拍賣公司/拍 賣目錄 1992,06,02.	

畫家小傳：高岑。字蔚生。浙江杭州人，居江蘇金陵。為高阜之弟。善畫，幼學同里朱睿昝，晚乃出己意。工畫山水、水墨花卉，寫意入
　　　　神。為「金陵八家」之一。署款紀年作品見明思宗崇禎十六（1643）年至清聖祖康熙四十四（1705）年。（見圖繪寶鑑續纂、國
　　　　朝畫徵錄、國朝畫識、樝園讀畫錄、桐陰論畫、中國畫家人名大辭典、宋元明清書畫家年表）

錢　棻

名稱	形式	質地	色彩	尺寸 高×寬cm	創作時間	收藏處所	典藏號碼
寫青丘子詩意山水圖	卷	紙	設色	不詳	甲午（順治十一年 ，1654）暮春	日本 江田勇二先生	
山水圖	軸	綾	水墨	139.2 × 48.5	甲午（順治十一年 ，1654）	天津 天津市藝術博物館	
山水圖（為翁老先生畫）	軸	綾	設色	154 × 50.9	癸未（崇禎十六年 ，1643）四月	日本 東京宮內廳	
竹逸圖（為竹逸作，清惲壽平 等山水花鳥冊10之第4幀）	冊頁	金箋	設色	23.2 × 13.4	（庚戌，康熙九年 ，1670）	瀋陽 遼寧省博物館	
山水（8幀）	冊	金箋	水墨	不詳		上海 上海博物館	
附：							
山水圖（10幀）	冊	金箋	設色	不詳		北京 中國文物商店總店	
為際明作山水圖	摺扇面	金箋	水墨	15 × 51	戊寅（康熙三十七 年，1698）	鎮江 鎮江市文物商店	

畫家小傳：錢棻。字仲芳。浙江人。中丞錢士晉之子。史可法招致於幕下。為人博通經史。明亡後，清廷屢徵不出。工畫，師法黃公望，
　　　　得古勁之致。署款紀年作品見明思宗崇禎十六（1643）年，至清聖祖康熙三十七（1698）年。（見作品畫幅清胡公壽題跋）

汪　中

名稱	形式	質地	色彩	尺寸 高×寬cm	創作時間	收藏處所	典藏號碼
秋園蛺蝶圖	軸	絹	設色	110 × 54		合肥 安徽省博物館	
花蝶圖	摺扇面	金箋	設色	不詳		合肥 安徽省博物館	

名稱	形式	質地	色彩	尺寸 高×寬cm	創作時間	收藏處所	典藏號碼
梅花水仙圖（為遜之作）	摺扇面	金箋	設色	不詳	辛卯（順治八年，1651）嘉平月	杭州 浙江省博物館	
花石草蟲圖（為中甫作，清人名家書畫扇面冊之一幀）附：	摺扇面	金箋	設色	16.8 × 51.3	癸未（崇禎十六年，1643）仲夏	日本 中埜又左衞門先生	
雜畫圖（12幀，為賓良社兄作）	冊	絹	設色	（每幀）30 × 27	甲午（順治十一年，1654）仲春	南京 南京市文物商店	

畫家小傳：汪中。字無方。安徽歙叢睦橋人。善畫山水、花鳥及人物。流傳署款紀年作品見於明思宗崇禎十六（1643）年，至清世祖順治十一（1654）年。（見虹廬畫談、中國畫家人名大辭典）

張 奇

名稱	形式	質地	色彩	尺寸 高×寬cm	創作時間	收藏處所	典藏號碼
月季竹禽圖（清花卉畫冊六冊之1）	摺扇面	紙	設色	19 × 55.1		台北 故宮博物院	故畫 03522-1
柳溪高士圖	摺扇面	金箋	設色	不詳	甲申（崇禎十七年，1644）	北京 故宮博物院	

畫家小傳：張奇。字正父。江蘇揚州人。工書、篆刻。善畫山水，得巨然法；兼擅人物、花卉。署款紀年作品見於明思宗崇禎十七（1644）年（見無聲詩史、國朝畫徵錄、中國畫家人名大辭典）

項夢魁

名稱	形式	質地	色彩	尺寸 高×寬cm	創作時間	收藏處所	典藏號碼
戲蝶圖（名賢集錦圖冊之第5幀）	冊頁	紙	水墨	24 × 28		台北 陳啟斌畏墨堂	

畫家小傳：項夢魁。畫史無傳。身世待考。

衡山老人

名稱	形式	質地	色彩	尺寸 高×寬cm	創作時間	收藏處所	典藏號碼
梅花水仙圖（名賢集錦圖冊之第6幀）	冊頁	紙	水墨	24.1 × 28		台北 陳啟斌畏墨堂	

畫家小傳：衡山老人。姓名不詳。身世待考。

章 谷

名稱	形式	質地	色彩	尺寸 高×寬cm	創作時間	收藏處所	典藏號碼
攜琴訪友圖	軸	絹	設色	不詳	甲辰（康熙三年，1664）	天津 天津市藝術博物館	
攜琴遊山圖	軸	絹	設色	183.6 × 43.8	己酉（康熙八年，1669）	天津 天津市藝術博物館	
觀泉圖	軸	絹	設色	不詳	己亥（順治十六年，1659）	濟南 山東省博物館	

名稱	形式	質地	色彩	尺寸 高×寬cm	創作時間	收藏處所	典藏號碼
茅齋詩思圖	軸	絹	設色	136 × 87.3		杭州 浙江省杭州市文物考古所	
雲壑松風圖	軸	絹	設色	173 × 96.5	辛卯（順治八年，1651）	杭州 浙江省杭州西泠印社	
看雲聽水圖	軸	絹	設色	204.5 × 50	辛丑（順治十八年，1661）	廣州 廣東省博物館	
溪山照水圖	軸	絹	設色	不詳	己亥（順治十六年，1659）	廣州 廣州市美術館	
溪亭對話圖	軸	絹	設色	164 × 45	乙未（康熙十八年，1679）	南寧 廣西壯族自治區博物館	
奇嶠幽溪圖	軸	絹	設色	194.8 × 48.2	丁酉（順治十四年，1657）首秋	日本 愛知縣中埜半左衛門先生	
峨嵋飛雪圖（雪棧行旅）	軸	絹	設色	166.6 × 41.5		日本 大阪橋本大乙先生	
錢塘霽雪圖	軸	絹	設色	173.2 × 49	甲午（順治十一年，1654）仲夏	日本 私人	
峨嵋飛雪圖	軸	絹	設色	196.2 × 99.6	丙午（康熙五年，1666）秋七月	美國 勃克萊加州大學藝術館（高居翰教授寄存）	
鵝湖春社圖（謝彬、章谷合作）	軸	絹	設色	186 × 87.5	乙巳（康熙四年，1665）春二月	瑞典 斯德哥爾摩遠東古物館	
山水圖（清章聲等山水冊8之第7幀）	冊頁	絹	設色	30.6 × 43.3	庚子（順治十七年，1660）春三月	旅順 遼寧省旅順博物館	
松岸扁舟圖（清章聲等山水冊8之第8幀）	冊頁	絹	設色	30.6 × 43.3	庚子（順治十七年，1660）清明	旅順 遼寧省旅順博物館	
山水圖	摺扇面	金箋	水墨	16.4 × 51.5	壬辰（順治九年，1652）	北京 故宮博物院	
柳溪騎驢圖	摺扇面	紙	設色	不詳	癸卯（康熙二年，1663）	北京 故宮博物院	
水竹居圖（明藍瑛等山水冊10之1幀）	冊頁	絹	設色	（每幀）36.5 × 25.7	乙未（順治十二年，1655）春王月	天津 天津市藝術博物館	
山水圖（清呂智等雜畫冊10之1幀）	冊頁	絹	設色	不詳	（己酉，康熙八年，1669）	廣州 廣東省博物館	
山水圖（8幀）	冊	絹	設色	（每幀）28.5 × 22.3	己亥（順治十六年，1659）	廣州 廣州市美術館	
西湖山水圖（寫似莪翁，明人書畫合璧冊之第19幀）	冊頁	絹	設色	28.7 × 20	庚寅（順治七年，1650）	日本 大阪市立美術館	

名稱	形式	質地	色彩	尺寸 高x寬cm	創作時間	收藏處所	典藏號碼
山水圖（四季山水圖冊頁合裝軸之1幀）	冊頁	絹	設色	39 x 23.2		美國 耶魯大學藝術館	
附：							
仿王維長江飛雪圖	軸	絹	設色	不詳		北京 中國文物商店總店	
山水圖（清王琦等雜畫冊6之1幀）	冊頁	紙	設色	55 x 26		上海 朵雲軒	
仿黃子久筆意山水圖（清章日能等雜畫冊14之1幀）	摺扇面	金箋	設色	29 x 37.4	乙巳（康熙四年，1665）秋八月	武漢 湖北省武漢市文物商店	

畫家小傳：章谷。字言在，號古愚。浙江仁和人。善畫山水，師學非宋非元，自成一格。流傳署款紀年作品見於清世祖順治元（1644）年，
　　　　　至清聖祖康熙十八（1679）年。(見圖繪寶鑑續纂、中國畫家人名大辭典、宋元明清書畫家年表)

張 樫

名稱	形式	質地	色彩	尺寸 高x寬cm	創作時間	收藏處所	典藏號碼
滿城風雨過重陽詩意（清張樫等合作書畫扇面部分）	摺扇面	金箋	設色	18.6 x 55.1	（癸未，崇禎十六年，1643）	成都 四川省博物院	

畫家小傳：張樫。畫史無載。署款作品約見於明思宗崇禎十六（1643）年前後。身世待考。

陸 蘋

名稱	形式	質地	色彩	尺寸 高x寬cm	創作時間	收藏處所	典藏號碼
草閣梅花（清張樫等合作書畫扇面部分）	摺扇面	金箋	設色	18.6 x 55.1	（癸未，崇禎十六年，1643）	成都 四川省博物院	

畫家小傳：陸蘋。畫史無載。署款作品約見於明思宗崇禎十六（1643）年前後。身世待考。

陳 帆

名稱	形式	質地	色彩	尺寸 高x寬cm	創作時間	收藏處所	典藏號碼
虛丘夜月（陳帆畫煙雲十景御題成親王書冊之1）	冊頁	絹	設色	28.2 x 29.9	戊申（康熙七年，1668）秋	台北 故宮博物院	故畫 03448-1
林屋洞天（陳帆畫煙雲十景御題成親王書冊之2）	冊頁	絹	設色	28.2 x 29.9		台北 故宮博物院	故畫 03448-2
天平聳秀（陳帆畫煙雲十景御題成親王書冊之3）	冊頁	絹	設色	28.2 x 29.9		台北 故宮博物院	故畫 03448-3
支硎春曉（陳帆畫煙雲十景御題成親王書冊之4）	冊頁	絹	設色	28.2 x 29.9		台北 故宮博物院	故畫 03448-4
石湖煙水（陳帆畫煙雲十景御題成親王書冊之5）	冊頁	絹	設色	28.2 x 29.9		台北 故宮博物院	故畫 03448-5
靈岩積雪（陳帆畫煙雲十景御題成親王書冊之6）	冊頁	絹	設色	28.2 x 29.9		台北 故宮博物院	故畫 03448-6

名稱	形式	質地	色彩	尺寸 高×寬㎝	創作時間	收藏處所	典藏號碼
玉峰佳氣（陳帆畫煙雲十景御題成親王書冊之7）	冊頁	絹	設色	28.2 × 29.9		台北 故宮博物院	故畫 03448-7
鄧尉梅花（陳帆畫煙雲十景御題成親王書冊之8）	冊頁	絹	設色	28.2 × 29.9		台北 故宮博物院	故畫 03448-8
華山鳥道（陳帆畫煙雲十景御題成親王書冊之9）	冊頁	絹	設色	28.2 × 29.9		台北 故宮博物院	故畫 03448-9
拂水奇觀（陳帆畫煙雲十景御題成親王書冊之10）	冊頁	絹	設色	28.2 × 29.9		台北 故宮博物院	故畫 03448-10
松雲泉石圖（為絅庵作，王翬等八人合作冊之第5幀）	冊	紙	設色	15.4 × 20.9	乙卯（康熙十四年，1675）人日	上海 上海博物館	
山水圖（嚴繩孫等書畫合裝冊24之1幀）	冊頁	金箋	設色	30.4 × 39.4		上海 上海博物館	
秋花佐酒（清張樨等合作書畫扇面部分）	摺扇面	金箋	設色	18.6 × 55.1	（癸未，崇禎十六年，1643）	成都 四川省博物院	

畫家小傳：陳帆。字秋浦（亦作際遠、蒙谷）。號南浦。能詩，善書、畫，時稱「三絕」。畫擅山水，師法元吳鎮。流傳署款紀年作品見於明思宗崇禎十六（1643）年，至聖祖康熙十四（1675）年。（見海虞畫苑略、海虞詩苑、常熟縣志、中國畫家人名大辭典）

周 容

名稱	形式	質地	色彩	尺寸 高×寬㎝	創作時間	收藏處所	典藏號碼
山水（周容等書畫扇面冊之1）	摺扇面	金箋	水墨	不詳		北京 中國歷史博物館	
漁夫垂釣圖	摺扇面	金箋	水墨	16 × 49.1	壬寅（康熙元年，1662）春	德國 科隆東亞藝術博物館	A55.3

畫家小傳：周容。字鄮山，一字茂三（或作茂山）。浙江鄞人。生於明神宗萬曆四十七（1619）年。卒於清聖祖康熙十八（1679）年。明諸生。明亡為僧。康熙十八年以詞科薦，辭不就。善書法。工畫枯木竹石，自率胸臆，蕭然遠俗。（見國朝畫徵錄、清畫家詩史、徐文驤國經堂集、中國美術家人名辭典）

龔 賢

名稱	形式	質地	色彩	尺寸 高×寬㎝	創作時間	收藏處所	典藏號碼
山水圖	卷	紙	水墨	26.5 × 399		香港 劉作籌虛白齋	
山水圖	卷	紙	水墨	21.3 × 849.8	乙卯（康熙十四年，1675）	北京 故宮博物院	
溪山無盡圖	卷	紙	水墨	27.4 × 725	壬戌（康熙二十一年，1682）	北京 故宮博物院	
墨筆山水圖	卷	紙	水墨	28.8 × 305	戊辰（康熙二十七年，1688）秋杪	北京 故宮博物院	
奇樹圖	卷	紙	水墨	27.4 × 133.7		北京 故宮博物院	

名稱	形式	質地	色彩	尺寸 高x寬cm	創作時間	收藏處所	典藏號碼
清涼環翠圖	卷	紙	設色	30.2 x 144.2		北京 故宮博物院	
攝山栖霞圖	卷	紙	設色	30.5 x 152		北京 故宮博物院	
深山樹木圖	卷	紙	水墨	24 x 817.4	己未（康熙十八年，1679）	天津 天津市人民美術出版社	
江村圖	卷	紙	水墨	31.8 x 904.1	壬戌（康熙二十一年，1682)	上海 上海博物館	
設色山水圖（8冊頁裝）	卷	紙	設色	（每段）24.4 x 49.7	甲子（康熙二十三年，1684) 秋	上海 上海博物館	
書畫合璧	卷	紙	水墨	不詳	戊辰（康熙二十七年，1688）	上海 上海博物館	
山水圖	卷	紙	水士	27.1 x 118.9		上海 上海博物館	
山光水影圖	卷	紙	水墨	29.7 x 141.9		上海 上海博物館	
書畫	卷	紙	水墨	28.3 x 253.8		上海 上海博物館	
千巖萬壑圖	卷	紙	水墨	27.8 x 980	癸丑（康熙十二年，1673）	南京 南京博物院	
白描山水圖	卷	紙	水墨	35 x 283.3		蘇州 江蘇省蘇州博物館	
課徒畫樹稿	卷	紙	水墨	27.3 x 353.5		成都 四川省博物院	
山水圖（山深林密）	卷	紙	水墨	28.4 x 539.3		日本 京都泉屋博古館	
詩畫合璧	卷	紙	水墨	22.7 x ？		日本 山口良夫先生	
畫譜（樹石畫法，8頁裝成）	卷	紙	水墨	不詳		美國 哈佛大學福格藝術館	
雲峰圖	卷	紙	水墨	16.9 x 900.3	甲寅（康熙十三年，1674）清和月	美國 堪薩斯市納爾遜-艾金斯藝術博物館	68-29
仿董源山水圖	卷	紙	水墨	26.7 x 941.7		美國 堪薩斯市納爾遜-艾金斯藝術博物館	48-44
山水圖	卷	紙	水墨	27.8 x ？		美國 勃克萊加州大學藝術館	CC227
千巖萬壑圖	卷	紙	水墨	62.4 x 100.3		瑞士 蘇黎士黎得堡博物館	
水墨山林真蹟	軸	紙	水墨	184 x 59.5		台北 故宮博物院（蘭千山館寄存）	

名稱	形式	質地	色彩	尺寸 高×寬㎝	創作時間	收藏處所	典藏號碼
江村圖	軸	紙	水墨	127.8 × 61.4		台北 長流美術館	
山水（列巘攢峰圖）	軸	紙	水墨	311.7 × 89.9	乙未（順治十二年，1655）十月	台北 華叔和後真賞齋	
滿船載酒圖	軸	紙	水墨	104 × 30.5		台北 黃君璧白雲堂原藏	
綠柳新蒲圖	軸	紙	水墨	143.4 × 70.	辛亥（康熙十年，1671）三月	香港 何耀光至樂樓	
水墨山水（罷釣歸來圖）	軸	紙	水墨	132 × 51	壬子（康熙十一年，1672）初冬	香港 何耀光至樂樓	
山水圖	軸	紙	水墨	193.5 × 62.5		香港 黃仲方先生	
奇峰開葉圖	軸	紙	設色	178 × 49.5		香港 劉作籌虛白齋	
仿巨然山水圖	軸	紙	水墨	89.1 × 34.5	癸未（崇禎十六年，1643）長至	香港 鄭德坤木扉	
山水圖	軸	紙	水墨	167.7 × 47.7		香港 徐伯郊先生	
山水圖（2幅）	軸	紙	水墨	（每幅）31 × 23.8		香港 徐伯郊先生	
山水圖	軸	紙	水墨	55 × 30.5		香港 吳普心先生	
湖濱草閣圖	軸	紙	水墨	218 × 82.8		長春 吉林省博物館	
春山圖	軸	金箋	水墨	153 × 51		瀋陽 故宮博物院	
一道清泉圖	軸	紙	水墨	71 × 38.2	甲子（康熙二十三年，1684）上元	瀋陽 遼寧省博物館	
危閣聽泉圖	軸	紙	水墨	79 × 38.2	甲子（康熙二十三年，1684）	瀋陽 遼寧省博物館	
松林書屋圖	大軸	紙	水墨	271.2×128.3	甲子（康熙二十三年，1684）初秋	旅順 遼寧省旅順博物館	
山泉黃葉圖	軸	紙	水墨	227.4 × 82.2		旅順 遼寧省旅順博物館	
自藏山水圖	軸	紙	水墨	102.7 × 51.5	丙申（順治十三年，1656）	北京 故宮博物院	
墨筆山圖（通景大屏）	軸	紙	水墨	不詳	甲辰（康熙三年，1664）	北京 故宮博物院	
山水圖	軸	絹	水墨	157.5 × 50.5	己酉（康熙八年，1669）	北京 故宮博物院	

名稱	形式	質地	色彩	尺寸 高x寬cm	創作時間	收藏處所	典藏號碼
為翁錫作山水圖（通景3幅）	軸	絹	水墨	（每幅）277.7 x 78.5不等	甲寅（康熙十三年，1674）	北京 故宮博物院	
山水圖	軸	絹	水墨	187.2 x 47.5		北京 故宮博物院	
江村落照圖	軸	綾	水墨	58 x 52.7		北京 故宮博物院	
為如翁作山水圖	軸	紙	水墨	不詳		北京 故宮博物院	
雲壑松蔭圖	軸	絹	水墨	174 x 49.5		北京 故宮博物院	
晴雲濕翠圖	軸	絹	水墨	164.7 x 51.3		北京 故宮博物院	
溪山晚靄圖	軸	絹	水墨	198.2 x 56.8		北京 故宮博物院	
隔溪山色圖	軸	紙	水墨	163.3 x 71.2		北京 故宮博物院	
白雲錦樹圖	軸	絹	水墨	不詳		北京 中國歷史博物館	
山水圖	軸	紙	水墨	不詳		北京 中國歷史博物館	
長江茅屋圖（為立之作）	軸	絹	水墨	177.2 x 47	辛亥（康熙十年，1671）	北京 中國美術館	
山水（半山草屋圖）	軸	絹	水墨	不詳	戊辰（康熙二十七年，1688）冬	北京 中國美術館	
雲壑橋亭圖	軸	紙	水墨	不詳		北京 中國美術館	
深山古寺圖	軸	絹	設色	157.8 x 53.2		北京 中國美術館	
蘆中泊舟圖	橫幅	紙	水墨	不詳	丁巳（康熙十六年，1677）臘八前二日	北京 首都博物館	
松屋樓臺圖	軸	絹	水墨	194.7 x 56		北京 首都博物館	
雲山林屋圖	軸	絹	水墨	194.7 x 54		北京 北京畫院	
天半峨帽圖（通景3幅，為□翁作）	軸	絹	水墨	（每幅）283.5 x 22.4	甲寅（康熙十三年，1674）初冬	北京 中央美術學院	
山間茅屋圖	軸	紙	水墨	不詳		天津 天津市藝術博物館	
掛壁飛泉圖	軸	紙	水墨	273 x 99		天津 天津市藝術博物館	
高崗茅屋圖	軸	綾	水墨	97.5 x 55.2		天津 天津市藝術博物館	
長林茅屋圖	軸	絹	水墨	186.2 x 53.2		青島 山東省青島市博物館	
雙樹圖	軸	紙	水墨	180.7 x 83.2		青島 山東省青島市博物館	

名稱	形式	質地	色彩	尺寸 高x寬㎝	創作時間	收藏處所	典藏號碼
山水圖	軸	綾	水墨	不詳		合肥 安徽省博物館	
山村林屋圖	軸	絹	水墨	155.8 x 55.5		合肥 安徽省博物館	
松亭遠山圖	軸	紙	水墨	78 x 23.5		合肥 安徽省博物館	
秋水板橋圖	軸	絹	設色	170.2 x 47.2		合肥 安徽省博物館	
潑墨雲山圖	軸	絹	水墨	198 x 51		合肥 安徽省博物館	
峻嶺萬木圖	軸	紙	水墨	210 x 84		合肥 安徽省博物館	
寒林古屋圖	軸	紙	水墨	75.2 x 47.5		合肥 安徽省博物館	
潑墨雲山圖	軸	紙	水墨	不詳		合肥 安徽省博物館	
山閣浮雲圖	軸	紙	水墨	不詳		揚州 江蘇省揚州市博物館	
林蘿高逸圖	軸	紙	水墨	107.1 x 47.6	甲寅（康熙十三年，1674）	上海 上海博物館	
崇山樓閣圖	軸	紙	水墨	不詳	乙卯（康熙十四年，1675）新秋	上海 上海博物館	
高處茅亭圖	軸	絹	設色	166.3 x 54.5	辛酉（康熙二十年，1681）長至	上海 上海博物館	
澗屋聽泉圖（為蕭夫作）	軸	絹	水墨	177 x 93.7	壬戌（康熙二十一年，1682）秋	上海 上海博物館	
木葉丹黃圖	軸	紙	水墨	99.5 x 64.8	乙丑（康熙二十四年，1685）霜寒	上海 上海博物館	
山中結廬圖	軸	紙	水墨	不詳		上海 上海博物館	
山腰茅屋圖	軸	紙	水墨	70.3 x 54.1		上海 上海博物館	
仿米山水圖	軸	紙	水墨	125.1 x 43.1		上海 上海博物館	
林下草閣圖（冊頁裝）	軸	紙	水墨	68.7 x 95.1		上海 上海博物館	
奇峰秋雲圖	軸	紙	水墨	211.4 x 67.6		上海 上海博物館	
草閣群峰圖	軸	絹	設色	148.6 x 55		上海 上海博物館	
仿倪瓚山水圖	軸	紙	水墨	76.1 x 29.9		上海 上海博物館	
崇山梵宮圖	軸	綾	水墨	221.9 x 93		上海 上海博物館	
結樓雲上圖	軸	綾	水墨	201.5 x 48.8		上海 上海博物館	

名稱	形式	質地	色彩	尺寸 高x寬cm	創作時間	收藏處所	典藏號碼
山水圖通景（8幅）	軸	紙	水墨	200.3 × 430		上海 上海博物館	
夏山過雨圖	軸	絹	水墨	141.9 × 57.6		南京 南京博物院	
秋村夕照圖	軸	絹	設色	142 × 58		南京 南京博物院	
岳陽樓圖	軸	絹	水墨	不詳		南京 南京博物院	
秋江漁舍圖	軸	絹	設色	97.2 × 49.7		南京 南京博物院	
溪山煙樹圖	軸	絹	水墨	121.5 × 52.5		南京 南京博物院	
野水茅村圖	軸	絹	水墨	176 × 77	丁卯（康熙二十六年，1687）夏	南京 江蘇省美術館	
山水圖	軸	絹	水墨	不詳		無錫 江蘇省無錫市博物館	
簡筆山水圖	軸	紙	水墨	74.2 × 41.2		無錫 江蘇省無錫市博物館	
溪山隱居圖	軸	紙	水墨	111 × 42.5		昆山 崑崙堂美術館	
小船送客圖	軸	紙	設色	76 × 40		杭州 浙江美術學院	
春巒飛瀑圖	軸	金箋	水墨	250 × 65		杭州 浙江省杭州西泠印社	
五雲結樓圖（為聖翁作）	軸	綾	水墨	299 × 102.8	戊申（康熙七年，1668）秋仲	成都 四川省博物院	
林木幽深圖	軸	紙	水墨	102 × 70		成都 四川省博物院	
茅亭古木圖	軸	紙	水墨	154.5 × 63.8		成都 四川省博物院	
翠嶂飛泉圖	軸	絹	水墨	191 × 89		重慶 重慶市博物館	
雲山高亭圖	軸	紙	水墨	不詳		重慶 重慶市圖書館	
寒林飛瀑圖	軸	絹	水墨	210 × 91	戊申（康熙七年，1668）	廣州 廣東省博物館	
仿董、巨山水圖	軸	絹	水墨	83 × 38		廣州 廣東省博物館	
就樹結廬圖	軸	紙	水墨	192.9 × 51		廣州 廣東省博物館	
溪山雲樹圖	軸	紙	水墨	108 × 41.8		廣州 廣東省博物館	
叢林雲壑圖	軸	紙	水墨			廣州 廣東省博物館	
設色山水圖	軸	紙	水墨		丙辰（康熙十五年，1676）四月	廣州 廣州市美術館	
高臺獨居圖	軸	紙	水墨	211 × 52	173 × 48.3	廣州 廣州市美術館	
雲山結樓圖	軸	紙	水墨	251 × 99.5	不詳	廣州 廣州市美術館	
天臺煙水圖	軸	絹	水墨	219 × 59.4		廣州 廣州美術學院	
山水圖	軸	絹	水墨	206.1 × 91	癸丑（康熙十二年	日本 東京國立博物館	TA-361

名稱	形式	質地	色彩	尺寸 高x寬cm	創作時間	收藏處所	典藏號碼
					，1673）中秋前一日		
山水圖（摺扇面裝成）	軸	紙	水墨	20.3 × 59.9	歲在癸丑（康熙十二年，1673）	日本 東京國立博物館	TA-615
山水圖	軸	紙	水墨	323.1 × 123.3		日本 東京國立博物館	
草閣消夏圖（畫似明老年道兄）	軸	紙	水墨	77 × 45.2	己巳（康熙二十八年，1689）初夏	日本 東京永青文庫	
山水圖	軸	絹	水墨	187.9 × 56.1	丁未（康熙六年，1667）立冬後二日	日本 東京河井筌廬先生	
山居圖	軸	紙	水墨	166.7 × 54.5		日本 東京山本悌二郎先生	
山水圖	軸	紙	水墨	218.8 × 97.7		日本 東京小幡醇一先生	
寒林圖	軸	綾	設色	196.6 × 51.2		日本 橫濱原富太郎先生	
秋山樓閣圖	軸	綾	水墨	200 × 51.6		日本 京都國立博物館	A甲666
山水圖	軸	不詳	不詳	不詳		日本 京都守屋正先生	
荒柳圖（摹李長衡）	軸	紙	水墨	125.7 × 58.8		日本 京都桑名鐵城先生	
雲嶺殘曛圖	軸	紙	水墨	208.5 × 106		日本 大阪橋本大乙先生	
溪深濃翠圖	軸	絹	水墨	166.9 × 50		日本 大阪橋本大乙先生	
秋山對月圖	軸	紙	水墨	99.2 × 43.7		日本 大阪橋本末吉先生	
雲林山居圖	軸	絹	水墨	194.2 × 98		日本 大阪橋本末吉先生	
千山夕照圖	軸	紙	水墨	195.5 × 53		日本 大阪橋本末吉先生	
老子騎牛圖	軸	紙	水墨	61.5 × 35.2		日本 兵庫縣黑川古文化研究所	
山水圖	軸	紙	水墨	172.7 × 47.6		日本 明石縣平尾竹霞先生	
山水圖	軸	綾	水墨	196 × 49.6	庚戌（康熙九年，1670）孟夏	日本 繭山龍泉堂	
山水圖	軸	綾	水墨	99.4 × 49		日本 文華堂	
山水圖	軸	紙	水墨	237.3 × 115.1		日本 山口良夫先生	
梅花書屋圖	軸	絹	水墨	117.6 × 45		日本 山口良夫先生	

名稱	形式	質地	色彩	尺寸 高×寬cm	創作時間	收藏處所	典藏號碼
山水圖	軸	紙	水墨	不詳		日本 江田勇二先生	
山水圖	軸	絹	水墨	不詳	癸丑（康熙十二年，1673）中秋前一日	日本 組田昌平先生	
山水圖（為台耀作）	軸	綾	水墨	不詳		日本 組田昌平先生	
山水圖（石橋通幽）	橫幅	紙	水墨	23.1 x 52.3		日本 阿形邦三先生	
山水（樹蔽樓台圖）	軸	紙	水墨	202.7 x 98.4	壬戌（康熙二十一年，1682）重九節	日本 私人	
山水圖	軸	紙	水墨	90.9 x 44.8		日本 私人	
山水圖	軸	絹	水墨	196.1 x 57.2		日本 私人	
山水圖	軸	紙	水墨	223.2 x 82.7		日本 私人	
山水圖	軸	紙	水墨	187 x 48.5		日本 私人	
寒林山水圖	軸	紙	水墨	163.9 x 44.1		日本 私人	
山水圖	軸	綾	水墨	143.7 x 48.8		日本 私人	
山水圖	軸	紙	水墨	165.7 x 50		美國 耶魯大學藝術館	1989.99.1
山水圖	軸	絹	水墨	176 x 53.3		美國 普林斯頓大學藝術館（Edward Elliott 先生寄存）	L196.70
水墨山水圖	軸	紙	水墨	99.5 x 47.1		美國 普林斯頓大學藝術館（Edward Elliott 先生寄存）	L307.70
別館高居圖	軸	紙	水墨	212.7 x 55.3		美國 普林斯頓大學藝術館（私人寄存）	
山水圖	軸	紙	水墨	326.9 x 112.7		美國 紐約大都會藝術博物館	1983.609
山水圖	軸	紙	水墨	164.8 x 49		美國 紐約顧洛阜先生	
岸連松篠圖	軸	紙	水墨	不詳		美國 紐約王季遷明德堂（張鼎臣原藏）	
山水圖	軸	紙	設色	不詳		美國 紐約王季遷明德堂（Stein 原藏）	
山水圖	軸	紙	水墨	23.1 x 52.5		美國 紐約大都會藝術博物館（Denis 楊先生寄存）	
水鄉清夏圖	軸	紙	水墨	25.6 x 32.8		美國 克利夫蘭藝術博物館	70.19

名稱	形式	質地	色彩	尺寸 高x寬cm	創作時間	收藏處所	典藏號碼
仿董巨山水圖	軸	絹	設色	216.2 x 57.2	庚戌（康熙九年，1670）冬杪	美國 克利夫蘭藝術博物館	69.123
棲霞勝概圖	軸	絹	水墨	153.6 x 51.5		美國 舊金山亞洲藝術館	B69 D54
山坳飲月圖	軸	紙	水墨	23 x 51.8		美國 舊金山伍天一堂	
寒林圖	軸	綾	水墨	35.1 x 49.7		美國 勃克萊加州大學藝術館（高居翰教授寄存）	1971.69
山水圖	軸	紙	水墨	126.5 x 58.6	戊辰（康熙二十七年，1688）夏五	美國 勃克萊加州大學藝術館（高居翰教授寄存）	CC116
山水圖	軸	綾	水墨	93 x 47		美國 勃克萊加州大學藝術館（高居翰教授寄存）	CC114
山水圖（畫呈阮亭先生）	軸	綾	水墨	155.3 x 49.1		美國 勃克萊加州大學藝術館（高居翰教授寄存）	CC115
山水圖	軸	綾	水墨	168.5 x 50.6		美國 勃克萊加州大學藝術館（高居翰教授寄存）	CC117
山水圖	軸	紙	水墨	111.7 x 44.5		美國 勃克萊加州大學藝術館（高居翰教授寄存）	CC118
山水圖	軸	紙	水墨	354 x 85.1		美國 洛杉磯郡立藝術館	
山水圖	軸	絹	水墨	200.7 x 43.7		美國 德州金貝爾藝術館	AP1985.12
仿董、巨然山水圖	軸	絹	水墨	158 x 54.5	戊申（康熙七年，1668）重九	美國 鳳凰市美術館（Mr.Roy And Marilyn Papp 寄存）	
山水圖	軸	絹	水墨	98.6 x 54.4		美國 夏威夷火魯奴奴藝術學院	2295.1
山水圖	軸	紙	水墨	151.7 x 70.2		加拿大 多倫多市Finlayson先生	
山水圖	軸	紙	水墨	23 x 52.3		加拿大 多倫多市Finlayson先生	
溪口空渡圖	軸	紙	水墨	23 x 52.5		加拿大 大維多利亞藝術館	65-2
山水圖	軸	紙	水墨	104.8 x 49		英國 倫敦大英博物館	1960.9.8.02（ADD312）
千巖萬壑圖	橫幅	紙	水墨	62.4 x 100.3		瑞士 蘇黎士黎德堡博物館	RCH.1172
谿夷疎樹（周亮工集名家山	冊頁	紙	水墨	23.5 x 33		台北 故宮博物院	故畫 01274-7

名稱	形式	質地	色彩	尺寸 高x寬cm	創作時間	收藏處所	典藏號碼
水冊之7)							
林木橋亭（名人書畫合冊之22）	冊頁	紙	水墨	20 x 60.1		台北 故宮博物院	故畫 03582-22
幽澗深林（名人書畫合冊之23）	冊頁	紙	水墨	17.9 x 57.1		台北 故宮博物院	故畫 03582-23
墨蘭（明人書畫全扇冊之4）	摺扇面	金箋	水墨	16.7 x 52		台北 故宮博物院（蘭千山館寄存）	
關亭村居（龔賢山水冊之1）	冊頁	紙	水墨	30.5 x 63		台北 張群先生	
寒江孤帆（龔賢山水冊之2）	冊頁	紙	水墨	30.5 x 63		台北 張群先生	
靜帆幽閣（龔賢山水冊之3）	冊頁	紙	水墨	30.5 x 63		台北 張群先生	
雲溪爭流（龔賢山水冊之4）	冊頁	紙	水墨	30.5 x 63		台北 張群先生	
寒江荒村（龔賢山水冊之5）	冊頁	紙	水墨	30.5 x 63		台北 張群先生	
孤亭帆影（龔賢山水冊之6）	冊頁	紙	水墨	30.5 x 63		台北 張群先生	
松嶺崇閣（龔賢山水冊之7）	冊頁	紙	水墨	30.5 x 63		台北 張群先生	
夏山與霽（龔賢山水冊之8）	冊頁	紙	水墨	30.5 x 63		台北 張群先生	
煙雨樓外（龔賢山水冊之9）	冊頁	紙	水墨	30.5 x 63		台北 張群先生	
長橋茅舍（龔賢山水冊之10）	冊頁	紙	水墨	30.5 x 63		台北 張群先生	
水榭樓台（龔賢山水冊之11）	冊頁	紙	水墨	30.5 x 63		台北 張群先生	
雪江寒野（龔賢山水冊之12）	冊頁	紙	水墨	30.5 x 63		台北 張群先生	
仿黃鶴山樵山水圖	冊頁	紙	水墨	22.5 x 49.5		台北 黃君璧白雲堂	
家在萬山中圖	冊頁	紙	水墨	11 x 19		台北 黃君璧白雲堂	
摹元末四大家山水圖	摺扇面	金箋	水墨	16.9 x 49.5		香港 莫華釗承訓堂	K92.69
山水圖（2幀）	冊頁	紙	水墨	（每幀）20 x 17.8		香港 劉作籌虛白齋	88
山水圖（金陵諸家山水集錦冊12之1幀）	冊頁	紙	設色	26.3 x 21.3	（乙巳，康熙四年，1665）	北京 故宮博物院	
陶貞白隱居圖	冊頁	絹	水墨	68.2 x 89.7	壬子（康熙十一年，1672）	北京 故宮博物院	
山水圖（20幀）	冊	紙	水墨	（每幀）22.3 x 33.2	乙卯（康熙十四年，1675）	北京 故宮博物院	
山水圖	冊頁	紙	水墨	22.6 x 60.2		北京 故宮博物院	
山水圖	摺扇面	紙	水墨	18.5 x 56.4		北京 故宮博物院	
山水圖	摺扇面	金箋	水墨	19.1 x 59		北京 故宮博物院	
山水圖（8幀）	冊	紙	設色	（每幀）26.8		北京 故宮博物院	

名稱	形式	質地	色彩	尺寸 高x寬cm	創作時間	收藏處所	典藏號碼
				x 23.2不等			
江干枯柳圖（諸家山水圖冊12之1幀）	冊頁	紙	設色	26.5 x 22		北京 故宮博物院	
山水圖	摺扇面	紙	水墨	不詳		北京 中國歷史博物館	
江草小亭圖	冊頁	紙	水墨	不詳		北京 中國歷史博物館	
山水圖（龔賢等書畫冊8之1幀）	冊頁	紙	水墨	不詳		北京 中國歷史博物館	
摹李成意山水圖（清董邦達等山水花卉冊12之1幀	冊頁	紙	水墨	30.5 x 57		天津 天津市藝術博物館	
山水圖（祁豸佳等山水花鳥冊27之1幀）	冊頁	絹	設色	30 x 23.4		天津 天津市藝術博物館	
山水圖（12幀）	冊	紙	水墨	（每幀）22.8 x 30	丁酉（順治十四年，1657）中秋前一日	上海 上海博物館	
山水圖（10幀，與樊圻為湧幢合作）	冊	紙	水墨	不詳	丙午（康熙五年，1666）	上海 上海博物館	
山水圖（12幀）	冊	紙	水墨	（每幀）24.5 x 34.2	戊申（康熙七年，1668）初夏	上海 上海博物館	
山水圖（？幀）	冊	紙	水墨	不詳	己酉（康熙八年，1669）三月	上海 上海博物館	
山水圖（24幀）	冊	紙	水墨	（每幀）36.5 x 27.7	丙辰（康熙十五年，1676）三月	上海 上海博物館	
山水圖（12幀，龔賢、釋大振合作）	冊	紙	設色	（每幀）20.3 x 18	庚申（康熙十九年，1680）	上海 上海博物館	
山水圖（10幀）	冊	紙	水墨	（每幀）25.2 x 34.3		上海 上海博物館	
自題山水圖（7幀）	冊	紙	水墨	（每幀）41 x 27.2		上海 上海博物館	
枯木寒泉圖	冊頁	紙	水墨	不詳		上海 上海博物館	
江樹茅亭圖（為湧幢作，金陵畫家集畫冊10之第1幀）	冊頁	紙	設色	18.6 x 27.2	（丙午，康熙五年，1666）	上海 上海博物館	
山水圖（繪林集妙冊75之1幀）	冊頁	紙	設色	約26.6 x 30		上海 上海博物館	
山亭溪樹圖	摺扇面	金箋	水墨	20.6 x 60		南京 南京博物院	

名稱	形式	質地	色彩	尺寸 高x寬㎝	創作時間	收藏處所	典藏號碼
為菽翁作山水圖（清金陵八家扇面集冊8之1幀）	摺扇面	金箋	水墨	18.4 x 54.3		南京 南京博物院	
山水圖（12幀）	冊	紙	水墨	（每幀）28.2 x 35.9		蘇州 江蘇省蘇州博物館	
為敬翁作山水圖	摺扇面	金箋	水墨	不詳		寧波 浙江省寧波市天一閣文物保管所	
山水圖（清龔賢等山水冊6之1幀）	冊頁	紙	設色	31.5 x 47	（乙亥，康熙三十四年，1695）	南昌 江西省博物館	
山水圖	摺扇面	粉箋	水墨	不詳		武漢 湖北省博物館	
山水圖	摺扇面	金箋	水墨	不詳		成都 四川省博物院	
江干漁舟圖	冊頁	紙	水墨	不詳		廣州 廣東省博物館	
仿巨然山水圖（龔賢等山水冊8之1幀）	冊頁	紙	水墨	15.7 x 19.2	王子（康熙十一年，1672）春	廣州 廣州市美術館	
為密之作山水圖	摺扇面	紙	水墨	不詳		南寧 廣西壯族自治區博物館	
山水圖并題（2幀，為周亮工作）	冊頁	紙	水墨	不詳	己酉（康熙八年，1669）仲冬	? 延光室	
山水圖	摺扇面	金箋	水墨	不詳		日本 京都長尾雨山先生	
書畫合璧（畫9幀）	冊	紙	設色	（每幀）21.1 x 17.2	癸亥（康熙二十二年，1683）初夏、立冬	日本 大阪市立美術館	
山水圖（9幀）	冊	綾	設色	（每幀）13.6 x 12.6		日本 大阪橋本大乙先生	
江邊橋色圖	摺扇面	紙	水墨	16.9 x50		日本 大阪橋本大乙先生	
山水圖（11幀）	冊	紙	水墨	（每幀）25 x 19		日本 阿形邦三先生	
山水圖（書畫扇面冊二冊之10）	摺扇面	金箋	水墨	16.3 x 50.8		日本 私人	
山水圖	摺扇面	金簽	水墨	20.2 x 55		美國 耶魯大學藝術館	
山水圖	摺扇頁	紙	金箋	20.2 x 55	癸丑（康熙十二年，1673）春日	美國 普林斯頓大學藝術館（Edward. Elliott 先生寄存）	L171.70
山水圖（3幀）	冊	紙	水墨	不詳		美國 普林斯頓大學藝術館（私人寄存）	L39.65
山水圖（12幀）	冊	紙	水墨	（每幀）35 x 17	戊辰（康熙二十七年，1688）初冬	美國 紐約大都會藝術博物館	1980.516.2

名稱	形式	質地	色彩	尺寸 高x寬cm	創作時間	收藏處所	典藏號碼
寫意山水圖（4幀）	冊	紙	水墨	（每幀）19 x 19		美國 紐約大都會藝術博物館	
山水圖（6幀）	冊	紙	水墨	（每幀）22.2 x 43		美國 紐約大都會藝術博物館	69.242.16 -21
十二月山水圖（12幀）	冊	紙	水墨	（每幀）30.3 x 63		美國 紐約大都會藝術博物館	1980.426.1
山水圖	冊頁	紙	水墨	20.5 x 34		美國 華盛頓特區弗瑞爾藝術館	61.11
水鄉清夏圖	冊頁	紙	水墨	25.5 x 32.8		美國 克利夫蘭藝術博物館	
山水（10幀）	軸裝	紙	設色	（每幀）24.1 x 44.7	辛亥（康熙十年，1671）	美國 堪薩斯市納爾遜-艾金斯藝術博物館	60-36.1-10
山水圖（畫贈中翁先生，清人山水圖冊之第6）	冊頁	紙	不詳	13.4 x 24.4		美國 勃克萊加州大學藝術館	CC 12f
山水圖（明人畫冊之第5）	冊頁	絹	設色	29.8 x 21.6		美國 勃克萊加州大學藝術館	
山水圖（四朝墨寶冊）	冊頁	絹	水墨	28.4 x 20		英國 倫敦大英博物館	1946.4.1309 (ADD219)
山水圖（8幀）	冊	紙	水墨	（每幀）24 x 23.9		德國 柏林東亞藝術博物館	1988-404
山水圖	摺扇面	紙	水墨	16.6 x 51		德國 柏林東亞藝術博物館	1988-222
山水圖	摺扇面	金箋	水墨	17.7 x 55.7		瑞士 蘇黎士黎得堡博物館	RCH.1116
山水圖	冊頁	紙	水墨	23.1 x 37.6		瑞典 斯德哥爾摩遠東古術館	NMOK441-4
山水圖（？幀）	冊	絹	水墨	（每幀）30 x 23		捷克 布拉格 Narodoni Gale -rie v Praze	Vm3203-1171/ 81
附：							
山路清歌圖	卷	紙	水墨	28 x 226		紐約 佳士得藝品拍賣公司/拍賣目錄 1984,06,29.	
江帆出峽圖	卷	紙	水墨	28 x 226		紐約 佳士得藝品拍賣公司/拍賣目錄 1984,06,29.	
山水、書法（兩段合卷）	卷	紙	水墨	（畫）40.6 x 421.6		紐約 佳士得藝品拍賣公司/拍賣目錄 1998,03,24.	
雲山結茅圖	軸	綾	水墨	172 x 95		大連 遼寧省大連市文物商店	
山水圖	軸	紙	水墨	不詳	癸亥（康熙二十二年，1683）長夏	北京 榮寶齋	
野客高居圖	軸	紙	水墨	不詳	丁卯（康熙二十六年，1687）陽月	北京 榮寶齋	

名稱	形式	質地	色彩	尺寸 高x寬cm	創作時間	收藏處所	典藏號碼
山水圖	軸	紙	水墨	不詳	乙卯（康熙十四年，1675）重九日	北京 北京市文物商店	
山水圖	軸	紙	水墨	227.5 x 80.3	丙午（康熙五年，1666）	北京 北京市工藝品進出口公司	
山水圖（龔賢等書畫屏8之1幅）	軸	紙	設色	24.7 x 15.5	（戊子，順治五年，1648）	武漢 湖北省武漢市文物商店	
山路清歌圖	軸	紙	水墨	325 x 112		紐約 佳士得藝品拍賣公司/拍賣目錄1983,11,30.	
寒山落木圖	軸	綾	水墨	136.5 x 48.7		紐約 佳士得藝品拍賣公司/拍賣目錄1984,06,29.	
溪山幽居圖	軸	絹	水墨	152 x 47.5		紐約 佳士得藝品拍賣公司/拍賣目錄1984,06,29.	
溪山亭子圖	軸	絹	水墨	152 x 47.5		紐約 佳士得藝品拍賣公司/拍賣目錄1984,06,29.	
山水圖	軸	紙	水墨	139.7 x 45		紐約 蘇富比藝品拍賣公司/拍賣目錄1986,06,03.	
奇峰石梁圖	軸	絹	水墨	151.1 x 54.9	辛酉（康熙二十年，1681）新秋	紐約 佳士得藝品拍賣公司/拍賣目錄1987,12,11.	
深山古寺圖	軸	紙	水墨	67.2 x 45.8		紐約 佳士得藝品拍賣公司/拍賣目錄1989,12,04.	
草閣群峰圖	軸	絹	水墨	176 x 54.5		紐約 佳士得藝品拍賣公司/拍賣目錄1990,11,28.	
秋山暮景	軸	絹	水墨	176 x 54.5		紐約 佳士得藝品拍賣公司/拍賣目錄1990,11,28.	
雲境仙家	軸	絹	水墨	176.3 x 53.4		紐約 佳士得藝品拍賣公司/拍賣目錄1991,11,25.	
湖光夕陽	軸	絹	水墨	206.5 x 52		紐約 佳士得藝品拍賣公司/拍賣目錄1992,06,02.	
寒山落木圖	軸	絹	水墨	206.5 x 52		紐約 佳士得藝品拍賣公司/拍賣目錄1992,06,02.	
萬笏攢峰圖	軸	紙	水墨	305.5 x 87.7	乙未（順治十二年，1655）七月	紐約 佳士得藝品拍賣公司/拍賣目錄1993,06,04.	
山水圖（2幅）	軸	絹	水墨	（每幅）173.3 x 54		紐約 佳士得藝品拍賣公司/拍賣目錄1994,06,01.	

名稱	形式	質地	色彩	尺寸 高x寬cm	創作時間	收藏處所	典藏號碼
萬笏攢峰圖	軸	紙	水墨	70 × 53.4	辛亥（康熙十年，1671）春三月	香港 佳士得藝品拍賣公司/拍賣目錄 1995,04,30.	
綠柳野水圖	軸	紙	水墨	70 × 53.4	辛亥（康熙十年，1671）春三月	香港 佳士得藝品拍賣公司/拍賣目錄 1995,04,30.	
秋山暮景圖	軸	紙	水墨	100.5 × 47.5		紐約 佳士得藝品拍賣公司/拍賣目錄 1996,09,18.	
山水圖	軸	絹	水墨	137.2 × 93.3		香港 蘇富比藝品拍賣公司/拍賣目錄 1999,10,31.	
山水圖	摺扇面	紙	水墨	18.5 × 59.5		紐約 佳仕得藝品拍賣公司/拍賣目錄 1986,12,01.	
溪山亭子圖	摺扇面	金箋	水墨	19 × 59	辛亥（康熙十年，1671）元日	紐約 佳士得藝品拍賣公司/拍賣目錄 1987,12,11.	
山水圖	摺扇面	金箋	水墨	19 × 58.5		紐約 佳士得藝品拍賣公司/拍賣目錄 1988,11,30.	
山水畫範本（37幀）	冊	紙	水墨	（每幀）24 × 17.8		紐約 佳士得藝品拍賣公司/拍賣目錄 1989,12,04.	
江村暮靄（清朝名家山水集冊之第8幀）	冊頁	紙	水墨	25.7 × 24.1		紐約 佳士得藝品拍賣公司/拍賣目錄 1989,12,04.	
山水、書法（兩段合卷）	冊	紙	水墨	（每幀）24 × 17.8		紐約 佳士得藝品拍賣公司/拍賣目錄 1989,12,04.	
奇峰石梁圖	摺扇面	金箋	水墨	19.5 × 55.5		紐約 佳士得藝品拍賣公司/拍賣目錄 1990,05,31.	
松雲茅舍圖	摺扇面	金箋	水墨	19.5 × 55.5		紐約 佳士得藝品拍賣公司/拍賣目錄 1990,05,31.	
山水圖（8幀）	冊	紙	水墨	（每幀）25.7 × 18.2	甲寅（康熙十三年，1674）冬日	紐約 佳士得藝品拍賣公司/拍賣目錄 1997,09,19.	

畫家小傳：龔賢。又名豈賢。字半千、野遺。號半畝、紫丈人。江蘇崑山人。生於明神宗萬曆四十七（1619）年，卒於康熙二十八（1689）年。工詩文、書法。善畫山水，能夠掃除縐綏，獨出幽異，自創一格。為「金陵八家」之一。（見圖繪寶鑑續纂、國朝畫錄、櫟園讀畫錄、江南通志、江寧縣志、青溪集、中國畫家人名大辭典）

李 炳

名稱	形式	質地	色彩	尺寸 高x寬cm	創作時間	收藏處所	典藏號碼
仿倪雲林筆山水圖（四家山水冊頁裝卷4之4幀）	卷	紙	設色	26.9 × 41.2	（壬戌，康熙二十一年，1682）	上海 上海博物館	
山水圖（為邦時作）	軸	金箋	設色	不詳	戊申（康熙七年，1668）嘉平月	鎮江 鎮江市博物館	

名稱	形式	質地	色彩	尺寸 高×寬㎝	創作時間	收藏處所	典藏號碼
三友圖（李炳、高簡、王武合作，名人畫扇（甲）冊之12）	摺扇面 金箋		水墨	不詳		台北 故宮博物院	故畫 03547-12
山水圖（楊補等各家山水冊12之1幀）	冊頁	紙	設色	25.5 x 26.5	（順治十年，癸巳，1653）中秋	北京 故宮博物院	
山水圖（朱陵等雜畫冊10之1）	冊頁	紙	設色	不詳		北京 中國歷史博物館	
仿北苑筆山水圖（為天老年先生作，明清書畫合綴帖之21）	摺扇面 金箋		設色	15.6 x 49.5	戊寅（康熙三十七年，1698）清和，時年八十	美國 聖路易斯市吳納孫教授	

畫家小傳：李炳。字文中。號醒庵。生於明神宗萬曆四十七（1619）年，清聖祖康熙三十七（1698）年八十歲尚在世。工畫淺絳山水，師法元人。（見畫傳編韻、中國美術家人名辭典）

楊

摹董北苑山口待渡圖	卷	絹	設色	52.5 x 307.5	崇禎十七年（甲申，1644）春月	北京 故宮博物院	

畫家小傳：楊鉥。字鼎玉。順天人。善畫山水、人物。流傳署款紀年作品見於明思宗崇禎十七（1644）年。（見圖繪寶鑑續纂、中國畫家人名大辭典）

陳夢鶴

附：

寫劉戢山（宗周）像	軸	絹	設色	130 x 56	崇禎甲申（十七年，1644）春仲	上海 朵雲軒	

畫家小傳：陳夢鶴。畫史無載。流傳署款紀年作品見於明思宗崇禎十七（1644）年。身世待考。

厲 賢

附：

樹石圖（明藍瑛等樹石冊6之1幀）	冊頁	紙	水墨	不詳		上海 上海文物商店	

畫家小傳：厲賢。畫史無載。身世待考。

貞 開

附：

樹石圖（明藍瑛等樹石冊6之1幀）	冊頁	紙	水墨	不詳		上海 上海文物商店	

名稱	形式	質地	色彩	尺寸 高×寬cm	創作時間	收藏處所	典藏號碼

畫家小傳：貞開。畫史無載。身世待考。

汪之瑞

松石圖	軸	紙	水墨	178.3 × 64.1		香港 中文大學中國文化研究	95.487
						所文物館	
山水圖	軸	紙	水墨	不詳	甲申（順治元年，1644）	北京 故宮博物院	
山水圖	軸	紙	水墨	79 × 52.4	己丑（順治六年，1649）	北京 故宮博物院	
枯樹圖	軸	紙	水墨	不詳		北京 故宮博物院	
松石圖	軸	紙	水墨	179.5 × 78.2		上海 上海博物館	
空山水閣圖	軸	紙	水墨	136.1 × 57.8	癸巳（順治十年，1653）	杭州 浙江省博物館	
枯樹空亭圖（查士標題）	軸	紙	水墨	不詳		杭州 浙江省博物館	
山水圖（10幀）	冊	紙	水墨	不詳		北京 故宮博物院	
山水圖（2幀）	冊	紙	水墨	（每幀）49.4 × 22.5		合肥 安徽省博物館	
山水圖（4幀）	冊	紙	水墨	（每幀）28.5 × 22		杭州 浙江省杭州西泠印社	

附：

| 山水圖（為文白作） | 軸 | 紙 | 設色 | 不詳 | 癸巳（順治十年，1653）冬 | 北京 中國文物商店總店 | |
| 山水小景（新安名家合錦冊第3幀） | 冊頁 | 紙 | 水墨 | 11 × 14 | 己丑（順治六年，1649）初夏 | 紐約 佳士得藝品拍賣公司/拍賣目錄1990,05,31. | |

畫家小傳：汪之瑞。字無瑞。安徽休寧人。工書。善畫山水，渴筆焦墨，多作麻皮、荷葉皴，且愛作背面山。流傳署款紀年作品見於世祖順治元（1644）至十（1653）年。（見國朝畫徵錄、桐陰論畫、中國畫家人名大辭典）

朱睿䪫

山水圖	卷	紙	水墨	28 × 267	乙酉（順治二年，1645）	北京 故宮博物院	
山水圖（朱睿䪫、獨任、胡玉昆山水合卷3之第1段）	卷	紙	設色	21 × 48		北京 故宮博物院	
三山書院圖（之一卷）	卷	綾	水墨	30.5 × 273.5	辛卯（順治八年，1651）八月	日本 大阪橋本大乙先生	
明宗室七處和尚硯坐圖	卷	紙	水墨	19.3 × ？		德國 柏林東亞藝術博物館	1988-463

名稱	形式	質地	色彩	尺寸 高x寬cm	創作時間	收藏處所	典藏號碼
仿倪雲林山水圖	軸	紙	設色	55.5 x 28.3		台北 王靄雲先生	
洛陽春色圖	軸	紙	水墨	87.3 x 46.3		台南 石允文先生	
竹林七賢圖	軸	紙	設色	84.7 x 44.9		香港 劉作籌虛白齋	98
山水圖	軸	紙	設色	294.3 x 107.1	甲申（順治元年，1644年）春三月	香港 吳普心先生	
秋林策杖圖	軸	紙	設色	不詳		北京 中國歷史博物館	
秋林獨往圖	軸	紙	設色	100 x 44		婺源 江西省婺源縣博物館	
山水圖	軸	紙	設色	不詳		重慶 重慶市博物館	
草蟲圖	軸	絹	設色	119.1 x 56.4		美國 華盛頓特區弗瑞爾藝術館	80.119
山水圖	軸	紙	設色	96.1 x 39.7		美國 克利夫蘭藝術博物館	68.365
鳴鶴圖	軸	絹	設色	84.9 x 32.9		美國 加州曹仲英先生	
仿吳鎮山水圖	軸	紙	水墨	105.2 x 42.4		美國 西雅圖市藝術館	34.178
疎林遠岫（周亮工集名山水冊之14）	冊頁	紙	水墨	23.1 x 29.5	丙戌（順治三年，1646）秋日	台北 故宮博物院	故畫 01274-14
疎林古寺（周亮工集名家山水冊之9）	冊頁	紙	設色	24.9 x 32.3		台北 故宮博物院	故畫 01274-9
山水圖（8幀）	冊	紙	設色	（每幀）26.3 x 21.2	丙戌（順治三年，1646）冬日	香港 中文大學中國文化研究所文物館	
山水圖（12幀）	冊	紙	設色	（每幀）33.3 x 21.8		香港 招署東先生	
仿王蒙松泉圖	摺扇面	紙	設色	17.9 x 52.9		香港 劉作籌虛白齋	150
疏樹山村圖	摺扇面	金箋	設色	不詳		合肥 安徽省博物館	
山水圖	摺扇面	金箋	水墨	17 x 51	庚寅（順治十年，1650）	北京 故宮博物院	
茅亭遠山圖（為景雲作）	摺扇面	紙	設色	不詳	癸卯（康熙二年，1663）春日	成都 四川省博物院	
山水圖（14幀）	冊	絹	設色	（每幀）19.5 x 26.5	丁亥（順治四年，1647）	廣州 廣東省博物館	
山水圖	摺扇面	金箋	水墨	16.2 x 55		美國 勃克萊加州大學藝術館（高居翰教授寄存）	CC43
山水圖（周櫟園雜畫什冊之1）	冊頁	紙	水墨	24.9 x 32.3		英國 倫敦大英博物館	1965.7.24.012
山水圖（周櫟園雜畫什冊之2）	冊頁	紙	設色	25.5 x 32.8		英國 倫敦大英博物館	1965.7.24.013

名稱	形式	質地	色彩	尺寸 高x寬cm	創作時間	收藏處所	典藏號碼
山水圖	摺扇面	紙	設色	16.9 x 54.4		德國 柏林東亞藝術博物館	1988-6
附：							
赤壁夜遊圖	軸	紙	設色	148.5 x 90.5		香港 佳士得藝品拍賣公司/拍賣目錄 2001,04,29.	

畫家小傳：朱睿𣂏。字翰之。明宗室。齊王之孫。金陵人。明亡（1644），出家為僧，法名七處。善畫山水，清遠脫俗。流傳署款紀年作品見於世祖順治元（1644）年，至聖祖康熙二(1663)年。(見圖繪寶鑑續纂、金陵瑣事、桐陰論畫、中國畫家人名大辭典)

葉 欣

名稱	形式	質地	色彩	尺寸 高x寬cm	創作時間	收藏處所	典藏號碼
鍾山圖	卷	絹	設色	不詳	甲午（順治十一年，1654）	北京 故宮博物院	
梅花流泉圖	卷	紙	設色	21.6 x 531.8	戊子（順治五年，1648）	上海 上海博物館	
探梅圖	卷	紙	設色	21.5 x 288.3	戊子（順治五年，1648）	上海 上海博物館	
梅花書屋圖	軸	絹	設色	不詳	辛亥（康熙十年，1671）冬日	北京 故宮博物院	
春遊圖	軸	絹	設色	171.5 x 47.5	丁未（康熙七年，1667）	合肥 安徽省博物館	
梅花書屋圖	軸	綾	設色	177.5 x 50.5	丙午（康熙五年，1666）仲冬月	上海 上海博物館	
山村烟嶂圖	軸	絹	設色	82.8 x 51.2	癸丑（康熙十二年，1673）春日	南京 南京大學	
雪景山水圖	軸	紙	設色	122.1 x 63.1		日本 私人	
寫陶淵明詩意圖	軸	絹	設色	74.7 x 33.5	乙未（順治十二年，1655）十月	美國 舊金山亞洲藝術館	B67 D5
山水圖	軸	絹	設色	88.2 x 52.3		英國 倫敦大英博物館	1965.4.10.01（ADD343）
白波翠巘（周亮工集名家山水冊之11）	冊頁	紙	設色	24.8 x 32.9		台北 故宮博物院	故畫 01274-11
松崖觀泉（周亮工集名家山水冊之5）	冊頁	絹	設色	19.1 x 25.8		台北 故宮博物院	故畫 01274-5
山水圖（8幀）	冊	紙	設色	不詳	丁酉（順治十四年，1657）	旅順 遼寧省旅順博物館	
山水圖（翁陵等山水冊12之1幀）	冊頁	紙	設色	不詳		北京 故宮博物院	

名稱	形式	質地	色彩	尺寸 高x寬cm	創作時間	收藏處所	典藏號碼
杏花圖（金陵名筆集勝冊 8 之 1 幀）	冊頁	紙	設色	17 x 21.3		北京 故宮博物院	
山水圖（11 幀）	冊	紙	設色	（每幀）16.5 x 22.1	丁亥（順治四年，1647）	北京 故宮博物院	
山水圖（江左文心集冊 12 之 1 幀）	冊頁	紙	設色	16.8 x 21	壬辰（順治九年，1652）嘉年月	北京 故宮博物院	
山水圖	冊頁	絹	設色	不詳	丙午（康熙五年，1666）	北京 故宮博物院	
山水圖（髡殘等十人山水合冊 10 之 1 幀）	冊頁	金箋	設色	29.9 x 32.2	丙午（康熙五年，1666）春日	北京 故宮博物院	
山水圖（4 幀）	冊	絹	設色	不詳		北京 故宮博物院	
山水圖（8 幀）	冊	絹	設色	不詳		北京 故宮博物院	
黃河曉渡圖	摺扇面	金箋	設色	16.3 x 51		北京 故宮博物院	
山水圖（陳丹衷等十家山水冊 10 之 1 幀）	冊頁	紙	設色	33.2 x 45.5		北京 故宮博物院	
山水圖（10 幀）	冊	紙	設色	（每幀）20.8 x 15.5		天津 天津市藝術博物館	
花鳥圖（清葉欣等雜畫冊 8 之 1 幀）	冊頁	紙	設色	20.8 x 15.4		青島 山東省青島市博物館	
柳溪歸舟圖	摺扇面	金箋	設色	不詳	庚子（順治十七年，1660）	合肥 安徽省博物館	
山水圖（10 幀，為仲翁作）	冊	紙	設色	（每幀）14.3 x 17.7	丁酉（順治十四年，1657）八月	上海 上海博物館	
烟靄秋涉圖（為公肅作）	摺扇面	金箋	設色	不詳	庚子（順治十七年，1660）十月	上海 上海博物館	
山水圖（10 幀）	冊	絹	設色	（每幀）12.5 x 16		上海 上海博物館	
山水圖（8 幀，為崧□盟長作）	冊	紙	設色	不詳	癸卯（康熙二年，1663）清和月	上海 上海博物館	
山水圖（8 幀）	冊	紙	設色	（每幀）14.4 x 17.6		上海 上海博物館	
山水圖（繪林集妙冊 75 之 1 幀）	冊頁	紙	設色	約 26.6 x 30		上海 上海博物館	
江山帆影圖（金陵各家山水	冊頁	金箋	設色	29.1 x 35.1	（庚子，順治十七	南京 南京博物院	

名稱	形式	質地	色彩	尺寸 高x寬cm	創作時間	收藏處所	典藏號碼
冊10之1幀）					年，1660）		
山水圖（清金陵八家扇面集 冊8之1幀）	摺扇面	金箋	水墨	18.4 x 54.3	甲申（順治元年， 1644）春二月	南京 南京博物院	
山水圖（8幀）	冊	紙	設色	（每幀）14.5 x 18	癸卯（康熙二年， 1663）	廣州 廣州市美術館	
山水圖（8幀）	冊	絹	設色	不詳		美國 普林斯頓大學藝術館（ 私人寄存）	
白鶴嶺圖	冊頁	紙	設色	24.6 x 31.8		美國 紐約大都會藝術博物館	64.268.2
山水圖（？幀）	冊	絹	設色	（每幀）11.7 x 13.9		美國 紐約大都會藝術博物館	1987.223
山水圖（8幀）	冊	紙	設色	（每幀）14.3 x 17.8	癸卯（康熙二年， 1663）長夏	美國 紐約Hobart先生	
山水圖	冊頁	紙	設色	24.5 x 32.7		德國 柏林東亞藝術博物館	1988-459
山水圖（8幀）	冊	紙	設色	（每幀）15.5 x 20.8		德國 柏林東亞藝術博物館	1988-460
附：							
山水圖	軸	絹	設色	196.5 x 99.7	康熙丙寅（二十五 年，1686）長夏	紐約 蘇富比藝品拍賣公司/拍 賣目錄1987,12,08.	

畫家小傳：葉欣。字榮木。江蘇華亭（一作無錫）人，流寓金陵。善畫山水，學宋趙令穰，參以姚允在。為「金陵八家」之一。流傳署款
　　　　紀年作品見於世祖順治元（1644）年至聖祖康熙二十五（1686）年。（見圖繪寶鑑續纂、國朝畫徵錄、櫟園讀畫錄、桐陰論畫、青
　　　　溪遺稿、耕硯田齋筆記、中國畫家人名大辭典）

尹源進

| 墨蘭圖（鄭向去思詩書畫冊之
第2） | 冊頁 | 金箋 | 水墨 | 31.5 x 41.4 | | 香港 中文大學中國文化研究
所文物館 | 79.39b |

畫家小傳：尹源進。畫史無載。身世待考。

范熙祥

靈芝圖（鄭向去思詩書畫冊 之第3）	冊頁	金箋	設色	31.5 x 41.4		香港 中文大學中國文化研究 所文物館	79.39c
梅花木蓮圖（鄭向去思詩書 畫冊之第4）	冊頁	金箋	設色	31.5 x 41.4		香港 中文大學中國文化研究 所文物館	79.39d
水仙圖（鄭向去思詩書畫冊 之第5）	冊頁	金箋	設色	31.5 x 41.4		香港 中文大學中國文化研究 所文物館	79.39e

名稱	形式	質地	色彩	尺寸 高×寬cm	創作時間	收藏處所	典藏號碼

畫家小傳：范熙祥。畫史無載。身世待考。

梁　濤

| 墨竹圖（鄭向去思詩書畫冊 之第6幀） | 冊頁 | 金箋 | 水墨 | 31.5 × 41.4 | | 香港 中文大學中國文化研究 所文物館 | 79.39f |

畫家小傳：梁濤。畫史無載。身世待考。

章　詔

| 登瀛洲圖（中舉遊行圖） | 卷 | 絹 | 設色 | 26.6 × ? | | 日本 東京永青文庫 | |

畫家小傳：章詔。字廷綸。晚號遯園居士。江蘇丹徒人。工畫竹。長於大幅，整而不勻，密而不結，能品。（見國朝畫徵錄、丹徒縣志、中國畫家人名大辭典）

李果吉

| 仿元人山水圖 | 軸 | 紙 | 設色 | 162.3 × 74.5 | | 香港 中文大學中國文化研究 所文物館 | 73.102 |
| 蕉石圖（鄭向去思詩書畫冊 之第7） | 冊頁 | 金箋 | 水墨 | 31.5 × 41.4 | | 香港 中文大學中國文化研究 所文物館 | 79.39g |

畫家小傳：李果吉。字吉六。香山（今廣東中山）人。精於繪畫。畫山水深得黃公望筆意，又仿程勝斧劈皴法；另作芭蕉、蘭竹、水石，亦宗之。（傳載香山縣誌、中國畫家人名大辭典）

吳　媛

| 秋芳圖 | 軸 | 紙 | 設色 | 不詳 | | 北京 故宮博物院 | |

畫家小傳：吳媛。妓。字文青。自號梁溪女子。江蘇無錫人。善畫花卉，與吳偉業熟稔。（見國朝畫徵錄、中國畫家人名大辭典）

今　諳

| 山水圖（鄭向去思詩書畫冊 之第8） | 冊頁 | 金箋 | 設色 | 31.5 × 41.4 | | 香港 中文大學中國文化研究 所文物館 | 79.39h |

畫家小傳：今諳。畫史無載。身世待考。

張旋吉

| 觀瀑圖（鄭向去思詩書畫冊 之第9） | 冊頁 | 金箋 | 水墨 | 31.5 × 41.4 | | 香港 中文大學中國文化研究 所文物館 | 79.39i |

畫家小傳：張旋吉。字履祥。號味閒。江蘇華亭明經（諸生）。工畫山水、人物，均得自舅氏王孫曜畫法。（見墨香居畫識、中國美術家人名辭典）

名稱	形式	質地	色彩	尺寸 高×寬㎝	創作時間	收藏處所	典藏號碼

蔡崑璧

| 秋景山水圖（鄭向去思詩書畫冊之第10） | 冊頁 | 金箋 | 設色 | 31.5 × 41.4 | | 香港 中文大學中國文化研究所文物館 | 79.39j |

畫家小傳：蔡崑璧。畫史無載。身世待考。

劉殿英

| 秋景山水圖（鄭向去思詩書畫冊之第11） | 冊頁 | 金箋 | 設色 | 31.5 × 41.4 | | 香港 中文大學中國文化研究所文物館 | 79.39k |

畫家小傳：劉殿英。畫史無載。身世待考。

馬　雲

| 仿董其昌溪山秋色圖（鄭向去思詩書畫冊之第12） | 冊頁 | 金箋 | 設色 | 31.5 × 41.4 | | 香港 中文大學中國文化研究所文物館 | 79.391 |

畫家小傳：馬雲。畫史無載。身世待考。

董　斑

| 溪橋村落（國朝五家畫山水冊之7） | 冊頁 | 紙 | 水墨 | 25.5 × 34.3 | | 台北 故宮博物院 | 故畫 01277-7 |

畫家小傳：董斑。畫史無載。身世待考。

徐在柯

高松圖	軸	綾	水墨	166.3 × 48.1		成都 四川省博物院	
山水圖（12幀）	冊	紙	水墨	（每幀）34.9 × 32		北京 故宮博物院	
山水圖（為澹庵作，山水合璧冊12之1幀）	冊頁	紙	水墨	27.4 × 30		北京 中央工藝美術學院	
山水圖（8幀）	冊	紙	設色	不詳		合肥 安徽省博物館	
山水圖（8幀）	冊	紙	設色	不詳		杭州 浙江省博物館	
仿宋元諸家山水圖（8幀）	冊	紙	水墨	不詳		杭州 浙江省博物館	

畫家小傳：徐在柯。僧。法名不詳，號半山。俗姓徐，名在柯。安徽宣城人。清初，以善畫山水名於時。（見中國歷代書畫篆刻家字號索引）

谷文光

| 草亭野橋圖 | 軸 | 綾 | 水墨 | 不詳 | 甲申（順治元年， | 臨海 浙江省臨海市博物館 | |

名稱	形式	質地	色彩	尺寸 高x寬cm	創作時間	收藏處所	典藏號碼

1644）

畫家小傳：谷文光。畫史無載。流傳署款紀年作品見於世祖順治元（1644）年。身世待考。

半 山

| 山水圖（12幀） | 冊 | 紙 | 水墨 | （每幀）34.9 x 32 | | 北京 故宮博物院 | |

畫家小傳：半山。畫史無載。身世待考。

王魯伯

| 湘皋清趣圖 | 軸 | 絹 | 水墨 | 不詳 | | 北京 中國美術館 | |

畫家小傳：王魯伯。畫史無載。身世待考。

金 春
附：

| 鳳凰玄女圖 | 軸 | 絹 | 設色 | 160 x 100 | | 天津 天津市文物公司 | |

畫家小傳：金春。畫史無載。身世待考。

王无咎
附：

| 山水圖 | 摺扇面 | 紙 | 水墨 | 不詳 | | 上海 朵雲軒 | |

畫家小傳：王无咎。畫史無載。約活動於世祖順治初（1645）前後。身世待考。

鄒滿字

| 花卉圖（清葉欣等雜畫冊8 之1幀） | 冊頁 | 紙 | 設色 | 20.8 x 15.4 | | 青島 山東省青島市博物館 | |

畫家小傳：鄒滿字。畫史無載。身世待考。

桐 原

| 梅花山茶圖（清葉欣等雜畫 冊8之1幀） | 冊頁 | 紙 | 設色 | 20.8 x 15.4 | | 青島 山東省青島市博物館 | |

畫家小傳：桐原。畫史無載。身世待考。

子 韶

| 花叢眠鴨圖（清葉欣等雜畫 | 冊頁 | 紙 | 設色 | 20.8 x 15.4 | | 青島 山東省青島市博物館 | |

名稱	形式	質地	色彩	尺寸 高x寬cm	創作時間	收藏處所	典藏號碼

冊8之1幀）

畫家小傳：子韶。畫史無載。身世待考。

黃龍光

| 山道騎馬圖 | 軸 | 絹 | 水墨 | 137.7 x 45.4 | | 日本 私人 | |

畫家小傳：黃龍光。畫史無載。身世待考。

董　白

| 仿黃居寀花卉圖 | 軸 | 紙 | 設色 | 124.9 x 35.2 | | 美國 加州曹仲英先生 | |
| 墨竹圖（與冒襄蘭竹石圖合裝） | 軸 | 紙 | 水墨 | 27.1 x 39 | 弘光紀元（乙酉，1645）春二月 | 新加坡 Dr.E.Lu | |

附：

| 花鳥圖 | 卷 | 絹 | 設色 | 32.5 x 222.5 | 庚戌（康熙九年，1670）秋仲 | 紐約 佳士得藝品拍賣公司/拍賣目錄1988,11,30. | |
| 嫦娥圖 | 軸 | 紙 | 設色 | 77 x 27.5 | | 紐約 佳士得藝品拍賣公司/拍賣目錄1984,06,29. | |

畫家小傳：董白。女。字小宛。號青蓮女史。江蘇金陵人。本樂籍女，後嫁冒襄。通賞鑑。善書畫。流傳署款紀年作品見於世祖順治二（1645）年至聖祖康熙九（1670）年。（見小宛傳、董可君哀詞、蓮坡詩話、梅影庵憶語、中國畫家人名大辭典等）

朱　軒

雜畫	卷	金箋	設色	不詳	己巳（康熙二十八年，1689）	北京 故宮博物院	
富春大嶺圖	卷	紙	設色	不詳	己酉（康熙八年，1669）	天津 天津市藝術博物館	
山水圖（為南廬作，顧大申、朱軒作品合卷之1段）	卷	紙	水墨	21.8 x 137.9	癸丑（康熙十二年，1673）十月	日本 京都圓山淳一先生	
秋閣遠眺圖	軸	綾	水墨	125 x 47	癸酉（康熙三十二年，1693）	瀋陽 故宮博物院	
松亭遠山圖	軸	紙	設色	102.6 x 44.5	庚子（順治十七年，1660）	天津 天津市藝術博物館	
松徑觀泉圖	軸	紙	水墨	不詳	乙亥（康熙三十四年，1695）	天津 天津市藝術博物館	
松屋遙岑圖	軸	絹	設色	146.6 x 74.5	癸亥（康熙二十二	南京 南京博物院	

名稱	形式	質地	色彩	尺寸 高x寬cm	創作時間	收藏處所	典藏號碼
					年1683）仲春		
水墨山水	軸	絹	水墨	76.1 x 42.1	□亥（？）春日	日本 東京河井荃廬先生	
柏雙壽圖	軸	絹	設色	149.5 x 52	癸亥（康熙二十二年，1683）中秋	日本 福岡石韵道雄先生	7
山水圖（祝輨玉六秩初度作）	軸	絹	水墨	不詳	丙寅（康熙二十五年，1686）長至後	日本 組田昌平先生	
山水圖（寫祝扶老六秩初度）	軸	絹	設色	43 x 45	丁巳（康熙十六年，1677）長至前三日	日本 中埜又左衛門先生	
山高水長圖（為董老夫人六秩華誕作）	軸	絹	設色	170.5 x 56.8	辛未（康熙三十年，1691）夏日	日本 私人	
山水圖	軸	金箋	水墨	134.8 x 50.7		日本 私人	
擬荊關山水圖	軸	絹	設色	153.9 x 63.3		日本 私人	
林泉高士圖（清朱軒等十人合作10屏風）	軸	金箋	水墨、設色	206 x 48	己巳（康熙二十八年，1689）夏日	石家莊 河北省博物館	
山水圖（清葉有年等山水冊10之1幀）	冊頁	金箋	設色	31 x 35.5		合肥 安徽省博物館	
山水圖（清何遠等山水小品冊之1幀）	冊頁	金箋	設色	15.4 x 9.6	己亥（順治十六年，1659）子月	蘇州 江蘇省蘇州博物館	
山水圖（12幀）	冊	紙	設色	（每幀）24.4 x 17	壬子（康熙十一年，1672）中秋	蘇州 江蘇省蘇州博物館	
山水圖	摺扇面	金箋	設色	17.5 x 51.1	辛丑（順治十八年，1661）閏七月	日本 江田勇二先生	
山水圖	冊頁	紙	水墨	24 x 33.6		日本 德川義寬先生	
山水圖（台翁先生祝壽書畫冊之6）	冊頁	金箋	水墨	32.5 x 41.5		日本 私人	
仿黃公望山水圖（台翁先生祝壽書畫冊之14）	冊頁	金箋	水墨	32.5 x 41.5		日本 私人	
山水圖（綾本山水集冊之3）	冊頁	綾	設色	25.7 x 21.8		美國 普林斯頓大學藝術館	78-24c
附：							
山水圖（仿北苑筆意）	軸	絹	設色	119.5 x 62	壬子（康熙十一年，1672）冬日	紐約 佳士得藝品拍賣公司/拍賣目錄1992.12.02	

名稱	形式	質地	色彩	尺寸 高x寬㎝	創作時間	收藏處所	典藏號碼
山水圖	軸	紙	水墨	162.5 x 76.2	庚戌（康熙九年，1670）初夏	紐約 佳士得藝品拍賣公司/拍賣目錄 1994.11.30.	
山水圖	摺扇面	紙	設色	18.5 x 55	乙丑(康熙二十四年，1685)清夏	紐約 佳士得藝品拍賣公司/拍賣目錄 1984.06.29	
山水圖（清初諸家花卉山水冊 10 之 1 幀）	冊頁	金箋	設色	30.5 x 38	辛丑（順治十八年，1661）	紐約 佳士得藝品拍賣公司/拍賣目錄 1994.11.30.	
山水（明清諸家賀斗南翁壽山水冊 8 之 1 幀）	冊頁	金箋	設色	29.8 x 35.8	戊戌（順治十五年，1658）夏	紐約 佳士得藝品拍賣公司/拍賣目錄 1995,03,22.	

畫家小傳：朱軒。字韶九。號雪田。江蘇華亭人。生於明光宗泰昌元（1620）年。卒於聖祖康熙三十（1691）年。少學書於董其昌，學畫於趙左。善畫山水，能結合沈周、董其昌、趙左之長。（見圖繪寶鑑續纂、江南通志、百幅庵畫寄、中國畫家人名大辭典）

侯艮暘

| 仿石田山水圖 | 軸 | 紙 | 設色 | 110.5 x 52.5 | 康熙乙酉（四十四年，1705），八十六翁 | 天津 天津市藝術博物館 | |

附：

| 雲山茅屋圖 | 軸 | 紙 | 水墨 | 不詳 | 康熙戊寅（三十七年修禊日（1698） | 北京 北京市文物商店 | |

畫家小傳：侯艮暘。字石庵。號兼山。江蘇上海人。生於明光宗泰昌元（1620）年，聖祖康熙四十四（1705）年尚在世，年已八十六歲。工書。善畫驢，畫山水亦蒼秀。（見海上墨林、今畫偶錄、中國畫家人名大辭典）

朱萬棋

| 山水圖（台翁先生祝壽書畫冊之第 4 幀） | 冊頁 | 金箋 | 水墨 | 32.5 x 41.5 | | 日本 私人 | |

畫家小傳：朱萬棋。畫史無載。身世待考。

□葉淇

| 仿石田山水圖 | 軸 | 紙 | 水墨 | 56 x 32 | 乙酉（順治二年，1645） | 天津 天津市藝術博物館 | |

畫家小傳：□葉淇。姓不詳。流傳署款紀年作品見於世祖順治二年。身世待考。

三 賓

| 水仙竹石圖（為毓純老親翁作） | 摺扇面 | 金箋 | 設色 | 16 x 48.3 | | 德國 科隆東亞藝術博物館 | A55.5 |

畫家小傳：三賓。東海人。為明末遺民。畫史無載。身世待考。

名稱	形式	質地	色彩	尺寸 高x寬cm	創作時間	收藏處所	典藏號碼

（釋）自扃

名稱	形式	質地	色彩	尺寸 高x寬cm	創作時間	收藏處所	典藏號碼
寒山蕭寺圖（為樸巢作）	卷	紙	設色	31.7 x 109.5	丙戌（順治三年，1646）孟夏	南京 南京博物院	

畫家小傳：自扃。僧。俗姓周。字道開。號閴庵。出家於蘇州虎丘。通賢首、慈恩二宗之旨。詩、書並佳。又善山水，得宋、元人意外之趣。流傳署款紀年作品見於世祖順治三(1646)年。（見圖繪寶鑑續纂、國朝畫徵錄、中國畫家人名大辭典）

張篤行

名稱	形式	質地	色彩	尺寸 高x寬cm	創作時間	收藏處所	典藏號碼
釣台圖	卷	絹	設色	28 x 222.5		南京 南京博物院	
仿巨然南山圖	軸	絹	設色	197 x 79	丁酉（順治十四年，1657）	濟南 山東省博物館	

畫家小傳：張篤行。字石如。籍里、身世不詳。清世祖順治三（1646）年進士。（見進士題名碑錄、中國畫家人名大辭典）

戴本孝

名稱	形式	質地	色彩	尺寸 高x寬cm	創作時間	收藏處所	典藏號碼
雪嶠寒梅圖	卷	紙	水墨	35.8 x 689.8	壬申（康熙三十一年，1692）	北京 故宮博物院	
雨賞圖并書歌	卷	紙	設色	26.4 x 788.1	戊午（康熙十七年，1678）	上海 上海博物館	
山水圖（柳塏、戴本孝合作合卷）	卷	紙	水墨	約30.8x34.6	丙寅（康熙二十五年，1686）閏四月之望	上海 上海博物館	
三絕圖（山水二段圖）	卷	紙	水墨	17.1 x 103 不等	丁卯（康熙二十六年，1687）六月	上海 上海博物館	
山水圖	卷	紙	水墨	16.2 x ？		美國 勃克萊加州大學藝術館	CC218
山水圖	卷	紙	水墨	31.3 x ？	戊辰（康熙二十七年，1688）秋九月	瑞典 斯德哥爾摩遠東古物館	NMOK417
山水（4屏，為孝翁作）	軸	絹	水墨	（每屏）196 x 48	上章涒灘（庚申，康熙十九年，1680）如月	台北 長流美術館	
仿倪雲林十萬圖	軸	紙	水墨	127 x 61		香港 何耀光至樂樓	
仿沈周山水圖	軸	紙	水墨	不詳	庚子（順治十七年，1660）	北京 故宮博物院	
茅齋著書圖（為子青作）	軸	絹	水墨	99.8 x 43.9	癸亥（康熙二十二年，1683）如月	北京 中國歷史博物館	
山川磅礴圖	軸	絹	水墨	199 x 47.2	戊辰（康熙二十七	天津 天津市藝術博物館	

名稱	形式	質地	色彩	尺寸 高x寬cm	創作時間	收藏處所	典藏號碼
					年，1688		
古木空齋圖	軸	紙	水墨	58.5 x 28.4	庚午（康熙二十九年，1690）夏六月	天津 天津市藝術博物館	
山谷迴廊圖	軸	綾	水墨	165 x 51.5	壬寅（康熙元年，1662）臘日	合肥 安徽省博物館	
水閣聽泉圖	軸	紙	水墨	154 x 82	甲辰（康熙三年，1664）	合肥 安徽省博物館	
山徑泊舟圖	軸	紙	設色	130.5 x 58.6	己未（康熙十八年，1679）	合肥 安徽省博物館	
湖山逸興圖	軸	絹	水墨	135 x 68	上章敦牂（庚午，康熙二十九年，1690）	合肥 安徽省博物館	
仿北苑秋山圖	軸	紙	水墨	197.5 x 80.4	辛未（康熙三十年，1691）	合肥 安徽省博物館	
白龍潭圖	軸	絹	水墨	189.3 x 53.9		合肥 安徽省博物館	
松風泉石圖	小軸	紙	水墨	26 x 19		合肥 安徽省博物館	
巢氏觀菊圖	軸	紙	設色	91.2 x 49.2		合肥 安徽省博物館	
山水圖（為時老作）	軸	綾	水墨	不詳	庚午（康熙二十九年，1690)	揚州 江蘇省揚州市博物館	
山水圖（12幅）	軸	絹	水墨	（每幅）188.9 x 52.7		揚州 江蘇省揚州市博物館	
千巖松嘯圖	軸	絹	水墨	181 x 98	辛未（康熙三十年，1691）開七月之望	南通 江蘇省南通博物苑	
陶淵明詩意圖（12幅）	軸	絹	設色	（每 幅）168.5 x 54		南通 江蘇省南通博物苑	
名山選勝圖	軸	絹	水墨	205.5 x 99	戊辰（康熙二十七年，1688）桐月	泰州 江蘇省泰州市博物館	
片石孤亭圖	軸	紙	水墨	99.2 x 45.3	癸亥（康熙二十二年，1683）	上海 上海博物館	
秋山圖（為蒲瑞作）	軸	紙	水墨	100.9 x 46.7	辛未（康熙三十年，1691）深秋	上海 上海博物館	
黃山四景圖（4幅）	軸	絹	設色	（每幅）188.8 x 54.4		上海 上海博物館	
黃山蓮花峰圖	軸	絹	設色	185.7 x 54.4		上海 上海博物館	

名稱	形式	質地	色彩	尺寸 高×寬cm	創作時間	收藏處所	典藏號碼
烟波杳靄圖（為孝翁作）	軸	紙	設色	150.6 × 73.2	庚申（康熙十九年，1680）	蘇州 江蘇省蘇州博物館	
毛女洞圖	軸	紙	設色	137.5 × 63.1	丁巳（康熙十六年，1677）	杭州 浙江省博物館	
山水圖（2幅）	軸	紙	水墨	不詳		嘉興 浙江省嘉興市博物館	
仿董源筆意山水圖	軸	絹	設色	179.5 × 50.5	庚申（康熙十九年，1680）如月	成都 四川大學	
玉壺峰圖	軸	絹	水墨	190.2 × 53.5		廣州 廣東省博物館	
山水圖	軸	紙	水墨	139.3 × 42.5	甲戌（康熙三十三年，1694）秋八月	日本 東京小幡醇一先生	
山水	軸	紙	水墨	不詳	己巳（康熙二十八年，1689）三月	日本 京都橋本關雪先生	
溪山高隱圖	軸	紙	水墨	180.6 × 45.1	庚申（康熙十九年，1680）六月廿六日	日本 大阪藤齋悅藏先生	
竹石圖	軸	綾	水墨	192.5 × 48.5	甲子（康熙二十三年，1684）四月	日本 大阪橋本大乙先生	
風竹圖	軸	綾	水墨	147 × 51	癸丑（康熙十二年，1673）	日本 大阪橋本大乙先生	
竹林茅舍圖（贈幼白道長兄）	軸	紙	水墨	142.4 × 44.9		日本 兵庫縣黑川古文化研究所	
山水圖	軸	絹	水墨	105 × 48.8		美國 耶魯大學藝術館	1991.150.1
山水圖	軸	紙	設色	104.5 × 48.2		美國 耶魯大學藝術館（Drab-kin先生寄存）	
仿倪瓚山水圖	軸	紙	水墨	121.2 × 40.1		美國 普林斯頓大學藝術館（私人寄存）	
天台異松圖	軸	紙	水墨	167.6 × 75.8		美國 紐約大都會藝術博物館	L.1986.101
文殊院圖	軸	絹	設色	188 × 54.2		美國 密歇根大學艾瑞慈教授	
山水圖	軸	紙	水墨	68.3 × 41.8		美國 勃克萊加州大學藝術館	CC229
山水圖	軸	紙	水墨	121.7 × 29.1	甲辰（康熙三年，1664）八月一日	美國 加州勃克萊大學藝術館（高居翰教授寄存）	CC147
觀瀑圖	軸	紙	設色	169 × 45.3		美國 加州曹仲英先生	
寒林栖鴉（為栩窗先生六十壽作）	軸	紙	水墨	167.2 × 84.8	庚申（康熙十九年，1680）六月	美國 夏威夷火魯奴奴藝術學院	2914.1

名稱	形式	質地	色彩	尺寸 高x寬cm	創作時間	收藏處所	典藏號碼
山水圖	軸	綾	水墨	144.6 x 41.3		美國 私人	
寒林遠岫圖	軸	紙	水墨	82.4 x 43		美國 私人	
蓮花峰圖	軸	紙	設色	105 x 41.7		德國 柏林東亞藝術博物館	1938-395
山水圖	軸	紙	水墨	61 x 29.9		義大利 巴馬中國藝術博物館	
春雲秀嶺（戴本孝山水冊1）	冊頁	紙	設色	24.6 x 15.9	庚午（康熙二十九年，1690）八月	台北 故宮博物院	國贈 026756-1
古木流泉（戴本孝山水冊2）	冊頁	紙	設色	24.6 x 15.9		台北 故宮博物院	國贈 026756-2
遠岫遙帆（戴本孝山水冊3）	冊頁	紙	設色	24.6 x 15.9		台北 故宮博物院	國贈 026756-3
巖壑幽居（戴本孝山水冊4）	冊頁	紙	設色	24.6 x 15.9		台北 故宮博物院	國贈 026756-4
松柏鶴居（戴本孝山水冊5）	冊頁	紙	設色	24.6 x 15.9		台北 故宮博物院	國贈 026756-5
梅竹寒屋（戴本孝山水冊6）	冊頁	紙	設色	24.6 x 15.9		台北 故宮博物院	國贈 026756-6
桐陰鳴琴（戴本孝山水冊7）	冊頁	紙	設色	24.6 x 15.9		台北 故宮博物院	國贈 026756-7
靜聽溪聲（戴本孝山水冊8）	冊頁	紙	設色	24.6 x 15.9		台北 故宮博物院	國贈 026756-8
荷塘虛舟（戴本孝山水冊9）	冊頁	紙	設色	24.6 x 15.9		台北 故宮博物院	國贈 026756-9
山頂樓觀（戴本孝山水冊10）	冊頁	紙	設色	24.6 x 15.9		台北 故宮博物院	國贈 026756-10
策筇吟秋（戴本孝山水冊之1）	冊頁	紙	設色	24.6 x 15.9		台北 故宮博物院	國贈 026756-11
山坳齋房（戴本孝山水冊之12）	冊頁	紙	設色	24.6 x 15.9		台北 故宮博物院	國贈 026756-12
秋景山水圖	摺扇面	紙	設色	19 x 54.9		香港 莫華釗承訓堂	K92.53
山水圖（12幀，為子青作）	冊	紙	水墨	（每幀）34.2 x 23	癸酉（康熙三十二年，1693）二月	瀋陽 故宮博物館	
仿古山水圖（8幀）	冊	紙	水墨	（每幀）30.6 x 48.6	甲寅（康熙十三年，1674）	瀋陽 遼寧省博物館	
山水圖	摺扇面	紙	設色	不詳	丁卯（康熙二十六年，1687）	瀋陽 遼寧省博物館	
山水圖（12幀）	冊	紙	水墨	（每幀）21.8 x 16.4	（康熙二十九年，庚午，1690）	北京 故宮博物院	
溪山漲潦圖	摺扇面	紙	水墨	18.2 x 53	壬申（康熙三十一年，1692）	北京 故宮博物院	
贈冒青山水圖（8幀）	冊	紙	設色	（每幀）19 x 13.1	戊申（康熙七年，1668）三月二日	上海 上海博物館	

名稱	形式	質地	色彩	尺寸 高×寬㎝	創作時間	收藏處所	典藏號碼
華山十二景圖（12幀）	冊	紙	設色	（每幀）21.2 × 16.7	戊申（康熙七年，1668）九月	上海 上海博物館	
山水圖（傅山、戴本孝書畫合璧冊12之6幀）	冊頁	紙	設色	（每幀）20 × 23.2	戊午（康熙十七年，1678）初秋	上海 上海博物館	
松嶺梅屋圖	摺扇面	紙	水墨	不詳	丁卯（康熙二十六年，1687）立秋日	上海 上海博物館	
山水圖（8幀）	冊	紙	水墨	（每幀）26.3 × 17.3		上海 上海博物館	
仿古山水圖（12幀）	冊	紙	設色	（每幀）20 × 23.2		上海 上海博物館	
山水圖（10幀）	冊	紙	設色	（每幀）22.1 × 14.2		上海 上海博物館	
為南石作山水圖	摺扇面	紙	水墨	不詳		上海 上海博物館	
山水圖（清陳洽等書畫冊之1幀）	摺扇面	金箋	水墨	不詳		南京 南京市博物館	
黃山圖（12幀）	冊	紙	水墨	（每幀）21.5 × 17	乙卯（康熙十四年，1675）秋七月	廣州 廣東省博物館	
山水圖（？幀）	冊	紙	設色	（每幀）13.3 × 29.4		日本 高松大西虎之介先生	
山水圖（？幀）	冊	紙	水墨	（每幀）31.4 × 16.7		美國 紐約大都會藝術博物館	1989.142
附：</br>為冒襄作山水圖	軸	紙	水墨	82.5 × 44.2	庚午（康熙二十九年，1690）	北京 北京市工藝品進出口公司	
天門垂釣圖（為畫翁作）	軸	絹	水墨	169 × 58	庚午（康熙二十九年，1690）二月	上海 朵雲軒	
山谷千峰圖	軸	絹	設色	180 × 52		上海 上海文物商店	
溪山放棹圖	軸	紙	水墨	153 × 91.4	上章敦牂（庚午，康熙二十九年，1690）仲呂之月	紐約 蘇富比藝品拍賣公司/拍賣目錄1982,11,19.	
寒林遠岫圖	軸	紙	水墨	82.5 × 42.5	庚午（康熙二十九年，1690）仲春之月	紐約 佳士得藝品拍賣公司/拍賣目錄1984,06,29.	
溪山煙雨圖	軸	紙	水墨	85.1 × 37.5	庚午（康熙二十九	紐約 佳士得藝品拍賣公司/拍	

名稱	形式	質地	色彩	尺寸 高x寬cm	創作時間	收藏處所	典藏號碼
					年，1690）夏五月 下弦		賣目錄 1987,06,03.
秋山吟詩圖（似蒲瑞道年兄）	軸	紙	設色	104 × 48.3	辛未（康熙三十年 ，1691）深秋	紐約 佳士得藝品拍賣公司/拍 賣目錄 1988,06,02.	
溪山圖	軸	紙	水墨	87 × 26.6	庚申（康熙十九年 ，1680）六月	紐約 佳士得藝品拍賣公司/拍 賣目錄 1989,12,04.	
深山訪友圖	軸	紙	水墨	125.7 × 49.2	庚午（康熙二十九 年，1690）八月	紐約 佳士得藝品拍賣公司/拍 賣目錄 1993,12,01.	
秋夜讀書圖	軸	紙	水墨	127 × 42.5	戊申（康熙七年， 1668）九月	紐約 佳士得藝品拍賣公司/拍 賣目錄 1995,09,19.	
柳溪晚渡圖	軸	紙	水墨	100.3 × 22.2		紐約 佳士得藝品拍賣公司/拍 賣目錄 1998,03,24.	
深山對奕圖	軸	紙	水墨	177 × 79.3	甲戌（康熙三十三 年，1694）秋八月	香港 佳士得藝品拍賣公司/拍 賣目錄 2001,04,29.	
山水圖	摺扇面	紙	設色	不詳	丁卯（康熙二十六 年，1687）	上海 朵雲軒	
山水圖	冊頁	紙	水墨	19 × 25.6		紐約 佳士得藝品拍賣公司/拍 賣目錄 1987,12,11.	
仿古山水圖（11幀）	冊	紙	水墨、 設色	（每幀）24 × 16	甲子（康熙二十三 年，1684）暮春	紐約 佳士得藝品拍賣公司/拍 賣目錄 1993,06,04.	
山水圖（10幀）	冊	紙	水墨、 設色	（每幀）27.9 × 17	丙寅（康熙二十五 年，1686）八月	紐約 佳士得藝品拍賣公司/拍 賣目錄 1993,12,01.	

畫家小傳：戴本孝。字務旃，號鷹阿山樵。安徽休寧人。生於明熹宗天啟元（1621）年。卒於聖祖康熙三十二（1693）年。性情高曠。善詩畫。畫山水，以枯筆寫元人法。（見國朝畫徵錄、別裁詩集小傳、中國畫家人名大辭典）

呂　潛

名稱	形式	質地	色彩	尺寸 高x寬cm	創作時間	收藏處所	典藏號碼
山水圖	卷	紙	水墨	24.7 × 188.8		北京 故宮博物院	
山水圖	卷	紙	水墨	27 × 129.5	丁未（康熙六年， 1667）中春	日本 京都油谷氏寶米齋	
淺絳山水圖	軸	紙	設色	229.7 × 77.8	乙丑（康熙二十四 年，1685）孟夏月 ，時年八十有二	香港 何耀光至樂樓	
山水圖	軸	紙	水墨	不詳	戊辰（康熙二十七	北京 故宮博物院	

名稱	形式	質地	色彩	尺寸 高×寬㎝	創作時間	收藏處所	典藏號碼
					年，1688）春		
山水圖	軸	紙	水墨	101.8 × 49.3		北京 故宮博物院	
林下草堂圖	軸	紙	水墨	85 × 41.4		北京 故宮博物院	
為冕玉作山水圖	軸	紙	水墨	不詳		北京 故宮博物院	
叢林茅屋圖	軸	紙	水墨	95.6 × 37.6	丁卯（康熙二十六年，1687）夏	成都 四川省博物院	
高樹板橋圖	軸	紙	水墨	78.2 × 34.1		成都 四川省博物院	
雲山茅屋圖	軸	紙	水墨	179.3 × 48.3		成都 四川省博物院	
溪山幽亭圖	軸	綾	水墨	147.7 × 49.7		日本 京都山岡泰造先生	A2470
戲墨山水人物圖	軸	紙	水墨	不詳		韓國 首爾國立中央博物館	
山水圖（古木生春）	軸	綾	水墨	145 × 42.2		美國 普林斯頓大學藝術館（私人寄存）	
為鄴翁作山水圖	軸	綾	水墨	166.2 × 48.1	丁未（康熙六年，1667）皋月	美國 勃克萊加州大學藝術館（高居翰教授寄存）	CC135
山水圖（書畫集錦冊12之1幀）	冊頁	紙	設色	25 × 19.5		北京 故宮博物院	
溪樹坡石圖	扇面	綾	水墨	45.2 × 51		南京 南京博物院	
仿雲林山水圖	摺扇面	金箋	設色	16.3 × 50.6	戊申（康熙七年，1668）	成都 四川省博物院	
山水圖	摺扇面	紙	水墨	不詳		成都 四川大學	
山水圖（？幀）	冊	紙	水墨	（每幀）7.4 × 16.6		日本 東京細川護貞先生	
山水圖（為中符年翁畫，清人山水圖冊之4）	冊頁	紙	水墨	13.4 × 24.4	癸卯（康熙二年，1663）嘉平月	美國 勃克萊加州大學藝術館	CC 12d
山水圖（明遺老詩畫集冊之3）	冊頁	紙	水墨	19.5 × 13.2		美國 勃克萊加州大學藝術館	CC 193c
附：							
山水（明清諸家山水扇面冊4之1幀）	摺扇面	雲母箋	水墨	不詳		香港 佳士得藝品拍賣公司/拍賣目錄 2001,04,29.	

畫家小傳：呂潛。字孔昭，號半隱、石山農。安徽遂寧人，僑居江蘇泰州。生於明熹宗天啟元（1621）年，卒於清聖祖康熙四十五（1706）年。思宗崇禎十六（1643年進士。明亡，歸隱，以詩、畫自娛。善畫花卉，用筆縱放而不逾矩矱；山水亦入逸品。（見國朝畫識、國朝畫徵續錄、笠亭詩話、中國畫家人名大辭典）

名稱	形式	質地	色彩	尺寸 高×寬㎝	創作時間	收藏處所	典藏號碼

呂

| 山水圖（台翁先生祝壽書畫冊之 12） | 冊頁 | 金箋 | 水墨 | 32.5 × 41.5 | | 日本 私人 | |

畫家小傳：呂璿。畫史無載。身世待考。

（釋）止 中

| 山水圖（台翁先生祝壽書畫冊之 16） | 冊頁 | 金箋 | 設色 | 32.4 × 41.5 | | 日本 私人 | |
| 長生不老圖 | 冊頁 | 紙 | 設色 | 28.5 × 37.5 | | 美國 紐約市布魯克林藝術博物館 | |

畫家小傳：止中。僧。號香雪。江蘇華亭人。工畫山水，學珂雪（李肇亨）一派，筆墨秀潤，丘壑冷落。（見圖繪寶鑑續纂、中國畫家人名大辭典）

淩 畹

松溪高秋圖	軸	綾	設色	167.5 × 45.5	庚子（順治十七年，1660）秋	北京 故宮博物院	
松竹石圖	軸	絹	水墨	不詳		杭州 浙江省杭州市文物考古所	
松巖高閣圖（王翬等山水冊 12 之 1 幀）	冊頁	紙	水墨	18.5 × 17.3	（康熙五年，丙午，1666）	北京 故宮博物院	
水仙圖	摺扇面	金箋	設色	不詳		杭州 浙江省博物館	
山水圖	摺扇面	金箋	水墨	不詳	丙戌（順治三年，1646）	廣州 廣州市美術館	

附：

| 柏竹雙喜圖 | 軸 | 絹 | 設色 | 92 × 191 | 辛丑（順治十八年，1661） | 天津 天津市文物公司 | |
| 水墨竹石圖 | 摺扇面 | 金箋 | 水墨 | 16.5 × 51 | | 紐約 佳士得藝品拍賣公司/拍賣目錄 1984.06.29. | |

畫家小傳：淩畹。字又蕙。安徽歙縣人。學畫於明末畫家方維。善畫佛像、山水，有出藍之譽。流傳署款紀年作品見於世祖順治三（1646）年至聖祖康熙五（1666）年（見周亮工讀畫錄、中國畫家人名大辭典）

錢朝鼎

| 蘭竹石圖（為允文作） | 軸 | 紙 | 水墨 | 不詳 | 丙午（康熙五年，1666）之日 | 日本 江田勇二先生 | |

名稱	形式	質地	色彩	尺寸 高x寬㎝	創作時間	收藏處所	典藏號碼

畫家小傳：錢朝鼎。字禹九。號黍谷。江蘇常熟人。世祖順治四（1647）年進士。能詩畫。善作蘭竹及折枝花卉，得法於孫克弘。
（見圖繪寶鑑續纂、常熟縣志、海虞畫苑略、國朝畫徵錄、中國畫家人名大辭典）

（釋）深 度

名稱	形式	質地	色彩	尺寸 高x寬㎝	創作時間	收藏處所	典藏號碼
山水圖	卷	紙	設色	26 × 298	丁亥（順治四年，1647）秋七月	香港 何耀光至樂樓	
山水圖	軸	絹	水墨	32 × 46.7		香港 中文大學中國文化研究所文物館	76.20
山水圖	軸	紙	水墨	61.5 × 34	丁未（康熙六年，1667）陽月	香港 香港美術館	FA1983.154
山水圖	軸	紙	水墨	119.4 × 28.8		德國 柏林東亞藝術博物館	1988-427
山水圖	摺扇面	金箋	水墨	16.6 × 51.4		香港 中文大學中國文化研究所文物館	73.121

畫家小傳：深度。僧。廣東人，住佛山。善畫山水。流傳署款紀年作品見於清世祖順治四（1647）年。（見圖繪寶鑑續纂、中國畫家人名大辭典）

鄒 喆

名稱	形式	質地	色彩	尺寸 高x寬㎝	創作時間	收藏處所	典藏號碼
山水（郊原秋靄圖）	卷	紙	設色	28 × 280	丁亥（順治四年，1647）六月	美國 克利夫蘭藝術博物館	70.59
山水圖	軸	紙	設色	111.9 × 46.3		台北 故宮博物院（蘭千山館寄存）	
山水圖	軸	絹	設色	205.3 × 98.6		香港 許晉義崇宜齋	
山舟泊岸圖	軸	絹	設色	175 × 46	戊申（康熙七年，1668）	瀋陽 故宮博物院	
山水圖	軸	綾	設色	不詳	乙未（順治十二年，1655）	北京 故宮博物院	
淺絳山水圖	軸	紙	設色	不詳	戊申（康熙七年，1668）夏四月	北京 故宮博物院	
山閣談詩圖	軸	紙	設色	252.6×104.4	丁巳（康熙十六年，1677）冬仲	北京 故宮博物院	
山水圖	軸	綾	設色	92 × 42.7	戊申（康熙十九年，1680）	北京 故宮博物院	
鍾山秋色圖	軸	紙	設色	不詳	乙卯（康熙十四年	北京 中國歷史博物館	

名稱	形式	質地	色彩	尺寸 高×寬 cm	創作時間	收藏處所	典藏號碼
					，1675）冬日		
寒林雪景圖	軸	絹	設色	168.5 × 75.1		北京 中國歷史博物館	
山村秋色圖	軸	絹	設色	159 × 51.5	癸丑（康熙十二年，1673）	北京 首都博物館	
鍾山遠眺圖	軸	紙	設色	184.7 × 69.1	壬子（康熙十一年，1672）秋八月	北京 中央美術學院	
青溪漁艇圖	軸	綾	設色	127 × 49.5	乙卯（康熙十四年，1675）	濟南 山東省博物館	
山水圖（清高岑等山水 4 幅之 1）	軸	金箋	設色	249 × 65	己未（康熙十八年，1679）秋七月	青島 山東省青島市博物館	
松崗板橋圖	軸	絹	設色	100 × 51	癸未（康熙四十二年，1703）	新鄉 河南省新鄉博物館	
青山雪霽圖	軸	絹	設色	198 × 51	癸卯（康熙二年，1663）	合肥 安徽省博物館	
雪景山水圖	軸	絹	設色	168.2 × 47.3	丙午（康熙五年，1666）	合肥 安徽省博物館	
雪景山水圖	軸	絹	設色	64.7 × 47.5	丙辰（康熙十五年，1676）孟冬	揚州 江蘇省揚州市博物館	
松林僧話圖	軸	紙	設色	80 × 43.2	丁亥（順治四年，1647）六月	上海 上海博物館	
七松圖	軸	絹	水墨	158.7 × 89.8	壬子（康熙十一年，1672）孟冬月	上海 上海博物館	
石城霽雪圖	軸	絹	設色	167.5 × 51		上海 上海博物館	
雲巒水村圖	軸	金箋	水墨	154.2 × 47.8	辛丑（順治十八年，1661）九月	南京 南京博物院	
仿黃公望山水圖	軸	紙	水墨	144.2 × 63.6	丁亥（順治四年，1647）	南京 南京大學	
水閣秋風圖	軸	綾	設色	76.8 × 47.7	甲辰（康熙三年，1664）	南京 南京大學	
雪景山水圖	軸	紙	設色	180 × 99	甲子（康熙二十三年，1684）	成都 四川大學	
高閣臨江圖	軸	絹	設色	50 × 32	戊申（康熙七年，1668）	重慶 重慶市博物館	

名稱	形式	質地	色彩	尺寸 高×寬㎝	創作時間	收藏處所	典藏號碼
溪山深秀圖	軸	綾	設色	173.5 × 47.5	戊申（康熙七年，1668）	廣州 廣東省博物館	
松壑高隱圖	軸	金箋	設色	93.8 × 45.8	戊申（康熙七年，1668）冬十月	日本 細谷立齋先生	
山水（雲嶺谷松圖）	軸	綾	水墨	209.7 × 96.5	戊午（康熙十七年，1678）夏月	美國 舊金山亞洲藝術館	B69 D53
擬李成寒林圖	軸	紙	設色	100 × 41.1		加拿大 大維多利亞藝術館	83.20
柳汀圖（出水圖冊之1）	冊頁	金箋	設色	28 × 20.4		台北 私人	
山水圖（出水圖冊之2）	冊頁	金箋	設色	28 × 20.4		台北 私人	
山水圖（出水圖冊之3）	冊頁	金箋	設色	28 × 20.4		台北 私人	
秋景山水圖（出水圖冊之4）	冊頁	金箋	設色	28 × 20.4		台北 私人	
山水圖（雜畫冊之1）	冊頁	紙	設色	17.2 × 19.4		香港 葉承耀先生	
山水圖（鄒喆、夏森合冊12之6幀）	冊	絹	設色	（每幀）33 × 29		瀋陽 故宮博物院	
山水圖	摺扇面	金箋	設色	16.5 × 52	庚子（順治十七年，1660）	北京 故宮博物院	
山水圖（金陵諸家山水集錦冊12之1幀）	冊頁	紙	設色	26.3 × 21.3	（乙巳，康熙四年，1665）	北京 故宮博物院	
山水圖	冊頁	紙	設色	不詳	丙午（康熙五年，1666）	北京 故宮博物院	
山水圖（髡殘等十人山水合冊10之1幀）	冊頁	金箋	設色	29.9 × 32.2	丙午（康熙五年，1666）春三月	北京 故宮博物院	
山水圖（12幀）	冊	紙	設色	（每幀）22 × 32.8不等	丁巳（康熙十六年，1677）	北京 故宮博物院	
山水圖（2幀，為伴翁作）	冊頁	紙	設色	22.7 × 63 不等	己未（康熙十八年，1679）春仲	北京 故宮博物院	
山水圖（江左文心集冊12之1幀）	冊頁	紙	設色	16.8 × 21		北京 故宮博物院	
山水圖	冊頁	紙	設色	22.7 × 63		北京 故宮博物院	
虎丘圖	冊頁	紙	設色	23.2 × 35.8		北京 故宮博物院	
山水圖（諸家山水圖冊12之1幀）	冊頁	紙	設色	26.5 × 22		北京 故宮博物院	
山水圖（翁陵等山水冊12之1幀）	冊頁	紙	設色	不詳		北京 故宮博物院	

名稱	形式	質地	色彩	尺寸 高×寬cm	創作時間	收藏處所	典藏號碼
崇山蕭寺圖	摺扇面	金箋	設色	不詳	壬午（康熙四十一年，1701）	南通 江蘇省南通博物苑	
雪景山水圖（為湧幢作，金陵畫家集畫冊10之第7幀）	冊頁	紙	設色	18.6×27.2	乙巳（康熙四年，1665）冬月	上海 上海博物館	
山水圖（12幀）	冊	紙	設色	（每幀）12.7×13.9		南京 南京博物院	
山水圖（清金陵八家扇面集冊8之1幀）	摺扇面	金箋	水墨	18.4×54.3		南京 南京博物院	
山水圖（金陵各家山水冊10之1幀）	冊頁	金箋	設色	29.1×35	庚子（順治十七年，1660）冬月	南京 南京博物院	
山水圖（10幀）	冊	絹	設色	（每幀）26×26		南京 南京市博物館	
雪景山水圖	冊頁	紙	設色	不詳	甲子（康熙二十三年，1684）秋月	成都 四川大學	
山水圖（12幀）	冊	紙	設色	（每幀）12×14		南寧 廣西壯族自治區博物館	
山水人物（10幀，寫似均翁先生）	冊	紙	設色	（每幀）21.1×38.1	康熙己未（十八年，1679）冬	美國 舊金山亞洲藝術館	B69 D50a -j
法曹知白法山水圖	摺扇面	紙	設色	16×49.5	辛巳（康熙四十年，1701）仲夏	美國 勃克萊加州大學藝術館（高居翰教授寄存）	CC165
山水圖（10幀）	冊	絹	設色	（每幀）28.4×31.8	甲子（康熙二十三年，1684）冬月	德國 慕尼黑 Mrs Lilly Pree -tor-yus	
附：							
山水圖	軸	紙	設色	不詳	乙巳（康熙四年，1665）秋八月	北京 北京市文物商店	
水閣臨秋圖	軸	絹	設色	117×46.8	丙午（康熙五年，1666）	蘇州 蘇州市文物商店	
溪山塔影圖	軸	絹	設色	205×98.5	甲子（康熙二十三年，1684）秋月	紐約 佳士得藝品拍賣公司／拍賣目錄1988,11,30.	
山居圖	軸	絹	設色	164×54.5	甲子（康熙二十三年，1684）冬十月	香港 佳士得藝品拍賣公司／拍賣目錄1991,03,18.	
山水圖	軸	紙	設色	86×40.4	癸亥（康熙二十二年，1683）秋菊月	紐約 佳士得藝品拍賣公司／拍賣目錄1997,09,19.	
江船出峽圖	摺扇面	金箋	設色	18.5×51	壬辰（順治九年，	紐約 佳仕得藝品拍賣公司／拍	

名稱	形式	質地	色彩	尺寸 高x寬cm	創作時間	收藏處所	典藏號碼
					1652）春日	賣目錄 1986,06,04.	
山水（金陵各家山水人物冊12之4幀）	冊頁	灑金箋	設色	28 x 20.3	乙酉（順治二年，1645）冬十月	紐約 佳士得藝品拍賣公司/拍賣目錄 1992,06,02.	

畫家小傳：鄒喆。字方魯。江蘇吳縣人。鄒典之子。得父傳，善畫山水，畫松尤奇；兼工花草，有元王淵風格。為「金陵八家」之一。
　　流傳署款紀年作品見於世祖順治四（1647）年至聖祖康熙四十(1701)年。（見圖繪寶鑑續纂、國朝畫徵錄、樔園讀畫錄、江寧府志、桐陰論畫、中國畫家人名大辭典）

徐 枋

名稱	形式	質地	色彩	尺寸 高x寬cm	創作時間	收藏處所	典藏號碼
聳巖松翠圖（仿董元筆意）	卷	紙	水墨	29.3 x ？	丙寅（康熙二十五年，1686）夏閏月	香港 利榮森北山堂	
松麟書屋圖	卷	絹	水墨	26.8 x 75.5		北京 故宮博物院	
梅花圖	卷	紙	水墨	30 x 161.7		北京 故宮博物院	
蘭花圖	卷	紙	水墨	不詳	丁巳（康熙十六年，1677）仲春穀旦	鄭州 河南省博物館	
山輝川媚圖	卷	絹	水墨	30.5 x 385	乙丑（康熙二十四年，1685）	廣州 廣東省博物館	
蜀道圖	卷	絹	水墨	30.3 x ？		美國 加州曹仲英先生	
仿董源筆意山水	軸	紙	水墨	97.4 x 43.6	丙寅（康熙二十五年，1686）春日	台北 故宮博物院	故畫 02375
山水圖	軸	紙	水墨	不詳		台北 故宮博物院	國贈 024575
山水圖	軸	絹	水墨	154 x 48.2		台北 故宮博物院（蘭千山館寄存）	
仿巨然山水圖	軸	紙	水墨	142.5 x 73.3	壬申（康熙三十一年，1692）嘉平月	香港 何光耀至樂堂	
芝蘭秀石圖	軸	紙	水墨	90.5 x 44.4	壬申（康熙三十一年，1692）嘉平月	香港 何光耀至樂堂	
山水圖	軸	絹	水墨	55.6 x 30.1		香港 劉作籌虛白齋	89
深山訪隱圖	軸	紙	水墨	89.8 x 43	庚子（順治十七年，1660）仲冬既望	香港 香港美術館・虛白齋	XB1992.361
松石圖	軸	紙	水墨	180 x 79	辛亥（康熙十年，1671）	瀋陽 故宮博物院	
仿巨然山水圖	軸	紙	水墨	169.8 x 73.4	乙丑（康熙二十四年，1685）	天津 天津市藝術博物館	
湘筠蘭石圖	軸	紙	水墨	96 x 36.3	己巳（康熙二十八	天津 天津市藝術博物館	

名稱	形式	質地	色彩	尺寸 高x寬cm	創作時間	收藏處所	典藏號碼
					年，1689）		
高峰突兀圖	軸	紙	水墨	98.5 x 41.7	辛未（康熙三十年，1691）	天津 天津市藝術博物館	
蒼山晚靄圖	軸	絹	水墨	127 x 60.5	癸卯（康熙二年，1663）	濟南 山東省博物館	
松溪坐釣圖	軸	紙	水墨	61.5 x 27	辛未（康熙三十年，1691）	濟南 山東省濟南市博物館	
春山煙靄圖	軸	絹	水墨	不詳	甲子（康熙二十三年，1684）	煙臺 山東省煙臺市博物館	
秦餘山圖	軸	絹	水墨	不詳		合肥 安徽省博物館	
華山天池圖	軸	絹	水墨	不詳		合肥 安徽省博物館	
山水圖	軸	絹	水墨	不詳	乙卯（康熙十四年，1675）	揚州 江蘇省揚州市博物館	
龜山圖	軸	絹	水墨	不詳		揚州 江蘇省揚州市博物館	
天平山圖	軸	絹	水墨	不詳		南通 江蘇省南通博物苑	
仿董北苑山水圖	軸	絹	水墨	不詳	癸卯（康熙二年，1663）	南京 南京博物院	
竺塢草廬圖（為孫符作）	軸	絹	水墨	41.6 x 30.8	戊申（康熙七年，1668）秋日	南京 南京博物院	
仿黃子久山水圖（為襄斐作）	軸	絹	水墨	97.7 x 43	己酉（康熙八年，1669）新春	南京 南京博物院	
攜琴訪友圖	軸	金箋	水墨	不詳	壬子（康熙十一年，1672）	南京 南京博物院	
雲山樓閣圖	軸	絹	設色	不詳		南京 南京博物院	
仿董北苑山水圖	軸	紙	水墨	不詳	乙丑（康熙二十四年，1685）	蘇州 江蘇省蘇州博物館	
仿關仝山水圖	軸	絹	水墨	不詳	己巳（康熙二十八年，1689）	蘇州 江蘇省蘇州博物館	
仿趙大年山水圖	軸	紙	水墨	188.5 x 73.2		蘇州 江蘇省蘇州博物館	
虎山橋圖	軸	絹	水墨	42 x 30.4		蘇州 江蘇省蘇州博物館	
仿巨然山水圖	軸	紙	水墨	不詳	丁巳（康熙十六年，1677）	蘇州 靈巖山寺	
小華山圖	軸	絹	水墨	不詳		蘇州 靈巖山寺	

名稱	形式	質地	色彩	尺寸 高×寬㎝	創作時間	收藏處所	典藏號碼
靈巖山圖	軸	絹	設色	不詳		蘇州 靈巖山寺	
仿郭河陽山水圖	軸	絹	水墨	161 × 100	戊辰（康熙二十七年，1688）	婺源 江西省婺源縣博物館	
翠巘滄江圖	軸	絹	水墨	235.9 × 100	乙丑（康熙二十四年，1685）	重慶 重慶市博物館	
雲山圖	軸	紙	水墨	60.1 × 36.5	壬子（康熙十一年，1672）	廣州廣東省博物館	
仿董源山水圖	軸	金箋	水墨	157.5 × 49	乙丑（康熙二十四年，1685）	廣州 廣州市美術館	
載鶴過溪圖	軸	紙	水墨	不詳		廣州 廣州市美術館	
山水（層巒疊嶂圖）	軸	紙	水墨	196.3 × 78.7	甲子（康熙二十三年，1684）秋日	日本 東京國立博物館	
秋江罷釣圖	軸	紙	水墨	97.2 × 42.1	辛未（康熙三十年，1691）新秋	日本 京都貝塚茂樹先生	
秋林罷釣圖	軸	紙	水墨	98.4 × 47		日本 奈良大和文華館	1135
秋江罷釣圖	軸	紙	水墨	101 × 41.8	辛未（康熙三十年，1691）新秋	日本 大阪橋本大乙先生	
翠竹靈芝圖	軸	絹	水墨	124.7 × 40	己未（康熙十八年，1679）新春	日本 大阪橋本大乙先生	
仿郭熙意寒林圖	軸	絹	水墨	126.6 × 48.4	癸卯（康熙二年，1663）新夏	日本 山口良夫先生	
歲寒三友圖	軸	綾	設色	147.6 × 43.1		日本 江田勇二先生	
仿米元章筆意山水圖	軸	絹	水墨	151.3 × 49.7		日本 江田勇二先生	
陽山圖	軸	絹	水墨	155.1 × 49.1		日本 江田勇二先生	
觀泉圖（仿耕煙散人筆法）	軸	紙	設色	146.2 × 74.8	甲申（崇禎十七年，1644）秋八月望後三日	日本 江田勇二先生	
仿郭熙山水圖	軸	絹	水墨	72.6 × 47.2		日本 私人	
山水圖（對幅）	軸	絹	水墨	154.8 × 48.4		日本 私人	
雪景山水圖	軸	絹	水墨	153.5 × 81.9		日本 私人	

名稱	形式	質地	色彩	尺寸 高×寬㎝	創作時間	收藏處所	典藏號碼
蘭石圖	軸	絹	水墨	159.5 × 55.4		日本 私人	
奇石圖	軸	綾	水墨	100.3 × 38.4		日本 私人	
華山圖	軸	絹	水墨	146.8 × 46.7		日本 私人	A2261
山水圖	軸	紙	水墨	60.5 × 33.7		美國 耶魯大學藝術館	1956.41.7
山水圖	軸	紙	水墨	192.5 × 73.5		美國 芝加哥藝術中心	1961.223
山水圖	軸	綾	水墨	201.2 × 48.7		美國 芝加哥大學藝術博物館	1974.87
仿李晞古古棧閣樓圖	軸	絹	水墨	121.1 × 37.6		德國 柏林東亞藝術博物館（私人寄存）	
山水圖（名人畫扇（戊）冊之9）	摺扇面	紙	水墨	不詳		台北 故宮博物院	故畫 03550-9
仿董源山水圖	摺扇面	金箋	水墨	18 × 53.5		台北 王靄雲先生	
山水圖	摺扇面	金箋	水墨	不詳	甲戌（康熙三十三年，1694）閏五月	香港 何耀光至樂堂	
仿關仝山水圖	摺扇面	紙	水墨	不詳	甲子（康熙二十三年，1684）	長春 吉林省博物館	
山水圖（為湘翁作，諸家書畫合璧冊4之1幀）	冊頁	紙	水墨	26.7 × 19.3	乙巳（康熙四年，1665）長至	北京 故宮博物院	
仿董源山水圖	摺扇面	金箋	水墨	18 × 57.5	甲子（康熙二十三年，1684）秋日	北京 故宮博物院	
山水圖（王原祁等五人山水冊5之1幀）	冊頁	紙	設色	不詳		北京 故宮博物院	
蘭花靈芝圖（祁豸佳等山水花鳥冊27之1幀）	冊頁	絹	設色	30 × 23.4		天津 天津市藝術博物館	
山水圖（徐枋等山水冊10之1幀）	冊頁	紙	設色	約24 × 34.7	癸卯（康熙二年，1663）秋日	上海 上海博物館	
靈芝圖（壽宋母王太君作，王武等花卉冊8之第1幀）	冊頁	紙	設色	24.3 × 17.2	（戊申，康熙七年，1668）	上海 上海博物館	
仿北苑筆意山水（嚴繩孫等書畫合裝冊24之幀）	冊頁	金箋	設色	30.4 × 39.4	乙卯（康熙十四年，1675）	上海 上海博物館	

名稱	形式	質地	色彩	尺寸 高×寬cm	創作時間	收藏處所	典藏號碼
花卉（清名家花卉冊 8 之 1 幀）	冊	紙	設色	24.3 x 17.2		上海 上海博物館	
山水圖	摺扇面 白箋		水墨	不詳	庚戌（康熙九年，1670）	南京 南京博物院	
松巖招鶴圖	摺扇面 金箋		水墨	不詳	己未（康熙十八年，1679）	南京 南京博物院	
樹石山水圖	摺扇面 紙		水墨	不詳	己巳（康熙二十八年，1689）	南京 南京博物院	
書畫（畫 1 幀）	冊頁	紙	水墨	不詳	辛未（康熙三十年，1691）	南京 南京博物院	
蘭芝圖（8 幀）	冊	絹	水墨	不詳		南京 南京博物院	
秋林讀易圖（為潤甫作，清初名家山水集冊 12 之 1 幀）	冊頁	絹	設色	22.6 x 19.1	癸卯（康熙二年，1663）中秋	南京 南京博物院	
仿古山水圖（10 幀）	冊	紙	水墨	不詳	戊午（康熙十七年，1678）夏日	蘇州 江蘇省蘇州博物館	
芝石圖	冊頁	絹	水墨	不詳		杭州 浙江省博物館	
山水圖	摺扇面 紙		水墨	不詳		杭州 浙江省博物館	
山水圖（12 幀）	冊	絹	水墨	不詳		杭州 浙江省圖書館	
仿趙松雪山水圖	摺扇面 金箋		水墨	不詳	丁卯（康熙二十六年，1687）	武漢 湖北省博物館	
仿董源山水圖	摺扇面 金箋		水墨	不詳	丙寅（康熙二十五年，1686）	重慶 重慶市博物館	
仿一峰老人筆山水圖	摺扇面 金箋		設色	16.8 x 48.7		日本 橫濱岡山美術館	
仿董源山水圖	摺扇面 金箋		水墨	16.2 x 49.5		日本 福岡縣石訽道雄先生	45
仿趙令穰山水圖（祝蔣母曹夫人五十壽山水圖冊之 7)	冊頁	金箋	水墨	31.6 x 33.5		美國 耶魯大學藝術館	
附：							
山水圖	卷	絹	水墨	30 x 150	壬申（康熙三十一年，1692）嘉平月	紐約 佳士得藝品拍賣公司/拍賣目錄 1992,06,02.	
芝蘭圖	軸	紙	水墨	不詳		上海 朵雲軒	
落木庵圖	軸	紙	水墨	125.5 x 51.2	壬寅（康熙元年，1662）	上海 上海文物商店	
上沙圖	軸	絹	水墨	不詳		武漢 湖北省武漢市文物商店	
山水圖	軸	紙	水墨	99 x 38.7	庚申（康熙十九年	紐約 蘇富比藝品拍賣公司/拍	

名稱	形式	質地	色彩	尺寸 高x寬cm	創作時間	收藏處所	典藏號碼
					，1680）夏日	賣目錄 1985,06,03.	
山水圖	軸	紙	水墨	95.2 x 38.7		紐約 蘇富比藝品拍賣公司/拍 賣目錄 1986,06,03.	
吳山紀遊圖	軸	絹	水墨	172 x 48.2		紐約 蘇富比藝品拍賣公司/拍 賣目錄 1986,06,03.	
太湖風景圖	軸	絹	水墨	170.2 x 48.2		紐約 佳士得藝品拍賣公司/拍 賣目錄 1987,06,03.	
山水圖	軸	絹	水墨	151.1 x 48		紐約 蘇富比藝品拍賣公司/拍 賣目錄 1987,12,08.	
山水圖	軸	絹	水墨	159.4 x 49	甲子（康熙二十三 年，1684）春日	紐約 蘇富比藝品拍賣公司/拍 賣目錄 1988,06,01.	
靈石圖	軸	紙	水墨	120.5 x 58.5	辛未（康熙三十年 ，1691）春日	紐約 佳士得藝品拍賣公司/拍 賣目錄 1993,06,04.	
仿巨然山水圖	軸	絹	水墨	109 x 49.5	甲辰（康熙三年， 1664）夏日	紐約 佳士得藝品拍賣公司/拍 賣目錄 1994,11,30.	
仿董源山水圖	軸	紙	水墨	94 x 30.5	乙丑（康熙二十四 年，1685）冬日	紐約 佳士得藝品拍賣公司/拍 賣目錄 1995,03,22.	
華山圖	軸	絹	水墨	153.5 x 47		紐約 佳士得藝品拍賣公司/拍 賣目錄 1995,09,19.	
山水圖	軸	紙	設色	185.3 x 96	辛未（康熙三十年 ，1691）夏日	香港 佳士得藝品拍賣公司/拍 賣目錄 1996,04,28.	
山水圖	軸	絹	水墨	151 x 48.5		香港 佳士得藝品拍賣公司/拍 賣目錄 1998,09,15.	
山水圖	摺扇面 金箋		水墨	不詳	辛酉（康熙二十年 ，1681）	鎮江 鎮江市文物商店	
秋景山水圖	摺扇面 紙		水墨	16.5 x 49.5	壬子（康熙十一年 ，1672）秋日	紐約 佳士得藝品拍賣公司/拍 賣目錄 1995,03,22.	
仿古山水圖（12幀）	冊	絹	水墨	（每幀）25.5 x 20.5	己未（康熙十八年 ，1679）夏日	紐約 佳士得藝品拍賣公司/拍 賣目錄 1996,09,18.	
山水（明清諸家山水扇面冊 4 之 1 幀）	摺扇面 紙		水墨	不詳		香港 佳士得藝品拍賣公司/拍 賣目錄 2001,04,29.	

畫家小傳：徐枋。字昭法。號俟齋、秦餘山人。江蘇長洲人。生於明熹宗天啟二（1622）年。卒於清聖祖康熙三十三（1694）年。崇禎十
　　五年孝廉。入清，隱居不仕，賣畫自給。工書畫。畫山水，師法董、巨；亦寫芝蘭。（見圖繪寶鑑續纂、國朝畫徵錄、桐陰論畫
　　、蘇州府志、列朝別裁詩集小傳、居易錄、中國畫家人名大辭典等）

名稱	形式	質地	色彩	尺寸 高x寬cm	創作時間	收藏處所	典藏號碼

羅 牧

名稱	形式	質地	色彩	尺寸 高x寬cm	創作時間	收藏處所	典藏號碼
山水圖	卷	綾	水墨	24.8 x 277.7	戊午（康熙十七年，1678）	北京 故宮博物院	
清江山色圖	卷	紙	水墨	28.1 x 368		上海 上海博物館	
疏林長亭圖	軸	紙	水墨	不詳	壬申（康熙三十一年，1692）	長春 吉林省博物館	
林壑蕭疎圖	軸	紙	水墨	195.1 x 75.4	甲申（順治元年，1644）五月	台北 故宮博物院	故畫 00686
牧牛圖	軸	絹	水墨	82.5 x 45.5		台北 國泰美術館	
山水（4屏）	軸	絹	水墨	（每屏）112 x 53.5		台北 國泰美術館	
山水圖（為行翁祝壽作）	軸	綾	水墨	146.8 x 50.2	癸丑（康熙十二年，1673）春朔	香港 香港大學馮平山博物館	HKU.P.61.971
枯木群鴉圖	軸	紙	水墨	151.8 x 47.9		香港 許晉義崇宜齋	
雲山林屋圖	軸	紙	水墨	212 x 113	丙子（康熙三十五年，1696）	瀋陽 故宮博物院	
孤亭飛泉圖	軸	紙	水墨	不詳		瀋陽 故宮博物院	
溪山林屋圖	軸	紙	水墨	115 x 50.5	乙亥（康熙三十四年，1695）	瀋陽 遼寧省博物館	
山水圖（4幅）	軸	紙	水墨	（每幅）194 x 49.5	戊寅（康熙三十七年，1698）	瀋陽 遼寧省博物館	
山水圖	軸	紙	水墨	不詳		瀋陽 魯迅美術學院	
古木竹石圖	軸	紙	水墨	不詳	丙子（康熙三十五年，1696）	旅順 遼寧省旅順博物館	
山水圖	軸	紙	水墨	136.7 x 70	己巳（康熙二十八年，1689）	北京 故宮博物院	
山水圖	軸	綾	水墨	不詳	丁丑（康熙三十六年，1697）	北京 故宮博物院	
山水圖	軸	紙	水墨	不詳	癸未（康熙四十二年，1703）	北京 故宮博物院	
枯木竹石圖	軸	紙	水墨	不詳		北京 故宮博物院	
松樹竹石圖	軸	紙	水墨	不詳	八十四歲（康熙四十四年，1705）	北京 中國歷史博物館	
松杉青嶂圖	軸	絹	設色	不詳		天津 天津市藝術博物館	

名稱	形式	質地	色彩	尺寸 高x寬cm	創作時間	收藏處所	典藏號碼
萬壑千巖圖	軸	絹	設色	204 x 96		天津 天津市藝術博物館	
仿董、巨山水圖	軸	紙	設色	不詳		天津 天津市藝術博物館	
谿山煙靄圖	軸	紙	水墨	204 x 96		天津 天津市藝術博物館	
板橋遠水圖	軸	紙	水墨	185 x 68		太原 山西省博物館	
帆飽江風圖	軸	絹	水墨	不詳	丁未（康熙六年，1667）	濟南 山東省博物館	
溪山亭子圖	軸	紙	水墨	197.5 x 78.5	己卯（康熙三十八年，1699）	濟南 山東省博物館	
加木竹石圖	軸	紙	水墨	不詳	庚辰（康熙三十九年，1700）	濟南 山東省博物館	
芭蕉竹石圖	軸	綾	水墨	181 x 86		濟南 山東省博物館	
遠浦雲封圖	軸	綾	水墨	不詳	甲辰（康熙三年，1664）	合肥 安徽省博物館	
雲山林屋圖	軸	紙	水墨	143.2 x 69.6	辛酉（康熙二十年，1681）	合肥 安徽省博物館	
山谷疏林圖	軸	紙	水墨	201.8 x 81.3	己巳（康熙二十八年，1689）	合肥 安徽省博物館	
高樹秋山圖	軸	紙	水墨	189.7 x 70.8	乙亥（康熙三十四年，1695）	合肥 安徽省博物館	
平遠山水圖	軸	紙	水墨	59 x 91.2		合肥 安徽省博物館	
雪晴孤岫圖	軸	絹	水墨	103 x 45.2		合肥 安徽省博物館	
仿董、巨山水圖	軸	紙	水墨	277 x 177		泰州 江蘇省泰州市博物館	
秋樹茅亭圖	軸	紙	水墨	不詳	丙戌（順治三年，1646）	上海 上海博物館	
林壑高遠圖	軸	綾	水墨	165.1 x 47.6	甲申（康熙四十三年，1704）	上海 上海博物館	
古木竹石圖	軸	紙	水墨	190.2 x 75		上海 上海博物館	
枯木竹石圖	軸	紙	水墨	不詳		上海 上海博物館	
溪橋茅屋圖	軸	絹	水墨	175.3 x 86.2	壬午（康熙四十一年，1702）九月	南京 南京博物院	
江上扁舟圖	軸	綾	水墨	不詳	壬午（康熙四十一年，1702）十月	南京 南京博物院	
古木竹石圖	軸	紙	水墨	不詳	乙酉（康熙四十四年，1705）	南京 南京博物院	

名稱	形式	質地	色彩	尺寸 高x寬cm	創作時間	收藏處所	典藏號碼
溪山野屋圖	軸	紙	水墨	不詳		南京 南京博物院	
古木圖	軸	紙	水墨	不詳		常州 江蘇省常州市博物館	
坐看雲起圖	軸	紙	水墨	150.9 x 41.1	癸未（康熙四十二年，1703）	蘇州 江蘇省蘇州博物館	
山水圖	軸	綾	水墨	159.9 x 47.7	丙子（康熙三十五年，1696）	杭州 浙江省博物館	
松蔭片帆圖	軸	紙	水墨	不詳	乙丑（康熙二十四年，1685）	杭州 浙江省杭州市文物考古所	
山水圖（12幅）	軸	紙	設色	（每幅）183 x 52	丙戌（康熙四十五年，1706)冬	南昌 江西省博物館	
山水圖	軸	綾	水墨	不詳	丙戌（康熙四十五年，1706）	南昌 江西省博物館	
疏林幽澗圖	軸	紙	水墨	140 x 58	乙亥（康熙三十四年，1695）	南昌 江西省八大山人紀念館	
獨樹孤舟圖	軸	紙	水墨	25.5 x 30		南昌 江西省八大山人紀念館	
江上扁舟圖	軸	紙	水墨	不詳	壬午（康熙四十一年，1702）	成都 四川省博物院	
江村雲起圖	軸	紙	水墨	204.9 x 77		成都 四川省博物院	
蘆汀遠水圖	軸	絹	水墨	181.6 x 99	壬戌（康熙二十一年，1682）	重慶 重慶市博物館	
幽居臥遊圖	軸	綾	水墨	202.5 x 47	乙亥（康熙三十四年，1695）	重慶 重慶市博物館	
古木竹石圖	軸	紙	水墨	不詳	戊寅（康熙三十七年，1698）	廣州 廣東省博物館	
秋江放棹圖	軸	綾	水墨	167 x 54	戊寅（康熙三十七年，1698）	廣州 廣東省博物館	
溪山放棹圖	軸	絹	水墨	180 x 48	甲辰（康熙三年，1664）	廣州 廣州市美術館	
長松清泉圖	軸	綾	水墨	不詳	乙卯（康熙十四年，1675）	蘭州 甘肅省博物館	
山水（蘭亭序圖并書）	軸	絹	水墨	173.9 x 49.8	壬子（康熙十一年，1672）夏六月	日本 東京國立博物館	
秋汀垂釣圖	軸	綾	水墨	133 x 47.9	戊寅（康熙三十七年，1698）冬十月	日本 東京杉溪言長先生	

名稱	形式	質地	色彩	尺寸 高x寬cm	創作時間	收藏處所	典藏號碼
山水圖	軸	綾	水墨	161.8 x 39.7	丁丑（康熙三十六年，1697）冬十月	日本 東京田邊碧堂先生	
山水圖	軸	綾	水墨	不詳		日本 東京張允中先生	
水墨山水圖	軸	紙	水墨	197.2 x 47.5	辛巳（康熙四十年，1701）秋八月	日本 東京永青文庫	
秋林高士圖	軸	綾	水墨	162.7 x 51.5	辛巳（康熙四十年，1701）高秋	日本 京都桑名鐵城 先生	
山水圖	軸	綾	設色	174.6 x 46.7		日本 京都中山善次先生	A2242
江亭遠帆圖	軸	紙	水墨	185 x 75	戊寅（康熙三十七年，1698）夏六月	日本 大阪橋本末吉先生	
清流詩思圖（為在翁先生作）	軸	綾	水墨	164 x 46.3	辛巳（康熙四十年1701）高秋	日本 大阪橋本末吉先生	
林亭聽泉圖	軸	綾	設色	168 x 46.3		日本 大阪橋本末吉先生	
山水圖	軸	紙	水墨	158 x 40	八十三叟（康熙四十三年，1704）	日本 大阪橋本末吉先生	
山水圖（6幅）	軸	紙	設色	（每幅）186 x 45		日本 大阪橋本末吉先生	
煙岫幽居圖	軸	紙	水墨	不詳		日本 大阪橋本末吉先生	
山水圖	軸	綾	水墨	133 x 47.9	丙子（康熙三十五年，1696）夏四月	日本 大阪八田兵次郎先生	
山水圖（為价翁道長作）	軸	絹	水墨	162.7 x 46.6	辛亥（康熙十年，1671）冬十月	日本 山口良夫先生	
山水圖并書蘭亭序	軸	綾	水墨	不詳	壬子（康熙十一年，1672）夏六月	日本 江田勇二先生	
山水圖	軸	絹	水墨	不詳	辛巳（康熙四十年，1701）秋九月	日本 繭山龍泉堂	
山水圖	軸	綾	水墨	186.5 x 49.7		日本 私人	
枯木竹石圖	軸	紙	水墨	130.8 x 65.2		日本 私人	
仿董、巨山水圖	軸	紙	水墨	194 x 74		日本 私人	
山水	軸	紙	水墨	192.5 x 73.5	癸酉（康熙三十二年，1693）冬十月	美國 芝加哥大學美術館	

名稱	形式	質地	色彩	尺寸 高x寬cm	創作時間	收藏處所	典藏號碼
山水	軸	綖	水墨	201.2 x 48.7	己巳（康熙二十八年步1689）曉春	美國 芝加哥大學美術館	
山水圖	軸	紙	水墨	不詳		瑞典 斯德哥爾摩遠東古物館	NMOK299
松下問答圖	軸	紙	設色	111.5 x 33		捷克 布拉格 Narodoni Galerie v Praze	Vm3451-1171/78
山水（清朱耷等書畫冊12之3幀）	冊頁	紙	設色	（每幀）22.4 x 33	（丙寅，康熙二十五年，1686）	瀋陽 故宮博物院	
吾亦愛吾盧圖（王翬等書畫冊10之1幀）	冊頁	紙	水墨	21.5 x 30.8	八十二叟（康熙四十二年，1703）	北京 故宮博物院	
山水圖（12幀）	冊	紙	水墨	（每幀）21 x 15		天津 天津市藝術博物館	
山水圖（方以智、羅牧山水冊11之？幀）	冊頁	紙	設色	不詳		合肥 安徽省博物館	
為懷豐作山水圖（蕭一芸等書畫冊16之1幀）	冊頁	紙	水墨	23.7 x 16.2		上海 上海博物館	
山水圖（10幀）	冊	紙	水墨	（每幀）27.5 x 20	壬午（康熙四十一年，1702）	武漢 湖北省博物館	
米法山水圖（12幀）	冊	紙	水墨	（每幀）18.3 x 14.3	癸酉（康熙三十二年，1693）春日	日本 山口良夫先生	
水墨山水圖（8幀）	冊	紙	水墨	（每幀）38 x 26	乙亥（康熙三十四年，1695）	日本 山口良夫先生	
山水圖	冊頁	紙	水墨	29.7 x 31.1		日本 私人	
附：							
書畫合璧	卷	紙	水墨	23 x 131	甲辰（康熙三年，1664）	上海 朵雲軒	
山水圖	卷	紙	水墨	41.6 x 373		武漢 湖北省武漢市文物商店	
平岡遠岫圖	卷	紙	設色	31 x 309	甲申（康熙四十三年，1704）秋八月重題	紐約 佳士得藝品拍賣公司/拍賣目錄1989,12,04.	
山水圖（4幅）	軸	絹	水墨	不詳	乙亥（康熙三十四年，1695）	北京 北京市文物商店	
古木圖	橫幅	紙	水墨	不詳	乙酉（康熙四十四年，1705）	北京 北京市文物商店	
層巒叢翠圖	軸	絹	水墨	不詳	壬申（康熙三十一	揚州 揚州市文物商店	

名稱	形式	質地	色彩	尺寸 高×寬㎝	創作時間	收藏處所	典藏號碼
					年，1692)		
秋山聳翠圖	軸	綾	水墨	不詳		揚州 揚州市文物商店	
山水圖	軸	紙	水墨	不詳		蘇州 蘇州市文物商店	
深柳讀書堂圖	軸	紙	設色	133.3 × 54.5	庚子（順治十七年，1660）秋仲	紐約 蘇富比藝品拍賣公司/拍賣目錄 1982,06,05.	
山高水長圖	軸	紙	水墨	183 × 55.6	壬午（康熙四十一年，1702）冬十一月	香港 蘇富比藝品拍賣公司/拍賣目錄 1984,11,11.	
雨後雲山圖	軸	紙	水墨	127 × 60		香港 佳士得藝品拍賣公司/拍賣目錄 1991,03,18.	
仿米氏山水圖	軸	紙	水墨	173.5 × 44.5		紐約 佳士得藝品拍賣公司/拍賣目錄 1992,12,02.	
山水圖（8聯幅）	軸	紙	水墨	（每幅）195 × 54		香港 佳士得藝品拍賣公司/拍賣目錄 1995,04,30.	
獨樹老夫家	軸	紙	水墨	174 × 69.9		紐約 佳士得藝品拍賣公司/拍賣目錄 1996,03,27.	
秋江帆影圖	軸	綾	水墨	162.6 × 46.3	辛亥（康熙十年，1671）冬十月	紐約 佳士得藝品拍賣公司/拍賣目錄 1996,03,27.	
枯木竹石圖	軸	紙	水墨	150 × 43		紐約 佳士得藝品拍賣公司/拍賣目錄 1998,09,15.	
山水圖（8幀，對開八大山人題詩）	冊	紙	水墨	（每幀）22.8 × 33		紐約 佳仕得藝品拍賣公司/拍賣目錄 1986,12,01.	
山水（8幀）	冊	紙	水墨	（每幀）38.1 × 26	乙亥（康熙三十四年，1695）	紐約 佳士得藝品拍賣公司/拍賣目錄 1996,03,27.	

畫家小傳：羅牧。字飯牛。江西寧都人，僑居南昌。生於明熹宗天啟二（1622）年，卒於康熙四十七（1708）年。能詩，善飲，善製茶，工書。工畫山水，筆意在董、黃間。世稱「江西派」。（見圖繪寶鑑續纂、國朝畫徵錄、江西志、桐陰論畫、中國畫家人名大辭典）

馬 眉

名稱	形式	質地	色彩	尺寸 高×寬㎝	創作時間	收藏處所	典藏號碼
鳩鳴古柏圖	軸	紙	設色	不詳	甲戌（康熙三十三年，1694)	天津 天津市藝術博物館	
蘆雁圖（擬陶雲湖）	軸	紙	設色	不詳	甲戌（康熙三十三年，1694）仲冬	南京 南京博物院	
楊柳白頭（清花卉畫冊五冊之9）	摺扇面	紙	水墨	18 × 53		台北 故宮博物院	故畫 03521-9

名稱	形式	質地	色彩	尺寸 高x寬cm	創作時間	收藏處所	典藏號碼
蘆雁圖（為芳老作，明清書畫合綴冊之14）	摺扇面	金箋	設色	15.6 x 49.5	壬子（康熙十一年，1672）夏仲	美國 聖路易斯市吳納孫教授	

畫家小傳：馬眉。字子白。號雪漁。江蘇常熟人。生於明熹宗天啟二（1622）年，聖祖康熙三十三（1694）年尚在世。善寫生，畫蘆雁，入神品。（見海虞畫苑略、琴川新志、中國畫家人名大辭典）

方咸亨

名稱	形式	質地	色彩	尺寸 高x寬cm	創作時間	收藏處所	典藏號碼
觀瀑圖（為湘翁作）	軸	綾	水墨	131.8 x 49.2	壬寅（康熙元年，1662）三月十二日	香港 香港美術館・虛白齋	XB1992.204
花鳥圖	軸	綾	設色	170 x 50	康熙十三年甲寅（1674）	北京 故宮博物院	
如山如松圖	軸	綾	設色	163.6 x 50		北京 故宮博物院	
雙石圖	軸	紙	水墨	不詳		北京 故宮博物院	
臥聽飛泉圖	軸	綾	水墨	185.7 x 51.5		天津 天津市藝術博物館	
淺絳山水圖	軸	綾	設色	不詳	康熙十年（辛亥，1671）	青島 山東省青島市博物館	
秋山飛瀑圖	軸	絹	設色	165 x 53	康熙八年（己酉，1669）夏	合肥 安徽省博物館	
為思翁作山水圖（吳偉業等書畫屏8之1幅）	軸	紙	水墨	48.6 x 21.5	（丙申，順治十三年，1656）	南京 南京博物院	
小艇載鶴圖（為靜老作）	軸	絹	設色	155.6 x 43.7	康熙十五年丙辰（1676）秋九月	南京 南京大學	
山水圖（為仙老年長兄作）	軸	紙	水墨	148 x 52	乙巳（康熙四年，1665）仲秋	昆山 崑崙堂美術館	
楓菊秋禽圖（為儼若作）	軸	綾	設色	158.3 x 45.8	甲辰（康熙三年，1664）新秋	成都 四川省博物院	
牡丹圖	軸	綾	水墨	不詳	康熙十七年，戊午（1678）	成都 四川省博物院	
牡丹圖	軸	綾	水墨	不詳		成都 四川大學	
秋林水閣圖	軸	綾	水墨	199.3 x 51	康熙十五年丙辰（1676）	重慶 重慶市博物館	
山水圖	軸	綾	設色	167.5 x 54.8		日本 東京小幡醇一先生	
山水圖	軸	絹	設色	不詳	康熙十七年（戊午	日本 東京筱崎都香佐先生	

名稱	形式	質地	色彩	尺寸 高x寬cm	創作時間	收藏處所	典藏號碼
					，1678）嘉平既望		
山水（嶽麓春色圖）	軸	絹	水墨	162.7 x 50.2	康熙十年，辛亥（1671）二月	日本 江田勇二先生	
長松飛瀑圖	軸	綾	設色	194.4 x 52.5		日本 私人	
仿古設色花鳥圖	軸	紙	設色	152.9 x 43.8		美國 加州曹仲英先生	
雜畫（10幀）	冊	紙	設色	不詳	康熙丙午（五年，1666）	北京 故宮博物院	
山水圖	摺扇面	紙	設色	19 x 59.4	丙辰（康熙十一年，1676）	北京 故宮博物院	
山水圖（戴明說等六人雜畫冊12之2幀）	冊頁	紙	水墨	18.5 x 17.2		北京 故宮博物院	
江左紀遊圖（14幀	冊	紙	設色	（每幀）20.5 x 18.7		北京 中國歷史博物館	
牡丹圖	摺扇面	紙	水墨	17.4 x 53.2	甲午（順治十一年，(1654)	北京 中國歷史博物館	
山水圖（清陳卓等書畫冊12之1幀）	冊頁	紙	設色	不詳		天津 天津市藝術博物館	
山水圖	摺扇面	金箋	設色	不詳	丁亥（順治四年，1647）	天津 天津市藝術博物館	
山水圖（方氏書畫冊14之1幀）	冊頁	紙	設色	不詳		上海 上海博物館	
花蝶圖	摺扇面	金箋	設色	不詳		成都 四川省博物院	
仿高尚書意山水圖	摺扇面	金箋	水墨	16.6 x 52.9		德國 柏林東亞藝術博物館	216
附：							
秋林遠寺圖（為聲翁作）	軸	紙	設色	不詳	壬子（康熙十一年，1672）仲夏	北京 榮寶齋	
花鳥圖	軸	綾	水墨	77 x 38		紐約 佳仕得藝品拍賣公司/拍賣目錄 1986,06,04.	
秋山訪幽圖	軸	絹	設色	167.7 x 54.6		香港 佳士得藝品拍賣公司/拍賣目錄 2001,04,29.	
芍藥圖	摺扇面	金箋	水墨	16.5 x 49		紐約 佳士得藝品拍賣公司/拍賣目錄 1988,11,30.	

名稱	形式	質地	色彩	尺寸 高x寬cm	創作時間	收藏處所	典藏號碼

畫家小傳：方咸亨（一作亨咸）。字吉偶。號邵村。安徽桐城人。清世祖順治四（1647）年進士。仕官至御史。能文，工書。善畫山水，得黃公望法，博大沈雄；兼作花鳥，亦生動有致。流傳署款紀年作品見於世祖順治四(1647)年，至聖祖康熙十七(1678)年。
（見圖繪寶鑑續纂、國朝畫識、櫟園讀畫錄、古夫于亭錄、百尺梧桐閣集、中國畫家人名大辭典）

邵振先
附：

名稱	形式	質地	色彩	尺寸	創作時間	收藏處所
湖山攬勝圖	摺扇面	金箋	設色	16.2 x 50.8		紐約 蘇富比藝品拍賣公司/拍賣目錄1984.06.13.

畫家小傳：邵振先。畫史無載。身世待考。

呂雲葆

名稱	形式	質地	色彩	尺寸	創作時間	收藏處所
墨筆山水圖（呂雲葆、王鐸合作）	摺扇面	金箋	水墨	不詳	丁亥（順治四年，1647）	寧波 浙江省寧波市天一閣文物保管所

畫家小傳：呂雲葆。與王鐸同時。畫史無載。流傳署款紀年作品見於世祖順治四(1647)年。身世待考。

梅 清

名稱	形式	質地	色彩	尺寸	創作時間	收藏處所	典藏號碼
山水圖（2段）	卷	紙	水墨	30.4 x 130		北京 故宮博物院	
仿坡仙梅花圖	卷	紙	水墨	31.2 x 360		北京 故宮博物院	
儋園圖	卷	紙	水墨	27.5 x 96	乙卯（康熙十四年，1675）	天津 天津市歷史博物館	
絕巘蒼松圖（為文翁作，梅清等雜畫六段卷之第1段）	卷	紙	設色	約20.5 x 56	己巳（康熙二十八年，1689）	上海 上海博物館	
巖溪別意圖	卷	綾	水墨	24 x 222.5	庚午（康熙二十九年，1690）三月送春前一日	上海 上海博物館	
仿石田溪山閒適圖	卷	紙	水墨	29.1 x 355.1	癸酉（康熙三十二年，1693）三月	上海 上海博物館	
杏花春雨樓圖	卷	紙	設色	25.6 x 85.3		美國 麻州Henry & Harrison先生	
墨梅（仿蘇軾筆意）	卷	紙	水墨	28.7 x ？	壬申（康熙三十一年，1692）二月	美國 夏威夷火魯奴奴藝術學院	1668.1
山水圖	軸	紙	水墨	109.5 x 46.1		台北 故宮博物院（蘭千山館寄存）	
黃山真境並詩	軸	紙	水墨	74.7 x 48.5	乙亥（康熙三十四	台北 張群先生	

名稱	形式	質地	色彩	尺寸 高×寬㎝	創作時間	收藏處所	典藏號碼
					年，1675）五月		
松風澗瀑圖	軸	紙	水墨	135 × 21.9		台北 王世杰先生	
仿王蒙雲門放艇圖	軸	紙	設色	159.1 × 43.3		香港 鄭德坤木扉	
雙松交茂圖	軸	綾	水墨	162 × 48	丁未（康熙六年，1667）	瀋陽 故宮博物館	
望天都峰圖	軸	綾	水墨	187 × 56.7		瀋陽 遼寧省博物館	
龍潭聽瀑圖	軸	紙	水墨	189.5 × 48.5		旅順 遼寧省旅順博物館	
黃山文殊台圖	軸	紙	設色	184.2 × 48.5		北京 故宮博物院	
黃山天都峰圖	軸	紙	水墨	184.2 × 48.5		北京 故宮博物院	
黃山白龍潭圖	軸	紙	設色	184.2 × 48.5		北京 故宮博物院	
白龍潭圖	軸	綾	水墨	不詳		北京 故宮博物院	
黃山西海圖	軸	綾	設色	不詳		北京 故宮博物院	
朱砂泉湯池圖	軸	綾	水墨	不詳		北京 故宮博物院	
煉丹臺圖	軸	綾	設色	不詳		北京 故宮博物院	
蓮花峰圖	軸	綾	設色	不詳		北京 故宮博物院	
瞿硎石室圖	軸	紙	水墨	不詳		北京 故宮博物院	
雙松圖	軸	紙	水墨	不詳		北京 故宮博物院	
桐蔭語秋圖	軸	絹	設色	不詳		北京 中國歷史博物館	
仿沈周高山流水圖	軸	紙	設色	249.5 × 121	甲戌 康熙三十三年，1694）中秋前一日	北京 故宮博物院	
峭壁聽松圖	軸	紙	水墨	110 × 46	乙卯（康熙十四年，1675）	北京 首都博物館	
松溪抱琴圖（為去瑕作）	軸	紙	水墨	不詳	壬申（康熙三十一年，1692）六月七日	北京 中央工藝美術學院	
西海千峰圖	軸	紙	水墨	73.6 × 49	乙亥（康熙三十四年，1695）七月	天津 天津市藝術博物館	
千峰雪色圖	軸	綾	設色	178.5 × 48		天津 天津市歷史博物館	

名稱	形式	質地	色彩	尺寸 高×寬㎝	創作時間	收藏處所	典藏號碼
扶筇探梅圖	軸	紙	設色	169.5 × 42.2		合肥 安徽省博物館	
雲門放艇圖	軸	綾	設色	147.9 × 44.5		合肥 安徽省博物館	
煉丹臺圖	軸	綾	水墨	132.9 × 52		合肥 安徽省博物館	
鳴弦泉圖	軸	綾	設色	184.6 × 54.3		合肥 安徽省博物館	
敬亭霽色圖（為閬翁作）	軸	紙	水墨	171.7 × 63.6	癸亥（康熙二十二年，1683）三月既望	上海 上海博物館	
木落看山圖	軸	綾	設色	91.1 × 49.8	癸亥（康熙二十二年，1683）	上海 上海博物館	
松石圖	軸	紙	水墨	305.7 × 123	癸亥（康熙二十二年，1683）九月	上海 上海博物館	
仿吳鎮筆意作山堂讀書圖	軸	紙	水墨	349.9×124.3	丁卯（康熙二十六年，1687）重九後三日	上海 上海博物館	
仿王蒙山水圖	軸	紙	設色	345 × 127.3	庚午（康熙二十九年，1690）重陽	上海 上海博物館	
疏林獨步圖	軸	紙	設色	180 × 65.5	壬申（康熙三十一年，1692）	上海 上海博物館	
山窗讀書圖	軸	紙	水墨	不詳		上海 上海博物館	
仿王蒙山水圖	軸	綾	設色	157.2 × 46.6		上海 上海博物館	
仿古山水圖（4幅）	軸	紙	設色	不詳		上海 上海博物館	
秋江放帆圖	軸	紙	水墨	不詳		上海 上海博物館	
仿馬遠山水圖	軸	紙	水墨	不詳		上海 上海博物館	
仿梅道人山水圖	軸	綾	水墨	不詳		上海 上海博物館	
黃山松谷圖	軸	紙	水墨	263.9 × 102		上海 上海博物館	
黃山奇景圖	軸	紙	水墨	155.9 × 48.9		上海 上海博物館	
獅子峰圖	軸	紙	設色	150 × 41.8		上海 上海博物館	
遠水風帆圖	軸	紙	水墨	不詳		上海 上海博物館	
舖梅圖	軸	綾	設色	73.7 × 46.9		上海 上海博物館	
黃山天都峰圖	軸	紙	設色	133 × 50		昆山 崑崙堂美術館	
黃山天都峰圖	軸	紙	水墨	290 × 105		昆山 崑崙堂美術館	

名稱	形式	質地	色彩	尺寸 高x寬㎝	創作時間	收藏處所	典藏號碼
仿趙孟頫山水圖	軸	紙	設色	60 x 40.5		昆山 崑崙堂美術館	
三清圖	軸	絹	水墨	72.2 x 38.1	辛酉（康熙二十年，1681）	杭州 浙江省博物館	
山光水色圖	軸	紙	水墨	165 x 49.1		杭州 浙江省博物館	
瞿硎石室圖	軸	紙	設色	174.4 x 54.4		杭州 浙江省博物館	
黃山松谷庵圖	軸	綾	水墨	186 x 57	乙亥（康熙三十四年，1695）	重慶 重慶市博物館	
松石圖	軸	紙	水墨	212 x 110		廣州 廣東省博物館	
黃山圖	軸	紙	設色	184 x 52		廣州 廣東省博物館	
山水圖通景（10幅）	軸	綾	設色	181.5 x 493.6	癸酉（康熙三十二年，1693）	廣州 廣州市美術館	
松林山水圖（水閣消夏）	軸	絹	水墨	172.3 x 99.5	辛末（康熙三十年，1691）六月	日本 東京國立博物館	TA-490
松石圖	軸	紙	水墨	145.7 x 50.9		日本 東京筱崎都香佐先生	
仿黃鶴山樵松崖聽泉圖	軸	紙	設色	197 x 57.6	辛末（康熙三十年，1691）三月	日本 東京橋本辰二郎先生	
黃山蓮花峰圖	橫幅	紙	設色	34.3 x 44.5		日本 京都泉屋博古館	
懸瀑圖	軸	紙	設色	216.5 x 60		日本 京都藤井善助先生	
高士觀瀑圖	軸	紙	設色	92.1 x 43.6		日本 名古屋櫻木俊一先生	
喬松古石圖	軸	綾	水墨	183.3 x 51.5	己巳（康熙二十八年，1689）嘉平之吉	日本 明石米澤吉次郎先生	
仿梅華道人筆意山水圖	軸	絹	水墨	164.8 x 46.9		日本 山口良夫先生	
仿趙孟頫筆意山水圖	軸	綾	設色	176 x 52.9		日本 山口良夫先生	
仿倪雲林意山水圖	軸	絹	水墨	178.1 x 51.4		日本 山口良夫先生	
棲真山圖	軸	紙	水墨	119 x 54.6		日本 江田勇二先生	
柱石圖	軸	紙	水墨	287.7 x 130.4		日本 私人	
仿吳鎮山水圖	軸	綾	水墨	170.7 x 48.1		日本 私人	
文殊台圖	軸	紙	設色	105.5 x 40.5		美國 紐約顧洛阜先生	

名稱	形式	質地	色彩	尺寸 高×寬㎝	創作時間	收藏處所	典藏號碼
仿王蒙山水圖	軸	紙	設色	197.2 × 49.6	辛未（康熙三十年，1691）三月	美國 底特律藝術中心	71.35
九龍潭	軸	紙	設色	92 × 43.5		美國 克利夫蘭藝術博物館	
仿趙孟頫雪景山水圖	軸	絹	設色	175.9 × 52.6		美國 勃克萊加州大學藝術館	CC246
寄雲樓瑞梅圖	軸	紙	設色	不詳	己未（康熙十八年，1679）四月望前三日	美國 夏威夷火魯奴奴藝術學院	
仿李營丘梅花書屋	軸	紙	設色	149.9 × 52.7		加拿大 多倫多皇家學安大略博物館	
觀瀑圖（畫祝海翁老年臺）	軸	綾	水墨	198 × 55.5		瑞典 斯德哥爾摩遠東古物館	NMOK540
青蓮飛瀑圖（寫祝洵翁老年臺）	軸	綾	水墨	198 × 55		瑞典 斯德哥爾摩遠東古物館	NMOK540
蓮花峰圖	軸	綾	水墨	81.2 × 41		荷蘭 阿姆斯特丹 Rijks 博物館	
黃山圖（12幀）	冊	紙	設色	（每幀）32.6 × 44.8	時年七十有一（康熙三十二年，癸酉，1693）	台北 故宮博物院（蘭千山館寄存）	
黃山勝景圖（8幀）	冊	紙	設色	（每幀）26.3 × 34.2		香港 劉作籌虛白齋	
黃山十景（10幀）	冊	紙	水墨	（每幀）26.2 × 33.9	甲戌（康熙三十三年，1694）八月	香港 鄭德坤木扉	
宣城勝概圖（24幀，為天翁作）	冊	紙	設色	不詳	己未（康熙十八年，1679）除夕前三日	香港 何耀光至樂樓	
黃山圖（8幀，為綺園作）	冊	紙	設色	（每幀）26 × 33	庚午（康熙二十九年，1690）初夏	北京 故宮博物院	
黃山圖（16幀）	冊	紙	設色	（每幀）22.5 × 38.2	庚午（康熙二十九年，1690）九月	北京 故宮博物院	
黃山圖（10幀，為稼堂作）	冊	紙	設色	（每幀）20.8 × 38.2	壬申（康熙三十一年1692）三月	北京 故宮博物院	
松溪圖	摺扇面	紙	水墨	16.3 × 49	康熙丙子（三十五年，1696）	北京 中國歷史博物館	
山水圖（山水合璧冊12之1	冊頁	紙	水墨	27.4 × 30		北京 中央工藝美術學院	

名稱	形式	質地	色彩	尺寸 高x寬cm	創作時間	收藏處所	典藏號碼
幀）							
山水圖（為澹庵作，山水合璧冊12之1幀）	冊頁	紙	水墨	27.4 x 30		北京 中央工藝美術學院	
松谷圖（陳洪綬等十人花卉山水冊10之1幀）	冊頁	紙	水墨	23.1 x 3.5	乙亥（康熙三十四年，1695）七月	天津 天津市藝術博物館	
黃山勝景圖（12幀）	冊	紙	設色	（每幀）43 x 32		合肥 安徽省博物館	
山水圖（梅氏山水冊10之2幀）	冊頁	紙	設色	（每幀）31.7 x 70.8		合肥 安徽省博物館	
南歸林屋圖（6幀）	冊	紙	水墨	（每幀）23.7 x 29.2	辛丑（順治十八年，1661）	上海 上海博物館	
仿古山水圖（12幀）	冊	紙	水墨	（每幀）17.2 x 12	辛未（康熙三十年，1691）	上海 上海博物館	
泚水紀遊圖（12幀，為格思作）	冊	紙	設色	（每幀）29.9 x 40.5	壬申（康熙三十一年，1692）四月	上海 上海博物館	
海上三神山圖（壽屈大均母九十壽書畫冊13之1幀）	冊頁	紙	設色	20.3 x 24.7	癸酉（康熙三十二年，1693）夏六月	上海 上海博物館	
仿古山水圖（12幀）	冊	紙	設色	（每幀）30.3 x 45.5	癸酉（康熙三十二年，1693）	上海 上海博物館	
黃山圖（12幀）	冊	紙	設色	（每幀）33.9 x 44.1	年七十一（康熙三十年，癸酉，1693)	上海 上海博物館	
山水圖（10幀 ）	冊	紙	設色	（每幀）26.4 x 33.6	甲戌（康熙三十三年，1694）	上海 上海博物館	
山水圖（12幀）	冊	紙	水墨	（每幀）27 x 20.5	乙亥（康熙三十四年，1695）	上海 上海博物館	
山水圖（12幀）	冊	紙	設色	（每幀）26.7 x 33.3	乙亥（康熙三十四年，1695）	上海 上海博物館	
山水圖（10幀）	冊	紙	水墨	不詳	甲戌（康熙三十三年，1694）閏五月望後三日	上海 上海博物館	
山水圖（12幀）	冊	紙	設色	不詳	乙亥（康熙三十四年，1695）正月	上海 上海博物館	
擬洪谷子石洞古松圖（曹岳、戴子來等十人山水合冊10	冊頁	紙	設色	22.8 x 18.9		上海 上海博物館	

名稱	形式	質地	色彩	尺寸 高x寬cm	創作時間	收藏處所	典藏號碼
之1幀）							
山水圖（清梅清等山水冊12之1幀）	冊頁	紙	設色	26.9 x 18.1	丙辰（康熙十五年，1676）	杭州 浙江省博物館	
蘭石圖	摺扇面	金箋	水墨	不詳	庚申（康熙十九年，1680）冬日	杭州 浙江省博物館	
黃山圖（12幀）	冊	紙	水墨	（每幀）33 x 27	己巳（康熙二十八年，1689）長至	廣州 廣東省博物館	
水亭清話圖	摺扇面	紙	水墨	19 x 53.2	乙亥（康熙三十四年，1695）六月	日本 東京藝術大學美術館	
水石圖（12幀）	冊	紙	水墨	（每幀）22.8 x 31.7		日本 山口良夫先生	
仿黃公望筆寫黃海雲濤圖	摺扇面	金箋	設色	17.4 x 50.8		美國 普林斯頓大學藝術館（Edward Elliott先生寄存）	L172.70
宛陵十景圖（10幀，各名：古敬亭；宛溪；華陽山；響山潭；南湖落雁；古柏視山飛橋；雙橋；疊嶂樓；開元水閣，為培翁作）	冊	綾	設色	（每幀）25.7 x 21.3	丁酉（順治十四年，1657）十一月望後	美國 普林斯頓大學藝術館（私人寄存）	
仿古十二幀（12幀）	冊	紙	水墨、設色	（每幀）24.5 x 29.8		美國 紐約Weill先生	
仿古山水圖（8幀）	冊	紙	設色	（每幀）28.5 x 44	庚午（康熙二十九年，1690）夏六月	美國 克利夫蘭藝術博物館	62.157
仿古山水(12幀)	冊	紙	水墨	（每幀）27.4 x 37.8		德國 柏林東亞藝術博物館	1988-425
宣城勝覽圖（26幀）	冊	紙	設色	（每幀）27.1 x 54.6	康熙己未（十八年，1679）除夕前三日	瑞士 蘇黎世黎得堡博物館	RCH.1170
黃山圖（2幀）	冊頁	紙	水墨	（每幀）26.1 x 33.8		瑞典 斯德哥爾摩遠東古物館	NMOK445.6
附：							
黃山勝攬	卷	絹	設色	26 x 280.6	癸卯（康熙二年，1663）春三月	紐約 佳士得藝品拍賣公司/拍賣目錄1990,11,28.	
梅花圖	軸	紙	水墨	28 x 34		大連 遼寧省大連市文物商店	

名稱	形式	質地	色彩	尺寸 高x寬cm	創作時間	收藏處所	典藏號碼
黃海雲松圖（為澹老作）	軸	紙	水墨	不詳	乙卯（康熙十四年，1675）五月	北京 北京市文物商店	
山水圖	軸	紙	水墨	不詳		北京 北京市工藝品進出口公司	
仿王晉卿山水圖	軸	絹	水墨	不詳		上海 上海文物商店	
曳杖過溪圖	軸	綾	水墨	155 × 52.5	己丑（順治六年，1649）	上海 上海工藝品進出口公司	
青溪泛舟圖	軸	紙	水墨	134.6 × 59	癸丑（康熙十二年，1673）四月六日	紐約 蘇富比藝品拍賣公司/拍賣目錄 1985,06,03.	
高山品茗圖	軸	絹	水墨	165 × 47		紐約 佳士得藝品拍賣公司/拍賣目錄 1988,06,02.	
蓮花峰圖	軸	紙	設色	130 × 35.5		紐約 佳士得藝品拍賣公司/拍賣目錄 1989,06,01.	
文殊院觀雲海圖	軸	紙	設色	215 × 54.5		紐約 佳士得藝品拍賣公司/拍賣目錄 1989,12,04.	
仿倪雲林山水圖	軸	紙	水墨	182.9 × 52		紐約 佳士得藝品拍賣公司/拍賣目錄 1993,12,01.	
撫松觀瀑圖	軸	紙	設色	73 × 38		紐約 佳士得藝品拍賣公司/拍賣目錄 1994,06,01.	
曳杖過溪圖	軸	綾	水墨	156.8 × 52.1	己丑（順治六年，1649）秋日	紐約 佳士得藝品拍賣公司/拍賣目錄 1994,06,01.	
黃山湯泉圖	軸	紙	設色	183 × 48		紐約 佳士得藝品拍賣公司/拍賣目錄 1996,09,18.	
米家山水圖	軸	紙	水墨	76.9 × 30.5	癸酉（康熙三十二年，1693）三月	紐約 佳士得藝品拍賣公司/拍賣目錄 1997,09,19.	
水亭對奕圖	軸	綾	水墨	158 × 49		紐約 佳士得藝品拍賣公司/拍賣目錄 1997,09,19.	
雲門雙峰圖	軸	紙	水墨	83.3 × 41.3		紐約 佳士得藝品拍賣公司/拍賣目錄 1997,09,19.	
仿梅道人山水圖	軸	絹	水墨	179.1 × 48.2		紐約 佳士得藝品拍賣公司/拍賣目錄 1998,03,24.	
仿古山水（12幀）	冊	絹	設色	（每幀）31.8 × 25.3		紐約 蘇富比藝品拍賣公司/拍賣目錄 1988,11,30.	
黃山全景圖（16幀）	冊	紙	設色	（每幀）21. × 13.6	壬子（康熙十一年，1672）五月	紐約 蘇富比藝品拍賣公司/拍賣目錄 1988,11,30.	

名稱	形式	質地	色彩	尺寸 高×寬㎝	創作時間	收藏處所	典藏號碼
山水圖（8幀）	冊	紙	水墨、設色	（每幀）30 × 42	癸酉（康熙三十二年，1693）六月望夕	紐約 佳士得藝品拍賣公司/拍賣目錄 1995,09,19.	
山水圖（12幀）	冊	紙	水墨、設色	（每幀）28 × 41	壬申（康熙三十一年，1692）秋八月	紐約 佳士得藝品拍賣公司/拍賣目錄 1995,10,29.	
山水圖（12開）	冊	紙	水墨	（每開）22.8 × 31.8		紐約 佳士得藝品拍賣公司/拍賣目錄 1996,03,27.	
黃山景（11開）	冊	紙	水墨、設色	（每開）35.8 × 53.5		紐約 佳士得藝品拍賣公司/拍賣目錄 1998,03,24.	
黃山攬勝景（8幀）	冊	紙	水墨	（每幀）39.5 × 16.5		香港 蘇富比藝品拍賣公司/拍賣目錄 1999,10,31.	

畫家小傳：梅清。字淵公。號瞿山。安徽宣城人。生於明熹宗天啟三（1623）年。卒於清聖祖康熙三十六（1697）。善詩畫，有名江左。畫山水，入妙品；間畫松、梅，亦有別致。（見圖繪寶鑑續纂、國朝畫徵錄、桐陰論畫、施愚山集、古夫于亭雜錄、中國畫家人名大辭典）

王　撰

名稱	形式	質地	色彩	尺寸 高×寬㎝	創作時間	收藏處所	典藏號碼
山齋情話圖（為玉屏作）	卷	紙	水墨	29.5 × 91.5	癸丑（康熙十二年，1673）	台北 長流美術館	
仿荊關山水圖	軸	紙	設色	71.1 × 39.8		台北 故宮博物院（蘭山千館寄存）	
山水圖	軸	紙	水墨	62.6 × 39.6		香港 羅桂祥先生	
為葆光作山水圖	軸	紙	水墨	92.7 × 41.3	甲申（康熙四十三年，1704）	北京 故宮博物院	
仿黃公望山水圖	軸	紙	水墨	不詳	乙酉（康熙四十四年，1705）清和	北京 故宮博物院	
仿黃公望山水圖	軸	紙	水墨	不詳		北京 故宮博物院	
仿一峰老人山水圖	軸	綾	設色	不詳	丙戌（康熙四十五年，1706)	北京 中國歷史博物館	
山水圖（為丹鳴作）	軸	紙	水墨	不詳	甲子（康熙二十三年，1684）正月四日	上海 上海博物館	
南山圖	軸	紙	水墨	91.8 × 50.6	丙戌（康熙四十五年，1706）	上海 上海博物館	
山水圖	軸	紙	水墨	62.7 × 46.7		美國 底特律市藝術中心	81.917
山水圖	摺扇面	金箋	水墨	16.2 × 51.2		香港 劉作籌虛白齋	158
山水并書（6幀）	冊	紙	設色	（每幀）26.6 × 39.9	甲子（康熙二十三年，1684）	上海 上海博物館	

名稱	形式	質地	色彩	尺寸 高x寬cm	創作時間	收藏處所	典藏號碼
書畫（5幀，書3，畫2，為明遠作）	冊	紙	水墨	（每幀）16.8 x 29.4	戊寅（康熙三十七年，1698）首夏朔日	上海 上海博物館	
遠水溪橋圖	摺扇面	紙	水墨	不詳	丙申（順治十三年，1656）	南寧 廣西壯族自治區博物館	
山水圖（清名家書畫合冊之7）	冊頁	紙	水墨	25.9 x 30.2		日本 私人	
山水圖（10幀，為孟老年翁作）附：	冊	紙	水墨	（每幀）32 x 19.7	壬子（康熙十一年，1672）初春	美國 鳳凰城藝術博物館	
山水小景圖（為周書作）	軸	紙	水墨	不詳	丙戌（康熙四十五年，1706）暮春	上海 朵雲軒	
浮巒暖翠圖（為涵新孫倩作）	軸	紙	水墨	80 x 46.3	甲申（康熙四十三年，1704）中秋前三日	武漢 湖北省武漢市文物商店	
山水圖	摺扇面	金箋	水墨	18 x 56.5	丙申（順治十三年，1656）仲夏	紐約 佳士得藝品拍賣公司/拍賣目錄1993,12,01.	

畫家小傳：王撰。字異公。號隨庵。江蘇太倉人。王時敏之子。生於明熹宗天啟三年（1623）年。卒於清聖祖康熙四十八（1709）年。承家學，善畫山水。能傳黃公望法。筆墨超逸。（見圖繪寶鑑續纂、國朝畫徵錄、桐陰論畫、中國畫家人名大辭典）

笪重光

名稱	形式	質地	色彩	尺寸 高x寬cm	創作時間	收藏處所	典藏號碼
山水圖（卜久未完作、笪重光補成之）	卷	紙	水墨	27.4 x ？		台北 華叔和後真賞齋	
梅邨山色圖	卷	綾	水墨	不詳		天津 天津市藝術博物館	
著色山水圖	軸	紙	設色	103.5 x 62.5		台北 故宮博物院（蘭山千館寄存）	
山水圖	軸	紙	水墨	75.8 x 27.6	甲子（康熙二十三年，1684）冬日	香港 鄭德坤木扉	
秋雨孤舟圖	軸	紙	水墨	58 x 72	康熙庚寅（四十九年，1710）	瀋陽 遼寧省博物館	
臨王翬仿元人小景圖	軸	紙	水墨	52.2 x 31.6		北京 故宮博物院	
湖山數點圖	軸	紙	水墨	不詳		天津 天津市藝術博物館	
秋亭遠山圖	軸	紙	水墨	58.7 x 20.8		南京 南京博物院	
柳岸風帆圖	軸	紙	水墨	74.5 x 57.5		鎮江 江蘇省鎮江市博物館	
溪盧長松圖	軸	紙	水墨	不詳		鎮江 江蘇省鎮江市博物館	

名稱	形式	質地	色彩	尺寸 高×寬 cm	創作時間	收藏處所	典藏號碼
春水孤舟圖	軸	絹	水墨	52 × 52	丁巳（康熙十六年，1677）春日	常熟 江蘇省常熟市文物管理委員會	
梅花圖	軸	綾	水墨	97.9 × 2 33	康熙戊辰（二十七年，1688）立春前一日	杭州 浙江省博物館	
仿北苑山水圖	軸	紙	水墨	102.7 × 31.2	壬辰（順治九年，1652）夏五月	日本 東京加藤正治先生	
柳陰釣船圖	軸	紙	水墨	97.4 × 35.7	丙寅（康熙二十五年，1686）春晚	日本 大阪市立美術館	
停琴談道圖	軸	綾	水墨	123 × 39.7	乙未（順治十二年，1655）初秋望後	日本 大阪橋本大乙先生	
山水圖	軸	紙	水墨	66.7 × 31.2	乙卯（康熙十四年，1675）	美國 普林斯頓大學藝術館（私人寄存）	
山水圖	軸	紙	水墨	168.8 × 41.5	康熙辛酉（二十年，1681）春暮	瑞典 斯德哥爾摩遠東古物館	MNOK298
山水圖（清龔賢等山水冊6之1幀）	冊頁	紙	設色	31.5 × 47	（乙亥，康熙三十四年，1695）	南昌 江西省博物館	

附：

名稱	形式	質地	色彩	尺寸 高×寬 cm	創作時間	收藏處所	典藏號碼
仿沈周山水圖	卷	紙	設色	33 × 140.3		香港 蘇富比藝品拍賣公司/拍賣目錄 1988,11,30.	
秋溪漁隱書畫卷（笪重光、王翬合作）	卷	紙	設色	（畫）21.5 × 162	戊辰（康熙二十七年，1688）冬十月	紐約 佳士得藝品拍賣公司/拍賣目錄 1995,10,29.	
江南山色（山水、書法合卷）	卷	紙	水墨	（畫）21.6 × 172.6	丙寅（康熙二十五年，1686）春日	紐約 佳士得藝品拍賣公司/拍賣目錄 1996,09,18.	
江南秋色圖	卷	紙	設色	20 × 256.5	丁卯（康熙二十六年，1687）秋九月	香港 蘇富比藝品拍賣公司/拍賣目錄 1999,10,31.	
松下樵子圖	軸	紙	設色	146.8 × 40	丁卯（康熙二十六年，1687）秋八月	紐約 佳士得藝品拍賣公司/拍賣目錄 1993,12,01.	
松下讀書圖	軸	紙	設色	146 × 40	庚申（康熙十九年，1680）八月	紐約 佳士得藝品拍賣公司/拍賣目錄 1993,12,01.	
芙蓉荷花圖	軸	絹	水墨	80 × 36.2	辛酉（康熙二十年，1681）冬日	紐約 佳士得藝品拍賣公司/拍賣目錄 1995,03,22.	
羅漢圖（一筆慈雲）	軸	紙	水墨	123 × 34.7	壬子（康熙十一年，1672）浴佛日	紐約 佳士得藝品拍賣公司/拍賣目錄 1995,09,19.	

名稱	形式	質地	色彩	尺寸 高×寬cm	創作時間	收藏處所	典藏號碼
十相觀音（10幀）	冊	綾	水墨	（每幀）23 × 17	康熙庚申（十九年，1680）	紐約 佳士得藝品拍賣公司/拍賣目錄1992,06,02.	

畫家小傳：笪重光。晚年隱居茅山學道，改名傳光。字在辛。號江上外史、鬱岡掃葉道人，晚署名逸光，又號逸叟、鐵甕城西逸叟。江蘇丹徒（一作句容）人。生於明熹宗天啟三（1623）年，卒於聖祖康熙三十一（1692）年。世祖順治九（1652）年進士。工書畫。善畫山水，作品得南徐江山氣象，深受王翬、惲壽平稱賞。又精畫論，撰有書筏、畫筌傳世。（見國朝畫徵錄、今畫偶錄、桐陰論畫、中國畫家人名大辭典）

卞 久

名稱	形式	質地	色彩	尺寸 高×寬cm	創作時間	收藏處所	典藏號碼
山水圖（卞久未完作、笪重光補成之）	卷	紙	水墨	27.4 × ?		台北 華叔和後真賞齋	
朱茂時事跡圖（3冊頁裝成）	軸	絹	設色	不詳		北京 故宮博物院	

畫家小傳：卞久。字神芝。號大拙。江蘇婁縣人。能畫。與王時敏、王鑑熱稔。有子祖隨，亦能畫，專工寫真，久常為之補圖。（見國朝畫徵錄、中國畫家人名大辭典）

周 篔

名稱	形式	質地	色彩	尺寸 高×寬cm	創作時間	收藏處所	典藏號碼
虎溪三笑圖	卷	紙	設色	不詳		杭州 浙江省博物館	

畫家小傳：周篔。字青士。浙江嘉興人。生於明熹宗天啟三（1623）年，卒於聖祖康熙廿六（1687）年。為人好學，窮年矻矻於經史，盈尺滿笥，未嘗少息。工詩、能書。與鄭簠、王翬友好。（見書林紀事、中國美術家人名辭典）

項 奎

名稱	形式	質地	色彩	尺寸 高×寬cm	創作時間	收藏處所	典藏號碼
松竹水仙圖	卷	紙	水墨	不詳		上海 上海博物館	
寒潭靜坐圖	軸	紙	水墨	不詳	辛未（康熙三十年，1691）	瀋陽 故宮博物院	
山意林風圖	軸	紙	水墨	64 × 29.4		北京 中國歷史博物館	
山水圖（4幅）	軸	絹	水墨	（每幅）223 × 43		新鄉 河南省新鄉博物館	
水仙圖	軸	紙	水墨	不詳		上海 上海博物館	
煙巒晚翠圖	軸	紙	水墨	88.9 × 32.4		上海 上海博物館	
夏木虛堂圖	軸	絹	水墨	不詳		上海 上海古籍書店	
山寺松泉圖	軸	紙	水墨	162 × 75.5		成都 四川大學	
山水圖	軸	紙	水墨	211.5 × 57		日本 東京篠崎都香佐先生	
阿文成公像	軸	紙	水墨	200 × 102		捷克 布拉格 Narodoni Museum v Praze-Naprstokovo Museum.	17452

名稱	形式	質地	色彩	尺寸 高x寬cm	創作時間	收藏處所	典藏號碼
山水圖（12幀）	冊	紙	設色	不詳	乙卯（康熙十四年，1675）秋日	北京 故宮博物院	
山水圖（12幀，為行中作）	冊	紙	水墨	（每幀）39.3 x 25.5	丙寅（康熙二十五年，1686）冬日	北京 故宮博物院	
山水圖（8幀）	冊	紙	設色	不詳		北京 故宮博物院	
山水圖（10幀）	冊	紙	設色	不詳		北京 故宮博物院	
山水圖（10幀）	冊	紙	設色	不詳		北京 故宮博物院	
谿堂讀書圖	冊頁	紙	水墨	不詳		北京 中國歷史博物館	
山水圖（8幀）	冊	紙	水墨	（每幀）22.6 x 16.1		天津 天津市藝術博物館	
山水圖（8幀）	冊	紙	設色	（每幀）224 x 18		上海 上海博物館	
仿李成山水圖	摺扇面	金箋	水墨	不詳	庚戌（雍正八年，1730）	蘇州 江蘇省蘇州博物館	
山水圖（清錢黯等山水冊8之1幀）	冊頁	紙	設色	不詳	（辛酉，康熙二十年，1681）	杭州 浙江省圖書館	
山水圖（為翼翁作）	摺扇面	金箋	水墨	16.7 x 51.7	甲子（康熙二十三年，1684）嘉平	日本 大阪橋本大乙先生	
長江煙景圖	摺扇面	紙	設色	不詳		日本 江田勇二先生	
附：							
謫仙酒坐圖	卷	紙	水墨	不詳		上海 上海文物商店	
深山訪友圖	卷	紙	水墨	28.5 x 157		紐約 佳士得藝品拍賣公司/拍賣目錄 1996,09,18.	
仿董其昌山水圖	卷	紙	水墨	32.5 x 419	庚午（康熙二十九年，1690）秋日	香港 佳士得藝品拍賣公司/拍賣目錄 1998,09,15.	
樂志論圖	軸	紙	設色	74 x 32	庚子（順治十七年，1660）清和	北京 中國文物商店總店	
松竹圖	軸	紙	水墨	不詳	戊辰（康熙二十七年，1688）	上海 朵雲軒	
山水圖	軸	紙	水墨	88 x 38.7	丁巳（康熙十六年，1677）清和	紐約 佳士得藝品拍賣公司/拍賣目錄 1995,03,22.	
山水圖（8幀）	冊	紙	設色	不詳		上海 朵雲軒	
秋溪泛舟圖	摺扇面	紙	設色	17 x 51		紐約 佳士得藝品拍賣公司/拍賣目錄 1988,11,30.	
騎驢訪友圖	摺扇面	金箋	設色	17 x 49.5		紐約 佳士得藝品拍賣公司/拍	

名稱	形式	質地	色彩	尺寸 高x寬cm	創作時間	收藏處所	典藏號碼
山水（8幀）	冊	紙	設色、水墨	（每幀）30 x 19.5	辛亥（康熙十年，1671）仲夏	紐約 佳士得藝品拍賣公司/拍賣目錄 1991,05,29.　賣目錄 1992,06,02.	
山水（9幀）	冊	紙	水墨、設色	（每幀）26 x 35		紐約 佳士得藝品拍賣公司/拍賣目錄 1993,06,04.	

畫家小傳：項奎。字子聚。號東井、墻東居士。浙江嘉興人。生於明熹宗天啟三（1623）年，聖祖康熙廿九（1690）年尚在世。明項元汴之曾孫。能詩。善畫山水，兼工蘭竹，筆墨秀雅，頗得元人枯淡之趣。（見國朝畫徵錄、桐陰論畫、曝書亭集、嘉興府志、苑西集、中國畫家人名大辭典）

嚴繩孫

名稱	形式	質地	色彩	尺寸 高x寬cm	創作時間	收藏處所	典藏號碼
金、焦山圖（3之1段）	卷	紙	水墨	不詳		北京 故宮博物院	
山徑平崗圖	軸	絹	水墨	96.2 x 51.7		北京 首都博物館	
高巖林舍圖	軸	絹	設色	49.1 x 33.3	壬申（康熙三十一年，1692）	南京 南京博物院	
竹鶴圖	軸	絹	設色	86.7 x 50.8		無錫 江蘇省無錫市博物館	
仿沈周嵐容川色圖	軸	紙	水墨	188.5 x 75.3		無錫 江蘇省無錫市博物館	
鶴鳴九皋圖	軸	紙	水墨	不詳	庚申（康熙十九年，1680）初夏	日本 東京騰井善助先生	
山水圖	軸	紙	水墨	181.8 x 57.6		日本 東京河井筌廬先生	
溪山迴望圖	軸	紙	水墨	70.4 x 29.5		美國 勃克萊加州大學藝術館（schlenker 先生寄存）	
山水圖（周亮工集名家山水冊之8）	冊頁	紙	水墨	25.1 x 31.7		台北 故宮博物院	故畫 01274-8
山水圖（嚴繩孫等書畫合裝冊24之1幀）	冊頁	金箋	設色	30.4 x 39.4		上海 上海博物館	
臨梅道人山水圖	摺扇面	金箋	水墨	不詳	戊申（康熙七年，1668）卅月	無錫 江蘇省無錫市博物館	
山水圖（明遺老詩畫集冊之1）	冊頁	紙	水墨	19.5 x 13.2		美國 勃克萊加州大學藝術館	
附：							
山水圖	軸	紙	設色	131.4 x 68.5		紐約 蘇富比藝品拍賣公司/拍賣目錄 1984,12,05.	
龍泉山莊圖	軸	紙	設色	131.4 x 67.3		紐約 佳士得藝品拍賣公司/拍賣目錄 1992,06,02.	
柳岸輕舟圖	軸	紙	水墨	87 x 29.5	康熙二十四年（乙	紐約 佳士得藝品拍賣公司/拍	

名稱	形式	質地	色彩	尺寸 高x寬㎝	創作時間	收藏處所	典藏號碼
					丑，1685）四月初四日	賣目錄 1996,09,18.	

畫家小傳：嚴繩孫。字蓀友。號藕蕩漁人、勾吳嚴四。江蘇崑山人。生於明熹宗天啟三（1623）年。辛於聖祖康熙四十一（1702）年。康熙間，以布衣舉宏言詞科，授翰林院檢討。工詩詞，善書畫。畫能山水、人物、花木、蟲魚，尤精畫鳳。（見國朝畫徵錄、桐陰陰論畫、無錫志、曝書亭集、古夫于亭雜錄 、中國畫家人名大辭典）

毛奇齡

名稱	形式	質地	色彩	尺寸 高x寬㎝	創作時間	收藏處所	典藏號碼
三多圖	軸	紙	水墨	106.1 x 44.7		台北 林陳秀蓉女士	142
荷花圖	軸	紙	水墨	121.8 x 36.2	康熙丁丑（三十六年，1697）	北京 故宮博物院	
梅花山茶圖	軸	紙	設色	97 x 30	丁巳（康熙十六年，1677）	上海 上海博物館	
大草灘圖	軸	紙	水墨	不詳	七十四老人（康熙三十五年，1696）	杭州 浙江省博物館	
山水圖	軸	紙	水墨	114.2 x 37.3	戊子（順治五年，1648）花朝前一日	日本 東京山本悌二郎先生	
看竹圖	軸	紙	水墨	125.4 x 31.8	壬戌（康熙二十一年，1682）嘉平月	日本 大阪市立美術館	
老松圖（仿東坡老人怪石圖）	軸	紙	水墨	153.3 x 68.5		日本 兵庫縣武川盛次先生	
山水圖	軸	紙	水墨	63.3 x 35.4		美國 加州曹仲英先生	
仿蘇軾怪松圖	軸	紙	水墨	153 x 68.4		美國 夏威夷火魯奴奴藝術學院	4143.1
附：							
西河看竹圖	卷	紙	水墨	29 x 121		紐約 佳士得藝品拍賣公司/拍賣目錄 1995,09,19.	
山水圖	軸	紙	水墨	63.1 x 35.5		紐約 蘇富比藝品拍賣公司/拍賣目錄 1984.12.05	
山水圖	軸	絹	設色	75 x 37.5	甲子（康熙二十三年，1684）花朝前一日	香港 佳士得藝品拍賣公司/拍賣目錄 1991.03.18	
明月棹孤舟	軸	紙	水墨	62.8 x 35.2		紐約 佳士得藝品拍賣公司/拍賣目錄 1992,06,02.	

畫家小傳：毛奇齡。字大可。號秋晴、初晴、晚晴、河右僧。人稱西河先生。浙江蕭山人。生於明熹宗天啟三（1623）年，辛於聖祖康熙五十五（1716）年。曾官翰林院檢討充史官纂修官。工詩、古文，旁及書畫。（見圖繪寶鑑續纂、國朝畫徵錄、桐陰論

名稱	形式	質地	色彩	尺寸 高x寬cm	創作時間	收藏處所	典藏號碼

畫、蕭山縣、中國畫家人名大辭典）

許　友

名稱	形式	質地	色彩	尺寸 高x寬cm	創作時間	收藏處所	典藏號碼
仿柯九思竹石新篁圖（明季八家合畫卷之第8）	卷	紙	設色	21.6 x ？	甲戌（康熙三十三年，1694）	台北 華叔和後真賞齋	
雙松壽石圖	軸	綾	水墨	177.7 x 50	乙亥（崇禎八年，1635）	福州 福建省博物館	
枯木竹石圖	軸	綾	水墨	170.6 x 48.		日本 京都泉屋博古館	
山水圖（臨倪雲林秋山讀書圖）	軸	綾	設色	129.7 x 47.		美國 勃克萊加州大學藝術館（高居翰教授寄存）	
山水圖（諸家山水圖冊12之1幀）	冊頁	紙	設色	26.5 x 22		北京 故宮博物院	
山水圖（清陳卓等書畫冊12之1幀）	冊頁	紙	設色	不詳		天津 天津市藝術博物館	
墨蘭圖	冊頁	金箋	水墨	32 x 16.3	乙酉（康熙四十四年，1705）冬日	日本 大阪橋本大乙先生	

畫家小傳：許友，一名寀，又名有眉（一作有湄）。字有介。又初名宰，字介壽，一字介眉。號甌香。福建侯官人。中舉人不仕。善畫枯木竹石，工書、詩，時稱三絕。其寫竹，好仿管道昇小竹，姿態橫生，殊有逸致。與周亮工交善，嘗為其所畫群鴉話寒圖作長題。流傳署款紀年作品見於世祖順治五（1648）年至聖祖康熙四十四（1705）年。（見圖繪寶鑑續纂、櫟園讀畫錄、桐陰論畫、靜志居詩話、福建通志、清畫家詩史、周亮工印人傳、中國美術家人名辭典）

鄭之紘

名稱	形式	質地	色彩	尺寸 高x寬cm	創作時間	收藏處所	典藏號碼
山水圖（陳丹衷等十家山水冊10之1幀）	冊頁	紙	設色	33.2 x 45.5		北京 故宮博物院	
山水圖（吳山濤、鄭之紘、柳堉、陳舒四家山水冊4之2）	冊頁	紙	設色	不詳		上海 上海博物館	

畫家小傳：鄭之紘。畫史無載。身世待考。

王府則

名稱	形式	質地	色彩	尺寸 高x寬cm	創作時間	收藏處所	典藏號碼
山水圖（陳丹衷等十家山水冊10之1幀）	冊頁	紙	設色	33.2 x 45.5		北京 故宮博物院	

畫家小傳：王府則。畫史無載。身世待考。

羅立襄

名稱	形式	質地	色彩	尺寸 高x寬cm	創作時間	收藏處所	典藏號碼
竹石圖	軸	綾	水墨	不詳	甲戌（康熙三十三年，1694）	太原 山西省博物館	
附：							
竹石圖	軸	綾	水墨	172.3 x 49.3	壬申七十叟（康熙三十一年，1692）	武漢 湖北省武漢市文物商店	

畫家小傳：羅立襄。畫史無載。流傳署款作品自記，應生於明熹宗天啟三（1623）年。紀年作品見於聖祖康熙三十一（1692）、三十三（1694）年。身世待考。

顧天植

名稱	形式	質地	色彩	尺寸 高x寬cm	創作時間	收藏處所	典藏號碼
仿黃公望山水圖	卷	紙	設色	25.5 x 717.5	己丑（順治六年，1649）十月之望	美國 克利夫蘭藝術博物館	
附：							
山水圖（清初諸家花卉山水冊10之1幀）	冊頁	金箋	水墨	30.5 x 38	辛丑（順治十八年，1661）	紐約 佳士得藝品拍賣公司/拍賣目錄 1994,11,30.	

畫家小傳：顧天植。字東廬。江蘇華亭人。顧胤光（一作顧鶴）從子。善畫山水，蒼秀可嘉。流傳署款紀年作品見於清世祖順治六（1649）至十八（1661）年。（見圖繪寶鑑續纂、國朝畫徵錄、中國畫家人名大辭典）

沈屺瞻

名稱	形式	質地	色彩	尺寸 高x寬cm	創作時間	收藏處所	典藏號碼
竹石圖	軸	紙	水墨	178.2 x 89	辛未（康熙三十年，1691）	天津 天津市藝術博物館	
附：							
竹石圖	軸	紙	水墨	不詳	己丑（順治六年，1649）清和	上海 朵雲軒	

畫家小傳：沈屺瞻（一作屺懋）。字樹奇。江蘇吳江人。少從魯得之學，故畫竹有名；畫松亦高古，非時輩所能及。流傳署款紀年作品見於世祖順治六（1649）年至聖祖康熙三十（1691）年。（見國朝畫徵錄、百幅庵畫記、墨林韻語、歷代畫史彙傳、中國畫家人名大辭典）

（釋）今盌

名稱	形式	質地	色彩	尺寸 高x寬cm	創作時間	收藏處所	典藏號碼
山水圖	摺扇面	金箋	水墨	15.5 x 51.7		香港 中文大學中國文化研究所文物館	73.58

畫家小傳：今盌。籍里不詳。為天然和尚弟子。世祖順治六（1649）年曾募修光孝寺。能畫，筆墨古澹。（見天下碑錄、中國畫家人名大辭典）

沈 荃

名稱	形式	質地	色彩	尺寸 高×寬cm	創作時間	收藏處所	典藏號碼
畫五老觀峰	軸	絹	設色	167.7 × 88.5		台北 故宮博物院	故畫 02891
墨牡丹	軸	絹	設色	154.7 × 83.5		台北 故宮博物院	故畫 02890
畫桂花	軸	絹	設色	170.4 × 94.2		台北 故宮博物院	故畫 02892
人物圖（壽郁承天書畫冊 16 之 1 幀）	冊頁	金箋	設色	不詳	（己未，康熙十八 年，1679）	上海 上海博物館	

畫家小傳：沈荃。字繹堂。籍里、身世不詳。生於明熹宗天啟四年（1624）。卒於清聖祖康熙二十三（1684）年。（見歷代名人年譜、中國
　　　　畫家人名大辭典）

陸 坦

名稱	形式	質地	色彩	尺寸 高×寬cm	創作時間	收藏處所	典藏號碼
山水圖（清何遠等山水小品 冊之 1 幀）	冊頁	金箋	設色	15.4 × 9.6	己亥（順治十六年 ，1659）子月	蘇州 江蘇省蘇州博物館	
仿巨然山水圖	摺扇面	金箋	水墨	不詳	己丑（順治六年， 1649）	重慶 重慶市博物館	
米法圖（台翁先生祝壽書畫 冊之第幀 8）	冊頁	金箋	設色	32.5 × 41.5		日本 私人	

畫夜小傳：陸坦。字周行。江蘇松江人。身世不詳。工畫山水。流傳署款紀年作品見於世祖順治六（1649）至十六（1659）年。（見圖繪
　　　　寶鑑續纂、中國畫家人名大辭典）

顧天樵

名稱	形式	質地	色彩	尺寸 高×寬cm	創作時間	收藏處所	典藏號碼
仿大癡山水圖	卷	紙	設色	25.5 × 717.5	順治六年（己丑， 1649）	美國 克利夫蘭藝術博物館	

畫家小傳：顧天樵。畫史無載。疑為前顧天植兄弟輩。待考。流傳署款紀年作品見於世祖順治六（1649）年。

周 魯

名稱	形式	質地	色彩	尺寸 高×寬cm	創作時間	收藏處所	典藏號碼
雲山圖（清名家書畫合冊之 13）	冊頁	紙	設色	25.8 × 30.6		日本 私人	

畫家小傳：周魯。畫史無載。身世待考。

李 賞

名稱	形式	質地	色彩	尺寸 高×寬cm	創作時間	收藏處所	典藏號碼
山水圖（清名家書畫合冊之 15）	冊頁	紙	水墨	25.8 × 30.6		日本 私人	

畫家小傳：李賞。畫史無載。身世待考。

嚴 延

名稱	形式	質地	色彩	尺寸 高×寬cm	創作時間	收藏處所	典藏號碼
湖石圖	軸	綾	水墨	不詳	己丑（順治六年，1649）	濟南 山東省博物館	

附：

名稱	形式	質地	色彩	尺寸 高×寬cm	創作時間	收藏處所	典藏號碼
山水圖（清嚴延等山水集冊12之1幀）	摺扇面 金箋		水墨	不詳		上海 上海工藝品進出口公司	

畫家小傳：嚴延。字子敬。江蘇吳縣人。善畫人物、仕女。流傳署款紀年作品見於清世祖順治六（1649）年。（見圖繪寶鑑續纂、
　　　　中國畫家人名大辭典）

翁 昇

名稱	形式	質地	色彩	尺寸 高×寬cm	創作時間	收藏處所	典藏號碼
仿北苑筆法山水圖（清莊冏生等山水冊6之1幀）	冊頁	紙	水墨	19.6 × 16.5	（己丑，順治六年，1649）	天津 天津市藝術博物館	

畫家小傳：翁昇。畫史無載。流傳署款作品約見於清世祖順治六（1649）年。身世待考。

陳掖臣

名稱	形式	質地	色彩	尺寸 高×寬cm	創作時間	收藏處所	典藏號碼
為石翁作山水圖（清莊冏生等山水冊6之1幀）	冊頁	紙	水墨	19.6 × 16.5	己丑（順治六年，1649）	天津 天津市藝術博物館	

畫家小傳：陳掖臣。流傳署款紀年作品見於清世祖順治六（1649）年。身世待考。

吳中秀

名稱	形式	質地	色彩	尺寸 高×寬cm	創作時間	收藏處所	典藏號碼
沙磧煙村圖	摺扇面 金箋		設色	不詳	己丑（順治六年，1649）	合肥 安徽省博物館	

畫家小傳：吳中秀。流傳署款紀年作品見於清世祖順治六（1649）年。身世待考。

孫 璜

名稱	形式	質地	色彩	尺寸 高×寬cm	創作時間	收藏處所	典藏號碼
如來像	軸	紙	水墨	101 × 45.1	甲申（康熙四十三年，1704）臘月八日	台北 故宮博物院	故畫 02346
仿仇英漢宮圖（王時敏為題）	軸	紙	設色	不詳	辛丑（順治十八年，1661）小春	北京 故宮博物院	
柳岸鳴鷺（名人便面畫冊（二）之4）	冊頁	紙	設色	16.4 × 51.8		台北 故宮博物院	故畫 03559-4
桃花仕女（明人書畫扇（）利冊之16）	摺扇面 紙		設色	16.4 × 51.8		台北 故宮博物院	故畫 03566-16
摹松雪翁青山橘柚圖	冊頁	絹	設色	不詳	壬辰（順治九年，1652）中秋	北京 故宮博物院	

名稱	形式	質地	色彩	尺寸 高x寬㎝	創作時間	收藏處所	典藏號碼
摹松雪筆意垂綸圖（欽揖等八人山水合冊8之1幀）	冊頁	絹	設色	23 x 20.5	壬辰（順治九年，1652）中秋	北京 故宮博物院	
溪岸古木圖（書畫集錦冊12之1幀）	冊頁	紙	設色	25 x 19.5	壬子（康熙十一年，1672）冬日	北京 故宮博物院	
松泉人物圖	摺扇面	金箋	設色	不詳	丙午（康熙五年，1666）	南京 南京博物院	
秋景山水圖（山水畫冊之10）	冊	紙	設色	22.3 x 16.1		美國 加州曹仲英先生	
附： 仕女圖（12幀）	冊	絹	設色	（每幀）25 x 31		天津 天津市文物公司	
山水圖（清丘岳等山水冊10之1幀）	冊頁	紙	設色	22.2 x 15.9	（己丑，順治六年，1649）	紐約 蘇富比藝品拍賣公司/拍賣目錄1988,11,30.	

畫家小傳：孫璜。字尚甫。籍里、身世不詳。善寫意人物。流傳署款紀年作品見於世宗順治六(1649)年，至聖祖康熙四十三(1704)年。
（見歷代畫史彙傳附錄、中國畫家人名大辭典）

丘 岳

名稱	形式	質地	色彩	尺寸 高x寬㎝	創作時間	收藏處所	典藏號碼
丹山瀛海圖	卷	紙	設色	不詳	乙未（順治十二年，1655）	北京 故宮博物院	
花卉圖（沈顥等八人花卉合卷8之1段）	卷	絹	水墨	不詳		北京 故宮博物院	
歲寒三友圖（王子元、丘岳、陳嘉言合作）	卷	紙	水墨	不詳	丙申（順治十三年，1656）	煙臺 山東省煙臺市博物館	
深柳讀書堂圖	軸	紙	水墨	112.8 x 55	乙未（順治十二年，1655）	北京 故宮博物院	
溪山亭子（明人便面畫冊肆冊（四）之11）	摺扇面	紙	水墨	不詳		台北 故宮博物院	故畫03540-11
擬一峰老人筆意山水圖（楊補等各家山水冊12之1幀）	冊頁	紙	設色	25.5 x 26.5	癸巳（順治十年，1653）中秋	北京 故宮博物院	
水村圖（欽揖等八人山水合冊8之1幀）	冊頁	絹	設色	23 x 20.5		北京 故宮博物院	
仿王蒙山水圖（山水畫冊1）	冊頁	紙	水墨	22.3 x 16.1		美國 加州曹仲英先生	
附： 仿古山水圖	冊頁	絹	設色	21 x 16		紐約 佳士得藝品拍賣公司/拍賣目錄1983,11,30.	

名稱	形式	質地	色彩	尺寸 高x寬cm	創作時間	收藏處所	典藏號碼
山水圖（清丘岳等山水冊 10 之 1 幀）	冊頁	紙	設色	22.2 x 15.9	（己丑，順治六年，1649）	紐約 蘇富比藝品拍賣公司/拍賣目錄 1988,11,30.	

畫家小傳：丘岳。字青谷，一字退谷。號五遊。江蘇吳縣人。善書畫，名重一時。流傳署款紀年作品見於世祖順治六（1649）至十三（1656）年。（見國朝畫識、春草閒房集、歷代畫史彙傳、中國畫家人名大辭典）

阿 岑

附：

| 山水圖（河丘岳等山水冊 10 之 1 幀） | 冊頁 | 紙 | 設色 | 22.2 x 15.9 | （己丑，順治六年，1649） | 紐約 蘇富比藝品拍賣公司/拍賣目錄 1988,11,30. | |

畫家小傳：阿岑。畫史無載。流傳署款紀年作品約見於世祖順治六（1649）年。身世待考。

黃 俊

| 山水圖（明劉原起等山水冊之 1 幀） | 冊頁 | 絹 | 設色 | 不詳 | | 天津 天津市藝術博物館 | |
| 仿王蒙山水圖（山水畫冊之第 5 幀） | 冊頁 | 紙 | 設色 | 22.3 x 16.1 | | 美國 加州曹仲英先生 | |

附：

| 山水圖（河丘岳等山水冊 10 之 1 幀） | 冊頁 | 紙 | 設色 | 22.2 x 15.9 | （己丑，順治六年，1649） | 紐約 蘇富比藝品拍賣公司/拍賣目錄 1988,11,30. | |

畫家小傳：黃俊。字克明。浙江仁和人，僑居上海。工畫山水。流傳署款紀年作品約見於世祖順治六（1649）年。
（見虹廬畫談、中國畫家人名大辭典）

牛石慧

叭叭鳥圖	軸	紙	水墨	不詳		台北 陳啟斌畏罍堂	
芝石圖	軸	紙	水墨	不詳		北京 故宮博物院	
荷鴨圖	軸	紙	水墨	118 x 62.5		北京 故宮博物院	
冬瓜芋頭圖	軸	紙	水墨	142.5 x 70		北京 首都博物館	
芙蓉游鴨圖	軸	紙	水墨	111 x 65		北京 徐悲鴻紀念館	
瓶花圖	軸	紙	水墨	121.5 x 33	甲戌（康熙三十三年，1694）	天津 天津市藝術博物館	
荷鴨圖	軸	紙	水墨	85 x 89		黃山 安徽省黃山市博物館	
松鹿圖	軸	紙	水墨	157.5 x 74.5	丁亥（康熙四十六年，1707）春	上海 上海博物館	
松鹿圖	軸	紙	水墨	185.4 x 73.6		日本 東京河井荃盧先生	
雞將雛圖	軸	紙	水墨	86.3 x 31.6		日本 京都泉屋博古館	

名稱	形式	質地	色彩	尺寸 高x寬cm	創作時間	收藏處所	典藏號碼
叭叭鳥圖	軸	綾	設色	66 × 43		日本 大阪橋本大乙先生	
花鳥、竹石圖（4幀）	冊	紙	水墨	（每幀）18.8 × 28		南昌 江西省博物館	
古木幽禽圖	冊頁	紙	水墨	23.6 × 18		日本 東京藪本俊一先生	
附：							
柳樹八哥圖	軸	紙	水墨	164 × 66	戊寅（康熙三十七年，1698）蘭月	紐約 佳士得藝品拍賣公司/拍賣目錄 1988,11,30.	
松樹圖	軸	紙	水墨	127.6 × 39.4		紐約 蘇富比藝品拍賣公司/拍賣目錄 1989,09,28、29.	
蕉石幽禽圖	軸	紙	水墨	89 × 41		香港 佳士得藝品拍賣公司/拍賣目錄 1998,09,15.	
四魚圖	摺扇面	灑金箋	水墨	17.5 × 52.5		紐約 佳士得藝品拍賣公司/拍賣目錄 1988,11,30.	

畫家小傳：牛石慧。本名朱道明。籍里不詳。相傳為八大山人兄弟。生於明喜宗天啟五（1625）年，聖祖康熙四十六（1707）年尚在世。善作破筆山水，筆力奇險，墨氣淋漓。（見觀畫百詠、中國畫家人名大辭典）

章 采

名稱	形式	質地	色彩	尺寸 高x寬cm	創作時間	收藏處所	典藏號碼
西湖載鶴圖	卷	絹	設色	不詳	康熙乙卯（十四年，1675）	北京 故宮博物院	
山樓客話圖	軸	絹	設色	125.7 × 56.1		旅順 遼寧省旅順博物館	
松窗讀書圖	軸	絹	設色	158.5 × 97	己酉（康熙八年，1669）	天津 天津市歷史博物館	
溪山林屋圖	軸	絹	設色	201.8 × 45.2	癸丑（康熙十二年，1673）清和月	南京 南京博物院	
花鳥圖	軸	絹	設色	不詳		南京 南京市博物館	
山圍棧道圖	軸	絹	設色	173.9 × 90.1	乙卯（康熙十四年，1675）	杭州 浙江省博物館	
秋景山水圖	軸	絹	設色	182.5 × 39.6	戊戌（順治十五年，1658）冬十月	日本東京國立博物館	
山水圖（松巖觀瀑）	軸	絹	設色	176.8 × 42	壬子（康熙十一年，1672）小春	瑞典 斯德哥爾摩遠東古物館	NMOK209
探梅圖（明人集繪冊之2）	冊頁	紙	設色	31 × 37.7		台北 故宮博物院	故畫 03510-2
仿倪高士山水圖（清章聲	冊頁	絹	設色	30.6 × 43.3	（庚子，順治十七	旅順 遼寧省旅順博物館	

名稱	形式	質地	色彩	尺寸 高×寬cm	創作時間	收藏處所	典藏號碼
等山水冊 8 之第 4 幀）					年，1660）		
寒林策杖圖（明藍瑛等山水冊 10 之 1 幀）	冊頁	絹	設色	（每幀）36.5 × 25.7	乙未（順治十二年，1655）春王月	天津 天津市藝術博物館	
巉巖樓閣圖（清劉度等山水花鳥冊 8 之 1 幀）	冊頁	絹	水墨	24.2 × 18.3	癸巳（順治十年，1653）秋九月	天津 天津市藝術博物館	
春柳嬉鶯燕（寫似莪翁，明人書畫合璧冊之 13）	冊頁	絹	設色	28.7 × 20	庚寅（順治七年，1650）小春	日本 大阪市立美術館	
附：							
山水圖	軸	絹	設色	不詳		上海 朵雲軒	
攜琴觀瀑圖	軸	絹	設色	178.6 × 89.8	辛亥（康熙十年，1671）	上海 上海文物商店	

畫家小傳：章采。字子真。浙江仁和人。章谷長子。能紹父藝，工畫山水，別具體段。流傳署款紀年作品見於世祖順治七（1650）年，至聖祖康熙十四（1675）年。（見圖繪寶鑑續纂、標園讀畫錄、中國畫家人名大辭典）

汪家珍

名稱	形式	質地	色彩	尺寸 高×寬cm	創作時間	收藏處所	典藏號碼
山水圖（方玉如集諸家山水圖卷之第 1 幅）	卷	紙	水墨	22.6 × ？		香港 黃仲方先生	K92.25
戴逵破琴圖	軸	紙	水墨	114.4 × 52.9	丁未（康熙六年，1667）陽月	香港 劉作籌虛白齋	49
黃山臥遊圖	軸	紙	設色	90.5 × 35.5	丙申（順治十三年，1656）	合肥 安徽省博物館	
喬松圖	軸	紙	水墨	156.7 × 71		合肥 安徽省博物館	
松巖觀瀑圖	軸	紙	設色	75.8 × 31.6		上海 上海博物館	
移居圖	軸	紙	設色	74.8 × 54.8	庚申（康熙十九年，1680）	杭州 浙江省博物館	
山水圖	摺扇面	灑金箋	設色	17 × 49.5		北京 中國歷史博物館	
山水、人物圖（8 幀）	冊	紙	水墨	（每幀）27.4 × 15.6		石家莊 河北省石家莊文物管理所	
山水圖	摺扇面	金箋	設色	不詳	庚寅（順治七年，1650）	杭州 浙江省博物館	
附：							
柳堤馳馬圖	軸	紙	設色	48 × 31.3	戊申（康熙七年，1668）	武漢 湖北省武漢市文物商店	
仿古山水圖（10 幀）	冊	紙	水墨、設色	（每幀）20.5 × 18.7		紐約 佳士得藝品拍賣公司/拍賣目錄 1995,10,29.	

名稱	形式	質地	色彩	尺寸 高×寬cm	創作時間	收藏處所	典藏號碼

畫家小傳：汪家珍。字叔向。號璧人。安徽歙縣人。善畫山水，與孫逸、汪之瑞齊名。流傳署款紀年作品見於世祖順治七（1650）年，至聖祖康熙十九(1680)年。（見虹廬畫談、中國畫家人名大辭典）

俞時篤

山水圖	軸	紙	設色	132 × 34	辛巳（康熙四十年，1701）	南寧 廣西壯族自治區博物館	
山水圖	摺扇面	紙	設色	不詳	丙寅（康熙二十五年，1686）夏	北京 故宮博物院	
山水圖	摺扇面	金箋	水墨	不詳		杭州 浙江省杭州市文物考古所	
林園隱居圖（明人書畫合璧冊之3，寫似莪翁）	冊頁	絹	設色	28.7 × 20	庚寅（順治七年，1650）秋日	日本 大阪市立美術館	
山水圖（四季山水圖冊頁合裝軸之3）	冊頁	絹	設色	39.7 × 24.5		美國 耶魯大學藝術館	

畫家小傳：俞時篤。字企延。浙江錢塘人。能詩、工書。善畫山水。流傳署款紀年作品見於世祖順治七(1650)年，至聖祖康熙四十(1701)年。（見圖繪寶鑑續纂、杭州府志、錢塘縣志、中華畫人室隨筆、中國畫家人名大辭典）

陸 陛

| 為玉翁作山水圖（清王時敏等山水冊8之第2幀） | 冊頁 | 絹 | 設色 | 34 × 27 | 庚寅（順治七年，1650）冬 | 瀋陽 遼寧省博物館 | |

畫家小傳：陸陛。畫史無載。流傳署款紀年作品見於世祖順治七(1650)年。身世待考。

李泰頤

| 為玉翁作山水圖（清王時敏等山水冊8之第3幀） | 冊頁 | 絹 | 設色 | 34 × 27 | 庚寅（順治七年，1650）夏日 | 瀋陽 遼寧省博物館 | |

畫家小傳：李泰頤。畫史無載。流傳署款紀年作品見於世祖順治七(1650)年。身世待考。

李嘉績

| 為玉翁作山水圖（清王時敏等山水冊8之第4幀） | 冊頁 | 絹 | 設色 | 34 × 27 | （庚寅，順治七年，1650） | 瀋陽 遼寧省博物館 | |

畫家小傳：李嘉績。畫史無載。流傳署款紀年作品見於世祖順治七(1650)年。身世待考。

徐必默

| 為玉翁作山水圖（清王時敏 | 冊頁 | 絹 | 設色 | 34 × 27 | 庚寅（順治七年， | 瀋陽 遼寧省博物館 | |

名稱	形式	質地	色彩	尺寸 高×寬㎝	創作時間	收藏處所	典藏號碼

等山水冊 8 之第 6 幀） | | | | | 1650）秋日 | |

畫家小傳：徐必默。畫史無載。流傳署款紀年作品見於世祖順治七(1650)年。身世待考。

郁 禾

為玉翁作山水圖（清王時敏　　冊頁　絹　　設色　34 × 27　　庚寅（順治七年，　瀋陽 遼寧省博物館
等山水冊 8 之第 7 幀）　　　　　　　　　　　　　　　　　1650）冬日

畫家小傳：郁禾。畫史無載。流傳署款紀年作品見於世祖順治七(1650)年。身世待考。

徐 政

為玉翁作山水圖（清王時敏　　冊頁　絹　　設色　34 × 27　　庚寅（順治七年，　瀋陽 遼寧省博物館
等山水冊 8 之第 8 幀）　　　　　　　　　　　　　　　　　1650）秋日

畫家小傳：徐政。畫史無載。流傳署款紀年作品見於世祖順治七(1650)年。身世待考。

孫竑禾

山水圖（清名家書畫合冊之 3）　冊頁　紙　　設色　25.8 × 30.6　　　　　　　　日本 私人

畫家小傳：孫竑禾。畫史無載。身世待考。

世 古

山水圖（清名家書畫合冊之 5）　冊頁　紙　　水墨　25.8 × 30.6　　　　　　　　日本 私人

畫家小傳：世古。畫史無載。身世待考。

呂 鍠

山水圖（清名家書畫合冊之　冊頁　紙　　設色　25.8 × 30.6　　　　　　　　日本 私人
11 ）

畫家小傳：呂鍠。畫史無載。身世待考。

趙 伊

楓林停車圖　　　　　　　　　軸　　絹　　設色　253 × 99　　辛丑（順治十八年　濟南 山東省博物館
　　　　　　　　　　　　　　　　　　　　　　　　　　　，1661）

詩意山水圖　　　　　　　　　軸　　絹　　設色　不詳　　　辛丑（順治十八年　太原 山西省博物館
　　　　　　　　　　　　　　　　　　　　　　　　　　　，1661）三月

江上琵琶（明人畫扇冊四冊　摺扇面 紙　　設色　不詳　　　　　　　　　　台北 故宮博物院　　故畫 03530-11
之 11 ）

山齋敘舊圖（清名家為俊甫　冊頁　金箋　設色　不詳　　　庚寅（順治七年，　日本 中埜又左衛門先生

名稱	形式	質地	色彩	尺寸 高x寬cm	創作時間	收藏處所	典藏號碼
作山水冊 9 之 1 幀）					1650）冬日		
梧下對話圖（明諸名家祝壽 詩畫冊之 8）	冊頁	金箋	設色	30.7 × 36.8		日本 私人	

畫家小傳：趙伊。字有莘。江蘇華亭人。趙廷璧之子。善畫山水，能傳沈士充一派。流傳署款紀年作品見於世祖順治七（1650）至十八（
1661）年。（見圖繪寶鑑續纂、國朝畫識、中國畫家人名大辭典）

陸岱毓

| 松間流雲（國朝五家畫山水
冊之 8） | 冊頁 | 紙 | 設色 | 25.5 × 34.3 | | 台北 故宮博物院 | 故畫 01277-8 |
| 為玉翁作山水圖（清王時敏
等山水冊 8 之第 5 幀） | 冊頁 | 絹 | 設色 | 34 × 27 | 庚寅（順治七年，
1650）秋日 | 瀋陽 遼寧省博物館 | |

畫家小傳：陸岱毓。畫史無載。流傳署款作品約見於世祖順治七（1650）年。身世待考。

尤道垣
附：

| 山水圖 | 摺扇面 | 金箋 | 水墨 | 不詳 | 庚寅（順治七年，
1650） | 天津 天津市文物公司 | |

畫家小傳：尤道垣。畫史無載。流傳署款紀年作品見於世祖順治七（1650）年，身世待考。

（釋）八　大

長江萬里圖	卷	紙	水墨	21 × 214.2	巳卯（順治六年， 1649）初秋	台北 故宮博物院	國贈 05321
花果圖	卷	紙	水墨	35.4 × 355.5	丙午（康熙五年， 1666）十二月四 日	北京 故宮博物院	
貓石雜卉圖	卷	紙	水墨	34 × 218	丙子（康熙三十五 年，1696）夏日	北京 故宮博物院	
蔬果圖	卷	紙	水墨	28.4 × 206.5	己卯（康熙三十八 年，1699）	北京 故宮博物院	
花果圖（2 冊頁裝）	卷	絹	水墨	不詳		北京 故宮博物院	
花果圖	卷	紙	水墨	24.8 × 339.7		北京 故宮博物院	
水仙圖	卷	紙	水墨	不詳		北京 故宮博物院	
侍親問道圖	卷	絹	設色	不詳		北京 中國歷史博物館	
河上花圖（為蕙嵒作）	卷	紙	水墨	47 × 1292.5	丁丑（康熙三十六	天津 天津市藝術博物館	

名稱	形式	質地	色彩	尺寸 高×寬㎝	創作時間	收藏處所	典藏號碼
					年，1697）五月		
荷石圖	軸	紙	水墨	185 × 91		合肥 安徽省博物館	
魚鴨圖	卷	紙	水墨	23.2 × 572.2	己巳（康熙二十八年，1689）重陽	上海 上海博物館	
魚鳥圖	卷	紙	水墨	25.2 × 105.8	癸酉（康熙三十二年，1693）	上海 上海博物館	
臨沈周松柏同春圖	卷	紙	水墨	41 × 1310.8	壬午（康熙四十一年，1702)	上海 上海博物館	
書畫合裝	卷	紙	設色	25.5 × 79		上海 上海博物館	
雜畫	卷	紙	水墨	26 × 471	辛未（康熙三十年，1691）重九日	鎮江 江蘇省鎮江市博物館	
書畫合璧	卷	紙	水墨	30.3 × ？		日本 東京林熊光先生	
書畫合璧	卷	紙	水墨	33.4 × 184.1		日本 京都泉屋博古館	
水仙圖	卷	紙	水墨	30.3 × 90.3	丁丑（康熙三十六年，1697)	美國 新澤西州王方宇先生	
菊石魚圖	卷	紙	水墨	29.2 × 157.4		美國 克利夫蘭藝術博物館	53.247
潑墨荷花芭蕉圖（荷花水禽圖）	卷	紙	水墨	37.1 × ？	庚午（康熙二十九年，1690）十月既望	美國 辛辛那提市藝術館	1950.79
山水圖	軸	紙	水墨	205.8 × 51.9		台北 故宮博物院	國贈 003175
蘇東坡朝雲圖	橫幅	紙	設色	89.2 × 116.8		台北 故宮博物院	國贈 005302
墨荷	軸	紙	水墨	132.8 × 41.2		台北 故宮博物院（蘭山千館寄存）	
松鹿圖	軸	紙	水墨	182.5 × 88.7		台北 台北故博院（王世杰先生寄存）	
雙鷹圖	軸	紙	水墨	183.5 × 91.2		台北 鴻禧美術館	
秋山隱居圖	軸	綾	水墨	104 × 40		台北 長流美術館	
花鳥真跡	軸	紙	水墨	59 × 47.4		台北 長流美術館	
山水圖	軸	絹	水墨	186.5 × 47		台北 黃君璧白雲堂	
墨荷圖	軸	紙	水墨	127.5 × 67.6		台北 私人	

名稱	形式	質地	色彩	尺寸 高x寬cm	創作時間	收藏處所	典藏號碼
花鳥圖	軸	紙	水墨	125.5 × 58.4		香港 中文大學中國文化研究所文物館	95.507
花鳥圖	軸	紙	水墨	125.5 × 58.4		香港 利榮森北山堂	
魚樂圖	軸	紙	水墨	26.2 × 51.3		香港 何耀光至樂樓	
山水圖	軸	紙	設色	116 × 49.1		香港 何耀光至樂樓	
花鳥圖	軸	紙	水墨	165 × 42.5		香港 黃仲方先生	
松鹿圖	軸	紙	設色	91.8 × 31.2		香港 黃仲方先生	
五松圖	軸	絹	水墨	88 × 46		香港 劉作籌虛白齋	
柱石圖（為開父作）	軸	綾	水墨	不詳	甲戌（康熙三十三年，1694）十月既望	香港 劉作籌虛白齋	
蘆鳧圖	軸	紙	水墨	73 × 42		香港 香港美術館・虛白齋	XB1992.117
荷花游鴨圖	軸	紙	水墨	117.3 × 52.5		香港 香港美術館・虛白齋	XB1992.118
快雪時晴圖	軸	紙	水墨	不詳	庚午（康熙二十九年，1690）十二月廿日	香港 劉靖基先生	
蕉陰孤雁圖（為潤謙廣文年翁作）	軸	紙	水墨	111.3 × 56.	丁卯（康熙二十六年，1687）夏日	澳門 賈梅士博物院	A102
魚藻圖	軸	紙	水墨	52.7 × 117		哈爾濱 黑龍江省博物館	
梅石雙鵲圖	軸	紙	水墨	120 × 57.2		長春 吉林省博物館	
青嶂遙山圖	軸	紙	水墨	147 × 75.5		瀋陽 故宮博物院	
松鹿圖	軸	紙	水墨	135 × 57		瀋陽 故宮博物院	
松鹿圖	軸	紙	設色	188 × 68.5		瀋陽 故宮博物院	
荷鳥圖	軸	紙	水墨	92.5 × 28		瀋陽 故宮博物院	
松柏桐椿圖	軸	絹	水墨	130.1 × 98.	乙酉（康熙四十四年，1705）秋日	瀋陽 遼寧省博物館	
蓮花雙鳥圖	軸	紙	水墨	168.9 × 91.5	庚午（康熙十七年，1678）	旅順 遼寧省旅順博物館	
松鹿圖	軸	紙	水墨	181 × 87.3	乙酉（康熙四十四年，1705）	旅順 遼寧省旅順博物館	
松石牡丹圖	軸	綾	設色	180.2 × 95.5		旅順 遼寧省旅順博物館	

名稱	形式	質地	色彩	尺寸 高x寬cm	創作時間	收藏處所	典藏號碼
荷塘雙鳧圖	軸	紙	水墨	114.4 x 38.5		旅順 遼寧省旅順博物館	
枯梅圖	軸	紙	水墨	不詳	壬戌（康熙二十一年，1682）小春	北京 故宮博物院	
松鹿圖	軸	紙	水墨	187 x 90.3	庚午（康熙二十九年，1690）	北京 故宮博物院	
松鹿圖	軸	紙	水墨	182.5 x 91.7	辛巳（康熙四十年，1701）	北京 故宮博物院	
松鹿圖	軸	紙	水墨	192.7 x 74.2	壬午（康熙四十一年，1702）	北京 故宮博物院	
楊柳浴禽圖	軸	紙	水墨	119 x 58.4	癸未（康熙四十二年，1703）冬日	北京 故宮博物院	
松鹿圖	軸	紙	水墨	185 x 76.8	乙酉（康熙四十四年，1705）	北京 故宮博物院	
枯梅圖	軸	紙	水墨	96 x 55.5		北京 故宮博物院	
山水圖	軸	綾	設色	184.5 x 45.2		北京 故宮博物院	
山水圖	軸	絹	水墨	180.5 x 88		北京 故宮博物院	
墨竹圖	軸	紙	水墨	24.3 x 34.8		北京 故宮博物院	
竹石圖	軸	紙	水墨	24.3 x 34.8		北京 故宮博物院	
松樹圖	軸	紙	水墨	179.6 x 77		北京 故宮博物院	
芭蕉竹石圖	軸	紙	水墨	220.5 x 83		北京 故宮博物院	
鹿鳥圖	軸	綾	水墨	137.7 x 17.8		北京 故宮博物院	
荷花圖	軸	紙	水墨	105 x 38		北京 故宮博物院	
荷花水鳥圖	軸	紙	水墨	165.8 x 47.2		北京 故宮博物院	
魚石圖	軸	紙	水墨	58.4 x 48.4		北京 故宮博物院	
寒林釣艇圖	軸	紙	水墨	197.5 x 57.3		北京 故宮博物院	
仿董源山水圖	軸	紙	水墨	148.7 x 41.8		北京 故宮博物院	
蘆雁圖	軸	紙	水墨	221.5 x 114.2		北京 故宮博物院	

名稱	形式	質地	色彩	尺寸 高×寬㎝	創作時間	收藏處所	典藏號碼
蕉竹圖	軸	紙	水墨	118.8 × 33.4		北京 故宮博物院	
水仙圖	軸	紙	水墨	不詳		北京 故宮博物院	
枯木寒鴉圖	軸	紙	水墨	178.5 × 91.5		北京 故宮博物院	
蓮沼游魚圖	軸	紙	水墨	不詳		北京 故宮博物院	
縉齋圖	軸	紙	水墨	108.9 × 40		北京 故宮博物院	
松樹雙鹿圖	軸	紙	水墨	182 × 91.4	庚辰（康熙三十九年，1700）	北京 中國歷史博物館	
魚藻圖	軸	紙	水墨	59.2 × 41.8	壬午（康熙四十一年，1702）暮春	北京 中國歷史博物館	
松石圖	軸	紙	水墨	184.5 × 92.1		北京 中國歷史博物館	
松、梅、竹、蕉（4幅）	軸	紙	水墨	（每幅）178.6 × 43.4		北京 中國歷史博物館	
梅石	軸	紙	水墨	181.8 × 43		北京 中國歷史博物館	
游魚圖	軸	紙	水墨	不詳	康熙三十三年（甲戌，1694）十一月廿六日	北京 中國美術館	
蓮石圖	軸	綾	水墨	不詳	甲戌（康熙三十三年，1694）	北京 中國美術館	
松鶴芝石圖	軸	絹	設色	188 × 102.1		北京 中央美術學院	
荷花圖	軸	紙	水墨	不詳		北京 中央美術學院	
水墨鳥石圖	軸	紙	水墨	不詳	康熙二十六年（丁卯，1687）孟夏	天津 天津市藝術博物館	
山水圖	軸	紙	設色	174.4 × 44.2		天津 天津市藝術博物館	
山水圖	軸	紙	水墨	35.5 × 33.1		天津 天津市藝術博物館	
魚鳥圖	軸	絹	水墨	116.5 × 48		天津 天津市歷史博物館	
蘆雁圖	軸	紙	設色	187.7 × 90.5		石家莊 河北省博物館	
竹石牡丹圖	軸	綾	水墨	155 × 50		太原 山西省博物館	
荷花野鳧圖	軸	紙	水墨	274 × 79		濟南 山東省博物館	

名稱	形式	質地	色彩	尺寸 高×寬cm	創作時間	收藏處所	典藏號碼
湖石松竹圖	軸	紙	水墨	276 × 105		濟南 山東省博物館	
松石雙禽圖	軸	絹	水墨	179.7 × 45.4		青島 山東省青島市博物館	
蘆雁荷花圖	軸	絹	設色	167.7 × 101.2		青島 山東省青島市博物館	
樹石雙禽圖	軸	紙	水墨	107 × 64		煙臺 山東省煙臺市博物館	
荷花鸂鶒圖	軸	紙	水墨	157.5 × 81.8		西安 陝西博物館	
荷石圖	軸	紙	水墨	185 × 91		合肥 安徽省博物館	
游魚圖	軸	紙	水墨	不詳	辛未（康熙三十年，1691）十二月既望	南通 江蘇省南通博物苑	
秋花危石圖	軸	紙	水墨	112 × 56.5	己卯（康熙三十八年，1699）夏日	泰州 江蘇省泰州市博物館	
湖石雙鳥圖	軸	紙	水墨	136 × 48.7	辛未（康熙三十年，1691）	上海 上海博物館	
鳥石圖	軸	紙	水墨	170.2 × 77	壬申（康熙三十一年，1692）花朝	上海 上海博物館	
蓮蓬小鳥圖	軸	紙	水墨	94.1 × 28.4	壬申（康熙三十一年，1692）七月既望	上海 上海博物館	
松、葡萄、貓石、荷鳥圖（4幅）	軸	紙	水墨	（每幅）161.8 × 42.2	壬申（康熙三十一年，1692）孟冬	上海 上海博物館	
秋山圖	軸	紙	水墨	182.8 × 49.3	甲戌（康熙三十三年，1694）處暑	上海 上海博物館	
椿鹿圖	軸	紙	水墨	不詳	甲戌（康熙三十三年，1694）	上海 上海博物館	
瓶菊圖	軸	紙	設色	不詳	甲戌（康熙三十三年，1694）	上海 上海博物館	
魚鳥圖	軸	紙	水墨	172.7 × 85	旃蒙大淵獻（康熙三十四年，乙亥，1695)	上海 上海博物館	
桃實雙禽圖	軸	紙	水墨	209.9 × 71.1	丙子（康熙三十五年，1696）夏日	上海 上海博物館	

名稱	形式	質地	色彩	尺寸 高×寬㎝	創作時間	收藏處所	典藏號碼
荷花雙禽圖	軸	紙	水墨	不詳	丙子（康熙三十五年，1696）春日	上海 上海博物館	
魚石圖	軸	紙	水墨	134.8 × 60.5	柔兆（康熙三十五年，1696）秋盡	上海 上海博物館	
荷鴨圖	軸	紙	水墨	166 × 76.3	丙子（康熙三十五年，1696）	上海 上海博物館	
荷鴨圖	軸	紙	水墨	142.8 × 66	柔兆（康熙三十五年，1696）	上海 上海博物館	
鹿圖	軸	紙	水墨	170.4 × 88.4	戊寅（康熙三十七年，1698）小春	上海 上海博物館	
山水圖	軸	紙	水墨	152.7 × 72	己卯（康熙三十八年，1699）秋月	上海 上海博物館	
雙鷹圖	軸	紙	水墨	72.7 × 90.8	己卯（康熙三十八年，1699）	上海 上海博物館	
椿鹿圖	軸	紙	水墨	200.6 × 76.7	庚辰（康熙三十九年，1700）	上海 上海博物館	
松鶴圖	軸	紙	水墨	182.7 × 85.7	辛巳（康熙四十年，1701）一陽三日	上海 上海博物館	
古松圖	軸	紙	水墨	23.6 × 14.8	辛巳（康熙四十年，1701）夏日	上海 上海博物館	
雙棲圖	軸	紙	設色	114.7 × 61.4	壬午（康熙四十一年，1702）冬	上海 上海博物館	
中岳大樹圖	軸	紙	水墨	147 × 75.5		上海 上海博物館	
仙鶴圖	軸	紙	水墨	127 × 45.6		上海 上海博物館	
瓜鳥圖	軸	紙	水墨	不詳		上海 上海博物館	
竹石山水圖	軸	紙	設色	161 × 38		上海 上海博物館	
空谷蒼鷹圖	軸	紙	水墨	186.6 × 88.5		上海 上海博物館	
松谷山村圖	軸	綾	水墨	54 × 47		上海 上海博物館	
松蔭雙鶴圖	軸	紙	水墨	174.3 × 82.3		上海 上海博物館	
松鳥圖	軸	紙	設色	174.8 × 29		上海 上海博物館	
芙蓉蘆雁圖	軸	紙	水墨	147.6 × 37.8		上海 上海博物館	

名稱	形式	質地	色彩	尺寸 高×寬㎝	創作時間	收藏處所	典藏號碼
柳禽圖	軸	紙	水墨	不詳		上海 上海博物館	
乾坤一草亭圖	軸	紙	水墨	71.4 × 34.9		上海 上海博物館	
梅鵲圖	軸	紙	水墨	124.6 × 65.4		上海 上海博物館	
荷花圖	軸	紙	水墨	87.8 × 39.5		上海 上海博物館	
荷花水鳥圖	軸	紙	水墨	163.8 × 89.2		上海 上海博物館	
魚樂圖	軸	紙	設色	189.8 × 45.6		上海 上海博物館	
疎林欲雪圖	軸	紙	水墨	125.9 × 45.5		上海 上海博物館	
蒼松圖	軸	紙	水墨	184.2 × 69.3		上海 上海博物館	
蕉石圖	軸	紙	水墨	142.4 × 38.8		上海 上海博物館	
蘆雁圖	軸	紙	水墨	175 × 87.6		上海 上海博物館	
蘆雁圖	軸	紙	設色	183.3 × 90.7		上海 上海博物館	
鱅魚圖	軸	紙	水墨	113 × 42.1		上海 上海博物館	
鷹鹿圖	軸	紙	水墨	120 × 57.8		上海 上海博物館	
鷺鷥圖	軸	絹	水墨	163.3 × 46		上海 上海博物館	
書畫合璧（冊頁2幀合裱）	軸	紙	水墨	（每幀）29.7 × 28.2不等		上海 上海博物館	
山水圖（4幅）	軸	絹	設色	（每幅）178.6 × 47.2		上海 中國美術家協會上海分會	
松鹿圖	軸	紙	水墨	123 × 63		上海 上海古籍書店	
水木清華圖（為其老作）	軸	紙	水墨	120 × 50.6	甲戌（康熙三十三年，1694）至日	南京 南京博物院	
牡丹竹石圖	軸	紙	水墨	124.6 × 62.5		南京 南京博物院	
游魚圖	軸	紙	水墨	96 × 46		南京 南京博物院	
古椿雙鹿圖	軸	紙	水墨	169.5 × 80.3		南京 南京博物院	
梅花圖	軸	紙	水墨	32.4 × 25.7		南京 南京博物院	

名稱	形式	質地	色彩	尺寸 高×寬cm	創作時間	收藏處所	典藏號碼
山水通景（6幅）	軸	紙	設色	不詳		南京 南京博物院	
松鹿飛禽圖	軸	紙	水墨	180 × 89.5		無錫 江蘇省無錫市博物館	
瓶梅圖	軸	紙	水墨	136.2 × 51		無錫 江蘇省無錫市博物館	
蘆雁圖	軸	紙	水墨	102.8 × 32.8		無錫 江蘇省無錫市博物館	
魚圖	軸	紙	水墨	108 × 42.2		常州 江蘇省常州市博物館	
山水圖	軸	絹	水墨	158 × 50.3		蘇州 江蘇省蘇州博物館	
竹石雙鶴圖	軸	紙	設色	不詳		蘇州 江蘇省蘇州博物館	
松鹿圖	軸	紙	水墨	不詳		蘇州 江蘇省蘇州博物館	
荷花圖	軸	紙	水墨	45.8 × 51.8		蘇州 江蘇省蘇州博物館	
鶴石圖	軸	紙	水墨	166 × 81.5		蘇州 靈巖山寺	
雙雀圖	軸	紙	水墨	75.3 × 37.8	甲戌（康熙三十三年，1694）之夏日	杭州 浙江省博物館	
墨松圖	軸	紙	水墨	179 × 70		杭州 浙江省博物館	
松鶴圖	軸	紙	設色	133.9 × 62.1		杭州 浙江省博物館	
瓜果、草蟲圖（冊頁2幀裝）	軸	紙	水墨	23.9 × 38.3		杭州 浙江省圖書館	
山水圖	軸	紙	水墨	122.2 × 44.5	柔兆（丙子，康熙三十五年，1696）六月廿日	杭州 浙江美術學院	
荷花翠鳥圖	軸	紙	水墨	32.5 × 26		杭州 浙江美術學院	
茄子雙鳥圖	軸	紙	水墨	24.7 × 26.9		杭州 浙江省杭州市文物考古所	
椿鹿圖	軸	絹	設色	181 × 49		杭州 浙江省杭州西泠印社	
个山小像（為黃安平作）	軸	紙	設色	不詳	甲寅（康熙十三年，1674）蒲節後二日	南昌 江西省八大山人紀念館	
松溪翠嶺圖	軸	絹	水墨	172 × 45	己卯（康熙三十八年，1699）	南昌 江西省八大山人紀念館	
芙蓉圖	軸	紙	水墨	90 × 44		南昌 江西省八大山人紀念館	
荷花翠鳥圖	軸	紙	水墨	94 × 32.5		南昌 江西省八大山人紀念館	
荷鷺圖	軸	紙	水墨	148 × 37		南昌 江西省八大山人紀念館	
雙鷺圖	軸	紙	水墨	179 × 88.5		南昌 江西省八大山人紀念館	
松鹿圖	軸	紙	設色	178 × 45		南昌 江西省八大山人紀念館	

名稱	形式	質地	色彩	尺寸 高×寬cm	創作時間	收藏處所	典藏號碼
雙鷹圖	軸	紙	水墨	126 × 66.5		南昌 江西省八大山人紀念館	
椿鹿圖	軸	紙	水墨	178 × 83.5		南昌 江西省八大山人紀念館	
桐鶴圖	軸	紙	水墨	205 × 74.5		南昌 江西省八大山人紀念館	
雄鷹圖	軸	紙	水墨	127.5 × 64.5		南昌 江西省八大山人紀念館	
葡萄圖	軸	紙	水墨	181.5 × 49		南昌 江西省八大山人紀念館	
芭蕉梔子花圖	軸	紙	水墨	178 × 45		南昌 江西省八大山人紀念館	
荷花圖	軸	紙	水墨	90 × 37.2		南昌 江西省八大山人紀念館	
雙魚圖	軸	紙	水墨	106 × 35		南昌 江西省八大山人紀念館	
松石雙鷹圖	軸	紙	水墨	124 × 64.3		南昌 江西省八大山人紀念館	
松鶴圖	軸	紙	水墨	146 × 61		南昌 江西省八大山人紀念館	
鹿圖	軸	紙	水墨	126.5 × 64		南昌 江西省八大山人紀念館	
幽溪載酒圖	軸	紙	設色	172.5 × 53		南昌 江西省八大山人紀念館	
蘭石圖	軸	紙	水墨	不詳		南昌 江西省八大山人紀念館	
荷花雙鳧圖	軸	紙	水墨	不詳		南昌 江西省八大山人紀念館	
魚鳥圖	軸	綾	水墨	178 × 73	甲戌（康熙三十三年，1694）重陽	武漢 湖北省博物館	
桐鷹圖	軸	紙	水墨	125.2 × 43.5		成都 四川省博物院	
仙洲雙鶴圖	軸	紙	設色	139.3 × 73.2		成都 四川省博物院	
芙蓉雙鳧圖	軸	紙	水墨	190 × 49		成都 四川大學	
貓石葡萄圖	軸	紙	水墨	190 × 48.5		成都 四川大學	
荷花鷺鷥圖	軸	紙	水墨	134.8 × 69		重慶 重慶市博物館	
荷塘鵒鶄圖	軸	紙	水墨	178 × 47.5		重慶 重慶市博物館	
崇山聳翠圖	軸	絹	設色	169 × 51		重慶 重慶市博物館	
蕉石圖	軸	紙	水墨	35 × 29		重慶 重慶市博物館	
盤瓜圖	軸	紙	水墨	92 × 35.3		重慶 重慶市博物館	
眠鴨圖	軸	紙	水墨	91.4 × 50	己巳（康熙二十八年，1689）		
六雁圖	軸	紙	設色	182.8 × 90.8	乙酉（康熙四十四年，1705）秋日	廣州 廣東省博物館	
竹石圖	軸	紙	水墨	166 × 72.5		廣州 廣東省博物館	
鹿圖	軸	紙	水墨	164 × 86.8		廣州 廣東省博物館	

名稱	形式	質地	色彩	尺寸 高×寬cm	創作時間	收藏處所	典藏號碼
荷花圖	軸	紙	水墨	34.5 × 26.2		廣州 廣東省博物館	
溪山策杖圖	軸	紙	設色	201.2 × 51.3		廣州 廣東省博物館	
疏柳八哥圖	軸	紙	水墨	126 × 45.5		廣州 廣東省博物館	
蘆雁圖	軸	紙	設色	119.5 × 64		廣州 廣東省博物館	
湖石翠禽圖	軸	紙	水墨	129 × 40.5	壬申（康熙三十一年，1692）二月既望	廣州 廣州市美術館	
山崗游鹿圖	軸	紙	設色	154.5 × 46.5		廣州 廣州市美術館	
荷花圖	軸	紙	水墨	69.5 × 23.3		廣州 廣州市美術館	
雙禽圖	軸	紙	水墨	132.5 × 38.5	辛未（康熙三十年，1691）	廣州 廣州美術學院	
雲林遺格圖	軸	絹	水墨	167 × 43		廣州 廣州美術學院	
柳禽圖	軸	紙	水墨	127 × 56		佛山 廣東省佛山市博物館	
荷鶴圖	軸	紙	水墨	294 × 75.5		深圳 廣東省深圳市博物館	
鹿圖	軸	紙	水墨	132 × 56.5	己卯（康熙三十八年，1699）	南寧 廣西壯族自治區博物館	
山川出雲圖	軸	絹	水墨	173 × 44		南寧 廣西壯族自治區博物館	
荷石圖	軸	紙	設色	151.5 × 43.7	丙寅（康熙二十五年，1686）一陽日	昆明 雲南省博物館	
淡墨秋山圖	軸	紙	水墨	106.7 × 37.2		昆明 雲南省博物館	
松石蘆洲圖	軸	絹	水墨	159.7 × 45.9		日本 仙台市博物館	
水墨山水圖	軸	紙	水墨	178.8 × 48.2		日本 東京喜多兵太郎先生	
山水圖	軸	紙	水墨	158.2 × 46.7		日本 京都相國寺	
蓮石圖	軸	紙	水墨	162.1 × 75.8		日本 京都桑名鐵城先生	
靈芝圖	軸	紙	設色	118.8 × 49		日本 兵庫縣住友吉左衞門先生	
荷花遊鴨圖	軸	紙	設色	174.5 × 78.2		日本 名古屋櫻木俊一先生	

名稱	形式	質地	色彩	尺寸 高×寬㎝	創作時間	收藏處所	典藏號碼
彩筆山水圖（仿大癡山水）	軸	綾	設色	155.4 × 49.4		日本 大阪市立美術館	
荷花小禽圖	軸	絹	水墨	125.5 × 46.5		日本 大阪橋本大乙先生	
老松白鶴圖	軸	紙	設色	174 × 45		日本 大阪橋本大乙先生	
游魚圖	軸	紙	水墨	153.6 × 42,5	甲戌（康熙三十三年，1694）之冬日	日本 北野正男先生	
鳥魚圖	軸	紙	水墨	124.8 × 40	甲戌（康熙三十三年，1694）六月廿一日	日本 山口良夫先生	
鹿圖	軸	紙	水墨	177.4 × 44.7	己卯（康熙三十八年，1699）	日本 山口良夫先生	
奇石花貓圖	軸	絹	設色	179.4 × 69		日本 江田勇二先生	
蓮花圖	軸	紙	水墨	27.9 × 20.8		日本 金岡西三先生	
枯木飛禽圖	軸	紙	水墨	128.2 × 43.3	辛巳（康熙四十年，1701）小春日	日本 金岡西三先生	
蓮塘小禽圖	軸	紙	水墨	166 × 77.6		日本 金岡西三先生	
葡萄圖	軸	紙	水墨	156.3 × 63.1		日本 金岡西三先生	
游魚圖	軸	紙	水墨	95.5 × 33.7		日本 萬俵次郎先生	
揚子江圖（疏樹遠帆圖）	軸	紙	水墨	149.4 × 65.2	辛巳（康熙四十年，1701）小春日	日本 阿形邦三先生	
葡萄雙鳥圖	軸	紙	水墨	105 × 38.8		日本 阿形邦三先生	
山水圖	軸	紙	水墨	130.8 × 31.7		日本 私人	
墨鴉圖	軸	紙	水墨	132.3 × 46.7		韓國 私人	
芙蓉小鳥圖	軸	紙	水墨	不詳		美國 波士頓美術館	
仿天池生畫荷	軸	紙	水墨	不詳		美國 波士頓美術館	
荷花圖	軸	紙	水墨	38.7 × 27.6		美國 哈佛大學福格藝術館	1967.41
月西瓜圖	軸	紙	水墨	74 × 45.1		美國 哈佛大學福格藝術館	1964.94
山水圖	軸	絹	水墨	106.7 × 37.5		美國 哈佛大學福格藝術館	1955.155
山水圖	軸	紙	水墨	124.5 × 58.1		美國 普林斯頓大學藝術館（	L144.75

名稱	形式	質地	色彩	尺寸 高×寬cm	創作時間	收藏處所	典藏號碼
						私人寄存)	
菊與玉簪花圖	軸	紙	水墨	60 × 34.2		美國 新澤西州王方宇先生	
巖雞圖	軸	紙	水墨	157.4 × 66.8	壬申（康熙三十一年，1692）孟夏	美國 新澤西州王方宇先生	
荷花雙鳧圖	軸	紙	水墨	184.3 × 95.1		美國 新澤西州王方宇先生	
樹木雙鳥圖	軸	紙	水墨	172.3 × 92	庚辰（康熙三十九年，1700）	美國 新澤西州王方宇先生	
崖下貓圖	軸	紙	水墨	127 × 60.9	己卯（康熙三十八年，1699）端陽日	美國 新澤西州王方宇先生	
蘆雁圖	軸	紙	水墨	183 × 90		美國 新澤西州王方宇先生	
荷花宿雁圖	軸	紙	設色	182 × 89	戊寅（康熙三十七年，1698）夏日	美國 新澤西州王方宇先生	
蘆雁圖	軸	紙	水墨	168 × 72.7	乙酉（康熙四十四年，1705）秋中	美國 新澤西州王方宇先生	
山水圖	軸	絹	設色	180.5 × 48.1		美國 新澤西州王方宇先生	
山水圖	軸	紙	設色	111 × 43.2		美國 新澤西州王方宇先生	
魚圖	軸	紙	水墨	77.5 × 44	甲戌（康熙三十三年，1694）之八月廿六日	美國 新澤西州王方宇先生	
芍藥圖（為恪齋作）	軸	紙	水墨	87.2 × 44.1		美國 新澤西州王方宇先生	
巖花圖	軸	綾	水墨	53 × 44.7		美國 新澤西州王方宇先生	
山水圖	軸	綾	水墨	171.7 × 49.5		美國 新澤西州王方宇先生	
墨松圖	軸	紙	水墨	122.8 × 36.8		美國 新澤西州王方宇先生	
水墨禽鳥圖（為子澂作）	軸	紙	水墨	164.2 × 73.4		美國 新澤西州王方宇先生	
菊玉簪花圖	軸	紙	水墨	60 × 34.2		美國 新澤西州王方宇先生	
水仙蘭花圖	軸	紙	水墨	21.1 × 24.6		美國 新澤西州王方宇先生	
水禽圖	軸	紙	水墨	34 × 26.5		美國 新澤西州王方宇先生	
花圖	軸	紙	水墨	31.2 × 27.5		美國 新澤西州王方宇先生	
鯰魚圖	軸	紙	水墨	33.9 × 26.9		美國 新澤西州王方宇先生	

名稱	形式	質地	色彩	尺寸 高x寬cm	創作時間	收藏處所	典藏號碼
蜘蛛圖	軸	紙	水墨	34.7 x 26.7		美國 新澤西州王方宇先生	
魚樂圖	軸	紙	水墨	134.5 x 60.6		美國 紐約顧洛阜先生	
山水圖（4聯幅）	軸	紙	水墨	（每幅）174 x 44.5		美國 紐約王季遷明德堂	
月鹿圖	軸	紙	水墨	85.7 x 41.3		美國 紐約王季遷明德堂	
荷花雙鳥圖	軸	紙	水墨	183 x 90	甲戌（康熙三十三年，1694）六月廿一日	美國 紐約王季遷明德堂	
山水	軸	紙	水墨	178 x 93		美國 紐約王季遷明德堂	
蓮鵜圖	軸	紙	水墨	95.6 x 37.5		美國 芝加哥藝術中心	1956.1
仿郭忠恕山水圖	軸	紙	水墨	109.9 x 56.4		美國 克利夫蘭藝術博物館	55.36
鳥石圖（2幅）	軸	綾	水墨	（每幅）205.5 x 54.2	康熙三十五年（丙子，1696）	美國 堪薩斯市納爾遜-艾金斯藝術博物館	26A、B
谿山秋霽圖	軸	紙	設色	110 x 39.4		美國 加州曹仲英先生	
墨松圖	軸	紙	水墨	104.6 x 39		美國 夏威夷火魯奴奴藝術學院	2214.1
荷菊牡丹圖	軸	紙	水墨	114.8 x 46.3		美國 私人	
荷塘雙鷺圖	軸	紙	水墨	130.8 x 66.7	辛巳（康熙四十年，1701）夏日	加拿大 多倫多皇家安大略博物館	
山水圖	軸	綾	水墨	62.5 x 49.8		英國 倫敦大英博物館	1959.10.10.04（ADD304）
石頭桐子圖	軸	紙	水墨	121 x 63.1	壬申（康熙三十一年，1692）之五月既望	英國 倫敦大英博物館	1958.12.13.01（ADD295）
魚鳥圖	軸	紙	水墨	126.6 x 36	甲戌（康熙三十三年，1694）之重陽	瑞士 蘇黎世黎得堡博物館	RCH.1173
仿董北苑山水圖	軸	紙	水墨	179.6 x 93.4		瑞典 斯德哥爾摩遠東古物館	NMOK416
蓮鴨圖	軸	紙	水墨	不詳	己卯（康熙三十八年，1699）夏日	荷蘭 阿姆斯特丹萊登博物館	
西瓜（清傳繁寫生冊之1）	冊頁	紙	水墨	24.6 x 31.5	己亥（順治十六年	台北 故宮博物院	故畫01203-1

名稱	形式	質地	色彩	尺寸 高×寬cm	創作時間	收藏處所	典藏號碼
					，1659）暢月		
芋頭（清傳綮寫生冊之2）	冊頁	紙	水墨	24.6 x 31.5		台北 故宮博物院	故畫 01203-2
書字（清傳綮寫生冊之3）	冊頁	紙	水墨	24.6 x 31.5	己亥（順治十六年，1659）七月	台北 故宮博物院	故畫 01203-3
水仙（清傳綮寫生冊之4）	冊頁	紙	水墨	24.6 x 31.5		台北 故宮博物院	故畫 01203-4
蔬菜（清傳綮寫生冊之5）	冊頁	紙	水墨	24.6 x 31.5		台北 故宮博物院	故畫 01203-5
芭蕉（清傳綮寫生冊之6）	冊頁	紙	水墨	24.6 x 31.5		台北 故宮博物院	故畫 01203-6
石榴（清傳綮寫生冊之7）	冊頁	紙	水墨	24.6 x 31.5		台北 故宮博物院	故畫 01203-7
芙蓉（清傳綮寫生冊之8）	冊頁	紙	水墨	24.6 x 31.5		台北 故宮博物院	故畫 01203-8
菊花（清傳綮寫生冊之9）	冊頁	紙	水墨	24.6 x 31.5		台北 故宮博物院	故畫 01203-9
花卉（清傳綮寫生冊之10）	冊頁	紙	水墨	24.6 x 31.5		台北 故宮博物院	故畫 01203-10
白梅（清傳綮寫生冊之11）	冊頁	紙	水墨	24.6 x 31.5		台北 故宮博物院	故畫 01203-11
奇石（清傳綮寫生冊之12）	冊頁	紙	水墨	24.6 x 31.5		台北 故宮博物院	故畫 01203-12
老松（清傳綮寫生冊之13）	冊頁	紙	水墨	24.6 x 31.5		台北 故宮博物院	故畫 01203-13
書字（清傳綮寫生冊之14）	冊頁	紙	水墨	24.6 x 31.5		台北 故宮博物院	故畫 01203-14
書字（清傳綮寫生冊之15）	冊頁	紙	水墨	24.6 x 31.5	己亥（順治十六年，1659）十二月朔日	台北 故宮博物院	故畫 01203-15
魚（八大山人寫生冊之1）	冊頁	紙	水墨	23.9 x 39	辛巳（康熙四十年，1701）	台北 故宮博物院	國贈 05322-1
芭蕉野石（八大山人寫生冊之2）	冊頁	紙	水墨	23.9 x 39		台北 故宮博物院	國贈 05322-2
蘭（八大山人寫生冊之3）	冊頁	紙	水墨	23.9 x 39		台北 故宮博物院	國贈 05322-3
魚（八大山人寫生冊之4）	冊頁	紙	水墨	23.9 x 39		台北 故宮博物院	國贈 05322-4
雀石（八大山人寫生冊之5）	冊頁	紙	水墨	23.9 x 39		台北 故宮博物院	國贈 05322-5
茨菇（八大山人寫生冊之6）	冊頁	紙	水墨	23.9 x 39		台北 故宮博物院	國贈 05322-6
鸜鵒枯木（八大山人寫生冊之7）	冊頁	紙	水墨	23.9 x 39		台北 故宮博物院	國贈 05322-7
荷花（八大山人寫生冊之8）	冊頁	紙	水墨	23.9 x 39		台北 故宮博物院	國贈 05322-8
枯槎寒雀（八大山人寫生冊之9）	冊頁	紙	水墨	23.9 x 39		台北 故宮博物院	國贈 05322-9
荷花（八大山人寫生冊之10）	冊頁	紙	水墨	23.9 x 39		台北 故宮博物院	國贈 05322-10
水仙（八大山人寫生冊之11）	冊頁	紙	水墨	23.9 x 39		台北 故宮博物院	國贈 05322-11

名稱	形式	質地	色彩	尺寸 高×寬cm	創作時間	收藏處所	典藏號碼
雙鳧（八大山人寫生冊之12）	冊頁	紙	水墨	23.9 x 39		台北 故宮博物院	國贈 05322-12
山水圖（12幀）	冊	紙	設色	（每幀）23.5 x 34.1	丁巳（康熙十六年，1677）三月	香港 何耀光至樂樓	
山水圖	冊頁	紙	水墨	24.9 x 25.7		香港 何耀光至樂樓	
山水花鳥圖（8幀）	冊	紙	水墨	不詳	康熙三十九年(庚辰，1700)夏日	香港 張瑋先生	
雜畫（6幀）	冊	紙	水墨	（每幀）30.3 x 47.2	甲子（康熙二十三年，1684）一陽日	北京 故宮博物院	
山水圖（10幀）	冊	紙	水墨	（每幀）26.3 x 41.3	壬午（康熙四十一年，1702）	北京 故宮博物院	
三鳥棲止圖	冊頁	紙	水墨	不詳		北京 故宮博物院	
鵪鶉鳥石圖（2幀）	冊頁	紙	水墨	不詳		北京 故宮博物院	
雜畫（8幀）	冊	紙	水墨	（每幀）24 x 24.7		北京 故宮博物院	
雜畫（10幀）	冊	紙	水墨	（每幀）22.6 x 24.1不等		北京 故宮博物院	
山水圖（王翬等書畫冊10之1幀）	冊頁	紙	水墨	21.5 x 30.8		北京 故宮博物院	
雜畫（12幀）	冊	紙	水墨	（每幀）28 x 23.4不等		北京 故宮博物院	
山水圖（畫宗領異圖冊25之1幀）	冊頁	紙	設色	不詳		北京 故宮博物院	
雜畫報 8幀）	冊	紙	水墨	（每幀）14.8 x 27.8		北京 中央工藝美術學院	
樹石圖（陳洪綬等十人花卉山水冊10之1幀）	冊頁	紙	水墨	23.1 x 3.5		天津 天津市藝術博物館	
山水圖（4幀）	冊	紙	水墨	（每幀）19.7 x 14.4	辛巳（康熙四十年，1701）	合肥 安徽省博物館	
山水圖	冊頁	紙	水墨	26.6 x 23.1		合肥 安徽省博物館	
雜畫並書（16幀）	冊	紙	水墨	（每幀）24.4 x 23	癸酉（康熙三十二年，1693）五月廿日	上海 上海博物館	
山水、花鳥（8幀）	冊	紙	水墨	（每幀）37.8 x 31.5	甲戌（康熙三十三年，1694）	上海 上海博物館	

名稱	形式	質地	色彩	尺寸 高×寬㎝	創作時間	收藏處所	典藏號碼
雜畫圖（8幀）	冊	紙	水墨	不詳	甲戌（康熙三十三年，1694）閏五月既望	上海 上海博物館	
書畫合裝（17幀，為聚升作）	冊	紙	設色	（每幀）25×20不等	己卯 康熙三十八年，1699）秋七月	上海 上海博物館	
書畫（10幀，八大、道濟合裝）	冊頁	紙	設色	（每幀）24.5×22.5不等		上海 上海博物館	
書畫（12幀）	冊	紙	設色	（每幀）23.6×14.8不等	壬午（康熙四十一年，1702）	上海 上海博物館	
花鳥圖（10幀）	冊	絹	水墨	（每幀）23×16.1	乙酉（康熙四十四年，1705）	上海 上海博物館	
石榴圖	冊頁	紙	水墨	32.5×25.9		上海 上海博物館	
花卉圖（10幀）	冊	紙	水墨	（每幀）21.4×32		上海 上海博物館	
花果、山水合璧（10幀）	冊	紙	設色	（每幀）19.8×18.1不等		上海 上海博物館	
鯉魚圖	冊頁	紙	水墨	34×26.5		上海 上海博物館	
花卉圖（陳道復等雜畫冊12之第4幀）	冊頁	紙	設色	約24.5×25.3		上海 上海博物館	
古木棲禽圖（陳道復等雜畫冊12之第5幀）	冊頁	紙	設色	約24.5×25.3		上海 上海博物館	
山水圖（繪林集妙冊75之1幀）	冊頁	紙	設色	約26.6×30		上海 上海博物館	
看竹圖（看竹圖并題跋冊42之1幀）	冊頁	絹	設色	21.2×20.3		上海 上海博物館	
山水圖（8幀）	冊	紙	水墨	（每幀）24×16		南京 南京博物院	
山水花果圖（5幀）	冊	紙	水墨	（每幀）25.5×24.8		南京 南京博物院	
書畫（11幀，畫8、書3）	冊	紙	水墨	（每幀）40.5×19		南京 南京博物院	
松溪草屋圖	摺扇面	金箋	水墨	18.1×52.6		南京 南京博物院	
雜畫（12幀）	冊	紙	水墨	不詳		無錫 江蘇省無錫市博物館	
山水花鳥圖（6幀）	冊	紙	水墨	（每幀）26.5		蘇州 江蘇省蘇州博物館	

名稱	形式	質地	色彩	尺寸 高x寬cm	創作時間	收藏處所	典藏號碼
				x 19.6			
花鳥圖（12幀）	冊	紙	水墨	（每幀）32.2 x 31.6		蘇州 江蘇省蘇州博物館	
雜畫（12幀）	冊	紙	水墨	（每幀）32.8 x 31.5	康熙旃蒙大淵獻（三十四年，乙亥，1695）重陽日	蘇州 靈巖山寺	
山水、禽魚圖（8幀）	冊	紙	水墨	（每幀）26.5 x 19.5不等		蘇州 靈巖山寺	
書畫（20幀，畫14、書6）	冊	紙	水墨	（每幀）23 x 26.5	甲戌（康熙三十三年，1694）	杭州 浙江省杭州西泠印社	
荷花翠鳥圖	摺扇面	金箋	水墨	不詳		武漢 湖北省博物館	
芙蓉湖石圖	摺扇面	紙	水墨	16.2 x 50.6		重慶 重慶市博物館	
雜畫（12幀）	冊	紙	水墨	（每幀）25 x 20.9		廣州 廣州市美術館	
雙禽圖	冊頁	紙	水墨	27.1 x 20		貴陽 貴州省博物館	
山水雜畫（16幀）	冊	紙	水墨	（每幀）29.7 x 22.4	戊寅（康熙三十七年，1698）夏日	日本 東京柳孝藏先生	
花卉山水圖（？幀）	冊	不詳	不詳	不詳		日本 京都住友吉左衛門先生	
花卉、禽魚、山水圖（安晚帖，16幀）	冊	紙	水墨	（每幀）31.5 x 27	甲戌（康熙三十三年，1694）重陽	日本 京都泉屋博古館	
雜畫（12幀）	冊	紙	水墨	（每幀）30.5 x 42.5		日本 佐賀縣野中萬太郎先生	
雜畫（12幀）	冊	紙	水墨	（每幀）28.8 x 19.8	癸未（康熙四十二年，1703）至日	日本 山口良夫先生	
雜畫（10幀）	冊	紙	水墨	（每幀）30.2 x 30.2		日本 金岡酉三先生	
竹石花鳥圖（8幀）	冊	紙	水墨	（每幀）22. 5 x 28.7		美國 普林斯頓大學方聞教授	
雜畫（11幀）	冊	紙	水墨	（每幀）30.2 x 30.2		美國 普林斯頓大學藝術館（私人寄存）	
竹石花鳥圖（8幀）	冊	紙	水墨	（每幀）22.5 x 28.7		美國 普林斯頓大學藝術館（私人寄存）	
山水花鳥（10幀）	冊	紙	水墨	（每幀）26.	其一：庚午（康熙	美國 新澤西州王方宇先生	

名稱	形式	質地	色彩	尺寸 高×寬cm	創作時間	收藏處所	典藏號碼
				4 × 14.2 或 25.1 × 32.1	二十九年，1690）春		
雜畫（8幀）	冊	紙	水墨	（每幀）21.9 × 28.8	其一：壬申（康熙三十一年，1692）之夏五月	美國 新澤西州王方宇先生	
故國興悲圖（8幀）	冊	紙	水墨	（每幀）24.6 × 27		美國 新澤西州王方宇先生	
山水圖（8幀）	冊	紙	水墨	（每幀）23.4 × 33.8	癸未（康熙四十二年，1703）春三月	美國 新澤西州王方宇先生	
仿董其昌山水畫（6幀）	冊	紙	水墨	（每幀）31 × 24.6		美國 新澤西州王方宇先生	
天光雲景圖（10幀）	冊	紙	水墨、設色	（每幀）25.8 × 34.7		美國 新澤西州王方宇先生	
雜畫（12幀）	冊	紙	水墨、設色	（每幀）30.7 × 29.1	癸昭暘（？）之冬日	美國 新澤西州王方宇先生	
稚魚圖	摺扇面	紙	水墨	16.6 × 49	甲戌（康熙三十三年，1694）	美國 新澤西州王方宇先生	
鯰圖	冊頁	紙	水墨	33.9 × 26.9		美國 新澤西州王方宇先生	
水禽圖	冊頁	紙	水墨	34 × 26.7		美國 新澤西州王方宇先生	
蜘蛛圖	冊頁	紙	水墨	34.7 × 26.7		美國 新澤西州王方宇先生	
花圖	冊頁	紙	水墨	31.2 × 27.5		美國 新澤西州王方宇先生	
水仙蘭花圖	冊頁	紙	水墨	21.1 × 24.6		美國 新澤西州王方宇先生	
花鳥畫（12幀）	冊	紙	水墨	（每幀）30.7 × 27.5	己卯（康熙三十八年，1699）小春	美國 新澤西州王方宇先生	
稚魚圖	摺扇面	紙	水墨	16.6 × 49		美國 新澤西州王方宇先生	
山水（12幀）	冊	紙	設色	（每幀）21.3 × 17	己卯（康熙三十八年，1699）至日	美國 紐約顧洛阜先生	
荷花圖（8幀）	冊	紙	水墨	（每幀）25.1 × 33.7		美國 紐約顧洛阜先生	
花卉蟲魚圖（10幀）	冊	紙	水墨	（每幀）25.5 × 23		美國 華盛頓特區弗瑞爾藝術館	55.21a -j
花鳥圖（8幀）	冊	紙	水墨	24.9 × 20.7		美國 勃克萊加州大學藝術館（高居翰教授寄存）	CC46
山水圖（8幀）	冊	綾	水墨、	（每幀）23.1		美國 夏威夷火魯奴奴藝術學	2561.1

名稱	形式	質地	色彩	尺寸 高×寬㎝	創作時間	收藏處所	典藏號碼
			設色	× 27.5		院	
孤松圖	摺扇面	金箋	水墨	18.6 × 53.3		美國 火魯奴奴 Hutchinson 先生	
水仙圖	冊頁	紙	水墨	30.7 × 26.6		英國 倫敦大英博物館	1926.10.12.04（ADD56）
菊石圖	冊頁	紙	水墨	30.8 × 26.6		英國 倫敦大英博物館	1926.10.12.03（ADD55）
花卉圖	冊頁	紙	水墨	22.5 × 28.5	壬申（康熙三十一年，1692）之夏	德國 科隆東亞西亞藝術館	A58.1
雞雛圖	冊頁	紙	水墨	31.8 × 23.6	庚辰（康熙三十九年，1700）夏	德國 科隆東亞西亞藝術館	A58.2
叭叭鳥圖（2幀）附：	冊頁	紙	水墨	25.9 × 25.4		瑞典 斯德哥爾摩遠東古物館	OM12/59, 2/60
魚樂圖	卷	紙	水墨	16 × 110.5	己卯（康熙三十八年，1699）	紐約 佳士得藝品拍賣公司/拍賣目錄 1995,3,22.	
西瓜圓月圖	軸	紙	水墨	不詳	康熙二十八年（己巳，1689）八月十五日	北京 北京市文物商店	
荷花小鳥圖	軸	紙	水墨	76 × 38.5		濟南 山東省濟南市文物商店	
柏鹿圖	軸	紙	水墨	209 × 75		煙臺 山東省煙臺市文物商店	
蘆雁圖	軸	紙	水墨	120 × 60		上海 朵雲軒	
松鹿圖	軸	紙	水墨	不詳		蘇州 蘇州市文物商店	
貓石圖	軸	紙	水墨	103 × 38		武漢 湖北省武漢市文物商店	
野鳧圖	軸	紙	水墨	68 × 27.3		武漢 湖北省武漢市文物商店	
雙鳥圖	軸	紙	水墨	90.8 × 40		紐約 蘇富比藝品拍賣公司/拍賣目錄 1981.05.07.	
山水圖	軸	絹	水墨	181 × 104.8		紐約 蘇富比藝品拍賣公司/拍賣目錄 1988.06.01.	
柳鳧圖	軸	紙	水墨	125.5 × 53.5		紐約 佳士得藝品拍賣公司/拍賣目錄 1990,05,31.	
山水圖	軸	綾	水墨	71 × 45		紐約 佳士得藝品拍賣公司/拍賣目錄 1990,11,28.	
松鹿圖	軸	紙	水墨	173.3 × 45		紐約 佳士得藝品拍賣公司/拍	

名稱	形式	質地	色彩	尺寸 高x寬cm	創作時間	收藏處所	典藏號碼
梅花雙鳥圖	軸	紙	水墨	130 × 45		紐約 佳士得藝品拍賣公司/拍賣目錄 1990,11,28.	
山水圖	軸	紙	設色	149.2 × 64.2		紐約 佳士得藝品拍賣公司/拍賣目錄 1991,05,29.	
蘆雁圖	軸	紙	水墨	126.5 × 68.1		紐約 佳士得藝品拍賣公司/拍賣目錄 1993,12,01.	
荷花圖	軸	紙	水墨	194.3 × 50.8		紐約 佳士得藝品拍賣公司/拍賣目錄 1993,12,01.	
百合靈石圖	軸	綾	水墨	58.5 × 36	己卯（康熙三十八年，1699）端陽日	紐約 佳士得藝品拍賣公司/拍賣目錄 1993,12,01.	
荷花翠鳥	軸	紙	水墨	35.5 × 30.2		紐約 佳士得藝品拍賣公司/拍賣目錄 1994,06,01.	
墨梅圖	軸	紙	水墨	125.7 × 34	庚午（康熙二十九年，1690）七月	紐約 佳士得藝品拍賣公司/拍賣目錄 1994,06,01.	
天香書屋圖	軸	紙	設色	80.5 × 46	庚子（康熙五十九年，1720）中秋	紐約 佳士得藝品拍賣公司/拍賣目錄 1994,06,01.	
鳥石牡丹圖	軸	紙	水墨	162 × 45		香港 佳士得藝品拍賣公司/拍賣目錄 1995,4,30.	
蘇軾與朝雲圖	軸	紙	設色	141 × 115		紐約 佳士得藝品拍賣公司/拍賣目錄 1995,9,19.	
芝鹿圖	軸	紙	水墨	177.1 × 45.1		紐約 佳士得藝品拍賣公司/拍賣目錄 1996,9,18.	
松石圖	軸	紙	水墨	64.2 × 39	己卯（康熙三十八年，1699）三月九日	紐約 佳士得藝品拍賣公司/拍賣目錄 1997,09,19.	
枇杷圖	軸	紙	水墨	34.9 × 27.9		紐約 佳士得藝品拍賣公司/拍賣目錄 1998,03,24.	
荻蟹圖	軸	紙	水墨	95 × 33.7		香港 佳士得藝品拍賣公司/拍賣目錄 1998,09,15.	
山水圖	軸	綾	水墨	186 × 47		香港 蘇富比藝品拍賣公司/拍賣目錄 1999,10,31.	
水仙文石圖	軸	紙	水墨	127.6 × 66	己卯（康熙三十八年，1699）至月	香港 佳士得藝品拍賣公司/拍賣目錄 2001,04,29.	
山水圖（清朝名家山水集冊	冊頁	紙	水墨	29.5 × 30.7		紐約 佳士得藝品拍賣公司/拍	

名稱	形式	質地	色彩	尺寸 高×寬cm	創作時間	收藏處所	典藏號碼
之第1幀）						賣目錄1989,12,04.	
花鳥圖（12幀）	冊	紙	水墨	（每幀）30.5 × 27.5		香港 佳士得藝品拍賣公司/拍 賣目錄1991,03,18.	
蕉石圖（諸名家雜畫冊之1 幀）	冊頁	紙	水墨	23.9 × 25.4		紐約 佳士得藝品拍賣公司/拍 賣目錄1992,12,02.	
山水圖（明清名家山水扇面 冊18之1幀）	摺扇面	金箋	水墨	不詳	己卯（康熙三十八 年，1699）霜降	紐約 佳士得藝品拍賣公司/拍 賣目錄1997,09,19.	
山水書法（4幀，畫2、書 2）	冊	紙	水墨	（每幀）20.6 × 10.2		紐約 佳士得藝品拍賣公司/拍 賣目錄1998,03,24.	
墨筆花鳥（12幀）	冊	紙	水墨	（每幀）28.8 × 19.8	癸未（康熙四十二 年，1703）至日	香港 佳士得藝品拍賣公司/拍 賣目錄2001,04,29.	

畫家小傳：八大。僧。俗姓朱。明宗室。名由桵，一名耷。字人屋、傳繁。出家後，號八大山人、雪個、個山、個山驢等。江西南昌人。
　　　　生於熹宗天啟六（1626）年，清聖祖康熙四十四（1705）年尚在世。明亡，出家為僧。善畫水墨山水、花鳥、竹石、蟲魚等，
　　　　筆情縱恣，不泥成法。為「清初四僧」之一。（見國朝畫徵錄、邵青門撰八大山人傳、玉獅老人讀畫輯略、桐陰論畫、中國畫家
　　　　人名大辭典）

唐子晉

名稱	形式	質地	色彩	尺寸	創作時間	收藏處所	典藏號碼
紅蓮圖（為王石谷四十初度 作）	軸	絹	設色	不詳	辛亥（康熙十年， 1671）二月	北京 故宮博物院	
仿徐崇嗣寫生蓮花（聯屏）	軸	絹	設色	不詳	庚午（康熙二十九 年，1690）夏日	曲阜 山東省曲阜孔廟文管會	
荷花游魚圖	軸	絹	設色	不詳	戊辰（康熙二十七 年，1688）暮春	上海 上海博物館	
法徐崇嗣作荷花鴛鴦圖	軸	絹	設色	不詳	戊辰（康熙二十七 年，1688）新秋	北京 北京市文物商店	

畫家小傳：唐子晉。字于光。籍里、身世不詳。生於明熹宗天啟六（1626）年，聖祖康熙廿九（1690）年尚在世。善畫荷花。
　　　　（見退齋心賞錄、中國畫家人名大辭典）

姜 泓

名稱	形式	質地	色彩	尺寸	創作時間	收藏處所	典藏號碼
玉蘭海棠圖	軸	絹	設色	159 × 51		瀋陽 魯迅美術學院	
瓶梅水仙圖	軸	絹	設色	106.8 × 51.6	庚午（康熙二十九 年，1690）夏仲	北京 故宮博物院	
秋色梧桐圖	軸	絹	設色	不詳	康熙乙丑（二十四 年，1685）小春月	北京 中國歷史博物館	
牡丹錦雞圖	軸	絹	設色	不詳	己巳（康熙二十八	北京 中央美術學院	

名稱	形式	質地	色彩	尺寸 高x寬cm	創作時間	收藏處所	典藏號碼
					年，1689）秋杪		
梅石山茶圖	軸	絹	設色	156 x 74.2		天津 天津市藝術博物館	
荷花鴛鴦圖	軸	絹	設色	不詳		上海 上海博物館	
梅禽山茶圖	軸	絹	設色	217 x 49	壬寅（康熙元年，1662）	上海 上海古籍書店	
梅茶山仙圖（為玉芝作）	軸	絹	設色	118.3 x 42.9	癸亥（康熙二十二年，1683）嘉平	南京 南京博物院	
梅竹圖	軸	絹	設色	189.5 x 96	丁丑（康熙三十六年，1697）小春月	杭州 浙江省杭州西泠印社	
梧桐秋菊圖	軸	絹	設色	155 x 81	癸丑（康熙十二年，1673）	溫州 浙江省溫州博物館	
花鳥蘭石圖（寫祝華國老先生壽）	軸	綾	設色	不詳		日本 江田勇二先生	
蘭石花鳥圖（寫為華國老先生壽）	軸	絹	設色	126.1 x 47.9		美國 哈佛大學福格藝術館	19535.70
花卉圖	軸	絹	設色	126.4 x 48		美國 芝加哥市藝術中心	1986.862
鳳仙蜜蜂圖	冊頁	絹	設色	29.9 x 27.2		北京 故宮博物院	
竹枝牽牛花圖（為與翁作）	摺扇面	紙	設色	16.5 x 50	辛亥（康熙十年，1671）中冬	北京 故宮博物院	
花卉、草蟲圖	冊	絹	設色	不詳		北京 故宮博物院	
蘭石（為慶陽年翁作，俞齡等雜畫冊38之1幀）	冊頁	絹	設色	31.2 x 31.8	（丁卯，康熙二十六年，1687）	上海 上海博物館	
梅花圖	軸	絹	設色	不詳	辛丑（康熙六十年，1721）秋七月	上海 朵雲軒	
仙鶴芭蕉圖	軸	絹	設色	不詳		上海 朵雲軒	
荷花圖	軸	絹	設色	不詳		上海 朵雲軒	

畫家小傳：姜泓。字在湄。浙江杭州人。生於明熹宗天啟六（1626）年，聖祖康熙六十（1721）年尚在世。善畫花卉，靈異出於天生。
（見圖繪寶鑑續纂、中國畫家人名大辭典）

陸介祉

名稱	形式	質地	色彩	尺寸 高x寬cm	創作時間	收藏處所	典藏號碼
茅堂山樹（明人書畫扇（利）冊之11）	摺扇面	紙	水墨	16.5 x 51.3		台北 故宮博物院	故畫 03566-11
山樹草亭（明人書畫扇（利）冊之12）	摺扇面	紙	水墨	16.5 x 51.8		台北 故宮博物院	故畫 03566-12

名稱	形式	質地	色彩	尺寸 高×寬㎝	創作時間	收藏處所	典藏號碼
山水圖	摺扇面	金箋	水墨	不詳	壬辰（順治九年，1652）	北京 故宮博物院	

畫家小傳：陸介祉。字純瑕。浙江鄞縣人。明諸生。明亡，棄舉子業，以詩畫寄興。喜畫老松、古柏。署款紀年作品見於世祖順治九（1652）年。（見國朝畫識、甬上續耆舊集、中國畫家人名大辭典）

周之恆

花鳥圖	摺扇面	紙	設色	不詳	辛卯（順治八年，1651）暮春	北京 故宮博物院	

畫家小傳：周之恆。字月如。江蘇臨清人，移家江浦。能詩、工書。善畫山水。嘗為曹潔躬作倦圃十二景。流傳署款紀年作品見於世祖順治八年。（見國朝畫徵錄、婁縣志、曝書亭集、中國畫家人名大辭典）

翁　陵

梅花書屋圖	卷	紙	設色	24 × 283	己丑（康熙四十八年，1709）十月	北京 故宮博物院	
山水圖（10幀）	冊	紙	設色	（每幀）16 × 19.3		香港 中文大學中國文化研究所文物館	
山水圖（翁陵等山水冊12之1幀）	冊頁	紙	設色	不詳	丙戌（康熙四十五年，1706）四月	北京 故宮博物院	
山水圖（8幀）	冊	紙	設色	不詳		北京 故宮博物院	
山水圖（為素臣作，陳丹衷等六家山水冊12之2幀）	冊頁	紙	設色	（每幀）12.9 × 21.5	（順治八年，辛卯，1651）	北京 故宮博物院	
山齋觀瀑圖（為衛翁作）	摺扇面	金箋	設色	不詳	己亥（順治十六年，1659）新冬	常熟 江蘇省常熟市文物管理委員會	

附：

仿董源山水（為上子作）	摺扇面	金箋	水墨	16.5 × 52	丁酉（順治十四年，1657）長至	紐約 蘇富比藝品拍賣公司/拍賣目錄1988,06,01.	

畫家小傳：翁陵。字壽如。號磊石山樵。建安人。工詩、喜書法。善畫山水、人物，初多閨氣，後遊秣陵，前後從程邃、萬壽祺遊，畫風遂變而臻極境。流傳署款紀年作品見於世祖順治八（1651）年，至聖祖康熙四十八（1709）年（見圖繪寶鑑續纂、櫟園讀畫錄、車棚陰論畫、中國畫家人名大辭典）

沈衍之

山水圖（陳丹衷等六家山水冊12之1幀）	冊頁	紙	設色	12.9 × 21.5	（順治八年，辛卯，1651）	北京 故宮博物院	

畫家小傳：沈衍之。畫史無載。流傳署款作品約見世祖順治八（1651）年。身世待考。

名稱	形式	質地	色彩	尺寸 高x寬cm	創作時間	收藏處所	典藏號碼

萬 壽

名稱	形式	質地	色彩	尺寸 高x寬cm	創作時間	收藏處所	典藏號碼
山水圖（陳丹衷等六家山水冊 12 之 2 幀）	冊頁	紙	設色	（每幀）12.9 x 21.5	（順治八年，辛卯，1651）	北京 故宮博物院	

畫家小傳：萬壽。畫史無載。流傳署款作品約見世祖順治八（1651）年。身世待考。

何 顥

名稱	形式	質地	色彩	尺寸 高x寬cm	創作時間	收藏處所	典藏號碼
山水圖（方玉如集諸家山水圖卷之第 7 幅）	卷	紙	水墨	22.6 x ?		香港 黃仲方先生	K92.25
山水圖	摺扇面	金箋	水墨	不詳	辛丑（順治十八年，1661）	揚州 揚州市博物館	
仿宋元大家山水帖（12 幀）	冊	紙	設色	（每幀）15.7 x 13.7		美國 耶魯大學藝術館（私人寄存）	L.8.1990.1am

畫家小傳：何顥。字伯求。江蘇雲間人。身世不詳。善畫。流傳署款紀年作品見於世祖順治八（1651）至十八（1661）年。
（見虹廬畫談、中國畫家人名大辭典、宋元明清書畫家年表）

吳 星

名稱	形式	質地	色彩	尺寸 高x寬cm	創作時間	收藏處所	典藏號碼
山水圖（方玉如集諸家山水圖卷之第 5 幅）	卷	紙	水墨	22.6 x ?		香港 黃仲方先生	K92.25

畫家小傳：吳星。廣西鍾山人，客居安徽滁涂陽。善畫，學元黃公望。流傳署款紀年作品見於清世祖順治八（1651）年。（見虹廬談畫、格庵山水合錦卷、中國美術家人名辭典、宋元明清書畫家年表）

顧大申

名稱	形式	質地	色彩	尺寸 高x寬cm	創作時間	收藏處所	典藏號碼
山水（顧大申、朱軒作品合卷之一段，為南廬作）	卷	紙	水墨	21.8 x 137.9	癸丑（康熙十二年，1673）十月	日本 京都圓山淳一先生	
溪山詩興圖	卷	紙	設色	26.5 x ?	甲辰（康熙三年，1664）正月燕九日	日本 兵庫縣黑川古文化研究所	
秋日山居圖（為廖殿翁作）	軸	絹	設色	179.1 x 70	辛卯（順治八年，1651）冬十二月朔	台北 故宮博物院	故畫 00699
仿黃公望山水圖	軸	金箋	水墨	不詳		北京 首都博物館	
溪橋策杖圖	軸	綾	水墨	182 x 49.5	己酉（康熙八年，1669）	天津 天津市藝術博物館	
山水圖（為法黃石作）	軸	紙	設色	不詳	壬申（康熙三十一年，1692）秒冬	青島 山東省青島市博物館	
漁樂圖	軸	絹	設色	不詳	癸丑（康熙十二年，1673）春秒	上海 上海博物館	

名稱	形式	質地	色彩	尺寸 高x寬cm	創作時間	收藏處所	典藏號碼
秋溪小艇圖	軸	絹	設色	不詳		上海 上海博物館	
為灈翁作山水并書（吳偉業等書畫屏8之1幅）	軸	紙	水墨	48.6 x 21.5	（丙申，順治十三年，1656）	南京 南京博物院	
幽谷晴峰圖	軸	綾	設色	122 x 44.5		常熟 江蘇省常熟市文物管理委員會	
溪山亭子圖（為長翁作）	軸	絹	設色	272 x 98	甲辰（康熙三年，1664）六月既望	廣州 廣東省博物館	
松磯靜釣圖（學北苑兼用趙吳興法）	軸	綾	水墨	148.5 x 45.1		日本 東京國立博物館	
樓閣山水圖	軸	綾	設色	197 x 53	己酉（康熙八年，1669）暮春	日本 京都桑名鐵城先生	
老松飛瀑圖	軸	紙	設色	152.8 x 47.7	甲辰（康熙三年，1664）五月	日本 大阪市立美術館	
溪山晴翠圖（為子翁詞伯作）	軸	綾	設色	199.3 x 53.5	壬寅（康熙元年，1662）三月	日本 大阪橋本大乙先生	
重巒古寺圖	軸	絹	設色	187.5 x 57.2	乙酉（康熙四十四年，1705）暮春	日本 大阪橋本大乙先生	
松柏飛泉圖	軸	絹	水墨	186.3 x 49		日本 福岡縣石訽道雄先生	6
山居圖	軸	綾	水墨	201.2 x 50.1		日本 私人	
仿古山水（8幀，為龔芝麓作）	冊	紙	設色	（每幀）21.5 x 28	丙午（康熙五年，1666）十月	天津 天津市藝術博物館	
山水圖（為玄問作，祁豸佳等山水花鳥冊27之1幀）	冊頁	絹	設色	30 x 23.4	甲申（康熙四十三年，1704）春仲	天津 天津市藝術博物館	
附：							
秋山圖	軸	絹	設色	105.5 x 58.5		紐約 佳士得藝品拍賣公司/拍賣目錄 1992,06,02.	

畫家小傳：顧大申。本名鏞。字震雄，號見山。江蘇華亭人。世祖順治九（1652）年進士。官至洮岷道簽事。工詩。善畫山水，近師董其昌，遠法董源、巨然。流傳署款紀年作品見於世祖順治八（1651）年，至聖祖康熙四十四（1705）年。（見圖繪寶鑑續纂、國朝畫徵錄、桐陰論畫、古夫于亭集、松江詩徵、別裁詩集小傳、中國畫家人名大辭典）

馬敬思

名稱	形式	質地	色彩	尺寸 高x寬cm	創作時間	收藏處所	典藏號碼
迴溪水閣圖	軸	絹	水墨	136.5 x 68.2	辛卯（順治八年，1651）	長春 吉林省博物館	

畫家小傳：馬敬思。畫史無載。流傳署款紀年作品見於世祖順治八（1651）年。身世待考。

名稱	形式	質地	色彩	尺寸 高x寬cm	創作時間	收藏處所	典藏號碼

汪 然

名稱	形式	質地	色彩	尺寸 高x寬cm	創作時間	收藏處所	典藏號碼
山水圖（方玉如集諸家山水圖卷之第2幅）	卷	紙	水墨	22.6 x ?		香港 黃仲方先生	K92.25
觀瀑圖（明清名家合裝書畫扇面二冊之3）	摺扇面	金箋	設色	16.2 x 50.2		日本 私人	

畫家小傳：汪然。字于然。號藹庵道人。安徽歙縣人。為汪家珍從弟。善畫。與方式玉友善，順治八（1651）年嘗為方作山水卷。（見虹廬畫談、格庵山水合錦卷、中國美術家人名辭典）

王士譽

名稱	形式	質地	色彩	尺寸 高x寬cm	創作時間	收藏處所	典藏號碼
山水（入山採芝圖）	軸	紙	設色	不詳	康熙戊午（十七年，1678）春月	日本 組田昌平先生	

畫家小傳：王士譽。字令子。號筆山。新城人，屏居於京城東南鐵山下，更號鐵巖樵人。世祖順治八（1651）年舉人。工詩、古文。興至潑墨，不名一家，有倪、黃遺意。間作花鳥，亦佳。（見新城縣志、中國畫家人名大辭典）

季開生

名稱	形式	質地	色彩	尺寸 高x寬cm	創作時間	收藏處所	典藏號碼
臨李公麟山水圖	軸	絹	水墨	80 x 41	癸巳（順治十年，1653）仲春	南通 江蘇省南通博物苑	
山水圖（12幀）	冊	紙	水墨	26.8 x 14.8	壬辰（順治九年，1652）	北京 故宮博物院	

畫家小傳：季開生。字天中。江蘇泰興人。生於明熹宗天啟七（1627）年，卒於世祖順治十六（1659）年。順治六（1649）年進士。工畫山水，筆致蕭散，骨格崚嶒，頗得元黃公望簡筆鬆秀神韻。（見圖繪寶鑑續纂、國朝畫徵錄、墨林韻語、桐陰論畫、國朝別裁詩傳、中國畫家人名大辭典）

莊冏生

名稱	形式	質地	色彩	尺寸 高x寬cm	創作時間	收藏處所	典藏號碼
為繡翁作山水圖	卷	綾	水墨	不詳	康熙乙卯（十四年，1675）	濟南 山東省濟南市博物館	
山水（齊東勝覽圖）	卷	紙	設色	20.8 x ?		美國 舊金山亞洲藝術館	R68 D2
山水圖	軸	絹	水墨	168 x 46		北京 首都博物館	
巖壑結屋圖	軸	綾	水墨	131.5 x 54.5	順治壬辰（九年，1652）	濟南 山東省博物館	
為濯翁作山水并書（吳偉業等書畫屏8之1幅）	軸	紙	水墨	48.6 x 21.5	（丙申，順治十三年，1656）	南京 南京博物院	
山水圖	軸	絹	水墨	89.4 x 46.7		日本 東京篠崎都香佐先生	
山水圖	軸	綾	水墨	166.7 x 46.1		日本 明石縣木下吉左衛門先	

名稱	形式	質地	色彩	尺寸 高x寬cm	創作時間	收藏處所	典藏號碼
						生	
仿夏珪山水圖	軸	絹	設色	46 x 29.5		美國 勃克萊加州大學藝術館 （Schlenker先生寄存）	
仙山樓閣（國初人山水集繪冊之1）	冊頁	紙	水墨	31.8 x 37.9		台北 故宮博物院	故畫 03515-1
摹古山水（清初畫家集錦畫冊之5）	冊頁	紙	設色	39.5 x 26.5	丙午（康熙五年，1666）秋月	香港 何耀光至樂樓	
菊花圖（明陳嘉言等菊花冊10之1幀）	冊頁	紙	設色	不詳		瀋陽 遼寧省博物館	
仿王蒙山水圖	摺扇面	金箋	水墨	16.5 x 51.7	癸丑（康熙十二年，1673）	北京 故宮博物院	
五月江深詩意圖（為周櫟園作）	摺扇面	紙	水墨	不詳	癸丑（康熙十二年，1673）秋月	北京 故宮博物院	
寫董巨遺法山水圖（清莊冏生等山水冊6之1幀）	冊頁	紙	水墨	19.6 x 16.5	庚寅（順治七年，1650）蓮誕日	天津 天津市藝術博物館	
秋雨新晴圖	摺扇面	金箋	水墨	不詳		合肥 安徽省博物館	
梅花圖（二十家梅花圖冊20之第11幀）	冊頁	紙	設色	23 x 19.3	（己未，康熙十八年，1679）	上海 上海博物館	
墨筆山水（清人書畫扇冊之3）	摺扇面	金箋	設色	不詳		日本 東京橋本辰二郎先生	
為拙翁作山水圖	摺扇面	金箋	水墨	不詳	順治壬辰（九年，1652）初秋	日本 江田勇二先生	
觀瀑圖	冊頁	紙	設色	23.4 x 20.7		韓國 首爾朴周煥先生	
山東紀遊（北遊寫生山水，上、下冊各12幀）	冊	紙	設色	（每幀）19.2 x 31.1	庚戌（康熙九年，1670）	美國 耶魯大學藝術館	
山水圖	摺扇面	紙	水墨	16 x 50.3		美國 紐約大都會藝術博物館	13.100.89
山水圖	摺扇面	金箋	水墨	16 x 50.5		美國 紐約大都會藝術博物館	13.100.89
附：							
仿夏珪山水圖	軸	絹	設色	46.3 x 29.5		紐約 蘇富比藝品拍賣公司/拍賣目錄 1984,12,05.	

畫家小傳：莊冏生。字玉聰。號淡庵。江蘇武進人。生於明熹宗天啟七（1627）年。卒於清康熙康熙十八（1679）年。順治四年進士。工詩、古文辭。善書畫。作山水小景，率有筆趣；又能畫墨蘭、馬，筆墨多士氣。（見圖繪寶鑑續纂、國朝畫徵錄、桐陰論畫、今世說、中國畫家人名大辭典）

徐 昇

名稱	形式	質地	色彩	尺寸 高×寬㎝	創作時間	收藏處所	典藏號碼
煙霞玄賞圖	軸	絹	水墨	不詳	壬辰（順治九年，1652）	北京 首都博物館	

畫家小傳：徐昇。畫史無載。流傳署款紀年作品見於世祖順治九(1652)年。身世待考。

陸 鴻

名稱	形式	質地	色彩	尺寸 高×寬㎝	創作時間	收藏處所	典藏號碼
仿黃公望天池秋思圖	卷	紙	設色	不詳	癸卯（康熙二年，1663）冬日	北京 故宮博物院	
輞川佳境圖（通景屏）	軸	絹	設色	不詳	辛丑（順治十八年，1661）小春	北京 故宮博物院	
酒熟詩成圖	軸	金箋	設色	184.5 × 55.8	丁酉（順治十四年，1657）	天津 天津市藝術博物館	
支硎春曉圖	軸	紙	設色	185 × 42.7	辛丑（順治十八年，年，1661）	天津 天津市藝術博物館	
松溪訪友圖	軸	金箋	設色	260.9 × 51.3		日本 福岡縣石韵道雄先生	52
江山奇氣圖	摺扇面	金箋	設色	不詳	甲午（順治十一年，1654）	北京 故宮博物院	
仿大癡山水圖	摺扇面	金箋	設色	不詳	甲辰（康熙三年，1664）	北京 故宮博物院	
雲山歸樵圖（欽揖等八人山水合冊 8 之 1 幀）	冊頁	絹	設色	23 × 20.5	壬辰（順治九年，1652）中秋	北京 故宮博物院	
江干送別圖（書畫集錦冊 12 之 1 幀）	冊頁	紙	設色	25 × 19.5		北京 故宮博物院	
山水圖（朱陵等雜畫冊 10 之 1 幀）	冊頁	紙	設色	不詳		北京 中國歷史博物館	
劍道煙雲圖（清史爾祉等山水冊 8 之 1 幀）	冊頁	絹	設色	25.3 × 20.5	乙巳（康熙四年，1665）夏月	天津 天津市歷史博物館	
桐蔭醉茗圖	摺扇面	金箋	設色	不詳	癸巳（順治十年，1653）	揚州 江蘇省揚州市博物館	
四時讀書樂圖（？幀）	冊	紙	設色	不詳		蘇州 江蘇省蘇州博物館	
為潤甫作山水圖（清初名家山水集冊 12 之 1 幀）	冊頁	絹	設色	22.6 × 19.1	癸卯（康熙二年，1663）夏月	南京 南京博物院	

畫家小傳：陸鴻。字叔遠。江蘇吳江人。善畫山水。流傳署款紀年作品見於世祖順治九(1652)年，至聖祖康熙四(1665)年。（見圖繪寶鑑續纂、國朝畫識、中國畫家人名大辭典）

李 貴

名稱	形式	質地	色彩	尺寸 高×寬cm	創作時間	收藏處所	典藏號碼
山水圖（兩朝合璧連珠畫帖之6）	冊頁	紙	設色	不詳		日本 東京出光美術館	

畫家小傳：李賁。字雲谷。福建候官人。工詩。精書法、篆刻。有雲谷堂印譜行世。（見櫟園讀畫錄、桐陰論畫、廣印人傳、中國畫家人名大辭典）

俞 笙

| 花鳥 | 軸 | 絹 | 設色 | 132.5 × 49 | | 台北 故宮博物院 | 故畫 02369 |

畫家小傳：俞笙。字君賓。浙江鄞人。工畫翎毛、花木，崇尚寫生，得楊大臨筆法。嘗潑墨紙上，隨意寫生，便拂拂欲動。晚年尤超脫入化。（見雍正寧波府誌、中國美術家人名辭典）

劉期侃

| 指畫梅鷹圖 | 軸 | 紙 | 設色 | 127 × 57.5 | 壬辰（順治九年，1652） | 上海 上海博物館 | |

附：

| 指畫蒼鷹圖 | 軸 | 絹 | 設色 | 不詳 | | 青島 青島市文物商店 | |

畫家小傳：劉期侃。畫史無載。流傳署款紀年作品見於清世祖順治九（1652）年。身世待考。

劉 億

| 仙犬圖 | 軸 | 絹 | 設色 | 42.2 × 56.8 | | 台北 故宮博物院 | 故畫 03370 |

畫家小傳：劉億。字以安。陵川人。畫史無載。身世待考。

李 堅

太白醉歸圖	卷	紙	設色	29 × 105.9	癸巳（順治十年，1653）	南京 南京市博物館	
鵪鶉圖	軸	絹	設色	77.1 × 32.7		台北 故宮博物院	故畫 03673
芝仙書屋圖（清王翬等三十人合作）	軸	紙	水墨	129 × 69	丁丑（康熙三十六年，1697）	廣州 廣東省博物館	

畫家小傳：李堅。字芳仙。湖南人。善畫花鳥、草蟲，宗法北宋宣和院體。流傳署款紀年作品見於清世祖順治十（1653）年至聖祖康熙三十六（1697）年。（見讀畫輯略、中國美術家人名辭典）

嚴 沆

| 書畫合璧（嚴沆、李昌祚合裝） | 卷 | 紙 | 水墨 | 42.5 × 209.3 | | 北京 首都博物館 | |
| 為子慶作山水圖 | 軸 | 綾 | 水墨 | 181.6 × 52 | 己亥（順治十六年，1659） | 瀋陽 遼寧省博物館 | |

名稱	形式	質地	色彩	尺寸 高x寬㎝	創作時間	收藏處所	典藏號碼
風雨滿樓圖	軸	綾	水墨	不詳	乙巳（康熙四年，1665）	濟南 山東省博物館	
仿倪黃二家筆法山水圖	軸	綾	設色	101.3 x 39.8	順治壬辰（九年，1652）春仲	日本 兵庫縣黑川古文化研究所	
仕女圖	摺扇面	金箋	設色	不詳	癸巳（順治十年，1653）	杭州 浙江省杭州西泠印社	

畫家小傳：嚴沆。字子餐。號灝亭。浙江餘姚（一作杭州）人。清世祖順治十二年進士。工詩、善書。間寫山水，筆致雅秀，意興頗在倪瓚、黃公望之間。流傳署款紀年作品見於世祖順治九（1652）至聖祖康熙四（1665）年。（見國朝畫徵錄、圖繪寶鑑續纂、桐陰論畫、中國畫家人名大辭典）

彥 麟

秋景	軸	絹	設色	84.6 x 88.2		台北 故宮博物院	故畫 02909

畫家小傳：彥麟。畫史無載。身世待考。

三 山

人物真蹟	軸	絹	設色	164.8 x 99.1		台北 故宮博物院	故畫 03091

畫家小傳：三山。畫史無載。身世待考。

（釋）世 鑒

夏山欲雨圖（仿高房山筆）	軸	紙	設色	174.9 x 93.4		台北 故宮博物院	故畫 03093
邃林古嶠圖	軸	紙	設色	178.6 x 93.8		台北 故宮博物院	故畫 03092

畫家小傳：世鑒。僧。號白峰、豫齋。江蘇青浦人，出家於涇山。工畫。作品自署涇山僧。（見青浦詩傳、中國美術家人名辭典）

沈 權

福祿壽圖	軸	紙	設色	131.2 x 60.5		台北 故宮博物院	故畫 02940

畫家小傳：沈權。字仰宸。畫史無載。身世待考。

王 斌

松泉獨坐圖	軸	綾	設色	174.5 x 44.5	乙丑（康熙二十四年，1685）	濟南 山東省博物館	
關山夜月圖	摺扇面	紙	設色	不詳	丙寅（康熙二十五年，1686）	重慶 重慶市博物館	

名稱	形式	質地	色彩	尺寸 高×寬cm	創作時間	收藏處所	典藏號碼

附：

名稱	形式	質地	色彩	尺寸 高×寬cm	創作時間	收藏處所	典藏號碼
山水圖	軸	紙	設色	不詳	康熙癸卯（二年，1663）重陽日	北京 中國文物商店總店	
山水圖（原濟等雜畫冊6之1幀）	冊頁	紙	設色	23.5 × 28.8	壬辰（順治九年，1652）	武漢 湖北省武漢市文物商店	

畫家小傳：王斌。字師周。浙江秀水人。善寫真，筆意淡遠。流傳署款紀年作品見於世祖順治九（1652）年至聖祖康熙二十五（1686）年。（見國朝畫徵續錄、中國畫家人名大辭典）

楊遜

名稱	形式	質地	色彩	尺寸 高×寬cm	創作時間	收藏處所	典藏號碼
梅月圖	軸	綾	水墨	115 × 43	壬辰（？順治九年，1652）	濟南 山東省博物館	
山水圖	軸	紙	水墨	115.4 × 48		美國 勃克萊加州大學藝術館（高居翰教授寄存）	
山水圖	軸	絹	水墨	182.7 × 76.9	癸卯（？康熙二年，1663）春王下浣	美國 勃克萊加州大學藝術館（加州 Schlenker 先生寄存）	

畫家小傳：楊遜。自署西湖醉風子。畫史無載。流傳作品署款紀年疑似世祖順治九（1652）年至聖祖康熙二（1663）。年。身世待考。

計僑

名稱	形式	質地	色彩	尺寸 高×寬cm	創作時間	收藏處所	典藏號碼
米家雲山圖（為止翁作）	摺扇面	金箋	水墨	16.5 × 50.4	壬辰（？順治九年，1652）春日	德國 柏林東方藝術博物館	

畫家小傳：計僑。畫史無載。字臣僑。約明末清初時人。身世待考。

傅眉

名稱	形式	質地	色彩	尺寸 高×寬cm	創作時間	收藏處所	典藏號碼
書畫	卷	綾	水墨	23.5 × 382.2		天津 天津市藝術博物館	
竹禽圖	軸	紙	水墨	99.7 × 47		北京 故宮博物院	
綠樹蒼山圖	軸	紙	水墨	不詳		太原 山西省博物館	
竹雞圖	軸	綾	水墨	218.2 × 47		合肥 安徽省博物館	
一鷺白頭圖	軸	紙	水墨	不詳		上海 上海博物館	
江山漁艇圖	軸	絹	設色	180 × 49.4		成都 四川省博物院	
山水、花卉圖（傅山、傅眉山水花卉冊16之8幀）	冊頁	絹、紙	設色	（每幀）25.7 × 25.2		天津 天津市藝術博物館	
山水圖	冊頁	紙	設色	22 × 22		天津 天津市藝術博物館	
山水圖（山水圖冊之7）	冊頁	絹	設色	26.9 × 24.8		美國 密歇根大學藝術博物館（密州鄭先生寄存）	83.80.2g

名稱	形式	質地	色彩	尺寸 高x寬cm	創作時間	收藏處所	典藏號碼
山水圖（山水圖冊之 8）	冊頁	絹	設色	24 x 24.8		美國 密歇根大學藝術博物館 （密州鄭先生寄存）	83.80.2h
山水圖（山水圖冊之 9）	冊頁	紙	設色	25.3 x 24.5		美國 密歇根大學藝術博物館 （密州鄭先生寄存）	83.80.2i

畫家小傳：傅眉。字壽髦。號竹嶺、小藥禪。山西陽曲人。傅山之子。生於明思宗崇禎元（1628）年。卒於清聖祖康熙二十二（1683）年。亦工畫山水，其父以骨勝，其以趣勝。（見國朝畫徵錄、桐陰論畫、中國畫家人名大辭典）

黃中理

名稱	形式	質地	色彩	尺寸 高x寬cm	創作時間	收藏處所	典藏號碼
花卉圖（2 幀）	軸	紙	設色	不詳	丙戌（康熙四十五 年，1706）	湖州 浙江省湖州市博物館	

畫家小傳：黃中理。字苔隱。號九匏道人。江蘇南匯人。生於明思宗崇禎元（1628）年，聖祖康熙四十五（1706）年尚在世。順治諸生。善畫蘭及雜卉，以工牡丹，稱月桓主人。（見海上墨林、百幅庵畫寄、南匯縣志、中國畫家人名大辭典）

姚文爕

名稱	形式	質地	色彩	尺寸 高x寬cm	創作時間	收藏處所	典藏號碼
江上漁舟圖	卷	絹	設色	32.9 x 312.1	康熙丁卯（二十六 年，1687）春仲	南京 南京博物院	
四軒圖	卷	絹	設色	不詳	康熙己未（十八年 ，1679）		
山水圖（為楓仲作）	橫幅	紙	設色	不詳	辛酉（康熙二十年 ，1681）十月朔	太原 山西省博物館	
翠靄高閣圖	軸	綾	水墨	不詳	庚子（順治十七年 ，1660）秋	日本 江田勇二先生	
山水圖（巖泉高閣）	軸	綾	設色	148 x 49.5	庚子（順治十七年 ，166）秋	美國 鳳凰市美術館（Mr.Roy And Marilyn Papp 寄存）	
山徑漫興圖（各人書畫扇（王）冊之 33）	摺扇面	紙	設色	不詳		台北 故宮博物院	故畫 03560-33
依崖築榭圖（各人書畫扇（王）冊之 41）	摺扇面	紙	設色	不詳		台北 故宮博物院	故畫 03560-41
山水圖	摺扇面	紙	設色	不詳	康熙壬寅（元年， 1662）春日	北京 故宮博物院	
山水圖（8 幀，為卣臣作）	冊	紙	設色	（每幀）21.8 x 17	庚申（康熙十九年 ，1680）初夏	上海 上海博物館	
山水圖（8 幀）	冊	紙	設色	不詳		美國 New Haven 翁萬戈先生	

畫家小傳：姚文爕。字徑三。號薆湖、黃葉山樵。安徽桐城人。生於明思宗崇禎元（1628）年。卒於清聖祖康熙三十二（1693）年。順治

名稱	形式	質地	色彩	尺寸 高×寬㎝	創作時間	收藏處所	典藏號碼

十八年進士。善畫山水。(見曝書亭集、鼈尾集、西河詩話、無異堂集、中國畫家人名大辭典)

胡 愷

名稱	形式	質地	色彩	尺寸 高×寬㎝	創作時間	收藏處所	典藏號碼
策杖過橋圖	軸	紙	設色	201 × 46.5		南京 南京博物院	
山水圖(為崑翁作)	軸	紙	水墨	147.5 × 55.4	辛酉（康熙二十年，1681）初夏	美國 勃克萊加州大學藝術館	1967.25
菊花（花卉畫冊之6）	摺扇面	紙	設色	15.6 × 48.3		台北 故宮博物院	故畫 03521-6
花鳥圖	摺扇面	金箋	設色	不詳	丙辰（康熙十五年，1676）	瀋陽 遼寧省博物館	
范雙玉像	摺扇面	紙	設色	不詳		長春 吉林省博物館	
葛仙移居圖(為大宗作)	摺扇面	金箋	設色	17 × 53.5	癸巳（順治十年，1653）秋七月	北京 故宮博物院	
仿古山水圖(八幀，為紫崖作)	冊	紙	設色、水墨	不詳	乙未（順治十二年，1655）春二月	北京 故宮博物院	
山水圖(為又新作)	摺扇面	紙	水墨	不詳	乙未（順治十二年，1655）季夏	北京 故宮博物院	
蜜蜂菊花圖（金陵名筆集勝冊8之1幀）	冊頁	紙	設色	17 × 21.3		北京 故宮博物院	
菊花圖（為廣翁作）	摺扇面	紙	設色	不詳	丙申（順治十三年，1656）九月	天津 天津市文化局文物處	
溪山隱逸圖（為雲甫作）	摺扇面	金箋	設色	不詳	辛丑（順治十八年，1661）夏五月	上海 上海博物館	
山水圖（金陵名家山水冊之1幀）	冊頁	金箋	設色	29.1 × 35.1	（庚子，順治十七年，1660）	南京 南京博物院	
老樹慈烏圖（清金陵八家扇面集冊8之1幀）	摺扇面	金箋	水墨	18.4 × 54.3		南京 南京博物院	
花鳥圖	摺扇面	粉箋	設色	不詳	甲辰（康熙三年，1664）	武漢 湖北省博物館	
山水圖（8幀）	冊	紙	設色	（每幀）23.2 × 31.5		美國 加州曹仲英先生	

附：

名稱	形式	質地	色彩	尺寸 高×寬㎝	創作時間	收藏處所	典藏號碼
青溪放棹圖	軸	紙	水墨	141 × 39.2		紐約 佳士得藝品拍賣公司/拍賣目錄 1995,09,19.	
山水圖（8幀）	冊	紙	設色	（每幀）23.5	丁卯（康熙二十六	紐約 蘇富比藝品拍賣公司/拍	

名稱	形式	質地	色彩	尺寸 高×寬㎝	創作時間	收藏處所	典藏號碼
				× 31.4	年，1687）春	賣目錄 1981,11,07.	

畫家小傳：胡慥。字石公。江蘇江寧人。善畫山水、人物，最工畫菊，極盡神妙。為「金陵八家」之一。流傳署款紀年作品見於世祖順治十（1653）至聖祖康熙二十六（1687）年。（見圖繪寶鑑續纂、國朝畫徵錄、榆園讀畫錄、桐陰論畫、中國畫家人名大辭典）

金庶明

名稱	形式	質地	色彩	尺寸 高×寬㎝	創作時間	收藏處所	典藏號碼
桃花源圖	摺扇面	紙	設色	16.3 × 48.5	癸巳（順治十年，1653）麥秋	北京 故宮博物院	
仿唐解元山水圖	摺扇面	金箋	設色	不詳		北京 故宮博物院	
柳溪泛棹圖（欽揖等八人山水合冊8之1幀）	冊頁	絹	設色	23 × 20.5		北京 故宮博物院	

畫家小傳：金庶明。畫史無載。流傳署款紀年作品見於世祖順治十（1653）年。身世待考。

張 玄

附：

名稱	形式	質地	色彩	尺寸 高×寬㎝	創作時間	收藏處所	典藏號碼
載酒圖	摺扇面	金箋	水墨	16.5 × 51	癸巳（順治十年，1653）蒲月	紐約 佳士得藝品拍賣公司/拍賣目錄 1993.06.04.	

畫家小傳：張玄。畫史無載。流傳署款紀年作品見於世祖順治十（1653）年。身世待考。

王尊素

名稱	形式	質地	色彩	尺寸 高×寬㎝	創作時間	收藏處所	典藏號碼
山水圖（方玉如集諸家山水圖卷之第8幅）	卷	紙	水墨	22.6 × ?		香港 黃仲方先生	K92.25

畫家小傳：王尊素。畫史無載。身世待考。

談思重

名稱	形式	質地	色彩	尺寸 高×寬㎝	創作時間	收藏處所	典藏號碼
梅花（明花卉畫冊之9）	冊頁	紙	設色	15 × 46.8		台北 故宮博物院	故畫 03514-9

畫家小傳：談思重。畫史無載。身世待考。

習 遠

名稱	形式	質地	色彩	尺寸 高×寬㎝	創作時間	收藏處所	典藏號碼
紫薇鵜鴒（明花卉畫第二冊之10）	冊頁	紙	設色	15.8 × 49.9		台北 故宮博物院	故畫 03514-10

畫家小傳：習遠。字遠公。江蘇長洲人。身世不詳。工畫花鳥。（傳載歷代畫史彙傳附錄、中國畫家人名大辭典）

季 炳

名稱	形式	質地	色彩	尺寸 高×寬㎝	創作時間	收藏處所	典藏號碼
山水圖（楊補等各家山水冊	冊頁	紙	設色	25.5 × 26.5	（順治十年，癸巳	北京 故宮博物院	

名稱	形式	質地	色彩	尺寸 高x寬cm	創作時間	收藏處所	典藏號碼

12之1幀）　　　　　　　　　　　　　　　　　　　　　　　　，1653）

畫家小傳：季炳。號暐菴。畫史無載。流傳署款紀年作品約在世祖順治十(1653)年。身世待考。

虞堯臣

| 山水圖（清劉度等山水花鳥 | 冊頁 | 絹 | 水墨 | 24.2 x 18.3 | 癸巳（順治十年 | 天津 天津市藝術博物館 | |
| 冊8之1幀） | | | | | ，1653）仲冬 | | |

畫家小傳：虞堯臣。畫史無載。流傳署款紀年作品見於世祖順治十(1653)年。身世待考。

徐　邦

竹雀圖	軸	紙	設色	114.2 x 58.6		杭州 浙江省博物館	
藻魚圖（清劉度等山水花鳥	冊頁	絹	水墨	24.2 x 18.3	癸巳（順治十年	天津 天津市藝術博物館	
冊8之1幀）					，1653）菊日		
花鳥圖（為慶陽年翁作，俞	冊頁	絹	設色	31.2 x 31.8	（丁卯，康熙二十	上海 上海博物館	
齡等雜畫冊38之1幀）					六年，1687）		
附：							
蘆花翔雁圖（清章日能等雜	摺扇面	金箋	設色	29 x 37.4	乙巳（康熙四年，	武漢 湖北省武漢市文物商店	
畫冊14之1幀）					1665）桂秋		
松蔭對飲圖（清章日能等雜	摺扇面	金箋	設色	29 x 37.4	（乙巳，康熙四年	武漢 湖北省武漢市文物商店	
畫冊14之1幀）					，1665）		

畫家小傳：徐邦。字彥膺。浙江杭州人。善書畫。書法顏真卿、米芾。畫工花鳥，摹倣呂紀、黃筌。所居硯廬，名花滿砌，故寫生益工。
　　　　　老年目力猶如童，筆法更司。流傳署款紀年作品見於世祖順治十(1653)年，聖祖康熙二十六(1687)年。(見圖繪寶鑑續纂、
　　　　　中國畫家人名大辭典)

陳　庭

| 草蟲圖（清劉度等山水花鳥 | 冊頁 | 絹 | 水墨 | 24.2 x 18.3 | （癸巳，順治十年 | 天津 天津市藝術博物館 | |
| 冊8之1幀） | | | | | ，1653） | | |

畫家小傳：陳庭。字子庭。畫史無載。流傳署款紀年作品約在世祖順治十(1653)年。身世待考。

鄭　完

| 山館清秋圖 | 軸 | 絹 | 設色 | 189 x 50 | 癸巳（順治十年， | 天津 天津市藝術博物館 | |
| | | | | | 1653） | | |

畫家小傳：鄭完。字完德。安徽歙縣人。鄭重之子。承家學，善畫山水、人物，能步武父業。流傳署款紀年作品見於世祖順治十(1653)
　　　　　年。(見無聲詩史、中國畫家人名大辭典)

名稱	形式	質地	色彩	尺寸 高x寬cm	創作時間	收藏處所	典藏號碼

陳公瓚

| 山水圖 | 摺扇面 | 金箋 | 設色 | 不詳 | 癸巳（？順治十年，1653） | 廣州 廣州市美術館 | |

畫家小傳：陳公瓚。畫史無載。流傳署款作品紀年疑為世祖順治十(1653)年。身世待考。

陳堯卿

| 山水圖 | 摺扇面 | 金箋 | 水墨 | 不詳 | 癸巳（順治十年，1653） | 廣州 廣州市美術館 | |

畫家小傳：陳堯卿。畫史無載。流傳署款作品紀年疑為世祖順治十(1653)年。身世待考。

吳斌

| 花卉圖（7幀） | 冊 | 雲母箋 | 水墨 | 不詳 | | 北京 故宮博物院 | |

畫家小傳：吳斌。畫史無載。身世待考。

秦涵

| 擬黃鶴山樵山水圖（明清諸大家扇面冊之一幀，為絢臣作） | 摺扇面 | 金箋 | 設色 | 16.2 x 52.3 | 甲午（順治十一年，1714）夏日 | 日本 中埜又左衞門先生 | |

畫家小傳：秦涵。籍里不詳，或疑為安徽新安人。善盡山水，學僧漸江。流傳署款紀年作品見於聖祖康熙五十三年。（見國朝畫徵錄、中國畫家人名大辭典）

呂煥成

西園雅集圖	卷	絹	設色	26 x 408.5	丁未（康熙六年，1667）秋日	北京 故宮博物院	
漢宮春曉圖	卷	絹	設色	39 x 545.5	壬戌（康熙二十一年，1682）春日	上海 上海博物館	
西谿別業圖	卷	絹	設色	46.2 x 605.8	己巳（康熙二十八年，1689）秋日	上海 上海博物館	
故事山水圖	軸	絹	設色	162.4 x 90		香港 中文大學中國文化研究所文物館	95.567
仿劉松年山水圖	軸	絹	設色	不詳	己巳（康熙二十八年，1689）	瀋陽 故宮博物院	
春山聽阮圖	軸	絹	設色	133.5 x 68		旅順 遼寧省旅順博物館	
春夜宴桃李園圖	軸	絹	設色	198.8 x 96.2		旅順 遼寧省旅順博物館	

名稱	形式	質地	色彩	尺寸 高x寬cm	創作時間	收藏處所	典藏號碼
桃李圖	軸	金箋	設色	214.2 x 48.8	壬寅（康熙元年，1662）秋日	北京 故宮博物院	
山水人物圖	軸	絹	設色	不詳	庚戌（康熙九年，1670）	北京 故宮博物院	
青綠山水圖	軸	絹	設色	不詳	癸丑（康熙十二年，1673）夏日	北京 故宮博物院	
山水圖	軸	絹	設色	不詳	己巳（康熙二十八年，1689）夏日	北京 故宮博物院	
送別圖	軸	絹	設色	不詳	庚午（康熙二十九年，1690）	北京 故宮博物院	
安期賜棗圖	軸	絹	設色	不詳		北京 故宮博物院	
仿李成山水圖	軸	絹	設色	不詳		北京 故宮博物院	
仿李成山水圖	軸	絹	設色	不詳		北京 故宮博物院	
仿范寬竹林七賢圖	軸	絹	設色	不詳		北京 故宮博物院	
峨嵋積雪圖	軸	絹	設色	不詳		北京 故宮博物院	
仿趙伯駒女仙圖	軸	絹	設色	不詳		北京 故宮博物院	
葛仙吐火圖（呂師堅、呂煥成合作）	軸	絹	設色	不詳		北京 故宮博物院	
天台石梁圖	軸	絹	設色	不詳		北京 中國歷史博物館	
青綠山水圖	軸	絹	設色	不詳		北京 首都博物館	
岳飛參花圖	軸	絹	設色	181.2 x 97	戊申（康熙七年，1668）	天津 天津市藝術博物館	
赤壁圖	軸	絹	設色	163 x 66	戊辰（康熙二十七年，1688）	天津 天津市藝術博物館	
書傳道德圖	軸	絹	設色	不詳		天津 天津市藝術博物館	
山水圖（4幅）	軸	絹	設色	203.5 x 50.3		天津 天津市藝術博物館	
夢筆生花圖	軸	絹	設色	177 x 47.5		天津 天津市歷史博物館	
五嶽萬仙圖	軸	絹	設色	259 x 99	辛酉（康熙二十年，1681）菊月	石家莊 河北省博物館	
摹趙伯駒山水圖	軸	絹	設色	98.5 x 21	辛亥（康熙十年，1671）	太原 山西省博物館	
仿李晞古山水圖	軸	絹	設色	180 x 97		黃山 安徽省黃山市博物館	

名稱	形式	質地	色彩	尺寸 高×寬cm	創作時間	收藏處所	典藏號碼
羅浮仙館圖	軸	絹	設色	不詳	庚戌（康熙九年，1670）花朝	上海 上海博物館	
踏雪尋梅圖	軸	絹	設色	不詳	康熙丙辰（十五年，1676）	上海 上海博物館	
仿李唐山水圖	軸	絹	設色	不詳	庚午（康熙二十九年，1690)春日	上海 上海博物館	
松閣採芝圖	軸	絹	設色	184.3 × 44.3	丁卯（康熙二十六年，1687）	杭州 浙江省博物館	
瑤臺圖	軸	絹	設色	不詳	癸未（康熙四十二年，1703）	杭州 浙江省杭州市文物考古所	
青綠山水圖	軸	絹	設色	178.9 × 44.2		成都 四川省博物院	
摹李咸熙山水圖	軸	絹	設色	不詳		成都 四川大學	
山溪載舟圖	軸	絹	設色	不詳	戊辰（康熙二十七年，1688）	廣州 廣州美術學院	
梅花書屋圖	軸	絹	設色	不詳	癸酉（康熙三十二年，1693）	烏魯木齊 新疆維吾爾自治區博物館	
寒林行旅圖	軸	絹	設色	153.8 × 63	戊寅（康熙三十七年，1698）冬日	日本 東京國立博物館	
仿王維萬山飛雪圖	軸	絹	設色	176.3 × 91.3		日本 私人	
三星圖	軸	絹	設色	176.1 × 64.8		日本 私人	
仿荊浩畫法山水圖	軸	絹	設色	176.9 × 89.4		美國 紐約沙可樂先生	
山水圖	軸	絹	水墨	204.9 × 96.4	辛酉（康熙二十年，1681）冬十月	美國 勃克萊加州大學藝術館（高居翰教授寄存）	
山水圖	軸	絹	設色	176.9 × 89.4		美國 勃克萊加州大學藝術館（Schlenker先生寄存）	
山水圖	軸	絹	設色	205.2 × 68.5		美國 史坦福大學藝術博物館（加州私人寄存）	
觀馬圖（名人畫扇（甲）冊之11）	摺扇面	紙	設色	不詳		台北 故宮博物院	故畫 03547-11
山水圖（清章聲等山水冊8	冊頁	絹	設色	30.6 × 43.3	庚子（順治十七年	旅順 遼寧省旅順博物館	

名稱	形式	質地	色彩	尺寸 高x寬cm	創作時間	收藏處所	典藏號碼
之第2幀）					，1660）春日		
山水人物圖	摺扇面	紙	設色	不詳	丙寅（康熙二十五年，1686）秋日	北京 故宮博物院	
仿趙伯駒山水圖	摺扇面	金箋	設色	19.2 x 55.3	庚辰（康熙三十九年，1700）	北京 故宮博物院	
山水圖（十家書畫扇面冊10之1幀）	摺扇面	金箋	設色	16.2 x 48.6		北京 首都博物館	
山水圖（6幀）	冊	絹	設色	（每幀）31.7 x 51.5		天津 天津市藝術博物館	
花港觀魚圖（樊圻、呂煥成山水冊8之1幀）	冊	絹	設色	（每幀）28 x 28		合肥 安徽省博物館	
斷橋殘雪圖（樊圻、呂煥成山水冊8之6幀）	冊	絹	設色	（每幀）28 x 28		合肥 安徽省博物館	
山水圖（8幀）	冊	絹	設色	（每幀）33.1 x 26.2		杭州 浙江省博物館	
附：							
山水圖	軸	絹	設色	167 x 41	（康熙四十二年，癸未，1703）	天津 天津市文物公司	
水仙山禽圖	軸	絹	設色	190 x 48		天津 天津市文物公司	
虎溪三笑圖	軸	絹	設色	168.5 x 54		武漢 湖北省武漢市文物商店	
鍾馗圖	軸	絹	設色	100.3 x 49.3	癸丑（康熙十二年，1673）夏日	紐約 佳士得藝品拍賣公司/拍賣目錄 1988,11,30.	
仙女下凡圖	軸	絹	設色	177 x 93.5	戊寅（康熙三十七年，1698）菊秋	紐約 佳士得藝品拍賣公司/拍賣目錄 1990,05,31.	
采芝圖	軸	絹	設色	165.1 x 89.5	壬申（康熙三十一年，1692）秋日	紐約 佳士得藝品拍賣公司/拍賣目錄 1995,3,22.	
老梅圖（清章日能等雜畫冊14之1幀）	摺扇面	金箋	設色	29 x 37.4	乙巳（康熙四年，1665）秋日	武漢 湖北省武漢市文物商店	

畫家小傳：呂煥成。字吉文。浙江餘姚人。生於明思宗崇禎三(1630)年。清聖祖康熙四十四(1705)年尚在世。善畫人物、花卉。
　　　（見圖繪寶鑑續纂、中國畫家人名大辭典）

呂師堅

名稱	形式	質地	色彩	尺寸 高x寬cm	創作時間	收藏處所	典藏號碼
葛仙吐火圖（呂師堅、呂煥成合作）	軸	絹	設色	不詳		北京 故宮博物院	

名稱	形式	質地	色彩	尺寸 高×寬cm	創作時間	收藏處所	典藏號碼
題壁圖	軸	絹	設色	152 × 40.2		杭州 浙江省博物館	

畫家小傳：呂師堅。與呂煥成同時。畫史無載。身世待考。

王元初

名稱	形式	質地	色彩	尺寸 高×寬cm	創作時間	收藏處所	典藏號碼
秀巒叢樹（周亮工集名家山水冊之16）	冊頁	紙	水墨	24.2 × 31.7	乙未（順治十二年，1655）九月	台北 故宮博物院	故畫 01274-16
林巒茂密（各人書畫扇（王）冊之21）	摺扇面	紙	水墨	不詳		台北 故宮博物院	故畫 03560-21
仿王蒙山水圖	摺扇面	金箋	設色	17.3 × 50.7	壬寅（康熙元年，1662）	北京 故宮博物院	

畫家小傳：王元初。字紫崖。籍里、身世不詳。能畫山水，有元黃公望之風。清順治間，嘗為周亮工作山水冊。流傳署款紀年作品見於清世祖順治十二（1655）年，至聖祖康熙元（1662）年。（見歷代畫史彙傳附錄、中國美術家人名辭典）

何 遠

名稱	形式	質地	色彩	尺寸 高×寬cm	創作時間	收藏處所	典藏號碼
語石大師桐蔭趺坐圖	軸	紙	設色	不詳	丙午（康熙五年，1666）	北京 故宮博物院	
仙山樓閣圖（為玉翁作）	軸	金箋	水墨	不詳	癸卯（康熙二年，1663）孟秋	北京 首都博物館	
洞壑山峰圖	軸	紙	設色	不詳	戊申（康熙七年，1668）	上海 上海博物館	
洞庭龍渚圖	軸	金箋	設色	61.3 × 36.2	己巳（康熙二十八年，1689）仲冬	南京 南京博物院	
山水圖	摺扇面	紙	設色	不詳	庚子（順治十七年，1660）冬日	北京 故宮博物院	
山水圖（清何遠等山水小品冊之1幀）	冊頁	金箋	設色	15.4 × 9.6	己亥（順治十六年，1659）子月	蘇州 江蘇省蘇州博物館	
山水圖（為永明盟兄畫）	摺扇面	金箋	設色	17 × 50.9	乙未（順治十二年，1655）秋日	日本 東京岩崎小彌太先生	
溪山水閣圖（清名家為俊甫作山水冊9之1幀）	冊頁	金箋	設色	不詳	庚寅（順治七年，1650）臘月	日本 中埜又左衛門先生	
附：玉洞桃花圖	軸	金箋	設色	不詳	戊申（康熙七年，1668）	上海 上海友誼商店古玩分店	
山水（明清諸家賀斗南翁壽	冊頁	金箋	設色	29.8 × 35.8	戊戌（順治十五年	紐約 佳士得藝品拍賣公司/拍	

名稱	形式	質地	色彩	尺寸 高x寬cm	創作時間	收藏處所	典藏號碼

山水冊8之1幀）　　　　　　　　　　　　　　　　　　　　，1658）夏　　　　　賣目錄 1995,3,22.

畫家小傳：何遠。字履芳。江蘇華亭人。善臨摹。畫山水、人物，能自運作。署款紀年作品見於清世祖順治七（1650）年。至聖祖康熙
　　　　二十八（1689）年。（見圖繪寶鑑續纂、中國畫家人名大辭典）

章 聲

名稱	形式	質地	色彩	尺寸 高x寬cm	創作時間	收藏處所	典藏號碼
山水（諸昇等五人雜畫合卷 5之第4段）	卷	紙	設色	不詳		北京 故宮博物院	
折枝花卉圖	卷	絹	設色	33.8 x 349	庚申（康熙十九年，1680）	天津 天津市歷史博物館	
杏花圖	軸	絹	設色	不詳	壬寅（康熙元年，1662）九月二日	北京 故宮博物院	
雪景山水圖	軸	絹	水墨	不詳	丙午（康熙五年，1666）春日	北京 故宮博物院	
松溪獨釣圖	軸	絹	設色	不詳	乙酉（康熙四十四年，1705）冬日	北京 故宮博物院	
携琴訪友圖	軸	絹	設色	不詳	丁巳（康熙十六年，1677）夏日	北京 中國歷史博物館	
秋林詩意圖	軸	絹	設色	269.3 x 119.8	丙寅（康熙二十五年，1686）秋日	北京 中國歷史博物館	
金、焦山圖	軸	絹	設色	181.3 x 97.7	辛亥（康熙十年，1671）仲夏	北京 首都博物館	
秋山行旅圖（為遠初作）	軸	紙	設色	203 x 96	壬戌（康熙二十一年，1682）夏日	北京 首都博物館	
松亭對話圖	軸	絹	設色	不詳		北京 中央美術學院	
春山看山圖	軸	絹	設色	146 x 92	丁卯（康熙二十六年，1687）	天津 天津市藝術博物館	
虎圖	軸	紙	設色	不詳	庚午（康熙二十九年，1690）	天津 天津市藝術博物館	
四季山水圖（4幅）	軸	絹	設色	（每幅）173.3 x 46.5	丙子（康熙三十五年，1696）	天津 天津市藝術博物館	
仿王維山水圖	軸	絹	設色	不詳		天津 天津市藝術博物館	
仿郭熙山水水榭賞荷圖	軸	絹	設色	90.2 x 45.6		天津 天津市藝術博物館	
仿李唐山水圖	軸	絹	設色	不詳		天津 天津市藝術博物館	
雲龍圖	軸	紙	設色	不詳		天津 天津市藝術博物館	
牡丹錦雞圖	軸	絹	設色	不詳	己巳（康熙二十八	天津 天津市文化局文物處	

名稱	形式	質地	色彩	尺寸 高×寬㎝	創作時間	收藏處所	典藏號碼
					年，1689）		
雨後山泉圖	軸	絹	設色	不詳	辛亥（康熙十年，1671）	青島 山東省青島市博物館	
花鳥圖（4幅）	軸	絹	設色	不詳	癸卯（康熙二年，1663）嘉平	南京 南京博物院	
水閣客話圖	軸	絹	設色	174.5 x 89.5		南京 南京博物院	
柳蔭探春圖	軸	絹	設色	199.9 x 44.8	癸丑（康熙十二年，1673）	杭州 浙江省博物館	
雪山行旅圖	軸	絹	設色	252.9 x 98.9	丙寅（康熙二十五年度，1686）	杭州 浙江省博物館	
滿園春色圖	軸	絹	設色	149.9 x 76.3	癸酉（康熙三十二年，1693）	杭州 浙江省博物館	
攜琴訪友圖	軸	絹	設色	170.5 x 96	辛未（康熙三十年，1691）	杭州 浙江省杭州西泠印社	
松閣長亭圖	軸	絹	設色	不詳	丁卯（康熙二十六年，1687）	紹興 浙江省紹興市博物館	
仿李唐山水圖	軸	綾	設色	不詳		金華 浙江省金華市太平天國侍王府紀念館	
滿堂春色圖（為簡之作）	軸	絹	設色	117.5 x 97	庚申（康熙十九年，1680）仲春	成都 四川大學	
秋江閑眺圖	軸	綾	設色	181 x 51	丁酉（康熙五十六年，1717）	廣州 廣東省博物館	
不老長春圖	軸	絹	設色	170.8 x 92.6		日本 東京國立博物館	
山水（霜林釣艇圖）	軸	絹	設色	183.5 x 47	乙未（順治十二年，1655）仲冬月	日本 東京張允中先生	
綠陰溪橋圖（擬北苑畫法）	軸	絹	水墨	168.8 x 43. 2		日本 京都桑名鐵城先生	
溪亭讀書圖（擬北苑畫法）	軸	綾	水墨	122.1 x 45.1		日本 京都桑名鐵城先生	
林亭靄靄圖（擬北苑筆法）	軸	絹	水墨	134 x 45		日本 大阪橋本大乙先生	
山水圖（為子握老年翁榮壽作）	軸	絹	設色	239 x 89.8	乙丑（康熙二十四年，1685）中春	日本 私人	

名稱	形式	質地	色彩	尺寸 高x寬cm	創作時間	收藏處所	典藏號碼
松鹿圖	軸	絹	設色	150.8 x 42.1		日本 私人	
觀瀑圖	軸	絹	設色	263.4 x 107.8		日本 私人	
雲出巖閒、煙生亂山（對幅）	軸	絹	設色	（每幅）126.6 x 45		日本 私人	
山水圖	軸	絹	設色	139.8 x 37.3		美國 耶魯大學藝術館	1988.72.2
山水人物圖	軸	絹	設色	177.4 x 43.5		美國 聖路易斯市藝術館（米蘇里州梅林先生寄存）	
山水圖	軸	絹	設色	不詳	庚子（順治十七年，1660）小春	美國 孔達先生原藏	
松陰漁隱（明人集繪冊之11）	冊頁	紙	設色	31 x 37.7		台北 故宮博物院	故畫 03510-11
萬壑樹聲圖（清章聲等山水冊8之第1幀）	冊頁	絹	設色	30.6 x 43.3	（庚子，順治十七年，1660）	旅順 遼寧省旅順博物館	
雜畫（8幀）	冊	紙	設色	不詳	甲辰（康熙三年，1664）	北京 故宮博物院	
山水圖（12幀）	冊	紙	設色	不詳		北京 故宮博物院	
花鳥圖（清洪都等雜畫冊8之1幀）	冊頁	絹	設色	26 x 17		天津 天津市歷史博物館	
澗亭觀瀑圖（明藍瑛等山水冊10之1幀）	冊頁	絹	設色	（每幀）36.5 x 25.7	甲午（順治十一年，1654）仲冬	天津 天津市藝術博物館	
登高眺遠圖（明藍瑛等山水冊10之1幀）	冊頁	絹	設色	（每幀）36.5 x 25.7	甲午（順治十一年，1654）仲冬	天津 天津市藝術博物館	
為金章作山水圖（祁豸佳等山水花鳥冊27之1幀）	冊頁	絹	設色	30 x 23.4	辛亥（康熙十年，1671）仲春	天津 天津市藝術博物館	
山水圖（4幀）	冊	絹	設色	不詳	乙丑（康熙二十四年，1685）中秋	上海 上海博物館	
山棧雲居圖（為慶陽年翁作，俞齡等雜畫冊38之1幀）	冊頁	絹	設色	31.2 x 31.8	（丁卯，康熙二十六年，1687）	上海 上海博物館	
山水圖（清呂智等雜畫冊10之1幀）	冊頁	絹	設色	不詳	（己酉，康熙八年，1669）	廣州 廣東省博物館	
坐石看松圖（為承叔作）	摺扇面	紙	設色	不詳	甲辰（康熙三年，1664）上巳	日本 江田勇二先生	

名稱	形式	質地	色彩	尺寸 高×寬㎝	創作時間	收藏處所	典藏號碼

附：

名稱	形式	質地	色彩	尺寸 高×寬㎝	創作時間	收藏處所	典藏號碼
仿董源山水圖	軸	絹	水墨	不詳	壬申（康熙三十一年，1692）	北京 北京市文物商店	
秋山積翠圖	軸	絹	設色	不詳	辛亥（康熙十年，1671）	上海 上海文物商店	
山水圖	軸	絹	設色	139.8 × 37.4	乙未（順治十二年，1655）	紐約 蘇富比藝品拍賣公司/拍賣目錄 1983,12,07.	
春山漫興	軸	絹	設色	172.7 × 95.3	戊寅（康熙三十七年，1698）小春	紐約 佳士得藝品拍賣公司/拍賣目錄 1993,06,04.	
閣道雪色圖	軸	絹	設色	250 × 96	丁巳（康熙十六年，1677）長夏	香港 佳士得藝品拍賣公司/拍賣目錄 2001,0,29.	
花鳥圖（清王琦等雜畫冊6之1幀）	冊頁	紙	設色	55 × 26		上海 朵雲軒	
花鳥圖	摺扇面	金箋	設色	15.5 × 48.5	癸卯（康熙二年，1663）九夏	紐約 佳士得藝品拍賣公司/拍賣目錄 1984,06,29.	
山水（8幀）	冊	絹	設色、水墨	（每幀）23 × 18		紐約 佳士得藝品拍賣公司/拍賣目錄 1994,06,01.	

畫家小傳：章聲。字子鶴。浙江仁和人。章谷次子。工畫山水、花卉，父子俱名噪西泠。流傳署款紀年作品所見於清世祖順治十二（1655）年，至聖祖康熙四十四（1705）年。（見圖繪寶鑑續纂、中國畫家人名大辭典）

陳　衡

名稱	形式	質地	色彩	尺寸 高×寬㎝	創作時間	收藏處所	典藏號碼
劍閣飛瓊圖	軸	絹	設色	183.6 × 43.8	甲辰（康熙三年，1664）	天津 天津市藝術博物館	
仿黃鶴山樵山水（清章聲等山水冊8之第4幀）	冊頁	絹	設色	30.6 × 43.3	庚子（順治十七年，1660）春仲	旅順 遼寧省旅順博物館	
仿趙幹法山水（明藍瑛等山水冊10之1幀）	冊頁	絹	設色	（每幀）36.5 × 25.7	（乙未，順治十二年，1655）	天津 天津市藝術博物館	
寒江擺渡圖（明藍瑛等山水冊10之1幀）	冊頁	絹	設色	（每幀）36.5 × 25.7	（乙未，順治十二年，1655）	天津 天津市藝術博物館	
仿王蒙山水圖（為恂翁作）	摺扇面	金箋	設色	不詳	辛亥（康熙十年，1671）長夏	上海 上海博物館	
仿郭熙山水圖（四季山水圖冊頁合裝軸之4）	冊頁	絹	設色	38.9 × 23.6		美國 耶魯大學藝術館	

畫家小傳：陳衡。字璇玉。號東疇。浙江杭州人。善畫山水，摹仿宋、元俱妙。流傳署款紀年作品見於世祖順治十二（1655）年至聖祖

名稱	形式	質地	色彩	尺寸 高×寬cm	創作時間	收藏處所	典藏號碼

康熙十(1671)年。（見圖繪寶鑑續纂、中國畫家人名大辭典）

傅 觀

法大癡筆山水圖（明藍瑛等山水冊 10 之 1 幀）	冊頁	絹	設色	（每幀）36.5 × 25.7	（乙未，順治十二年，1655）	天津 天津市藝術博物館	
法米氏雲山圖（明藍瑛等山水冊 10 之 1 幀）	冊頁	絹	設色	（每幀）36.5 × 25.7	（乙未，順治十二年，1655）	天津 天津市藝術博物館	
雲壑幽居圖（明藍瑛等山水冊 10 之 1 幀）	冊頁	絹	設色	（每幀）36.5 × 25.7	（乙未，順治十二年，1655）	天津 天津市藝術博物館	

畫家小傳：傅觀。畫史無載。流傳署款紀年作品約見於世祖順治十二（1655）年。身世待考。

潘雲馭

| 秋江落照圖 | 摺扇面 | 金箋 | 設色 | 15.5 × 47.5 | 甲辰（康熙三年，1664）夏日 | 美國 紐約大都會藝術博物館 | 13.100.79 |

附：

| 山水圖 | 摺扇面 | 金箋 | 設色 | 不詳 | 乙未（順治十二年，1655） | 上海 朵雲軒 | |

畫家小傳：潘雲馭。畫史無載。流傳署款紀年作品見於世祖順治十二（1655）年至聖祖康熙三（1664）年。身世待考。

汪 雲

| 山水圖（為元翁老詞宗寫，明清書畫合綴帖之 3） | 摺扇面 | 金箋 | 設色 | 15.6 × 49.5 | 乙未（順治十二年，1655）春日 | 美國 聖路易斯市吳訥孫教授 | |

畫家小傳：汪雲。畫史無載。流傳署款紀年作品見於世祖順治十二（1655）。身世待考。

顧豹文

| 霖雨九垓圖 | 軸 | 綾 | 水墨 | 180.9 × 52.1 | | 日本 神戶小寺成藏先生 | |

畫家小傳：顧豹文。字季蔚，號且庵。浙江錢塘人。順治十二年（1655）進士。官至監察御史。康熙舉鴻博，以年老辭歸－（見顧圖日記、世美堂集、中國畫家人名大辭典）

馮源濟

| 遙峰飛瀑圖 | 軸 | 綾 | 水墨 | 132.4 × 48.4 | 乙卯（康熙十四年，1675） | 石家莊 河北省博物館 | |
| 青綠雲山圖 | 軸 | 絹 | 設色 | 186 × 76 | | 天津 天津市文化局文物處 | |

名稱	形式	質地	色彩	尺寸 高x寬cm	創作時間	收藏處所	典藏號碼
山水（查士標題詩）	軸	綾	設色	151.5 × 50.6		日本 兵庫縣中村陶庵先生	
附：							
山水圖（清嚴延等山水集冊 12之1幀）	摺扇面 金箋	水墨	不詳			上海 上海工藝品進出口公司	

畫家小傳：馮源濟。字胎仙。河北涿州人。世祖順治十二年（1655）進士。工畫山水，學董其昌、黃公望，布置宏闊，筆墨深厚。（見圖繪寶鑑續纂、國朝畫徵錄、中國畫家人名大辭典）

鍾 珥

摹郭河陽筆意山水（江左文心集冊12之1幀）	冊頁	紙	設色	16.8 × 21	乙未（順治十二年，1655）清和月	北京 故宮博物院	

畫家小傳：鍾珥。畫史無載。流傳署款紀年作品見於世祖順治十二（1655）。身世待考。

張 輻

桃竹幽禽圖（江左文心集冊12之1幀）	冊頁	紙	設色	16.8 × 21		北京 故宮博物院	

畫家小傳：張輻。畫史無載。約與鍾珥同時。身世待考。

完 德

人物圖（江左文心集冊12之1幀）	冊頁	紙	設色	16.8 × 21		北京 故宮博物院	
雲溪雁陣圖（為掌和作，史爾祉等作山水冊12之1幀）	冊頁	紙	設色	19.5 × 16		北京 故宮博物院	

畫家小傳：完德。畫史無載。約與鍾珥、孫逸同時間。身世待考。

梁 鋐

孤山放鶴圖	卷	絹	設色	30 × 282	己亥（順治十六年，1659）	蘭州 甘肅省博物館	

畫家小傳：梁鋐。字子遠。三原人。世祖順治十二（1655）年進士。善畫山水，筆墨蒼古，思致清妙。（見圖繪寶鑑續纂、國朝畫徵錄、中國畫家人名大辭典）

陸 遠

仿巨然谿山無盡圖	卷	紙	設色	39.7 × 185	乙亥（康熙三十四年，1695）五月	台北 故宮博物院	故畫01083
仿高彥敬江村烟雨圖	卷	紙	設色	不詳	庚寅（康熙四十九	貴陽 貴州省博物館	

名稱	形式	質地	色彩	尺寸 高×寬cm	創作時間	收藏處所	典藏號碼
					年，1710) 清和		
山靜日長圖	軸	金箋	設色	167.5 × 48.1	壬戌 (康熙二十一年，1682)	瀋陽 遼寧省博物館	
卞永譽事迹圖 (6幅，張璧、陸遠合作)	軸	絹	設色	不詳		北京 故宮博物院	
夏日煙雨圖	軸	絹	設色	130.8 × 49.4	辛未 (康熙三十年，1691)	天津 天津市藝術博物館	
仿燕文貴山水圖	軸	絹	設色	不詳	甲申 (康熙四十三年，1704)	天津 天津市藝術博物館	
谿山雪霽圖	軸	絹	設色	103 × 48.9	戊戌 (康熙五十七年，1718)	天津 天津市藝術博物館	
桃花源圖	軸	絹	設色	171.5 × 49.1		天津 天津市藝術博物館	
雙鵝圖	軸	絹	設色	51.9 × 35.2		天津 天津市藝術博物館	
擬燕文貴清溪載書圖	軸	紙	設色	不詳	庚辰 (康熙三十九年，1700) 中秋	鄭州 河南省鄭州市博物館	
夏山深秀圖 (為吉翁作)	軸	絹	設色	190 × 97.5	甲子 (康熙二十三年，1684) 二月望後	上海 上海博物館	
仿李營丘山水圖 (為其老作)	軸	金箋	水墨	不詳	戊辰 (康熙二十七年，1688) 菊秋	鎮江 江蘇省鎮江市博物館	
仿黃子久溪山秋靄圖 (為元習作)	軸	紙	設色	67 × 41.5	己丑 (康熙四十八年，1709) 九月	蘇州 江蘇省蘇州博物館	
仿郭熙筆作雪江訪友圖	軸	絹	設色	188.3 × 100	戊子 (康熙四十七年，1708) 嘉平	杭州 浙江省博物館	
夏山訪隱圖	軸	金箋	水墨	166.7 × 42.4	丁巳 (康熙十六年，1677) 清和	日本 東京篠崎都香佐先生	
桃花書屋圖 (擬趙文敏)	軸	絹	設色	190.9 × 57.3	丙寅 (康熙二十五年，1686) □冬	日本 東京帝室博物館	
摹古 (10幀，寫似趙懷道兄)	冊	紙	設色、水墨	(每幀) 38.7 × 29.6	甲戌 (康熙三十三年，1694) 暮冬	台北 故宮博物館	故畫 01153
芙蓉水鳥 (明人便面畫冊肆冊 (三) 之10)	摺扇面 紙		設色	不詳		台北 故宮博物院	故畫 03539-10
仿黃公望谿山雨過圖 (各人	摺扇面 紙		水墨	不詳		台北 故宮博物院	故畫 03557-12

名稱	形式	質地	色彩	尺寸 高×寬㎝	創作時間	收藏處所	典藏號碼
畫扇貳冊（下）冊之12）							
山水圖	摺扇面	紙	設色	不詳	乙巳（康熙四年，1665）中秋	北京 故宮博物院	
山水圖（翁陵等山水冊12之1幀）	冊頁	紙	設色	不詳		北京 故宮博物院	
仿古山水圖（12幀）	冊	絹	設色	（每幀）54.5 × 35.5		上海 上海博物館	
洞庭景色圖（陸遠、朱白、王禛、張嘉合作）	摺扇面	紙	設色	不詳		南京 南京博物院	
山水圖（清吳歷等山水集冊12之1幀）	冊頁	紙	設色	不詳	（甲寅，康熙十三年，1674）	杭州 浙江省博物館	
山水圖（8幀）	冊	絹	設色	（每幀）29.8 × 22.5	癸卯（康熙二年，1663）立秋日	美國 舊金山亞洲藝術館	B60 D127
附：							
仿高克恭山水圖	軸	絹	水墨	51 × 53		紐約 佳士得藝品拍賣公司/拍賣目錄1984,06,29.	
山水圖（為賜年先生作）	摺扇面	金箋	水墨	23 × 53.2	甲午(順治十一年，1654)暢月	紐約 佳士得藝品拍賣公司/拍賣目錄1990,11,28.	

畫家小傳：陸遠。字靜致。籍里、身世不詳。生於明思宗崇禎四（1631）年，聖祖康熙四十九（1710）年尚在世。善畫山水。（見畫史彙傳附錄、中國畫家人名大辭典）

張　璧

名稱	形式	質地	色彩	尺寸 高×寬㎝	創作時間	收藏處所	典藏號碼
卞永譽事迹圖（6幅，張璧、陸遠合作）	軸	絹	設色	不詳		北京 故宮博物院	

畫家小傳：張璧。畫史無載。與陸遠同時。身世待考。

周　荃

名稱	形式	質地	色彩	尺寸 高×寬㎝	創作時間	收藏處所	典藏號碼
貓石圖	軸	絹	設色	不詳	己酉（康熙八年，1669）五月五日	北京 故宮博物院	
鍾馗圖	軸	紙	設色	111.2 × 59.9	丁卯（康熙二十六年，1687）	天津 天津市藝術博物館	
仿北苑山水圖	軸	綾	水墨	169 × 61	丙申（順治十三年，1656）秋仲	太原 山西省博物館	
崇山水閣圖	軸	綾	水墨	169 × 61.1		太原 山西省博物館	

名稱	形式	質地	色彩	尺寸 高×寬㎝	創作時間	收藏處所	典藏號碼
夏山圖	軸	綾	水墨	214 × 51		濟南 山東省博物館	
萱草芝石圖	軸	紙	設色	不詳		合肥 安徽省博物館	
寒林策騎圖	軸	紙	水墨	不詳		上海 上海博物館	
水墨山水圖	軸	絹	水墨	151.2 × 60.6		日本 東京速水一孔先生	
為仙老作山水圖	軸	紙	水墨	不詳		日本 江田勇二先生	
白雲出塢圖	軸	紙	水墨	106 × 41.5		美國 私人	
松嶺巖關（周亮工集名家山水冊之15）	冊頁	紙	水墨	25.4 × 36.1		台北 故宮博物院	故畫 01274-15
花果圖（6幀）	冊	紙	水墨	不詳		北京 故宮博物院	
瓜果圖（8幀）	冊	紙	水墨	不詳		天津 天津市藝術博物館	
水仙圖（祁豸佳等山水花鳥冊27之1幀）	冊頁	絹	設色	30 × 23.4		天津 天津市藝術博物館	
果蔬圖（祁豸佳等山水花鳥冊27之1幀）	冊頁	絹	設色	30 × 23.4		天津 天津市藝術博物館	
花卉圖（吳歷等花竹禽魚圖冊12之1幀）	冊頁	紙	設色	26.2 × 23.8		上海 上海博物館	
花果圖（4幀）	冊	紙	水墨	不詳	庚戌（康熙九年，1670）	成都 四川省博物院	
花卉圖（8幀）	冊	紙	水墨	（每幀）23.2 × 31.7	辛丑（順治十八年，1661）	廣州 廣東省博物館	
花鳥圖（四朝墨寶冊之一）	冊頁	絹	設色	26.8 × 26.6		英國 倫敦大英博物館	1946.4.1301(ADD219)
附：							
海棠圖	軸	紙	水墨	不詳		上海 上海工藝品進出口公司	

畫家小傳：周荃。字靜香，號花谿老人。江蘇長洲人。清兵南下，因嚮導有功，以開封知府遷授觀察使。工書畫。善畫山水、花草、蟲魚，小幅冊頁頗饒筆趣。署款紀年作品見於世祖順治十三（1656）年，至聖祖康熙二十六（1687）年。（見圖繪寶鑑續纂、國朝畫徵錄、樕園讀畫錄、桐陰論畫、中國畫家人名大辭典）

陳 字

| 煮茶圖 | 卷 | 絹 | 設色 | 28.5 × 140 | 丁卯（康熙二十六年，1687） | 杭州 浙江美術學院 | |
| 青山紅樹圖 | 軸 | 絹 | 設色 | 174.7 × 94 | 辛未（康熙三十年 | 北京 故宮博物院 | |

名稱	形式	質地	色彩	尺寸 高×寬㎝	創作時間	收藏處所	典藏號碼
					，1691）仲夏之望		
白雲紅樹圖	軸	紙	設色	115.7 x 49.5	丁亥（康熙四十六年，1707）六月	北京 故宮博物院	
品梅圖	軸	絹	設色	不詳		北京 故宮博物院	
梅花飛鳥圖	軸	絹	設色	198.7 x 57.1		北京 故宮博物院	
撲蝶圖	軸	紙	設色	93 x 30		北京 故宮博物院	
鬥梅圖	軸	絹	設色	129 x 65	庚午（康熙二十九年，1690）春	北京 中央工藝美術學院	
元章拜石圖	軸	絹	設色	135.4 x 50	壬戌（康熙二十一年，1682）季秋	天津 天津市藝術博物館	
倚杖圖	軸	絹	設色	68.6 x 25	庚辰（康熙三十九年，1700）	天津 天津市藝術博物館	
閑步賞蓮圖	軸	絹	設色	152 x 49		天津 天津市藝術博物館	
三教圖	軸	絹	設色	116.6 x 48.9		天津 天津市藝術博物館	
桃花蛺蝶圖	軸	絹	設色	70.7 x 28.8		上海 上海博物館	
富壽多男圖	軸	絹	設色	不詳		上海 上海博物館	
寒林踏雪圖	軸	紙	設色	124.2 x 62.1		杭州 浙江省博物館	
竹石水仙圖	軸	絹	設色	162.2 x 93.1		紹興 浙江省紹興市博物館	
梅茶水仙圖	軸	紙	設色	164 x 89		紹興 浙江省紹興市博物館	
人物圖（為復老年翁寫）	軸	絹	設色	61.7 x 30.3	癸亥（康熙二十二年，1683）	美國 普林斯頓大學藝術館（寄存私人）	
洗象圖	軸	紙	水墨	87.2 x 38.4		美國 紐約大都會藝術博物館	1976.191
松泉池圖（陳字文房集錦冊之1）	冊頁	絹	設色	26.5 x 30.4		台北 故宮博物院	故畫 01172-1
碧桃仙蝶（陳字文房集錦冊之2）	冊頁	絹	設色	26.5 x 30.4		台北 故宮博物院	故畫 01172-2
桃花村塢（陳字文房集錦冊之3）	冊頁	絹	設色	26.5 x 30.4		台北 故宮博物院	故畫 01172-3
嬰戲圖（陳字文房集錦冊之4）	冊頁	絹	設色	26.5 x 30.4		台北 故宮博物院	故畫 01172-4
翠毯眠狸（陳字文房集錦冊之5）	冊頁	絹	設色	26.5 x 30.4		台北 故宮博物院	故畫 01172-5

名稱	形式	質地	色彩	尺寸 高x寬cm	創作時間	收藏處所	典藏號碼
枯樹竹石（陳字文房集錦冊之6）	冊頁	絹	水墨	26.5 x 30.4		台北 故宮博物院	故畫01172-6
萱花（陳字文房集錦冊之7）	冊頁	絹	設色	26.5 x 30.4		台北 故宮博物院	故畫01172-7
秋林閒話（陳字文房集錦冊之8）	冊頁	絹	設色	26.5 x 30.4		台北 故宮博物院	故畫01172-8
山茶野菊（陳字文房集錦冊之9）	冊頁	絹	設色	26.5 x 30.4		台北 故宮博物院	故畫01172-9
雲山草閣（陳字文房集錦冊之10）	冊頁	絹	水墨	26.5 x 30.4		台北 故宮博物院	故畫01172-10
佛手蜥蜂（陳字文房集錦冊之11）	冊頁	絹	設色	26.5 x 30.4		台北 故宮博物院	故畫01172-11
水仙坡石（陳字文房集錦冊之12）	冊頁	絹	設色	26.5 x 30.4		台北 故宮博物院	故畫01172-12
山水人物圖（8幀，各為：1.山水；2.柳塘；3.摹宋人山水；4.羅漢；5.鴛鴦；6.桃蝶；7.蜂犬；8.梅花）	冊	紙	水墨	（每幀）16.5 x 34		香港 何耀光至樂樓	
梅花圖	摺扇面	金箋	設色	15.7 x 45.1		香港 劉作籌虛白齋	58
竹石水仙圖	摺扇面	紙	設色	不詳	甲辰（康熙三年，1664）	北京 故宮博物院	
人物故事圖（12幀）	冊	紙	設色	（每幀）29.3 x 25	丙午（康熙五年，1666）	北京 故宮博物院	
山水、花卉圖（8幀）	冊	絹	設色	（每幀）18.8 x 16.2		北京 故宮博物院	
雜畫（8幀）	冊	絹	設色	（每幀）25.2 x 22.2		北京 故宮博物院	
竹石圖	摺扇面	紙	設色	16.3 x 50		北京 故宮博物院	
芙蓉雙鴨圖（祁豸佳等山水花鳥冊27之1幀）	冊頁	絹	設色	30 x 23.4		天津 天津市藝術博物館	
雜畫（12幀）	冊	紙	設色	（每幀）23.9 x 16.5		青島 山東省青島市博物館	
花卉、山水圖（2幀）	冊頁	紙	設色	不詳		杭州 浙江省杭州市文物考古所	
花蝶圖（陳洪綬陳字父子合	冊頁	絹	設色	26.7 x 23.8		美國 紐約大都會藝術博物館	L.1989.20.8f

名稱	形式	質地	色彩	尺寸 高x寬cm	創作時間	收藏處所	典藏號碼
作雜畫冊之6）							
花木圖（陳洪綬陳字父子合作雜畫冊之7）	冊頁	絹	設色	26.7 x 23.8		美國 紐約大都會藝術博物館	L.1989.20.8g
山水圖（陳洪綬陳字父子合作雜畫冊之8）	冊頁	絹	設色	26.7 x 23.8		美國 紐約大都會藝術博物館	L.1989.20.8h
菊圖（陳洪綬陳字父子合作雜畫冊之9）	冊頁	絹	設色	26.7 x 23.8		美國 紐約大都會藝術博物館	L.1989.20.8i
仕女圖（陳洪綬陳字父子合作雜畫冊之10）	冊頁	絹	設色	26.7 x 23.8		美國 紐約大都會藝術博物館	L.1989.20.8j
羅漢圖（陳洪綬陳字父子合作雜畫冊之11）	冊頁	絹	設色	26.7 x 23.8		美國 紐約大都會藝術博物館	L.1989.20.8k
草蟲圖（陳洪綬陳字父子合作雜畫冊之12）	冊頁	絹	設色	26.7 x 23.8		美國 紐約大都會藝術博物館	L.1989.20.81
附：							
羅漢圖	卷	紙	水墨	28.2 x 267.4	丙申（順治十三年，1656）仲秋	香港 佳士得藝品拍賣公司/拍賣目錄 1991,03,18.	
三星圖	軸	絹	設色	75 x 38.7	戊子（康熙四十七年，1708）清和	上海 上海文物商店	
羲之換鵝圖	軸	紙	設色	不詳	年七十（康熙四十二年，癸未，1703）	上海 上海工藝品進出口公司	
高士賞荷圖	軸	絹	設色	89 x 36.2	丁丑（康熙三十六年，1697）清和月	紐約 佳士得藝品拍賣公司/拍賣目錄 1986,06,04.	
品茗圖	軸	紙	水墨	94.5 x 43	辛卯（康熙五十年，1711）三月	紐約 佳士得藝品拍賣公司/拍賣目錄 1992,06,02.	
鍾馗禮佛圖	軸	紙	設色	118.1 x 47.7	辛未（康熙三十年，1691）夏日	紐約 佳士得藝品拍賣公司/拍賣目錄 1993,12,01.	
奇石幽花圖	軸	絹	水墨	128 x 50.5	甲辰年（康熙三年，1664）	香港 佳士得藝品拍賣公司/拍賣目錄 1996,04,28.	
觀水圖	摺扇面	紙	設色	不詳		武漢 湖北省武漢市文物商店	
秋林白雲圖	摺扇面	紙	設色	不詳		武漢 湖北省武漢市文物商店	
花卉（爾玉先生作）	摺扇面	金箋	設色	23 x 53.2	丙申（順治十三年，1656）蒲月	紐約 佳士得藝品拍賣公司/拍賣目錄 1990,11,28.	

畫家小傳：陳字。字無名。號小蓮。浙江諸暨人。陳洪綬之子。善書。亦工畫人物，兼擅花鳥。流傳署款紀年作品見於清世祖順治十三（1656）年，至聖祖康熙五十年(1711)年。（見明畫錄、圖繪寶鑑續纂、國朝畫徵錄、中國畫家人名大辭典）

名稱	形式	質地	色彩	尺寸 高x寬cm	創作時間	收藏處所	典藏號碼

陳曼八

| 山水圖(為懷老盟兄作) | 摺扇面 金箋 | 設色 | 不詳 | 丙申（順治十三年，1656）朱明月 | 成都 四川省博物 | |

畫家小傳：陳曼八。畫史無載。署款紀年作品見於世祖順治十三(1656)年。身世待考。

申浦南

| 宜園草閣圖 | 軸 | 紙 | 水墨 | 不詳 | 丙申（順治十三年，1656） | 北京 故宮博物院 | |
| 踏雪訪道圖 | 軸 | 紙 | 設色 | 不詳 | 己巳（康熙四年，1665） | 北京 故宮博物院 | |

畫家小傳：申浦南。明畫錄載有申浦，本名申柳南，字天奇，後更名浦，柳南方其號。江蘇華亭人。為明季諸生。善畫山水。明亡，散家財，結客起義兵，事洩被捕，將斬，人替之得以脫逃。遂賣畫自給。後因脫友於獄不成，卒自殺。疑即此人。流傳署款紀年作品見於世祖順治十三（1656）年，至聖祖康熙四（1665）年。（見明畫錄、國朝畫識、今世說、中國畫家人名大辭典）

孟子瑞

| 西園雅集圖通景（12幅） | 軸 | 絹、紙 | 設色 | 不詳 | 丙申（順治十三年，1656） | 北京 中國文物商店總店 | |

畫家小傳：孟子瑞。畫史無載。流傳署款紀年作品見於世祖順治十三（1656）年。身世待考。

饒 璟

九歌圖	卷	絹	設色	不詳	丁酉（順治十四年，1657）	天津 天津市歷史博物館	
漁父圖	軸	綾	水墨	120.5 x 46.8	丙申（順治十三年，1656）	杭州 浙江省博物館	
山水圖	摺扇面 金箋	水墨	不詳	己酉（康熙八年，1669）	瀋陽 遼寧省博物館	

畫家小傳：饒璟。字景玉。號石曜。安徽歙縣人。善畫山水，得元吳鎮筆意。流傳署款紀年作品見於清世祖順治十三（1656）年至聖祖康熙八(1669)年。（見虹廬畫談、中國畫家人名大辭典）

郭 礎

| 為思翁作山水圖（吳偉業等書畫屏8之1幅） | 軸 | 紙 | 水墨 | 48.6 x 21.5 | （丙申，順治十三年，1656） | 南京 南京博物院 | |

畫家小傳：郭礎。畫史無載。流傳署款作品約見於清世祖順治十三（1656）年。身世待考。

朱容重

名稱	形式	質地	色彩	尺寸 高x寬㎝	創作時間	收藏處所	典藏號碼
竹石海棠圖（名人扇面（乙）冊之7）	摺扇面	紙	水墨	不詳		台北 故宮博物院	故畫 03548-7

畫家小傳：朱容重，畫史作朱重容。明宗室，寧獻王朱權九世孫。字子莊。隱居江西南昌蓼洲。善畫蘭竹小品。（見國朝畫徵錄、八大山人傳、中國畫家人名大辭典）

（釋）石　濂

白描羅漢	卷	紙	水墨	17.5 x 220		香港 何耀光至樂樓	

畫家小傳：石濂。僧。籍里、身世不詳。生於明思宗崇禎五（1632）年。卒於清聖祖康熙四十一（1702）年。善畫。嘗繪編石濂和尚行蹟圖。（見中國版畫研究重要書目、中國美術家人名辭典）

吳　歷

名稱	形式	質地	色彩	尺寸 高x寬㎝	創作時間	收藏處所	典藏號碼
雲白山清圖	卷	絹	設色	25.9 x 117.2	戊申（康熙七年，1668）九月六日	台北 故宮博物院	故畫 01095
蘭風伏雨圖	卷	紙	設色	33.7 x 123	丙寅（康熙二十五年，1686）夏月	台北 故宮博物院（王世杰先生寄存）	
山水圖	卷	紙	水墨	32.7 x ?		台北 陳啟斌畏罍堂	
秋山晴靄圖	卷	紙	設色	23.2 x ?	康熙庚辰（三十九年，1700）夏仲	香港 何耀光至樂樓堂	
湖山秋曉圖	卷	紙	水墨	17 x 599	甲申（康熙四十三年，1704）重陽日	香港 劉作籌虛白齋	
孟君易行樂圖（吳歷、顧在湄等六人合作，吳歷補澗）	卷	絹	設色	63 x 68	甲寅歲（康熙十三年，1674）	瀋陽 遼寧省博物館	
興福庵感舊圖	卷	絹	設色	36.3 x 85	甲寅（康熙十三年，1674）	北京 故宮博物院	
澗壑蒼松圖	卷	紙	水墨	27.6 x 161.2	乙卯（康熙十四年，1675）小春	北京 故宮博物院	
橫山晴靄圖	卷	紙	設色	23 x 157.5	康熙丙戌（四十五年，1706）	北京 故宮博物院	
王丹麓聽松圖	卷	紙	水墨	不詳		北京 故宮博物院	
農村喜雨圖	卷	紙	水墨	30.6 x 256		北京 故宮博物院	
山中苦雨詩畫（為青嶼作）	卷	紙	設色	19.4 x 121.3	甲寅（康熙十三年，1674）清和	上海 上海博物館	
白傅湓江圖（為青嶼作）	卷	紙	水墨	30 x 207.3	辛酉（康熙二十年，1681）七月	上海 上海博物館	
葑溪會琴圖	卷	紙	水墨	40 x 136.2		上海 上海博物館	

名稱	形式	質地	色彩	尺寸 高x寬cm	創作時間	收藏處所	典藏號碼
槐榮堂圖	卷	絹	設色	33.6 x 57		上海 上海博物館	
興福感舊圖	卷	紙	設色	不詳	甲寅（康熙十三年，1674）登前二日	南京 南京博物院	
仿李營丘雪霽聚禽圖	卷	紙	設色	38.3 x 223.9	康熙癸丑（十二年，1673）嘉平月	日本 京都國立博物館（上野有竹齋寄贈）	A甲179
秋景山水圖（撫黃鶴山樵法）	卷	紙	設色	29.7 x 150.6	康熙癸酉（三十二年，1693）春分三日後	日本 京都泉屋博古館	
江南春圖（為朱彝尊作）	卷	紙	設色	33.3 x 400.6	康熙丙午（五年，1666）仲春之月	日本 大阪市立美術館	
山水圖	卷	紙	設色	29.7 x 150.7	甲戌（康熙三十三年，1693）	日本 私人	
仿董、巨二家山水圖	卷	紙	設色	28.6 x ？	庚午（康熙二十九年，1690）秋八月	美國 New Haven 翁萬戈先生	
墨井草堂消夏圖（寫贈青嶼先生）	卷	紙	水墨	36.3 x ？	己未（康熙十八年，1679）四月十日	美國 紐約大都會藝術博物館	1977.81
為西塞山人寫杜甫詩意圖	卷	紙	水墨	27.5 x ？	乙卯（康熙十四年，1675）年清和	美國 紐約王季遷明德堂	
梅花山館（擬趙承旨設色法）	軸	絹	設色	104.3 x 52.1	康熙戊午（十七年，1678）六月十日	台北 故宮博物院	故畫 00733
仿吳鎮山水	軸	紙	設色	199.2 x 106.1		台北 故宮博物院	故畫 00951
九芝圖（仿張子政）	軸	紙	設色	90.9 x 33.1		台北 故宮博物院	故畫 02430
積雨新晴圖	軸	紙	水墨	42.7 x 30.6		台北 故宮博物院	國贈 026751
為用三尊人壽山水	軸	紙	水墨	112.3 x 41.3	庚戌（康熙九年，1670）閏月	台北 故宮博物院（蘭千山館寄存）	
山水圖	軸	紙	水墨	55.5 x 45.2		台北 故宮博物院（蘭千山館寄存）	
擬高克恭山水圖	軸	紙	設色	25 x 35	壬午（康熙四十一年，1702）春日	台北 長流美術館	
孤塔望中青圖	軸	紙	設色	96.5 x 44		台北 蘭千山館	
擬徐賁九峰隱居圖	軸	紙	設色	91.2 x 32		香港 中文大學中國文化研究所文物館	95.412
泉聲松色圖（為思默作）	軸	紙	水墨	84.3 x 26.5	戊午（康熙十七年	香港 何耀光至樂樓	

名稱	形式	質地	色彩	尺寸 高x寬㎝	創作時間	收藏處所	典藏號碼
					，1678）正月廿七日		
青綠山水（曉窗新霽圖）	軸	紙	設色	58 x 22.5	辛亥（康熙十年，1671）七月二日	香港 黃仲方先生	
仿黃鶴山樵山水	軸	紙	水墨	不詳	丙辰（康熙十五年，1676）年十月十四日	香港 趙從衍先生	
仿黃公望溪水人家圖	軸	紙	設色	120.6 x 52.3		香港 劉作籌虛白齋	
劉長卿詩意（雨歇松泉圖）	軸	紙	水墨	74.5 x 26.5	戊午（康熙十七年，1678）小重陽	香港 謢輝堂	
石壁疏松圖	軸	紙	水墨	125 x 56		瀋陽 故宮博物院	
雲林遺意圖	軸	紙	水墨	75.2 x 35.3		瀋陽 遼寧省博物館	
南岳松雲圖	軸	紙	水墨	93.8 x 44.9		瀋陽 遼寧省博物館	
晴雲洞壑圖	軸	絹	設色	127 x 68.3		旅順 遼寧省旅順博物館	
雪景山水圖（為默公作）	軸	絹	水墨	59 x 22.1	丁未（康熙六年，1667）嘉平廿七日	北京 故宮博物院	
幽麓漁舟圖	軸	絹	水墨	119.2 x 61.5	庚戌（康熙九年，1670）	北京 故宮博物院	
仿米山水圖	軸	紙	水墨	62.3 x 28.7	辛亥（康熙十年，1671）六月	北京 故宮博物院	
松壑鳴琴圖	軸	紙	水墨	103 x 50.5	甲寅（康熙十三年，1674）	北京 故宮博物院	
瀟湘八景圖(8幅，為位公作)	軸	紙	設色	（每幅）191.5 x 48.8	庚申（康熙十九年，1680）	北京 故宮博物院	
柳樹秋思圖	軸	紙	水墨	67.3 x 26.5	壬午（康熙四十一年，1702）暑月	北京 故宮博物院	
泉聲松色圖（為漢昭作）	軸	紙	水墨	64.6 x 38	康熙甲申（四十三年，1704）正月	北京 故宮博物院	
春早晴雪圖	軸	紙	設色	不詳		北京 故宮博物院	
山水圖	軸	紙	水墨	65.5 x 31.2		北京 故宮博物院	
竹石圖	軸	紙	水墨	108.5 x 74.5		北京 故宮博物院	
竹村遠山圖	軸	紙	水墨	79 x 29.7		北京 故宮博物院	
村莊歸棹圖	軸	紙	水墨	139.2 x 63.4		北京 故宮博物院	

名稱	形式	質地	色彩	尺寸 高×寬cm	創作時間	收藏處所	典藏號碼
南皋圖	軸	紙	水墨	50.2 × 60		北京 故宮博物院	
夏山雨霽圖	軸	紙	水墨	94.3 × 39		北京 故宮博物院	
疎樹蒼巒圖	軸	紙	水墨	64.9 × 30.5		北京 故宮博物院	
仿趙大年荷淨納涼圖	軸	紙	設色	58.8 × 35.4		北京 故宮博物院	
仿古山水圖（4幅）	軸	綾	設色	（每幅）167.8 × 47.8		北京 故宮博物院	
雨歇遙林圖	軸	絹	設色	不詳	康熙辛亥（十年，1671），四十歲	北京 中國歷史博物館	
早完國課圖	軸	紙	設色	26.5 × 17.5		北京 首都博物館	
萬山飛雪圖	軸	絹	水墨	43.4 × 22.8	己未（康熙十八年，1679）	天津 天津市藝術博物館	
竹石圖	軸	紙	水墨	40.4 × 26.5		天津 天津市藝術博物館	
為唐半園作山水圖	軸	紙	設色	63.5 × 38		天津 天津市藝術博物館	
仿趙大年山水圖	軸	紙	設色	74 × 37.5		天津 天津市藝術博物館	
枯木竹石圖（為孝老作）	軸	紙	水墨	55 × 34.2	壬寅（康熙元年，1662）清和月	上海 上海博物館	
雨歇遙天圖	軸	絹	設色	133.4 × 58	庚戌（康熙九年，1670）春	上海 上海博物館	
壽許青嶼六十山水圖	軸	紙	設色	95.5 × 50.6	壬子（康熙十一年，1672）正月廿一日	上海 上海博物館	
仿吳鎮溪山書屋圖	軸	紙	水墨	156 × 45.4	甲寅（康熙十三年，1674）七月	上海 上海博物館	
仙山樓閣圖	軸	紙	設色	110.1 × 42.7	乙卯（康熙十四年，1675）	上海 上海博物館	
為湘碧作山水圖	軸	紙	水墨	128.5 × 27	丙辰（康熙十五年，1676）	上海 上海博物館	
仿趙大年湖天春色圖	軸	紙	設色	123.8 × 62.6	丙辰（康熙十五年，1676）春	上海 上海博物館	
仿趙孟頫青綠山水圖	軸	紙	設色	135 × 48.4	丙辰（康熙十五年，1676）夏四月十日	上海 上海博物館	
鳳阿山房圖	軸	紙	水墨	108.4 × 47.8	康熙十六年丁巳（1677）七月	上海 上海博物館	

名稱	形式	質地	色彩	尺寸 高x寬㎝	創作時間	收藏處所	典藏號碼
擬古溪閣讀易圖	軸	紙	水墨	21 x 14.9	戊午（康熙十七年，1678）嘉平廿七日	上海　上海博物館	
湖山春曉圖	軸	紙	設色	100.8 x 41	辛酉（康熙二十年，1681）	上海　上海博物館	
山村深隱圖	軸	紙	水墨	不詳		上海　上海博物館	
擬巨然山水	軸	絹	設色	不詳		上海　上海博物館	
竹石圖	軸	紙	水墨	95.4 x 48.7		上海　上海博物館	
風雨歸舟圖	軸	紙	設色	41.8 x 27.5		上海　上海博物館	
灣東釣艇圖	軸	紙	水墨	57.5 x 41.4		上海　上海博物館	
仿王蒙靜深秋曉圖（為民譽作）	軸	紙	設色	95.6 x 24.1	乙亥（康熙三十四年，1695）春	南京　南京博物院	
竹石圖	軸	紙	水墨	117.2 x 41		南京　南京博物院	
竹石圖	軸	紙	水墨	43.6 x ？		南京　南京博物院	
竹圖	軸	紙	水墨	79.2 x 25.5		無錫　江蘇省無錫市博物館	
南阜茅屋圖	軸	紙	水墨	137.5 x 47	丙辰（康熙十五年，1676）	杭州　浙江美術學院	
松亭垂釣圖（為青嶼作）	軸	紙	水墨	148.7 x 30.2	甲寅（康熙十三年，1674）六月十日	成都　四川省博物院	
林深塵遠詩意圖（為密庵作）	軸	紙	設色	142.5 x 48	癸丑（康熙十二年，1673）清和朔日	廣州　廣東省博物館	
春山高隱圖	軸	絹	設色	136.5 x 68	己未（康熙十八年，1679）	廣州　廣東省博物館	
竹石圖	軸	紙	水墨	92 x 38		廣州　廣東省博物館	
仿米、高山水圖	軸	紙	水墨	66.8 x 21		蘭州　甘肅省博物館	
採芝圖	軸	紙	水墨	120 x 30	庚戌（康熙九年，1670）閏月	日本　東京國立博物館	
松壑鳴琴圖	軸	紙	水墨	不詳	甲寅（康熙十三年，1674）小春廿日	日本　東京張珩韞輝齋	
岑蔚居產芝圖（寫贈春培）	軸	紙	設色	不評	己亥（順治十六年，1659）孟秋	日本　京都國立博物館	
為密庵老先生作山水圖	軸	紙	水墨	111.2 x 38.4	癸丑（康熙十二年，1673）清和朔日	日本　京都國立博物館	A甲181
山水（仿元人山居圖）	軸	紙	水墨	50.3 x 28.2	甲寅（康熙十三年	日本　倉敷縣人原孫三郎先生	

名稱	形式	質地	色彩	尺寸 高×寬cm	創作時間	收藏處所	典藏號碼
					，1674）長至日		
擬梅道人法山水圖（為漢章作）	軸	紙	設色	143.5 × 56.2		日本 山口良夫先生	
蘇軾笠杖圖	軸	紙	設色	108.9 × 43.6		韓國 私人	
仿王蒙溪山行旅圖（為惠于作）	軸	紙	水墨	59.6 × 26.9		美國 普林斯頓大學藝術館（Edward Elliott 先生寄存）	L217.70
江邊古木圖（為集生作）	軸	紙	設色	128.4 × 34.4	丙戌（康熙四十五年，1706）冬月	美國 紐約布魯克林藝術博物館	1990.71
谿山雨後圖	軸	紙	水墨	132.5 × 31	康熙甲申（四十三年，1704）年春二月	美國 華盛頓特區佛瑞爾藝術館	62.4
萬壑松風圖	軸	紙	水墨	109.3 × 28.4		美國 克利夫蘭藝術博物館	54.584
仿王蒙吳鎮山水圖	軸	紙	水墨	130.3 × 37		美國 勃克萊加州大學藝術館（高居翰教授寄存）	CM11
詩意山水（為太原老夫子作）	軸	紙	水墨	135.5 × 63.5	甲寅（康熙十三年，1674）八月	美國 洛杉磯郡藝術博物館	
擬古山水圖	軸	紙	水墨	102 × 30.5		加拿大 多倫多市Finlayson先生	
仿倪瓚山水圖	軸	紙	水墨	81.6 × 28.4		德國 柏林東亞藝術博物館	1988-449
山水圖	軸	紙	設色	125.5 × 43	丙辰（康熙十五年，1676）	瑞典 斯德哥爾摩遠東古物館	NMOK370
仿黃鶴山樵筆法山水圖	軸	紙	設色	121.2 × 54.6	康熙癸酉（三十二年，1693）春分三日	瑞士 蘇黎士黎得堡博物館	RCH.1156
撫宋元人山水（10幀）	冊	紙	設色	（每幀）39.7 × 26.8		台北 故宮博物院	故畫 01206
擬趙令穰山水圖（各人書畫扇（王）冊之38）	摺扇面	紙	設色	不詳		台北 故宮博物院	故畫 03560-38
山水（10幀）	冊	紙	水墨	（每幀）26.6 × 32.2	甲辰（康熙十三年，1674）二月戊午	台北 黃君壁白雲堂	
擬楊昇秋景山水圖	摺扇面	紙	設色	16.9 × 51.8		香港 潘祖堯小聽颿樓	CP100
曉窗雪霽（清初六家山水冊之1）	冊頁	紙	水墨	不詳		長春 吉林省博物院	

名稱	形式	質地	色彩	尺寸 高x寬㎝	創作時間	收藏處所	典藏號碼
蘆浦霧色圖（清王時敏等山水冊9之1幀）	冊頁	紙	設色	30.5 x 26.5		長春 吉林省博物館	
為滄漁作山水圖（清六大家山水冊12之1幀）	冊頁	紙	設色	不詳		北京 故宮博物院	
為若韓作山水圖（清六大家山水冊12之1幀）	冊頁	紙	設色	不詳	甲寅（康熙十三年，1674）上元後一日	北京 故宮博物院	
修竹流泉圖（八家壽意圖冊8之1幀）	冊頁	紙	設色	不詳	丙辰（康熙十五年，1676）二月	北京 故宮博物院	
仿古山水圖（8幀）	冊	紙	設色	（每幀）32.3 x 26.8	己未（康熙十八年，1679）八月	北京 故宮博物院	
山水圖（12幀）	冊	紙	水墨	（每幀）18 x 20	康熙戊子（四十七年，1708）	北京 故宮博物院	
人物故事圖（8幀）	冊	絹	設色	不詳		北京 故宮博物院	
山水圖（10幀）	冊	紙	水墨	（每幀）23.2 x 28		北京 故宮博物院	
竹石、山水圖（10幀）	冊	紙	水墨	不詳		北京 故宮博物院	
仿李營丘歲晏江空圖（吳歷等四人山水合冊12之1幀）	冊頁	紙	設色	18.8 x 28.1		北京 故宮博物院	
寫黃鶴山樵松陰書屋（吳歷等四人山水合冊12之1幀）	冊頁	紙	設色	18.8 x 28.1		北京 故宮博物院	
仿巨然山水圖（吳歷等四人山水合冊12之1幀）	冊頁	紙	設色	18.8 x 28.1		北京 故宮博物院	
學倪高士林塘詩意圖（吳歷等四人山水合冊12之1幀）	冊頁	紙	設色	18.8 x 28.1		北京 故宮博物院	
師趙大年江鄉清夏圖（為能翁作，吳歷等四人山水合冊12之1幀）	冊頁	紙	設色	18.8 x 28.1		北京 故宮博物院	
擬子久溪山雨意（吳歷等四人山水合冊12之1幀）	冊頁	紙	設色	18.8 x 28.1		北京 故宮博物院	
林塘思詩圖	摺扇面	金箋	水墨	16.5 x 51.7		北京 故宮博物院	
秋山行旅圖（四王吳惲集冊17之幀）	冊頁	紙	設色	不詳		北京 故宮博物院	
浮萍野艇圖（四王吳惲集冊17之1幀）	冊頁	紙	設色	不詳		北京 故宮博物院	

名稱	形式	質地	色彩	尺寸 高x寬cm	創作時間	收藏處所	典藏號碼
山水圖	摺扇面	紙	水墨	不詳	康熙十六年丁巳（1677）	天津 天津市藝術博物館	
仿古山水圖（8幀，為光翁作）	冊	紙	設色、水墨	（每幀）21 x 14.9	辛丑（順治十八年，1661）清和月	上海 上海博物館	
薄霧初晴圖	摺扇面	金箋	水墨	不詳	丁未（康熙六年，1667）秋日	上海 上海博物館	
春雁江南圖	摺扇面	紙	設色	不詳	己酉（康熙八年，1669）春	上海 上海博物館	
山水圖（10幀）	冊	紙	水墨、設色	（每幀）32.2 x 26.4	甲寅（康熙十三年，1674）二月	上海 上海博物館	
山迴水抱圖	摺扇面	金箋	水墨	不詳	甲寅（康熙十三年，1674）中元前二日	上海 上海博物館	
竹溪漁隱圖	摺扇面	紙	水墨	不詳	甲寅（康熙十三年，1674）	上海 上海博物館	
仿倪瓚寒山亭子圖	冊頁	紙	水墨	34.8 x 28.1	戊午（康熙十七年，1678）臘月	上海 上海博物館	
萬壑松風圖	摺扇面	紙	水墨	不詳	庚申（康熙十九年，1680）七月	上海 上海博物館	
古木竹石圖	摺扇面	金箋	水墨	不詳		上海 上海博物館	
竹石圖	摺扇面	紙	水墨	不詳		上海 上海博物館	
秋篁古石圖	摺扇面	金箋	水墨	不詳		上海 上海博物館	
泉聲松色圖	摺扇面	紙	設色	不詳		上海 上海博物館	
夏山欲雨圖	摺扇面	紙	設色	不詳		上海 上海博物館	
乾坤一草亭圖	摺扇面	紙	水墨	不詳		上海 上海博物館	
寫趙孟頫小景圖	摺扇面	金箋	設色	不詳		上海 上海博物館	
盤石秋篠圖	摺扇面	紙	水墨	不詳		上海 上海博物館	
牡丹圖（吳歷等花竹禽魚圖冊12之1幀）	冊頁	紙	設色	26.2 x 23.8		上海 上海博物館	
仿古山水圖（10幀，為默容作）	冊	紙	設色	（每幀）46 x 30.4	丙午（康熙五年，1666）清和上浣	南京 南京博物院	
山水圖（四王、吳、惲山水合冊20之4幀）	冊頁	紙	水墨	（每幀）32.2 x 14.3不等		蘇州 江蘇省蘇州博物館	
山水圖（清吳歷等山水集冊12之1幀）	冊頁	紙	設色	不詳	（甲寅，康熙十三年，1674）	杭州 浙江省博物館	

名稱	形式	質地	色彩	尺寸 高x寬cm	創作時間	收藏處所	典藏號碼
仿黃鶴山樵山水（清人扇冊1）	摺扇面	金箋	水墨	不詳		日本 東京橋本辰三郎先生	
仿梅道人山水（清人扇冊2）	摺扇面	金箋	水墨	不詳		日本 東京橋本辰三郎先生	
仿董思翁山水（清人扇冊3）	摺扇面	金箋	水墨	不詳		日本 東京橋本辰三郎先生	
仿東坡墨竹（清人扇冊之4）	摺扇面	素箋	水墨	不詳		日本 東京橋本辰三郎先生	
仿黃鶴山樵丹台春曉圖（清人扇冊之5）	摺扇面	素箋	設色	不詳		日本 東京橋本辰三郎先生	
墨筆山水（清人扇冊之6）	摺扇面	素箋	水墨	不詳		日本 東京橋本辰三郎先生	
墨筆山水（清人扇冊之7）	摺扇面	素箋	水墨	不詳		日本 東京橋本辰三郎先生	
摹古山水（8幀）	冊	紙	設色	（每幀）19.5 x 21.8	丙辰（康熙十五年，1676）冬至	日本 大阪市立美術館	
山水（清七家扇面合冊之2）	摺扇面	紙	水墨	不詳		美國 波士頓美術館	
寒林書屋圖（畫似端士年翁，清初八大家山水集景冊8之2）	冊頁	紙	設色	23 x 31.2	乙卯（康熙十四年，1675）清和望日	美國 紐約大都會藝術博物館	1979.500.1c
墨筆山水圖（12幀）	冊	紙	水墨	（每幀）25.4 x 34		英國 倫敦大英博物館	1920.4.20.02（ADD8）
山水圖	摺扇面	紙	設色	16.2 x 49.3		德國 柏林東亞藝術博物館	1988-322
附：							
春郊調馬圖（陸孔庭題）	卷	紙	設色	30.7 x 172	乙亥（康熙三十四年，1695）初春	紐約 佳士得藝品拍賣公司/拍賣目錄 1994,11,30.	
山村樹密圖	軸	紙	設色	127 x 52	丙辰（康熙十五年，1676）	上海 朵雲軒	
湘江秋月圖	軸	紙	水墨	37 x 36.7		上海 上海文物商店	
山水（松溪茅亭圖）	軸	紙	水墨	107 x 46		紐約 蘇富比藝品拍賣公司/拍賣目錄 1981,11,07.	
秋山隱居圖	軸	紙	設色	159.5 x 38		紐約 佳士得藝品拍賣公司/拍賣目錄 1983,11,30.	
仿江貫道秋林曉靄圖（四聯幅，為松崖社長臨）	軸	紙	設色	（每幅）135 x 44.8	辛酉（康熙二十年，1681）上元日	紐約 佳士得藝品拍賣公司/拍賣目錄 1984,06,29.	
青綠山水圖	軸	紙	設色	57.8 x 22.9	辛亥（康熙十年，1671）七月二日	香港 蘇富比藝品拍賣公司/拍賣目錄 1984,11,11.	
草亭秋影	軸	紙	水墨	128.5 x 34.5	丙戌（康熙四十五年，1706）冬月	紐約 佳士得藝品拍賣公司/拍賣目錄 1990,05,31.	
幽谷煙雲圖	軸	紙	水墨	126 x 30.5		紐約 佳士得藝品拍賣公司/拍	

名稱	形式	質地	色彩	尺寸 高×寬㎝	創作時間	收藏處所	典藏號碼
山水圖	軸	紙	水墨	53.3 × 31.4	戊午（康熙十七年，1678）臘日	紐約 佳士得藝品拍賣公司/拍賣目錄 1991,05,29.	
仿董源山水圖	軸	紙	水墨	24.8 × 30.8	庚子（順治十七年，1660）竹醉日	紐約 佳士得藝品拍賣公司/拍賣目錄 1995,09,19.	
山水（4聯幅）	軸	紙	設色	（每幅）134.6 × 45.1	辛酉（康熙二十年，1681）上元日	紐約 佳士得藝品拍賣公司/拍賣目錄 1995,09,19.	
泉聲松色圖	軸	紙	水墨	87 × 27	戊午（康熙十七年，1678）正月廿七日	紐約 佳士得藝品拍賣公司/拍賣目錄 1996,03,27.	
南皋松雲圖	軸	紙	水墨	134 × 47	丙辰（康熙十五年，1676）春上日	香港 蘇富比藝品拍賣公司/拍賣目錄 1998,03,24.	
秋浦垂綸（四王吳惲山水冊6之第5幀）	摺扇面	金箋	水墨	17.5 × 50.2		紐約 佳士得藝品拍賣公司/拍賣目錄 1999,10,31.	
山水圖	摺扇面	紙	設色	16.5 × 51		香港 佳士得藝品拍賣公司/拍賣目錄 1995,10,29.	
墨竹圖	摺扇面	金箋	水墨	16.5 × 51	丙辰（康熙十五年，1676）夏仲	香港 佳士得藝品拍賣公司/拍賣目錄 1996,04,28.	
山水圖（8幀）	冊	紙	水墨	（每幀）26 × 21	辛酉（康熙二十年，1681）五月	紐約 佳士得藝品拍賣公司/拍賣目錄 1996,04,28.	
古木、竹石、山水圖（10幀）	冊	紙	水墨	（每幀）32.5 × 22.5		香港 蘇富比藝品拍賣公司/拍賣目錄 1997,09,19.	
						賣目錄 1999,10,31.	

畫家小傳：吳歷。字漁山。號墨井道人。江蘇吳人。生於明思宗崇禎五（1632）年。卒於清聖祖康熙五十七（1718）年。善畫山水，與王翬同師王時敏，宗法元人，筆墨厚重沉鬱。為清初六家「四王吳惲」之一。（見圖繪寶鑑續纂、國朝畫徵錄、海虞畫苑略、桐陰論畫、三巴集、墨井題跋、浦山圖畫精意識、中國畫家人名大辭典等）

王 翬

名稱	形式	質地	色彩	尺寸 高×寬㎝	創作時間	收藏處所	典藏號碼
溪山村落	卷	紙	設色	51.4 × 174.9	丁酉（康熙五十六年，1717）春正	台北 故宮博物院	故畫 01046
雲溪草堂圖	卷	絹	設色	39.6 × 278	己卯（康熙三十八年，1699）秋初	台北 故宮博物院	故畫 01090
層巒曉色圖（仿癡翁）	卷	紙	設色	34.6 × 279.2	康熙歲次辛巳（四十年，1701）孟春十日	台北 故宮博物院	故畫 01091

名稱	形式	質地	色彩	尺寸 高×寬cm	創作時間	收藏處所	典藏號碼
夏山煙雨圖（仿巨然）	卷	絹	設色	33 × 374.6	癸亥（康熙二十二年，1683）小春既望	台北 故宮博物院	故畫 01092
山水（兩段合裝）	卷	紙	水墨	29.5 ×111.7 29.5 × 107.8	1、壬戌（康熙二十一年，1682）六月朔日 ；2、辛酉（康熙二十年，1681）小春十日	台北 故宮博物院	故畫 01093
臨王維山陰霽雪圖	卷	絹	設色	21.5 × 273.7	辛亥（康熙十年，1671）冬日	台北 故宮博物院	故畫 01663
秋江晚渚圖（臨李唐筆）	卷	紙	設色	17.9 × 274.5	庚午（康熙二十九年，1690）春三月	台北 故宮博物院	故畫 01664
長江萬里圖	卷	絹	設色	33.6 ×1612.2		台北 故宮博物院	故畫 01665
秋江古樹圖	卷	絹	水墨	20.5 × 184.3		台北 故宮博物院	故畫 01666
臨倪瓚獅子林圖（摹倪、王山水卷之第1段）	卷	紙	水墨	31 × 102.5		台北 故宮博物院（蘭千山館寄存）	
臨黃鶴山樵山水（摹倪、王山水卷之第2段）	卷	紙	水墨	31 × 151		台北 故宮博物院（蘭千山館寄存）	
仿燕文貴關山秋霽圖	卷	紙	設色	31 × 360	壬辰（康熙五十一年，1712）暮春	台北 故宮博物院（王世杰先生寄存）	
觀泉圖（為彥來作）	卷	紙	設色	不詳	壬午（康熙四十一年，1702）嘉平	台北 長流美術館	
師米元暉五洲煙雨圖意山水圖	卷	紙	水墨	12.1 × ？	壬申（康熙三十一年，1692）夏六月	台北 蘭千山館	
仿燕文貴溪山秋霽圖	卷	紙	設色	45.4 × 725.5	甲午（康熙五十三年，1714）三月廿日	台北 王世杰先生	
師關仝法補少陵詩句（六段山水合卷之第1段）	卷	紙	設色	32 × 63	康熙乙未（五十四年，1715）春日	香港 黃秉章先生	
臨趙吳興九夏松風圖（六段山水合卷之第2段）	卷	紙	設色	23 × 66		香港 黃秉章先生	
仿李營丘秋涉圖（六段山水合卷之第3段）	卷	紙	設色	32 × 62		香港 黃秉章先生	
仿惠崇小景（六段山水合卷之第4段）	卷	紙	設色	23 × 62		香港 黃秉章先生	

名稱	形式	質地	色彩	尺寸 高×寬 cm	創作時間	收藏處所	典藏號碼
仿范華原筆意（六段山水合卷之第5段）	卷	紙	設色	32 × 63		香港 黃秉章先生	
臨右丞本江干雪意圖（六段山水合卷之第6）	卷	紙	設色	32 × 66	康熙乙未（五十四年，1715）春日	香港 黃秉章先生	
擬巨然煙波漁艇圖（與王時敏、吳歷合作）	卷	紙	水墨	30.7 × ？		香港 利榮森北山堂	
載竹圖（為晴雲主人寫）	卷	紙	水墨	35.5 × 170	戊寅（康熙三十七年，1698）清和廿日	香港 王南屏先生	
江山臥遊圖（仿黃鶴山樵兼師巨然遺意）	卷	紙	水墨	24 × 380	壬午（康熙四十一年，1702）閏夏	香港 劉作籌虛白齋	
臨趙孟頫水村圖	卷	紙	水墨	28.1 × 133.5		香港 葉承耀先生	
碧梧村莊圖	卷	紙	設色	27.7 × 132.1		香港 葉承耀先生	
仿倪瓚山水圖	卷	紙	水墨	22.8 × 145.3		香港 葉承耀先生	
山靜日長圖	卷	絹	設色	41.6 × ？		香港 許晉義崇宜齋	
仿王紱山水圖	卷	紙	水墨	21.3 × 67.3	辛卯（康熙五十年，1711）長夏	長春 吉林省博物館	
寫江南春詞意圖	卷	紙	設色	34.8 × 155.5	壬辰（康熙五十一年，1712）三月望日	長春 吉林省博物館	
臨黃子久富春山居圖	卷	紙	水墨	36.5 × 475	丙寅（康熙二十五年，1686）	瀋陽 遼寧省博物館	
觀梅圖	卷	紙	設色	26.7 × 73	七十有四（康熙四十四年，1705）	旅順 遼寧省旅順博物館	
江山秋色圖	卷	紙	設色	40.4 × 54.2		旅順 遼寧省旅順博物館	
仿沈周霜哺圖	卷	紙	水墨	不詳	己巳（康熙四年，1665）	北京 故宮博物院	
雲溪高逸圖（為笪重光作）	卷	紙	水墨	22 × 268	壬子（康熙十一年，1672）九月	北京 故宮博物院	
仿古山水圖（4段）	卷	紙	水墨	26.2 × 56 ；26 × 55.5 ；20.9 × 64 ；	壬子（康熙十一年1672）	北京 故宮博物院	

名稱	形式	質地	色彩	尺寸 高×寬cm	創作時間	收藏處所	典藏號碼
				25.7 × 61			
仿唐寅洞庭賒月圖	卷	紙	設色	23.5 × 83.7	戊午（康熙十七年，1678）	北京 故宮博物院	
仿元四家山水圖（4段）	卷	紙	設色	（每段）22 × 44.5	辛酉（康熙二十年，1681）	北京 故宮博物院	
樂志論圖	卷	紙	水墨	不詳	甲子（康熙二十三年，1684）十月三日	北京 故宮博物院	
仿范寬溪山行旅圖（惲壽平題）	卷	絹	設色	30.1 × 626	戊辰（康熙二十七年，1688）六月	北京 故宮博物院	
廬山白雲圖（為古香作）	卷	紙	設色	35 × 124	丁丑（康熙三十六年，1697）暮春望後三日	北京 故宮博物院	
仿關仝廬山白雲圖	卷	紙	設色	35.3 × 323	丁丑（康熙三十六年，1697）	北京 故宮博物院	
李圖南聽松圖像（禹之鼎寫照，王翬高景）	卷	絹	設色	不詳	丁丑（康熙三十六年，1697）	北京 故宮博物院	
宿雨曉烟圖	卷	紙	水墨	不詳	康熙庚辰（三十九年，1700）長夏	北京 故宮博物院	
仿王蒙西山逸趣圖（為民譽作）	卷	紙	設色	32.7 × 319.6	壬午（康熙四十一年，1702）夏五	北京 故宮博物院	
臨富春山居圖	卷	紙	水墨	不詳	壬午（康熙四十一年，1702）	北京 故宮博物院	
仿元人山水圖	卷	紙	水墨	27 × 323	癸未（康熙四十二年，1703）	北京 故宮博物院	
仿柯九思修竹流泉圖	卷	絹	水墨	不詳	癸未（康熙四十二午，1703）春仲	北京 故宮博物院	
白堤夜月圖	卷	絹	設色	不詳	（康熙四十三年，甲申，1704）	北京 故宮博物院	
仿古山水十二段圖	卷	絹	設色	不詳	乙酉（康熙四十四年，1705）清和	北京 故宮博物院	
豐草亭圖	卷	紙	設色	不詳	丁亥（康熙四十六年，1707）	北京 故宮博物院	
北阡草廬圖	卷	紙	設色	不詳	康熙庚寅（四十九	北京 故宮博物院	

名稱	形式	質地	色彩	尺寸 高×寬㎝	創作時間	收藏處所	典藏號碼
					年，1710）		
古木清流圖	卷	紙	設色	不詳	庚寅（康熙四十九年，1710）	北京 故宮博物院	
仿燕文貴關山秋霽圖	卷	絹	設色	不詳	壬辰（康熙五十一年，1712）	北京 故宮博物院	
仿黃公望江山勝覽圖	卷	紙	設色	38 × 421.3	壬辰（康熙五十一年，1712）	北京 故宮博物院	
溪山晴遠圖	卷	紙	設色	36.4 × 538.7	康熙癸巳（五十二年，1713）長至日	北京 故宮博物院	
仿王維溪山雪意圖	卷	紙	設色	不詳	甲午（康熙五十三年，1714）新春	北京 故宮博物院	
祭誥圖	卷	紙	設色	34 × 184	丁酉（康熙五十六年，1717）春正	北京 故宮博物院	
山水圖	卷	紙	水墨	不詳		北京 故宮博物院	
邗江雪意圖	卷	絹	設色	不詳		北京 故宮博物院	
康熙南巡圖（王翬、宋駿業、楊晉合作）	卷	絹	設色	66.1 × 2541		北京 故宮博物院	
牆角種梅圖	卷	紙	水墨	不詳		北京 故宮博物院	
可竹居圖	卷	紙	水墨	不詳	康熙庚辰（三十九年，1700）夏六月	北京 中國歷史博物館	
樂志論圖	卷	絹	設色	21 × 198	康熙戊辰（二十七年，1688）春正月望	北京 首都博物館	
仿江貫道雪溪喚渡圖	軸	紙	設色	不詳	丙戌（康熙四十五年，1706）	北京 中央工藝美術學院	
仿董源夏景山口待渡圖	卷	絹	設色	49.8 × 300.6	康熙甲申（四十三年，1704）春正	天津 天津市藝術博物館	
雲山競秀圖（祝安麓村壽誕作）	卷	紙	設色	36.5 × 438.5	康熙乙未（五十四年，1715）	天津 天津市藝術博物館	
青溪送別圖	卷	絹	設色	不詳	乙丑（康熙二十四年，1685）	煙臺 山東省煙臺市博物館	
春山煙靄圖	卷	絹	設色	49 × 529	康熙己丑（四十八年，1709）秋八月	合肥 安徽省博物館	
仿巨然夏山清曉圖	卷	紙	水墨	54.1 × 596.1	康熙癸丑（十二年	上海 上海博物館	

名稱	形式	質地	色彩	尺寸 高x寬cm	創作時間	收藏處所	典藏號碼
					，1673）初冬		
仿巨然夏山烟雨圖	卷	紙	設色	28.5 x 350	丙辰（康熙十五年，1676）中秋	上海 上海博物館	
仿關全溪山晴靄圖	卷	紙	設色	29.2 x 353	戊午（康熙十七年，1678）清和月	上海 上海博物館	
仿黃公望山水圖	卷	紙	設色	22.5 x 478.3	己未（康熙十八年，1679）中秋後二日	上海 上海博物館	
群峰春靄圖	卷	絹	設色	26 x 449.2	庚申（康熙十九年，1680）三月	上海 上海博物館	
山水三段圖（與惲壽平合作）	卷	紙	水墨	不詳	乙丑（康熙二十四年，1685）臘月	上海 上海博物館	
江干話別圖	卷	絹	設色	27.6 x 199.8	乙丑（康熙二十四年，1685）九月十八日	上海 上海博物館	
西齋圖	卷	紙	水墨	23.4 x 134	丁丑（康熙三十六年，1697）清和	上海 上海博物館	
春湖歸隱圖	卷	紙	設色	42 x 200.4	康熙丁丑（三十六年，1697）	上海 上海博物館	
仿江貫道溪山深秀圖（為儼齋作）	卷	紙	水墨	30 x 336	戊寅（康熙三十七年，1698）春三月既望	上海 上海博物館	
徐枚像（楊晉、王翬合作）	卷	絹	設色	36.5 x 88.3	己卯（康熙三十八年，1699）	上海 上海博物館	
結茅圖	卷	紙	水墨	28.7 x 89	庚辰（康熙三十九年，1700）	上海 上海博物館	
寒林雅趣圖	卷	紙	水墨	34 x 278.5	庚辰（康熙三十九年，1700）	上海 上海博物館	
松山書屋圖	卷	絹	設色	33.3 x 139.9	康熙辛巳（四十年，1701）	上海 上海博物館	
松峰積雪圖	卷	紙	水墨	不詳	時年七十（康熙四十年，辛巳，1701）	上海 上海博物館	
江山千里圖	卷	絹	設色	34.6 x 322.6	壬午（康熙四十一年，1702）	上海 上海博物館	

名稱	形式	質地	色彩	尺寸 高×寬cm	創作時間	收藏處所	典藏號碼
江山無盡圖	卷	紙	水墨	31.5 × 501	丙戌（康熙四十五年，1706）重陽前二日	上海 上海博物館	
仿大癡富春夏山圖	卷	紙	設色	34.6 × 276.7	辛卯（康熙五十年，1711）	上海 上海博物館	
坐聽松風圖	卷	紙	設色	30.5 × 138	康熙丁酉（五十六年，1717）	上海 上海博物館	
山水圖（王翬、徐溶合作）	卷	紙	設色	32.1 × 461.3	戊戌（康熙五十七年，1718）	上海 上海博物館	
六境圖（殘存4段）	卷	紙	設色	34.5 × 178		上海 上海博物館	
重江疊嶂圖	卷	紙	設色	51.1 × 1875.2		上海 上海博物館	
黃鶴傳燈圖	卷	紙	設色	30.8 × 412.3		上海 上海博物館	
漁莊煙雨圖（為東令作）	卷	紙	設色	37.2 × 125.3	丙辰（康熙十五年，1676）正月望日	南京 南京博物院	
江城送別圖（為柯亭作）	卷	絹	設色	32.5 × 149.7	辛酉（康熙二十年，1681）嘉平上浣	南京 南京博物院	
聽泉圖（禹之鼎、王翬合作）	卷	絹	設色	38.7 × 255.8	丁丑（康熙三十六年，1697）夏五	南京 南京博物院	
谿山雪霽圖（為訥翁作）	卷	絹	設色	37.2 × 125.3	丁丑（康熙三十六年，1697）臘月既望	南京 南京博物院	
滄浪亭圖（為宋犖作）	卷	絹	設色	33.4 × 132.4	康熙庚辰（三十九年，1700）	南京 南京博物院	
為石亭作山水圖（王翬、楊晉合作）	卷	紙	設色	34.6 × 177.7	楊款丁酉（康熙五十六年，1717）	南京 南京博物院	
仿惠崇早春圖	卷	絹	設色	34.6 × 586.7		南京 南京博物院	
水竹幽居圖	卷	紙	水墨	34 × 170	壬子（康熙十一年，1672）	蘇州 江蘇省蘇州博物館	
溪林散牧圖	卷	絹	設色	37 × 527	戊辰（康熙二十七年，1688）	廣州 廣東省博物館	
楓湫雲頂圖	卷	絹	設色	42 × 207	癸未（康熙四十二年，1703）	廣州 廣東省博物館	
仿吳鎮山水圖	卷	紙	設色	44.5 × 715.5	康熙庚寅（四十九	廣州 廣東省博物館	

名稱	形式	質地	色彩	尺寸 高×寬cm	創作時間	收藏處所	典藏號碼
					年，1710）五月上浣		
早行圖	卷	絹	設色	34.5 × 207	壬辰（康熙五十一年，1712）	廣州 廣東省博物館	
仿黃公望溪山蕭寺圖	卷	絹	水墨	19.2 × 118	癸卯（康熙二年，1663）	廣州 廣州市美術館	
江鄉清夏圖	卷	絹	設色	不詳	甲子（康熙二十三年，1684）	廣州 廣州市美術館	
槎溪藝菊圖（為扶照作）	卷	絹	設色	不詳	甲申（康熙四十三年，1704）九秋	廣州 廣州市美術館	
江山無盡圖（撫趙松雪筆意）	卷	絹	設色	61.8×1566.6	甲子（康熙二十三年，1684）暮春	日本 東京國立博物館	
江山縱覽圖	卷	紙	設色	50.3 × 1212	甲子（康熙二十三年，1684）嘉平上浣	日本 東京高島菊次郎槐安居	
太行山色圖	卷	絹	設色	31.2 × 284.8	丙辰（康熙十五年，1676）春	日本 東京岡崎正也先生	
喬嶽深秋圖（臨黃鶴山樵）	卷	紙	設色	不詳	庚申（康熙十九年，1680）閏秋	日本 京都喬本關雪先生	
聽松圖（與楊晉合作）	卷	絹	設色	25.7 × 186		日本 奈良大和文華館	1160
仿李營丘江山雪霽圖（為梅溪老先生作）	卷	絹	設色	29.9 × 799.5		日本 大阪市立美術館	
仿李營邱雪景	卷	紙	水墨	26.4 × ?	丁未（康熙六年，1667）仲秋	日本 德島縣芝嘉久太先生	
山水圖	卷	紙	水墨	25.1 × 104	丙寅（康熙二十五年，1686）畫，丙申三月重題	日本 繭山龍泉堂	
仿黃鶴山人山莊秋霽圖	卷	紙	設色	30 × ?	壬申（康熙三十一年，1692）春正既望	美國 普林斯頓大學藝術館	66-97
仿黃公望富春山居圖	卷	紙	設色	38.4 × 743.5		美國 普林斯頓大學藝術館	
長江萬里圖	卷	紙	設色	40.2 × ?	戊寅（康熙三十七年，1698）秋畫	美國 New Haven 翁萬戈先生	
太行山色圖	卷	紙	設色	25.2 × ?		美國 紐約大都會藝術博物館	1978.423

名稱	形式	質地	色彩	尺寸 高×寬cm	創作時間	收藏處所	典藏號碼
仿巨然燕文貴山水圖	卷	紙	設色	30.8 × ?		美國 紐約大都會藝術博物館	1979.458.2
康熙南巡圖（第3卷）	卷	絹	設色	67.6 × ?		美國 紐約大都會藝術博物館	1979.5
仿黃公望富春山居圖（王時敏題）	卷	紙	設色	38.4 × 743.5	王時敏題於癸丑（康熙十二年，1673）清和	美國 華盛頓特區弗瑞爾藝術館	50.19
虞山秋色圖	卷	絹	設色	39.4 × ?		美國 密歇根大學藝術博物館	1966/2.30
松喬堂圖	卷	紙	設色	39 × 237.2	癸未（康熙四十二年，1703）夏六月	美國 克利夫蘭藝術博物館	
仿黃公望江山勝攬圖	卷	紙	水墨	29.9 × 549		美國 堪薩斯市納爾遜-艾金斯藝術博物館	46-43
夏山煙雨圖	卷	紙	水墨	43.5 × 21		美國 舊金山亞洲藝術館	B87 D8
江山漁樂圖	卷	紙	設色	36.4 × ?	丙子（康熙三十五年，1696）仲秋	美國 勃克萊加州大學藝術館（高居翰教授寄存）	CC167
仿元人本湖山釣艇圖	卷	紙	水墨	19.8 × ?	壬寅（康熙元年，1662）秋日	美國 勃克萊加州大學藝術館（高居翰教授寄存）	
(康熙)南巡圖（部分）	卷	絹	設色	68.4 × 576		美國 鳳凰市美術館（Mr.Roy And Marilyn Papp 寄存）	
仿巨然筆臨安山色圖	卷	紙	設色	31.1 × ?	丙子（康熙三十五年，1696）秋七月	美國 夏威夷火魯奴奴藝術學院	2711.1
桃源仙隱圖	卷	紙	設色	24.4 × ?		美國 火魯奴奴Hutchinson先生	
雪景山水圖	卷	絹	設色	31.6 × 422		英國 倫敦大英博物館	1913.4.15.03（17）
江山雪霽圖	卷	絹	設色	36.6 × 332.5		荷蘭 阿姆斯特丹Rijks博物館（私人寄存）	
臨燕文貴萬峰煙靄圖	卷	紙	設色	不詳	辛卯（康熙五十年，1711）九秋	瑞典 斯德哥爾摩遠東古物館	
匡廬讀書圖（仿黃鶴山樵）	軸	紙	設色	171.3 × 79.5	壬午（康熙四十一年1702）穀雨前三日	台北 故宮博物院	故畫00702
千巖萬壑圖（用董巨法）	軸	紙	設色	254.1 × 103	癸酉（康熙三十二年，1693）四月	台北 故宮博物院	故畫00703
奇峰聳秀（寫方壺外史）	軸	紙	水墨	62.2 × 29.2	戊午（康熙十七年，1678）花朝	台北 故宮博物院	故畫00704

名稱	形式	質地	色彩	尺寸 高x寬cm	創作時間	收藏處所	典藏號碼
平林散牧圖	軸	絹	設色	118 x 56.5	康熙壬午（四十一年，1702）小春望日	台北 故宮博物院	故畫 00705
石磴林泉圖	軸	紙	設色	38.1 x 24.3	戊申（康熙七年，1668）十月四日	台北 故宮博物院	故畫 00706
水村春曉（仿徐幼文）	軸	紙	水墨	38.2 x 24.3		台北 故宮博物院	故畫 00707
石泉試茗（仿香光居士筆）	軸	紙	水墨	96.7 x 60.3	丙子（康熙三十五年，1696）立冬後三日	台北 故宮博物院	故畫 00708
夏麓晴雲（仿關仝筆）	軸	絹	設色	142.8 x 66.8	康熙辛未（三十年，1691）二月既望	台北 故宮博物院	故畫 00709
夏木垂陰	軸	紙	水墨	64.4 x 38.3	庚辰（康熙三十九年，1700）六月廿四日	台北 故宮博物院	故畫 00710
秋林圖	軸	紙	設色	46.1 x 29.8		台北 故宮博物院	故畫 00711
寒林小景	軸	紙	水墨	64 x 35.4	庚午（康熙二十九年，1690）十月八日	台北 故宮博物院	故畫 00712
臨關仝山水	軸	紙	水墨	72.2 x 35.6	丙午（康熙五年，1666）九月八日	台北 故宮博物院	故畫 00713
仿巨然夏山圖	軸	紙	水墨	144.3 x 36.8	甲申（康熙四十三年，1704）春二月	台北 故宮博物院	故畫 00714
仿李營邱江干七樹圖	軸	紙	設色	96.4 x 54.6	壬辰（康熙五十一年，1712）夏五月	台北 故宮博物院	故畫 00715
臨許道寧山水	軸	絹	設色	119.9 x 57.4		台北 故宮博物院	故畫 00716
仿王蒙修竹遠山圖	軸	紙	水墨	37.8 x 24.6		台北 故宮博物院	故畫 00717
仿王蒙夏日山居圖	軸	紙	水墨	70.1 x 34.9	甲午（康熙五十三年，1714）十月廿四日	台北 故宮博物院	故畫 00718
仿王蒙夏山讀書圖	軸	紙	水墨	96.8 x 59.3	甲戌（康熙三十三年，1694）二月既望	台北 故宮博物院	故畫 00719
仿王蒙秋山讀書圖	軸	紙	淺色	157.4 x 69	壬申（康熙三十一	台北 故宮博物院	故畫 00720

名稱	形式	質地	色彩	尺寸 高×寬cm	創作時間	收藏處所	典藏號碼
					年，1692）中秋		
山水圖	軸	絹	設色	172.8 × 81.8	戊子（康熙四十七年，1708）夏	台北 故宮博物院	故畫 00721
畫山水（仿巨秋筆）	軸	紙	設色	128.4 × 55.4	庚申（康熙十九年，1680）秋八月	台北 故宮博物院	故畫 00722
溪山紅樹	軸	紙	設色	112.4 × 39.5		台北 故宮博物院	故畫 00723
一梧軒圖（仿叔明筆）	軸	紙	淺色	104.1 × 54.2	癸丑（康熙十二年，1673）暮春之初	台北 故宮博物院	故畫 00724
仿趙孟頫江村銷夏圖	軸	絹	設色	117.9 × 61.5	丙戌（康熙四十五年，1706）五月朔日	台北 故宮博物院	故畫 00725
臨范寬雪山蕭寺圖	軸	絹	設色	187.7×115.5	康熙戊寅（三十七年，1698）嘉平	台北 故宮博物院	故畫 00950
畫山水（仿范中立筆法）	軸	紙	設色	123.7 × 55.3	己丑（康熙四十八年，1709）夏五	台北 故宮博物院	故畫 02396
仿倪瓚畫山水	軸	紙	水墨	46.1 × 34.6	壬子（康熙十一年，1672）十月三日	台北 故宮博物院	故畫 02397
秋山聳翠圖（仿趙大年）	軸	絹	設色	94 × 35.4	壬戌（康熙二十一年，1682）孟夏	台北 故宮博物院	故畫 02398
仿趙孟頫春山飛瀑	軸	紙	設色	89.5 × 37.7	辛亥（康熙十年，1671）冬十月	台北 故宮博物院	故畫 02399
仿趙元幽礀寒松	軸	紙	設色	38.2 × 27.4		台北 故宮博物院	故畫 02400
夏日山居圖	軸	紙	水墨	147 × 74	壬子（康熙十一年，1672）閏七月	台北 故宮博物院	故畫 02401
萬壑松風圖	軸	紙	水墨	64.6 × 39.4		台北 故宮博物院	故畫 02402
仿趙大年湖山春曉	軸	絹	設色	132 × 66	乙未（康熙五十四年，1715）暮春之初	台北 故宮博物院	故畫 02403
仿趙大年水村圖	軸	絹	設色	155.5 × 56		台北 故宮博物院	故畫 02404
松風書屋圖	軸	紙	設色	124 × 61.2	康熙壬辰（五十一年，1712）中秋	台北 故宮博物院	故畫 02405
瀟湘聽雨圖	軸	絹	設色	143.1 × 68	康熙丙戌（四十五年，1706）長至日	台北 故宮博物院	故畫 02406

名稱	形式	質地	色彩	尺寸 高x寬㎝	創作時間	收藏處所	典藏號碼
水村圖	軸	絹	設色	170.7 × 49.2	乙酉（康熙四十四年，1705）嘉平	台北 故宮博物院	故畫 02407
蛟門曉發圖	軸	絹	設色	208.3 × 98	己巳（康熙二十八年，1689）中秋	台北 故宮博物院	故畫 02408
仿黃公望筆意	軸	紙	水墨	109.2 × 53.2	乙亥（康熙三十四年，1695）七月十三日	台北 故宮博物院	故畫 02409
仿沈周古松圖	軸	紙	水墨	108.8 × 56.9	戊子（康熙四十七年，1708）臘月廿四日	台北 故宮博物院	故畫 02410
寒汀宿雁	軸	紙	設色	51.2 × 28.3		台北 故宮博物院	故畫 02411
王雲、王翬合璧（王雲臨陸治設色花卉、王翬補鉤勒竹）	軸	紙	設色	112.8 × 44.1	庚辰（康熙三十九年，1700）六月朔	台北 故宮博物院	故畫 02922
合景歲朝圖（王翬畫水仙松枝、惲壽平畫天竺、楊晉補山茶）	軸	紙	設色	80.7 × 50.4	庚申（康熙十九年，1680）冬月	台北 故宮博物院	故畫 00813
臨趙大年山水	軸	絹	設色	182.5 × 50		台北 故宮博物院	國贈 026752
仿元人平遠小景圖	軸	紙	設色	60 × 40.4	乙酉（康熙四十四年，1705）秋日	台北 故宮博物院	國贈 026753
山水圖	軸	紙	水墨	不詳		台北 故宮博物院	國贈 024718
仿黃鶴山樵山水圖	軸	紙	設色	135.3 × 45.5	甲申（康熙四十三年，1704）望後	台北 故宮博物院（蘭千山館寄存）	
師弟子合作梅竹坡石圖	軸	紙	水墨	92 × 37.6		台北 故宮博物院（蘭千山館寄存）	
仿黃鶴山樵山水圖	軸	紙	設色	39.1 × 58		台北 故宮博物院（蘭千山館寄存）	
仿黃公望浮嵐暖翠圖	軸	紙	設色	175 × 45.3		台北 故宮博物院（蘭千山館寄存）	
仿高克恭雲海圖	軸	紙	設色	59 × 38.2		台北 蘭千山館	
仿右丞江村雪霽圖	軸	絹	設色	114.8 × 47.3	戊辰（康熙二十七年，1688）夏六月	台北 國泰美術館	
仿王詵採菱圖	軸	紙	設色	103.5 × 33.9		台北 鴻禧美術館	C2-33
蘇軾詩意圖	軸	絹	水墨	145.9 × 75.1		台北 鴻禧美術館	C3-55
仿徐熙沒骨菜蔬圖	軸	紙	水墨	75.8 × 33.7		台北 鴻禧美術館	C1-30

名稱	形式	質地	色彩	尺寸 高×寬㎝	創作時間	收藏處所	典藏號碼
杜陵詩意山水圖	軸	絹	設色	不詳	辛未（康熙三十年，1691）嘉平月上浣	台北 清玩雅集	
仿黃子久山水	軸	紙	水墨	95 × 52		台北 黃君璧白雲堂	
仿董北苑萬壑松風圖	軸	絹	設色	83 × 50.3		台北 侯彧華先生	
秋江漁樂圖	軸	紙	水墨	80 × 51	康熙甲午（五十三年，1714）陽月	台北 李鴻球先生	
杜甫詩意圖	軸	絹	設色	130.1 × 68.6		台南 石允文先生	
仿胡廷暉淺絳山水圖	軸	紙	設色	74.3 × 45.7		香港 中文大學中國文化研究所文物館	95.419
山水圖	軸	紙	設色	79.2 × 41.2		香港 何耀光至樂樓	
為密之作山水圖	軸	金箋	水墨	109.2 × 53.	壬申（康熙三十一年，1692）冬夜	香港 何耀光至樂樓	
雞聲茅店月詩意圖	軸	紙	設色	70 × 32	壬辰（康熙五十一年，1712）臘月	香港 何耀光至樂樓	
竹石圖（與石濤合作）	軸	紙	水墨	131.5 × 56.6	壬申（康熙三十一年，1692）	香港 何耀光至樂樓	
仿九龍山人竹石小景圖	軸	紙	水墨	66.2 × 32.2		香港 趙從衍先生	
松溪高士（仿北苑筆）	軸	紙	設色	不詳	戊辰（康熙二十七年，1688）春正月	香港 趙從衍先生	
寫唐寅詩意山水圖	軸	紙	水墨	114.5 × 56.5	癸酉（康熙三十二年，1693）春正	香港 劉作籌虛白齋	
仿董源萬木奇峰圖	軸	紙	水墨	110.9 × 50.3		香港 劉作籌虛白齋	84
仿巨然山水圖	軸	紙	水墨	不詳	康熙癸酉（三十二年，1693）初夏	香港 劉作籌虛白齋	
春江煙柳圖（與惲壽平合作）	軸	紙	水墨	108.5 × 38	己酉（康熙八年，1669）春杪	香港 譪煇堂	
仿巨然山水圖	軸	金箋	水墨	119.7 × 47.		香港 羅桂祥先生	
仿黃鶴山樵筆意山莊漁隱圖	軸	紙	設色	93.5 × 41.3	康熙歲次戊寅（三十七年，1698）六月望後三日	新加坡 Dr.E.Lu	

名稱	形式	質地	色彩	尺寸 高x寬㎝	創作時間	收藏處所	典藏號碼
仿柯九思松竹遠山小景圖	軸	紙	水墨	不詳	庚辰（康熙三十九年，1700）夏五月	香港 范甲先生	
仿巨然賺蘭亭圖	軸	絹	設色	145 x 63	康熙己卯（三十八年，1699）	長春 吉林省博物館	
歲寒圖（王翬師生八人合作）	軸	絹	設色	不詳	甲戌（康熙三十三年，1694）長至前	瀋陽 故宮博物館	
茅屋長松圖	軸	紙	水墨	131 x 44.5	乙亥（康熙三十四年，1695）清和	瀋陽 故宮博物館	
仿王蒙作竹籬茅屋圖	軸	絹	設色	不詳	丁亥（康熙四十六年，1707）嘉平廿又六日	瀋陽 故宮博物館	
劍南詩意圖	軸	紙	設色	不詳	己丑（康熙四十八年，1709）	瀋陽 故宮博物館	
仿王蒙秋林書屋圖	軸	紙	設色	149 x 50	康熙庚寅（四十九年，1710）初冬	瀋陽 故宮博物館	
歲朝圖（楊晉、王雲、顧昉、顧政、徐玫、虞沅、吳芷、王翬合作）	軸	絹	設色	109 x 51		瀋陽 故宮博物院	
南山草堂圖	軸	紙	設色	75.7 x 34.7	癸未（康熙四十二年，1703）	瀋陽 遼寧省博物館	
唐寅詩意圖	軸	紙	設色	不詳	甲寅（康熙十三年，1674）	旅順 遼寧省旅順博物館	
雲山春霽圖	軸	絹	設色	不詳	壬辰（康熙五十一年，1712）	旅順 遼寧省旅順博物館	
仿董北圖	軸	紙	設色	151 x 81.4	癸巳（康熙五十二年，1713）	旅順 遼寧省旅順博物館	
山莊雪意圖（為二酉作）	軸	絹	設色	45.3 x 32.5	乙未（順治十二年，1655）春日	北京 故宮博物院	
廬山聽瀑圖	軸	紙	水墨	123 x 59.4	乙未（順治十二年，1655）	北京 故宮博物院	
夏山積雨圖	軸	紙	水墨	不詳	戊戌（順治十五年，1658）長夏	北京 故宮博物院	
仿古山水圖（2冊頁合裝）	軸	紙	水墨	不詳	庚子（順治十七年，1660）	北京 故宮博物院	

名稱	形式	質地	色彩	尺寸 高x寬cm	創作時間	收藏處所	典藏號碼
寒塘鸂鶒圖	軸	紙	水墨	73 x 41.6	壬寅（康熙元年，1662）	北京 故宮博物院	
仿趙大年水村圖	軸	紙	設色	不詳	壬寅（康熙元年，1662）二月	北京 故宮博物院	
寒山書屋圖	軸	紙	水墨	61.3 x 38.6	壬寅（康熙元年，1662）秋孟	北京 故宮博物院	
溪山晴靄圖	軸	紙	水墨	218 x 92.4	癸卯（康熙二年，1663）長夏	北京 故宮博物院	
仿倪瓚樹石圖	軸	紙	水墨	121.5 x 35.9	甲辰（康熙三年，1664）四月	北京 故宮博物院	
楊孟載詩意圖	軸	紙	水墨	58.3 x 36.7	甲辰（康熙三年，1664）	北京 故宮博物院	
山窗讀書圖（為藻儒作）	軸	紙	設色	160 x 42	丙午（康熙五年，1666）九月	北京 故宮博物院	
虞山楓林圖	軸	紙	設色	146.2 x 61.7	戊申（康熙七年，1668）小春既望	北京 故宮博物院	
仿黃公望山水圖	軸	紙	設色	227.3 x 82.5	庚戌（康熙九年，1670）	北京 故宮博物院	
仿李成寒林圖	軸	紙	水墨	140.2 x 54.3	辛亥（康熙十年，1671）	北京 故宮博物院	
名山訪勝圖（與查士標為笪重光合作）丶	軸	紙	設色	不詳	辛亥（康熙十年，1671）五月	北京 故宮博物院	
空山茅屋圖	軸	紙	設色	60.2 x 31.8	壬子（康熙十一年，1672）冬夜	北京 故宮博物院	
岩棲高士圖	軸	紙	水墨	122.7 x 31.5	壬子（康熙十一年，1672）	北京 故宮博物院	
仿吳鎮清夏層巒圖	軸	絹	水墨	187.7 x 72.6	壬子（康熙十一年，1672）	北京 故宮博物院	
仿宋人古澗疎林圖	軸	紙	水墨	59.3 x 24.8	癸丑（康熙十二年，1673）	北京 故宮博物院	
仿王叔明秋山草堂圖	軸	紙	設色	106.5 x 47	癸丑（康熙十二年，1673）十月既望	北京 故宮博物院	
仿王蒙竹趣圖	軸	紙	水墨	不詳	甲寅（康熙十三年，1674）	北京 故宮博物院	
王時敏小像（楊晉、王翬合	軸	紙	設色	不詳	甲寅（康熙十三年	北京 故宮博物院	

名稱	形式	質地	色彩	尺寸 高x寬㎝	創作時間	收藏處所	典藏號碼
作）					，1674)		
仿唐寅赤壁圖	軸	紙	設色	71.6 × 36.8	乙卯（康熙十四年，1675）五月	北京 故宮博物院	
陡壑奔泉圖	軸	紙	水墨	74.3 × 31.4	丙辰（康熙十五年，1676）中秋	北京 故宮博物院	
萬壑松風圖	軸	絹	設色	152.7 × 47.1	丙辰（康熙十五年，1676）中秋	北京 故宮博物院	
霜柯遠岫圖	軸	紙	水墨	不詳	己未（康熙十八年，1679）三月	北京 故宮博物院	
疏林遠岫圖	軸	紙	水墨	不詳	庚申（康熙十九年，1680）仲冬	北京 故宮博物院	
楊柳曉月圖	軸	紙	設色	53 × 30.4	庚申（康熙十九年，1680）仲冬	北京 故宮博物院	
修竹遠山圖	軸	紙	水墨	不詳	辛酉（康熙二十年，1681）九月	北京 故宮博物院	
補龔翔麟畫松下鳴琴圖	軸	絹	設色	155.4 × 66.3	壬戌（康熙二十一年，1682）	北京 故宮博物院	
仿王蒙夏山高隱圖	軸	紙	設色	184.3 × 79.7	壬戌（康熙二十一年，1682）	北京 故宮博物院	
小閣臨溪圖	軸	絹	設色	不詳	癸亥（康熙二十二年，1683）清明前二日	北京 故宮博物院	
仿高克恭雲山圖	軸	紙	水墨	29.3 × 42.3	癸亥（康熙二十二年，(1683)除夕	北京 故宮博物院	
枯木竹石圖	軸	紙	水墨	133.2 × 32.5	甲子（康熙二十三年，1684）	北京 故宮博物院	
竹澗流泉圖	軸	絹	設色	61 × 33.2	乙丑（康熙二十四年，1685）小春十日	北京 故宮博物院	
晚梧秋影圖	軸	紙	水墨	76.8 × 41	丙寅（康熙二十五年，1686）七月後三日	北京 故宮博物院	
玉峰看月圖	軸	紙	設色	79.5 × 40	丙寅（康熙二十五年，1686）九月	北京 故宮博物院	
山窗讀書圖（為藻儒作	軸	紙	水墨	不詳	丙寅（康熙二十五	北京 故宮博物院	

名稱	形式	質地	色彩	尺寸 高x寬cm	創作時間	收藏處所	典藏號碼
					年，1686）九月九日		
關山秋霽圖	軸	絹	水墨	212.2 x 113.8	丙寅（康熙二十五年，1686）	北京 故宮博物院	
煙浮遠岫圖	軸	絹	水墨	187 x 67.2	丁卯（康熙二十六年，1687）臘月八日	北京 故宮博物院	
仿王蒙山水圖	軸	紙	設色	140.2 x 61.7	庚午（康熙二十九年，1690）廿日	北京 故宮博物院	
山水圖（王翬、顧昉、楊晉、宋駿業合作）	軸	紙	水墨	99.3 x 46.5	壬申（康熙三十一年，1692）	北京 故宮博物院	
山塘校讐圖	軸	紙	設色	不詳	壬申（康熙三十一年，1692）暮春	北京 故宮博物院	
五清圖（王翬、楊晉、顧文淵合作）	軸	絹	設色	不詳	癸酉（康熙三十二年，1693）	北京 故宮博物院	
仿董、巨嵩岳圖	軸	紙	設色	118 x 114.5	甲戌（康熙三十三年，1694）	北京 故宮博物院	
山川出雲圖	軸	紙	水墨	29 x 42.3	甲戌（康熙三十三年，1694）	北京 故宮博物院	
九秋圖（王翬、宋駿業、顧昉、虞沅、王雲、楊晉、徐玫、吳藏合作）	軸	紙	設色	118.8 x 61.1	乙亥（康熙三十四年，1695）	北京 故宮博物院	
山水圖	軸	紙	設色	不詳	乙亥（康熙三十四年，1695）夏日	北京 故宮博物院	
仿唐寅蕉林夜雨圖	軸	紙	水墨	129.7 x 44.2	丙子（康熙三十五年，1696）	北京 故宮博物院	
修竹幽亭圖	軸	紙	水墨	129.5 x 43.3	丙子（康熙三十五年，1696）八月十六日	北京 故宮博物院	
重林叠嶂圖	軸	紙	水墨	不詳	丙子（康熙三十五年，1696）九秋	北京 故宮博物院	
仿范華原群山雄勢圖	軸	紙	設色	129.5 x 44.7	康熙丙子（三十五年，1696）臘月廿四日	北京 故宮博物院	
溪堂詩思圖	軸	紙	水墨	105.9 x 59.8	戊寅（康熙三十七	北京 故宮博物院	

名稱	形式	質地	色彩	尺寸 高x寬cm	創作時間	收藏處所	典藏號碼
					年，1698）		
疊嶺重泉圖	軸	紙	水墨	144.4 × 60.4	戊寅（康熙三十七年，1698）二月廿九日	北京 故宮博物院	
	軸	紙	水墨	114 × 63.5	康熙戊寅（三十七年，1698）	北京 故宮博物院	
竹趣圖	軸	紙	水墨	不詳	康熙戊寅（三十七年，1698）四月八日	北京 故宮博物院	
宋致靜聽松風圖（柳遇寫照、王翬為補景）	軸	紙	設色	128 × 44.8	康熙庚辰（三十九年，1700）	北京 故宮博物院	
墨池風雨圖	軸	紙	設色	90.3 × 46.7	壬午（康熙四十一年，1702）	北京 故宮博物院	
唐人詩意圖	軸	絹	設色		壬午（康熙四十一年，1702）中秋前三日	北京 故宮博物院	
九華秀色圖	軸	紙	設色	仿倪瓚山水圖	癸未（康熙四十二年，1703）	北京 故宮博物院	
仿冷謙山水圖	軸	紙	設色	98.3 × 46.1	康熙甲申（四十三年，1704）	北京 故宮博物院	
圖（王翬、楊晉合作）	軸	絹	設色	不詳	甲申（康熙四十三年，1704）	北京 故宮博物院	
雨過飛泉圖山水	軸	紙	水墨	138.7 × 61.5	康熙乙酉（四十四年，1705）	北京 故宮博物院	
仿李成溪山雪霽圖	軸	紙	設色	不詳	丙戌（康熙四十五年，1706）夏	北京 故宮博物院	
松鳳鳴澗圖	軸	紙	設色	不詳	丙戌（康熙四十五年，1706）	北京 故宮博物院	
古松圖	軸	紙	水墨	136.6 × 64.7	戊子（康熙四十七年，1708）	北京 故宮博物院	
寒林陣鴉圖（王雲、王翬、楊晉合作）	軸	紙	設色	78.4 × 59.8	庚寅（康熙四十九年，1710）春正望前一日補墨竹	北京 故宮博物院	
水閣延涼圖	軸	紙	設色	63.8 × 54	庚寅（康熙四十九	北京 故宮博物院	

名稱	形式	質地	色彩	尺寸 高x寬cm	創作時間	收藏處所	典藏號碼
					年，1710)		
仿巨然山水圖	軸	紙	水墨	97.9 x 35.2	庚寅（康熙四十九年，1710）初冬	北京 故宮博物院	
摹董源萬木奇峰圖	軸	絹	設色	182 x 106.7	庚寅（康熙四十九年，1710）嘉平	北京 故宮博物院	
夏山圖	軸	絹	設色	不詳	辛卯（康熙五十年，1711）四月	北京 故宮博物院	
仿柯丹丘小景圖	軸	紙	水墨	97.2 x 42	壬辰（康熙五十一年，1712）	北京 故宮博物院	
仿唐寅秋樹昏鴉圖	軸	紙	設色	118 x 734	壬辰（康熙五十一年，1712）正月望前二日	北京 故宮博物院	
山園佳趣圖	軸	紙	設色	81.2 x 49.3	壬辰（康熙五十一年，1712）長夏	北京 故宮博物院	
山莊圖	軸	紙	設色	不詳	壬辰（康熙五十一年，1712）	北京 故宮博物院	
夏五吟梅圖	軸	紙	設色	91 x 60.4	康熙甲午（五十三年，1714）十月晦	北京 故宮博物院	
仿惠崇小景圖（為惟九作）	軸	紙	設色	96.3 x 44.7	乙未（康熙五十四年，1715）早春	北京 故宮博物院	
寒林遠岫圖	軸	紙	水墨	不詳	丙申（康熙五十五年，1716）冬日	北京 故宮博物院	
池上篇圖（12幅）	軸	紙	設色	不詳	丙申（康熙五十五年，1716）長夏	北京 故宮博物院	
山水圖	軸	紙	水墨	不詳		北京 故宮博物院	
仿王蒙山水圖	軸	紙	水墨	140.2 x 61.6		北京 故宮博物院	
仿董源夏山圖	軸	絹	水墨	54.9 x 25.8		北京 故宮博物院	
枯木竹石圖	軸	紙	水墨	67 x 30		北京 故宮博物院	
溪山無盡圖	軸	紙	水墨	169 x 46.3		北京 故宮博物院	
翠微秋色圖	軸	紙	設色	63.4 x 36.3		北京 故宮博物院	
鴉陣圖	橫幅	紙	水墨	不詳		北京 故宮博物院	
仿劉靜修山水圖	軸	紙	水墨	不詳		北京 故宮博物院	
藤薛喬松圖	軸	紙	設色	405.7 x 20.5		北京 故宮博物院	

名稱	形式	質地	色彩	尺寸 高x寬cm	創作時間	收藏處所	典藏號碼
盧鴻草堂圖	軸	紙	水墨	不詳		北京 故宮博物院	
仿大癡富春山圖（為槎客作）	軸	紙	水墨	不詳	己巳（康熙二十八年，1689）小春	北京 中國歷史博物館	
盧鴻草堂圖	軸	紙	水墨	102.3 x 64.1	甲戌（康熙三十三年，1694）	北京 中國歷史博物館	
富春山水圖（為高不騫作）	軸	紙	水墨	不詳	己巳（康熙二十八年，1689）小春十日	北京 中國歷史博物館	
竹林獨坐圖	軸	紙	水墨	不詳	康熙丙子（三十五年，1696）	北京 中國歷史博物館	
唐寅詩意山水圖（為吉士作）	軸	絹	設色	不詳	壬申（康熙三十一年，1692）中秋	北京 中國歷史博物館	
仿巨然山水圖（為耕巖作）	軸	紙	設色	不詳	康熙甲戌（三十三年，1694）	北京 中國歷史博物館	
嵩山草堂圖	軸	紙	水墨	不詳	康熙庚辰（三十九年，1700）秋八月	北京 中國歷史博物館	
膏雨初晴圖	軸	紙	水墨	不詳	康熙壬午（四十一年，1702）	北京 中國歷史博物館	
雲嵐林壑圖	軸	紙	水墨	不詳	辛卯（康熙五十年，1711）	北京 中國歷史博物館	
古木晴川圖	軸	紙	設色	108.1 x 55.3	康熙甲午（五十三年，1714）	北京 中國歷史博物館	
獨樂園圖	軸	絹	設色	不詳		北京 中國歷史博物館	
孟襄陽詩意圖（為其蔚作）	軸	紙	設色	不詳	康熙丙戌（四十五年，1706）六月	北京 中國歷史博物館	
漁父圖	軸	紙	設色	不詳	康熙壬辰（五十一年，1712）六月三日	北京 中國歷史博物館	
擬北苑山寺水村圖	軸	絹	設色	不詳	丁亥（康熙四十六年，1707）臘月既望	北京 中國美術館	
夏木垂蔭圖	軸	絹	設色	不詳	己丑（康熙四十八年，1709）	北京 中國美術館	

名稱	形式	質地	色彩	尺寸 高x寬㎝	創作時間	收藏處所	典藏號碼
萬壑千崖圖	軸	紙	設色	177.5 x 98.4	壬寅（康熙元年，1662）臘月	北京 首都博物館	
萬壑千巖圖	大軸	紙	設色	不詳	癸卯（康熙二年，1663）臘月	北京 首都博物館	
仿巨然夏寒圖	軸	紙	水墨	136.5 x 48	壬子（康熙十一年，1672）	北京 首都博物館	
臨王維春山積雪圖	軸	絹	設色	119.7 x 49.3	康熙庚申（十九年，1680）初夏	北京 首都博物館	
溪山煙雨圖	軸	絹	設色	119.2 x 48.3	庚申（康熙十九年，1680）	北京 首都博物館	
秋林讀易圖	軸	絹	設色	117 x 52.5	康熙庚辰（三十九年`，1700）	北京 首都博物館	
仿王蒙松蔭論古圖	軸	紙	設色	不詳	壬午（康熙四十一年，1702）	北京 首都博物館	
仿趙大年山水圖	軸	絹	設色	98.3 x 49.2	壬辰（康熙五十一年，1712）	北京 首都博物館	
古木奇峰圖	軸	紙	設色	88.3 x 29.2	康熙甲午（五十三年，1714）	北京 首都博物館	
仿江貫道雲溪漁渡圖	軸	絹	水墨	不詳	丙戌（康熙四十五年，1706）	北京 中央工藝美術學院	
山莊雪霽圖（為梅翁作）	軸	絹	設色	135 x 61.2	丙辰（康熙十五年，1676）	天津 天津市藝術博物館	
溪山晴靄圖	軸	絹	設色	166 x 69	己未（康熙十八年，1679）中秋前二日	天津 天津市藝術博物館	
仿巨然楚山欲雨圖	軸	絹	設色	92 x 46.3	庚申（康熙十九年，1680）	天津 天津市藝術博物館	
夏山烟雨圖	軸	紙	設色	137.2 x 63	辛酉（康熙二十年，1681）中秋	天津 天津市藝術博物館	
山村霽雪圖（為湘民同硯作）	軸	紙	設色	不詳	辛酉（康熙二十年，1681）臘月廿四日	天津 天津市藝術博物館	
山川渾厚圖	軸	絹	設色	145 x 49.7	壬戌（康熙二十一年，1682）	天津 天津市藝術博物館	

名稱	形式	質地	色彩	尺寸 高×寬cm	創作時間	收藏處所	典藏號碼
仿北苑山水圖（查士標、笪重光題）	軸	紙	水墨	不詳	壬戌（康熙二十一年，1682）三月既望	天津 天津市藝術博物館	
雨後空林圖	軸	紙	水墨	71 × 42	甲子（康熙二十三年，1684）	天津 天津市藝術博物館	
溪山漁樂圖	軸	紙	水墨	73 × 40	丙寅（康熙二十五年，1686）	天津 天津市藝術博物館	
水閣幽人圖	軸	紙	設色	115 × 37.5	戊寅（康熙三十七年，1698）清和六日	天津 天津市藝術博物館	
仿大癡良常山館圖	軸	紙	設色	105 × 52.5	壬午（康熙四十一年，1702）七月望	天津 天津市藝術博物館	
仙山樓觀圖（為景伯作）	軸	紙	設色	94 × 48.6	壬午（康熙四十一年，1702）冬杪	天津 天津市藝術博物館	
仿燕文貴山水圖	軸	紙	設色	不詳	乙酉（康熙四十四年，1705）	天津 天津市藝術博物館	
煙生暮山圖	軸	紙	水墨	不詳	丙戌（康熙四十五年，1706）	天津 天津市藝術博物館	
仿王蒙山水圖	軸	紙	設色	112.6 × 43.2	戊子（康熙四十七年，1708）	天津 天津市藝術博物館	
谿口白雲圖	軸	絹	設色	99 × 53.8	己丑（康熙四十八年，1709）	天津 天津市藝術博物館	
柳岸江洲圖	軸	紙	水墨	95.5 × 41	庚寅（康熙四十九年，1710）	天津 天津市藝術博物館	
仙巖樓觀圖	軸	紙	設色	84.8 × 46.3	康熙乙未（五十四年，1715）	天津 天津市藝術博物館	
草堂碧泉圖	軸	紙	設色	89 × 49	丁酉（康熙五十六年，1717），八十六歲	天津 天津市藝術博物館	
雪晴運輴圖	軸	絹	設色	70 × 48.4		天津 天津市藝術博物館	
仿黃鶴山人山水圖	軸	絹	設色	195.2 × 61.5		天津 天津市藝術博物館	
山窗對雪圖	軸	紙	設色	83 × 34.8	辛酉（康熙二十年，1681）	天津 天津市歷史博物館	

名稱	形式	質地	色彩	尺寸 高x寬㎝	創作時間	收藏處所	典藏號碼
仿巨然山水圖	軸	絹	設色	153 × 59	乙酉（康熙二十四，1685）	天津 天津市歷史博物館	
富春大嶺圖	軸	紙	設色	127.5 × 43	庚午（康熙二十九年，1690）	天津 天津市歷史博物館	
溪山深秀圖	軸	絹	設色	204.5 × 99.5	康熙癸未（四十二年，1703）	天津 天津市歷史博物館	
觀潮圖	軸	絹	設色	不詳	庚寅（康熙四十九年，1710）	天津 天津市歷史博物館	
瀟湘涵翠圖	軸	紙	水墨	74.5 × 44.5	甲子（康熙二十三年，1684）小春十日	石家莊 河北省博物館	
仿北苑山水圖	軸	金箋	水墨	77.5 × 44	壬子（康熙十一年，1672）	濟南 山東省濟南市博物館	
江山臥遊圖	軸	絹	設色	72.5 × 26	己丑（康熙四十八年，1709）	濟南 山東省濟南市博物館	
仿李成秋山讀書圖	軸	絹	設色	128.7 × 74.5	己未（康熙十八年，1679）	青島 山東省青島市博物館	
仿趙孟頫鵲華秋色圖	軸	絹	設色	不詳	辛巳（康熙四十年，1701）	青島 山東省青島市博物館	
修竹遠山圖	軸	紙	設色	78.6 × 35	壬辰（康熙五十一年，1712）元日	青島 山東省青島市博物館	
仿巨然煙浮遠岫圖	軸	絹	設色	210 × 62		青島 山東省青島市博物館	
采菱圖	軸	絹	設色	116 × 54	辛巳（康熙四十年，1701）	煙臺 山東省煙臺市博物館	
溪山秋霽圖（為琛石作）	軸	紙	水墨	81 × 31.5	戊辰（康熙二十七年，1688）臘月廿四日	太原 山西省博物館	
仿范寬泰嶽喬松圖	軸	紙	設色	不詳	癸未（康熙四十二年，1703）嘉平	太原 山西省博物館	
雨山圖	軸	紙	水墨	55.2 × 36	庚申（康熙十九年，1680）	合肥 安徽省博物館	
深山春色圖	軸	紙	水墨	122 × 27.2	辛酉（康熙二十年，1681）	合肥 安徽省博物館	
仙山樓觀圖	軸	絹	設色	119.9 × 44.9	康熙癸巳（五十二年，1713）	合肥 安徽省博物館	

名稱	形式	質地	色彩	尺寸 高x寬㎝	創作時間	收藏處所	典藏號碼
仿趙鷗波筆意山水圖	軸	紙	設色	186 × 98		合肥 安徽省博物館	
仿巨然筆意山水圖（為暘翁作）	軸	紙	水墨	127.4 × 60.2	癸巳（順治十年，1653）三月上浣	上海 上海博物館	
十里溪塘圖（為石門作）	軸	紙	水墨	117.5 × 61.5	己酉（康熙八年，1669）三月六日	上海 上海博物館	
春草洞庭圖（為人翁作）	軸	紙	水墨	84 × 473.4	庚戌（康熙九年，1670）正月廿六日	上海 上海博物館	
仿趙吳興春山飛瀑圖（笪重光、惲壽平題）	軸	紙	設色	88.1 × 36.5	辛亥（康熙十年，1671）冬十月	上海 上海博物館	
元人高韻圖（為孫承公作）	軸	紙	水墨	94.1 × 34.2	壬子（康熙十一年，1672）十月廿八日	上海 上海博物館	
荒林濺瀑圖	軸	紙	設色	不詳	壬子（康熙十一年，1672）	上海 上海博物館	
春江捕魚圖（為筠友作）	軸	紙	水墨	80.4 × 37.5	癸丑（康熙十二年，1673）夏日	上海 上海博物館	
蒼巖百疊圖	軸	紙	水墨	120 × 60.6	癸丑（康熙十二年，1673）秋	上海 上海博物館	
翠嶂瑤林圖（為虞翁作）	軸	紙	設色	108.4 × 54.3	己未（康熙十八年，1679）	上海 上海博物館	
茂林仙館圖	軸	紙	設色	84 × 39.9	庚申（康熙十九年，1680）十月九日	上海 上海博物館	
寫黃鶴筆法山水圖	軸	紙	設色	75 × 36.5	庚申（康熙十九年，1680）孟冬	上海 上海博物館	
唐人詩意圖（為衡圃作）	軸	絹	設色	156.7 × 61.2	辛酉（康熙二十年，1681）十月既望	上海 上海博物館	
溪閣晤對圖	軸	紙	設色	124.4 × 55.3	癸亥（康熙二十二年，1683）清明前二日	上海 上海博物館	
松壑鳴泉圖	軸	絹	水墨	67.3 × 38.2	乙丑（康熙二十四年，1685）暮春	上海 上海博物館	
迂翁詩意圖	軸	紙	水墨	99.7 × 56.9	丙寅（康熙二十五年，1686）	上海 上海博物館	

名稱	形式	質地	色彩	尺寸 高x寬cm	創作時間	收藏處所	典藏號碼
仿柯九思樹石圖（與惲壽平合作）	軸	紙	水墨	不詳	丙寅（康熙二十五年，1686）初夏	上海 上海博物館	
仿李成山水圖	軸	紙	設色	不詳	丙寅（康熙二十五年，1686）十一月廿四日	上海 上海博物館	
泰嶽松風圖（為堅翁作）	軸	紙	設色	161 × 105.1	壬申（康熙三十一年，1692）夏五	上海 上海博物館	
溪橋策杖圖	軸	紙	水墨	131.8 × 60.8	壬申（康熙三十一年，1692）	上海 上海博物館	
仿江貫道山水圖	軸	紙	水墨	不詳	壬申（康熙三十一年，1692）初秋	上海 上海博物館	
仿范華原秋山曉行圖	軸	紙	設色	87.4 × 34.7	甲戌（康熙三十三年，1694）閏五月廿日	上海 上海博物館	
嵩山草堂圖	軸	紙	水墨	134.3 × 45.1	甲戌（康熙三十三年，1694）長至前三日	上海 上海博物館	
秋風黃葉圖（為若翁作）	軸	紙	設色	120.3 × 50.5	乙亥（康熙三十四年，1695）九秋	上海 上海博物館	
竹亭清遠圖	軸	紙	水墨	70.1 × 51.6	丙子（康熙三十五年，1696）夏六月	上海 上海博物館	
松山書屋圖	軸	紙	水墨	不詳	辛巳（康熙四十年，1701）孟冬	上海 上海博物館	
漁村晚渡圖	軸	紙	設色	105.7 × 53.8	康熙壬午（四十一年，1702）初秋	上海 上海博物館	
仿趙孟兆洞庭圖	軸	紙	設色	不詳	癸未（康熙四十二年，1703）端陽日	上海 上海博物館	
山居讀書圖	軸	紙	水墨	89.9 × 40.8	甲申（康熙四十三年，1704）嘉平十日	上海 上海博物館	
仿北苑萬壑松風圖	軸	紙	設色	249 × 88.6	乙酉（康熙四十四年，1705）暮春	上海 上海博物館	
仿盧鴻嵩山草堂圖（為同鷗作）	軸	絹	設色	102.4 × 45.9	戊子（康熙四十七年，1708）夏	上海 上海博物館	

名稱	形式	質地	色彩	尺寸 高×寬㎝	創作時間	收藏處所	典藏號碼
江山漁樂圖	軸	紙	設色	117.5 × 60.1	己丑（康熙四十八年，1709）孟夏	上海 上海博物館	
深山古寺圖	軸	紙	設色	182.3 × 91.	己丑（康熙四十八年，1709）長夏	上海 上海博物館	
松蔭論古圖	軸	紙	設色	180 × 91	康熙己丑（四十八年，1709）	上海 上海博物館	
仿黃公望秋山霽雨圖	軸	紙	水墨	97.3 × 45.1	辛卯（康熙五十年，1711）冬日	上海 上海博物館	
罨畫雨山圖	軸	紙	水墨	不詳	壬辰（康熙五十一年，1712）中秋前三日	上海 上海博物館	
臨倪瓚溪亭山色圖并題記	軸	紙	水墨	136.6 × 57.9	康熙壬辰（五十一年，1712）中秋前三日	上海 上海博物館	
草堂來客圖（仿王蒙）	軸	紙	設色	107.6 × 54.9	癸巳（康熙五十二年，1713）春日	上海 上海博物館	
仿黃公望夏山圖	軸	紙	設色	115.7 × 52	甲午（康熙五十三年，1714）	上海 上海博物館	
仿王晉卿採菱圖	軸	絹	設色	74.6 × 46.5	康熙甲午（五十三年，1714）九月望後三日	上海 上海博物館	
蘇子美詩意圖	軸	紙	設色	89.7 × 46.2	康熙甲午（五十三年，1714）	上海 上海博物館	
仿范寬山水圖	軸	紙	設色	不詳	甲午（康熙五十三年，1714）十月晦日	上海 上海博物館	
萬壑松風圖（為雪江作）	軸	紙	設色	97 × 43	康熙乙未（五十四年，1715）九秋	上海 上海博物館	
寒山萬木圖	軸	紙	設色	不詳	丙申（康熙五十五年，1716）	上海 上海博物館	
仿黃公望山水圖	軸	紙	設色	136.1 × 65.5	康熙丙申（五十五年，1716）重陽前一日	上海 上海博物館	
仿黃公望山水圖	軸	紙	設色	58.4 × 34.9	丙申（康熙五十五	上海 上海博物館	

名稱	形式	質地	色彩	尺寸 高×寬㎝	創作時間	收藏處所	典藏號碼
					年，1716）立冬後 二日		
仿王蒙竹趣圖	軸	紙	水墨	117 × 41.7		上海 上海博物館	
古柳寒鴉圖	軸	紙	水墨	124.6 × 49		上海 上海博物館	
江南早春圖	軸	紙	設色	不詳		上海 上海博物館	
仿江貫道山水圖	軸	紙	設色	不詳		上海 上海博物館	
早年山水圖	軸	紙	設色	157.4 × 50.9		上海 上海博物館	
武夷疊嶂圖	軸	紙	設色	不詳		上海 上海博物館	
秋蘭圖	軸	紙	水墨	80 × 41		上海 上海博物館	
仿高克恭雨山圖	軸	紙	設色	不詳		上海 上海博物館	
煙村散牧圖	軸	紙	設色	不詳		上海 上海博物館	
修竹遠山圖（王翬、惲壽平 合作）	軸	絹	設色	93.6 × 60.9		上海 上海博物館	
仿劉松年海門圖	軸	絹	設色	不詳		上海 上海博物館	
踏雪沽酒圖	軸	紙	水墨	125 × 47	戊寅（康熙二十七 年，1698）	上海 上海人民美術出版社	
雲山圖	軸	紙	水墨	不詳	辛丑（順治十八年 ，1661）初夏	南京 南京博物院	
曉烟宿雨圖	軸	紙	水墨	48.8 × 33.5	辛丑（順治十八年 ，1661）初夏	南京 南京博物院	
雲壑松濤圖（為東匯作）	軸	紙	水墨	66.6 × 37.1	癸丑（康熙十二年 ，1673）中秋	南京 南京博物院	
艷雪亭看梅圖（王翬、楊晉 合作）	軸	紙	水墨	79.4 × 39.8	癸亥（康熙二十二 年，1683）正月廿 九	南京 南京博物院	
屠鬣秋霽圖	軸	絹	設色	142 × 34.7	己巳（康熙二十八 年，1689）	南京 南京博物院	
歲朝圖（王翬、楊晉、顧昉 、吳芷、徐玫、虞沅、王雲 合作）	軸	絹	設色	136.2 × 59.5	康熙癸酉（三十二 年，1693）嘉平既 望	南京 南京博物院	
仿關仝山水圖	軸	絹	設色	144.9 × 74	癸酉（康熙三十二 年，1693）長夏	南京 南京博物院	
歲寒圖（王翬、徐玫、虞沅、	軸	絹	設色	115.7 × 60	甲戌（康熙三十三	南京 南京博物院	

名稱	形式	質地	色彩	尺寸 高x寬cm	創作時間	收藏處所	典藏號碼
楊晉、吳芷、王雲、顧昉、顧政合作，為乾翁作）					年，1694）長至前一日		
古木奇峰圖（為長康作）	軸	紙	設色	126.1 x 42.8	癸未（康熙四十二年，1703）七月	南京 南京博物院	
山堂文會圖	軸	絹	設色	206.1 x 97	戊子（康熙四十七年，1708）清和	南京 南京博物院	
杜甫詩意圖	軸	絹	設色	不詳	辛卯（康熙五十年，1711）清和	南京 南京博物院	
秋堂讀書圖	軸	紙	水墨	122.8 x 45.2	七十有九（康熙四十九年，1710)	南京 南京博物院	
看梅圖（王翬、楊晉合作）	軸	紙	水墨	79.4 x 39.8		南京 南京博物院	
山水圖	橫軸	紙	設色	39.5 x 101.8		南京 南京博物院	
翠色蒼煙圖	軸	絹	設色	不詳		南京 南京博物院	
寫唐解元意作虛亭嘉樹圖	軸	絹	設色	不詳	戊午（康熙十七年，1678）中春下浣	南京 江蘇省美術館	
虛亭嘉樹圖	軸	紙	水墨	57 x 32	戊午（康熙十七年，1678）	南京 南京博物館	
梅竹寒雀圖（楊晉寫寒禽、徐玫寫梅、王翬添墨竹）	軸	紙	水墨	不詳	壬申（康熙三十一年，1692）清和望前一日	蘇州 江蘇省蘇州博物館	
小閣藏春圖	軸	紙	設色	58.5 x 31.4	己丑（康熙四十八年，1709）清和上浣	蘇州 江蘇省蘇州博物館	
山川雲煙圖	橫幅	紙	設色	39.9 x 60.9	康熙乙未（五十四年，1715）	蘇州 江蘇省蘇州博物館	
仿黃鶴山樵秋林讀書圖	軸	紙	水墨	不詳		蘇州 江蘇省蘇州博物館	
仿范華原山水圖	軸	金箋	水墨	33 x 39.4		蘇州 江蘇省蘇州博物館	
仿董源山水圖	軸	紙	水墨	不詳		蘇州 江蘇省蘇州博物館	
仿倪瓚山水圖	軸	紙	水墨	110.5 x 38	癸丑（康熙十二年，1673）夏五	無錫 江蘇省無錫市博物館	
仿董源山水圖	軸	紙	設色	173.5 x 94.2	辛巳（康熙四十年，1701）春日	無錫 江蘇省無錫市博物館	
晴川攬勝圖	軸	紙	水墨	94.2 x 32.5		無錫 江蘇省無錫市博物館	

名稱	形式	質地	色彩	尺寸 高×寬 cm	創作時間	收藏處所	典藏號碼
仿王蒙南山真逸圖（為松谿作）	軸	絹	設色	111.5 × 51	丁卯（康熙二十六年，1687）清和上浣	常熟 江蘇省常熟市文物管理委員會	
芳洲圖（為芳洲作）	軸	絹	設色	185 × 94.5	康熙丁亥（四十六年，1707）夏五	常熟 江蘇省常熟市文物管理委員會	
仿倪瓚山水圖	軸	紙	水墨	70 × 30	庚戌（康熙九年，1670）	鎮江 江蘇省鎮江市博物館	
書堂秋色圖	軸	紙	水墨	203 × 49		昆山 崑崙堂美術館	
仿燕文貴寒山欲雪圖	軸	紙	水墨	75.8 × 38	癸丑（康熙十二年，1673）中秋	杭州 浙江省博物館	
仿王蒙山水圖（為若谷作）	軸	紙	設色	不詳	丁丑（康熙三十六年，1697）九秋	杭州 浙江省博物館	
竹嶼垂釣圖（為乾翁作）	軸	絹	水墨	132.2 × 44.6	戊寅（康熙三十七年，1698）	杭州 浙江省博物館	
少陵詩意圖	軸	絹	設色	155 × 76.8	辛巳（康熙四十年，1701）長至前三日	杭州 浙江省博物館	
繩齋圖	軸	紙	設色	80 × 58.9	丁亥（康熙四十六年，1707）	杭州 浙江省博物館	
仿趙大年山水圖	軸	紙	設色	128.5 × 61.2	戊子（康熙四十七年，1708）	杭州 浙江省博物館	
仿倪瓚山水圖	軸	紙	水墨	91.5 × 39.5	丙戌（康熙四十五年，1706）	杭州 浙江美術學院	
山莊樂志圖	軸	絹	設色	不詳	戊辰（康熙二十七，1688）	杭州 浙江省杭州市文物考古所	
仿王蒙山水圖	軸	紙	設色	不詳	康熙丁丑（三十六年，1697）	杭州 浙江省杭州市文物考古所	
紫虛托道圖	軸	紙	水墨	103 × 43	乙亥（康熙三十四年，1695）	杭州 浙江省杭州西泠印社	
平崖疏樹圖（為子璧作）	軸	紙	設色	83 × 38	戊子（康熙四十七年，1708）春日	武漢 湖北省博物館	
仿倪迂山水圖	軸	紙	水墨	69 × 51.5	丙申（康熙五十五年，1716）	武漢 湖北省博物館	
臨董羽山水圖	軸	絹	設色	120 × 52.8	康熙丁亥（四十六	成都 四川省博物院	

名稱	形式	質地	色彩	尺寸 高x寬cm	創作時間	收藏處所	典藏號碼
					年，1707)		
草堂漁艇圖	軸	絹	水墨	55 x 29	庚申（康熙十九年，1680)	重慶 重慶市博物館	
仿元人山水圖	軸	紙	水墨	65 x 27	庚申（康熙十九年，1680)	重慶 重慶市博物館	
虞山曉別圖（為裴子靖作）	軸	紙	設色	113.2 x 58.2	己酉（康熙八年，1669）長夏六月廿五日	廣州 廣東省博物館	
仿王蒙竹溪山館圖	軸	紙	水墨	93.5 x 56	壬申（康熙三十一年，1692)	廣州 廣東省博物館	
仿黃公望山水圖	軸	絹	設色	117.5 x 51	壬申（康熙三十一年，1692)	廣州 廣東省博物館	
松蔭論古圖	軸	紙	水墨	90.4 x 49	壬申（康熙三十一年，1692)	廣州 廣東省博物館	
仿董其昌小景圖	軸	紙	水墨	97 x 41	丙子（康熙三十五年，1696)	廣州 廣東省博物館	
芝仙書屋圖（清王翬等三十人合作）	軸	紙	水墨	129 x 69	丁丑（康熙三十六年，1697)	廣州 廣東省博物館	
仿王晉鄉漁村小雪圖	軸	紙	設色	129 x 63	戊子（康熙四十七年，1708）閏月望日	廣州 廣東省博物館	
松亭秋爽圖	軸	紙	水墨	92.5 x 45.5	戊子（康熙四十七年，1708）臘月廿四日	廣州 廣東省博物館	
峰雲瑞靄圖（為文若作）	軸	紙	設色	74.5 x 45	康熙丙申（五十五年，1716）長夏	廣州 廣東省博物館	
萬壑松風圖	軸	絹	設色	319.5 x 64		廣州 廣東省博物館	
雪山圖	軸	紙	水墨	96 x 47		廣州 廣東省博物館	
仿王維雪山圖	軸	絹	設色	156 x 69.5	壬戌（康熙二十一年，1682)	廣州 廣州市美術館	
山靜日長圖	軸	絹	設色	154.5 x 68	戊辰（康熙二十七年，1688)	廣州 廣州市美術館	
旅館話別圖	軸	紙	設色	77 x 41.5	辛未（康熙三十年，1691)	廣州 廣州市美術館	

名稱	形式	質地	色彩	尺寸 高x寬cm	創作時間	收藏處所	典藏號碼
仿北苑山水圖	軸	絹	設色	138.5 x 72.5	丙子（康熙三十五年，1696）	廣州 廣州市美術館	
竹窩圖（為莊谿作）	軸	紙	設色	不詳	戊寅（康熙三十七年，1698）六月廿八	廣州 廣州市美術館	
連山積雪圖	軸	紙	設色	77.5 x 39	乙酉（康熙四十四年，1705	廣州 廣州市美術館	
松風澗水圖	軸	紙	設色	120 x 53	康熙甲午（五十三年，1714）	廣州 廣州市美術館	
兩岸青山圖（為景松作）	軸	紙	設色	119 x 52.8	康熙乙未（五十四年，1715）端陽日	廣州 廣州市美術館	
清溪捕魚圖	軸	絹	設色	不詳	乙未（康熙五十四年，1715）	廣州 廣州市美術館	
仿黃公望山水圖	軸	絹	設色	不詳	丁卯（康熙二十六年，1687）	南寧 廣西壯族自治區博物館	
仿王蒙秋山蕭寺圖	軸	紙	設色	150 x 45.5	康熙己丑（四十八年，1709）臘月	南寧 廣西壯族自治區博物館	
仿趙孟頫山水圖	軸	絹	設色	113.7 x 57.5	康熙丙申（五十五年，1716）長夏	南寧 廣西壯族自治區博物館	
仿陳汝言山水圖	軸	紙	水墨	不詳		南寧 廣西壯族自治區博物館	
山水圖	軸	絹	水墨	106.8 x 35.3		日本 仙台市博物館	
傚唐解元筆意山水圖	軸	絹	青綠	161.8 x 80.9	庚午（康熙二十九年，1690）小春	日本 東京國立博物館	
青綠山水（山閣讀書圖）	軸	絹	設色	116.8 x 49.3		日本 東藝術大學美術館京	492
唐解元詩意圖	軸	紙	水墨	150.3 x 42.1	戊寅（康熙三十七年，1698）臘月八日	日本 東京橋本辰二郎先生	
仿唐解元春溪曳杖圖	軸	紙	設色	175.7 x 57	戊午（康熙十七年，1678）春正月	日本 東京橋本辰二郎先生	
仿盧鴻乙嵩山草堂圖	軸	紙	水墨	125.1 x 43	戊辰（康熙二十七年，1688）二月廿一日	日本 東京山本悌二郎先生	

名稱	形式	質地	色彩	尺寸 高×寬㎝	創作時間	收藏處所	典藏號碼
山水圖（深山古寺圖）	軸	絹	設色	189.2 × 95.5	丁亥（康熙四十六年，1707）長至日	日本 東京小幡醇一先生	
唐人詩意圖	軸	絹	設色	135.4 × 53.6	壬寅（康熙元年，1662）小春	日本 東京加藤正治先生	
臨趙伯駒本玉洞桃花圖（祝陶老夫子榮壽）	軸	絹	設色	179.8 × 52		日本 京都國立博物館（上野有竹齋寄贈）	A甲184
仿趙令穰江天平遠圖（為青來先生作）	軸	紙	設色	75 × 37.4	壬辰（順治九年，1652）清和	日本 京都國立博物館（上野有竹齋寄贈）	A甲185
摹趙大年江村平遠圖（為青來作）	軸	紙	設色	75 × 37.5	壬辰（康熙五十一年，1712）清和	日本 京都國立博物館（上野有竹齋寄贈）	A甲185
仿董源法萬壑百灘圖	軸	紙	設色	177.6 × 94.6	歲在己酉（康熙八年，1669）初夏	日本 京都國立博物館（上野有竹齋寄贈）	A甲186
耕煙草堂話昔圖（作贈子秀大姪）	軸	紙	設色	124.3 × 44.3	壬戌（康熙二十一年，1682）春正	日本 京都國立博物館（上野有竹齋寄贈）	A甲188
湖邨春曉圖	軸	紙	設色	166.7 × 46.1		日本 京都藤井善助先生	
仿關仝晴麓橫雲	軸	紙	設色	不詳		日本 京都小川廣己先生	
秋林清爽圖	軸	紙	設色	106.2 × 38.3	壬午（康熙四十一年，1702）重陽前一日	日本 京都貝塚茂樹先生	
仿王蒙山水	軸	紙	設色	29.3 × 40.5		日本 大阪市立美術館	
仿巨然山水	軸	紙	水墨	29.3 × 40.5		日本 大阪市立美術館	
關山雪霽圖（臨李營邱筆）	軸	絹	設色	146.7 × 42.4	辛巳（康熙四十年，1701）春初	日本 大阪齋藤悅藏先生	
仿巨然煙浮遠岫圖	軸	絹	水墨	196.3 × 72.1	癸丑（康熙十二年，1673）□日	日本 大阪齋藤悅藏先生	
漁村雨霽圖	軸	紙	水墨	106.6 × 53.5	癸丑（康熙十二年，1673）四月九日	日本 大阪橋本大乙先生	
仙山觀瀑圖（倣趙集賢）	軸	絹	設色	116 × 58.5	己巳（康熙二十八年，1689）閏月既望	日本 兵庫縣住友吉左衛門先生	
青綠山水圖	軸	絹	設色	173 × 59.7		日本 荻泉堂	
摹倪高士溪亭山色圖	軸	紙	水墨	59.4 × 35.3	乙未（康熙五十四年，1715）九秋	日本 山口良夫先生	

名稱	形式	質地	色彩	尺寸 高×寬cm	創作時間	收藏處所	典藏號碼
關山雪霽圖（畫贈明梁）	軸	紙	設色	146.5 × 43	歲次辛巳（康熙四十年，1701）春初	日本 阿形邦三先生	
山水圖	軸	紙	設色	104.2 × 40.4		日本 沖繩縣立博物館	大 A-52
米法山水圖	軸	紙	水墨	62.7 × 33.5		日本 沖繩縣立博物館	大 A-35
仿趙令穰寫陸游詩意圖	軸	絹	設色	108.5 × 62		日本 沖繩縣立博物館	大 A-143
山水圖	軸	紙	設色	85.4 × 34		日本 沖繩縣立博物館	B164
雅人盤游圖	軸	紙	水墨	84.1 × 36.1		日本 私人	
仙山樓閣圖（摹黃鶴山樵真本）	軸	紙	設色	176.1 × 75.1	壬辰（康熙五十一年，1712）暮春	日本 私人	
仿黃公望晴巒聳秀圖	軸	紙	設色	47.8 × 30.8	甲午（康熙五十三年，1714）冬杪	美國 New Haven 翁萬戈先生	
虛亭秀木圖	軸	紙	設色	70 × 34.6	乙未（康熙五十四年，1715）秋九月既望	美國 New Haven 翁萬戈先生	
仿王蒙松峯仙館圖	軸	紙	水墨	155.5 × 58.5	康熙辛巳（四十年，1701）六月望日	美國 New Haven 翁萬戈先生	
秋山草堂圖（仿黃鶴山人筆）	軸	紙	設色	149.5 × 54	丙寅（康熙二十五年，1686）臘月八日	美國 普林斯頓大學藝術館	68-232
臨巨然煙浮遠岫圖	軸	絹	水墨	192.5 × 71.5		美國 普林斯頓大學藝術館	73-9
仿倪瓚山水圖	軸	紙	水墨	102.4 × 56.2	庚寅（康熙四十九年，1710）春正月望日	美國 普林斯頓大學藝術館	73-11
仿黃鶴山樵藤花書屋圖	軸	紙	設色	117.8 × 58.6	康熙壬辰（康熙五十一年，1712）中秋	美國 普林斯頓大學藝術館	73-12
山水圖	軸	絹	設色	134.5 × 45	丙寅（康熙二十五年，1686）春正	美國 普林斯頓大學藝術館	73-13
仿吳鎮夏山圖（為鑾昇作）	軸	絹	水墨	不詳	己卯（康熙三十八年，1699）暮春	美國 普林斯頓大學藝術館	
夏日園居圖	軸	絹	設色	145.5 × 46.6		美國 普林斯頓大學藝術館（Edward Elliott 先生寄存）	L27.72
仿巨然筆意夏山松風圖	軸	紙	水墨	151.7 × 17.4	癸未（康熙四十二	美國 普林斯頓大學藝術館（	L201.70

名稱	形式	質地	色彩	尺寸 高x寬cm	創作時間	收藏處所	典藏號碼
					年，1703）中秋後三日	Edward Elliott 先生寄存）	
仿唐寅青溪曳杖圖	軸	紙	設色	184.3 x 49		美國 普林斯頓大學藝術館（私人寄存）	L3.70
臨王石谷仿董源秋山行旅圖	軸	絹	設色	58.7 x 26.5		美國 普林斯頓大學藝術館（私人寄存）	
仙山樓閣圖	軸	紙	設色	176.1 x 75.1		美國 普林斯頓大學藝術館（私人寄存）	
竹谿仙館圖	軸	紙	設色	40.1 x 48	丙戌（康熙四十五年，1706）冬十月	美國 紐約大都會藝術博物館	13.220.32
谿山雨霽圖	軸	紙	水墨	114.1 x 45.3	壬寅（康熙元年，1662）五月上澣	美國 紐約大都會藝術博物館	1989.363.141
仿趙伯駒筆法山水圖	軸	紙	設色	59.7 x 37.8	甲午（順治十一年，1654）仲夏	美國 紐約大都會藝術博物館	1976.190
仿李成雪霽圖	軸	紙	設色	112.9 x 35.9	己酉（康熙八年，1669）小春念二日	美國 紐約大都會藝術博物館	1978.13
仿董源夏山圖	軸	紙	水墨	85.5 x 44		美國 紐約大都會藝術博物館	55.211.2
秋景山水圖	軸	紙	設色	57 x 40.5		美國 紐約大都會藝術博物館	1989.363.143
雪景山水圖	軸	絹	水墨	36.5 x 27.8	庚申（康熙十九年，1680）夏至後三日	美國 紐約大都會藝術博物館	13.100.25
楚山清曉圖	軸	紙	設色	134.5 x 55.5	壬戌（康熙二十一年，1682）九秋	美國 紐約顧洛阜先生	
仿李成小景圖	軸	紙	設色	130.5 x 52.3		美國 紐約Weill 先生	
仿倪瓚山水圖	軸	紙	水墨	99.1 x 29.5		美國 紐約大都會藝術博物館（Dc-nis 楊先生寄存）	
仿王蒙山水圖	軸	紙	設色	52.3 x 35.3		美國 紐約Hobart 先生	
梅溪高隱圖	軸	紙	水墨	74.1 x 33.8		美國 華盛頓特區弗瑞爾藝術館	80.106
麓村高逸圖（涂洛寫照、楊晉布景、王翬補竹石）	軸	紙	設色	121.7 x 53.5	康熙乙未（五十四年，1715）季春	美國 克利夫蘭藝術博物館	
仿王蒙修竹遠山圖	軸	紙	水墨	79.2 x 39.5	甲戌（康熙三十三年，1694）九月望後三日	美國 克利夫蘭藝術博物館	53.629

名稱	形式	質地	色彩	尺寸 高x寬cm	創作時間	收藏處所	典藏號碼
松巖觀瀑圖（王翬、李世倬合作）	軸	紙	水墨	91 x 40.9		美國 克利夫蘭藝術博物館	52.588
仿黃公望烟江疊嶂圖	軸	絹	設色	155.3 x 380.4		美國 堪薩斯市納爾遜-艾金斯藝術博物館	
麓村高逸圖（王翬、楊晉、徐洺合作）	軸	絹	設色	不詳	乙未（康熙五十四年，1715）季春	美國 堪薩斯市納爾遜-艾金斯藝術博物館	
戲墨雲煙山水圖	軸	紙	水墨	48.2 x 26.7	丁酉（康熙五十六年，1717）八月四日	美國 勃克萊加州大學藝術館（高居翰教授寄存）	CC165
撫黃公望山水圖	軸	紙	水墨	94.5 x 51		美國 勃克萊加州大學藝術館（高居翰教授寄存）	CC166
仿巨然夏山圖	軸	絹	設色	162.2 x 76	癸未（康熙四十二年，1703）長至後二日	美國 加州史坦福大學藝術博物館	67.63
仿江貫道長林陡壑圖	軸	紙	水墨	97.3 x 45.3	丁未（康熙六年，1667）十月下浣	美國 勃克萊加州大學藝術館（schlenker 先生寄存）	
仿趙大年水村平遠圖法山水	軸	紙	設色	141 x 39	癸巳（康熙五十二年，1713）立秋後三日	美國 鳳凰市美術館（Mr.Roy And Marilyn Papp 寄存）	
仿甘風子漁莊秋霽圖	軸	紙	設色	61.8 x 39.8	庚申（康熙十九年，1680）閏月晦日	美國 夏威夷火魯奴奴藝術學院	2031.1
山水圖	軸	紙	設色	45.5 x 30.5		英國 倫敦維多利亞-艾伯特博物館	F.E102-1970
霜林晚霽圖	軸	紙	設色	40.6 x 53.2	丁巳（康熙十六年，1677）九秋	法國 巴黎居美博物館	AA244
仿關仝山水圖	軸	紙	設色	101.2 x 45.9		德國 柏林東亞藝術博物館	1988-437
仿沈石田臨巨然山水圖	軸	紙	設色	110.8 x 48.8	壬申（康熙三十一年，1692）五月朔	德國 科隆東亞藝術博物館	A39.1
仿黃大癡層巒秋霽圖	軸	紙	設色	79.8 x 37		瑞士 蘇黎士黎得堡博物館	RCH.1124
仿黃大癡層巒秋霽圖	軸	紙	設色	80.4 x 37.7	甲子（康熙二十三年，1684）春一月朔	瑞士 蘇黎士黎得堡博物館	RCH.1124
山水圖	軸	紙	設色	131.5 x 44	甲戌（康熙三十三年，）臘月	瑞士 蘇黎士黎得堡博物館	RCH.1157

名稱	形式	質地	色彩	尺寸 高×寬cm	創作時間	收藏處所	典藏號碼
山水圖	軸	紙	設色	36 × 22	甲戌（康熙三十三年，1694）	瑞典 斯德哥爾摩遠東古物館	
山水（雨過溪聲圖）	軸	紙	設色	92 × 55.6	甲戌（康熙三十三年，1694）重九	瑞典 斯德哥爾摩遠東古物館（Mr. E.Erickson 寄存）	
山水圖	軸	紙	設色	92 × 55.6		瑞典 斯德哥爾摩遠東古物館（Mr. E.Erickson 寄存）	
古木修篁圖	軸	紙	水墨	61 × 34	戊辰（康熙二十七年，1688）六月	瑞典 斯德哥爾摩遠東古物藝術館	NMOK 306
仿大癡道人筆意（王翬山水冊之1幀)	冊頁	紙	水墨	24.4 × 31.5		台北 故宮博物院	故畫 01178-1
仿燕文貴（王翬山水冊之2)	冊頁	紙	水墨	24.4 × 31.5		台北 故宮博物院	故畫 01178-2
夏木垂陰（王翬山水冊之3)	冊頁	紙	水墨	24.4 × 31.5		台北 故宮博物院	故畫 01178-3
盧鴻草堂圖（王翬山水冊之4)	冊頁	紙	設色	24.4 × 31.5		台北 故宮博物院	故畫 01178-4
晦翁納湖詩意（王翬山水冊之5)	冊頁	紙	水墨	24.4 × 31.5		台北 故宮博物院	故畫 01178-5
詩意圖（王翬山水冊之6)	冊頁	紙	水墨	24.4 × 31.5		台北 故宮博物院	故畫 01178-6
仿惠崇筆寫唐人詩意（王翬山水冊之7)	冊頁	紙	設色	24.4 × 31.5		台北 故宮博物院	故畫 01178-7
仿沈石田山水（王翬山水冊之8)	冊頁	紙	水墨	24.4 × 31.5		台北 故宮博物院	故畫 01178-8
仿黃鶴山樵（王翬山水冊之9)	冊頁	紙	設色	24.4 × 31.5		台北 故宮博物院	故畫 01178-9
仿高彥敬山川出雲圖（王翬山水冊之10)	冊頁	紙	水墨	24.4 × 31.5	戊寅（康熙三十七年，1698）七月既望	台北 故宮博物院	故畫 01178-10
山川時雨仿高尚書筆（王翬畫山水甲冊之1)	冊頁	絹	水墨	32 × 23.7	甲午（康熙五十三年，1714）長夏	台北 故宮博物院	故畫 01179-1
仿燕文貴松岩飛瀑圖（王翬畫山水甲冊之2)	冊頁	絹	設色	32 × 23.7		台北 故宮博物院	故畫 01179-2
師北苑江山平遠（王翬畫山水甲冊之3)	冊頁	絹	水墨	32 × 23.7		台北 故宮博物院	故畫 01179-3
仿趙大年水村圖（王翬畫山水甲冊之4)	冊頁	絹	設色	32 × 23.7		台北 故宮博物院	故畫 01179-4
仿癡翁夏山欲雨圖（王翬畫山	冊頁	絹	設色	32 × 23.7		台北 故宮博物院	故畫 01179-5

名稱	形式	質地	色彩	尺寸 高×寬cm	創作時間	收藏處所	典藏號碼
水甲冊之5)							
柯丹丘霜柯修竹（王翬畫山水甲冊之6)	冊頁	絹	設色	32 × 23.7		台北 故宮博物院	故畫 01179-6
仿趙文敏九夏松風（王翬畫山水甲冊之7)	冊頁	絹	設色	32 × 23.7		台北 故宮博物院	故畫 01179-7
仿黃鶴山樵秋山蕭寺（王翬畫山水甲冊之8)	冊頁	絹	設色	32 × 23.7		台北 故宮博物院	故畫 01179-8
巨然煙浮遠岫圖（王翬畫山水甲冊之9)	冊頁	絹	水墨	32 × 23.7		台北 故宮博物院	故畫 01179-9
仿王右丞江干雪意圖（王翬畫山水甲冊之10)	冊頁	絹	設色	32 × 23.7	甲午（康熙五十三年，1714）中秋	台北 故宮博物院	故畫 01179-10
仿大癡道人富春大嶺圖意（王翬畫山水乙冊之1)	冊頁	絹	設色	32 × 23.7		台北故宮博物院	故畫 01180-1
漁樂圖仿惠崇（王翬畫山水乙冊之2)	冊頁	絹	設色	32 × 23.7		台北 故宮博物院	故畫 01180-2
古木鶴群仿李嵩（王翬畫山水乙冊之3)	冊頁	絹	設色	32 × 23.7		台北 故宮博物院	故畫 01180-3
雲山松瀑仿北苑筆（王翬畫山水乙冊之4)	冊頁	絹	設色	32 × 23.7		台北 故宮博物院	故畫 01180-4
溪橋策蹇仿黃鶴山人（王翬畫山水乙冊之5)	冊頁	絹	設色	32 × 23.7		台北 故宮博物院	故畫 01180-5
竹林蘭若仿蕭照（王翬畫山水乙冊之6)	冊頁	絹	設色	32 × 23.7		台北 故宮博物院	故畫 01180-6
峭嶂迴溪仿范中立（王翬畫山水乙冊之7)	冊頁	絹	設色	32 × 23.7		台北 故宮博物院	故畫 01180-7
秋林待渡仿趙承旨（王翬畫山水乙冊之8)	冊頁	絹	設色	32 × 23.7		台北 故宮博物院	故畫 01180-8
霜林晚靄仿劉松年筆意（王翬畫山水乙冊之9)	冊頁	絹	設色	32 × 23.7		台北 故宮博物院	故畫 01180-9
仿右丞雪圖（王翬畫山水乙冊之10)	冊頁	絹	設色	32 × 23.7	戊辰（康熙二十七年，1688）春正月	台北 故宮博物院	故畫 01180-10
惠崇早春圖（王翬畫山水丙冊之1)	冊頁	紙	設色	27.3 × 36.1		台北 故宮博物院	故畫 01181-1
盧鴻草堂圖（王翬畫山水丙	冊頁	紙	設色	27.3 × 36.1		台北 故宮博物院	故畫 01181-2

名稱	形式	質地	色彩	尺寸 高x寬㎝	創作時間	收藏處所	典藏號碼
冊之2）							
畫松雪翁詩意（王翬畫山水丙冊之3）	冊頁	紙	水墨	27.3 x 36.1		台北 故宮博物院	故畫 01181-3
戲墨山水（王翬畫山水丙冊之4）	冊頁	紙	水墨	27.3 x 36.1		台北 故宮博物院	故畫 01181-4
仿唐解元筆山水（王翬畫山水丙冊之5）	冊頁	紙	設色	27.3 x 36.1		台北 故宮博物院	故畫 01181-5
平林野趣圖（王翬畫山水丙冊之6）	冊頁	紙	設色	27.3 x 36.1		台北 故宮博物院	故畫 01181-6
畫雲林詩句山水（王翬畫山水丙冊之7）	冊頁	紙	水墨	27.3 x 36.1		台北 故宮博物院	故畫 01181-7
李營邱雪圖（王翬畫山水丙冊之8）	冊頁	紙	水墨	27.3 x 36.1		台北 故宮博物院	故畫 01181-8
溪林暮春法營邱意（王翬仿宋元山水冊之1）	冊頁	紙	水墨	29.3 x 36.1	辛酉（康熙二十年，1681）十月廿四日	台北 故宮博物院	故畫 01182-1
平林村舍師令穰畫法（王翬仿宋元山水冊之2）	冊頁	紙	設色	29.3 x 26.1		台北 故宮博物院	故畫 01182-2
仿燕文貴烟江疊嶂圖（王翬仿宋元山水冊之3）	冊頁	紙	水墨	29.3 x 26.1		台北 故宮博物院	故畫 01182-3
柳堤月影仿惠宗法（王翬仿宋元山水冊之4）	冊頁	紙	設色	29.3 x 26.1		台北 故宮博物院	故畫 01182-4
臨馬和之紈扇山水（王翬仿宋元山水冊之5）	冊頁	紙	水墨	29.3 x 26.1	乙卯（康熙十四年，1675）中秋	台北 故宮博物院	故畫 01182-5
雲峰烟樹寫高尚書意（王翬仿宋元山水冊之6）	冊頁	紙	設色	29.3 x 26.1	庚申（康熙十九年，1680）端陽	台北 故宮博物院	故畫 01182-6
仿王叔明秋山蕭寺（王翬仿宋元山水冊之7）	冊頁	紙	設色	29.3 x 26.1		台北 故宮博物院	故畫 01182-7
仿趙文敏山水（王翬仿宋元山水冊之8）	冊頁	紙	設色	29.3 x 26.1	癸丑（康熙十二年，1673）暮春初	台北 故宮博物院	故畫 01182-8
仿巨然烟浮遠岫圖（王翬仿宋元山水冊之9）	冊頁	紙	設色	29.3 x 26.1		台北 故宮博物院	故畫 01182-9
峻壁虛亭仿大癡畫法（王翬仿宋元山水冊之10）	冊頁	紙	設色	29.3 x 26.1	丙辰（康熙十五年，1676）人日	台北 故宮博物院	故畫 01182-10

名稱	形式	質地	色彩	尺寸 高x寬㎝	創作時間	收藏處所	典藏號碼
霜林疊嶂仿范中立法（王翬仿宋元山水冊之11）	冊頁	紙	設色	29.3 x 26.1	戊午（康熙十七年，1678）上巳	台北 故宮博物院	故畫 01182-11
仿右丞江村夜雪圖（王翬仿宋元山水冊之12）	冊頁	紙	設色	29.3 x 26.1	癸巳（康熙五十二年，1713）夏	台北 故宮博物院	故畫 01182-12
秋林高士圖仿唐解元意（王翬仿諸家山水冊之1）	冊頁	紙	設色	26.9 x 36	丁巳（康熙十六年，1677）暮春	台北 故宮博物院	故畫 01183-1
枯木竹石仿倪瓚意（王翬仿諸家山水冊之2）	冊頁	紙	水墨	26.9 x 36		台北 故宮博物院	故畫 01183-2
仿徐幼文筆意山水（王翬仿諸家山水冊之3）	冊頁	紙	設色	26.9 x 36	丁巳（康熙十六年，1677）暮春	台北 故宮博物院	故畫 01183-3
仿倪瓚山水（王翬仿諸家山水冊之4）	冊頁	紙	水墨	26.9 x 36		台北 故宮博物院	故畫 01183-4
仿房山高尚書意雲山（王翬仿諸家山水冊之5）	冊頁	紙	設色	26.9 x 36		台北 故宮博物院	故畫 01183-5
仿梅道人山水（王翬仿諸家山水冊之6）	冊頁	紙	水墨	26.9 x 36		台北 故宮博物院	故畫 01183-6
紅樹山莊圖仿王叔明意（王翬仿諸家山水冊之7）	冊頁	紙	設色	26.9 x 36		台北 故宮博物院	故畫 01183-7
仿趙大年山水小幅（王翬仿諸家山水冊之8）	冊頁	紙	設色	26.9 x 36		台北 故宮博物院	故畫 01183-8
仿一峯道人筆意山水（王翬仿諸家山水冊之9）	冊頁	紙	設色	26.9 x 36		台北 故宮博物院	故畫 01183-9
仿王右丞雪圖（王翬仿諸家山水冊之10）	冊頁	絹	設色	26.9 x 36		台北 故宮博物院	故畫 01183-10
竹林泉石仿燕肅（王翬仿古山水冊之1）	冊頁	絹	設色	28.3 x 44.5	丙戌（康熙四十五年，1706）夏	台北 故宮博物院	故畫 01184-1
磴路穿雲（王翬仿古山水冊之2）	冊頁	絹	設色	28.3 x 44.5		台北 故宮博物院	故畫 01184-2
村墟晚景（王翬仿古山水冊之3）	冊頁	絹	設色	28.3 x 44.5		台北 故宮博物院	故畫 01184-3
仿馬遠花圃春烟（王翬仿古山水冊之4）	冊頁	絹	設色	28.3 x 44.5		台北 故宮博物院	故畫 01184-4
臨大年紈扇山水（王翬仿古山水冊之5）	冊頁	絹	設色	28.3 x 44.5		台北 故宮博物院	故畫 01184-5

名稱	形式	質地	色彩	尺寸 高x寬cm	創作時間	收藏處所	典藏號碼
清溪水禽（王翬仿古山水冊之6）	冊頁	絹	設色	28.3 x 44.5		台北 故宮博物院	故畫 01184-6
仿劉松年竹院逢僧圖（王翬仿古山水冊之7）	冊頁	絹	設色	28.3 x 44.5		台北 故宮博物院	故畫 01184-7
嶺樹雲牆（王翬仿古山水冊之8）	冊頁	絹	設色	28.3 x 44.5		台北 故宮博物院	故畫 01184-8
紅樹青山（王翬仿古山水冊之9）	冊頁	絹	設色	28.3 x 44.5		台北 故宮博物院	故畫 01184-9
疊巘迴溪（王翬仿古山水冊之10）	冊頁	絹	設色	28.3 x 44.5		台北 故宮博物院	故畫 01184-10
松磴流雲（王翬仿古山水冊之11）	冊頁	絹	設色	28.3 x 44.5		台北 故宮博物院	故畫 01184-11
月映千峯（王翬仿古山水冊之12）	冊頁	絹	設色	28.3 x 44.5	丙戌（康熙四十五年，1706）夏	台北 故宮博物院	故畫 01184-12
劍南詩意山水（王翬摹古山水冊之1）	冊頁	絹	設色	33.6 x 26.5		台北 故宮博物院	故畫 01185-1
臨劉松年平畦散牧（王翬摹古山水冊之2）	冊頁	絹	設色	33.6 x 26.5		台北 故宮博物院	故畫 01185-2
浦口歸鋤（王翬摹古山水冊之3）	冊頁	絹	設色	33.6 x 26.5		台北 故宮博物院	故畫 01185-3
山水（王翬摹古山水冊之4）	冊頁	絹	設色	33.6 x 26.5		台北 故宮博物院	故畫 01185-4
臨關仝晴麓橫雲圖（王翬摹古山水冊之5）	冊頁	絹	設色	33.6 x 26.5		台北 故宮博物院	故畫 01185-5
石徑清幽（王翬摹古山水冊之6）	冊頁	絹	設色	33.6 x 26.5		台北 故宮博物院	故畫 01185-6
摩趙孟頫重江疊嶂圖（王翬摹古山水冊之7）	冊頁	絹	設色	33.6 x 26.5		台北 故宮博物院	故畫 01185-7
水竹好風（王翬摹古山水冊之8）	冊頁	絹	設色	33.6 x 26.5		台北 故宮博物院	故畫 01185-8
仿趙大年湖莊圖筆意（王翬摹古山水冊之9）	冊頁	絹	設色	33.6 x 26.5		台北 故宮博物院	故畫 01185-9
仿王晉卿雪景山居圖（王翬摹古山水冊之10）	冊頁	絹	設色	33.6 x 26.5	庚寅（康熙四十九年，1710）仲秋	台北 故宮博物院	故畫 01185-10
臨巨然筆意山水（王翬墨蹟	冊頁	紙	水墨	22.2 x 12.6		台北 故宮博物院	故畫 01186-1

名稱	形式	質地	色彩	尺寸 高x寬cm	創作時間	收藏處所	典藏號碼
冊之1)							
擬趙千里作山水（王翬墨蹟冊之2)	冊頁	紙	設色	22.2 x 12.6		台北 故宮博物院	故畫 01186-2
仿高克恭畫雲山（王翬墨蹟冊之3)	冊頁	紙	設色	22.2 x 12.6		台北 故宮博物院	故畫 01186-3
法唐子華筆意山水（王翬墨蹟冊之4)	冊頁	紙	設色	22.2 x 12.6		台北 故宮博物院	故畫 01186-4
摹黃鶴山樵松風聽瀑圖（王翬墨蹟冊之5)	冊頁	紙	設色	22.2 x 12.6		台北 故宮博物院	故畫 01186-5
荷花漁艇（王翬墨蹟冊之6)	冊頁	紙	設色	22.2 x 12.6		台北 故宮博物院	故畫 01186-6
秋山曉行圖仿郭河陽意（王翬墨蹟冊之7)	冊頁	紙	設色	22.2 x 12.6		台北 故宮博物院	故畫 01186-7
江村夜雨圖仿馬和之意（王翬墨蹟冊之8)	冊頁	紙	設色	22.2 x 12.6		台北 故宮博物院	故畫 01186-8
摹一峯道人秋山暮靄（王翬墨蹟冊之9)	冊頁	紙	設色	22.2 x 12.6		台北 故宮博物院	故畫 01186-9
仿董北苑墨法山水（王翬墨蹟冊之10)	冊頁	紙	水墨	22.2 x 12.6		台北 故宮博物院	故畫 01186-10
戲擬梅花庵主小幅山水（王翬墨蹟冊之11）	冊頁	紙	水墨	22.2 x 12.6		台北 故宮博物院	故畫 01186-11
寒林遠山仿倪迂叟意（王翬墨蹟冊之12)	冊頁	紙	水墨	22.2 x 12.6		台北 故宮博物院	故畫 01186-12
仿黃鶴山樵寫文待詔詩意（王翬圖繪冊之1)	冊頁	紙	水墨	34.2 x 27.4	七十一歲（康熙四十一年，壬午，1702）	台北 故宮博物院	故畫 01187-1
桐陰高士仿盧浩然筆（王翬圖繪冊之2)	冊頁	紙	水墨	34.2 x 27.4		台北 故宮博物院	故畫 01187-2
摹大癡道人仿北苑夏山圖（王翬圖繪冊之3)	冊頁	紙	設色	34.2 x 27.4		台北 故宮博物院	故畫 01187-3
仿巨然江山漁樂圖（王翬圖繪冊之4)	冊頁	紙	水墨	34.2 x 27.4		台北 故宮博物院	故畫 01187-4
仿梅花庵主山水卷（王翬圖繪冊之5)	冊頁	紙	設色	34.2 x 27.4		台北 故宮博物院	故畫 01187-5
仿倪元鎮筆山水（王翬圖繪	冊頁	紙	水墨	34.2 x 27.4		台北 故宮博物院	故畫 01187-6

名稱	形式	質地	色彩	尺寸 高x寬㎝	創作時間	收藏處所	典藏號碼
冊之6)							
燕文貴秋山蕭寺圖（王翬圖繪冊之7)	冊頁	紙	設色	34.2 x 27.4		台北 故宮博物院	故畫 01187-7
松路入仙山圖（王翬圖繪冊之8)	冊頁	紙	設色	34.2 x 27.4		台北 故宮博物院	故畫 01187-8
仿趙令○江鄉清夏圖（王翬圖繪冊之9)	冊頁	紙	設色	34.2 x 27.4		台北 故宮博物院	故畫 01187-9
仿米元暉瀟湘奇雲（王翬圖繪冊之10)	冊頁	紙	水墨	34.2 x 27.4		台北 故宮博物院	故畫 01187-10
溪山過雨圖（王翬圖繪冊之1）	冊頁	紙	設色	34.2 x 27.4		台北 故宮博物院	故畫 01187-11
臨黃子久姚江曉色（王翬圖繪冊之12)	冊頁	紙	設色	34.2 x 27.4		台北 故宮博物院	故畫 01187-12
仿惠宗江村圖（王翬圖繪冊之13)	冊頁	紙	水墨	34.2 x 27.4		台北 故宮博物院	故畫 01187-13
仿高尚書夏雨初晴圖（王翬圖繪冊之14)	冊頁	紙	設色	34.2 x 27.4		台北 故宮博物院	故畫 01187-14
仿燕文貴山水（王翬圖繪冊之15)	冊頁	紙	水墨	34.2 x 27.4		台北 故宮博物院	故畫 01187-15
仿范華原雪圖（王翬圖繪冊之16)	冊頁	紙	設色	34.2 x 27.4		台北 故宮博物院	故畫 01187-16
臨鷗波老人桃花漁艇圖（惲壽平、王翬花卉山水合冊7)	冊頁	紙	設色	28.5 x 43		台北 故宮博物院	故畫 01231-7
仿高尚書雲山圖（惲壽平、王翬花卉山水合冊之8)	冊頁	紙	水墨	28.5 x 43		台北 故宮博物院	故畫 01231-8
仿李咸熙古澗寒烟圖（惲壽平、王翬花卉山水合冊之9)	冊頁	紙	水墨	28.5 x 43	壬子（康熙十一年，1672）十月二十六日	台北 故宮博物院	故畫 01231-9
紅林秋齋用范華原法（惲壽平王翬花卉山水合冊之10)	冊頁	紙	設色	28.5 x 43		台北 故宮博物院	故畫 01231-10
曹雲西筆法山水（惲壽平、王翬花卉山水合冊之11)	冊頁	紙	水墨	28.5 x 43		台北 故宮博物院	故畫 01231-11
仿王右丞層巖積雪（惲壽平、王翬花卉山水合冊之12)	冊頁	紙	水墨	28.5 x 43		台北 故宮博物院	故畫 01231-12

名稱	形式	質地	色彩	尺寸 高×寬cm	創作時間	收藏處所	典藏號碼
仿李咸熙羣峯霽雪（周亮工集名家山水冊之2)	冊頁	絹	設色	25.1 × 31.8		台北 故宮博物院	故畫 01274-2
雲樹棲鶴（國朝名家書畫集玉上冊之1)	冊頁	紙	水墨	16.7 × 22.6		台北 故宮博物院	故畫 01275-1
風柳雙燕（國朝名家書畫集玉上冊之3)	冊頁	紙	水墨	16.7 × 22.6		台北 故宮博物院	故畫 01275-3
仿倪雲林古木平崗圖（國朝名家書畫集玉上冊之6)	冊頁	紙	水墨	16.7 × 22.6		台北 故宮博物院	故畫 01275-6
古柏（國朝名家書畫集玉上冊之12)	冊頁	紙	水墨	16.7 × 22.6		台北 故宮博物院	故畫 01275-12
仿方方壺幽潤寒松（國朝名家書畫集玉下冊之7)	冊頁	紙	水墨	16.7 × 22.6		台北 故宮博物院	故畫 01276-7
枯木竹石（國朝名家書畫集玉下冊之10)	冊頁	紙	水墨	16.7 × 22.6		台北 故宮博物院	故畫 01276-10
喬林遠山（國朝名家書畫集玉下冊之12)	冊頁	紙	水墨	16.7 × 22.6		台北 故宮博物院	故畫 01276-12
早梅圖（國朝名繪冊之2)	冊頁	紙	水墨	25.2 × 23.2	丁丑（康熙三十六年，1697）春	台北 故宮博物院	故畫 01278-2
仿荊浩煙巒晚景（王翬臨唐宋各家山水冊之1)	冊頁	紙	設色	57.3 × 38		台北 故宮博物院	故畫 01287-1
仿關仝太行山色（王翬臨唐宋各家山水冊之2)	冊頁	絹	設色	56.1 × 32		台北 故宮博物院	故畫 01287-2
仿董北苑夏木垂陰（王翬臨唐宋各家山水冊之3)	冊頁	紙	設色	61.3 × 35.6		台北 故宮博物院	故畫 01287-3
仿李營邱雪圖（王翬臨唐宋各家山水冊之4)	冊頁	絹	設色	61 × 32.9		台北 故宮博物院	故畫 01287-4
仿李晞古竹塢幽居（王翬臨唐宋各家山水冊之5)	冊頁	絹	設色	60.7 × 33.5		台北 故宮博物院	故畫 01287-5
仿許道寧喬林暮靄（王翬臨唐宋各家山水冊之6)	冊頁	紙	設色	55.4 × 33.8		台北 故宮博物院	故畫 01287-6
仿王晉卿烟江疊嶂（王翬臨唐宋各家山水冊之7)	冊頁	絹	設色	52.2 × 32.7		台北 故宮博物院	故畫 01287-7
仿趙松雪匡山讀書（王翬臨唐宋各家山水冊之8)	冊頁	絹	設色	48.9 × 31.9		台北 故宮博物院	故畫 01287-8

名稱	形式	質地	色彩	尺寸 高x寬cm	創作時間	收藏處所	典藏號碼
仿高尚書奇峰湧秀（王翬臨唐宋各家山水冊之9）	冊頁	紙	水墨	61.2 x 35.1		台北 故宮博物院	故畫 01287-9
仿癡翁浮嵐暖翠（王翬臨唐宋各家山水冊之10	冊頁	絹	設色	57.3 x 37.4		台北 故宮博物院	故畫 01287-10
仿梅道人溪山無盡（王翬臨唐宋各家山水冊之11）	冊頁	絹	設色	59.9 x 36.5		台北 故宮博物院	故畫 01287-11
仿王叔明秋巖古寺（王翬臨唐宋各家山水冊之12）	冊頁	紙	設色	60.8 x 37.7		台北 故宮博物院	故畫 01287-12
山口人家（王翬擬古山水冊之1）	冊頁	紙	設色	15.2 x 15.2	癸巳（康熙五十二年，1713）春朝	台北 故宮博物院	故畫 03187-1
野浦潊橋（王翬擬古山水冊之2）	冊頁	紙	設色	15.2 x 15.2		台北 故宮博物院	故畫 03187-2
峻嶺崇廓（王翬擬古山水冊之3）	冊頁	紙	設色	15.2 x 15.2		台北 故宮博物院	故畫 03187-3
柳塘垂釣（王翬擬古山水冊之4）	冊頁	紙	設色	15.2 x 15.2		台北 故宮博物院	故畫 03187-4
深山問道（王翬擬古山水冊之5）	冊頁	紙	設色	15.2 x 15.2		台北 故宮博物院	故畫 03187-5
春山靄色（王翬擬古山水冊之6）	冊頁	紙	設色	15.2 x 15.2		台北 故宮博物院	故畫 03187-6
江濤拍岸（王翬擬古山水冊之7）	冊頁	紙	設色	15.2 x 15.2		台北 故宮博物院	故畫 03187-7
雪山藏寺（王翬擬古山水冊之8）	冊頁	紙	設色	15.2 x 15.2		台北 故宮博物院	故畫 03187-8
山居清話（王翬擬古山水冊之9）	冊頁	紙	設色	15.2 x 15.2		台北 故宮博物院	故畫 03187-9
草堂閒坐（王翬擬古山水冊之10）	冊頁	紙	設色	15.2 x 15.2		台北 故宮博物院	故畫 03187-10
漁家放棹（王翬擬古山水冊之11）	冊頁	紙	設色	15.2 x 15.2		台北 故宮博物院	故畫 03187-11
雪山月色（王翬擬古山水冊之12）	冊頁	紙	設色	15.2 x 15.2	癸巳（順治十年，1653）春朝	台北 故宮博物院	故畫 03187-12
雲山村居（王翬山水冊之1）	冊頁	紙	水墨	23.5 x 17		台北 故宮博物院	故畫 03188-1
清溪垂釣（王翬山水冊之2）	冊頁	紙	水墨	23.5 x 17		台北 故宮博物院	故畫 03188-2

名稱	形式	質地	色彩	尺寸 高x寬cm	創作時間	收藏處所	典藏號碼
雲溪矗塔（王翬山水冊之3）	冊頁	紙	水墨	23.5 x 17		台北 故宮博物院	故畫03188-3
柳塘釣艇（王翬山水冊之4）	冊頁	紙	水墨	23.5 x 17		台北 故宮博物院	故畫03188-4
臨水結廬（王翬山水冊之5）	冊頁	紙	水墨	23.5 x 17		台北 故宮博物院	故畫03188-5
江干叢樹（王翬山水冊之6）	冊頁	紙	水墨	23.5 x 17		台北 故宮博物院	故畫03188-6
松映江濤（王翬山水冊之7）	冊頁	紙	水墨	23.5 x 17		台北 故宮博物院	故畫03188-7
危巖水舍（王翬山水冊之8）	冊頁	紙	水墨	23.5 x 17		台北 故宮博物院	故畫03188-8
竹溪聚禽（王翬山水冊之9）	冊頁	紙	水墨	23.5 x 17		台北 故宮博物院	故畫03188-9
桐陰書屋（王翬山水冊之10）	冊頁	紙	水墨	23.5 x 17		台北 故宮博物院	故畫03188-10
雲湧奇峰（王翬山水冊之11）	冊頁	紙	水墨	23.5 x 17		台北 故宮博物院	故畫03188-11
古木棲鴉（王翬山水冊之12）	冊頁	紙	水墨	23.5 x 17	辛巳（康熙四十年，1701）九月	台北 故宮博物院	故畫03188-12
萬竿煙雨（王翬十萬圖甲冊之1）	冊頁	紙	水墨	27.5 x 40.9		台北 故宮博物院	故畫03189-1
萬點青蓮（王翬十萬圖甲冊之2）	冊頁	紙	設色	27.6 x 40.9		台北 故宮博物院	故畫03189-2
萬山雲起（王翬十萬圖甲冊之3）	冊頁	紙	設色	27.6 x 40.9		台北 故宮博物院	故畫03189-3
萬卷書樓（王翬十萬圖甲冊之4）	冊頁	紙	設色	27.9 x 40.9		台北 故宮博物院	故畫03189-4
萬壑爭流（王翬十萬圖甲冊之5）	冊頁	紙	水墨	27.5 x 40.9		台北 故宮博物院	故畫03189-5
萬松疊翠（王翬十萬圖甲冊之6）	冊頁	紙	設色	27.5 x 40.9		台北 故宮博物院	故畫03189-6
萬樹秋聲（王翬十萬圖甲冊之7）	冊頁	紙	設色	27.6 x 40.9		台北 故宮博物院	故畫03189-7
萬里晴光（王翬十萬圖甲冊之8）	冊頁	紙	設色	27.8 x 40.9		台北 故宮博物院	故畫03189-8
萬峯飛雪（王翬十萬圖甲冊之9）	冊頁	紙	設色	27.6 x 40.9		台北 故宮博物院	故畫03189-9
萬橫香雪（王翬十萬圖甲冊之10）	冊頁	紙	設色	27.6 x 40.9	己巳（康熙二十八年，1689）清和下浣	台北 故宮博物院	故畫03189-10
萬松疊翠（王翬十萬圖乙冊之1）	冊頁	紙	設色	35.2 x 46.2		台北 故宮博物院	故畫03190-1

名稱	形式	質地	色彩	尺寸 高×寬cm	創作時間	收藏處所	典藏號碼
萬巖朝旭（王翬十萬圖乙冊之2）	冊頁	紙	設色	35.2 × 46.2		台北 故宮博物院	故畫 03190-2
萬木向榮（王翬十萬圖乙冊之3）	冊頁	紙	設色	35.2 × 46.2		台北 故宮博物院	故畫 03190-3
萬家煙雨（王翬十萬圖乙冊之4）	冊頁	紙	設色	35.2 × 46.2		台北 故宮博物院	故畫 03190-4
萬水朝宗（王翬十萬圖乙冊之5）	冊頁	紙	設色	35.2 × 46.2		台北 故宮博物院	故畫 03190-5
萬竿雨露（王翬十萬圖乙冊之6）	冊頁	紙	設色	35.2 × 46.2		台北 故宮博物院	故畫 03190-6
萬里清光（王翬十萬圖乙冊之7）	冊頁	紙	設色	35.2 × 46.2		台北 故宮博物院	故畫 03190-7
萬楓秋色（王翬十萬圖乙冊之8）	冊頁	紙	設色	35.2 × 46.2		台北 故宮博物院	故畫 03190-8
萬井豐登（王翬十萬圖乙冊之9）	冊頁	紙	設色	35.2 × 46.2		台北 故宮博物院	故畫 03190-9
萬峯積玉（仿黃大癡筆法，王翬十萬圖乙冊之10）	冊頁	紙	設色	35.2 × 46.2	丁亥（康熙四十六年，1707）臘月之望	台北 故宮博物院	故畫 03190-10
萬竿烟雨（王翬十萬圖丙冊之1）	冊頁	紙	水墨	26.3 × 36	己巳（康熙二十八年，1689）清和下浣	台北 故宮博物院	故畫 03191-1
萬松疊翠（王翬十萬圖丙冊之2）	冊頁	紙	設色	26.4 × 36.1		台北 故宮博物院	故畫 03191-2
萬橫香雪（王翬十萬圖丙冊之3）	冊頁	紙	設色	26.4 × 36.2		台北 故宮博物院	故畫 03191-3
萬卷書樓（王翬十萬圖丙冊之4）	冊頁	紙	設色	26.4 × 36.2		台北 故宮博物院	故畫 03191-4
萬峯雲起（王翬十萬圖丙冊之5）	冊頁	紙	設色	26.4 × 36.2		台北 故宮博物院	故畫 03191-5
萬點青蓮（王翬十萬圖丙冊之6）	冊頁	紙	設色	26.4 × 36.2		台北 故宮博物院	故畫 03191-6
萬壑爭流（王翬十萬圖丙冊之7）	冊頁	紙	設色	26.4 × 36.2		台北 故宮博物院	故畫 03191-7

名稱	形式	質地	色彩	尺寸 高×寬㎝	創作時間	收藏處所	典藏號碼
萬頃滄波（王翬十萬圖丙冊之8）	冊頁	紙	水墨	26.4 × 36.2		台北 故宮博物院	故畫 03191-8
萬樹秋聲（王翬十萬圖丙冊之9）	冊頁	紙	設色	26.4 × 36.2		台北 故宮博物院	故畫 03191-9
萬山飛雪（王翬十萬圖丙冊之10）	冊頁	紙	設色	26.4 × 36.2		台北 故宮博物院	故畫 03191-10
仿雲林古趣（王翬惲壽平合筆山水冊之1）	冊頁	紙	水墨	19.7 × 24	己巳（康熙二十八年，1689）清和下浣	台北 故宮博物院	故畫 03444-1
仿元人筆意（王翬惲壽平合筆山水冊之2）	冊頁	紙	水墨	19.6 × 11.2		台北 故宮博物院	故畫 03444-2
仿李營丘（王翬惲壽平合筆山水冊之3）	冊頁	紙	水墨	19.6 × 11.2		台北 故宮博物院	故畫 03444-3
仿高克恭（王翬惲壽平合筆山水冊之4）	冊頁	紙	水墨	19.7 × 12		台北 故宮博物院	故畫 03444-4
仿董北苑（王翬惲壽平合筆山水冊之5）	冊頁	紙	水墨	19.7 × 12		台北 故宮博物院	故畫 03444-5
飛鴻遠岫（王翬惲壽平合筆山水冊之6）	冊頁	紙	水墨	19.7 × 12		台北 故宮博物院	故畫 03444-6
仿黃子久（王翬惲壽平合筆山水冊之7）	冊頁	紙	水墨	19.7 × 12		台北 故宮博物院	故畫 03444-7
南山西溪（王翬惲壽平合筆山水冊之8）	冊頁	紙	水墨	19.7 × 12		台北 故宮博物院	故畫 03444-8
懸崖潤瀑（王翬惲壽平合筆山水冊之9）	冊頁	紙	水墨	19.7 × 12		台北 故宮博物院	故畫 03444-9
蕉屋賞蓮（王翬惲壽平合筆山水冊之10）	冊頁	紙	水墨	19.7 × 12		台北 故宮博物院	故畫 03444-10
荒山隱舍（王翬惲壽平合筆山水冊之11）	冊頁	紙	水墨	19.7 × 12		台北 故宮博物院	故畫 03444-11
萬頃滄波（王翬摹倪畫十萬圖冊之1）	冊頁	紙	水墨	27.2 × 35.2		台北 故宮博物院	故畫 03445-1
萬點青蓮（王翬摹倪畫十萬圖冊之2）	冊頁	紙	設色	27.2 × 35.2		台北 故宮博物院	故畫 03445-2
萬卷書樓（王翬摹倪畫十萬圖	冊頁	紙	設色	27.2 × 35.2		台北 故宮博物院	故畫 03445-3

名稱	形式	質地	色彩	尺寸 高x寬㎝	創作時間	收藏處所	典藏號碼
冊之3)							
萬峯雲起（王翬摹倪畫十萬圖冊之4)	冊頁	紙	水墨	27.2 x 35.2		台北 故宮博物院	故畫03445-4
萬松疊翠（王翬摹倪畫十萬圖冊之5)	冊頁	紙	設色	27.2 x 35.2		台北 故宮博物院	故畫03445-5
萬樹秋聲（王翬摹倪畫十萬圖冊之6)	冊頁	紙	設色	27.2 x 35.2		台北 故宮博物院	故畫03445-6
萬壑爭流（王翬摹倪畫十萬圖冊之7)	冊頁	紙	水墨	27.2 x 35.2		台北 故宮博物院	故畫03445-7
萬橫香雪（王翬摹倪畫十萬圖冊之8)	冊頁	紙	設色	27.2 x 35.2		台北 故宮博物院	故畫03445-8
竹林隱士（明賢墨妙（竹）冊之16)	冊頁	紙	設色	16.3 x 48.5		台北 故宮博物院	故畫03509-16
松谿高士圖（國初人山水集繪冊之4)	冊頁	紙	水墨	31.8 x 37.9		台北 故宮博物院	故畫03516-4
凍雲積雪（名人畫扇 丁）冊之3)	摺扇面	紙	水墨	不詳		台北 故宮博物院	故畫03549-3
竹溪仙館圖（名人畫扇（下）冊之5)	摺扇面	紙	設色	不詳		台北 故宮博物院	故畫03555-5
湖霽雨歇圖（各人畫扇貳冊（上）之1)	摺扇面	紙	設色	不詳		台北 故宮博物院	故畫03556-1
擬古山水（12幀)	冊	紙	設色	（每幀）37 x 27	壬子（康熙十一年，1672）潤月	台北 清玩雅集	
數椽臨水屋	冊頁	紙	水墨	32 x 42.5		台北 黃君壁白雲堂	
山水圖（12幀)	冊	紙	設色	（每幀）24.4 x 17.4		台北 蔡一鳴先生	
冬夜餞別圖	冊頁	紙	水墨	23 x 32.5		台北 王靄雲先生	
山水圖	摺扇面	紙	設色	不詳	癸丑（康熙十二年，1673）冬	香港 趙從衍先生	
山水圖（6幀)	冊	紙	設色	（每幀）30.6 x 47.4	甲戌（康熙三十三年，1694）仲冬	香港 何耀光至樂樓	
山水（采采石谷冊，上、下冊合計24幀)	冊	紙	設色	（每幀）14.5 x 16		香港 黃秉章先生	
臨江讀書圖	摺扇面	金箋	設色	18.4 x 56.2		香港 莫華釗承訓堂	K92.60

名稱	形式	質地	色彩	尺寸 高×寬㎝	創作時間	收藏處所	典藏號碼
秋木閑泛圖（山水圖合冊之9）	冊頁	紙	設色	27.2 × 20.7		香港 許晉義崇宜齋	
山水圖（山水圖合冊之10）	冊頁	紙	設色	27.2 × 20.7		香港 許晉義崇宜齋	
仿古山水圖（12幀）	冊	紙	設色	（每幀）44 × 33		香港 劉作籌虛白齋	
仿王蒙山水圖	冊頁	絹	設色	31.4 × 33.8		香港 劉作籌虛白齋	80
仿高克恭晴峰積翠圖（惲壽平、王翬山水圖合璧冊之1）	冊頁	紙	設色	34.2 × 23.4		香港 劉作籌虛白齋	81a
仿吳鎮關山秋霽圖（惲壽平、王翬山水圖合璧冊之3）	冊頁	絹	水墨	36.8 × 20.6		香港 劉作籌虛白齋	81c
仿沈周詩意圖（惲壽平、王翬山水圖合璧冊之5）	冊頁	絹	設色	37.1 × 30.2		香港 劉作籌虛白齋	81e
竹溪仙館圖（惲壽平、王翬山水圖合璧冊之7）	冊頁	絹	設色	29.1 × 22.8		香港 劉作籌虛白齋	81g
山水圖（惲壽平、王翬山水圖合璧冊之9）	冊頁	絹	設色	31.1 × 16.6		香港 劉作籌虛白齋	81i
仿巨然秋崖飛瀑圖（惲壽平、王翬山水圖合璧冊之11）	冊頁	絹	設色	28.4 × 21.9		香港 劉作籌虛白齋	81k
松壑飛泉圖	摺扇面	紙	設色	不詳	壬申（康熙三十一年，1692）	長春 吉林省博物館	
採菱圖	摺扇面	紙	設色	不詳	己丑（康熙四十八年，1709）	長春 吉林省博物館	
江鄉清夏圖	摺扇面	紙	設色	不詳	癸巳（康熙五十二年，1713）	長春 吉林省博物館	
仿梅花道人筆山水（清王時敏等山水冊9之1幀）	冊頁	紙	設色	30.5 × 26.5		長春 吉林省博物館	
仿范寬巖畔垂綸圖（清王時敏等山水冊9之1幀）	冊頁	紙	設色	30.5 × 26.5		長春 吉林省博物館	
仿仿黃子久層巒秋色圖（清王時敏等山水冊9之1幀）	冊頁	紙	設色	30.5 × 26.5		長春 吉林省博物館	
富春垂釣圖（清王翬等山水冊10之1幀）	冊頁	紙	設色	24 × 32.7		長春 吉林省博物館	
寫元人詞意（清王翬等山水冊10之1幀）	冊頁	紙	設色	24 × 32.7	己巳（康熙二十八年，1689）臘月	長春 吉林省博物館	
仿高彥敬山水（清王翬等山水	冊頁	紙	設色	24 × 32.7		長春 吉林省博物館	

名稱	形式	質地	色彩	尺寸 高x寬㎝	創作時間	收藏處所	典藏號碼
冊 10 之 1 幀）							
仿雲林意山水（清王翬等山水冊 10 之 1 幀）	冊頁	紙	設色	24 x 32.7		長春 吉林省博物館	
學李成法山村暮雪圖（清王翬等山水冊 10 之 1 幀）	冊頁	紙	設色	24 x 32.7		長春 吉林省博物館	
山水圖	摺扇面	金箋	水墨	不詳	癸卯（康熙二年，1663）	旅順 遼寧省旅順博物館	
溪堂話別圖	摺扇面	紙	水墨	不詳	丙寅（康熙二十五年，1686）	旅順 遼寧省旅順博物館	
山水圖（8 幀，為庶翁作）	冊	紙	設色	不詳	丙申（順治十三年，1656）九月	北京 故宮博物院	
湖村雨歇圖	摺扇面	紙	設色	不詳	戊戌（順治十五年，1658）	北京 故宮博物院	
江鄉初夏圖	摺扇面	紙	設色	15.6 x 49.6	壬寅（康熙元年，1662）	北京 故宮博物院	
仿古山水圖（10 幀）	冊	紙	設色	（每幀）28 x 15.3	壬寅（康熙元年，1662）立秋日	北京 故宮博物院	
山水圖	摺扇面	紙	設色	18.5 x 56.3	甲辰（康熙三年，1664）	北京 故宮博物院	
清溪漁樂圖（為育翁作）	摺扇面	金箋	設色	16 x 49.5	丙午（康熙五年，1666）四月	北京 故宮博物院	
槐隱圖（王翬、惲壽平槐隱圖冊 2 之 1 幀）	冊頁	紙	水墨	22 x 28.3	丁未（康熙六年，1667）	北京 故宮博物院	
仿吳鎮山水圖	摺扇面	紙	設色	16 x 50.5	丁未（康熙六年，1667）	北京 故宮博物院	
仿井西道人山水圖（為蘭翁作）	摺扇面	紙	水墨	不詳	丁未（康熙六年，1667）夏六月	北京 故宮博物院	
山水圖（為西翁作，王翬等山水冊 12 之 1 幀）	冊頁	紙	水墨	18.5 x 17.3	丁未（康熙六年，1667）八月	北京 故宮博物院	
都溪煙雨圖（王翬等山水冊 12 之 1 幀）	冊頁	紙	水墨	18.5 x 17.3	（康熙六年，丁未，1667）	北京 故宮博物院	
蚪溪草堂圖	摺扇面	紙	水墨	16.1 x 50.8	丁未（康熙六年，1667）秋暮	北京 故宮博物院	
白雲青山圖	摺扇面	紙	設色	16 x 51	己酉（康熙八年，	北京 故宮博物院	

名稱	形式	質地	色彩	尺寸 高×寬cm	創作時間	收藏處所	典藏號碼
					1669）中秋		
仿諸家山水圖（8幀）	冊	紙	設色	（每幀）26.8 × 35.8	（康熙十年，辛亥，1671）	北京 故宮博物院	
烟浮遠岫圖	摺扇面	紙	設色	不詳	癸丑（康熙十二年，1673）上巳日	北京 故宮博物院	
江鄉秋晚圖	摺扇面	紙	設色	18 × 53.8	甲寅（康熙十三年，1674）端陽	北京 故宮博物院	
松巖遠帆圖（八家壽意圖冊8之1幀）	冊頁	紙	設色	不詳	甲寅（康熙十三年，1674）七月	北京 故宮博物院	
仿范寬秋山蕭寺圖	摺扇面	紙	設色	17 × 52.5	乙卯（康熙十四年，1675）	北京 故宮博物院	
山水圖（？幀）	冊	紙	水墨	（每幀）16 × 49	丁巳（康熙十六年，1677）	北京 故宮博物院	
山水圖	摺扇面	紙	設色	不詳	己未（康熙十八年，1679）夏日	北京 故宮博物院	
仿古山水圖（12幀）	冊	紙	設色	（每幀）23 × 45.5	辛酉（康熙二十年，1681）	北京 故宮博物院	
仿古山水圖（16幀）	冊	紙、絹	水墨、設色	（每幀）34.2 × 26.3	壬戌（康熙二十一年，1682）嘉平月	北京 故宮博物院	
擬前人詩意圖（10幀）	冊	紙	設色	（每幀）34.3 × 15.2	康熙丙寅（二十五年，1686）清明後三日	北京 故宮博物院	
仿各家山水圖（8幀）	冊	紙	設色	（每幀）26.9 × 35.9	丁卯（康熙二十六年，1687）	北京 故宮博物院	
烟浮遠岫圖	摺扇面	紙	設色	17.4 × 52.3	丁卯（康熙二十六年，1687）臘月八日	北京 故宮博物院	
山水圖（8幀）	冊	紙	設色	不詳	戊辰（康熙二十七年，1688）二月廿一日	北京 故宮博物院	
仿王蒙夏日山居圖（清六大家山水冊12之1幀）	冊頁	紙	設色	不詳		北京 故宮博物院	
山水圖（清六大家山水冊12之1幀）	冊頁	紙	設色	不詳	庚午（康熙二十九年，1690）立冬日	北京 故宮博物院	

名稱	形式	質地	色彩	尺寸 高x寬cm	創作時間	收藏處所	典藏號碼
雲山圖（吳偉業等八人繪畫集錦冊 8 之 1 幀）	冊頁	紙	設色	25.4 x 32.3	壬申（康熙三十一年，1692）臘月	北京 故宮博物院	
溪亭松鶴圖（王翬、顧昉、楊晉合寫）	摺扇面	紙	設色	18 x 53.5	癸酉（康熙三十二年，1694）	北京 故宮博物院	
仿古山水圖（10 幀）	冊	紙	設色	（每幀）28 x 35.5	乙亥（康熙三十四年，1695）冬十月	北京 故宮博物院	
山川渾厚圖	摺扇面	紙	設色	17.8 x 54.5	乙亥（康熙三十四年，1695）	北京 故宮博物院	
洞壑奔泉圖（虞山諸賢合璧冊 12 之 1 幀）	冊頁	紙	設色	29.7 x 22.1	（辛巳，康熙四十年，1701）	北京 故宮博物院	
趙鷗波水村圖（虞山諸賢合璧冊 12 之 1 幀）	冊頁	紙	設色	29.7 x 22.1		北京 故宮博物院	
松色茅亭圖（虞山諸賢合璧冊 12 之 1 幀）	冊頁	紙	設色	29.7 x 22.1		北京 故宮博物院	
白雲青靄圖（虞山諸賢合璧冊 12 之 1 幀）	冊頁	紙	設色	29.7 x 22.1		北京 故宮博物院	
林泉清幽圖（虞山諸賢合璧冊 12 之 1 幀）	冊頁	紙	設色	29.7 x 22.1		北京 故宮博物院	
山水圖（虞山諸賢合璧冊 12 之 1 幀）	冊頁	紙	設色	29.7 x 22.1		北京 故宮博物院	
撫陸天游叢竹煙泉圖（王翬等山水花卉冊 6 之 1 幀）	冊頁	紙	設色	26.5 x 35.3		北京 故宮博物院	
雲烟時雨圖	摺扇面	紙	水墨	不詳	辛巳（康熙四十年，1701）臘月廿二日	北京 故宮博物院	
仿倪瓚溪亭山色圖	摺扇面	紙	水墨	17.3 x 51.7	乙酉（康熙四十四年，1705）長至後三日	北京 故宮博物院	
竹石流泉圖	摺扇面	紙	水墨	19.4 x 56.3	丙戌（康熙四十五年，1706）	北京 故宮博物院	
仿王紱秋林曳杖圖（今雨瑤華圖冊 8 之 1 幀）	冊頁	紙	設色	19.1 x 31.9	丁亥（康熙四十六年，1707）八月廿日	北京 故宮博物院	
層巒曉色圖	摺扇面	紙	設色	不詳	己丑（康熙四十八	北京 故宮博物院	

名稱	形式	質地	色彩	尺寸 高x寬cm	創作時間	收藏處所	典藏號碼
					年，1709）夏六月望日		
仿巨然烟浮遠岫圖（為閏川作）	摺扇面	紙	水墨	不詳	癸巳（康熙五十二年，1713）上巳日	北京 故宮博物院	
仿巨然山水圖	摺扇面	紙	設色	19 x 56.6	癸巳（康熙五十二年，1713）三月朔	北京 故宮博物院	
山水圖（8幀）	冊	紙	水墨	（每幀）14 x 26.2	丙申（康熙五十五年，1716）	北京 故宮博物院	
山水圖（8幀）	冊	紙	設色	（每幀）27.6 x 16		北京 故宮博物院	
仿古山水圖（8幀）	冊	絹	設色	（每幀）22.3 x 31		北京 故宮博物院	
仿古山水圖（8幀）	冊	紙	設色	（每幀）28.9 x 32.4		北京 故宮博物院	
仿古山水圖（10幀）	冊	紙	設色	（每幀）23.8 x 15.1		北京 故宮博物院	
元人小景圖（尤求等人雜畫冊8之1幀）	冊頁	紙	設色	28 x 30.6		北京 故宮博物院	
松壑奔泉圖（四王吳惲集冊17之1幀）	冊頁	紙	設色	不詳		北京 故宮博物院	
仿趙善長蕉林仙館圖（四王吳惲集冊17之1幀）	冊頁	紙	設色	不詳		北京 故宮博物院	
杖藜看山圖（四王吳惲集冊17之1幀）	冊頁	紙	設色	不詳		北京 故宮博物院	
擬雲林平林野趣圖（四王吳惲集冊17之1幀）	冊頁	紙	設色	不詳		北京 故宮博物院	
山水圖（今雨瑤華圖冊8之1幀）	冊頁	紙	設色	19.1 x 31.9		北京 故宮博物院	
仿巨然小景圖（為漢孫作，王翬等書畫冊10之1幀）	冊頁	紙	水墨	21.5 x 30.8		北京 故宮博物院	
山水（8幀）	冊	絹	設色	不詳	乙亥（康熙三十四年，1695）	北京 中國美術館	
臥遊圖（16幀）	冊	絹	設色	（每幀）31.1 x 20.5	庚申（康熙十九年，1680）	北京 北京畫院	

名稱	形式	質地	色彩	尺寸 高×寬cm	創作時間	收藏處所	典藏號碼
西陂六景圖（6幀）	冊	絹	設色	不詳	戊辰（康熙二十七年，1688）	天津 天津市藝術博物館	
山水圖	摺扇面	紙	設色	17 × 51	癸酉（康熙三十二年，1693）	天津 天津市藝術博物館	
平林散牧圖（為壽翁作，王翬等山水冊24之1幀）	冊頁	紙	設色	21.5 × 27.5	（甲戌，康熙三十三年，1694）	天津 天津市藝術博物館	
仿古山水圖（12幀）	冊	紙	設色	（每幀）40.2 × 32.2		天津 天津市藝術博物館	
山水圖（清王翬等山水扇面冊之1幀）	摺扇面	紙	設色	不詳	己卯（康熙三十八年，1699）	天津 天津市藝術博物館	
水田蒲柳圖	摺扇面	紙	設色	不詳	丁未（康熙六年，1667）	天津 天津市歷史博物館	
山水圖（5幀）	冊	紙	設色	（每幀）43 × 29	丙子（康熙三十五年，1696）	濟南 山東省博物館	
山水圖（12幀）	冊	紙	水墨	（每幀）35.3 × 32	戊辰（康熙二十七年，1688）	濟南 山東省濟南市博物館	
林泉詩意圖	摺扇面	金箋	設色	不詳		合肥 安徽省博物館	
長江松泉圖	摺扇面	粉箋	水墨	不詳	丙戌（康熙四十五年，1706）中秋	合肥 安徽省博物館	
竹圖（8幀）	冊	紙	水墨	（每幀）22.5 × 20	庚子（順治十七年，1660）	上海 上海博物館	
仿大癡秋山圖	摺扇面	雲母箋	設色	不詳	壬子（康熙十一年，1672）	上海 上海博物館	
村莊曉泊圖（為絅庵作，王翬等八人合作冊之第1幀）	冊	紙	設色	15.4 × 20.9	（乙卯，康熙十四年，1675）春	上海 上海博物館	
仿古山水圖（為穆翁作，8幀）	冊	紙	設色	不詳	辛酉（康熙二十年，1681）霜降	上海 上海博物館	
關山秋霽圖	摺扇面	金箋	設色	不詳	壬戌（康熙二十一年，1682）	上海 上海博物館	
山水圖（10幀，惲壽平對題）	冊	紙	設色	（每幀）26.8 × 30.9	乙丑（康熙二十四年，1685）暮春	上海 上海博物館	
仿古山水圖（12幀）	冊	紙	設色、水墨	（每幀）27.8 × 30.9	壬申（康熙三十一年，1692）六月	上海 上海博物館	
仿北苑瀟湘圖（為令翁作）	摺扇面	紙	設色	不詳	壬申（康熙三十一	上海 上海博物館	

名稱	形式	質地	色彩	尺寸 高x寬㎝	創作時間	收藏處所	典藏號碼
					年，1692)		
仿唐寅秋林激澗圖（為芝翁作）	摺扇面	紙	設色	不詳	癸酉（康熙三十二年，1693）六月	上海 上海博物館	
山水圖（8幀，王翬、惲壽平、王原祁合作）	冊	紙	水墨	（每幀）26.5 x 35.7	甲戌（康熙三十三年，1694）	上海 上海博物館	
仿王蒙溪山仙館圖（為聖老作）	摺扇面	紙	設色	不詳	己卯（康熙三十八年，1699）秋	上海 上海博物館	
仿巨然山川草木圖（為子孚作）	摺扇面	雲母箋	水墨	不詳	己卯（康熙三十八年，1699）冬日	上海 上海博物館	
仿倪平林佳趣圖（為雯老作）	摺扇面	紙	設色	不詳	壬午（康熙四十一年，1702）閏月	上海 上海博物館	
小中現大圖（21幀）	冊	紙、絹	設色、水墨	（每幀）55.5 x 34.5不等	癸未（康熙四十二年，1703）五月廿四日	上海 上海博物館	
枯木竹石圖	摺扇面	紙	水墨	不詳	癸未（康熙四十二年，1703）	上海 上海博物館	
仿惠崇水村圖	摺扇面	紙	設色	不詳	癸未（康熙四十二年，1703）	上海 上海博物館	
為芳翁作山水圖	摺扇面	雲母箋	水墨	不詳	癸未（康熙四十二年，1703）長至日	上海 上海博物館	
湖村暮色圖（為祖老作）	摺扇面	紙	設色	不詳	甲申（康熙四十三年，1704）人日	上海 上海博物館	
山川出雲圖	摺扇面	紙	設色	不詳	甲申（康熙四十三年，1704）	上海 上海博物館	
江干七樹圖	摺扇面	雲母箋	水墨	不詳	乙酉（康熙四十四年，1705）	上海 上海博物館	
夏日村居圖	摺扇面	紙	設色	不詳	乙酉（康熙四十四年，1705）	上海 上海博物館	
仿北苑山水圖	摺扇面	紙	設色	不詳	乙酉（康熙四十四年，1705）	上海 上海博物館	
青山白雲圖（為明渠作）	摺扇面	紙	水墨	不詳	乙酉（康熙四十四年，1705）長至	上海 上海博物館	
鶴亭圖	摺扇面	紙	設色	不詳	丙戌（康熙四十五	上海 上海博物館	

名稱	形式	質地	色彩	尺寸 高x寬cm	創作時間	收藏處所	典藏號碼
					年，1706）		
深柳讀書堂圖	摺扇面	紙	設色	不詳	丙戌（康熙四十五年，1706）清和	上海 上海博物館	
仿董源山水圖	摺扇面	紙	設色	不詳	丙戌（康熙四十五年，1706）	上海 上海博物館	
仿大癡天池石壁圖	摺扇面	紙	設色	不詳	丙戌（康熙四十五年，1706）	上海 上海博物館	
仿曹知白林泉高逸圖	摺扇面	紙	設色	不詳	丙戌（康熙四十五年，1706）	上海 上海博物館	
深柳讀書堂圖	摺扇面	紙	設色	不詳	丙戌（康熙四十五年，1706）	上海 上海博物館	
晴麓橫雲圖（為開翁作）	摺扇面	紙	設色	不詳	丙戌（康熙四十五年，1706）冬初	上海 上海博物館	
平林散牧圖	摺扇面	紙	設色	不詳	戊子（康熙四十七年，1708）長夏	上海 上海博物館	
松壑觀泉圖	摺扇面	雲母箋	設色	不詳	庚寅（康熙四十九年，1710）	上海 上海博物館	
山水圖（6幀）	冊	絹	設色	（每幀）27 x 21		上海 上海博物館	
仿古山水圖（12幀）	冊	紙	設色	（每幀）38.1 x 30.6		上海 上海博物館	
江南春圖	摺扇面	紙	設色	不詳		上海 上海博物館	
唐子華詩意圖	摺扇面	雲母箋	水墨	不詳		上海 上海博物館	
仿趙子固筆畫梅圖（二十家梅花圖冊20之第2幀）	冊頁	紙	設色	23 x 19.3		上海 上海博物館	
山水圖（名筆集勝圖冊12之第3幀）	冊頁	紙	設色	約23.9 x 32.8		上海 上海博物館	
仿倪雲林山水圖（王翬等山水冊8之第5幀）	冊頁	紙	水墨	不詳		上海 上海博物館	
武夷放棹圖（王翬等山水冊8之第6幀）	冊頁	紙	水墨	不詳		上海 上海博物館	
山水圖（8幀）	冊	紙	設色	（每幀）30.7 x 47.6	庚申（康熙十九年，1680）八月	南京 南京博物院	
江南春圖	摺扇面	紙	設色	18.1 x 56	戊辰（康熙二十七	南京 南京博物院	

名稱	形式	質地	色彩	尺寸 高x寬cm	創作時間	收藏處所	典藏號碼
					年，1688）		
雲山遠水圖	摺扇面	紙	水墨	18.1 x 56	己卯（康熙三十八年，1699）	南京 南京博物院	
仙山樓閣圖	冊頁	絹	設色	33.9 x 40.6		南京 南京博物院	
山水圖（10幀）	冊	紙	設色	（每幀）22.4 x 30	丙寅（康熙二十五年，1686）	蘇州 江蘇省蘇州博物館	
仿古山水圖（8幀）	冊	紙	水墨	（每幀）30.7 x 21	丙子（康熙三十五年，1696）	蘇州 江蘇省蘇州博物館	
山水圖（四王、吳、惲山水合冊20之5幀）	冊頁	紙	水墨	（每幀）32.2 x 14.3不等		蘇州 江蘇省蘇州博物館	
山水圖（4幀）	冊	紙	設色	（每幀）28.4 x 38.4	辛卯（康熙五十年，1711）	常州 江蘇省常州市博物館	
樸唐宋元諸家山水圖（20幀）	冊	紙	設色	（每幀）38.3 x 27不等	甲寅（康熙十三年，1674）	常熟 江蘇省常熟市文物管理委員會	
仿元明人山水圖（8幀）	冊	紙	水墨	（每幀）17.9 x 27.3	己巳（康熙二十八年，1689）上巳前三日	杭州 浙江省博物館	
溪山小景圖	摺扇面	紙	設色	不詳	己巳（康熙二十八年，1689）	杭州 浙江省博物館	
仿古山水圖（12幀）	冊	絹	設色	（每幀）35.5 x 27	壬戌（康熙二十一年，1682）	武漢 湖北省博物館	
仿唐寅山水圖	摺扇面	金箋	水墨	不詳		武漢 湖北省博物館	
仿宋元各家山水（12幀，為紫翁社詞長作）	冊	紙	設色、水墨	（每幀）25.6 x 20.5	壬寅（康熙元年，1662）六月	成都 四川省博物院	
雲藏雨散詩意圖	摺扇面	金箋	水墨	不詳	壬寅（康熙元年，1662）冬日	成都 四川省博物院	
仿營邱法山水圖（清王鑑等山水冊6之1幀）	冊頁	紙	設色	20.8 x 51.5	壬子（康熙十一年，1672）小春	成都 四川省博物院	
仿范寬山水圖（清王鑑等山水冊6之1幀）	冊頁	紙	設色	20.8 x 51.5		成都 四川省博物院	
山水圖（清王鑑等山水冊6之1幀）	冊頁	紙	設色	20.8 x 51.5		成都 四川省博物院	
山水圖（8幀）	胚	紙	設色	（每幀）19 x 25	癸亥（康熙二十二年，1683）	廣州 廣東省博物館	

名稱	形式	質地	色彩	尺寸 高x寬cm	創作時間	收藏處所	典藏號碼
陸放翁詩意圖（12幀，為拙修主人作）	冊	紙	設色	（每幀）42 x 29.5	戊寅（康熙三十七年，1698）六月	廣州 廣東省博物館	
山水圖（10幀）	冊	紙	水墨	（每幀）19.8 x 27	戊寅（康熙三十七年，1698）	廣州 廣州市美術館	
秋壑鳴泉圖	摺扇面	紙	水墨	16.4 x 50.5	戊申（康熙七年，1668）	烏魯木齊 新疆維吾爾自治區博物館	
仿李息齋筆意（王翬扇冊九之1）	摺扇面	紙	水墨	不詳		日本 東京橋本辰三郎先生	
絕壁奔泉（王翬扇冊九之2）	摺扇面	紙	設色	不詳		日本 東京橋本辰三郎先生	
江山漁樂（王翬扇冊九之3）	摺扇面	紙	設色	不詳		日本 東京橋本辰三郎先生	
仿李營邱筆意（王翬扇冊九之4）	摺扇面	紙	設色	不詳		日本 東京橋本辰三郎先生	
清溪漁艇（王翬扇冊九之5）	摺扇面	紙	設色	不詳		日本 東京橋本辰三郎先生	
山莊春曉（王翬扇冊九之6）	摺扇面	紙	設色	不詳		日本 東京橋本辰三郎先生	
溪亭話別（王翬扇冊九之7）	摺扇面	紙	設色	不詳		日本 東京橋本辰三郎先生	
仿唐解元筆意（王翬扇冊九之8）	摺扇面	紙	設色	不詳		日本 東京橋本辰三郎先生	
與王撰合作疏林遠岫（扇冊九之9）	摺扇面	紙	設色	不詳		日本 東京橋本辰三郎先生	
仿巨然山水（王時敏、王翬扇冊之7）	摺扇面	金箋	水墨	不詳	丙寅（康熙二十五年，1686）	日本 東京橋本辰三郎先生	
仿曹雲西山水（王時敏、王翬扇冊之8）	摺扇面	金箋	水墨	不詳	庚寅（康熙四十九年，1710）	日本 東京橋本辰三郎先生	
墨筆山水（王時敏、王翬扇冊之9）	摺扇面	金箋	水墨	不詳	甲子（康熙二十三年，1684）	日本 東京橋本辰二郎先生	
仿一峯天台游騎（王時敏、王翬扇冊之10)	摺扇面	金箋	設色	不詳	庚辰（康熙三十九年，1700）	日本 東京橋本辰二郎先生	
擬山樵紫芝山房圖（（王時敏、王翬扇冊之11）	摺扇面	金箋	設色	不詳	庚午（康熙二十九年，1690）	日本 東京橋本辰二郎先生	
仿宋元人山水圖（11幀）	冊	紙	設色	不詳	癸酉（康熙三十二年，1693）夏六月	日本 東京村上與四郎先生	
山水圖（6幀）	冊	絹	設色	不詳		日本 東京村上與四郎先生	
絕壁洞天圖	冊頁	紙	設色	23.4 x 30.5		日本 兵庫縣黑川古文化研究所	

名稱	形式	質地	色彩	尺寸 高×寬㎝	創作時間	收藏處所	典藏號碼
白雲茅屋圖	冊頁	紙	設色	23.5 × 34.4	戊寅（康熙三十七年，1698）七月十二日	日本 兵庫縣黑川古文化研究所	
仿唐寅山水圖	摺扇面	紙	設色	18.3 × 52.4		韓國 首爾月田美術館	
迂翁載鶴圖（清人扇面圖冊之11）	摺扇面	紙	水墨	18 × 53.7		韓國 私人	
山水圖（10幀）	冊	紙	設色	（每幀）36.2 × 28.1		韓國 私人	
仿王蒙松壑奔泉圖	摺扇面	紙	設色	17 × 54.1		韓國 私人	
山水（清七家扇面合冊之第3）	摺扇面	紙	設色	不詳		美國 波士頓美術館	
仿趙令穰山水圖（祝蔣母曹夫人五十壽山水圖冊之1）	冊頁	金箋	設色	31.6 × 33.5	丙子（康熙三十五年，1696）春王月	美國 耶魯大學藝術館	1965.130b
泰山春雨圖（祝蔣母曹夫人五十壽山水圖冊之2）	冊頁	金箋	水墨	31.6 × 33.5	丙子（康熙三十五年，1696）春王月	美國 耶魯大學藝術館	1965.130c
山水圖（（祝蔣母曹夫人五十壽山水圖冊之10）	冊頁	金箋	水墨	31.6 × 33.5	丙子（康熙三十五年，1696）春王月	美國 耶魯大學藝術館	1965.130a
仿古山水圖（8幀）	冊	紙	水墨、設色	（每幀）40. × 32.8		美國 普林斯頓大學藝術館	82-99a -h
仿宋元真本山水圖（12幀，為王煙客作）	冊	紙	水墨、設色	（每幀）21.8 × 31.6	癸丑（康熙十二年，1673）九秋	美國 普林斯頓大學藝術館	63-67
仿仇實父採菱圖	摺扇面	紙	設色	17.1 × 50.6	丙戌（康熙四十五年，1706）七月	美國 普林斯頓大學藝術館	13.160.40
仿古山水圖（16幀，為王煙翁作）	冊	紙	設色	（每幀）22 × 33.6	甲寅（康熙十三年，1674）二月五日	美國 New Haven 翁萬戈先生	
臨燕文貴勘書圖（寫贈元美年親）	摺扇面	紙	設色	16.6 × 49	丁亥（康熙四十六年，1707）端陽日	美國 紐約大都會藝術博物館	13.100.45
蕭寺晚鐘圖（王翬、王時敏仿唐宋十家山水冊之1）	冊頁	紙	設色	22 × 33.7		美國 紐約大都會藝術博物館	1989.141.4a
仿黃公望沙磧圖（王翬、王時敏仿唐宋十家山水冊之2）	冊頁	紙	設色	22 × 33.7		美國 紐約大都會藝術博物館	1989.141.4b
仿王蒙夏木垂陰圖（王翬、王時敏仿唐宋十家山水冊之3）	冊頁	紙	設色	22 × 33.7		美國 紐約大都會藝術博物館	1989.141.4c
仿關仝山水圖（王翬、王時敏仿唐宋十家山水冊之4）	冊頁	紙	設色	22 × 33.7		美國 紐約大都會藝術博物館	1989.141.4d

名稱	形式	質地	色彩	尺寸 高x寬cm	創作時間	收藏處所	典藏號碼
仿巨然山水圖（王翬、王時敏仿唐宋十家山水冊之5）	冊頁	紙	設色	22 × 33.7		美國 紐約大都會藝術博物館	1989.141.4e
仿高克恭雲山圖（王翬、王時敏仿唐宋十家山水冊之6）	冊頁	紙	設色	22 × 33.7		美國 紐約大都會藝術博物館	1989.141.4f
仿趙孟頫設色山水圖（王翬、王時敏仿唐宋十家山水冊之7）	冊頁	紙	設色	22 × 33.7		美國 紐約大都會藝術博物館	1989.141.4g
仿趙令穰平林散牧圖（王翬、王時敏仿唐宋十家山水冊之8）	冊頁	紙	設色	22 × 33.7		美國 紐約大都會藝術博物館	1989.141.4h
仿李成寒林古岸圖（王翬、王時敏仿唐宋十家山水冊之9）	冊頁	紙	設色	22 × 33.7		美國 紐約大都會藝術博物館	1989.141.4i
仿王維山莊雪霽圖（王翬、王時敏仿唐宋十家山水冊之10）	冊頁	紙	設色	22 × 33.7		美國 紐約大都會藝術博物館	1989.141.4j
山水（雨後溪山圖）	摺扇面	紙	設色	17.2 × 50	乙亥（康熙三十四年，1695）春正	美國 紐約顧洛阜先生	
設色山水圖（20幀）	冊	紙	設色	（每幀）46.3 × 29.8		美國 紐約大都會藝術博物館（紐約 Denis 楊先生寄存）	
仿王紱溪亭遠山圖（王翬師弟合璧畫冊之13，王翬、顧昉合作）	冊頁	紙	設色	27.9 × 30.6		美國 紐約Mr. & Mrs Weill	
仿巨然山水圖（王翬師弟合璧畫冊之14，王翬、顧昉合作）	冊頁	紙	水墨	27.9 × 30.6		美國 紐約Mr. & Mrs Weill	
山水圖（王翬師弟合璧畫冊之15）	冊頁	紙	設色	27.9 × 30.6		美國 紐約Mr. & Mrs Weill	
仿倪瓚山水圖（王翬師弟合璧畫冊之16）	冊頁	紙	水墨	27.9 × 30.6		美國 紐約Mr. & Mrs Weill	
摹古圖（12幀）	冊	紙	水墨、設色	（每幀）27 × 28.5		美國 印地安阿波里斯市藝術博物館	81.199-208
溪山漁樂圖（仿巨然筆）	摺扇面	金箋	設色	20.2 × 60.5	庚午（康熙二十九年，1690）夏日	美國 堪薩斯市納爾遜-艾金斯藝術博物館	F68-34
山水（晴樹遠村圖）	摺扇面	紙	設色	16.5 × 49.3	丙戌（康熙四十五年，1706）端陽前一日	美國 舊金山亞洲藝術館	B79 D13
仿管道昇漁父圖（王翬師弟合	冊頁	紙	設色	27.9 × 30.6		美國 加州Richard Vinograd	

名稱	形式	質地	色彩	尺寸 高×寬cm	創作時間	收藏處所	典藏號碼
壁畫冊之1）						先生	
仿仇英採菱圖	摺扇面	紙	設色	不詳	丙戌（康熙四十五年，1706）七月	美國 私人	
仿倪瓚山水圖	摺扇面	紙	水墨	15.7 x 49	辛亥（康熙十年，1671）端陽後二日	英國 倫敦大英博物館	1972.9.18.04（ADD375）
山水圖	摺扇面	紙	設色	17.6 x 53.9		德國 柏林東亞藝術博物館	1988-295
山水圖	摺扇面	紙	設色	18.1 x 54.4		德國 柏林東亞藝術博物館	1988-294
山水圖	冊頁	紙	水墨	26.4 x 41.3		德國 柏林東亞藝術博物館	1988-438
山水圖	冊頁	紙	水墨	26.4 x 41.3		德國 柏林東亞藝術博物館	1988-439
山水圖（清人山水圖冊之2）	冊頁	藍箋	泥金	22.1 x 15.1		德國 科隆東亞西亞藝術館	A61.2-3
山水圖（清人山水圖冊之3）	冊頁	藍箋	泥金	22.1 x 15.1	甲寅（康熙十三年，1674）九月	德國 科隆東亞西亞藝術館	A61.2-4
附：							
桃源圖	卷	絹	設色	不詳	康熙乙酉（四十四年，1705）	上海 上海文物商店	
柳溪垂釣圖	卷	絹	設色	36.5 x 260	丙戌（康熙四十五年，1706）長夏	紐約 蘇富比藝品拍賣公司/拍賣目錄 1982,06,04.	
仿趙孟頫九夏松風圖	卷	絹	設色	40 x 309	己酉（康熙四十八年，1709）夏日	紐約 蘇富比藝品拍賣公司/拍賣目錄 1984,12,05.	
輞川雪意圖	卷	絹	設色	22.5 x 162	乙酉（康熙四十四，1705）初冬	紐約 蘇富比藝品拍賣公司/拍賣目錄 1986,06,03.	
摹黃公望富春山圖部分（惲壽平、王翬合作）	卷	紙	水墨	28.3 x 64.8	甲寅（康熙十三年，1674）春二月	紐約 佳士得藝品拍賣公司/拍賣目錄 1987,06,03.	
仿王蒙山水	卷	紙	水墨	21.6 x 148.6		紐約 佳士得藝品拍賣公司/拍賣目錄 1987,06,03.	
太行山色圖（仿關仝筆）	卷	紙	設色	26.3 x 653.8	丁卯（康熙二十六年，1687）端陽前四日	紐約 佳士得藝品拍賣公司/拍賣目錄 1987,12,11.	
仿燕文貴關山秋霽圖	卷	紙	設色	31 x 360.7	康熙壬辰（五十一年，1712）暮春	紐約 蘇富比藝品拍賣公司/拍賣目錄 1988,06,01.	
聽松圖（王翬、楊晉合作）	卷	絹	設色	25.7 x 136	康熙庚辰（三十九年，1700）六月	紐約 蘇富比藝品拍賣公司/拍賣目錄 1988,11,30.	
康熙皇帝南巡圖（第六卷）	卷	絹	設色	68.4 x 576		紐約 佳士得藝品拍賣公司/拍賣目錄 1988,11,30.	

名稱	形式	質地	色彩	尺寸 高×寬㎝	創作時間	收藏處所	典藏號碼
林屋讀書圖	卷	紙	設色	29.5 × 204	壬午（康熙四十一年，1702）中秋後三日	紐約 佳士得藝品拍賣公司/拍賣目錄 1989,12,04.	
九夏松風圖	卷	絹	設色	40.5 × 310	己丑（康熙四十八年，1709）端陽前三日	紐約 佳士得藝品拍賣公司/拍賣目錄 1989,12,04.	
早春圖	卷	絹	設色	32.5 × 518	庚午（康熙二十九年，1690）夏五	紐約 佳士得藝品拍賣公司/拍賣目錄 1990,05,31.	
溪山春曉圖	卷	絹	設色	35 × 432	甲申（康熙四十三年，1704）春日	香港 佳士得藝品拍賣公司/拍賣目錄 1991,03,18.	
江山勝覽圖（王翬、陸道淮合作）	卷	紙	設色	45.7 × 561.7	康熙壬寅（元年，1662）小春上浣	紐約 佳士得藝品拍賣公司/拍賣目錄 1994,06,01.	
仿李成漁村晚渡圖	卷	絹	設色	43.9 × 284.5	癸未（康熙四十二年，1703）九秋	紐約 佳士得藝品拍賣公司/拍賣目錄 1994,06,01.	
古木清流圖	卷	紙	設色	17.2 × 119.3	戊子（康熙四十七年，1708）大暑日	香港 佳士得藝品拍賣公司/拍賣目錄 1994,10,30.	
仿陸天游秋山爽氣圖	卷	紙	設色	26.5 × 437	庚寅（康熙四十九年，1710）九月望日	紐約 佳士得藝品拍賣公司/拍賣目錄 1994,11,30.	
秋溪漁隱書畫卷（笪重光、王翬合作）	卷	紙	設色	（畫）21.5 × 162；（書）21.5 × 148	戊辰（康熙二十七年，1688）冬十月	紐約 佳士得藝品拍賣公司/拍賣目錄 1995,10,29.	
支硎圖	卷	絹	設色	31 × 247.5	壬辰（康熙五十一年，1712）臘月廿日	紐約 佳士得藝品拍賣公司/拍賣目錄 1997,09,19.	
臨董源夏山雨霽圖	卷	紙	設色	29.8 × 224	辛酉（康熙二十年1681）八月上澣	香港 佳士得藝品拍賣公司/拍賣目錄 2001,04,29.	
江干七樹圖	軸	絹	水墨	不詳	壬辰（康熙五十一年，1712）春正	北京 榮寶齋	
山水圖	軸	紙	設色	不詳	癸卯（康熙二年，1663）中秋	北京 北京市文物商店	
仿子久富春山圖	軸	紙	水墨	不詳	己未（康熙十八年，1679）六月廿四日	北京 北京市文物商店	

名稱	形式	質地	色彩	尺寸 高×寬 ㎝	創作時間	收藏處所	典藏號碼
仿大癡山水圖（為蘭翁作）	軸	紙	設色	不詳	丁卯（康熙二十六年，1687）八月廿四日	北京 北京市文物商店	
溪堂佳趣圖（為敦翁作）	軸	紙	設色	不詳	壬申（康熙三十一年，1692）	北京 北京市文物商店	
松蔭論古圖（為露湄作）	軸	紙	設色	不詳	壬午（康熙四十一年，1702）秋	北京 北京市文物商店	
江干平遠圖	軸	絹	水墨	不詳	己丑（康熙四十八年，1709）元日	北京 北京市文物商店	
仿高克恭山水圖	軸	絹	設色	不詳	壬辰（康熙五十一年，1712）長夏	北京 北京市文物商店	
瑤臺珠樹圖（王翬、惲壽平合作）	軸	絹	設色	202 × 51		天津 天津市文物公司	
太行山色圖	軸	絹	設色	166 × 61	戊辰（康熙二十七年，1688）	濟南 山東省濟南市文物商店	
深崖積雪圖	軸	紙	設色	171 × 65	丙寅（康熙二十五年，1686）六月	上海 朵雲軒	
仿黃鶴山樵夏日山居圖	軸	紙	水墨	不詳	丙寅（康熙二十五年，1686）	上海 朵雲軒	
普安圖	軸	紙	設色	74 × 74	康熙癸酉（三十二年，1693）	上海 朵雲軒	
平湖遠岫圖	軸	紙	設色	79 × 45	丙戌（康熙四十五年，1706）仲冬	上海 朵雲軒	
仿范寬松閣山色圖	軸	紙	設色	不詳	甲午（康熙五十三年，1714）	上海 朵雲軒	
仿大癡雪山圖	軸	紙	水墨	198 × 44		上海 朵雲軒	
山川出雲圖	軸	絹	水墨	157.6 × 58.7	癸亥（康熙二十二年，1683）	上海 上海文物商店	
仿巨然重林叠嶂圖	軸	紙	設色	106 × 54.7	壬辰（康熙五十一年，1712）三月十日	上海 上海文物商店	
擬巨然夏山圖	軸	紙	設色	108.1 × 64.5	康熙乙未（五十四年，1715）五月二十日	上海 上海文物商店	

名稱	形式	質地	色彩	尺寸 高×寬㎝	創作時間	收藏處所	典藏號碼
平沙漁舍圖	軸	紙	設色	不詳	丙申（康熙五十五年，1716）	上海 上海文物商店	
瑤宮雪霽圖	軸	絹	設色	不詳	癸亥（康熙二十二年，1683）	上海 上海工藝品進出口公司	
松溪飛瀑圖	軸	紙	水墨	不詳	甲午（康熙五十三年，1714）	上海 上海友誼商店古玩分店	
採菱圖	軸	絹	設色	不詳	己巳（康熙二十八年，1689）	上海 上海工藝品進出口公司	
仿倪雲林山水圖	軸	紙	水墨	不詳	乙未（康熙五十四年，1715)	上海 上海工藝品進出口公司	
擬盧浩然嵩山草堂圖	軸	紙	水墨	不詳	乙未（康熙五十四年，1715）清和	上海 上海工藝品進出口公司	
仿巨然山水圖	軸	紙	水墨	不詳		上海 上海工藝品進出口公司	
仿倪瓚山水圖	軸	紙	水墨	不詳	庚戌（康熙九年，1670）正月十四日	鎮江 鎮江市文物商店	
修竹村居圖	軸	紙	水墨	62 × 28.1	癸未（康熙四十二年，1703）	武漢 湖北省武漢市文物商店	
仿劉松年傅巖板築圖（王翬、楊晉合作）	軸	紙	設色	170 × 47	康熙丁酉（五十六年，1717）	武漢 湖北省武漢市文物商店	
仿李晞古山水圖	軸	紙	水墨	75 × 37		武漢 湖北省武漢市文物商店	
竹塢茅簹圖	軸	紙	設色	94 × 41.5	甲午（康熙五十三年，1714）小春既望	紐約 蘇富比藝品拍賣公司/拍賣目錄 1981.10.25.	
仿董文敏小幅山水圖	軸	紙	設色	54.5 × 34.2	甲戌（康熙三十三年，1694）中秋前三日	紐約 蘇富比藝品拍賣公司/拍賣目錄 1981,05,08.	
仿黃鶴山樵筆意山水圖	軸	絹	設色	122.6 × 52	康熙戊申（七年，1668）長夏	紐約 蘇富比藝品拍賣公司/拍賣目錄 1982,06,04.	
法黃子久法山水圖	軸	紙	設色	84.4 × 43.8	丙子（康熙三十五年，1696）九秋	紐約 蘇富比藝品拍賣公司/拍賣目錄 1982,11,19.	
摹黃鶴山樵採芝圖	軸	紙	設色	96 × 51.8	癸巳（康熙五十二年，1713）長至日	紐約 蘇富比藝品拍賣公司/拍賣目錄 1984,06,13.	
春江水暖圖	軸	絹	設色	114 × 52	甲申（康熙四十三年，1704）夏月	紐約 佳士得藝品拍賣公司/拍賣目錄 1984,06,29.	

名稱	形式	質地	色彩	尺寸 高×寬㎝	創作時間	收藏處所	典藏號碼
采菱圖	軸	絹	設色	103.5 × 33.7	丁丑（康熙三十六年，1697）秋日	香港 蘇富比藝品拍賣公司/拍賣目錄 1984,11,11.	
仿郭熙江村讀書圖	軸	絹	設色	132.6 × 53	庚午（康熙二十九年，1690）清和月上浣	紐約 蘇富比藝品拍賣公司/拍賣目錄 1985,06,03.	
仿趙大年水村平遠圖	軸	紙	設色	140.4 × 39.3	癸巳（康熙五十二年，1713）立秋後三日	紐約 蘇富比藝品拍賣公司/拍賣目錄 1986,06,03.	
仿巨然山水圖	軸	金箋	水墨	120 × 47	癸卯（康熙二年，1663）正月	紐約 佳仕得藝品拍賣公司/拍賣目錄 1986,06,04.	
仿趙榮祿設色小景山水	軸	紙	設色	123.5 × 46	戊寅（康熙三十七年，1698）清和	紐約 佳仕得藝品拍賣公司/拍賣目錄 1986,12,01.	
江山春曉圖	軸	絹	設色	181.5 × 96.5	壬午（康熙四十一年，1702）嘉平月	紐約 佳仕得藝品拍賣公司/拍賣目錄 1986,12,01.	
仿曹知白山水	軸	紙	水墨	63.5 × 35.5	庚申（康熙十九年，1680）仲冬既望	紐約 佳士得藝品拍賣公司/拍賣目錄 1987,12,11.	
夏山煙靄圖	軸	紙	水墨	68 × 37.4		紐約 蘇富比藝品拍賣公司/拍賣目錄 1988,06,01.	
春江禽樂圖（惲壽平庚申題）	軸	紙	設色	91.5 × 37.5		紐約 佳士得藝品拍賣公司/拍賣目錄 1988,06,02.	
松崖圖	軸	絹	設色	162.5 × 61.5	乙卯（康熙十四年，1675）夏五	紐約 佳士得藝品拍賣公司/拍賣目錄 1988,11,30.	
秋林賦詩圖	軸	紙	設色	80.5 × 23	丙寅（康熙二十五年，1686）夏月	紐約 佳士得藝品拍賣公司/拍賣目錄 1989,06,01.	
仿倪迂修竹遠山圖（王翬、惲壽平合作）	軸	紙	水墨	101 × 33	丙寅（康熙二十五年，1686）臘月望後三日	紐約 佳士得藝品拍賣公司/拍賣目錄 1989,12,04.	
雨過溪橋（仿巨然溪山煙雨圖）	軸	絹	設色	119.5 × 48.2	庚申（康熙十九年，1680）夏五	紐約 佳士得藝品拍賣公司/拍賣目錄 1990,05,31.	
江山雪霽圖	軸	紙	設色	152.5 × 121	丙戌（康熙四十五年，1706）仲夏	紐約 佳士得藝品拍賣公司/拍賣目錄 1990,05,31.	
仿大癡山水圖	軸	綾	設色	103 × 49.5	丙寅（康熙二十五年，1686）小春十日	紐約 佳士得藝品拍賣公司/拍賣目錄 1990,11,28.	

名稱	形式	質地	色彩	尺寸 高×寬㎝	創作時間	收藏處所	典藏號碼
仿董源夏山圖	軸	絹	設色	138.5 × 58.5	己丑（康熙四十八年，1709）臘月	紐約 佳士得藝品拍賣公司/拍賣目錄 1990,11,28.	
山水圖	軸	紙	水墨	111.5 × 44.5	康熙丙子（三十五年，1696）春正望後三日	香港 佳士得藝品拍賣公司/拍賣目錄 1991,03,18.	
春江禽樂圖（惲壽平庚申暮春題）	軸	紙	設色	91.5 × 37.5		香港 佳士得藝品拍賣公司/拍賣目錄 1991,03,18.	
溪橋漫話圖	軸	絹	設色	96.5 × 48.5	庚午（康熙二十九年，1690）九秋	香港 佳士得藝品拍賣公司/拍賣目錄 1991,03,18.	
蘆汀漁舟	軸	紙	水墨	82.5 × 55	癸丑（康熙十二年，1673）暮春	香港 佳士得藝品拍賣公司/拍賣目錄 1991,03,18.	
仿唐寅清溪曳杖圖	軸	紙	設色	184 × 49	戊午（康熙十七年，1678）春王正月	紐約 佳士得藝品拍賣公司/拍賣目錄 1991,11,25.	
仿梅花庵主溪橋峻嶺圖	軸	紙	設色	220.5 × 117	庚寅（康熙四十九年，1710）九月十三日	紐約 佳士得藝品拍賣公司/拍賣目錄 1991,05,29.	
廬山松翠圖	軸	紙	設色	161.5 × 69	康熙庚辰（三十九年，1700）	紐約 佳士得藝品拍賣公司/拍賣目錄 1991,05,29.	
仿范寬谿山行旅圖	軸	絹	設色	152.5 × 78.5	己未（康熙十八年，1679）七夕	紐約 佳士得藝品拍賣公司/拍賣目錄 1992,06,02.	
樂志圖（用盧鴻乙嵩山草堂筆意）	軸	紙	水墨	47.5 × 32.5		紐約 佳士得藝品拍賣公司/拍賣目錄 1992,06,02.	
法燕文貴重林曉色圖	軸	紙	木墨	47.5 × 32.5		紐約 佳士得藝品拍賣公司/拍賣目錄 1992,06,02.	
竹樹茅亭圖	軸	紙	水墨	44.5 × 25.5	康熙癸丑（十二年，1673）六月朔日	紐約 佳士得藝品拍賣公司/拍賣目錄 1992,06,02.	
秋山草堂圖	軸	絹	設色	136 × 59	甲子（二十三年，1684）春孟	紐約 佳士得藝品拍賣公司/拍賣目錄 1992,06,02.	
澄湖夕照圖	軸	絹	設色	188 × 53.5		紐約 佳士得藝品拍賣公司/拍賣目錄 1992,12,02.	
花塢春晴圖（仿趙榮祿筆）	軸	絹	設色	125 × 54.3	壬午（康熙四十一年，1702）長至前三日	紐約 佳士得藝品拍賣公司/拍賣目錄 1993,06,04.	
觀泉圖（仿松雪道人）	軸	絹	設色	116 × 58.5	丙申（康熙五十五	紐約 佳士得藝品拍賣公司/拍	

名稱	形式	質地	色彩	尺寸 高×寬cm	創作時間	收藏處所	典藏號碼
					年，1716）春三月望	賣目錄 1993,06,04.	
仿倪雲林竹溪仙館圖	軸	紙	水墨	96.5 × 40.5	丁巳（康熙十六年，1677）春正	紐約 佳士得藝品拍賣公司/拍賣目錄 1993,12,01.	
雪山圖	軸	紙	設色	92 × 50.1	乙酉（康熙四十四年，1705）夏五	紐約 佳士得藝品拍賣公司/拍賣目錄 1993,12,01.	
摹思翁仿黃子久富春大嶺圖	軸	紙	水墨	38 × 23.5		紐約 佳士得藝品拍賣公司/拍賣目錄 1994,06,01.	
青山白雲圖	軸	紙	水墨	38 × 23.5		紐約 佳士得藝品拍賣公司/拍賣目錄 1994,06,01.	
仿黃公望天池石壁圖	軸	紙	設色	178.4 × 92	癸酉（康熙三十二年，1693）春三月既望	紐約 佳士得藝品拍賣公司/拍賣目錄 1994,06,01.	
春水白鷗圖（惲壽平題）	軸	紙	設色	91.5 × 37.5		紐約 佳士得藝品拍賣公司/拍賣目錄 1994,06,01.	
輞川雪霽圖	軸	紙	設色	32 × 24.8	乙卯（康熙十四年，1675）二月既望	紐約 佳士得藝品拍賣公司/拍賣目錄 1994,11,30.	
秋山行旅圖	軸	紙	設色	58.4 × 40.6		紐約 佳士得藝品拍賣公司/拍賣目錄 1994,11,30.	
秋景山水圖	軸	絹	設色	95.4 × 52.1		紐約 佳士得藝品拍賣公司/拍賣目錄 1995,03,22.	
翠壁鳴泉圖	軸	紙	設色	104.8 × 54.6	壬辰（康熙五十一年，1712）重陽前一日	紐約 佳士得藝品拍賣公司/拍賣目錄 1995,09,19.	
澄潭夕照圖	軸	絹	設色	187 × 53.5		紐約 佳士得藝品拍賣公司/拍賣目錄 1995,10,29.	
摹黃鶴山樵採芝圖	軸	紙	設色	96 × 51.8	癸巳（康熙五十二年，1713）長至日	紐約 佳士得藝品拍賣公司/拍賣目錄 1996,03,27.	
松溪飛瀑圖	軸	紙	水墨	77 × 42	甲午（康熙五十三年，1714）冬月	香港 佳士得藝品拍賣公司/拍賣目錄 1996,04,28.	
仿巨然長江萬里圖通景（12幅）	軸	絹	設色	（每幅）67.6 × 54.3	康熙丁巳（十六年，1677）嘉平	紐約 佳士得藝品拍賣公司/拍賣目錄 1996,09,18.	
松崖飛澗圖	軸	紙	水墨	85.7 × 48.2		紐約 佳士得藝品拍賣公司/拍賣目錄 1996,09,18.	

名稱	形式	質地	色彩	尺寸 高x寬cm	創作時間	收藏處所	典藏號碼
夏日園居圖	軸	絹	設色	145.5 x 46.5		紐約 佳士得藝品拍賣公司/拍賣目錄 1996,09,18.	
千山紅葉圖	軸	紙	設色	83.2 x 45.7	庚辰（康熙三十九年，1700）秋孟	紐約 佳士得藝品拍賣公司/拍賣目錄 1998,03,24.	
翠崖蒼松圖	軸	紙	設色	104 x 36.5	戊子（康熙四十七年，1708）春日	香港 佳士得藝品拍賣公司/拍賣目錄 1998,09,15.	
松壑垂綸圖	軸	紙	設色	125.4 x 63.5	甲申（康熙四十三年，1704）中秋	香港 蘇富比藝品拍賣公司/拍賣目錄 1999,10,31.	
仿黃公望層巒曉色圖	軸	紙	水墨	67 x 39		香港 蘇富比藝品拍賣公司/拍賣目錄 1999,10,31.	
仿王蒙山館午參圖	軸	紙	水墨	142 x 60.3	丙寅（康熙二十五年，1686）春正	香港 蘇富比藝品拍賣公司/拍賣目錄 1999,10,31.	
翠竹幽居圖	軸	紙	水墨	79 x 51.5	辛卯（康熙五十年，1711）九月望後三日	香港 佳士得藝品拍賣公司/拍賣目錄 2001,04,29.	
林蔭讀書圖	軸	絹	設色	115 x 49.5	甲午（康熙五十三年，1714）陽月廿二日	香港 佳士得藝品拍賣公司/拍賣目錄 2001,04,29.	
仿古山水圖（？幀）	冊	紙	設色	不詳		北京 中國文物商店總店	
仿古山水（兩冊，24幀）	冊	紙	設色、水墨	（每幀）8.5 x 11.7	戊戌（順治十五年，1658）孟夏	無錫 無錫市文物商店	
山水（寒林激澗、松風高士、仿趙孟頫山水3幀）	冊	紙	水墨、設色	（每幀）31.7 x 42		紐約 蘇富比藝品拍賣公司/拍賣目錄 1982,11,19.	
山水圖（清初名人書畫集冊之4）	冊頁	絹	設色	34 x 40	庚戌（康熙九年，1670）秋日	紐約 蘇富比藝品拍賣公司/拍賣目錄 1984,06,13.	
山水圖（10幀）	冊	絹	設色	（每幀）25.4 x 17.8	辛亥（康熙十年，1671）十一月	香港 蘇富比藝品拍賣公司/拍賣目錄 1984,11,11.	
溪流竹徑（王翬、楊晉、顧昉、王雲合作，為潛老社兄寫）	摺扇面	紙	設色	18.5 x 57.8	癸酉（康熙三十二年，1693）長夏	紐約 佳仕得藝品拍賣公司/拍賣目錄 1986,12,01.	
仿唐解元林塘佳趣圖（明末清初山水名家集冊之一）	冊頁	紙	設色	26.6 x 38.7		紐約 佳士得藝品拍賣公司/拍賣目錄 1987,12,11.	
仿宋元諸家山水（8幀）	冊	紙	水墨	（每幀）29 x 23.5		紐約 佳士得藝品拍賣公司/拍賣目錄 1983,11,30.	
山水（8幀）	冊	紙	水墨	（每幀）47.5	庚寅（康熙四十九	紐約 佳士得藝品拍賣公司/拍	

名稱	形式	質地	色彩	尺寸 高x寬cm	創作時間	收藏處所	典藏號碼
				x 32.5	年，1710）七月	賣目錄 1988,11,30.	
秋山漁浦圖	摺扇面	紙	設色	18.5 x 56	己丑（康熙四十八年，1709）秋日	紐約 佳士得藝品拍賣公司/拍賣目錄 1988,11,30.	
摹古山水（12幀）	冊	紙	設色	（每幀）24 x 17	壬子（康熙十一年，1672）閏月	紐約 佳士得藝品拍賣公司/拍賣目錄 1989,06,01.	
修竹清陰（王翬及弟子山水集冊第1幀）	冊頁	紙	水墨	不詳	丁卯（康熙二十六年，1687）立冬日	紐約 佳士得藝品拍賣公司/拍賣目錄 1989,12,04.	
虞山十景（10幀）	冊	紙	設色	（每幀）26.5 x 37.5		紐約 佳士得藝品拍賣公司/拍賣目錄 1990,05,31.	
園林山水（12幀）	冊	絹	設色	（每幀）38.5 x 30		紐約 佳士得藝品拍賣公司/拍賣目錄 1990,05,31.	
仿古山水（6幀）	冊	紙	設色	（每幀）30.5 x 21.5	戊子（康熙四十七年，1708）早春	香港 佳士得藝品拍賣公司/拍賣目錄 1991,03,18.	
山水（12幀）	冊	絹	設色	（每幀）35.5 x 26.5	壬戌（康熙二十一年，1682）中秋	紐約 佳士得藝品拍賣公司/拍賣目錄 1992,06,02.	
仿宋元名家山水（18幀）	冊	紙	水墨、設色	（每幀）29 x 23.5		紐約 佳士得藝品拍賣公司/拍賣目錄 1992,12,02.	
仿范華原夏麓晴雲圖	摺扇面	紙	設色	21.5 x 54.7	癸巳（康熙五十二年，1713）五月四日	紐約 佳士得藝品拍賣公司/拍賣目錄 1993,12,01.	
山水（12幀）	冊	絹	設色	不詳		紐約 佳士得藝品拍賣公司/拍賣目錄 1994,06,01.	
仿宋元各家山水（10幀）	冊	紙	水墨、設色	（每幀）21.5 x 31	辛亥（康熙十年，1671）秋至癸丑（康熙十二年，1673）	紐約 佳士得藝品拍賣公司/拍賣目錄 1995,03,22.	
擬古山水（8幀）	冊	紙	設色	（每幀）33.5 x 24	甲申（康熙四十三年，1704）夏日	紐約 佳士得藝品拍賣公司/拍賣目錄 1995,09,19.	
臨董北苑山水（四王、吳、惲山水冊第6之3幀）	摺扇面	金籤	設色	16.7 x 52		紐約 佳士得藝品拍賣公司/拍賣目錄 1995,10,29.	
寫唐人詩意山水	摺扇面	金箋	水墨	16.5 x 50.5	甲子（康熙二十三年，1684）春王正月	香港 佳士得藝品拍賣公司/拍賣目錄 1996,04,28.	
山水	摺扇面	紙	設色	19 x 57.5	丁未（康熙六年，1667）壯月下澣	香港 佳士得藝品拍賣公司/拍賣目錄 1996,04,28.	

名稱	形式	質地	色彩	尺寸 高x寬cm	創作時間	收藏處所	典藏號碼
松溪仙館（明清名家山水扇面冊18之1幀）	摺扇面	金箋	水墨、設色	不詳	乙卯（康熙十四年，1675）冬杪	紐約 佳士得藝品拍賣公司/拍賣目錄 1997,09,19.	
仿董臨梅道人山水	摺扇面	紙	水墨	17.4 x 51.8	戊申（康熙七年，1668）元夕	香港 佳士得藝品拍賣公司/拍賣目錄 1998,09,15.	
春樹碧峰圖	摺扇面	雲母箋	設色	17.8 x 52	甲戌（康熙三十三年，1694）秋八月	香港 佳士得藝品拍賣公司/拍賣目錄 2001,04,29.	

畫家小傳：王翬。字石谷，號耕煙外史、烏目山人、劍門樵客、清暉主人。江蘇常熟人。生於明神宗崇禎五（1632）年。卒於清聖祖康熙五十六（1717）年。幼嗜畫，嶄露天賦。後從王鑑、王時敏學，並廣覽古人名蹟，藝益進。聖祖詔繪南巡圖，賜匾「清暉」。從學者眾，後世推稱「虞山派」。又為清初「四王吳惲」之一。（見圖繪寶鑑續纂、國朝畫徵錄、熙朝名畫錄、海虞畫苑略、櫟園讀畫錄、桐陰論畫、江南通志、有懷堂集、中國畫家人名大辭典）

王　會

名稱	形式	質地	色彩	尺寸 高x寬cm	創作時間	收藏處所	典藏號碼
入山訪友圖	軸	紙	水墨	100.3 x 52.1	癸亥（康熙二十二年，1683）	上海 上海博物館	
田家春雨圖（為霽如作）	冊頁	紙	設色	不詳	丁巳（康熙十六年，1677）初冬	北京 故宮博物院	
山水圖	摺扇面	金箋	水墨	不詳	己亥（順治十六年，1659）	廣州 廣州市美術館	

畫家小傳：王會。字鼎中。江蘇長洲（一作吳）人。為明王鏊六世孫。與弟王武俱善畫。畫山水法董、米；作花卉，尤佳。署款紀年作品見於世祖順治十六（1659）至聖祖康熙二十二（1683）年。（見耕硯田齋筆記、中國畫家人名大辭典）

王　武

名稱	形式	質地	色彩	尺寸 高x寬cm	創作時間	收藏處所	典藏號碼
花卉寫意	卷	紙	水墨	20.8 x 119.8		台北 故宮博物院	故畫 01089
秋卉圖	卷	綾	設色	30.5 x 124.3	丙辰（康熙十五年，1676）嘉平月	台北 長流美術館	
唐寅落花詩書畫（文枏書詩）	卷	紙	設色	23.1 x 234.1	丁酉（康熙五十六年，1717）	旅順 遼寧省旅順博物館	
花卉圖（沈顥等八人花卉合卷8之1段）	卷	絹	水墨	不詳		北京 故宮博物院	
梅花水月圖	卷	紙	水墨	19.5 x 138		天津 天津市歷史博物館	
松石花果圖（2段，惲壽平、王武合作）	卷	紙、絹	水墨	1、27 x 65；2、27 x 135	癸亥（康熙二十二年，1683）	青島 山東省青島市博物館	
竹石叢菊圖（為遜公作）	卷	紙	水墨	29.1 x 156.7	庚子（順治十七年	上海 上海博物館	

名稱	形式	質地	色彩	尺寸 高x寬cm	創作時間	收藏處所	典藏號碼
					，1660）春杪		
墨花圖	卷	紙	水墨	30.6 x 631	丁巳（康熙十六年，1677）六月二日	上海 上海博物館	
花卉圖（四段，為宗皋作）	卷	紙	設色	22.2 x 199.2	丁未（康熙六年，1667)殘臘	無錫 江蘇省無錫市博物館	
書畫合璧（3幅合裝，各為：行書五言詩；設色牡丹；水墨靈芝）	軸	紙	水墨	22.1 x 2.4；29.7 x 37.4；31 x 30.9		台北 故宮博物院	故畫 02395
仿元人溪亭對菊圖	軸	紙	設色	167.8 x 45.2	丁未（康熙六年，1667）秋日	台北 故宮博物院	故畫 00700
花鳥	軸	絹	設色	167.2 x 58.7	乙丑（康熙二十四年，1685）仲夏	台北 故宮博物院	故畫 00701
雪蕉圖	軸	紙	水墨	170.7 x 46.7	癸亥（康熙二十二年，1683）新秋	台北 故宮博物院	故畫 02393
天竺水仙	軸	絹	設色	141.8 x 49.7	癸亥（康熙二十二年，1683）暮春	台北 故宮博物院	故畫 02394
花卉真蹟	軸	紙	水墨	97.8 x 54.8	丙辰（康熙十五年，1676）長夏	台北 故宮博物院（蘭千山館寄存）	
紅豆竹筍圖	軸	紙	水墨	61.5 x 37.4	戊午（康熙十七年，1678）清和六日	台北 張群先生	
菊花圖	軸	紙	設色	94.5 x 33.7	辛酉（康熙二十年，1681）九月十日	香港 何耀光至樂樓	
花卉（花石松鵲圖，為吳元瑜寫）	軸	絹	設色	158.8 x 51.2	乙巳（康熙四年，1665）秋月重陽前五日	香港 徐伯郊先生	
忠孝圖（花卉）	軸	絹	設色	151 x 73		瀋陽 故宮博物院	
菊花竹石圖	軸	紙	水墨	76 x 32		瀋陽 故宮博物院	
秋葵蛺蝶圖	軸	紙	水墨	124.2 x 45.	丙辰（康熙十五年，1676）	瀋陽 遼寧省博物館	
端陽即景圖	軸	絹	設色	122 x 34	丙寅（康熙二十五年，1686）	瀋陽 遼寧省博物館	
梅石水仙圖	軸	紙	設色	83.5 x 45.8	戊辰（康熙二十七年，1688）	瀋陽 遼寧省博物館	
荷花圖	軸	絹	設色	114.5 x 52.	丙辰（康熙十五年	北京 故宮博物院	

名稱	形式	質地	色彩	尺寸 高x寬cm	創作時間	收藏處所	典藏號碼
					，1676）		
花竹棲禽圖	軸	紙	設色	79.8 x 40.4	丁巳（康熙十六年，1677）	北京 故宮博物院	
喬松仙杏圖	軸	紙	設色	不詳	己未（康熙十八年，1679）	北京 故宮博物院	
水仙柏石圖	軸	紙	設色	134.5 x 63.	壬戌（康熙二十一年，1682）	北京 故宮博物院	
瑞應天中圖	軸	絹	設色	不詳	癸亥（康熙二十二年，1683）	北京 故宮博物院	
八百有零圖	軸	絹	設色	不詳	丙寅（康熙二十五年，1686）	北京 故宮博物院	
罌粟花圖	軸	絹	水墨	不詳	丁卯（康熙二十六年，1687）	北京 故宮博物院	
松竹白頭圖	軸	紙	設色	102 x 49.2	己巳（康熙二十八年，1689）臘月	北京 故宮博物院	
竹石靈芝圖	軸	綾	水墨	不詳		北京 故宮博物院	
山茶竹禽圖	軸	紙	設色	80 x 40.5		北京 故宮博物院	
荷花圖	軸	紙	水墨	不詳		北京 故宮博物院	
綠牡丹圖	軸	紙	設色	115.8 x 46		北京 故宮博物院	
寫生百合花	軸	絹	設色	不詳	康熙丙午（五年，1666）	北京 中國歷史博物館	
牡丹湖石圖	軸	絹	設色	不詳	丙寅（康熙二十五年，1686）	北京 中國美術館	
紫薇雄雞圖	軸	紙	設色	不詳	丙寅（康熙二十五年，1686）	北京 中國美術館	
雙松柱石圖	軸	紙	水墨	不詳	康熙己巳（二十八年，1689）夏日	北京 首都博物館	
仿陸治杏花白鴿圖	軸	紙	設色	83.4 x 32.2	壬寅（康熙元年，1662）	天津 天津市藝術博物館	
園居寫景圖	軸	紙	設色	139.5 x 56.3	丙辰（康熙十五年，1676）	天津 天津市藝術博物館	
荷塘柳鶯圖	軸	絹	設色	124.5 x 49.9	己未（康熙十八年，1679）	天津 天津市藝術博物館	
綠牡丹圖	軸	紙	設色	不詳	戊辰（康熙二十七	天津 天津市藝術博物館	

名稱	形式	質地	色彩	尺寸 高x寬cm	創作時間	收藏處所	典藏號碼
					年，1688）		
菊石圖	軸	紙	設色	102 x 45.3		天津 天津市藝術博物館	
忠孝圖	軸	紙	設色	不詳		天津 天津市歷史博物館	
古柏山茶圖	軸	絹	設色	不詳		濟南 山東省濟南市博物館	
虞美人圖	軸	絹	設色	不詳	辛亥（康熙十年，1671）	揚州 江蘇省揚州市博物館	
梅花圖	軸	紙	水墨	不詳	庚戌（康熙九年，1670）	南通 江蘇省南通市博物苑	
松菊圖	軸	紙	水墨	102.7 x 37.8	丁未（康熙六年，1667)六月	上海 上海博物館	
萱草圖	軸	紙	設色	不詳	癸丑（康熙十二年，1673）	上海 上海博物館	
薔薇蝴蝶圖	軸	紙	設色	105.9 x 46	甲寅（康熙十三年，1674）	上海 上海博物館	
杏花鸚鴿圖	軸	紙	設色	132.3 x 63	甲子（康熙二十三年，1684）	上海 上海博物館	
富貴長春圖（為林翁親家六十誕辰作）	軸	絹	設色	235.8 x 98.8	甲子（康熙二十三年，1684）十月	上海 上海博物館	
菊石圖	軸	紙	水墨	63.1 x 45.5	己巳（康熙二十八年，1689）冬日	上海 上海博物館	
黃花靈石圖	軸	紙	設色	115.4 x 32.7	己巳（康熙二十八年，1689）	上海 上海博物館	
鴛鴦白鷺圖	軸	紙	設色	不詳	己巳（康熙二十八年，1689）	上海 上海博物館	
水仙竹石圖	軸	紙	水墨	68.5 x 43.6		上海 上海博物館	
花卉圖	軸	紙	設色	不詳		上海 上海博物館	
花卉圖	軸	紙	設色	不詳		上海 上海博物館	
秋海棠豆莢圖	軸	紙	設色	104 x 30.6		上海 上海博物館	
桃柳鸚鴿圖	軸	紙	設色	125.9 x 33.4		上海 上海博物館	
牡丹圖	軸	絹	設色	不詳	己未（康熙十八年，1679）	南京 南京博物院	
松菊圖	軸	絹	設色	198.5 x 93.5	乙卯（康熙十四年，1675）秋九月	常熟 江蘇省常熟市文物管理委員會	
茶花竹石圖	軸	紙	設色	98.7 x 46.2	丙辰（康熙十五年，1676）	無錫 江蘇省無錫市博物館	

名稱	形式	質地	色彩	尺寸 高x寬cm	創作時間	收藏處所	典藏號碼
菊石圖	軸	紙	設色	不詳		無錫 江蘇省無錫市博物館	
水仙湖石圖	軸	紙	水墨	122 x 46.7	戊午（康熙十七年，1678）嘉平	蘇州 江蘇省蘇州博物館	
芙蓉秋菊圖	軸	紙	水墨	133 x 30	甲子（康熙二十三千，1684）	杭州 浙江美術學院	
桃竹山禽圖	軸	絹	設色	398 x 26.9	甲寅（康熙十三年，1674）歲暮	杭州 浙江省杭州市文物考古所	
瓶供圖（高簡、王武、張熙、宋裔、沈昉合作）	軸	紙	設色	不詳	己巳（康熙二十八年，1689）	杭州 浙江省杭州西泠印社	
白菜圖	軸	紙	水墨	66.5 x 50	壬寅（康熙元年，1662）	廣州 廣東省博物館	
芍藥蝴蝶圖	軸	紙	水墨	108.5 x 38.7	丁巳（康熙十六年，1677）	廣州 廣東省博物館	
竹石水仙圖	軸	紙	水墨	不詳	戊午（康熙十七年，1678）	廣州 廣東省博物館	
秋葵飛蝶圖	軸	紙	設色	不詳		廣州 廣東省博物館	
忠孝圖（蜀葵萱花松石）	軸	絹	設色	154.3 x 68.2		日本 東京國立博物館	
忠孝圖	軸	絹	設色	100 x 43.9	戊午（康熙十七年，1678）清和六日	日本 神奈川藤原楚水先生	
花鳥圖	軸	紙	設色	63.5 x 42	丙辰（康熙十五年，1676）	美國 哥倫比亞大學藝術館	
摹易元吉玉堂富貴圖	軸	絹	設色	160.2 x 88.8		美國 西雅圖市藝術館	39.257
仿王淵花鳥圖	軸	絹	設色	86 x 40.8		美國 夏威夷火魯奴奴藝術學院	4915.1
黃花鳥語圖	軸	紙	水墨	110.7 x 54		加拿大 多倫多皇家安大略博物館	989.14.2
花鳥圖（春卉錦雉）	軸	絹	設色	167.2 x 100.7	康熙壬寅（六十一年，1722）春月	英國 倫敦大英博物館	1936.10.9.045（ADD124）
藻魚圖	軸	絹	設色	97.3 x 49.8		德國 柏林東亞藝術博物館	1988-442
水墨秋葵（明花卉畫冊之12）	冊頁	紙	水墨	16.4 x 50.4	丁卯（康熙二十六年，1687）中秋	台北 故宮博物院	故畫 03513-12
竹下紅梅（王武畫花卉冊之1）	冊頁	紙	設色	27.9 x 36.3		台北 故宮博物院	故畫 01177-1
清江花柳圖（王武畫花卉冊之	冊頁	紙	設色	27.9 x 36.3		台北 故宮博物院	故畫 01177-2

名稱	形式	質地	色彩	尺寸 高x寬cm	創作時間	收藏處所	典藏號碼
2)							
石邊罌粟（王武畫花卉冊之3）	冊頁	紙	水墨	27.9 x 36.3		台北 故宮博物院	故畫 01177-3
牡丹（王武畫花卉冊之4）	冊頁	紙	水墨	27.9 x 36.3		台北 故宮博物院	故畫 01177-4
拳石蜀葵（王武畫花卉冊之5）	冊頁	紙	設色	27.9 x 36.3		台北 故宮博物院	故畫 01177-5
荷花（王武畫花卉冊之6）	冊頁	紙	水墨	27.9 x 36.3		台北 故宮博物院	故畫 01177-6
秋葵老少年（王武畫花卉冊之7）	冊頁	紙	設色	27.9 x 36.3	丁卯（康熙二十六年，1687）中秋	台北 故宮博物院	故畫 01177-7
竹下木芙蓉（王武畫花卉冊之8）	冊頁	紙	水墨	27.9 x 36.3		台北 故宮博物院	故畫 01177-8
秋柳棲蟬（王武畫花卉冊之9）	冊頁	紙	設色	27.9 x 36.3		台北 故宮博物院	故畫 01177-9
松下山茶（王武畫花卉冊之10）	冊頁	紙	水墨	27.9 x 36.3	丁卯（康熙二十六年，1687）除夕	台北 故宮博物院	故畫 01177-10
文禽山茶（王武摹古花卉十二幀冊之1）	冊	絹	設色	31.8 x 27.2		台北 故宮博物院	故畫 03185-1
豆花紫丁（王武摹古花卉十二幀冊之2）	冊	絹	設色	31.7 x 27.4		台北 故宮博物院	故畫 03185-2
梅竹（王武摹古花卉十二幀冊之3）	冊	絹	設色	31.8 x 27.3		台北 故宮博物院	故畫 03185-3
酴醾文禽（王武摹古花卉十二幀冊之4）	冊	絹	設色	31.7 x 27.4		台北 故宮博物院	故畫 03185-4
牡丹（王武摹古花卉十二幀冊之5）	冊	絹	設色	31.8 x 27.3		台北 故宮博物院	故畫 03185-5
金絲蛺蝶（王武摹古花卉十二幀冊之6）	冊	絹	設色	31.7 x 27.4		台北 故宮博物院	故畫 03185-6
牽牛竹蝶（王武摹古花卉十二幀冊之7）	冊	絹	設色	31.8 x 27.3		台北 故宮博物院	故畫 03185-7
荷花（王武摹古花卉十二幀冊之8）	冊	絹	設色	31.8 x 27.4		台北 故宮博物院	故畫 03185-8
絲瓜絡緯（王武摹古花卉十二幀冊之9）	冊	絹	設色	31.8 x 27.4		台北 故宮博物院	故畫 03185-9
蜻蜓海棠（王武摹古花卉十二幀冊之10）	冊	絹	設色	31.8 x 27.4		台北 故宮博物院	故畫 03185-10
芙蓉翡翠（王武摹古花卉十二幀冊之11）	冊	絹	設色	31.8 x 27.4		台北 故宮博物院	故畫 03185-11

名稱	形式	質地	色彩	尺寸 高×寬㎝	創作時間	收藏處所	典藏號碼
水仙文石（王武摹古花卉十二幀冊之12）	冊	絹	設色	31.8 × 27.4		台北 故宮博物院	故畫 03185-12
仿白陽筆意畫牡丹（王武花卉冊之1）	冊頁	紙	水墨	28.9 × 22		台北 故宮博物院	故畫 03186-1
紫薇秋蟬（王武花卉冊之2）	冊頁	紙	設色	28.8 × 22		台北 故宮博物院	故畫 03186-2
僧鞋菊月季（王武花卉冊之3）	冊頁	紙	設色	28.9 × 22		台北 故宮博物院	故畫 03186-3
虞美人（王武花卉冊之4）	冊頁	紙	設色	28.9 × 22		台北 故宮博物院	故畫 03186-4
荷葉蓼花（王武花卉冊之5）	冊頁	紙	設色	28.8 × 22		台北 故宮博物院	故畫 03186-5
扁豆花（王武花卉冊之6）	冊頁	紙	設色	28.7 × 22		台北 故宮博物院	故畫 03186-6
雞冠花（王武花卉冊之7）	冊頁	紙	設色	28.6 × 22		台北 故宮博物院	故畫 03186-7
仿王子元筆枸杞（王武花卉冊之8）	冊頁	紙	設色	28.7 × 22		台北 故宮博物院	故畫 03186-8
芙蓉花（王武花卉冊之9）	冊頁	紙	設色	28.7 × 22		台北 故宮博物院	故畫 03186-9
菊石（王武花卉冊之10）	冊頁	紙	水墨	28.7 × 22		台北 故宮博物院	故畫 03186-10
三友圖（李炳、高簡、王武合作，名人畫扇（甲）冊12）	摺扇面	紙	水墨	不詳		台北 故宮博物院	故畫 03547-12
青蓮圖（名人畫扇（下）冊之7）	摺扇面	紙	設色	不詳		台北 故宮博物院	故畫 03555-7
牡丹圖（各人畫扇貳冊（上）之5）	摺扇面	紙	設色	不詳		台北 故宮博物院	故畫 03556-5
忠孝圖（各人畫扇貳冊（上）之6）	摺扇面	紙	設色	不詳		台北 故宮博物院	故畫 03556-6
罌粟圖（各人畫扇貳冊（上）之7）	摺扇面	紙	設色	不詳		台北 故宮博物院	故畫 03556-7
墨畫罌粟圖（各人畫扇貳冊（上）之8）	摺扇面	紙	水墨	不詳		台北 故宮博物院	故畫 03556-8
擬宋人水仙梅花圖	摺扇面	金箋	設色	16.3 × 51.4		香港 莫華釗承訓堂	K92.68
花卉圖	摺扇面	紙	水墨	不詳	丙寅（康熙二十五年，1686）	瀋陽 遼寧省博物館	
蘭石圖	摺扇面	紙	水墨	不詳	癸丑（康熙十二年，1673）	旅順 遼寧省旅順博物館	
花卉圖（10幀，為紫谷作）	冊	紙	設色	不詳	己未（順治十八年，1661）午月	北京 故宮博物院	

名稱	形式	質地	色彩	尺寸 高x寬cm	創作時間	收藏處所	典藏號碼
雜畫（8幀）	冊	紙	水墨	不詳	己酉（康熙八年，1669）	北京 故宮博物院	
春柳桃花圖	摺扇面	紙	設色	20 × 56.5	辛酉（康熙二十年，1681）	北京 故宮博物院	
梧桐紫薇圖	摺扇面	紙	設色	17.3 × 53	甲子（康熙二十三年，1684）	北京 故宮博物院	
花鳥圖（12幀）	冊	紙	設色	（每幀）27.2 × 21.3	甲子（康熙二十三年，1684）	北京 故宮博物院	
飛燕圖	摺扇面	紙	設色	17.3 × 51.5		北京 故宮博物院	
寫生花卉	冊頁	紙	水墨	不詳		北京 中國歷史博物館	
江南春色圖	摺扇面	紙	設色	不詳		北京 中國歷史博物館	
花鳥圖（10幀）	冊	紙	設色	不詳	庚申（康熙十九年，1680）	天津 天津市藝術博物館	
菊石圖（八家壽意圖冊8之1幀）	冊頁	紙	設色	不詳	庚申（康熙十九年，1680）秋七月	北京 故宮博物院	
山水圖（十家書畫扇面冊10之1幀）	摺扇面	金箋	設色	16.2 × 48.6		北京 首都博物館	
虞美人花圖	摺扇面	金箋	水墨	18.6 × 52.5	庚午（康熙二十九年，1690）	天津 天津市藝術博物館	
花鳥圖（5幀）	冊	紙	設色	不 詳		天津 天津市歷史博物館	
花卉圖（8幀，為嶠庵作）	冊	紙	設色	26 × 36.4	丁未（康熙六年，1667）五月廿四日	上海 上海博物館	
桃花圖（壽宋母王太君作，王武等花卉冊8之第1幀）	冊頁	紙	設色	24.3 × 17.2	（戊申秋，康熙七年，1668）	上海 上海博物館	
花卉圖（12幀）	冊	紙	設色	不詳	甲寅（康熙十四年，1675）四月望日	上海 上海博物館	
花卉圖（？幀，為端公大師作）	冊	絹	設色	不詳	壬戌（康熙二十一年，1682）秋杪	上海 上海博物館	
寫生花卉（10幀）	冊	紙	設色	（每幀）22.1 × 31.6	癸亥（康熙二十二年，1683）	上海 上海博物館	
時果四種圖（為英官作）	摺扇面	紙	設色	不詳	甲子（康熙二十三年，1684）六月	上海 上海博物館	
花鳥（12幀）	冊	紙	設色	（每幀）30.3 × 46.8	乙丑（康熙二十四年，1685）	上海 上海博物館	

名稱	形式	質地	色彩	尺寸 高x寬cm	創作時間	收藏處所	典藏號碼
老梅生花圖（二十家梅花圖冊 20 之第 4 幀）	冊頁	紙	設色	23 × 19.3		上海 上海博物館	
花鳥（10 幀）	冊	紙	設色	（每幀）26.1 × 35.3		上海 上海博物館	
花卉（清名家花卉冊 8 之 1 幀）	冊	紙	設色	24.3 × 17.2		上海 上海博物館	
花鳥（12 幀）	冊	紙	設色	（每幀）27 × 42.3		上海 上海博物館	
雜畫（8 幀）	冊	紙	設色	（每幀）29.1 × 38.6		上海 上海博物館	
芙蓉翠鳥圖	摺扇面	灑金箋	水墨	不詳		上海 上海博物館	
荷花圖	摺扇面	灑金箋	水墨	不詳		上海 上海博物館	
畫（項穆之、醒甫等雜畫冊 22 之 1 幀）	冊頁	紙	設色	約 38.5 × 23.6		上海 上海博物館	
花卉圖（5 幀，為湘翁作）	冊	紙	設色	（每幀）23.1 × 34.4	壬寅（康熙元年，1662)暮春	南京 南京博物院	
花卉草蟲圖	摺扇面	紙	設色	不詳	乙卯（康熙十四年，1675）	杭州 浙江省博物館	
杏花春燕圖	摺扇面	紙	設色	不詳		杭州 浙江省博物館	
秋葵圖	摺扇面	金箋	水墨	不詳	戊辰（康熙二十七年，1688	寧波 浙江省寧波市天一閣文物保管所	
花鳥、山水圖（10 幀）	冊	紙	設色	（每幀）29.9 × 39.2	辛亥（康熙十年，1671）	武漢 湖北省博物館	
芙蓉翠鳥圖	摺扇面	金箋	水墨	不詳	乙丑（康熙二十四年，1685）	武漢 湖北省博物館	
花鳥圖	摺扇面	紙	設色	19.2 × 59	辛酉（康熙二十年，1681）	成都 四川省博物院	
荷花圖	摺扇面	紙	設色	不詳	乙丑（康熙二十四年，1685）	成都 四川省博物院	
蘭石圖	摺扇面	紙	設色	不詳		成都 四川省博物院	
蓉桂圖	摺扇面	紙	水墨	不詳	甲子（康熙二十三年，1684）	重慶 重慶市博物館	
花卉圖（10 幀）	冊	絹	設色	（每幀）27 × 24.5		廣州 廣州市美術館	

名稱	形式	質地	色彩	尺寸 高×寬cm	創作時間	收藏處所	典藏號碼
花卉圖（10幀）	冊	紙	設色	（每幀）26.5 × 36.9	丙辰（康熙十五年，1676）嘉平	日本 大阪市立美術館	
草蟲圖	摺扇面	紙	設色	不詳	壬子（康熙十一年，1672）	日本 江田勇二先生	
花卉圖	摺扇面	紙	設色	17.5 × 51.3		美國 紐約大都會藝術博物館	1989.363.140
牡丹圖	冊頁	紙	設色	27.5 × 37	甲寅（康熙十三年，1674）七月上浣	美國 底特律Faxon先生	
水仙天竺圖	冊頁	紙	設色	27.5 × 37	甲寅（康熙十三年，1674）七月上浣	美國 底特律Faxon先生	
芙蓉螃蟹圖	摺扇面	金箋	設色	17.6 × 53.2	癸丑（康熙十二年，1673）暮秋雨窗	美國 舊金山亞洲藝術館	B79 D28
花卉圖（山水畫冊之3）	冊頁	紙	設色	22.3 × 16.1		美國 加州曹仲英先生	
附：							
四時花卉圖	卷	絹	設色	33 × 691.5	康熙戊辰（二十七年，1688）小春告成	紐約 佳士得藝品拍賣公司/拍賣目錄1993,06,04.	
松菊圖	卷	紙	設色	23.8 × 275.5		紐約 佳士得藝品拍賣公司/拍賣目錄1994,06,01.	
品花圖（文垿、歸瑒、王年、高簡、王武、吳宮、沈洪、宋裔、葉雨、陳坤、朱白、沈昉合作）	卷	紙	設色	21 × 319		紐約 佳士得藝品拍賣公司/拍賣目錄1995,09,19.	
桃柳鸚鴝圖	軸	絹	設色	不詳		上海 朵雲軒	
桃柳鴛鴦圖	軸	絹	設色	不詳	壬戌（康熙二十一年，1682）	上海 上海文物商店	
罌粟花圖	軸	絹	設色	不詳	戊辰（康熙二十七年，1688）	上海 上海文物商店	
罌粟花蝶圖	軸	絹	水墨	不詳	丁卯（康熙二十六年，1687）	上海 上海工藝品進出口公司	
梅花綬帶圖	軸	絹	設色	122 × 40	丁巳（康熙十六年，1677）六月	紐約 蘇富比藝品拍賣公司/拍賣目錄1980,12,18.	
松溪群鶴圖	軸	絹	設色	106.7 × 40	癸酉（康熙三十二年，1693）暮春之初	紐約 蘇富比藝品拍賣公司/拍賣目錄1981,11,07.	
落花游魚圖	軸	紙	設色	123.2 × 33.	戊寅（康熙三十七	紐約 蘇富比藝品拍賣公司/拍	

名稱	形式	質地	色彩	尺寸 高x寬cm	創作時間	收藏處所	典藏號碼
					年，1698）仲夏		賣目錄 1983,12,07
花鳥圖	軸	絹	謑	144.8 x 44.5	甲寅（康熙十三年，1674）九月	紐約 蘇富比藝品拍賣公司/拍賣目錄 1984,06,13.	
水仙奇石圖	軸	紙	水墨	89.5 x 21.3	己未（康熙十八年 1679）夏日	紐約 蘇富比藝品拍賣公司/拍賣目錄 1986,06,03.	
山水圖	軸	紙	水墨	168.9 x 46.4		紐約 蘇富比藝品拍賣公司/拍賣目錄 1987,12,08.	
桃花八哥圖	軸	紙	設色	157 x 38.5		紐約 佳士得藝品拍賣公司/拍賣目錄 1988,06,02.	
水仙山茶八哥圖	軸	絹	設色	117 x 56	康熙壬申（三十一年，1692）嘉平月	紐約 佳士得藝品拍賣公司/拍賣目錄 1990,11,28.	
桃花小鳥	軸	絹	設色	129.5 x 54.5	己巳（康熙二十八年，1689）暮春之初	紐約 佳士得藝品拍賣公司/拍賣目錄 1991,05,29.	
牡丹圖	軸	絹	設色	128.3 x 50.2		紐約 佳士得藝品拍賣公司/拍賣目錄 1995,09,19.	
端陽花卉圖（黃鼎、楊晉、惲壽平、禹之鼎、童原、馬元馭、陳枚、王武合作）	軸	紙	設色	127 x 57		香港 佳士得藝品拍賣公司/拍賣目錄 1996,04,28.	
春風瑤草圖	軸	紙	設色	30.5 x 31.4		紐約 佳士得藝品拍賣公司/拍賣目錄 1997,09,19.	
花石圖（清初名人書畫集冊之5）	冊頁	絹	設色	34 x 40	庚戌（康熙九年，1670）秋日	紐約 蘇富比藝品拍賣公司/拍賣目錄 1984,06,13.	
牡丹圖	摺扇面	金箋	水墨	18.3 x 56.8	甲寅（康熙十三年，1674）穀雨	紐約 蘇富比藝品拍賣公司/拍賣目錄 1986,06,03.	
山水圖（河丘岳等山水冊10之1幀）	冊頁	紙	設色	22.2 x 15.9	（己丑，順治六年，1649）	紐約 蘇富比藝品拍賣公司/拍賣目錄 1988,11,30.	
山茶小鳥圖	摺扇面	金箋	水墨	16.5 x 51	乙卯（康熙十四年，1675）春	紐約 佳士得藝品拍賣公司/拍賣目錄 1993,06,04.	
花卉圖（10幀）	冊	紙	設色	（每幀）28 x 36.8	甲寅（康熙十三年，1674）暮春	香港 佳士得藝品拍賣公司/拍賣目錄 1994,10,30.	
芙蓉圖	摺扇面	金箋	設色	17.5 x 51.4	戊申（康熙七年，1668）秋日	紐約 佳士得藝品拍賣公司/拍賣目錄 1995,03,22.	

畫家小傳：王武。字勤中。號忘庵、雪巔道人。江蘇吳人。為明王鏊六世孫，王會之弟。生於明思宗崇禎五（1632）年。卒於聖祖康熙廿九（1690）年。家富收藏，精賞鑑。善畫花鳥、動植，長於寫生，任筆渲染，皆有生趣。（見圖繪寶鑑續纂、國朝畫徵錄、湯光啟撰忘庵傳、桐陰論畫、太原家譜、曝書亭集、長洲縣志、中國畫家人名大辭典）

名稱	形式	質地	色彩	尺寸 高×寬㎝	創作時間	收藏處所	典藏號碼

曹 岳

名稱	形式	質地	色彩	尺寸 高×寬㎝	創作時間	收藏處所	典藏號碼
蘭石圖（為謨孫作）	卷	紙	水墨	不詳	辛亥（康熙十年，1671）夏初	北京 故宮博物院	
仿李晞古山水圖	軸	絹	設色	不詳	丁酉（順治十四年，1657）春二月	揚州 江蘇省揚州市博物館	
長夏江村圖	軸	絹	設色	不詳		上海 上海博物館	
松澗聽泉圖	軸	絹	設色	189 × 59.6		上海 上海博物館	
山水圖（為植翁老先生作）	軸	綾	設色	206.6 × 53.1	癸卯（康熙二年，1663）長至	日本 橫濱岡山美術館	
寫董北苑畫意山水圖（為公老作）	軸	絹	設色	不詳	甲辰（康熙三年，1664）秋杪	日本 組田昌平先生	
仿倪高士山水圖（清曹岳等山水冊 10 之 2 幀，為恥菴作）	冊頁	紙	設色	（每幀）23.8 × 15.5	癸卯（康熙二年，1663）秋	瀋陽 遼寧省博物館	
山水圖（清曹岳等山水冊 8 之 1 幀）	摺扇面	金箋	設色	不詳	丁未（康熙六年，年 667）閏夏	天津 天津市楊柳青畫社	
仿董北苑意山水圖（清曹岳等山水冊 8 之 1 幀）	摺扇面	金箋	設色	不詳	丁未（康熙六年，年 667）夏	天津 天津市楊柳青畫社	
山水圖（清宗塤等山水冊 10 之 2 幀）	冊頁	紙	設色	不詳	（乙卯，康熙十四年，1675）	天津 天津市藝術博物館	
擬黃子久山水圖（曹岳、戴子來等十人山水合冊 10 之 1 幀）	冊頁	紙	設色	（每幀）22.8 × 18.9		上海 上海博物館	
山水圖（清梅清等山水冊 12 之之 1 幀）	冊頁	紙	設色	26.9 × 18.1	（丙辰，康熙十五年，1676）	杭州 浙江省博物館	
附：							
仿董巨山水圖	軸	綾	水墨	159 × 46	辛丑（順治十八年，1661）仲春	四川 四川省文物商店	
深山讀書圖	軸	絹	設色	161 × 61.5	丙午（康熙五年，1666）夏日	紐約 佳士得藝品拍賣公司/拍賣目錄 1990,05,31.	
仿巨然筆意山水圖	軸	綾	水墨	147.4 × 51	戊申（康熙七年，1668）初秋	紐約 佳士得藝品拍賣公司/拍賣目錄 1994,06,01.	

畫家小傳：曹岳。字次岳。號秋崖。泰興人。善畫山水，師法明董其昌，筆墨疏秀淹潤，丘壑鬆靈，極受朱彝尊、王士禎稱許。流傳署款紀年作品見於世祖順治十四(1657)年，至聖祖康熙十(1671)年。（見圖繪寶鑑續纂、國朝畫徵錄、桐陰論畫、曝書亭集、中國畫家人名大辭典）

顧 星

名稱	形式	質地	色彩	尺寸 高×寬cm	創作時間	收藏處所	典藏號碼
仿王蒙山水圖	軸	絹	設色	180 × 86	丁酉（順治十四年，1657）冬日	成都 四川大學	

畫家小傳：顧星。字子粲。浙江仁和人。工詩畫。善畫山水，宗法華亭派。流傳署款紀年作品見於世祖順治十四(1657)年。（見圖繪寶鑑續纂、武夷山志、中國畫家人名大辭典）

王 簡

名稱	形式	質地	色彩	尺寸 高×寬cm	創作時間	收藏處所	典藏號碼
竹君像	冊頁	絹	設色	不詳	丁酉（順治十四年，1657）	北京 故宮博物院	

畫家小傳：王簡。字惟文。江蘇吳人。精於吳道子寫生術。康熙初，供奉內廷。流傳署款紀年作品見於世祖順治十四(1657)年。（見江南通志、中國畫家人名大辭典）

李 丹

名稱	形式	質地	色彩	尺寸 高×寬cm	創作時間	收藏處所	典藏號碼
芙蓉桂禽圖（清王無忝等書畫合璧卷之1段）	卷	紙	水墨	不詳	丁酉（順治十四年，1657）秋日	石家莊 河北省石家莊文物管理所	

畫家小傳：李丹。畫史無載。流傳署款紀年作品見於世祖順治十四(1657)年。身世待考。

北海道人

名稱	形式	質地	色彩	尺寸 高×寬cm	創作時間	收藏處所	典藏號碼
花卉圖（清王無忝等書畫合璧卷之1段）	卷	紙	水墨	不詳	丁酉（順治十四年，1657）	石家莊 河北省石家莊文物管理所	

畫家小傳：北海道人。姓名不詳。流傳署款紀年作品見於世祖順治十四(1657)年。身世待考。

陳振寀

名稱	形式	質地	色彩	尺寸 高×寬cm	創作時間	收藏處所	典藏號碼
山水圖（清王無忝等書畫合璧卷之1段）	卷	紙	水墨	不詳	丁酉（順治十四年，1657）	石家莊 河北省石家莊文物管理所	

畫家小傳：陳振寀。畫史無載。流傳署款紀年作品見於世祖順治十四(1657)年。身世待考。

惲壽平

名稱	形式	質地	色彩	尺寸 高×寬cm	創作時間	收藏處所	典藏號碼
群仙祝壽	卷	絹	設色	28.1 × 302.8		台北 故宮博物院	故畫 01667
鶴鳴空山圖	卷	紙	水墨	29.8 × 139		台北 故宮博物院(蘭千山館寄存)	
群英圖	卷	紙	設色	30.6 × ?		台北 陳啟斌畏罍堂	
芙蕖翠柳圖	卷	紙	設色	17.5 × 133		台北 王靄雲先生	
靈巖圖	卷	紙	水墨	20.8 × 107.5	（康熙三年，甲辰	北京 故宮博物院	

名稱	形式	質地	色彩	尺寸 高x寬cm	創作時間	收藏處所	典藏號碼
					，1664）		
一竹齋圖	卷	紙	水墨	28.9 x 70.9	上元甲子（康熙二十三年，1684）春正月	北京 故宮博物院	
蘭花圖	卷	絹	設色	不詳		北京 故宮博物院	
十二研齋圖（3段，禹之鼎、惲壽平合作）	卷	紙	設色	26.5 x 96.2；26.5 x 80；26.5 x 88		北京 故宮博物院	
湖山春暖圖	卷	絹	設色	57.6 x 618.2		天津 天津市藝術博物館	
松石花果圖（2段，惲壽平、王武合作）	卷	紙、絹	水墨	27 x 65 ；27 x 135	癸亥（康熙二十二年，1683）	青島 山東省青島市博物館	
為王翬父子作山水（2段）	卷	紙	水墨	（每段）13.9 x 130.5不等	康熙庚戌（九年，1670）夏六月朔	上海 上海博物館	
花果（2段）	卷	絹	設色	（每段）27.2 x 42	乙丑（康熙二十四年，1685）	上海 上海博物館	
山水（3段，與王翬合作）	卷	紙	水墨	（每段）22.2 x 128.5不等	乙丑（康熙二十四年，1685）臘月	上海 上海博物館	
探梅圖（為健夫作）	卷	絹	設色	33.7 x 86.5	己巳（康熙二十八年，1689）仲春	上海 上海博物館	
仿黃公望富春山一曲圖	卷	紙	水墨	26 x 129		上海 上海博物館	
書畫（4段）	卷	紙	設色	（每段）23.9 x 34.4		上海 上海博物館	
山居圖	卷	紙	水墨	19.8 x 127	庚子（順治十七年，1660）夏仲	日本 東京高島菊次郎槐安居	
擬徐崇嗣四時花卉圖	卷	絹	設色	29.6 x 331.1		日本 東京細川護貞先生	
花塢夕陽圖	卷	紙	設色	24.2 x 106.1	辛亥（康熙十年，1671）秋月	日本 京都國立博物館（上野有竹齋寄贈）	A甲208
天池石壁圖	卷	紙	設色	不詳	甲子（康熙二十三年，1684）花朝前一日重題	日本 京都小川廣己先生	

名稱	形式	質地	色彩	尺寸 高×寬cm	創作時間	收藏處所	典藏號碼
古槎綠竹圖（仿柯敬仲畫）	卷	紙	水墨	19.2 × ？	乙丑（康熙二十四年，1685）長夏	日本 山口良夫先生	
仿元人山水圖	卷	紙	水墨	19.8 × ？		美國 勃克萊加州大學藝術館（高居翰教授寄存）	
山水圖	卷	紙	水墨	50.4 × ？		瑞典 斯德哥爾摩遠東古物館	NMOK300
畫山水（擬董、巨法）	軸	紙	水墨	86.1 × 49.4	戊午（康熙十七年，1678）長夏	台北 故宮博物院	故畫00727
禹穴古柏	軸	紙	水墨	109.7 × 51.8	戊申（康熙七年，1668）春	台北 故宮博物院	故畫00728
喬柯修竹（擬柯敬仲法）	軸	紙	設色	101.6 × 47.8		台北 故宮博物院	故畫00729
竹石枯槎圖	軸	紙	設色	95.1 × 46.8		台北 故宮博物院	故畫00730
五清圖	軸	絹	水墨	86.1 × 38.4	辛酉（康熙二十年，1681）初秋	台北 故宮博物院	故畫00731
合景歲朝圖（王翬作水仙松枝、惲壽平寫天竺、楊晉補山茶）	軸	紙	設色	80.7 × 50.4	庚申（康熙十九年，1680）冬日	台北 故宮博物院	故畫00813
萬橫香雪圖	軸	絹	設色	129 × 44.9		台北 故宮博物院	故畫02412
畫萬橫香雪	軸	絹	設色	102.7 × 53.8		台北 故宮博物院	故畫02413
林居高士圖（用陸天游法）	軸	紙	水墨	101.9 × 53.9	壬戌（康熙二十一年，1682）長至	台北 故宮博物院	故畫02414
梅花書屋圖（撫趙吳興法）	軸	絹	設色	81 × 37		台北 故宮博物院	故畫02415
枯木竹石	軸	紙	水墨	81.2 × 36.7		台北 故宮博物院	故畫02416
仿倪瓚古木叢篁圖	軸	紙	水墨	81 × 32.7		台北 故宮博物院	故畫02417
竹柏長春	軸	紙	設色	199.9 × 58		台北 故宮博物院	故畫02418
東籬秋色	軸	絹	設色	107.6 × 54.5		台北 故宮博物院	故畫02419
臨五清圖	軸	紙	水墨	133.2 × 60.2		台北 故宮博物院	故畫02420
燕喜魚樂	軸	絹	設色	120.5 × 61.2		台北 故宮博物院	故畫02421
魚藻圖	軸	絹	設色	133.7 × 65.5		台北 故宮博物院	故畫02422
百合	軸	紙	水墨	53.8 × 34.8		台北 故宮博物院	故畫02423

名稱	形式	質地	色彩	尺寸 高×寬cm	創作時間	收藏處所	典藏號碼
菊花	軸	絹	設色	67.3 × 34.5	己酉（康熙八年，1669）二月	台北 故宮博物院	故畫 02424
菊花	軸	絹	設色	90.4 × 47.5		台北 故宮博物院	故畫 02425
花卉	軸	絹	設色	116.5 × 54.2		台北 故宮博物院	中畫 00051
落花游魚圖	軸	絹	設色	134 × 51.1		台北 故宮博物院	國贈 026755
臨玉山草堂圖	軸	紙	設色	99.7 × 40.7		台北 故宮博物院	國贈 026754
五清圖	軸	絹	水墨	88 × 36.3	辛酉（康熙二十年，1681）初秋	台北 故宮博物院（王世杰先生寄存）	
摹趙文敏鵲華秋色	軸	紙	設色	126.5 × 57.5	甲辰（康熙三年，1664）夏月	台北 故宮博物院（蘭千山館寄存）	
紫綬金魚圖	軸	紙	設色	125.1 × 53		台北 故宮博物院（蘭千山館寄存）	
山水圖（擬王翬藕華溪館圖）	軸	紙	水墨	56.6 × 27		台北 故宮博物院（蘭千山館寄存）	
花果圖（擬北宋徐崇嗣法）	軸	絹	設色	104.5 × 49		台北 長流美術館	
花卉圖（擬北宋徐崇嗣法）	軸	絹	設色	104.5 × 49		台北 長流美術館	
花鳥圖	軸	紙	設色	110.9 × 52.5	乙丑（康熙二十四年，1685）暮春	台北 蘭千山館	
仿方從義柳谿漁隱圖	軸	紙	水墨	55.1 × 37.8	壬戌（康熙二十一年，1682）之秋	台北 蘭千山館	
萱芝竹石圖（臨宋人寫生法）	軸	絹	設色	114 × 42.3	庚戌（康熙九年，1670）夏五月	台北 蘭千山館	
瑤圃九芝圖（臨宋人本）	軸	紙	設色	130 × 55.6	丁卯（康熙二十六年，1687）長至	台北 張添根養和堂	
蒼松大嶺圖	軸	紙	設色	165.9 × 95.7	壬子（康熙十一年，1672）春三月	台北 華叔和後真賞齋	
臨王蒙嵩林疊嶂圖	軸	紙	設色	177.8 × 84.5		台北 陳啟斌畏罍堂	
臨王紱枯木竹石圖	軸	紙	設色	137.4 × 58		台北 陳啟斌畏罍堂	
擬曹知白山水圖	軸	絹	設色	130.8 × 47.6		台中 葉啟忠先生	
撫徐崇嗣五色牡丹圖	軸	絹	設色	164.7 × 91.6		香港 中文大學中國文化研究所文物館	95.416
富春圖	軸	絹	設色	104.8 × 48.1		香港 中文大學中國文化研究所文物館	95.417
碧山橫雲圖	軸	紙	水墨	46.5 × 34		香港 香港美術館・虛白齋	XB1992.136

名稱	形式	質地	色彩	尺寸 高x寬cm	創作時間	收藏處所	典藏號碼
仿倪瓚南山雲起圖	軸	紙	水墨	102.5 x 57	庚戌（康熙九年，1670）	香港 劉作籌虛白齋	
菊花圖	軸	絹	設色	169.5 x 43.2		香港 黃仲方先生	
谿南雙樹圖	軸	紙	水墨	76.3 x 37.9		香港 黃仲方先生	
國香春霽圖（天香富貴圖）	軸	絹	設色	135.3 x 69.3	戊辰（康熙二十七年，1688）春暮	香港 王南屏先生	
花鳥圖	軸	絹	設色	137.8 x 48		香港 鄭德坤木扉	
春江煙柳圖（與王翬、惲壽平合作）	軸	紙	水墨	108.5 x 38	己酉（康熙八年，1669）春杪	香港 護輝堂	
仿倪瓚雙樹圖	軸	紙	水墨	76 x 37.8		香港 許晉義崇宜齋	
松梅圖	軸	紙	水墨	126.5 x 54	庚戌（康熙九年，1670）	長春 吉林省博物館	
魚藻圖	軸	紙	設色	78 x 43	甲寅（康熙十三年，1674）	長春 吉林省博物館	
藕花鵝戲圖	軸	紙	設色	126.5 x 59.2		長春 吉林省博物館	
茂林崇山圖	軸	紙	設色	129 x 59	辛亥（康熙十年，1671）	瀋陽 故宮博物院	
滿堂春色圖	軸	絹	設色	187 x 77	戊辰（康熙二十七年，1688）	瀋陽 故宮博物院	
花石群曲目	軸	絹	設色	不詳		瀋陽 故宮博物院	
孤月群鳩圖	軸	紙	設色	135 x 53		瀋陽 故宮博物院	
溪館連松圖	軸	紙	設色	327 x 106		瀋陽 故宮博物院	
萬壑松風圖	軸	絹	水墨	114 x 49		瀋陽 故宮博物院	
晴川攬勝圖	軸	綾	設色	112 x 39		瀋陽 遼寧省博物館	
魚藻圖	軸	紙	設色	109.2 x 45		瀋陽 遼寧省博物館	
湖山小景圖	軸	紙	水墨	100.8 x 30.5	甲辰（康熙三年，1664）初春	北京 故宮博物院	
富春山圖	軸	絹	設色	168.4 x 69.5	戊申（康熙七年，1668）	北京 故宮博物院	
層巒幽溪圖	軸	紙	設色	70 x 32.2	己酉（康熙八年，1669）春日	北京 故宮博物院	
夏山圖	軸	絹	設色	182 x 49.4	庚戌（康熙九年，	北京 故宮博物院	

名稱	形式	質地	色彩	尺寸 高x寬cm	創作時間	收藏處所	典藏號碼
					1670)		
高巖喬木圖	軸	紙	設色	217.3 x 97.2	甲寅（康熙十三年，1674）	北京 故宮博物院	
雙清圖	軸	絹	設色	88.2 x 54.4	丙寅（康熙二十五年，1686）春	北京 故宮博物院	
古木垂蘿圖	軸	紙	設色	105 x 42.9		北京 故宮博物院	
豆架草蟲圖	軸	紙	設色	52.7 x 39.8		北京 故宮博物院	
松竹圖	軸	紙	設色	136 x 61.5		北京 故宮博物院	
雨後桃花圖	軸	紙	設色	133 x 55.5		北京 故宮博物院	
茂林石壁圖	軸	紙	水墨	117.2 x 57.2		北京 故宮博物院	
蓼汀魚藻圖	軸	紙	設色	135 x 62.5		北京 故宮博物院	
仿馬琬山水圖	軸	紙	水墨	不詳		北京 故宮博物院	
溪林逸艇圖	軸	絹	設色	不詳		北京 故宮博物院	
富春大嶺圖	軸	紙	水墨	126.2 x 50.3		北京 故宮博物院	
新柳圖	軸	紙	設色	111.7 x 60.5		北京 故宮博物院	
叢篁潤泉圖	軸	紙	水墨	138 x 49.5		北京 故宮博物院	
菊石圖	軸	紙	水墨	不詳	丁巳（康熙十六年，1677）建子月	北京 中國歷史博物館	
仿徐崇嗣東籬佳色圖	軸	紙	設色	187.8 x 96.1		北京 中國歷史博物館	
秋卉狸貓圖	軸	絹	設色	不詳	甲子（康熙二十三年，1684）	北京 中國歷史博物館	
仿董源溪山無盡圖	軸	絹	設色	184.3 x 79.2	丁卯（康熙二十六年，1687）	北京 中國美術館	
松柏靈芝圖	軸	紙	水墨	190 x 79	丙午（康熙五年，1666）九月	天津 天津市藝術博物館	
雙松三秀圖	軸	紙	設色	143.7 x 62.5	辛亥（康熙十年，1671）	天津 天津市藝術博物館	
摹北苑溪山圖	軸	絹	水墨	184.5 x 78	壬子（康熙十一年，1672）	天津 天津市藝術博物館	
清溪橫笛圖（惲壽平、鈕子	軸	絹	設色	128 x 67	丁卯（康熙二十六	天津 天津市藝術博物館	

名稱	形式	質地	色彩	尺寸 高x寬cm	創作時間	收藏處所	典藏號碼
碩合作）					年，1687）		
千林暮靄圖	軸	絹	設色	201.7 x 51.4		天津 天津市藝術博物館	
竹石圖	軸	紙	設色	132.5 x 62.2		天津 天津市藝術博物館	
東籬圖	軸	絹	設色	144.7 x 65		天津 天津市藝術博物館	
溪山行旅圖	軸	綾	水墨	84 x 42.5		天津 天津市藝術博物館	
雨後江南圖	軸	絹	水墨	69.1 x 33.2		濟南 山東省博物館	
百合雞雛圖	軸	紙	設色	不詳		青島 山東省青島市博物館	
叠嶺長林圖	軸	紙	水墨	不詳	壬子（康熙十一年，1672）臘月	西安 陝西省西安市文物保護考古所	
三清圖	軸	紙	水墨	135.5 x 51		合肥 安徽省博物館	
雙松流泉圖	軸	絹	設色	172 x 67		合肥 安徽省博物館	
柏竹萱石圖	軸	紙	設色	128.1 x 56.8		合肥 安徽省博物館	
石壁松窗圖	軸	紙	水墨	60.9 x 31		揚州 江蘇省揚州市博物館	
秋林老屋圖（為子純作）	軸	紙	水墨	89.5 x 41.9	己酉（康熙八年，1669）三月	上海 上海博物館	
仿倪山水圖（為房仲作）	軸	紙	水墨	75.3 x49	辛亥（康熙十年，1671）新春	上海 上海博物館	
古木寒烟圖	軸	紙	水墨	111 x 39.3	壬子（康熙十一年，1672）初夏	上海 上海博物館	
臨許道寧雪圖（王翬為題）	軸	紙	設色	不詳	壬子（康熙十一年，1672）	上海 上海博物館	
仿宋人作落花游魚圖	軸	紙	設色	66 x 30	乙卯（康熙十四年，1675）	上海 上海博物館	
半籬秋圖	軸	紙	設色	不詳	丁巳（康熙十六年，1677）	上海 上海博物館	
菊花圖	軸	紙	設色	不詳	庚申（康熙十九年，1680）十月	上海 上海博物館	
秋花貓蝶圖	軸	紙	設色	不詳	甲子（康熙二十三年，1684）	上海 上海博物館	
摹張中桃花山鳥圖	軸	絹	水墨	73.7 x 55.1	乙丑（康熙二十四年，1685）	上海 上海博物館	
仿柯九思樹石圖（惲壽平、王翬合作）	軸	絹	水墨	63 x 39	丙寅（康熙二十五年，1686）初夏	上海 上海博物館	

名稱	形式	質地	色彩	尺寸 高×寬㎝	創作時間	收藏處所	典藏號碼
仿黃公望山水圖	軸	紙	水墨	60.1 × 33.1		上海 上海博物館	
摹方從義山陰雲雪圖	軸	紙	水墨	63.4 × 27.9		上海 上海博物館	
雪山圖	軸	絹	水墨	82.7 × 32.9		上海 上海博物館	
畫菊圖	軸	絹	水墨	不詳		上海 上海博物館	
蔬果圖（冊頁裱裝）	軸	紙	設色	32 × 25.5		上海 上海博物館	
五清圖	軸	絹	水墨	41 × 63		上海 上海人民美術出版社	
桃花圖	軸	絹	設色	70 × 31.2		上海 上海人民美術出版社	
北苑神韻圖（仿董源溪山圖）	軸	絹	設色	174.8 × 60.5	戊申（康熙七年，1668）	南京 南京博物院	
古松雲嶽圖	軸	紙	設色	153.2 × 72.7	壬戌（康熙二十一年，1682）	南京 南京博物院	
錦石秋花圖	軸	紙	設色	140.5 × 58.6	壬戌（康熙二十一年，1682）長夏	南京 南京博物院	
國香春霽圖	軸	絹	設色	103 × 51	己巳（康熙二十八年，1689）夏日	南京 南京博物院	
仿倪山水圖	軸	絹	水墨	93.3 × 50.4		南京 南京博物院	
荷花蘆草圖	軸	紙	設色	131.3 × 59.7		南京 南京博物院	
蒼松翠竹圖	軸	紙	水墨	95.5 × 36.3		常州 江蘇省常州市博物館	
橅徐崇嗣法作仙圃叢華圖	軸	絹	設色	183 × 73.5	癸亥（康熙二十二年，1683）八月	無錫 江蘇省無錫市博物館	
叢林竹圖（王翬題跋）	軸	紙	水墨	不詳	癸卯（康熙二年，1663）三月	無錫 江蘇省無錫市博物館	
山茶臘梅圖	軸	絹	設色	不詳		無錫 江蘇省無錫市博物館	
長林平岫圖	軸	紙	水墨	35.7 × 28.1		無錫 江蘇省無錫市博物館	
臨王蒙夏山圖	軸	紙	設色	133.6 × 56.8		蘇州 江蘇省蘇州博物館	
仿王蒙丹臺春曉圖	軸	紙	水墨	100.5 × 44.5		杭州 浙江美術學院	
牡丹圖	軸	絹	設色	不詳		杭州 浙江省杭州市文物考古所	
書畫（2幀裝成）	軸	紙	設色	不詳		杭州 浙江省杭州市文物考古所	
傾國獨立圖	軸	絹	設色	78.9 × 40		寧波 浙江省寧波市天一閣文	

名稱	形式	質地	色彩	尺寸 高x寬cm	創作時間	收藏處所	典藏號碼
						物保管所	
晴川攬勝圖	軸	絹	設色	103.6 × 52	甲子（康熙二十三年，1624）	長沙 湖南省博物館	
煙浮遠岫圖	軸	絹	水墨	165.3 × 50.8		成都 四川省博物院	
蒼虹翠壁圖	軸	紙	設色	171 × 73	丁卯（康熙二十六年，1687）	重慶 重慶市博物館	
春雲出岫圖	軸	紙	設色	102 × 49	癸丑（康熙十二年，1673）暮春	廣州 廣東省博物館	
菊花圖	軸	絹	設色	113 × 50	丙寅（康熙二十五年，1686）	廣州 廣東省博物館	
仿沈周加冠圖	軸	絹	設色	131.5 × 67.5	丁卯（康熙二十六年，1687）	廣州 廣東省博物館	
東籬秋影圖	軸	絹	設色	147 × 74	丁卯（康熙二十六年，1687）	廣州 廣東省博物館	
三友圖	軸	絹	水墨	114.2 × 50.7		廣州 廣東省博物館	
春江圖	軸	絹	設色	184.2 × 47.9		廣州 廣東省博物館	
疏林圖	軸	紙	水墨	75.5 × 27		廣州 廣東省博物館	
蘭蓀柏子圖（惲壽平、唐宇昭合作）	軸	絹	設色	96 × 42.5	己酉（康熙八年，1669）十月	廣州 廣州市美術館	
仿王蒙山水圖	軸	絹	設色	155.7 × 66.5	庚戌（康熙九年，1670）	廣州 廣州市美術館	
仿郭熙山水圖	軸	絹	設色	140 × 52.5	乙卯（康熙十四年，1675）	廣州 廣州市美術館	
臨唐寅蟠桃圖（為虞翁作）	軸	紙	設色	150 × 80	辛酉（康熙二十年，1681）四月	廣州 廣州市美術館	
林巒靜氣圖	軸	絹	水墨	83 × 54.5		廣州 廣州市美術館	
草龍珠帳圖	軸	絹	設色	151 × 61.5		廣州 廣州市美術館	
當窗竹影圖	軸	紙	設色	不詳		廣州 廣州市美術館	
碧桃圖	軸	絹	設色	82 × 36.5		廣州 廣州市美術館	
仿王蒙清溪釣艇圖	軸	絹	水墨	78.7 × 38.5		日本 仙台市博物館	
花卉圖	軸	絹	設色	68.4 × 46.5		日本 仙台市博物館	

名稱	形式	質地	色彩	尺寸 高×寬㎝	創作時間	收藏處所	典藏號碼
崇嶽喬柯圖	軸	紙	設色	159.7 × 63.6	己酉（康熙八年，1669）夏六月	日本 東京山本悌二郎先生	
蠟梅山茶圖（撫北宋徐崇嗣法）	軸	絹	設色	137.9 × 54.5	癸亥（康熙二十二年，1683）臘月	日本 東京內野皎亭先生	
仿徐崇嗣本花卉聚禽圖	軸	紙	設色	175.8 × 50.3	庚戌（康熙九年，1670）夏五	日本 東京小幡醇一先生	
蠶豆花圖	軸	絹	設色	50.5 × 30.4		日本 京都國立博物館	A甲789
仿王蒙山水圖	軸	紙	水墨	132.4 × 59.1		日本 京都國立博物館（上野有竹齋寄贈）	A甲178
擬曹知白山水圖	軸	紙	水墨	52.6 × 30.1		日本 京都國立博物館（上野有竹齋寄贈	A甲176
山水小幅（為梁江年長兄作）	軸	紙	水墨	不詳		日本 京都橋本獨山先生	
山水圖	軸	絹	設色	不詳	戊辰（康熙二十七年，1688）三月	日本 京都飯田新七先生	
太行山色圖（臨關仝本）	軸	絹	設色	40.9 × 30.4		日本 京都貝塚茂樹先生	
擬徐崇嗣法牡丹蘭石圖	軸	絹	設色	128.2 × 58.7	庚申（康熙十九年，1680）小春	日本 京都貝塚茂樹先生	
傲霜枝圖（菊花圖）	軸	紙	水墨	49.1 × 20		日本 兵庫縣住友吉左衛門先生	
三友獨清圖（擬王元章筆意）	軸	紙	設色	120 × 46	乙丑（康熙二十四年，1685）冬夜	日本 大阪橋本大乙先生	
蓮池圖	軸	紙	設色	113.4 × 53		日本 奈良大和文華館	1126
長松夏寒圖	軸	紙	設色	40.6 × 29.4		日本 兵庫縣阿部房次郎先生	
荷花游魚圖	軸	絹	設色	113.6 × 52.1		日本 明石縣米澤吉次郎先生	
芙蓉白鷺圖	軸	絹	設色	110.3 × 44.2	己巳（康熙二十八年，1689）秋八月	日本 澤原靜儁先生	
臨方方壺畫山陰雲雪圖	軸	紙	設色	94.8 × 27.4	庚申（康熙十九年，1680）九月	日本 山口良夫先生	
歲寒四友圖（為曹長公作）	軸	絹	水墨	90 × 40.2	辛酉（康熙二十年，1681）臘月	日本 盛田昭夫先生	
牡丹圖	軸	絹	設色	112.1 × 48.1		日本 私人	

名稱	形式	質地	色彩	尺寸 高x寬cm	創作時間	收藏處所	典藏號碼
撫北宋徐崇嗣法設色牡丹圖	軸	絹	設色	176 x 89.3	戊辰（康熙二十七年，1688）小春	美國 紐約大都會藝術博物館	1972.16
荷花圖	軸	紙	設色	209.8 x 98.3		美國 紐約大都會藝術博物館	1982.470
設色山水圖	軸	紙	設色	133.7 x 63.8		美國 紐約大都會藝術博物館	1972.278.5
寫倪瓚樹石圖	軸	紙	水墨	85.3 x 34.5		美國 紐約大都會藝術博物館（紐約 Denis 楊先生寄存）	
仿高克恭古槎綠筠圖	軸	紙	設色	134.9 x 61.7		美國 底特律市藝術中心	76.68
五色芍藥圖	軸	絹	設色	118.5 x 71.8	癸亥（康熙廿二年，1683）	美國 克利夫蘭藝術博物館	
擬徐崇嗣蓮池圖	軸	絹	設色	169 x 73.4	戊辰（康熙二十七年，1688）初夏	美國 舊金山亞洲藝術館	B69 D5
倪瓚獅子林詩意山水圖	軸	紙	水墨	170.3 x 48.8		美國 舊金山亞洲藝術館	B67 D4
臨宋人花卉圖	軸	紙	設色	148 x 57.5		美國 加州曹仲英先生	
花卉圖	軸	絹	設色	164.5 x 47.4		美國 加州伍天一堂	
萱花柏葉圖	軸	紙	設色	138.3 x 67.7		美國 夏威夷火魯奴奴藝術學院	2751.1
擬唐解元霜柯石壁（惲壽平山水冊之1）	冊頁	紙	水墨	28.7 x 45.4		台北 故宮博物院	故畫 01188-1
臨管夫人竹窩圖（惲壽平山水冊之2）	冊頁	紙	水墨	28.7 x 45.4		台北 故宮博物院	故畫 01188-2
秋林山舍仿吳鎮（惲壽平山水冊之3）	冊頁	紙	設色	28.7 x 45.4		台北 故宮博物院	故畫 01188-3
柳浦漁舟仿曹知白（惲壽平山水冊之4）	冊頁	紙	水墨	28.7 x 45.4		台北 故宮博物院	故畫 01188-4
茆舍疏林仿倪瓚（惲壽平山水冊之5）	冊頁	紙	水墨	28.7 x 45.4		台北 故宮博物院	故畫 01188-5
崇嶺密林仿王蒙（惲壽平山水冊之6）	冊頁	紙	水墨	28.7 x 45.4		台北 故宮博物院	故畫 01188-6
水邨漁樂仿趙孟頫（惲壽平山	冊頁	紙	水墨	28.7 x 45.4		台北 故宮博物院	故畫 01188-7

名稱	形式	質地	色彩	尺寸 高×寬㎝	創作時間	收藏處所	典藏號碼
水冊之7）							
漁簑煙樹仿米友仁（惲壽平山水冊之8）	冊頁	紙	設色	28.7 × 45.4		台北 故宮博物院	故畫 01188-8
寒林叢竹仿李晞古（惲壽平山水冊之9）	冊頁	紙	設色	28.7 × 45.4		台北 故宮博物院	故畫 01188-9
春山欲雨仿米芾（惲壽平山水冊之10）	冊頁	紙	水墨	28.7 × 45.4	丁卯（康熙二十六年，1687）臘月	台北 故宮博物院	故畫 01188-10
學陳秋水法山水（惲壽平畫山水甲冊之1）	冊頁	紙	設色	22 × 30.2		台北 故宮博物院	故畫 01189-1
摹黃子久山水（惲壽平畫山水甲冊之2）	冊頁	紙	水墨	22 × 30.2		台北 故宮博物院	故畫 01189-2
喬柯叢莽學柯丹邱法（惲壽平畫山水甲冊之3）	冊頁	紙	水墨	22 × 30.2		台北 故宮博物院	故畫 01189-3
山溪村落（惲壽平畫山水甲冊之4）	冊頁	紙	水墨	22 × 30.2		台北 故宮博物院	故畫 01189-4
柳岸蘆汀重戲摹曹雲西意（惲壽平畫山水甲冊之5）	冊頁	紙	水墨	22 × 30.2		台北 故宮博物院	故畫 01189-5
仿盛子昭五松圖意（惲壽平畫山水甲冊之6）	冊頁	紙	設色	22 × 30.2		台北 故宮博物院	故畫 01189-6
雲山圖仿高房山意（惲壽平畫山水甲冊之7）	冊頁	紙	水墨	22 × 30.2		台北 故宮博物院	故畫 01189-7
仿黃鶴山樵意山水（惲壽平畫山水甲冊之8）	冊頁	紙	水墨	22 × 30.2		台北 故宮博物院	故畫 01189-8
煙村圖（惲壽平畫山水甲冊之9）	冊頁	紙	設色	22 × 30.2		台北 故宮博物院	故畫 01189-9
撫北苑半幅圖（惲壽平畫山水甲冊之10）	冊頁	紙	水墨	22 × 30.2	乙巳（康熙四年，1665）三月	台北 故宮博物院	故畫 01189-10
臨盧鴻草堂圖（惲壽平畫山水乙冊之1）	冊頁	紙	水墨	23.3 × 26.8		台北 故宮博物院	故畫 01190-1
米家雲山圖（惲壽平畫山水乙冊之2）	冊頁	紙	水墨	23.3 × 26.8		台北 故宮博物院	故畫 01190-2
黃子久沙磧圖（惲壽平畫山水乙冊之3）	冊頁	紙	設色	23.3 × 26.8		台北 故宮博物院	故畫 01190-3
仿方壺潑墨（惲壽平畫山水乙冊之4）	冊頁	紙	水墨	23.3 × 26.8		台北 故宮博物院	故畫 01190-4

名稱	形式	質地	色彩	尺寸 高x寬㎝	創作時間	收藏處所	典藏號碼
長河曉行圖（惲壽平畫山水乙冊之5）	冊頁	紙	水墨	23.3 x 26.8		台北 故宮博物院	故畫 01190-5
仿僧繇沒骨（惲壽平畫山水乙冊之6）	冊頁	紙	設色	23.3 x 26.8		台北 故宮博物院	故畫 01190-6
蘆岸飛鴻（惲壽平畫山水乙冊之7）	冊頁	紙	水墨	23.3 x 26.8		台北 故宮博物院	故畫 01190-7
歲寒二友（惲壽平畫山水乙冊之8）	冊頁	紙	水墨	23.3 x 26.8	癸亥（康熙二十二年，1683）長至	台北 故宮博物院	故畫 01190-8
枯木泉廬（惲壽平仿古山水一冊之1）	冊頁	紙	水墨	25.3 x 27.5		台北 故宮博物院	故畫 01191-1
陡巖松寺（惲壽平仿古山水一冊之2）	冊頁	紙	水墨	25.3 x 27.5		台北 故宮博物院	故畫 01191-2
山林邨屋（惲壽平仿古山水一冊之3）	冊頁	紙	水墨	25.3 x 27.5		台北 故宮博物院	故畫 01191-3
玲石蕉桐（惲壽平仿古山水一冊之4）	冊頁	紙	設色	25.3 x 27.5		台北 故宮博物院	故畫 01191-4
藤蘿竹石（惲壽平仿古山水一冊之5）	冊頁	紙	水墨	25.3 x 27.5		台北 故宮博物院	故畫 01191-5
重山邨寺（惲壽平仿古山水一冊之6）	冊頁	紙	水墨	25.3 x 27.5		台北 故宮博物院	故畫 01191-6
柳灘蘆艇（惲壽平仿古山水一冊之7）	冊頁	紙	設色	25.3 x 27.5		台北 故宮博物院	故畫 01191-7
山谿喬木（惲壽平仿古山水一冊之8）	冊頁	紙	水墨	25.3 x 27.5		台北 故宮博物院	故畫 01191-8
枯木竹石（惲壽平仿古山水一冊之9）	冊頁	紙	水墨	25.3 x 27.5		台北 故宮博物院	故畫 01191-9
雪景山水（惲壽平仿古山水一冊之10）	冊頁	紙	水墨	25.3 x 27.5		台北 故宮博物院	故畫 01191-10
臨關仝太行山色（惲壽平仿古山水二冊之1）	冊頁	絹	設色	43.5 x 33.6		台北 故宮博物院	故畫 01192-1
仿鷗波老人華溪漁隱圖（惲壽平仿古山水二冊之2）	冊頁	絹	設色	43.5 x 33.6		台北 故宮博物院	故畫 01192-2
仿巨然夏山圖（惲壽平仿古山水二冊之3）	冊頁	紙	設色	43.5 x 33.6		台北 故宮博物院	故畫 01192-3

名稱	形式	質地	色彩	尺寸 高x寬㎝	創作時間	收藏處所	典藏號碼
樵柯敬仲喬柯修竹（惲壽平仿古山水二冊之4）	冊頁	紙	水墨	43.5 x 33.6		台北 故宮博物院	故畫 01192-4
仿郭恕先江天樓閣（惲壽平仿古山水二冊之5）	冊頁	紙	設色	43.5 x 33.6		台北 故宮博物院	故畫 01192-5
戲撫郭河陽寒山行旅（惲壽平仿古山水二冊之6）	冊頁	紙	設色	43.5 x 33.6		台北 故宮博物院	故畫 01192-6
仿黃鶴山樵秋山蕭寺圖（惲壽平仿古山水二冊之7）	冊頁	紙	設色	43.5 x 33.6		台北 故宮博物院	故畫 01192-7
撫李咸熙本嶺路寒烟（惲壽平仿古山水二冊之8）	冊頁	紙	設色	43.5 x 33.6		台北 故宮博物院	故畫 01192-8
臨江貫道江山霽色（惲壽平仿古山水二冊之9）	冊頁	紙	設色	43.5 x 33.6		台北 故宮博物院	故畫 01192-9
陽湖晚渡（惲壽平畫湖山小景冊之1）	冊頁	紙	水墨	19.1 x 21.8	丙寅（康熙二十五年，1686）春	台北 故宮博物院	故畫 01193-1
蘆汀雁影（惲壽平畫湖山小景冊之3）	冊頁	紙	水墨	19.1 x 21.8		台北 故宮博物院	故畫 01193-3
惠麓泉流（惲壽平畫湖山小景冊之4）	冊頁	紙	水墨	19.1 x 21.8		台北 故宮博物院	故畫 01193-4
藤蘿楊柳（惲壽平畫湖山小景冊之5）	冊頁	紙	水墨	19.1 x 21.8	丙寅（康熙二十五年，1686）春	台北 故宮博物院	故畫 01193-5
梁溪歸棹圖（惲壽平畫湖山小景冊之7）	冊頁	紙	水墨	19.1 x 21.8		台北 故宮博物院	故畫 01193-7
雙柯虬矯（惲壽平畫湖山小景冊之9）	冊頁	紙	水墨	19.1 x 21.8		台北 故宮博物院	故畫 01193-9
孤石雙芝（惲壽平畫湖山小景冊之10）	冊頁	紙	水墨	19.1 x 21.8		台北 故宮博物院	故畫 01193-10
喬柯叠石（惲壽平畫湖山小景冊之11）	冊頁	紙	水墨	19.1 x 21.8		台北 故宮博物院	故畫 01193-11
吳山烟雨（惲壽平畫湖山小景冊之12）	冊頁	紙	水墨	19.1 x 21.8		台北 故宮博物院	故畫 01193-12
東皋園圃（惲壽平畫湖山小景冊之13）	冊頁	紙	水墨	19.1 x 21.8		台北 故宮博物院	故畫 01193-13
松石清齋（惲壽平畫湖山小景冊之14）	冊頁	紙	水墨	19.1 x 21.8		台北 故宮博物院	故畫 01193-14

名稱	形式	質地	色彩	尺寸 高x寬cm	創作時間	收藏處所	典藏號碼
叢篁寒翠（惲壽平畫湖山小景冊之15）	冊頁	紙	水墨	19.1 x 21.8		台北 故宮博物院	故畫01193-15
石畔古梅（惲壽平畫湖山小景冊之16）	冊頁	紙	水墨	19.1 x 21.8		台北 故宮博物院	故畫01193-16
摹惠崇江南春意（惲壽平摹古一冊之1）	冊頁	紙	水墨	27 x 42	戊申（康熙七年，1668）冬十一月	台北 故宮博物院	故畫01194-1
仿洪谷子山水（惲壽平摹古一冊之2）	冊頁	紙	設色	27 x 42		台北 故宮博物院	故畫01194-2
仿趙大年煙溪漁艇（惲壽平摹古一冊之3）	冊頁	紙	設色	27 x 42		台北 故宮博物院	故畫01194-3
仿徐幼文溪山無盡圖意（惲壽平摹古一冊之4）	冊頁	紙	水墨	27 x 42	戊申（康熙七年，1668）十一月望後一日	台北 故宮博物院	故畫01194-4
仿趙松雪竹堂高隱（惲壽平摹古一冊之5）	冊頁	紙	設色	27 x 42		台北 故宮博物院	故畫01194-5
仿董北苑山水（惲壽平摹古一冊之6）	冊頁	紙	設色	27 x 42		台北 故宮博物院	故畫01194-6
仿巨然山水（惲壽平摹古一冊之7）	冊頁	紙	水墨	27 x 42		台北 故宮博物院	故畫01194-7
仿王叔明夏山圖（惲壽平摹古一冊之8）	冊頁	紙	設色	27 x 42		台北 故宮博物院	故畫01194-8
仿黃子久天池石壁（惲壽平摹古一冊之9）	冊頁	紙	水墨	27 x 42		台北 故宮博物院	故畫01194-9
仿梅花菴主畫法（惲壽平摹古一冊之10）	冊頁	紙	水墨	27 x 42		台北 故宮博物院	故畫01194-10
學夏禹玉秋巖溪閣（惲壽平摹古一冊之11）	冊頁	紙	設色	27 x 42		台北 故宮博物院	故畫01194-11
瀟湘水雲圖用曹雲西意（惲壽平摹古一冊之12）	冊頁	紙	設色	27 x 42	戊申（康熙七年，1668）十一月	台北 故宮博物院	故畫01194-12
臨趙承旨錦石叢花小幀（惲壽平摹古二冊之1）	冊頁	紙	設色	26.3 x 33.4	癸丑（康熙十二年，1673）中秋	台北 故宮博物院	故畫01195-1
老少年（惲壽平摹古二冊之2）	冊頁	紙	設色	26.3 x 33.4		台北 故宮博物院	故畫01195-2
擬北宋徐崇嗣設色牡丹（惲壽平摹古二冊之3）	冊頁	紙	設色	26.3 x 33.4		台北 故宮博物院	故畫01195-3
臨宋人春風圖（惲壽平摹古二冊之4）	冊頁	紙	設色	26.3 x 33.4		台北 故宮博物院	故畫01195-4

名稱	形式	質地	色彩	尺寸 高x寬cm	創作時間	收藏處所	典藏號碼
冊之4)							
花卉（惲壽平摹古二冊之5）	冊頁	紙	設色	26.3 x 33.4		台北 故宮博物院	故畫 01195-5
百合（惲壽平摹古二冊之6）	冊頁	紙	設色	26.3 x 33.4		台北 故宮博物院	故畫 01195-6
水仙（惲壽平摹古二冊之7）	冊頁	紙	設色	26.3 x 33.4		台北 故宮博物院	故畫 01195-7
玉簪花（惲壽平摹古二冊之8）	冊頁	紙	設色	26.3 x 33.4	癸丑（康熙十二年，1673）	台北 故宮博物院	故畫 01195-8
竹石秋花（惲壽平摹古二冊之9）	冊頁	紙	設色	26.3 x 33.4		台北 故宮博物院	故畫 01195-9
菊花（惲壽平摹古二冊之10）	冊頁	紙	水墨	27.3 x 39.4		台北 故宮博物院	故畫 01195-10
臨黃鶴山樵本蒼松圖（惲壽平寫生墨妙冊之1）	冊頁	紙	水墨	27.3 x 39.9		台北 故宮博物院	故畫 01196-1
牡丹（惲壽平寫生墨妙冊之2）	冊頁	紙	水墨	27.3 x 39.9		台北 故宮博物院	故畫 01196-2
戲臨曹雲西霜柯修竹（惲壽平寫生墨妙冊之3）	冊頁	紙	水墨	27.3 x 39.9		台北 故宮博物院	故畫 01196-3
臨文待詔萱花（惲壽平寫生墨妙冊之4）	冊頁	紙	水墨	27.3 x 39.9		台北 故宮博物院	故畫 01196-4
臨六如居士畫荷花（惲壽平寫生墨妙冊之5）	冊頁	紙	水墨	27.3 x 39.9		台北 故宮博物院	故畫 01196-5
桂花（惲壽平寫生墨妙冊之6）	冊頁	紙	水墨	27.3 x 39.9		台北 故宮博物院	故畫 01196-6
靈芝竹石三秀圖（惲壽平寫生墨妙冊之7）	冊頁	紙	水墨	27.3 x 39.9		台北 故宮博物院	故畫 01196-7
戲寫白雲奇峰圖（惲壽平寫生墨妙冊之8）	冊頁	紙	水墨	27.3 x 39.9		台北 故宮博物院	故畫 01196-8
菊石圖（惲壽平寫生墨妙冊之9）	冊頁	紙	水墨	27.3 x 39.9		台北 故宮博物院	故畫 01196-9
畫梅花（惲壽平寫生墨妙冊之10）	冊頁	紙	水墨	27.3 x 39.9		台北 故宮博物院	故畫 01196-10
牡丹（惲壽平甌香館寫意冊之1）	冊頁	紙	設色	28.4 x 33.4	丁卯（康熙二十六年，1687）小春	台北 故宮博物院	故畫 01197-1
荊溪善卷洞（惲壽平甌香館寫意冊之2）	冊頁	紙	水墨	28.4 x 33.4	丙寅（康熙二十五年，1686）秋	台北 故宮博物院	故畫 01197-2
仿百石翁螃蟹圖（惲壽平甌香館寫意冊之3）	冊頁	紙	設色	28.4 x 33.4		台北 故宮博物院	故畫 01197-3
天香蟾闕（惲壽平甌香館寫意冊之4）	冊頁	紙	設色	28.4 x 33.4	戊辰（康熙二十七年，1688）中秋	台北 故宮博物院	故畫 01197-4

名稱	形式	質地	色彩	尺寸 高×寬㎝	創作時間	收藏處所	典藏號碼
仿石田翁採菱圖（惲壽平甌香館寫意冊之5）	冊頁	紙	設色	28.4 × 33.4		台北 故宮博物院	故畫 01197-5
仿元人小幀蘆汀聚雁（惲壽平甌香館寫意冊之6）	冊頁	紙	設色	28.4 × 33.4		台北 故宮博物院	故畫 01197-6
喬柯篠瀨（惲壽平甌香館寫意冊之7）	冊頁	紙	水墨	28.4 × 33.4		台北 故宮博物院	故畫 01197-7
荷塘魚藻（惲壽平甌香館寫意冊之8）	冊頁	紙	設色	28.4 × 33.4		台北 故宮博物院	故畫 01197-8
溪林草閣（惲壽平甌香館寫意冊之9）	冊頁	紙	水墨	28.4 × 33.4		台北 故宮博物院	故畫 01197-9
仿石田翁雨中蕉（惲壽平甌香館寫意冊之10）	冊頁	紙	設色	28.4 × 33.4		台北 故宮博物院	故畫 01197-10
楓葉（惲壽平甌香館寫意冊之11）	冊頁	紙	設色	28.4 × 33.4		台北 故宮博物院	故畫 01197-11
蠟梅（惲壽平甌香館寫意冊之12）	冊頁	紙	設色	28.4 × 33.4		台北 故宮博物院	故畫 01197-12
雪中蕉（惲壽平寫生花卉冊之1）	冊頁	紙	設色	26.3 × 33.4		台北 故宮博物院	故畫 01198-1
菊花（惲壽平寫生花卉冊之2）	冊頁	紙	設色	26.3 × 33.4		台北 故宮博物院	故畫 01198-2
秋海棠（惲壽平寫生花卉冊之3）	冊頁	紙	水墨	26.3 × 33.4		台北 故宮博物院	故畫 01198-3
扁豆花（惲壽平寫生花卉冊之4）	冊頁	紙	設色	26.3 × 33.4		台北 故宮博物院	故畫 01198-4
桂花（惲壽平寫生花卉冊之5）	冊頁	紙	設色	26.3 × 33.4		台北 故宮博物院	故畫 01198-5
繡球花（惲壽平寫生花卉冊之6）	冊頁	紙	設色	26.3 × 33.4		台北 故宮博物院	故畫 01198-6
紫薇（惲壽平寫生花卉冊之7）	冊頁	紙	設色	26.3 × 33.4		台北 故宮博物院	故畫 01198-7
撫白石翁風柳蟬聲（惲壽平寫生花卉冊之8）	冊頁	紙	設色	26.3 × 33.4		台北 故宮博物院	故畫 01198-8
荷花（惲壽平寫生花卉冊之9）	冊頁	紙	設色	26.3 × 33.4		台北 故宮博物院	故畫 01198-9
桃花（惲壽平寫生花卉冊之10）	冊頁	紙	水墨	26.3 × 33.4		台北 故宮博物院	故畫 01198-10
玉蘭（惲壽平寫生花卉冊之11）	冊頁	紙	設色	26.3 × 33.4		台北 故宮博物院	故畫 01198-11
牡丹（惲壽平寫生花卉冊之12）	冊頁	紙	水墨	26.3 × 33.4			故畫 01198-12

名稱	形式	質地	色彩	尺寸 高x寬cm	創作時間	收藏處所	典藏號碼
)							
雙清圖（惲壽平花卉八幀冊之1）	冊頁	紙	設色	26.7 x 40.3	己巳（康熙二十八年，1689）中秋	台北 故宮博物院	故畫 01199-1
臨唐解元折枝山桃（惲壽平花卉八幀冊之2）	冊頁	紙	設色	26.7 x 40.3		台北 故宮博物院	故畫 01199-2
撫劉寀琳池魚藻（惲壽平花卉八幀冊之3）	冊頁	紙	設色	26.7 x 40.3		台北 故宮博物院	故畫 01199-3
臨白陽山人荷花（惲壽平花卉八幀冊之4）	冊頁	紙	設色	26.7 x 40.3		台北 故宮博物院	故畫 01199-4
撫錢霅川玉簪（惲壽平花卉八幀冊之一5）	冊頁	紙	設色	26.7 x 40.3		台北 故宮博物院	故畫 01199-5
擬徐崇嗣寫生秋海棠（惲壽平花卉八幀冊之6）	冊頁	紙	設色	26.7 x 40.3		台北 故宮博物院	故畫 01199-6
撫白石翁秋塘雙浴圖（惲壽平花卉八幀冊之7）	冊頁	紙	設色	26.7 x 40.3		台北 故宮博物院	故畫 01199-7
擬逃禪老人寒香圖（惲壽平花卉八幀冊之8）	冊頁	紙	設色	26.7 x 40.3		台北 故宮博物院	故畫 01199-8
牡丹（8幀）	冊	絹	設色	（每幀）41 x 28.8	戊辰（康熙二十七年，1688）春暮	台北 故宮博物院	故畫 01200
擬王若水三清圖（惲壽平墨花冊之1）	冊頁	紙	設色	28.8 x 41.7		台北 故宮博物院	故畫 01201-1
芍藥撫文待詔意（惲壽平墨花冊之2）	冊頁	紙	設色	28.8 x 41.7		台北 故宮博物院	故畫 01201-2
石榴（惲壽平墨花冊之3）	冊頁	紙	水墨	28.8 x 41.7		台北 故宮博物院	故畫 01201-3
菊石、雁來紅（惲壽平墨花冊之4）	冊頁	紙	設色	28.8 x 41.7		台北 故宮博物院	故畫 01201-4
戲臨白陽山人藕花真趣（惲壽平墨花冊之5）	冊頁	紙	設色	28.8 x 41.7		台北 故宮博物院	故畫 01201-5
臨文待詔萱花（惲壽平墨花冊之6）	冊頁	紙	水墨	28.8 x 41.7		台北 故宮博物院	故畫 01201-6
芝房三秀圖（惲壽平墨花冊之7）	冊頁	紙	水墨	28.8 x 41.7		台北 故宮博物院	故畫 01201-7
臨吳炳天香蟾闕（惲壽平墨花冊之8）	冊頁	紙	水墨	28.8 x 41.7		台北 故宮博物院	故畫 01201-8

名稱	形式	質地	色彩	尺寸 高x寬cm	創作時間	收藏處所	典藏號碼
撫錢霅川百合花（惲壽平墨花冊之9）	冊頁	紙	水墨	28.8 x 41.7		台北 故宮博物院	故畫 01201-9
臨天游翁古槎修竹（惲壽平墨花冊之10）	冊頁	紙	水墨	28.8 x 41.7		台北 故宮博物院	故畫 01201-10
辛夷（惲壽平花卉山水合冊之1）	冊頁	紙	設色	28.5 x 43		台北 故宮博物院	故畫 01231-1
牡丹（惲壽平花卉山水合冊之2）	冊頁	紙	設色	28.5 x 43	壬子（康熙十一年，1672）十月	台北 故宮博物院	故畫 01231-2
萱草（惲壽平花卉山水合冊之3）	冊頁	紙	設色	28.5 x 43		台北 故宮博物院	故畫 01231-3
罌粟（惲壽平花卉山水合冊之4）	冊頁	紙	設色	28.5 x 43		台北 故宮博物院	故畫 01231-4
秋海棠（惲壽平花卉山水合冊之5）	冊頁	紙	設色	28.5 x 43		台北 故宮博物院	故畫 01231-5
水仙（惲壽平花卉山水合冊之6）	冊頁	紙	水墨	28.5 x 43		台北 故宮博物院	故畫 01231-6
水石竹樹（國朝名家書畫集玉上冊之8）	冊頁	紙	水墨	16.7 x 22.6		台北 故宮博物院	故畫 01275-8
魚藻圖（國朝名家書畫集玉上冊之10）	冊頁	紙	水墨	16.7 x 22.6		台北 故宮博物院	故畫 01275-10
竹崖圖（國朝名家書畫集玉下冊之1）	冊頁	紙	水墨	16.7 x 22.6		台北 故宮博物院	故畫 01276-1
江寺山色（國朝名家書畫集玉上冊之3）	冊頁	紙	水墨	16.7 x 22.6		台北 故宮博物院	故畫 01276-3
臨宋人江天石壁（國朝名家書畫集玉上冊之5）	冊頁	紙	水墨	16.7 x 22.6		台北 故宮博物院	故畫 01276-5
仿倪瓚畫十萬圖（10幀）	冊	紙	水墨	（每幀）27.7 x 33.8	己巳（康熙二十八年，1689）清和下浣	台北 故宮博物院	故畫 03192
萬竿烟雨（惲壽平畫十萬圖冊之1）	冊頁	絹	水墨	26.2 x 33		台北 故宮博物院	故畫 03193-1
萬峯雲起（惲壽平畫十萬圖冊之2）	冊頁	絹	設色	26.2 x 33		台北 故宮博物院	故畫 03193-2
萬壑爭流（惲壽平畫十萬圖冊之3）	冊頁	絹	水墨	26.2 x 33		台北 故宮博物院	故畫 03193-3

名稱	形式	質地	色彩	尺寸 高x寬cm	創作時間	收藏處所	典藏號碼
之3）							
萬頃蒼波（惲壽平畫十萬圖冊之4）	冊頁	絹	設色	26.2 x 33		台北 故宮博物院	故畫03193-4
萬點青蓮（惲壽平畫十萬圖冊之5）	冊頁	絹	設色	26.2 x 33		台北 故宮博物院	故畫03193-5
萬松叠翠（惲壽平畫十萬圖冊之6）	冊頁	絹	設色	26.2 x 33		台北 故宮博物院	故畫03193-6
萬卷書樓（惲壽平畫十萬圖冊之7）	冊頁	絹	設色	26.2 x 33		台北 故宮博物院	故畫03193-7
萬樹秋聲（惲壽平畫十萬圖冊之8）	冊頁	絹	設色	26.2 x 33		台北 故宮博物院	故畫03193-8
萬山飛雪（惲壽平畫十萬圖冊之9）	冊頁	絹	設色	26.2 x 33		台北 故宮博物院	故畫03193-9
萬橫香雪（惲壽平畫十萬圖冊之10）	冊頁	絹	設色	26.2 x 33		台北 故宮博物院	故畫03193-10
仿曹雲西山邨漁樂（惲壽平山水一冊之1）	冊頁	紙	水墨	22.3 x 26.9		台北 故宮博物院	故畫03194-1
林澗巖屋（惲壽平山水一冊之2）	冊頁	紙	設色	23.3 x 27		台北 故宮博物院	故畫03194-2
仿方從義雲山戲墨（惲壽平山水一冊之3）	冊頁	紙	水墨	23.3 x 27		台北 故宮博物院	故畫03194-3
仿巨然江雨圖（惲壽平山水一冊之4）	冊頁	紙	水墨	23.3 x 27		台北 故宮博物院	故畫03194-4
仿管仲姬綠竹筠幽石（惲壽平山水一冊之5）	冊頁	紙	設色	23.3 x 27		台北 故宮博物院	故畫03194-5
溪巖崇閣（惲壽平山水一冊之6）	冊頁	紙	水墨	23.3 x 27		台北 故宮博物院	故畫03194-6
仿唐六如霜柯石壁（惲壽平山水一冊之7）	冊頁	紙	水墨	23.3 x 27		台北 故宮博物院	故畫03194-7
仿黃鶴山樵筆意松石圖（惲壽平山水一冊之8）	冊頁	紙	水墨	23.3 x 27		台北 故宮博物院	故畫03194-8
撫黃公望筆意（惲壽平山水二冊之1）	冊頁	紙	水墨	22.5 x 30.1	甲辰（康熙三年，1664）臘月八日	台北 故宮博物院	故畫03195-1
湖山風物（惲壽平山水二冊之）	冊頁	紙	水墨	22.5 x 30.1		台北 故宮博物院	故畫03195-2

名稱	形式	質地	色彩	尺寸 高x寬cm	創作時間	收藏處所	典藏號碼
2，王翬添畫平沙蘆荻）							
竹石亂泉（惲壽平山水二冊之3）	冊頁	紙	水墨	22.5 x 30.1		台北 故宮博物院	故畫 03195-3
富春雲樹（惲壽平山水二冊之4）	冊頁	紙	水墨	22.5 x 30.1		台北 故宮博物院	故畫 03195-4
擬雲林筆意疏林茆亭（惲壽平山水二冊之5）	冊頁	紙	水墨	22.5 x 30.1		台北 故宮博物院	故畫 03195-5
擬惲香山墨氣作北苑山水（惲壽平山水二冊之6）	冊頁	紙	水墨	22.5 x 30.1		台北 故宮博物院	故畫 03195-6
春澗流泉（惲壽平山水二冊之7）	冊頁	紙	水墨	22.5 x 30.1		台北 故宮博物院	故畫 03195-7
江山小景（惲壽平山水二冊之8）	冊頁	紙	水墨	22.5 x 30.1	甲辰（康熙三年，1664）臘月	台北 故宮博物院	故畫 03195-8
撫管仲姬竹（惲壽平山水二冊之9）	冊頁	紙	水墨	22.5 x 30.1		台北 故宮博物院	故畫 03195-9
仿蕭賁咫尺山水（惲壽平山水二冊之10）	冊頁	紙	水墨	22.5 x 30.1	甲辰（康熙三年，1664）臘月	台北 故宮博物院	故畫 03195-10
陌頭千綠（惲壽平山水二冊之11）	冊頁	紙	水墨	22.5 x 30.1		台北 故宮博物院	故畫 03195-11
臨唐解元看梅圖（惲壽平仿古山水冊之1）	冊頁	紙	設色	25.2 x 32.4		台北 故宮博物院	故畫 03196-1
溪岸竹樹（惲壽平仿古山水冊之2）	冊頁	紙	設色	25.2 x 32.4		台北 故宮博物院	故畫 03196-2
擬高房山春山欲雨（惲壽平仿古山水冊之3）	冊頁	紙	水墨	25.2 x 32.4		台北 故宮博物院	故畫 03196-3
戲撫趙承旨滄浪獨釣（惲壽平仿古山水冊之4）	冊頁	紙	設色	25.2 x 32.4		台北 故宮博物院	故畫 03196-4
山澗林屋擬宋人法（惲壽平仿古山水冊之5）	冊頁	紙	設色	25.2 x 32.4		台北 故宮博物院	故畫 03196-5
學元人小景竹石疎林（惲壽平仿古山水冊之6）	冊頁	紙	水墨	25.2 x 32.4		台北 故宮博物院	故畫 03196-6
師曹雲西柳溪月色（惲壽平仿古山水冊之7）	冊頁	紙	設色	25.2 x 32.4		台北 故宮博物院	故畫 03196-7
擬倪高士十萬圖之萬壑爭流（	冊頁	紙	水墨	25.2 x 32.4		台北 故宮博物院	故畫 03196-8

名稱	形式	質地	色彩	尺寸 高x寬㎝	創作時間	收藏處所	典藏號碼
惲壽平仿古山水冊之8)							
蒼巖飛瀑（惲壽平仿古山水冊之9）	冊頁	紙	設色	25.2 x 32.4		台北 故宮博物院	故畫 03196-9
仿關仝高峯雲起圖（惲壽平仿古山水冊之10）	冊頁	紙	設色	25.2 x 32.4		台北 故宮博物院	故畫 03196-10
撫李營邱嶺路寒煙（惲壽平仿古山水冊之十1）	冊頁	紙	設色	25.2 x 32.4		台北 故宮博物院	故畫 03196-11
臨江貫道溪山暮雪（惲壽平仿古山水冊之十2）	冊頁	紙	設色	25.2 x 32.4		台北 故宮博物院	故畫 03196-12
芝石（惲壽平寫生冊之1）	冊頁	紙	設色	27 x 39.8		台北 故宮博物院	故畫 03197-1
竹筍（惲壽平寫生冊之2）	冊頁	紙	設色	27 x 39.8		台北 故宮博物院	故畫 03197-2
萊菔（惲壽平寫生冊之3）	冊頁	紙	設色	27 x 39.8		台北 故宮博物院	故畫 03197-3
絲瓜（惲壽平寫生冊之4）	冊頁	紙	設色	27 x 39.8		台北 故宮博物院	故畫 03197-4
佛手柿子（惲壽平寫生冊之5）	冊頁	紙	設色	27 x 39.8		台北 故宮博物院	故畫 03197-5
蓮藕（惲壽平寫生冊之6）	冊頁	紙	設色	27 x 39.8		台北 故宮博物院	故畫 03197-6
石榴葡萄（惲壽平寫生冊之7）	冊頁	紙	設色	27 x 39.8		台北 故宮博物院	故畫 03197-7
銀杏毛栗（惲壽平寫生冊之8）	冊頁	紙	設色	27 x 39.8		台北 故宮博物院	故畫 03197-8
百合芋頭（惲壽平寫生冊之9）	冊頁	紙	設色	27 x 39.8	乙丑（康熙二十四年，1685）暮春之初	台北 故宮博物院	故畫 03197-9
青菜（惲壽平寫生冊之10）	冊頁	紙	水墨	27 x 39.8		台北 故宮博物院	故畫 03197-10
擬徐家沒骨牡丹（惲壽平花卉冊之1）	冊頁	紙	設色	23.4 x 27		台北 故宮博物院	故畫 03198-1
擬唐解元折枝紅杏（惲壽平花卉冊之2）	冊頁	紙	設色	23.4 x 27		台北 故宮博物院	故畫 03198-2
牽牛花（惲壽平花卉冊之3）	冊頁	紙	設色	23.4 x 27		台北 故宮博物院	故畫 03198-3
荷花（惲壽平花卉冊之4）	冊頁	紙	設色	23.4 x 27		台北 故宮博物院	故畫 03198-4
紫葡萄（惲壽平花卉冊之5）	冊頁	紙	設色	23.4 x 27		台北 故宮博物院	故畫 03198-5
蓮塘戲鵝（惲壽平花卉冊之6）	冊頁	紙	設色	23.4 x 27		台北 故宮博物院	故畫 03198-6
擬徐崇嗣沒骨菊花（惲壽平花卉冊之7）	冊頁	紙	設色	23.4 x 27		台北 故宮博物院	故畫 03198-7
歲寒三友（惲壽平花卉冊之8）	冊頁	紙	設色	23.4 x 27	甲子歲（康熙二十三年，1684）春三月	台北 故宮博物院	故畫 03198-8

名稱	形式	質地	色彩	尺寸 高x寬cm	創作時間	收藏處所	典藏號碼
桃花（惲壽平畫花卉一冊之1）	冊頁	絹	設色	37 x 25		台北 故宮博物院	故畫 03199-1
折枝紅杏（惲壽平畫花卉一冊之2）	冊頁	絹	設色	37 x 25		台北 故宮博物院	故畫 03199-2
紫菊（惲壽平畫花卉一冊之3）	冊頁	絹	設色	37 x 25		台北 故宮博物院	故畫 03199-3
魚藻圖（惲壽平畫花卉一冊之4）	冊頁	絹	設色	37 x 25		台北 故宮博物院	故畫 03199-4
寒蒼二友圖（惲壽平畫花卉一冊之5）	冊頁	絹	設色	37 x 25		台北 故宮博物院	故畫 03199-5
玉蘭（惲壽平畫花卉一冊之6）	冊頁	絹	設色	37 x 25		台北 故宮博物院	故畫 03199-6
杞菊（惲壽平畫花卉一冊之7）	冊頁	絹	設色	37 x 25		台北 故宮博物院	故畫 03199-7
牡丹（惲壽平畫花卉一冊之8）	冊頁	絹	設色	37 x 25		台北 故宮博物院	故畫 03199-8
臨徐崇嗣春風圖（惲壽平畫花卉二冊之1）	冊頁	絹	設色	29.7 x 32.2		台北 故宮博物院	故畫 03200-1
罌粟花（惲壽平畫花卉二冊之2）	冊頁	絹	設色	29.7 x 32.2		台北 故宮博物院	故畫 03200-2
百合花（惲壽平畫花卉二冊之3）	冊頁	絹	設色	29.7 x 32.2		台北 故宮博物院	故畫 03200-3
鳶尾花（惲壽平畫花卉二冊之4）	冊頁	絹	設色	29.7 x 32.2		台北 故宮博物院	故畫 03200-4
竹筍（惲壽平畫花卉二冊之5）	冊頁	絹	設色	29.7 x 32.2		台北 故宮博物院	故畫 03200-5
牡丹（惲壽平畫花卉二冊之6）	冊頁	絹	設色	29.7 x 32.2		台北 故宮博物院	故畫 03200-6
枇杷（惲壽平畫花卉二冊之7）	冊頁	絹	設色	29.7 x 32.2		台北 故宮博物院	故畫 03200-7
金簪花（惲壽平畫花卉二冊之8）	冊頁	絹	設色	29.7 x 32.2		台北 故宮博物院	故畫 03200-8
紫藤（惲壽平畫花卉二冊之9）	冊頁	絹	設色	29.7 x 32.2		台北 故宮博物院	故畫 03200-9
桂花（惲壽平畫花卉二冊之10）	冊頁	絹	設色	29.7 x 32.2		台北 故宮博物院	故畫 03200-10
菊花（惲壽平畫花卉二冊之11）	冊頁	絹	設色	29.7 x 32.2		台北 故宮博物院	故畫 03200-11
歲寒三友（惲壽平畫花卉二冊之12）	冊頁	絹	設色	29.7 x 32.2		台北 故宮博物院	故畫 03200-12
魚藻圖（10幀）	冊	絹	設色	（每幀）30.5 x 25.1		台北 故宮博物院	故畫 03201
茶山圖（惲壽平扇面畫冊之1）	摺扇面	紙	設色	17.1 x 53.3	己巳（康熙二十八	台北 故宮博物院	故畫 03202-1

名稱	形式	質地	色彩	尺寸 高x寬cm	創作時間	收藏處所	典藏號碼
					年，1689）長至		
桃柳春風圖（惲壽平扇面畫冊之2）	摺扇面	紙	設色	18.6 x 57.5		台北 故宮博物院	故畫 03202-2
竹石圖（惲壽平扇面畫冊之3）	摺扇面	紙	設色	18.3 x 55.1		台北 故宮博物院	故畫 03202-3
罌粟花（惲壽平扇面畫冊之4）	摺扇面	紙	設色	17.7 x 53.1		台北 故宮博物院	故畫 03202-4
夕村寒鴉（惲壽平扇面畫冊之5）	摺扇面	紙	設色	19.5 x 59.8		台北 故宮博物院	故畫 03202-5
折枝紫藤（惲壽平扇面畫冊之6）	摺扇面	紙	設色	17.5 x 51		台北 故宮博物院	故畫 03202-6
溪山村落（惲壽平扇面畫冊之7）	摺扇面	紙	水墨	16.7 x 51.3		台北 故宮博物院	故畫 03202-7
叢蘭圖（惲壽平扇面畫冊之8）	摺扇面	紙	設色	17.9 x 52.5	己巳（康熙二十八年，1689）新秋	台北 故宮博物院	故畫 03202-8
秋景山水（惲壽平扇面畫冊之9）	摺扇面	紙	設色	16.6 x 52		台北 故宮博物院	故畫 03202-9
歲寒清供（惲壽平扇面畫冊之10）	摺扇面	紙	設色	16.2 x 51	己巳（康熙二十八年，1689）臘月廿五	台北 故宮博物院	故畫 03202-10
畫山水（10幀，王翬題跋）	冊	紙	水墨	（每幀）20.8 x 22.8	王題於乙酉（順治二年，1645）十月	台北 故宮博物院	故畫 03203
桃花（清花卉畫冊一冊之5）	冊頁	紙	設色	不詳		台北 故宮博物院	故畫 03517-5
牡丹（清花卉畫冊一冊之6）	冊頁	紙	設色	不詳		台北 故宮博物院	故畫 03517-6
桂花（清花卉畫冊一冊之7）	冊頁	紙	設色	不詳		台北 故宮博物院	故畫 03517-7
虞美人（清花卉畫冊一冊之8）	冊頁	紙	設色	不詳		台北 故宮博物院	故畫 03517-8
花卉（清花卉畫冊一冊之9）	冊頁	紙	設色	不詳		台北 故宮博物院	故畫 03517-9
蒲塘真趣（清花卉畫冊一冊之10）	冊頁	紙	設色	不詳		台北 故宮博物院	故畫 03517-10
花卉（清花卉畫冊一冊之11）	冊頁	紙	設色	不詳		台北 故宮博物院	故畫 03517-11
菊花（清花卉畫冊一冊之12）	冊頁	紙	設色	不詳		台北 故宮博物院	故畫 03517-12
花卉（清花卉畫冊四冊之10）	冊頁	紙	設色	不詳		台北 故宮博物院	故畫 03520-10
梅花（名人畫扇 丁）冊之10）	摺扇面	紙	水墨	不詳		台北 故宮博物院	故畫 03549-10
山水圖（名人畫扇（下）冊之4）	摺扇面	紙	設色	不詳		台北 故宮博物院	故畫 03555-4
牡丹圖（各人畫扇貳冊（上）	摺扇面	紙	設色	不詳		台北 故宮博物院	故畫 03556-2

名稱	形式	質地	色彩	尺寸 高x寬cm	創作時間	收藏處所	典藏號碼
之2）							
三薇圖（各人畫扇貳冊（上）之3）	摺扇面 紙		設色	不詳		台北 故宮博物院	故畫 03556-3
西番蓮圖（各人畫扇貳冊（上）之4）	摺扇面 紙		設色	不詳		台北 故宮博物院	故畫 03556-4
米氏雲山（惲壽平畫扇面冊之1）	摺扇面 紙		水墨	17 x 51.1	丙辰（康熙十五年，1676）春	台北 故宮博物院	故畫 03571-1
百齡圖（惲壽平畫扇面冊之2）	摺扇面 紙		設色	17.3 x 48.2	乙卯（康熙十四年，1675）夏	台北 故宮博物院	故畫 03571-2
篠石古槎（惲壽平畫扇面冊之3）	摺扇面 紙		水墨	17 x 51.9		台北 故宮博物院	故畫 03571-3
學雪窗畫蘭（惲壽平畫扇面冊之4）	摺扇面 紙		設色	16.4 x 49.4		台北 故宮博物院	故畫 03571-4
水亭納涼（惲壽平畫扇面冊之5）	摺扇面 紙		設色	17.5 x 48.3		台北 故宮博物院	故畫 03571-5
擬徐崇嗣沒骨圖意蘭蕙鳶尾花（惲壽平畫扇面冊之6）	摺扇面 紙		設色	17.4 x 51.5	壬戌（康熙二十一年，1682）上春	台北 故宮博物院	故畫 03571-6
臨柯敬仲新篁澗泉（惲壽平畫扇面冊之7）	摺扇面 紙		設色	18.7 x 55		台北 故宮博物院	故畫 03571-7
萱花（惲壽平畫扇面冊之8）	摺扇面 紙		設色	17.3 x 52	庚戌（康熙九年，1670）十月	台北 故宮博物院	故畫 03571-8
臨唐寅山水（惲壽平畫扇面冊之9）	摺扇面 紙		設色	17.3 x 51	甲子（康熙二十三年，1684）夏五	台北 故宮博物院	故畫 03571-9
萱花菊石（惲壽平畫扇面冊之10）	摺扇面 紙		設色	16.3 x 51.8	庚戌（康熙九年，1670）夏日	台北 故宮博物院	故畫 03571-10
擬曹雲西小景（惲壽平畫扇面冊之11）	摺扇面 紙		水墨	18.5 x 54.7		台北 故宮博物院	故畫 03571-11
萱花秋羅（惲壽平畫扇面冊之12）	摺扇面 紙		設色	16.6 x 51.2		台北 故宮博物院	故畫 03571-12
老樹竹石（惲壽平畫扇面冊之13）	摺扇面 紙		水墨	17.9 x 52.5		台北 故宮博物院	故畫 03571-13
九華圖（惲壽平畫扇面冊之14）	摺扇面 紙		設色	18.4 x 53		台北 故宮博物院	故畫 03571-14
山溪放棹（惲壽平畫扇面冊之15）	摺扇面 紙		水墨	15.8 x 51.1		台北 故宮博物院	故畫 03571-15

名稱	形式	質地	色彩	尺寸 高×寬cm	創作時間	收藏處所	典藏號碼
老少年卉石（惲壽平畫扇面冊之16）	摺扇面	紙	設色	17.3 × 52		台北 故宮博物院	故畫 03571-16
擬癡翁山水（惲壽平畫扇面冊之17）	摺扇面	紙	水墨	16.6 × 51.6		台北 故宮博物院	故畫 03571-17
天中麗景（惲壽平畫扇面冊之18）	摺扇面	紙	設色	18.6 × 52.8		台北 故宮博物院	故畫 03571-18
撫文同長林溪屋（惲壽平畫扇面冊之19）	摺扇面	紙	水墨	17.6 × 51.8	甲寅（康熙十三年，1674）上巳	台北 故宮博物院	故畫 03571-19
重陽三友圖（惲壽平畫扇面冊之20）	摺扇面	紙	設色	17.5 × 55.5	壬子（康熙十一年，1672）重九	台北 故宮博物院	故畫 03571-20
桃花（名人書畫合冊之24）	冊頁	紙	設色	17.6 × 50.7		台北 故宮博物院	故畫 03582-24
萱花竹石（名人書畫合冊之25）	冊頁	紙	設色	15.7 × 45.8		台北 故宮博物院	故畫 03582-25
水墨荷花（惲壽平集錦冊之1）	冊頁	紙	水墨	25.4 × 29.8		台北 故宮博物院（蘭千山館寄存）	
紫藤（惲壽平集錦冊之2）	冊頁	紙	設色	22 × 29.8		台北 故宮博物院（蘭千山館寄存）	
水墨枇杷（惲壽平集錦冊之3）	冊頁	紙	水墨	22 × 34.8		台北 故宮博物院（蘭千山館寄存）	
山搽臘梅（惲壽平集錦冊之4）	冊頁	紙	設色	22 × 29.8		台北 故宮博物院（蘭千山館寄存）	
魚藻（惲壽平集錦冊之5）	冊頁	紙	水墨	25.5 × 37.2		台北 故宮博物院（蘭千山館寄存）	
青綠山水（惲壽平集錦冊之6）	冊頁	紙	青綠	22 × 29.8		台北 故宮博物院（蘭千山館寄存）	
菊花（惲壽平集錦冊之7）	冊頁	紙	水墨	26.8 × 36.8		台北 故宮博物院（蘭千山館寄存）	
桃花（惲壽平集錦冊之8）	冊頁	紙	設色	22 × 29.8		台北 故宮博物院（蘭千山館寄存）	
水墨葡萄（惲壽平集錦冊之9）	冊頁	紙	水墨	25.5 × 37		台北 故宮博物院（蘭千山館寄存）	
牡丹（惲壽平集錦冊之10）	冊頁	紙	水墨	25.5 × 37		台北 故宮博物院（蘭千山館寄存）	
設色牡丹（惲壽平集錦冊之	冊頁	紙	設色	26.5 × 38		台北 故宮博物院（蘭千山館	

名稱	形式	質地	色彩	尺寸 高x寬㎝	創作時間	收藏處所	典藏號碼
11）						寄存）	
設色菊花（惲壽平集錦冊之12）	冊頁	紙	設色	26 x 38		台北 故宮博物院（蘭千山館寄存）	
撫古山水圖（10幀）	冊頁	紙	設色	（每幀）27.5 x 20.4	丁卯（康熙二十六年，1687）長夏	台北 故宮博物院（蘭千山館寄存）	
荔枝佛手（惲壽平寫生冊之1）	冊頁	紙	設色	26 x 32.5	乙丑（康熙二十四年，1685）暮春之初	台北 故宮博物院（王世杰先生寄存）	
蓮蓬菱角（惲壽平寫生冊之2）	冊頁	紙	設色	26 x 32.5		台北 故宮博物院（王世杰先生寄存）	
絲瓜（惲壽平寫生冊之3）	冊頁	紙	設色	26 x 32.5		台北 故宮博物院（王世杰先生寄存）	
葡萄（惲壽平寫生冊之4）	冊頁	紙	設色	26 x 32.5		台北 故宮博物院（王世杰先生寄存）	
萱草紫茄（惲壽平寫生冊之5）	冊頁	紙	設色	26 x 32.5		台北 故宮博物院（王世杰先生寄存）	
石榴和栗（惲壽平寫生冊之6）	冊頁	紙	設色	26 x 32.5		台北 故宮博物院（王世杰先生寄存）	
枇杷、楊梅和桃（惲壽平寫生冊之7）	冊頁	紙	設色	26 x 32.5		台北 故宮博物院（王世杰先生寄存）	
竹笋（惲壽平寫生冊之8）	冊頁	紙	設色	26 x 32.5		台北 故宮博物院（王世杰先生寄存）	
蘿蔔（惲壽平寫生冊之9）	冊頁	紙	設色	26 x 32.5		台北 故宮博物院（王世杰先生寄存）	
豆蔻（惲壽平寫生冊之10）	冊頁	紙	設色	26 x 32.5		台北 故宮博物院（王世杰先生寄存）	
青菜（惲壽平寫生冊之11）	冊頁	紙	水墨	26 x 32.5		台北 故宮博物院（王世杰先生寄存）	
芋、薑和百合（惲壽平寫生冊之12）	冊頁	紙	水墨	26 x 32.5		台北 故宮博物院（王世杰先生寄存）	
仿黃鶴山樵夏山圖（惲壽平仿古山水冊之1）	冊頁	紙	水墨	30.6 x 34.5		台北 故宮博物院（王世杰先生寄存）	
仿文湖州篔簹谷（惲壽平仿古山水冊之2）	冊頁	紙	水墨	30.6 x 34.5		台北 故宮博物院（王世杰先生寄存）	
擬徐幼文雲崖飛瀑圖（惲壽	冊頁	紙	水墨	30.6 x 34.5		台北 故宮博物院（王世杰先生	

名稱	形式	質地	色彩	尺寸 高x寬㎝	創作時間	收藏處所	典藏號碼
平仿古山水冊之 3）						寄存）	
仿惠崇筆意山水（惲壽平仿古山水冊之 4）	冊頁	紙	水墨	30.6 x 34.5		台北 故宮博物院（王世杰先生寄存）	
擬倪高士萬壑爭流（惲壽平仿古山水冊之 5）	冊頁	紙	水墨	30.6 x 34.5		台北 故宮博物院（王世杰先生寄存）	
擬黃大癡萬竿煙翠（惲壽平仿古山水冊之 6）	冊頁	紙	水墨	30.6 x 34.5		台北 故宮博物院（王世杰先生寄存）	
詩意山水（惲壽平仿古山水冊之 7）	冊頁	紙	設色	30.6 x 34.5		台北 故宮博物院（王世杰先生寄存）	
擬董思翁筆意（惲壽平仿古山水冊之 8）	冊頁	紙	水墨	30.6 x 34.5		台北 故宮博物院（王世杰先生寄存）	
山水（惲壽平仿古山水冊之 9）	冊頁	紙	水墨	30.6 x 34.5		台北 故宮博物院（王世杰先生寄存）	
臨江貫道雪漁圖（惲壽平仿古山水冊之 10）	冊頁	紙	水墨	30.6 x 34.5		台北 故宮博物院（王世杰先生寄存）	
仿古山水圖	冊頁	紙	水墨	38 x 27		台北 黃君璧白雲堂	
擬曹知白樹石圖	摺扇面	金箋	水墨	16.5 x 50.5		香港 香港藝術館	FA1991.058
山水圖（12 幀）	冊	紙	設色	24.6 x 31.3	丁卯（康熙二十六年，1687）新春	香港 趙從衍先生	
春梅圖	冊頁	紙	設色	24.6 x 31.3		香港 趙從衍先生	
仿元人墨花圖	冊頁	紙	水墨	32.6 x 25.7		香港 莫華釗承訓堂	92a
二果圖	冊頁	絹	設色	30.9 x 25.4		香港 莫華釗承訓堂	92b
仿李成千巖飛雪圖	摺扇面	紙	設色	20.3 x 57.6		香港 莫華釗承訓堂	K92.61
戲學米虎兒雲山圖（惲壽平山水圖冊之 1）	冊頁	紙	水墨	15.7 x 37.1		香港 何耀光至樂樓	
谿聲喧人（惲壽平山水圖冊之 2）	冊頁	紙	水墨	15.7 x 37.1		香港 何耀光至樂樓	
層巒叠巘（惲壽平山水圖冊之 3）	冊頁	紙	水墨	15.7 x 37.1		香港 何耀光至樂樓	
撫梅花庵主（惲壽平山水圖冊之 4）	冊頁	紙	水墨	15.7 x 37.1		香港 何耀光至樂樓	
仿曹雲西（惲壽平山水圖冊之 5）	冊頁	紙	水墨	15.7 x 37.1		香港 何耀光至樂樓	
學曹雲西法（惲壽平山水圖冊	冊頁	紙	水墨	15.7 x 37.1		香港 何耀光至樂樓	

名稱	形式	質地	色彩	尺寸 高x寬 ㎝	創作時間	收藏處所	典藏號碼
之6）							
遠水雲山（惲壽平山水圖冊之7）	冊頁	紙	水墨	15.7 x 37.1		香港 何耀光至樂樓	
仿柯丹丘法（惲壽平山水圖冊之8）	冊頁	紙	水墨	15.7 x 37.1		香港 何耀光至樂樓	
馬和之柳圖（惲壽平山水圖冊之9）	冊頁	紙	水墨	15.7 x 37.1		香港 何耀光至樂樓	
學黃鶴山樵（惲壽平山水圖冊之10）	冊頁	紙	水墨	15.7 x 37.1		香港 何耀光至樂樓	
煙江叠嶂意（惲壽平山水圖冊之11）	冊頁	紙	水墨	15.7 x 37.1		香港 何耀光至樂樓	
梅沙彌叢篠（惲壽平山水圖冊之12）	冊頁	紙	水墨	15.7 x 37.1		香港 何耀光至樂樓	
臨董源溪山圖（惲壽平王翬山水圖合璧冊之2）	冊頁	絹	水墨	34.3 x 27.6		香港 劉作籌虛白齋	81b
仿趙令穰柳汀圖（惲壽平王翬山水圖合璧冊之4）	冊頁	絹	設色	33.4 x 27.8		香港 劉作籌虛白齋	81d
枯木竹石圖（惲壽平王翬山水圖合璧冊之6）	冊頁	絹	水墨	33.4 x 27		香港 劉作籌虛白齋	81f
山水圖（惲壽平王翬山水圖合璧冊之8）	冊頁	絹	水墨	34.2 x 28.2		香港 劉作籌虛白齋	81h
山水圖（惲壽平王翬山水圖合璧冊之10）	冊頁	絹	水墨	33.4 x 28.7		香港 劉作籌虛白齋	81j
雪景山水圖（惲壽平王翬山水圖合璧冊之12）	冊頁	絹	水墨	33.9 x 27.8		香港 劉作籌虛白齋	81l
花卉圖（？幀）	冊	紙	設色	不詳	庚申（康熙十九年，1680）長至	香港 王南屏先生	
菊花圖	摺扇面	紙	設色	不詳	庚申（康熙十九年，1680）	長春 吉林省博物館	
山水圖	摺扇面	紙	設色	不詳		長春 吉林省博物館	
仿荊關山水圖	摺扇面	紙	水墨	不詳		長春 吉林省博物館	
國香春霽圖	摺扇面	紙	設色	不詳		長春 吉林省博物館	
奇樹圖（清王時敏等山水冊9之1幀）	冊頁	紙	設色	30.5 x 26.5		長春 吉林省博物館	

名稱	形式	質地	色彩	尺寸 高×寬cm	創作時間	收藏處所	典藏號碼
山水圖（8幀）	冊	絹	設色	（每幀）25 × 33		瀋陽 故宮博物院	
蘭石圖	摺扇面	紙	水墨	不詳		瀋陽 遼寧省博物館	
仿黃鶴山樵聽泉圖（清惲壽平等山水花鳥冊10之第1幀）	冊頁	金箋	設色	23.2 × 13.4	（庚戌，康熙九年，1670）	瀋陽 遼寧省博物館	
花果圖（10幀）	冊	紙	設色	（每幀）26.3 × 35.7		旅順 遼寧省旅順博物館	
花卉圖（10幀）	冊	紙	設色	（每幀）27.5 × 35.2	乙巳（康熙四年，1665）	北京 故宮博物院	
劍門圖	摺扇面	紙	水墨	17 × 52.2	庚戌（康熙九年，1670）夏六月	北京 故宮博物院	
秋林書屋圖	摺扇面	紙	設色	不詳	壬子（康熙十一年，1672）	北京 故宮博物院	
山水、花鳥圖（10幀）	冊	紙	設色	（每幀）27.3 × 39	乙卯（康熙十四年，1675）	北京 故宮博物院	
仿高尚書夏山過雨圖	摺扇面	紙	水墨	不詳	乙卯（康熙十四年，1675）閏五月	北京 故宮博物院	
菊花圖（為良士作）	摺扇面	紙	設色	17.9 × 55.2	丙辰（康熙十五年，1676）秋夜	北京 故宮博物院	
踏梅尋春圖（清六大家山水冊12之1幀）	冊頁	紙	設色	不詳	丁巳（康熙十六年，1677）夏	北京 故宮博物院	
仿癡翁山水圖（清六大家山水冊12之1幀）	冊頁	紙	設色	不詳		北京 故宮博物院	
喬松盤石圖	摺扇面	紙	水墨	不詳	戊午（康熙十七年，1678）	北京 故宮博物院	
寒林煙岫圖	摺扇面	金箋	水墨	16.9 × 51.4	庚申（康熙十九年，1680）	北京 故宮博物院	
送別圖（為東令作）	摺扇面	紙	設色	不詳	庚申（康熙十九年，1680）春	北京 故宮博物院	
山水圖（為石庵作）	摺扇面	紙	水墨	不詳	庚申（康熙十九年，1680）秋	北京 故宮博物院	
撫古桃花圖（八家壽意圖冊8之1幀）	冊頁	紙	設色	不詳	庚申（康熙十九年，1680）長夏	北京 故宮博物院	
寫生花卉圖（10幀）	冊	紙	設色	（每幀）25.5	乙丑（康熙二十四	北京 故宮博物院	

名稱	形式	質地	色彩	尺寸 高x寬cm	創作時間	收藏處所	典藏號碼
				x 34.8	年，1685）		
雪景山水圖	摺扇面	紙	水墨	不詳	乙丑（康熙二十四年，1685）春	北京 故宮博物院	
石榴花圖	摺扇面	紙	設色	18.2 x 52.2	乙丑（康熙二十四年，1685）	北京 故宮博物院	
菊花圖	摺扇面	紙	設色	不詳	丙寅（康熙二十五年，1686）天中	北京 故宮博物院	
花卉圖（8幀）	冊	紙	設色	（每幀）26.7 x 33.5	丁卯（康熙二十六年，1687）冬日	北京 故宮博物院	
花鳥圖（12幀）	冊	紙	設色	（每幀）21.5 x 27.2	己巳（康熙二十八年，1689）	北京 故宮博物院	
牡丹圖	摺扇面	紙	設色	不詳	己巳（康熙二十八年，1689）小春	北京 故宮博物院	
山水圖（10幀）	冊	紙	水墨	不詳		北京 故宮博物院	
仿古山水圖（10幀）	冊	紙	設色	（每幀）23.3 x 30.6		北京 故宮博物院	
山水、花卉圖（12幀）	冊	紙	設色	（每幀）22.8 x 34.6		北京 故宮博物院	
花卉、山水（？幀）	冊	紙	設色、水墨	（每幀）27.5 x 35.2		北京 故宮博物院	
花卉圖（10幀）	冊	紙	設色	（每幀）27 x 39.2		北京 故宮博物院	
花卉、山水圖（8幀）	冊	紙	設色	不詳		北京 故宮博物院	
花卉、山水圖（10幀，惲壽平、王翬合冊）	冊	紙	水墨	不詳		北京 故宮博物院	
戲擬董雲山水圖（四王吳惲集冊17之1幀）	冊頁	紙	設色	不詳		北京 故宮博物院	
擬丹丘生喬柯竹石圖（四王吳惲集冊17之1幀）	冊頁	紙	設色	不詳		北京 故宮博物院	
山水圖	摺扇面	紙	設色	17 x 51		北京 故宮博物院	
水樹圖	摺扇面	紙	水墨	17 x 51.8		北京 故宮博物院	
牡丹圖	摺扇面	紙	設色	17.5 x 52.9		北京 故宮博物院	
煙山蕭寺圖	摺扇面	紙	設色	16 x 51.5		北京 故宮博物院	
梧竹書堂圖	摺扇面	紙	設色	17 x 51.3		北京 故宮博物院	

名稱	形式	質地	色彩	尺寸 高x寬cm	創作時間	收藏處所	典藏號碼
寒山圖	摺扇面 紙		水墨	16.3 x 50.5		北京 故宮博物院	
虞美人圖	摺扇 紙		設色	17.5 x 51.2		北京 故宮博物院	
罌粟花圖	摺扇面 紙		設色	15.9 x 50.6		北京 故宮博物院	
夏山過雨圖	摺扇面 紙		水墨	17.1 x 52		北京 故宮博物院	
紫藤圖	摺扇面 紙		設色	17.7 x 53		北京 故宮博物院	
雜畫（8幀）	冊 紙		水墨	（每幀）19.4 x 31.2		北京 中國歷史博物館	
仿文徵明蘭石圖	摺扇面 紙		水墨	17 x 56		北京 中國歷史博物館	
桃花圖	摺扇面 紙		設色	不詳		北京 中國歷史博物館	
花卉圖（書畫集錦冊14之1幀）	冊頁 絹		設色	不詳		北京 中國歷史博物館	
山水圖	摺扇面 紙		設色	不詳		北京 首都博物館	
蔬果圖扇面（3幀，為彝兄作）	冊 紙		設色	（每幀）17.4 x 51.7	康熙甲寅（十三年，1674）六月	北京 首都博物館	
山水（12幀）	冊 紙		設色	（每幀）34.3 x 28.7	甲子（康熙二十三年，1684）至乙丑（二十四年，1685）	北京 首都博物館	
撫子久富春山圖一角（為澹庵作，山水合璧冊12之1幀）	冊頁 紙		水墨	27.4 x 30		北京 中央工藝美術學院	
山水、花卉圖（7幀）	冊 紙		設色	不詳	甲子（康熙二十三年，1684）、乙丑（康熙二十五年）	天津 天津市藝術博物館	
花果、蔬菜圖（6幀）	冊 絹		設色	（每幀）26.1 x 19.9	乙丑（康熙二十五年，1685）	天津 天津市藝術博物館	
山水、花卉圖（8幀）	冊 紙		設色	（每幀）28.2 x 40.8		天津 天津市藝術博物館	
花卉圖（10幀）	冊 紙		設色	（每幀）22.8 x 28.5		天津 天津市藝術博物館	
竹石圖	摺扇面 紙		設色	不詳		天津 天津市藝術博物館	
仙桂新枝圖	摺扇面 粉箋		設色	不詳	丁卯康熙（二十六年，1687）麥秋	合肥 安徽省博物館	
紅桃青柳圖	摺扇面 粉箋		設色	不詳		合肥 安徽省博物館	
吉祥杵圖	摺扇面 紙		設色	不詳	丙午（康熙五年，1666）	上海 上海博物館	

名稱	形式	質地	色彩	尺寸 高x寬㎝	創作時間	收藏處所	典藏號碼
野草雜英圖（為半園作）	摺扇面	紙	設色	不詳	己酉（康熙八年，1669）夏五月	上海 上海博物館	
石榴圖（王翬為題）	摺扇面	紙	設色	不詳	辛亥（康熙十年，1671）秋九月	上海 上海博物館	
桃柳圖	摺扇面	紙	設色	不詳	癸丑（康熙十二年，1673）暮春之初	上海 上海博物館	
山水合（8幀，惲壽平、王翬合作）	冊	紙	水墨	（每幀）23 x 15	癸丑（康熙十二年，1673）	上海 上海博物館	
藻影魚戲圖（為梅翁作）	摺扇面	紙	設色	不詳	乙卯（康熙十四年，1675）閏五月	上海 上海博物館	
九華佳色圖	摺扇面	紙	設色	不詳	丙辰（康熙十五年，1676）九月	上海 上海博物館	
仿古山水（10幀）	冊	紙	設色	（每幀）19.3 x 26.2	丁巳（康熙十六年，1677）冬	上海 上海博物館	
花卉（10幀）	冊	絹	設色	（每幀）20.4 x 29.2	丁巳（康熙十六年，1677）	上海 上海博物館	
雙鳳花圖	摺扇面	紙	設色	不詳	庚申（康熙十九年，1680）秋八月	上海 上海博物館	
菊花圖并自題詩	摺扇面	紙	設色	不詳	庚申（康熙十九年，1680）秋十月	上海 上海博物館	
香林紫雪圖（為誦老作）	摺扇面	紙	設色	不詳	壬戌（康熙二十一年，1682）春	上海 上海博物館	
錦石秋花圖	摺扇面	紙	設色	不詳	壬戌（康熙二十一年，1682）	上海 上海博物館	
寒香晚翠圖	摺扇面	紙	設色	不詳	癸亥（康熙二十二年，1683）初冬	上海 上海博物館	
仿古山水圖（12幀）	冊	紙	設色	（每幀）26.1 x 32.6	甲子（康熙二十三年，1684）長夏	上海 上海博物館	
春花圖（8幀）	冊	紙	設色	（每幀）26.3 x 35.7	乙丑（康熙二十四年，1685）	上海 上海博物館	
櫻桃圖	摺扇面	紙	設色	不 詳	丙寅（康熙二十五年，1686）	上海 上海博物館	
花卉圖（8幀）	冊	絹	設色	（每幀）29.9 x 22.2	丙寅（康熙二十五年，1686）小春	上海 上海博物館	

名稱	形式	質地	色彩	尺寸 高×寬cm	創作時間	收藏處所	典藏號碼
山水合璧（12幀，惲壽平、王翬合作）	冊	紙	設色	（每幀）27.2 × 36 不等	戊辰（康熙二十七年，1688）	上海 上海博物館	
仙杏圖	摺扇面	紙	設色	不詳	己巳（康熙二十八年，1689）初夏	上海 上海博物館	
洞庭木落圖（王翬等山水冊8之第1幀）	冊頁	紙	水墨	26.5 × 35.7		上海 上海博物館	
仿趙文敏水村圖（王翬等山水冊8之第2幀）	冊頁	紙	水墨	26.5 × 35.7		上海 上海博物館	
仿董宗伯臨一峰小幀（王翬等山水冊8之第3幀）	冊頁	紙	水墨	26.5 × 35.7		上海 上海博物館	
倪元鎮小景圖（王翬等山水冊8之第4幀）	冊頁	紙	水墨	26.5 × 35.7		上海 上海博物館	
山水（8幀）	冊	金箋	水墨	（每幀）23.5 × 21		上海 上海博物館	
山水（10幀）	冊	紙	設色	（每幀）27.1 × 35.9		上海 上海博物館	
山水、花卉（10幀）	冊	紙	水墨	（每幀）31 × 26		上海 上海博物館	
仿古山水（8幀）	冊	紙	設色	（每幀）19 × 22		上海 上海博物館	
仿古山水（12幀）	冊	紙	水墨	（每幀）23.8 × 34.3		上海 上海博物館	
花鳥雜畫（12幀）	冊	絹	設色	（每幀）30.4 39.9		上海 上海博物館	
天中麗景圖	摺扇面	紙	設色	不詳		上海 上海博物館	
木瓜花圖	摺扇面	紙	設色	不詳		上海 上海博物館	
石榴圖	摺扇面	紙	設色	不詳		上海 上海博物館	
牡丹圖	摺扇面	紙	設色	不詳		上海 上海博物館	
香林紫雪圖	摺扇面	紙	設色	不詳		上海 上海博物館	
圃花圖	摺扇面	紙	設色	不詳		上海 上海博物館	
菊花圖	摺扇面	紙	設色	不詳		上海 上海博物館	
落花游魚圖	摺扇面	紙	設色	不詳		上海 上海博物館	
錦石秋華圖	摺扇面	紙	設色	不詳		上海 上海博物館	
錦石秋容圖	摺扇面	紙	設色	不詳		上海 上海博物館	

名稱	形式	質地	色彩	尺寸 高x寬cm	創作時間	收藏處所	典藏號碼
臘梅松樹圖	摺扇面	紙	設色	不詳		上海 上海博物館	
罌粟花圖	摺扇面	紙	設色	不詳		上海 上海博物館	
臨范安仁落花游魚圖（名筆集勝圖冊 12 之第 4 幀）	冊頁	紙	設色	約 23.9 x 32.8		上海 上海博物館	
雜畫（10 幀）	冊	紙、絹	設色	（每幀）32.6 x 23		上海 上海人民美術出版社	
山水花鳥圖（10 幀）	冊	紙	設色、水墨	（每幀）23.5 x 30.8	乙卯（康熙十四年，1675）十月	南京 南京博物院	
仿古山水圖（8 幀）	冊	紙	水墨	（每幀）26.8 x 40.5	乙丑（康熙二十四年，1685）臘月	南京 南京博物院	
寫生花卉竹石圖（10 幀）	冊	紙	設色	（每幀）23.5 x 30.8		南京 南京博物院	
茹蔬圖	摺扇面	金箋	水墨	（每幀）16.8 x 49.5		南京 南京博物院	
蔬果圖（4 幀）	冊	絹	設色	（每幀）22.4 x 33.5	乙丑（康熙二十四年，1685）	常州 江蘇省常州市博物館	
山水圖（10 幀）	冊	紙	設色	（每幀）26 x 19	庚戌（康熙九年，1670)春	無錫 江蘇省無錫市博物館	
花卉圖（2 幀）	冊頁	紙	設色	22 x 28.8；28 x 32.2		無錫 江蘇省無錫市博物館	
綠陰書屋圖	摺扇面	紙	設色	16 x 48.2		無錫 江蘇省無錫市博物館	
山水圖（四王、吳、惲山水合冊 20 之 4 幀）	冊頁	紙	水墨	（每幀）32.2 x 14.3 不等		蘇州 江蘇省蘇州博物館	
山水、花卉圖（14 幀）	冊	紙	設色	（每幀）23.1 x 27		蘇州 江蘇省蘇州博物館	
松石圖	摺扇面	金箋	水墨	不詳		湖州 浙江省湖州市博物館	
花卉圖（12 幀）	冊	絹	設色	（每幀）32.5 x 27		長沙 湖南省博物館	
花果圖（8 幀）	冊	絹	設色	（每幀）31.5 x 17		廣州 廣東省博物館	
菊花圖	摺扇面	紙	水墨	18 x 51		廣州 廣東省博物館	
花卉圖（8 幀）	冊	紙	設色	（每幀）26.5 x 38		廣州 廣州市美術館	
花卉圖（8 幀）	冊	紙	設色	（每幀）27.2		南寧 廣西壯族自治區博物館	

名稱	形式	質地	色彩	尺寸 高x寬cm	創作時間	收藏處所	典藏號碼
				x 36.7			
梧桐庭院圖	摺扇面	紙	設色	不詳		南寧 廣西壯族自治區博物館	
荷花圖	摺扇面	紙	設色	不詳		南寧 廣西壯族自治區博物館	
畫扇（癸冊，12幀）	冊	紙	設色、水墨	不詳		日本 東京橋本辰二郎先生	
畫扇（壬冊，12幀）	冊	紙	設色、水墨	不詳		日本 東京橋本辰二郎先生	
畫扇（辛冊，13幀）	冊	紙	不詳	不詳		日本 東京橋本辰二郎先生	
畫扇（庚冊，13幀）	冊	紙	設色、水墨	不詳		日本 東京橋本辰二郎先生	
畫扇（己冊，14幀）	冊	紙	設色、水墨	不詳		日本 東京橋本辰二郎先生	
新篁圖（惲壽平書畫扇冊之1）	冊頁	紙	設色	18.7 x 53.3		日本 京都國立博物館（上野有竹齋寄贈）	A甲177
山水圖（惲壽平書畫扇冊之2）	冊頁	紙	設色	17.8 x 52.3		日本 京都國立博物館（上野有竹齋寄贈）	
仿米海岳圖（惲壽平書畫扇冊之3）	冊頁	紙	水墨	16.8 x 48.5		日本 京都國立博物館（上野有竹齋寄贈）	
山水圖（惲壽平書畫扇冊之4）	冊頁	紙	設色	18.6 x 55.5		日本 京都國立博物館（上野有竹齋寄贈）	
雲山圖（惲壽平書畫扇冊之5）	冊頁	紙	水墨	16.2 x 50.9		日本 京都國立博物館（上野有竹齋寄贈）	
山水圖（惲壽平書畫扇冊之6）	冊頁	紙	水墨	16.8 x 48.5		日本 京都國立博物館（上野有竹齋寄贈）	
林壑幽居圖（惲壽平書畫扇冊之7）	冊頁	紙	設色	16.9 x 52		日本 京都國立博物館（上野有竹齋寄贈）	
梅溪泛月圖（惲壽平書畫扇冊之8）	冊頁	紙	設色	17.1 x 52.5		日本 京都國立博物館（上野有竹齋寄贈）	
仿王紱雙松圖（惲壽平書畫扇冊之9）	冊頁	紙	設色	17.5 x 52		日本 京都國立博物館（上野有竹齋寄贈）	
紅梅松枝圖（惲壽平書畫扇冊之10）	冊頁	紙	設色	18.6 x 56.4		日本 京都國立博物館（上野有竹齋寄贈）	
叢花砌草圖（惲壽平書畫扇冊之11）	冊頁	紙	設色	19 x 55.5		日本 京都國立博物館（上野有竹齋寄贈）	

名稱	形式	質地	色彩	尺寸 高x寬cm	創作時間	收藏處所	典藏號碼
秋華艷草圖（惲壽平書畫扇冊之12）	冊頁	紙	設色	19.5 x 51		日本 京都國立博物館（上野有竹齋寄贈）	
牡丹圖（惲壽平書畫扇冊之13）	冊頁	紙	設色	17.8 x 54.8		日本 京都國立博物館（上野有竹齋寄贈）	
墨菊圖（惲壽平書畫扇冊之14）	冊頁	紙	水墨	17.5 x 53.9		日本 京都國立博物館（上野有竹齋寄贈）	
書畫扇面（15幀）	冊	紙	水墨、設色	（每幀）17.6 x 53.7不等		日本 京都國立博物館	A甲177
山水（10幀）	冊	紙	設色	（每幀）29.5 x 43	丁卯（康熙二十六年，1687）臘月	日本 京都泉屋博古館	
模趙孟頫魚藻圖	冊頁	紙	設色	23.1 x 29.3		日本 京都泉屋博古館	
擬宋人意枯枝紅雀圖	冊頁	紙	設色	23 x 29.3		日本 京都泉屋博古館	
桃花畫眉圖	冊頁	紙	設色	23 x 29.8		日本 京都泉屋博古館	
臨宋人鵪鶉花卉圖	冊頁	紙	設色	22.8 x 29.3		日本 京都泉屋博古館	
菊花圖	冊頁	紙	設色	22.7 x 29		日本 京都泉屋博古館	
牡丹圖	冊頁	紙	設色	22.7 x 29		日本 京都泉屋博古館	
鳳仙花圖	冊頁	紙	設色	22.7 x 29		日本 京都泉屋博古館	
芙蓉圖	冊頁	紙	設色	24.2 x 29.6		日本 京都泉屋博古館	
梅竹小禽圖	冊頁	紙	設色	22.7 x 29		日本 京都泉屋博古館	
鳥捕蜻蜓圖	冊頁	紙	設色	23.1 x 29.5		日本 京都泉屋博古館	
罌粟花圖	摺扇面	紙	設色	27.5 x 52.6		日本 京都泉屋博古館	
花卉（菊花）	冊頁	紙	設色	不詳		日本 京都飯田新七先生	
菊花圖（12幀）	冊	絹	設色	39.7 x 23.6		日本 大阪橋本大乙先生	
花卉（12幀）	冊	紙	設色	（每幀）27.5 x 43		日本 大阪市立美術館	
山水、花卉扇面（68幀）	冊	紙	設色	不詳		日本 長崎縣橋本辰二郎先生	
花卉圖扇面（6幀）	摺扇面	紙	設色	（每幀）17.4 x 49.5		日本 岡山市藤原祥宏先生	
山水花卉（8幀）	冊	紙	設色	（每幀）29.1 x 45.5		日本 兵庫縣黑川古文化研究所	
花卉圖	冊頁	紙	設色	34.2 x 32.6		韓國 首爾月田美術館	
撫劉寀落花戲魚圖	摺扇面	紙	設色	17.8 x 51.8		韓國 首爾湖巖美術館	13-156
山水圖	摺扇面	紙	設色	16.1 x 49.4		韓國 私人	
仿曹雲西疏柳蘆汀圖（仿古	冊頁	紙	設色	不詳		美國 哈佛大學福格藝術館	1968.33

名稱	形式	質地	色彩	尺寸 高x寬cm	創作時間	收藏處所	典藏號碼
山水圖冊之1）							
背臨鷗波老人華溪漁隱圖（仿古山水圖冊之2）	冊頁	紙	設色	不詳		美國 哈佛大學福格藝術館	
撫巨然煙浮遠岫圖意山水（仿古山水圖冊之3）	冊頁	紙	設色	不詳		美國 哈佛大學福格藝術館	
仿米虎兒瀟湘圖意山水（仿古山水圖冊之4）	冊頁	紙	水墨	不詳		美國 哈佛大學福格藝術館	
學李晞古雲崖飛瀑圖（仿古山水圖冊之5）	冊頁	紙	設色	不詳		美國 哈佛大學福格藝術館	
仿黃鶴山樵秋山蕭寺意山水（仿古山水圖冊之6）	冊頁	紙	設色	不詳		美國 哈佛大學福格藝術館	
秋林山影摹倪迂翁真跡（仿古山水圖冊之7）	冊頁	紙	水墨	不詳		美國 哈佛大學福格藝術館	
仿梅華庵主筆意山水（仿古山水圖冊之8）	冊頁	紙	水墨	不詳	癸丑（康熙十二年，1673）冬至後十日	美國 哈佛大學福格藝術館	
山水（清七家扇面合冊之第6）	摺扇面	紙	水墨	不詳		美國 波士頓美術館	
東園墨戲（12幀）	冊	紙	水墨	（每幀）22.7 x 18.4	甲辰（康熙三年，1664）臘月八日	美國 New Haven 翁萬戈先生	
花卉圖	摺扇面	紙	設色	14.8 x 48		美國 普林斯頓大學藝術館	78-25
秋海棠圖（為祖錫作）	摺扇面	紙	設色	17.2 x 52.2		美國 普林斯頓大學藝術館	58-45
桃花圖（為午老作）	摺扇面	紙	設色	18.7 x 52.5	丙寅（康熙二十五年，1686）三月	美國 普林斯頓大學藝術館	58-46
雜畫（9幀）	冊	紙	水墨、設色	（每幀）26.7 x 59.3	癸丑（康熙十二年，1673）冬夜	美國 普林斯頓大學藝術館	
山水圖（8幀）	冊	紙	水墨、設色	（每幀）27.2 x 42.2		美國 普林斯頓大學藝術館（Edward Elliott 先生寄存）	L137.71
米法山水圖	摺扇面	紙	水墨	17 x 52		美國 紐約大都會藝術博物館	13.100.41
紫薇圖	冊頁	紙	設色	21.8 x 30.5		美國 紐約大都會藝術博物館	1989.363.145
菊花圖	冊頁	紙	設色	21.8 x 31.3		美國 紐約大都會藝術博物館	1989.363.146
山水圖（8幀）	冊	絹	水墨、設色	（每幀）32.5 x 26.5		美國 紐約顙洛阜先生	
花卉圖	摺扇面	紙	設色	17.2 x 50.7		美國 紐約顧洛阜先生	

名稱	形式	質地	色彩	尺寸 高x寬cm	創作時間	收藏處所	典藏號碼
仿黃公望山水圖	摺扇面	紙	設色	16.8 x 46.8		美國 紐約 Mr. & Mrs Weill	
折枝花卉圖	摺扇面	紙	設色	19.1 x 51.5		美國 印地安那波里斯市藝術博物館	1990.8
寒林圖（扇面圖冊之1）	摺扇面	金箋	水墨	19.5 x 55.7		美國 印地安那波里斯市藝術博物館	73.61.1
菊花圖	摺扇面	金箋	設色	20.2 x 60.5		美國 堪薩斯市納爾遜-艾金斯藝術博物館	F68-34
桃花（寫生花卉圖冊之1）	冊頁	絹	設色	24.5 x 29.1		美國 堪薩斯市納爾遜-艾金斯藝術博物館	58-50a
竹石（寫生花卉圖冊之2）	冊頁	絹	設色	24.5 x 29.1		美國 堪薩斯市納爾遜-艾金斯藝術博物館	58-50b
李花（寫生花卉圖冊之3）	冊頁	絹	設色	24.5 x 29.1		美國 堪薩斯市納爾遜-艾金斯藝術博物館	58-50c
豆花竹石（寫生花卉圖冊之4）	冊頁	絹	設色	24.5 x 29.1		美國 堪薩斯市納爾遜-艾金斯藝術博物館	58-50d
桂花（寫生花卉圖冊之5）	冊頁	絹	設色	24.5 x 29.1		美國 堪薩斯市納爾遜-艾金斯藝術博物館	58-50e
歲寒三友（寫生花卉圖冊之6）	冊頁	絹	設色	24.5 x 29.1		美國 堪薩斯市納爾遜-艾金斯藝術博物館	58-50f
仿古山水（4幀）	冊	紙	設色	（每幀）22.8 x 27.8	己酉（康熙八年，1669）三月	美國 舊金山亞洲藝術館	B69 D42a-d
虞美人圖（罌粟花）	摺扇面	紙	設色	19 x 56.5		美國 舊金山亞洲藝術館	B83 D5
山水、花卉圖（10幀）	冊	紙	水墨、設色	（每幀）22.1 x 31.5		美國 勃克萊加州大學藝術館（高居翰教授寄存）	CC184
靈芝圖	冊頁	紙	水墨	22 x 24.8		美國 勃克萊加州大學藝術館（高居翰教授寄存）	CC185B
墨竹圖	冊頁	紙	水墨	22 x 24.8		美國 勃克萊加州大學藝術館（高居翰教授寄存）	CC185B
山水圖	冊頁	紙	水墨	26.5 x 17.1		美國 加州史坦福大學藝術博物館	83.248.1-3
仿倪瓚萬橫香雪圖	摺扇面	紙	設色	17.3 x 51.2		美國 加州 Richard Vinograd 先生	
山水圖（10幀）	冊	紙	設色	（每幀）28.8 x 26		美國 加州曹仲英先生	

名稱	形式	質地	色彩	尺寸 高x寬cm	創作時間	收藏處所	典藏號碼
寫生茄子圖	摺扇面	紙	設色	17.8 x 52.4		美國 夏威夷火魯奴奴藝術學院	3177.1
仿劉寀落花游魚圖	摺扇面	紙	設色	16.1 x 51.2		美國 火魯奴奴 Hutchinson 先生	
花卉圖（12幀）	冊	紙	設色	（每幀）24.9 x 29.7		美國 私人	
藤花圖	摺扇面	紙	設色	17.9 x 52.2	甲子（康熙二十三年，1684）春月	英國 倫敦大英博物館	1952.11.8.07（ADD280）
花卉圖	摺扇面	紙	水墨	18.2 x 54		德國 柏林東亞藝術博物館	1988-342
秋芳圖	摺扇面	紙	設色	15.7 x 52.8		德國 柏林東亞藝術博物館	1988-342
山水圖	摺扇面	紙	水墨	18.3 x 54.7		德國 柏林東亞藝術博物館	1988-344
山水圖	摺扇面	紙	水墨	17.9 x 51		德國 柏林東亞藝術博物館	1988-345
山水圖	摺扇面	紙	設色	16.5 x 53.1		德國 柏林東亞藝術博物館	1988-346
山水圖（清人山水圖冊之4）	冊頁	藍箋	泥金	22.1 x 15.1		德國 科隆東亞西亞藝術館	A61.2-5
山水圖	摺扇面	金箋	水墨	16.6 x 50.7		德國 科隆東亞西亞藝術館	A55.27
雞冠花圖	摺扇面	紙	設色	17.5 x 54.3		瑞士 蘇黎士黎得堡博物館	
菊花圖	摺扇面	紙	設色	17.8 x 57		瑞士 蘇黎士黎得堡博物館	
附：							
摹黃公望富春山圖部分（惲壽平、王翬合作）	卷	紙	水墨	28.3 x 64.8	甲寅（康熙十三年，1674）春二月	紐約 佳士得藝品拍賣公司/拍賣目錄 1987,06,03.	
折枝蘭花	卷	絹	設色	24 x 91.5		紐約 佳士得藝品拍賣公司/拍賣目錄 1992,12,02.	
荷花圖	卷	絹	設色	20.5 x 150.5		紐約 佳士得藝品拍賣公司/拍賣目錄 1993,12,01.	
仿惠崇柳汀圖	卷	紙	設色	22.1 x 82.6		紐約 佳士得藝品拍賣公司/拍賣目錄 1994,06,01.	
秋林深趣圖	卷	紙	設色	29.5 x 501.6	甲子（康熙二十三年，1684）酷暑	紐約 佳士得藝品拍賣公司/拍賣目錄 1996,03,27.	
瑤臺珠樹圖（王翬、惲壽平合作）	軸	絹	設色	202 x 51		天津 天津市文物公司	
擬松雪漁隱圖	軸	紙	水墨	56 x 26	乙卯（康熙十四年，1675）初夏	上海 朵雲軒	
枯木竹石圖	軸	紙	水墨	94 x 39.8		上海 上海文物商店	
叢林竹石圖	軸	紙	水墨	90 x 44	癸卯（康熙二年，	無錫 無錫市文物商店	

名稱	形式	質地	色彩	尺寸 高x寬cm	創作時間	收藏處所	典藏號碼
					1663）		
虬松竹石圖	軸	紙	設色	127 × 58.7	戊辰（康熙二十七年，1688）九月	紐約 蘇富比藝品拍賣公司/拍賣目錄1981,05,08.	
花卉圖	軸	紙	設色	127 × 59		紐約 佳士得藝品拍賣公司/拍賣目錄1983,11,30.	
牡丹圖	軸	絹	設色	124.5 × 63		紐約 蘇富比藝品拍賣公司/拍賣目錄1984,12,05.	
杏花白鴿圖	軸	紙	設色	99 × 43		紐約 佳仕得藝品拍賣公司/拍賣目錄1986,12,01.	
江村漁樂圖	軸	紙	設色	116.2 × ?		紐約 佳仕得藝品拍賣公司/拍賣目錄1986,12,01.	
古木竹石圖	軸	紙	水墨	125.7 × 54.5		紐約 佳士得藝品拍賣公司/拍賣目錄1987,06,03.	
谿南雙樹圖	軸	紙	水墨	76.2 × 37.4		紐約 佳士得藝品拍賣公司/拍賣目錄1987,12,11.	
山水圖（煙林落葉）	軸	紙	水墨	81.6 × 27.3		紐約 蘇富比藝品拍賣公司/拍賣目錄1987,12,08.	
松梅水仙圖	軸	紙	水墨	128.3 × 50.5		紐約 蘇富比藝品拍賣公司/拍賣目錄1988,06,01.	
蓮鷺圖	軸	紙	水墨	135.2 × 58.5		紐約 佳士得藝品拍賣公司/拍賣目錄1988,11,30.	
竹溪圖	軸	絹	設色	131.5 × 47.5		紐約 佳士得藝品拍賣公司/拍賣目錄1989,06,01.	
仿倪迂修竹遠山圖（王翬、惲壽平合作）	軸	紙	水墨	101 × 33	丙寅（康熙二十五年，1686）臘月望後三日	紐約 佳士得藝品拍賣公司/拍賣目錄1989,12,04.	
松風流水圖	軸	絹	水墨	121 × 46.3		紐約 佳士得藝品拍賣公司/拍賣目錄1989,12,04.	
芝草圖	軸	紙	水墨	88 × 45.5	癸丑（康熙十二年1673）孟春	紐約 佳士得藝品拍賣公司/拍賣目錄1990,05,31.	
柳溪漁隱圖	軸	紙	水墨	42.5 × 32.5	壬戌（康熙二十一年，1682）之秋	紐約 佳士得藝品拍賣公司/拍賣目錄1990,05,31.	
溪橋煙翠	軸	紙	水墨	81.5 × 45		紐約 佳士得藝品拍賣公司/拍賣目錄1990,11,28.	

名稱	形式	質地	色彩	尺寸 高×寬cm	創作時間	收藏處所	典藏號碼
層巒煙樹圖	軸	紙	水墨	125.6 × 53.		香港 佳士得藝品拍賣公司/拍賣目錄 1991,03,18.	
高林疊嶂圖（臨黃鶴山樵）	軸	紙	設色	178 × 84.5	丁巳（康熙十六年，1677）冬	紐約 佳士得藝品拍賣公司/拍賣目錄 1991,05,29.	
靈芝圖	軸	絹	設色	78 × 31		紐約 佳士得藝品拍賣公司/拍賣目錄 1992,12,02.	
仿江貫道關山雪霽圖	軸	絹	設色	144.8 × 63.5		紐約 佳士得藝品拍賣公司/拍賣目錄 1993,06,04.	
冬景山水圖	軸	紙	水墨	68.5 × 38	甲子（康熙二十三年，1684）冬夜	紐約 佳士得藝品拍賣公司/拍賣目錄 1993,12,01.	
古木竹石圖	軸	紙	水墨	66 × 32.2		紐約 佳士得藝品拍賣公司/拍賣目錄 1993,12,01.	
梅石圖	軸	紙	水墨	68.6 × 38.7	壬子（康熙十一年，1672）上元	紐約 佳士得藝品拍賣公司/拍賣目錄 1995,09,19.	
竹石圖	軸	紙	設色	135.9 × 57.8		紐約 佳士得藝品拍賣公司/拍賣目錄 1995,09,19.	
萊菔圖	軸	絹	設色	95.2 × 40	戊辰（康熙二十七年，1688）春	紐約 佳士得藝品拍賣公司/拍賣目錄 1995,09,19.	
秋林白石圖	軸	紙	水墨	68 × 31.5		紐約 佳士得藝品拍賣公司/拍賣目錄 1995,10,29.	
撫古雙松圖	軸	紙	水墨	63.5 × 43.2		紐約 佳士得藝品拍賣公司/拍賣目錄 1996,03,27.	
端陽花卉圖（黃鼎、楊晉、惲壽平、禹之鼎、童原、馬元馭、陳枚、王武合作）	軸	紙	設色	127 × 57		香港 佳士得藝品拍賣公司/拍賣目錄 1996,04,28.	
蒼松大嶺圖	軸	紙	設色	165.5 × 66	壬子（康熙十一年，1672）春三月	香港 佳士得藝品拍賣公司/拍賣目錄 1996,04,28.	
米家雲山墨戲	軸	紙	水墨	142.2 × 58.4		紐約 佳士得藝品拍賣公司/拍賣目錄 1996,09,18.	
山水	軸	紙	水墨	87.7 × 45.1		紐約 佳士得藝品拍賣公司/拍賣目錄 1998,03,24.	
南岳松雲圖	軸	紙	設色	127.6 × 31.1	庚戌（康熙九年，1670）秋九月	香港 蘇富比藝品拍賣公司/拍賣目錄 1999,10,31.	
臨黃公望層巒曉色圖	軸	紙	水墨	66 × 39.5		香港 蘇富比藝品拍賣公司/拍賣目錄 1999,10,31.	

名稱	形式	質地	色彩	尺寸 高x寬cm	創作時間	收藏處所	典藏號碼
古柏幽篁圖	軸	絹	設色	95.5 × 43.2	庚戌（康熙九年，1670）正月	香港 佳士得藝品拍賣公司/拍賣目錄 2001,04,29.	
山水圖（？幀）	冊	紙	水墨	不詳	乙丑（康熙二十四年，1685）三月	北京 北京市文物商店	
月季花圖	摺扇面	紙	水墨	不詳		蘇州 蘇州市文物商店	
讀書樂志圖	摺扇面	紙	設色	18 × 55		武漢 湖北省武漢市文物商店	
雜畫（8幀）	冊	紙	設色	（每幀）27 × 40.3	丁卯（康熙二十六年，1687）小春	紐約 蘇富比藝品拍賣公司/拍賣目錄 1987,12,08.	
牡丹圖	摺扇面	灑金箋	設色	16.5 × 48.2		紐約 佳仕得藝品拍賣公司/拍賣目錄 1986,12,01.	
撫千里江山勝覽（明末清初山水名家集冊之一）	冊頁	紙	設色	22.8 × 30.2		紐約 佳士得藝品拍賣公司/拍賣目錄 1987,12,11.	
書畫（10幀）	冊	紙	設色	（每幀）21 × 23		紐約 佳士得藝品拍賣公司/拍賣目錄 1987,12,11.	
仿古山水圖（8幀）	冊	紙	設色	（每幀）25 × 30		紐約 佳士得藝品拍賣公司/拍賣目錄 1988,06,02.	
古木流泉圖	冊頁	紙	水墨	24 × 30		紐約 佳士得藝品拍賣公司/拍賣目錄 1988,11,30.	
花卉圖（10幀）	冊	紙	設色	（每幀）25 × 30		紐約 佳士得藝品拍賣公司/拍賣目錄 1988,11,30.	
雙松小山圖	摺扇面	紙	設色	16 × 51		紐約 佳士得藝品拍賣公司/拍賣目錄 1988,11,30.	
雜畫（6幀）	冊	紙	水墨	（每幀）19 × 23.5		紐約 佳士得藝品拍賣公司/拍賣目錄 1990,11,28.	
竹石菊花圖	摺扇面	紙	水墨	17.5 × 50.5		紐約 佳士得藝品拍賣公司/拍賣目錄 1990,11,28.	
花卉圖（10幀）	冊	紙	設色	（每幀）20.3 × 27.3		紐約 佳士得藝品拍賣公司/拍賣目錄 1990,11,28.	
仿古山水圖（10幀）	冊	絹	設色、水墨	（每幀）42 × 33		紐約 佳士得藝品拍賣公司/拍賣目錄 1992,06,02.	
山水圖	摺扇面	金箋	水墨	17.2 × 52.7	丁巳（康熙十六年，1677）長夏	紐約 佳士得藝品拍賣公司/拍賣目錄 1992,12,02.	
菊花圖	摺扇面	紙	設色	19 × 54.5		紐約 佳士得藝品拍賣公司/拍賣目錄 1993,12,01.	
梅花圖	摺扇面	紙	設色	18 × 54		紐約 佳士得藝品拍賣公司/拍	

名稱	形式	質地	色彩	尺寸 高x寬cm	創作時間	收藏處所	典藏號碼
仿高克恭山水圖	摺扇面	紙	設色	17 x 54	甲寅（康熙十三年，1674）夏六月	紐約	佳士得藝品拍賣公司/拍賣目錄 1993,12,01.
山水、花卉圖（8幀）	冊	紙	水墨、設色	（每幀）26 x 37.5		紐約	佳士得藝品拍賣公司/拍賣目錄 1995,03,22.
山水圖（11幀）	冊	紙	水墨、設色	（每幀）28.9 x 33.6		香港	佳士得藝品拍賣公司/拍賣目錄 1995,04,30.
竹石花卉（惲壽平、吳道嚴合冊8之4幀）	冊頁	紙	水墨	（每幀）35.5 x 23		紐約	佳士得藝品拍賣公司/拍賣目錄 1995,09,19.
仿大癡意山水（四王吳惲山水冊第6之6幀）	摺扇面	金箋	水墨	16.2 x 51.5	庚申（康熙十九年，1680）暮春	香港	佳士得藝品拍賣公司/拍賣目錄 1995,10,29.
山水圖	摺扇面	紙	設色	18 x 55		香港	佳士得藝品拍賣公司/拍賣目錄 1996,04,28.
落花游魚圖	摺扇面	紙	設色	18 x 51.5		香港	佳士得藝品拍賣公司/拍賣目錄 1996,04,28.
紅芍藥	摺扇面	紙	設色	18 x 53.5	癸亥（康熙二十二年，1683）初夏	香港	佳士得藝品拍賣公司/拍賣目錄 1996,.0,.28.
奇石圖	摺扇面	紙	水墨	17 x 51.5		香港	佳士得藝品拍賣公司/拍賣目錄 1996,04,28.
花卉（明清名家山水扇面冊18之1幀）	摺扇面	金箋	設色	不詳		紐約	佳士得藝品拍賣公司/拍賣目錄 1997,09,19.
仿宋元山水（8幀）	冊	紙	水墨	（每幀）21.6 x 26.7		紐約	佳士得藝品拍賣公司/拍賣目錄 1998,03,24.
茶山圖	摺扇面	雲母箋	設色	17 x 51.5	己巳（康熙二十八年，1689）長至	香港	佳士得藝品拍賣公司/拍賣目錄 1998,09,15.
花鳥圖（6幀）	冊	紙	設色	（每幀）21.5 x 33		紐約	佳士得藝品拍賣公司/拍賣目錄 1998,09,15.
桃花圖	摺扇面	金箋	設色	17.8 x 52		香港	佳士得藝品拍賣公司/拍賣目錄 1998,09,15.

畫家小傳：惲壽平。初名格，字壽平，後以字行，又字正叔。號南田、雲溪外史、東園草衣、白衣外史等。江蘇武進人。生於明思宗崇禎六（1633）年。卒於清聖祖康熙廿九（1690）年。工詩、書、畫，時稱三絕。作山水，見王翬作品自認不如，遂避而改寫生沒骨花卉，遂成有清翹楚。為清初六家「四王吳惲」之一。（見圖繪寶鑑續纂、國朝畫徵錄、熙朝名畫錄、桐陰論畫、惲敬南田先生家傳、國朝別裁詩傳、常州府志、中國畫家人名大辭典等）

潘　愫

名稱	形式	質地	色彩	尺寸 高x寬㎝	創作時間	收藏處所	典藏號碼
雜畫（吳歷等花竹禽魚圖冊 12之1幀）	冊頁	紙	設色	26.2 x 23.8		上海 上海博物館	

畫家小傳：潘愫。畫史無載。身世待考。

凌 雲

弄璋圖	軸	絹	設色	不詳		上海 上海博物館	
雜畫（吳歷等花竹禽魚圖冊 12之1幀）	冊頁	紙	設色	26.2 x 23.8		上海 上海博物館	

畫家小傳：凌雲。畫史無載。身世待考。

吳 燦

山水圖	摺扇面	金箋	水墨	不詳	戊戌（順治十五年 ，1658）	成都 四川省博物院	

畫家小傳：吳燦。畫史無載。流傳署款作品紀年疑為世祖順治十五（1658）年。身世待考。

胡時驥

山水圖	摺扇面	金箋	設色	不詳	戊戌（順治十五年 ，1658）	廣州 廣州市美術館	

畫家小傳：胡時驥。畫史無載。流傳署款作品紀年疑為世祖順治十五（1658）年。身世待考。

顧承恩

山水圖（臨海觀濤）	摺扇面	金箋	設色	17 x 51.7	戊戌（順治十五年 ，1658）夏日	日本 橫濱岡山美術館	

畫家小傳：顧承恩。吳門人。畫史無載。身世待考。

孫 逸

江陵圖（新安五家合作江陵 圖，為生白作）	卷	紙	設色	29.2 x 385.5	己卯（崇禎十二年 ，1639）春日	上海 上海博物館	
為以貞山水圖	軸	金箋	設色	不詳	癸未（崇禎十六年 ，1643）	北京 故宮博物院	
溪橋覓句圖	軸	紙	設色	150.6 x 56	壬辰（順治九年， 1652）	合肥 安徽省博物館	
山松長青圖	軸	綾	設色	157 x 46		廣州 廣東省博物館	
松溪採芝圖	橫幅	金箋	設色	26 x 29	甲午（順治十一年 ，1654）秋九月既	日本 大阪橋本大乙先生	

名稱	形式	質地	色彩	尺寸 高×寬㎝	創作時間	收藏處所	典藏號碼
					望		
山水圖	軸	紙	設色	113.9 × 46.2	丁酉（順治十四年，1657）	美國 密歇根大學艾瑞慈教授	
黃山圖（16幀）	冊	紙	設色	（每幀）21.3 × 16	己卯（崇禎十二年，1639）	北京 故宮博物院	
拜影樓圖（為掌和作，史爾祉等作山水冊12之1幀）	冊頁	紙	設色	19.5 × 16	丁酉（順治十四年，1657）秋日	北京 故宮博物院	
東崗三樹圖	摺扇面	金箋	水墨	不詳		合肥 安徽省博物館	
山水圖（繪林集妙冊75之1幀）	冊頁	紙	設色	約26.6 × 30	庚寅（順治七年，1650）天中	上海 上海博物館	
仿黃公望山水圖（為士介作）	摺扇面	金箋	設色	不詳	丁酉（順治十四年，1657）春	上海 上海博物館	

畫家小傳：孫逸。字無逸。號疏林。徽州人，流寓蕪湖。生於明思宗崇禎六（1633）年，卒於世祖順治十五（1658）年。善畫山水，得黃公望法。與釋弘仁、查士標、汪之瑞稱「海陽四大家」。（見圖繪寶鑑續纂、國朝畫徵錄、桐陰論畫、中國畫家人名大辭典）

文 點

名稱	形式	質地	色彩	尺寸 高×寬㎝	創作時間	收藏處所	典藏號碼
江村讀書圖（為日緝先生作）	卷	絹	設色	26.3 × 70		台北 華叔和後真賞齋	
四清圖	卷	紙	水墨	28.1 × 121.5		台南 石允文先生	
摹文徵明三清圖	卷	紙	水墨	28.1 × 121.7		台南 石允文先生	
秋江懷遠圖	卷	紙	水墨	不詳	癸未（康熙四十二年，1703）	北京 故宮博物院	
綠山古木圖	卷	絹	水墨	143 × 32	庚午（康熙二十九年，1690）	濟南 山東省濟南市博物館	
摹文徵明山水圖	卷	紙	水墨	28.6 × ？		英國 倫敦大英博物館	1982.7.28.01（ADD435）
水墨山水圖	軸	紙	水墨	138.4 × 58.8		台北 王靄雲先生	
寒林圖	軸	紙	水墨	97.7 × 38.7		台南 石允文先生	
寒林圖（為文曾作）	軸	紙	水墨	97 × 38	已未（康熙十八年，1679）臘月望後二日	香港 何耀光至樂樓	
磯釣圖（為廷彥作））	軸	紙	水墨	95 × 48.8	甲戌（康熙三十三年，1694）冬日	香港 何耀光至樂樓	

名稱	形式	質地	色彩	尺寸 高x寬㎝	創作時間	收藏處所	典藏號碼
溪谷晚涼圖	軸	紙	水墨	75 × 37.5		香港 劉作籌虛白齋	
茅亭清話圖	軸	紙	設色	不詳	丙辰（康熙十五年，1676）	瀋陽 遼寧省博物館	
停舟話舊圖（為古愚作）	軸	紙	水墨	128.2 × 60.3	癸酉（康熙三十二年，1693）小春	瀋陽 遼寧省博物館	
為于蕃作山水圖	軸	紙	水墨	72 × 38	丁卯（康熙二十六年，1687）	北京 故宮博物院	
塵海茫茫圖	軸	紙	設色	不詳	丁卯（康熙二十六年，1687）	北京 故宮博物院	
聽泉圖	軸	紙	水墨	不詳	壬申（康熙三十一年，1692）	北京 故宮博物院	
合流庵圖	軸	紙	水墨	不詳	癸酉（康熙三十二年，1693）	北京 故宮博物院	
三友圖	軸	紙	水墨	不詳	戊寅（康熙三十七年，1698）	北京 故宮博物院	
霧薄霜林圖	軸	絹	設色	97.7 × 42.6	辛巳（康熙四十年，1701）	北京 故宮博物院	
隔岸看山圖	軸	紙	水墨	不詳	辛巳（康熙四十年，1701）	北京 故宮博物院	
山水圖	軸	紙	水墨	115.2 × 47.7		北京 故宮博物院	
領叟過橋圖	軸	紙	水墨	不詳	康熙乙亥（三十四年，1695）	北京 中國歷史博物館	
覓侶納涼圖	軸	紙	水墨	77.5 × 40.5	壬申（康熙三十一年，1692）	天津 天津市藝術博物館	
谿山重疊圖	軸	紙	水墨	不詳	丁丑（康熙三十六年，1697），六十有五	天津 天津市藝術博物館	
翠壁摩空圖	軸	紙	水墨	80 × 45.3		天津 天津市藝術博物館	
碧山古樹圖	軸	絹	水墨	34.7 × 52.4	庚午（康熙二十九年，1690）	上海 上海博物館	
喬松芝蘭圖	軸	紙	水墨	164.4 × 78.2	壬申（康熙三十一年，1692）	上海 上海博物館	
秋林過雨圖	軸	絹	水墨	146.6 × 62.2	辛巳（康熙四十年	上海 上海博物館	

名稱	形式	質地	色彩	尺寸 高×寬㎝	創作時間	收藏處所	典藏號碼
					，1701）		
花卉圖（冊頁 2 幀裝成）	軸	紙	水墨	不詳		常熟 江蘇省常熟市文物管理委員會	
雲滿青天圖	軸	紙	水墨	不詳	丁丑（康熙三十六年，1697）	寧波 浙江省寧波市天一閣文物保管所	
煙巒策杖圖	軸	紙	水墨	不詳		重慶 重慶市博物館	
樹蔭溪灣圖	軸	紙	水墨	109.5 × 51.2	辛巳（康熙四十年，1701）	廣州 廣東省博物館	
晚山獨賞圖	軸	紙	水墨	96.5 × 57.5	庚申（康熙十九年，1680）	廣州 廣州市美術館	
兩岸青林圖	軸	紙	水墨	192.7 × 96.5		廣州 廣州市美術館	
梅花圖	軸	紙	水墨	151.5 × 33.3		日本 三重縣葛谷春太郎先生	
五清圖（蒼松竹石芝蘭圖）	軸	絹	水墨	137.6 × 81.8	庚申（康熙十九年，1680）八月望前	日本 組田昌平先生	
山水圖	軸	紙	水墨	不詳		美國 耶魯大學藝術館	
山水人物圖	軸	絹	設色	170.7 × 45.4		美國 印地安那波里斯市藝術博物館	1987.13
潯陽隱逸（文點詩意圖冊 1）	冊頁	紙	水墨	26.9 × 27.6		台北 故宮博物院	故畫 01202-1
樹綠溪碧（文點詩意圖冊 2）	冊頁	紙	水墨	26.9 × 27.6		台北 故宮博物院	故畫 01202-2
岸柳展綠（文點詩意圖冊 3）	冊頁	紙	水墨	26.9 × 27.6		台北 故宮博物院	故畫 01202-3
巖壑先春（文點詩意圖冊 4）	冊頁	紙	水墨	26.9 × 27.6		台北 故宮博物院	故畫 01202-4
柳溪漁舟（文點詩意圖冊 5）	冊頁	紙	水墨	26.9 × 27.6		台北 故宮博物院	故畫 01202-5
石城平陸（文點詩意圖冊 6）	冊頁	紙	水墨	26.9 × 27.6		台北 故宮博物院	故畫 01202-6
松泉濤聲（文點詩意圖冊 7）	冊頁	紙	水墨	26.9 × 27.6		台北 故宮博物院	故畫 01202-7
幽徑雲散（文點詩意圖冊 8）	冊頁	紙	水墨	26.9 × 27.6		台北 故宮博物院	故畫 01202-8
蒼松白雲（文點詩意圖冊 9）	冊頁	紙	水墨	26.9 × 27.6		台北 故宮博物院	故畫 01202-9
風逐葉舟（文點詩意圖冊 10）	冊頁	紙	水墨	26.9 × 27.6		台北 故宮博物院	故畫 01202-10
山水圖（文家書畫便面合冊之 11）	摺扇面	紙	水墨	17.3 × 51.6		香港 潘祖堯小聽颿樓	CP98
臨趙松雪水村圖	摺扇面	紙	水墨	16.3 × 51.1	丁卯（康熙二十六年，1687）	北京 故宮博物院	
荊楚八景圖（8 幀）	冊	紙	設色	（每幀）26	己巳（康熙二十八	北京 故宮博物院	

名稱	形式	質地	色彩	尺寸 高x寬㎝	創作時間	收藏處所	典藏號碼
				x 32.5	年，1689）秋七月		
山水圖（12幀）	冊	紙	水墨	（每幀）25.9 x 44.7	庚辰（康熙三十九 年，1700）	北京 故宮博物院	
山水圖（10幀）	冊	紙	水墨	（每幀）22 x 27.8	辛巳（康熙四十年 ，1701）	北京 故宮博物院	
山水圖（12幀）	冊	紙	水墨	（每幀）24.8 x 32.5		北京 故宮博物院	
山水圖（清各家山水扇面冊 10之1幀）	摺扇面	紙	設色	不詳		北京 中央工藝美術學院	
山水圖	摺扇面	金箋	水墨	不詳	甲寅（康熙十三年 ，1674）	天津 天津市藝術博物館	
山水圖（12幀）	冊	紙	水墨	不詳	辛巳（康熙四十年 ，1701）	天津 天津市藝術博物館	
松壑雲巒圖	冊頁	紙	水墨	22 x 29		合肥 安徽省博物館	
坐聽溪流圖（山水集錦冊10 之第5幀）	冊頁	紙	水墨	21.6 x 28.9	甲子（康熙二十三 年，1684）二月	上海 上海博物館	
蘇臺膏雨圖（7幀，為牧翁 作）	冊	紙	水墨	（每幀）27.3 x 36	戊辰（康熙二十七 年，1688）新夏	上海 上海博物館	
山水圖（8幀）	冊	紙	水墨	（每幀）23 x 20.5	戊辰（康熙二十七 年，1688）秋日	上海 上海博物館	
仿古詩意山水圖（8幀）	冊	絹	水墨	不詳	戊辰（康熙二十七 年，1688）秋日	上海 上海博物館	
柱杖閒眺圖	摺扇面	紙	水墨	不詳	壬午（康熙四十一 年，1702）	南京 南京博物院	
寒林柱杖圖	摺扇面	紙	水墨	不詳		南京 南京博物院	
山亭遠眺圖	摺扇面	紙	水墨	不詳	丙子（康熙三十五 年，1696）	杭州 浙江省博物館	
攜杖山行圖	摺扇面	紙	水墨	不詳	壬午（康熙四十一 年，1702）	寧波 浙江省寧波市天一閣文 物保管所	
山水圖	摺扇面	紙	水墨	不詳		成都 四川省博物院	
山水圖（6幀）	冊	絹	水墨	不詳		廣州 廣州市美術館	
梅蘭圖（清人書畫扇冊之3）	摺扇面	紙	水墨	不詳		日本 東京橋本辰二郎先生	
山水圖	摺扇面	金箋	水墨	16.7 x 51.8		德國 柏林東亞藝術博物館	1988-311
松柏竹石圖	摺扇面	金箋	水墨	18.2 x 53.2		德國 科隆東亞西亞藝術館	A55.19

名稱	形式	質地	色彩	尺寸 高x寬cm	創作時間	收藏處所	典藏號碼

附：

名稱	形式	質地	色彩	尺寸 高x寬cm	創作時間	收藏處所	典藏號碼
胥江飲餞圖	卷	紙	水墨	36.3 x 108.6	癸未（康熙四十二年，1703）新秋	紐約 佳士得藝品拍賣公司/拍賣目錄 1992,06,02.	
江村讀書圖	卷	絹	設色	26 x 69.9		香港 佳士得藝品拍賣公司/拍賣目錄1994,10,30.	
雲溪釣艇圖	軸	紙	設色	不詳	庚辰（康熙三十九年，1700）	上海 上海文物商店	
松竹梅石圖（文點、金侃、文揆合作）	軸	絹	水墨	131 x 62		上海 上海文物商店	
寒林圖	軸	紙	水墨	97.7 x 38.7	己未（康熙十八年，1679）臘月望後二日	紐約 蘇富比藝品拍賣公司/拍賣目錄1988,06,01.	
漁洋先生秋林讀書圖	軸	紙	設色	96.5 x 54.6	康熙七年，戊申（1668）	紐約 佳士得藝品拍賣公司/拍賣目錄1995,09,19.	
寒林漫步圖	軸	紙	水墨	99.5 x 39.5	己未（康熙十八年，1679）臘月望後二日	紐約 佳士得藝品拍賣公司/拍賣目錄1996,09,18.	
秋原獨釣圖	摺扇面	紙	水墨	17 x 48	癸亥（康熙二十二年，1683）中秋	香港 佳士得藝品拍賣公司/拍賣目錄 1996,04,28.	

畫家小傳：文點。字與也。號南雲山樵。江蘇長洲人。文震亨之子。生於明思宗崇禎六（1633）年。卒於清聖祖康熙四十三（1704）年。工詩、文，善書、畫。畫山水，能傳家學，筆墨工致細秀。（見國朝畫徵錄、文氏族譜續集、桐陰論畫、曝書亭集、長洲縣志、中國畫家人名大辭典）

毛際可

名稱	形式	質地	色彩	尺寸 高x寬cm	創作時間	收藏處所	典藏號碼
松石圖	軸	紙	水墨	不詳	辛酉（康熙二十年，1681）	杭州 浙江省博物館	
墨梅圖	摺扇面	紙	水墨	不詳	庚辰（康熙三十九年，1700）	北京 故宮博物院	

畫家小傳：毛際可。字會侯。號鶴舫。浙江遂安人。生於明思宗崇禎六（1633）年，卒於聖祖康熙四十七（1708）年。世祖順治五十七（1718）年進士。以詩、古文名家。旁精繪事，善寫米家法山水。（見圖繪寶鑑續纂、國朝畫識、今畫偶錄、中國畫家人名大辭典等）

程 涝

名稱	形式	質地	色彩	尺寸 高x寬cm	創作時間	收藏處所	典藏號碼
仿范寬山水圖	軸	綾	水墨	154.3 x 53.4		香港 葉承耀先生	

名稱	形式	質地	色彩	尺寸 高x寬㎝	創作時間	收藏處所	典藏號碼
叢林流水圖（為牧仲作）	軸	絹	水墨	133 x 71	戊戌（順治十五年，1658）冬仲廿日	太原 山西省博物館	
山水圖（8幀）	冊	紙	水墨	（每幀）27 x 16.5		旅順 遼寧省旅順博物館	
山水圖（為弢庵作）	軸	紙	水墨	不詳	乙丑（康熙二十四年，1685）秋日	北京 榮寶齋	

畫家小傳：程洿。字箕山。號岸舫。廣信人，入順天籍。清世祖順治六（1649）年進士。善畫山水，筆墨蒼勁磊落；兼畫松石，亦有別致。流傳署款紀年作品見於世祖順治十五（1658）年，至聖祖康熙二十四（1685）年。（見圖繪寶鑑續纂、國朝畫徵續錄、中國畫家人名大辭典）

藍 深

名稱	形式	質地	色彩	尺寸 高x寬㎝	創作時間	收藏處所	典藏號碼
雲林同調圖（與禹之鼎合作）	卷	絹	設色	不詳	甲子（康熙二十三年，1684）	杭州 浙江省博物館	
觀海圖	卷	絹	設色	30.9 x 186.5	己巳（康熙二十八年，1689）霜月	杭州 浙江省博物館	
山水圖	軸	紙	設色	146.3 x 36.2		香港 中文大學中國文化研究所文物館	95.526
雨聲重泉圖	軸	絹	設色	不詳	癸丑（康熙十二年，1673）	北京 故宮博物院	
秋卉雙禽圖	軸	絹	設色	143.5 x 45.6		北京 故宮博物院	
泰岱春雲圖	軸	絹	設色	不詳		北京 故宮博物院	
花卉圖（4屏）	軸	絹	設色	不詳		北京 故宮博物院	
山水圖	軸	絹	設色	不詳		北京 中國歷史博物館	
荷塘濯足圖	軸	絹	設色	190.8 x 51.5		天津 天津市藝術博物館	
高山川至圖	軸	綾	水墨	不詳	康熙丁巳（十六年，1677）	濟南 山東省博物館	
仿趙子昂青綠山水圖	軸	絹	設色	179.5 x 50.7		鎮江 江蘇省鎮江市博物館	
仿黃子久意作雷峰夕照圖	軸	絹	設色	179.8 x 47.8		杭州 浙江省博物館	
仿范華原山水圖	軸	絹	設色	144.5 x 43		武漢 湖北省博物館	

名稱	形式	質地	色彩	尺寸 高x寬cm	創作時間	收藏處所	典藏號碼
雪景山水（8幅）	軸	絹	設色	（每幅）97 x 54.5		日本 東京小幡酉吉先生	
摹趙大年荷香清夏圖	軸	絹	設色	104.1 x49		日本 東京小幡醇一先生	
秋水清音圖（對幅之1）	軸	絹	設色	104.2 x 49.1		日本 東京小幡醇一先生	
碧嶂春暉圖（對幅之2）	軸	絹	設色	104.2 x 49.	康熙己未（十八年，1679）一之日	日本 東京小幡醇一先生	
仿張僧繇白雲綺樹圖	軸	絹	設色	194.8 x 46.2		日本 京都國立博物館（上野有竹齋寄贈）	A甲212
白雲綺樹圖	軸	絹	設色	194.8 x 47.6		日本 大阪上野精一先生	
仿董巨山水圖	軸	絹	設色	不詳		美國 紐約王季遷明德堂（孔達原藏）	
擬范寬寒棧圖	軸	絹	設色	184.6 x 51.8		美國 夏威夷火魯奴奴藝術學院	4084.1
麯院荷風仿巨然筆意（藍深畫西湖十景冊之1）	冊頁	絹	設色	30.1 x 18.8		台北 故宮博物院	故畫 01232-1
花港觀魚用李咸熙法（藍深畫西湖十景冊之2）	冊頁	絹	設色	30.1 x 18.8		台北 故宮博物院	故畫 01232-2
平湖秋月仿趙幹筆意（藍深畫西湖十景冊之3）	冊頁	絹	設色	30.1 x 18.8		台北 故宮博物院	故畫 01232-3
柳浪聞鶯仿趙大年意（藍深畫西湖十景冊之4）	冊頁	絹	設色	30.1 x 18.8		台北 故宮博物院	故畫 01232-4
三潭印月寫洪谷子法（藍深畫西湖十景冊之5）	冊頁	絹	設色	30.1 x 18.8		台北 故宮博物院	故畫 01232-5
雷峯夕照擬夏禹玉法（藍深畫西湖十景冊之6）	冊頁	絹	設色	30.1 x 18.8		台北 故宮博物院	故畫 01232-6
兩峯插雲擬米元章法（藍深畫西湖十景冊之7）	冊頁	絹	設色	30.1 x 18.8		台北 故宮博物院	故畫 01232-7
南屏晚鐘仿郭淳夫法（藍深畫西湖十景冊之8）	冊頁	絹	設色	30.1 x 18.8		台北 故宮博物院	故畫 01232-8
蘇隄春曉寫趙松雪法（藍深畫西湖十景冊之9）	冊頁	絹	設色	30.1 x 18.8	丁未（康熙六年，1667）仲春	台北 故宮博物院	故畫 01232-9
斷橋殘雪仿王右丞法（藍深	冊頁	絹	設色	30.1 x 18.8		台北 故宮博物院	故畫 01232-10

名稱	形式	質地	色彩	尺寸 高x寬cm	創作時間	收藏處所	典藏號碼
畫西湖十景冊之10）							
松齡蓮瑞（明人集繪冊之5）	冊頁	紙	設色	31 x 37.7		台北 故宮博物院	故畫 03510-5
南山秋永（明人集繪冊之9）	冊頁	紙	設色	31 x 37.7		台北 故宮博物院	故畫 03510-9
仿宋元山水圖（8幀）	冊	紙	設色	（每幀）12 x 17.5		太原 山西省博物館	
山水圖（2幀）	冊頁	紙	水墨	（每幀）32.9 x 22.6		美國 西雅圖市藝術館	1708.1；1708.1
附：							
西湖遊艇圖	軸	絹	設色	165 x 54		天津 天津市文物公司	
溪山清趣（法黃鶴山樵法）	軸	紙	設色	141.5 x 29	辛未（康熙三十年，1691）夏廿有五日	紐約 佳士得藝品拍賣公司/拍賣目錄 1990,11,28.	
仿王蒙山水	軸	絹	設色	87.5 x 47		香港 佳士得藝品拍賣公司/拍賣目錄 1991,03,18.	
山水圖	摺扇面	紙	設色	不詳	甲寅（康熙十三年，1674）春	北京 北京市文物商店	

畫家小傳：藍深。字謝青。浙江錢塘人。藍孟之子。能詩文。善畫山水，能承祖父藍瑛法，然錯綜變化，自得其巧。流傳署款紀年作品見於世祖順治十五（1658）年至聖祖康熙三十（1691）年。（見明畫錄、圖繪寶鑑續纂、城北集、知魚堂書畫錄、中國畫家人名大辭典）

趙鶚

蓬瀛幽居圖（而肅六秋祝壽集錦冊8之4）	冊頁	金箋	水墨	31 x 34	（戊戌，順治十五年，1658）	瀋陽 遼寧省博物館	

畫家小傳：趙鶚。畫史無載。流傳署款紀年作品見於清世祖順治十五（1658）年。身世待考。

吳雲

山水圖（而肅六秋祝壽集錦冊8之3）	冊頁	金箋	水墨	31 x 34	（戊戌，順治十五年，1658）	瀋陽 遼寧省博物館	

畫家小傳：吳雲。畫史無載。流傳署款紀年作品見於清世祖順治十五（1658）年。身世待考。

陳鏐

山水圖（而肅六秋祝壽集錦冊8之5）	冊頁	金箋	水墨	31 x 34	（戊戌，順治十五年，1658）	瀋陽 遼寧省博物館	

畫家小傳：陳鏐。畫史無載。流傳署款紀年作品見於清世祖順治十五（1658）年。身世待考。

史爾祉

名稱	形式	質地	色彩	尺寸 高x寬㎝	創作時間	收藏處所	典藏號碼
雲溪山舍圖（為昉翁作，史爾祖等作山水冊12之1幀）	冊頁	紙	設色	19.5 x 16	（戊戌，順治十五年，1658）	北京 故宮博物院	
仿米敷文山水圖（清史爾祖等山水冊8之1幀）	冊頁	絹	設色	25.3 x 20.5	（甲辰，康熙三年，1664）	天津 天津市歷史博物館	

畫家小傳：史爾祖。號沙墟。浙江杭州人。身世不詳。善畫。流傳署款作品約見於清世祖順治十五（1658）年。（見耕硯田齋筆記、中國畫家人名大辭典）

遁 休

拜影樓圖（為掌和作，史爾祖等作山水冊12之1幀）	冊頁	紙	設色	19.5 x 16	戊戌（順治十五年，1658）夏日	北京 故宮博物院	

畫家小傳：遁休。畫史無載。流傳署款紀年作品見於清世祖順治十五（1658）年。身世待考。

江 遠

拜影樓圖（為掌和作，史爾祖等作山水冊12之1幀）	冊頁	紙	設色	19.5 x 16	戊戌（順治十五年，1658）夏日	北京 故宮博物院	
山水圖（為壽中符先生，清人山水圖冊之9）	冊頁	紙	水墨	13.4 x 24.4	癸卯（康熙二年，1663）嘉平月	美國 勃克萊加州大學藝術館（高居翰教授寄存）	CC12i

畫家小傳：江遠。畫史無載。流傳署款紀年作品見於清世祖順治十五（1658）年至清聖祖康熙二（1663）年。身世待考。

夏 官

奇山圖（為掌和作，史爾祖等作山水冊12之1幀）	冊頁	紙	設色	19.5 x 16	（戊戌，順治十五年，1658）	北京 故宮博物院	

畫家小傳：夏官。字圻父。江蘇如皋人。工詩，善書畫。所作高風曠致，妙絕一時。流傳署款作品約見於清世祖順治十五（1658）年。（見如皋縣志、中國畫家人名大辭典）

施友龍

梨花白燕圖（為宗朗作）	摺扇面	紙	設色	不詳	戊戌（順治十五年，1658）初秋	北京 故宮博物院	
花卉圖（9幀）	冊	絹	設色	（每幀）27.8 x 33.2		天津 天津市藝術博物館	

畫家小傳：施友龍。字少華。浙江杭州人。擅畫山水、花鳥。流傳署款紀年作品見於世祖順治十五（1658）年。（見畫髓元詮、中國畫家人名大辭典）

程 缵

名稱	形式	質地	色彩	尺寸 高x寬㎝	創作時間	收藏處所	典藏號碼
寒林聽泉圖	軸	紙	設色	不詳	順治戊戌（十五年，1658）春月	泰州 江蘇省泰州市博物館	

畫家小傳：程纘。字克家。江蘇上元人。工畫山水，臨摹元、明人名蹟，無不逼真。流傳署款紀年作品見於世祖順治十五(1658)年。（見墨香居畫識、中國畫家人名大辭典）

姜爾鵬

附：

名稱	形式	質地	色彩	尺寸 高x寬㎝	創作時間	收藏處所	典藏號碼
山水圖（明清諸家賀斗南翁壽山水冊8之1幀）	冊頁	金箋	設色	29.8 x 35.8	戊戌（順治十五年，1658）夏	紐約 佳士得藝品拍賣公司/拍賣目錄 1995,3,22.	

畫家小傳：姜爾鵬。畫史無載。流傳署款紀年作品見於世祖順治十五(1658)年。身世待考。

樊 沂

名稱	形式	質地	色彩	尺寸 高x寬㎝	創作時間	收藏處所	典藏號碼
張天師像	軸	絹	設色	不詳	丙午（康熙五年，1666）	北京 故宮博物院	
雪景溪山圖	軸	絹	設色	85.2 x 50.5	癸卯（康熙二年，1663）	合肥 安徽省博物館	
松岡圖	軸	綾	水墨	77.6 x 47.5	甲辰（康熙三年，1664）	景德鎮 江西省景德鎮博物館	
曲岸風颿圖	軸	絹	設色	148 x 49.5	癸丑（康熙十二年，1673）	成都 四川大學	
山閣讀書圖	軸	絹	設色	152.1 x 56.2		蘭州 甘肅省博物館	
山水圖（髡殘等十人山水合冊10之1幀）	冊頁	金箋	設色	29.9 x 32.2		北京 故宮博物院	
山水圖（樊圻等名人書畫冊12之1幀）	冊頁	絹	設色	25.7 x 32.5		北京 故宮博物院	
柳岸鴛鴦圖（金陵名家集勝冊8之1幀）	軸	絹	設色	不詳		北京 故宮博物院	
山水圖（翁陵等山水冊12之1幀）	冊頁	紙	設色	不詳		北京 故宮博物院	
山水圖（樊圻、樊沂山水合冊8之4幀）	冊頁	絹	設色	（每幀）24.5 x 28		南寧 廣西壯族自治區博物館	
聚飲圖（為石老作）	摺扇西	金箋	設色	17.3 x 54	戊戌（順治十五年，1658）嘉平月	德國 柏林東方藝術博物館	

名稱	形式	質地	色彩	尺寸 高x寬cm	創作時間	收藏處所	典藏號碼

附：

| 山水圖 | 軸 | 絹 | 設色 | 128.3 x 48 | 己未（康熙十八年，1679）夏六月 | 紐約 蘇富比藝品拍賣公司/拍賣目錄 1986,12,04. | |

畫家小傳：樊沂。字浴沂。江蘇江寧人。善畫山水、人物及花卉。與弟圻齊名，有「雙丁二陸」之名。流傳署款紀年作品見於世祖順治十五（1658）年至聖祖康熙十八(1679)年。（見圖繪寶鑑續纂、榑園讀畫錄、中國畫家人名大辭典）

仲 美

| 桃花圖（金陵名家集勝冊8之1幀） | 軸 | 絹 | 設色 | 不詳 | | 北京 故宮博物院 | |

畫家小傳：仲美。畫史無載。身世待考。

丁耀亢

| 夢遊石梁圖 | 卷 | 紙 | 設色 | 36.2 x 430.5 | 順治戊戌（十五年，1658） | 北京 故宮博物院 | |

畫家小傳：丁耀亢。畫史無載。流傳署款紀年作品見於世祖順治十五(1658)年。身世待考。

宋 賦

| 山茶八哥圖（而肅六秩祝壽集錦畫冊8之2） | 冊頁 | 金箋 | 設色 | 31 x 34 | （戊戌，順治十五年，1658） | 瀋陽 遼寧省博物館 | |

畫家小傳：宋賦。畫史無載。流傳署款紀年作品見於順治十五（1658）年。身世待考。

嚴 令

| 魚隱圖（而肅六秩祝壽集錦畫冊8之7） | 冊頁 | 金箋 | 水墨 | 31 x 34 | （戊戌，順治十五年，1658） | 瀋陽 遼寧省博物館 | |

畫家小傳：嚴令。畫史無載。流傳署款紀年作品見於順治十五（1658）年。身世待考。

顧 殷

書畫合璧	卷	紙	設色	不詳		北京 故宮博物院	
臨沈周休休庵圖	軸	紙	設色	不詳	康熙壬申（三十一年，1692）	北京 故宮博物院	
山齋讀書圖	軸	綾	水墨	137.3 x 32.8	康熙三年，甲辰（1664）	天津 天津市藝術博物館	
松齋送茶圖	軸	絹	設色	271 x 65.1		天津 天津市藝術博物館	

名稱	形式	質地	色彩	尺寸 高x寬㎝	創作時間	收藏處所	典藏號碼
仿王蒙山水圖	軸	絹	設色	77 x 45.3		無錫 江蘇省無錫市博物館	
谿山仙館圖	軸	紙	設色	不詳	壬戌（康熙二十一年，1682）中秋	日本 東京張允中先生	
菊花圖（明陳嘉言等菊花冊10之1幀）	冊頁	紙	設色	不詳		瀋陽 遼寧省博物館	
山水圖（10幀）	冊	紙	設色	不詳	壬子（康熙十一年，1672）	北京 故宮博物院	
山水圖（清史爾祉等山水冊8之1幀）	冊頁	絹	設色	25.3 x 20.5	康熙乙巳（四年，1665）六月朔	天津 天津市歷史博物館	
仿倪迂畫法山水圖（山水集錦冊10之第8幀）	冊頁	紙	水墨	21.6 x 28.9		上海 上海博物館	
雲濤香雪圖（二十家梅花圖冊20之第8幀）	冊頁	紙	設色	23 x 19.3	（己未，康熙十八年，1679）	上海 上海博物館	
山水圖（嚴繩孫等書畫合裝冊24之幀）	冊頁	金箋	設色	30.4 x 39.4		上海 上海博物館	
為潤甫作山水圖（清初名家山水集冊12之1幀）	冊頁	絹	設色	22.6 x 19.1	癸卯（康熙二年，1663）夏月	南京 南京博物院	
山水圖（清吳歷等山水集冊12之1幀）	冊頁	紙	設色	不詳	（甲寅，康熙十三年，1674）	杭州 浙江省博物館	
米法山水圖	冊頁	紙	水墨	22.1 x 14.5		日本 京都小林氏溫古閣	
仿管道昇修竹遠山圖（為均游老兄作）	摺扇面	金箋	水墨	16.3 x 50.8		美國 勃克萊加州大學藝術館（高居翰教授寄存）	CM21G
附：							
山水人物圖	軸	紙	設色	不詳		北京 中國文物商店總店	
山水圖	軸	絹	設色	不詳	乙丑（康熙二十四年，1685）	石家莊 河北省文物商店	
聽松觀泉圖	軸	絹	設色	不詳		上海 朵雲軒	
山水圖樣（8幀）	冊	絹	設色、水墨	（每幀）34 x 30.5	戊戌（順治十五年，1658）	紐約 佳士得藝品拍賣公司/拍賣目錄1984,06,29.	

畫家小傳：顧殷。字禹功。江蘇長洲人。畫山水，妙得古人用筆之法。曾與萬壽祺合作畫。流傳署款紀年作品見於清世祖順治十五（1658）年，至聖祖康熙三十一(1692)年。（見清代畫史、畫笥題詞、中國畫家人名大辭典）

王無忝

名稱	形式	質地	色彩	尺寸 高x寬㎝	創作時間	收藏處所	典藏號碼
山水圖	軸	紙	水墨	167.2 x 48.6	丙辰（康熙十五年	北京 故宮博物院	

名稱	形式	質地	色彩	尺寸 高x寬㎝	創作時間	收藏處所	典藏號碼
					，1676）秋日		
仿董源山水圖（為石田作）	軸	紙	水墨	347.3 x 100.9	丁巳（康熙十六年，1677）六月	杭州 浙江省博物館	
山水圖	軸	絹	水墨	185.3 x 62.3		日本 京都國立博物館	A甲561
山水	軸	絹	水墨	不詳	己酉（康熙八年，1669）秋七月	日本 京都常尾雨山先生	
仿古山水（陳滕柱、王無忝山水合冊8之4幀）	冊頁	紙	設色	（每幀）23.2 x 23.2	甲辰（康熙三年，1664）	瀋陽 遼寧省博物館	
仿子久山水圖	摺扇面	紙	設色	不詳	戊戌（順治十五年，1658）	北京 故宮博物院	
山水圖	摺扇面	紙	設色	不詳	乙巳（康熙四年，1665）榴花	北京 故宮博物院	
山水圖	摺扇面	紙	水墨	不詳	康熙己巳（二十八年，1689）	北京 中國歷史博物館	

畫家小傳：王無忝。字凤夜。河南孟津人。聖祖康熙九年（1670），與王原祁同科進士。仕官至金華太守。善畫山水。署款紀年作品見於世祖順治十五(1658)年，至聖祖康熙二十八(1689)年。（見圖繪寶鑑續纂、中國畫家人名大辭典）

胡 大

名稱	形式	質地	色彩	尺寸 高x寬㎝	創作時間	收藏處所	典藏號碼
花果圖	卷	紙	水墨	不詳	庚寅（康熙四十九年，1710）	北京 故宮博物院	
閒雲晚歸圖	軸	紙	設色	120 x 38.1		台北 故宮博物院	國贈024921
山水圖	軸	紙	水墨	95.1 x 30.9		香港 許晉義崇宜齋	
玉蘭圖	軸	紙	設色	107.9 x 59.3	戊戌（順治十五年，1658）	上海 上海博物館	
上天圖	軸	紙	設色	不詳		南京 南京博物院	
雲峰圖	軸	紙	設色	122.1 x 31.3		日本 京都泉屋博古館	
山水圖	軸	紙	水墨	95.1 x 30.8		美國 普林斯頓大學藝術館（Edward Elliott 先生寄存）	L306.70
山水圖（12幀）	冊	紙	設色	（每幀）29.5 x 21		香港 何耀光至樂樓	

名稱	形式	質地	色彩	尺寸 高×寬cm	創作時間	收藏處所	典藏號碼
山水圖（8幀）	冊	紙	設色	（每幀）25.6 × 22.3		香港 羅桂祥先生	
山水圖（清蔡嘉等山水冊12之1幀）	冊頁	紙	設色	不詳		天津 天津市藝術博物館	
摹石濤花卉人物圖（？幀）	冊	紙	設色	不詳		美國 普林斯頓大學藝術館	
附：							
喬松古屋圖	軸	紙	設色	203 × 32.1		天津 天津市文物公司	
榴石圖	軸	紙	水墨	48 × 27.6		武漢 湖北省武漢市文物商店	
風生山樹鳴圖	軸	絹	水墨	95.2 × 31		紐約 佳士得藝品拍賣公司/拍賣目錄1991,11,25.	
山水圖	軸	紙	水墨	41.9 × 30		紐約 佳士得藝品拍賣公司/拍賣目錄1998,03,24.	

畫家小傳：胡大。即顛道人。江蘇江寧人。明亡，出家為道士。流寓揚州。能詩、畫，俱有石濤風。又善書，學李鱓。流傳署款紀年作品見於清世祖順治十五（1658）年，至聖祖康熙四十九(1710)年。（見中華美術家人名辭典）

吳道嚴

名稱	形式	質地	色彩	尺寸 高×寬cm	創作時間	收藏處所	典藏號碼
附：							
山水圖（惲壽平、吳道嚴合冊8之4幀）	冊頁	紙	水墨	（每幀）35.5 × 23		紐約 佳士得藝品拍賣公司/拍賣目錄1995,09,19.	

畫家小傳：吳道嚴。畫史無載。身世待考。

王 修

名稱	形式	質地	色彩	尺寸 高×寬cm	創作時間	收藏處所	典藏號碼
山水（清七家扇面合冊之第4幀）	摺扇面	紙	設色	不詳		美國 波士頓美術館	

畫家小傳：王修。畫史無載。身世待考。

陸 滔

名稱	形式	質地	色彩	尺寸 高×寬cm	創作時間	收藏處所	典藏號碼
漁樂圖	摺扇面	紙	設色	不詳	戊戌（順治十五年，1658）	成都 四川省博物院	
山水圖（明諸名家祝壽詩畫冊之6）	冊頁	金箋	設色	30.7 × 36.8		日本 私人	

畫家小傳：陸滔。字大生。號秋岸。浙江餘姚人。工詩。善繪事。流傳署款紀年作品見於清世祖順治十五（1658）年（見清畫家詩史、中國畫家人名大辭典）

名稱	形式	質地	色彩	尺寸 高x寬cm	創作時間	收藏處所	典藏號碼
賴 鏡							
禪棲冷趣圖	卷	紙	設色	19 x 127.5		香港 香港美術館	FA1992.005
山水圖	卷	絹	設色	19.8 x 151	戊戌（順治十五年，1658）	廣州 廣東省博物館	
松色山光圖	軸	綾	設色	195.5 x 111.1		廣州 廣東省博物館	
山水圖（12幀）	冊	紙	設色	（每幀）24.2 x 18.2	丙午（康熙五年，1666）	廣州 廣東省博物館	
雲山歸舟圖	摺扇面	金箋	水墨	16 x 49	乙巳（康熙四年，1665）	廣州 廣州市美術館	

畫家小傳：賴鏡。字孟容。號白水山人。廣東南海人。能詩、工書、善畫，時稱「三絕」。畫山水，筆力遒勁，氣格高凝，有沈周風致。流傳署款紀年作品見於清世祖順治十五（1658）年，至聖祖康熙五（1666）年。（見清畫家詩史、廣東通志、中國畫家人名大辭典）

名稱	形式	質地	色彩	尺寸 高x寬cm	創作時間	收藏處所	典藏號碼
宋 犖							
仿元人筆意山水圖	軸	紙	設色	79.6 x 35.8		日本 大阪市萬野美術館	0675
鱖魚圖	軸	絹	設色	79.4 x 31.8		日本 京都山岡泰造先生	A3099
枯樹寒鴉圖（畫贈周亮功）	軸	紙	設色	68.4 x 36.2		日本 兵庫縣黑川古文化研究所	
傚倪王山水圖（寫贈高士奇）	軸	紙	水墨	128.5 x 51.3	甲戌（康熙三十三年，1694）秋杪	美國 普林斯頓大學藝術館(Edward Elliott先生寄存)	L219.70
畫贈徐元文雪景圖	軸	紙	設色	123.5 x 54	康熙丁卯（二十六年，1687）冬十一月十九日	美國 勃克萊加州大學藝術館	1975.32
雪景山水圖	軸	紙	設色	123.6 x 54.3		美國 勃克萊加州大學藝術館	1975.32
附：							
秋山暮靄圖	卷	紙	設色	11.5 x 143.5	康熙庚午（二十九年，1690）冬	紐約 佳士得藝品拍賣公司/拍賣目錄1990,05,31.	
林泉高士	軸	紙	設色	131 x 49.5		紐約 佳士得藝品拍賣公司/拍賣目錄1993,12,01.	
擬古鮮品圖	軸	紙	設色	134.6 x 58.8	上章閹茂（庚戌，康熙九年，1670）春䉕月望前一日	紐約 蘇富比藝品拍賣公司/拍賣目錄1987,12,08.	

名稱	形式	質地	色彩	尺寸 高x寬㎝	創作時間	收藏處所	典藏號碼

畫家小傳：宋犖。字仲牧。號漫堂、西陂、二鮑。河南商丘人。生於明思宗崇禎七（1634）年。卒於清聖祖康熙五十二（1713）年。博學嗜古，家富收藏，精賞鑑。工詩詞、古文。善畫蘭竹、山水，饒有士夫氣息。（見國朝畫徵續錄、桐陰論畫、江南通志、國朝別裁詩集小傳、中國畫家人名大辭典）

高層雲

名稱	形式	質地	色彩	尺寸 高x寬㎝	創作時間	收藏處所	典藏號碼
江村草堂圖	卷	絹	設色	25.1 x 237.5	康熙戊辰（二十七年，1688）七月十日	北京 故宮博物院	
山水	軸	紙	設色	128 x 47.8	癸亥（康熙二十二年，1683）長夏	台北 故宮博物館	故畫 02479
松泉圖	軸	紙	水墨	不詳	康熙己巳（二十八年，1689）長夏	北京 故宮博物院	
茅屋秋雨圖	軸	絹	設色	158.5 x 50.6		天津 天津市藝術博物館	
觀瀑圖	軸	絹	水墨	162.3 x 68.2		石家莊 河北省博物館	
為明老作山水圖	軸	金箋	設色	不詳	丙寅（康熙二十五年，1686）	南通 江蘇省南通博物苑	
攜琴訪友圖	軸	絹	設色	193.1 x 87.2		蘇州 江蘇省蘇州博物館	
仿夏珪山水圖	軸	綾	水墨	不詳		杭州 浙江省博物館	
山水圖（10幀）	冊	紙	設色	不詳	康熙己巳（二十八年，1689）早秋	北京 故宮博物院	
山水圖（8幀，為函翁作）	冊	紙	設色	不詳	康熙己巳（二十八年，1689）	鎮江 江蘇省鎮江市博物館	

畫家小傳：高層雲。字二鮑。號謖園、菰村。江蘇華亭人。生於明思宗崇禎七（1634）年。卒於清聖祖康熙廿九（1690））年。康熙十五年進士。工詩、書、畫。畫山水，師法董其昌，骨格靈秀，氣韻沖和，饒士氣。（見圖繪寶鑑續纂、國朝畫徵錄、桐陰論畫、江南通志、松江詩徵、別裁詩集小傳、曝書亭集、中國畫家人名大辭典）

陳　卓

名稱	形式	質地	色彩	尺寸 高x寬㎝	創作時間	收藏處所	典藏號碼
天壇勒騎、冶麓幽棲圖（2段）	卷	紙	設色	30.7 x 147.8 / 30.7 x 154.8	丁卯（康熙二十六年，1687）	北京 故宮博物院	
長江萬里圖	卷	絹	設色	42.4 x 1400	康熙癸未（四十二年，1703）	合肥 安徽省博物館	

名稱	形式	質地	色彩	尺寸 高×寬㎝	創作時間	收藏處所	典藏號碼
仙山樓閣圖	軸	絹	設色	189 × 94	乙亥（康熙三十四年，1695）冬月	北京 首都博物館	
江山樓閣圖	軸	紙	設色	不詳	己卯（康熙三十八年，1699）	北京 首都博物館	
仙山樓閣圖	軸	紙	設色	不詳		北京 首都博物館	
疏林茅屋圖	軸	綾	設色	69.5 × 52	丁未（康熙六年，1667）	天津 天津市藝術博物館	
天官圖	軸	絹	設色	294 × 101.4		天津 天津市藝術博物館	
博古圖	軸	絹	設色	107 × 47.1		天津 天津市歷史博物館	
秋山水閣圖	軸	金箋	設色	59.8 × 28.4	庚午（康熙二十九年，1690）秋月	石家莊 河北省博物館	
江樹春雪圖	軸	絹	設色	145 × 55.1		石家莊 河北省博物館	
仿張僧繇紅樹青山圖	軸	絹	設色	不詳		石家莊 河北省石家莊文物管理所	
水閣渡舟圖	軸	綾	設色	144 × 51.5	丁未（康熙六年，1667）	濟南 山東省博物館	
松蔭偕行圖	軸	絹	設色	164.5 × 55	戊申（康熙七年，1668）	濟南 山東省博物館	
春閣桃花圖	軸	絹	設色	不詳	庚午（康熙二十九年，1690）	濟南 山東省博物館	
仙山樓閣圖	軸	絹	設色	174 × 60.5		濟南 山東省博物館	
雪棧瓊宇圖	軸	絹	設色	194.5 × 99.1		濟南 山東省濟南市博物館	
花鳥圖（清陳卓等花鳥4幅之1）	軸	金箋	設色	248 × 65.1	己未（康熙十八年，1679）春仲	青島 山東省青島市博物館	
高閣雲峰圖	軸	絹	設色	198 × 51	乙卯（康熙十四年，1675）嘉平	合肥 安徽省博物館	
四色牡丹圖	軸	絹	設色	不詳	丁卯（康熙二十六年，1687）	合肥 安徽省博物館	
仙山樓閣圖	軸	絹	設色	不詳	乙亥（康熙三十四年，1695）	合肥 安徽省博物館	

名稱	形式	質地	色彩	尺寸 高×寬㎝	創作時間	收藏處所	典藏號碼
雲山青嶂圖（仿張僧繇）	軸	絹	設色	232.5×150.5	己丑（康熙四十八年，1709）嘉平	合肥 安徽省博物館	
仙山樓閣圖	軸	絹	設色	不詳		合肥 安徽省博物館	
人物山水通景（12幅）	軸	絹	設色	（每幅）168.5×51	七十有七（康熙四十九年，1710）	揚州 江蘇省揚州市博物館	
萬松樓閣圖	軸	絹	設色	182×140	康熙壬子（十一年，1672）七月前三日	泰州 江蘇省泰州市博物館	
歲朝圖	軸	絹	設色	148×58.4	丙午（康熙五年，1666）	上海 上海博物館	
携琴訪友圖（為旭翁作）	軸	金箋	設色	79.6×49.8	甲戌（康熙三十三年，1694）春月	南京 南京博物院	
青山白雲紅樹圖	軸	絹	設色	76.5×47.6	癸未（康熙四十二年，1703）秋八月	南京 南京博物院	
水村圖	軸	絹	設色	176×74.5		南京 江蘇省南京市博物館	
高橋橫閣圖	軸	絹	設色	72.2×38.1	辛酉（康熙二十年，1681）	杭州 浙江省博物館	
仙山樓閣圖	軸	絹	設色	160.8×61.2	壬戌（康熙二十一年，1682）	廣州廣東省博物館	
樓閣山水圖	軸	絹	設色	194.8×102		日本 私人	
山房春溪圖	軸	絹	設色	148.8×50.9	丙戌（康熙四十五年，1706）冬月	美國 紐約布魯克林藝術博物館	86.134.2
樓閣山水圖	軸	絹	設色	248.8×67.7	己未（康熙十八年，1679）秋月	英國 倫敦大英博物館	1978.12.18.04（ADD413）
臨水樓臺圖	軸	絹	設色	249×67.8		英國 倫敦大英博物館	1978.12.18.04（ADD413）
山水圖	冊頁	紙	設色	不詳	庚申（康熙十九年，1680）	北京 首都博物館	
山水圖（清陳卓等書畫冊12之1幀）	冊頁	紙	設色	不詳		天津 天津市藝術博物館	
為惕翁作山水圖（清高岑等山水冊12之1幀）	冊頁	絹	設色	27.3×24.8	丙辰（康熙十五年，1676）秋月	天津 天津市藝術博物館	
山水圖	摺扇面	金箋	水墨	不詳		南京 南京市博物館	
師仲圭法山水（明人書畫扇	摺扇面	金箋	水墨	不詳		日本 東京橋本辰二郎先生	

名稱	形式	質地	色彩	尺寸 高x寬cm	創作時間	收藏處所	典藏號碼
丙冊之10)							
附：							
山水圖(屏風)	軸	絹	設色	不詳	庚午（康熙二十九年，1690）長夏	北京 北京市文物商店	
歲朝圖	軸	絹	設色	160 x 70	（康熙五十年，辛卯，1711）	天津 天津市文物公司	
燕山宮殿圖	軸	絹	設色	不詳		上海 朵雲軒	
壽星圖	軸	紙	設色	不詳	癸巳（康熙五十二年，1713）	上海 上海文物商店	
溪山訪友圖	軸	絹	設色	不詳		上海 上海文物商店	
柳閣觀書圖（樊圻、陳卓合作）	軸	絹	設色	119.2 x 52.9	甲子（康熙二十三年，1684）	武漢 湖北省武漢市文物商店	
仙山樓觀圖	軸	絹	設色	148.5 x 50.8	丙辰（康熙十五年，1676）冬月	紐約 蘇富比藝品拍賣公司/拍賣目錄 1980.12.19.	
山水圖（？幀）	冊	紙	設色	不詳	庚申（康熙十九年，1680)	北京 北京市文物商店	
山水圖	摺扇面	金箋	水墨	16.5 x 46.8	乙巳（康熙四年，1665）夏	紐約 蘇富比藝品拍賣公司/拍賣目錄 1988.06.01.	

畫家小傳：陳卓。字中立。北京人，家金陵。生於明思宗崇禎七（1634）年，康熙五十二(1713)年尚在世。康熙八（1669）年結識周亮工。工畫山水，筆致工細，有宋人精密，乏元人靈秀；亦擅長人物、花卉。(見圖繪寶鑑續纂、桐陰論畫、中國畫家人名大辭典)

顧符積

名稱	形式	質地	色彩	尺寸 高x寬cm	創作時間	收藏處所	典藏號碼
千巖萬壑圖	卷	紙	設色	不詳	乙卯（康熙十四年，1675）	天津 天津市藝術博物館	
曲水流觴圖	卷	絹	設色	不詳	七十三叟（康熙四十年，丙戌，1706）	濟南 山東省濟南市博物館	
曲水流觴圖	小卷	絹	設色	不詳	丙戌（康熙四十五年，1706)	洛陽 河南省洛陽市博物館	
石集圖	卷	紙	水墨	不詳	丙寅（康熙二十五年，1686）	揚州 江蘇省揚州市博物館	
虎丘圖	卷	綾	設色	25.5 x 78	丁巳（康熙十六年，1677）	重慶 重慶市博物館	
蜀道秋征圖	軸	絹	設色	114.1 x 41.7		台北 私人	
蜀道圖	軸	紙	設色	89.7 x 46.9	乙未（康熙五十四	香港 何耀光至樂樓	

名稱	形式	質地	色彩	尺寸 高x寬㎝	創作時間	收藏處所	典藏號碼
					年，1715）初秋，時年八十有一		
層巒疊嶂圖	軸	紙	設色	164 × 80	乙亥（康熙三十四年，1695）	瀋陽 故宮博物院	
醉翁亭圖	軸	紙	水墨	95.4 × 35.8	己卯（康熙三十八年，1699）十二月	瀋陽 遼寧省博物館	
山水圖（為伯禎作）	軸	紙	設色	121 × 79.7	庚辰（康熙三十九年，1700）仲秋	北京 故宮博物院	
荷亭消夏圖	軸	紙	水墨	不詳	戊子（康熙四十七年，1708）	北京 故宮博物院	
松石圖	軸	絹	設色	157.5 × 98.3		北京 故宮博物院	
仿唐人作山深樹密圖（為香來作）	軸	絹	設色	不詳	辛未（康熙三十年，1691）六月	北京 中央美術學院	
溪山訪友圖	軸	紙	設色	96.2 × 42.5	七十七（康熙四十九年，1710）	天津 天津市藝術博物館	
秋林讀書圖	軸	紙	水墨	74.3 × 33.2	癸巳（康熙五十二年，1713）	天津 天津市藝術博物館	
深山訪隱圖	軸	紙	設色	239.1 × 110.6	庚辰（康熙三十九年，1700）	合肥 安徽省博物館	
論松圖（為瞻老作）	軸	絹	設色	62.5 × 27	丙寅（康熙二十五年，1686）清和	揚州 江蘇省揚州市博物館	
尋秋圖	軸	紙	設色	不詳	乙酉（康熙四十四年，1705）嘉平日	揚州 江蘇省揚州市博物館	
高峰插雲圖（為鳳老作）	軸	綾	水墨	114.7 × 30	七十四叟（康熙四十六年，1707）閏清和	揚州 江蘇省揚州市博物館	
桃源圖	橫幅	絹	設色	34.1 × 46.7	時年七十三（康熙四十五年，1706）	上海 上海博物館	
松下讀書圖	軸	紙	水墨	105.2 × 31.3	己丑（康熙四十八年，1709）仲冬	上海 上海博物館	
觀潮圖	軸	絹	設色	156.8 × 59.3	辛未（康熙三十年，1691）	南京 南京博物院	
為成母壽寫山水圖	軸	綾	水墨	187 × 48.3	戊午（康熙十七年	成都 四川省博物院	

名稱	形式	質地	色彩	尺寸 高x寬cm	創作時間	收藏處所	典藏號碼
					，1678）		
唐人詩意山水圖（青綠山水）	軸	絹	設色	74 x 37.8	乙酉（康熙四十四，1705）八月	廣州 廣東省博物館	
著色山水圖（為泰元道丈作）	軸	紙	設色	137.5 x 70.4	癸巳（康熙五十二年，1713）秋九月，時年八十一	美國 勃克萊加州大學藝術館 （高居翰教授寄存）	
劍閣圖	軸	絹	設色	168.6 x 65.9		瑞典 斯德哥爾摩遠東古物館	NMOK44
谿山亭子圖（名賢集錦圖冊之9）	冊頁	紙	水墨	17.2 x 27.7		台北 陳啟斌畏墨堂	
故事人物圖（名賢集錦圖冊之10）	冊頁	紙	設色	26.1 x 13.6		台北 陳啟斌畏墨堂	
煙江帆影圖	摺扇面	紙	設色	17.5 x 52.2	戊午（康熙十七年，1678）	北京 故宮博物院	
山水圖	冊頁	紙	設色	不詳		北京 故宮博物院	
杜甫詩意山水圖（8幀，為渭老作）	冊	紙	設色	（每幀）14.5 x 9.7	辛未（康熙三十年，1691）重九前三日	上海 上海博物館	
喬柯山舍圖	摺扇面	紙	水墨	17.8 x 54.1		南京 南京博物院	
山水圖（清高簡等山水冊8之1幀）	冊頁	絹	設色	不詳	（乙卯，康熙十四年，1675）	廣州 廣東省博物館	
附：							
蜀道圖	卷	絹	設色	43 x 272	辛巳（康熙四十年，1701）清和月	紐約 佳士得藝品拍賣公司/拍賣目錄 1994,06,01.	
江干對話圖	軸	絹	水墨	不詳	己卯（康熙三十八年，1699）清和	揚州 揚州市文物商店	
溪山亭子圖	軸	綾	水墨	不詳		蘇州 蘇州市文物商店	
雲山讀書圖	軸	紙	設色	140.5 x 73.5	癸巳（康熙五十二年，1713）秋九月	紐約 佳士得藝品拍賣公司/拍賣目錄 1989,12,04.	
蜀道秋征圖	軸	絹	設色	113.5 x 41.5	乙未（康熙五十四年，1715）中秋	紐約 佳士得藝品拍賣公司/拍賣目錄 1992,06,02.	
蘭亭修褉圖	軸	絹	設色	156 x 56		紐約 佳士得藝品拍賣公司/拍賣目錄 1994,11,30.	
山水（明清各家山水扇面冊	摺扇面	金箋	設色	不詳		紐約 佳士得藝品拍賣公司/拍	

名稱	形式	質地	色彩	尺寸 高×寬㎝	創作時間	收藏處所	典藏號碼

12之1幀）　　　　　　　　　　　　　　　　　　　　　賣目錄 1997,09,19.

畫家小傳：顧符積。字瑟如。號小癡、松巢。江蘇興化人。生於明思宗崇禎六（1633）年。清聖祖康熙五十四（1715）年尚在世，高齡已八十三歲。能詩、工書。善畫山水、人物，學唐李昭道，用筆工細。（見國朝畫徵錄、池北偶談、百尺梧桐閣集、中國畫家人名大辭典）

（釋）上 睿

名稱	形式	質地	色彩	尺寸 高×寬㎝	創作時間	收藏處所	典藏號碼
荐淨納涼圖	卷	紙	設色	不詳	壬子（雍正十年，1732）	瀋陽 故宮博物院	
攜琴訪友圖	卷	紙	設色	27.9 x 106	癸酉（康熙三十二年，1693）	旅順 遼寧省旅順博物館	
繡谷送春圖（為蔣樹存作）	卷	絹	設色	32.7 x 107	己卯（康熙三十八年，1699）	北京 故宮博物院	
溪山深秀圖（擬王翬畫卷）	卷	絹	設色	29.2 x 282.5	壬辰（康熙五十一年，1712）夏四月	日本 大阪橋本大乙先生	
竹林七賢圖	軸	紙	設色	84.3 x 44.8	康熙癸亥（二十二年，1683））春日	香港 香港美術館・虛白齋	XB1992.154
商山高隱圖	軸	紙	設色	不詳	壬子（康熙十一年，1672）春仲	長春 吉林省博物館	
萬片綠荷圖	軸	紙	設色	不詳	乙巳（雍正三年，1725）	瀋陽 故宮博物院	
仿范寬山水圖	軸	絹	設色	不詳	庚子（康熙五十九年，1720）春三月	瀋陽 遼寧省博物館	
發爪塔圖	軸	紙	水墨	58.4 x 62.7	甲戌（康熙三十三年，1694）	北京 故宮博物院	
瑞應圖	軸	紙	設色	不詳	癸未（康熙四十二年，1703）	北京 北京市文物局	
歲朝圖	軸	絹	設色	不詳		北京 中央工藝美術學院	
松蔭鬥茶圖	軸	絹	設色	105.8 x 47	辛丑（康熙六十年，1721）	天津 天津市藝術博物館	
山齋雪霽圖	軸	紙	設色	93.5 x 30	壬寅（康熙六十一年，1722）	天津 天津市藝術博物館	
山川出雲圖	軸	絹	設色	不詳		天津 天津市藝術博物館	
拒霜秋鳥圖	軸	絹	設色	52.3 x 41.5		天津 天津市藝術博物館	
長松茅屋圖	軸	絹	水墨	52.3 x 41.5		天津 天津市藝術博物館	
桃花水閣圖	軸	絹	設色	52.3 x 41.5		天津 天津市藝術博物館	

名稱	形式	質地	色彩	尺寸 高x寬cm	創作時間	收藏處所	典藏號碼
溪山漁艇圖	軸	絹	水墨	167.4 x 49		天津 天津市藝術博物館	
雪巖茅屋圖	軸	紙	設色	93.5 x 30		天津 天津市藝術博物館	
仿趙鷗波山水圖	軸	紙	設色	不詳	丁未（雍正五年，1727）	煙臺 山東省煙臺市博物館	
溪閣探泉圖	軸	紙	設色	不詳	辛未（康熙三十年，1691）	蘇州 江蘇省蘇州博物館	
白雲飛瀑圖	軸	紙	設色	不詳	丙午（雍正四年，1726）	蘇州 靈巖山寺	
仿李成雪景山水圖	軸	紙	設色	72.5 x 46.5	戊申（雍正六年，1728）	蘇州 靈巖山寺	
山水圖	軸	紙	水墨	76.5 x 34	己亥（康熙五十八年，1719）嘉平月既望	昆山 崑崙堂美術館	
摹唐寅携琴訪友圖（為文翁作）	軸	紙	設色	不詳	丙申（康熙五十五年，1716）清和	杭州 浙江省杭州市文物考古所	
霜天覓句圖	摺扇面	紙	設色	不詳		寧波 浙江省寧波市天一閣文物保管所	
雪中花鳥圖（為端雲作）	軸	絹	設色	64.8 x 43.7	己巳（康熙二十八年，1689）一之日	廣州 廣東省博物館	
溪山積雪圖	軸	紙	設色	87.2 x 46.4	甲辰（雍正二年，1724	廣州 廣東省博物館	
仿唐寅山水圖	軸	絹	設色	113.2 x 58.2	丁未（雍正五年，1727）	廣州 廣東省博物館	
仙山採芝圖（為子久作）	軸	金箋	設色	187.5 x 49	庚子（康熙五十九年，1720）仲秋	廣州 廣州市美術館	
雪景山水圖	軸	絹	設色	113.2 x 59	甲辰（雍正二年，1724）冬十二月十一日	日本 大阪市立美術館	
扶筇看山圖（擬李成畫意）	軸	絹	設色	31.9 x52.9	己酉（雍正七年，1729）仲秋八日	日本 兵庫縣黑川古文化研究所	
廣陵春遊圖	軸	紙	設色	96.4 x 39.4		日本 繭山龍泉堂	
勺藥圖	軸	絹	設色	不詳		美國 波士頓美術館	
渡江圖	軸	紙	設色	96.1 x 39.7		美國 克利夫蘭藝術博物館	
仿唐寅筆法秋林書屋圖	軸	紙	設色	78.5 x 51	己酉（雍正七年，	德國 科隆遠東藝術博物館	

名稱	形式	質地	色彩	尺寸 高x寬cm	創作時間	收藏處所	典藏號碼
					1729）閏七月既望		
仿宋元諸大家筆意山水（10幀）	冊	紙	設色、水墨	（每幀）24.5 x 30.8	丙寅（康熙二十五年，1686）二之日	台北 故宮博物院	故畫 01204
山水圖（名人畫扇（下）冊之8）	摺扇面	紙	設色	不詳		台北 故宮博物院	故畫 03555-8
滿城風雨圖（各人畫扇貳冊（下）冊之17）	摺扇面	紙	設色	不詳		台北 故宮博物院	故畫 03557-17
漁村春曉（名人書畫合冊之27）	冊頁	紙	設色	17.4 x 53.3		台北 故宮博物院	故畫 03582-27
臨趙松雪山水（7幀）	冊	紙	水墨	（每幀）22.5 x 17	康熙庚寅（四十九年，1710）	台北 歷史博物館	
摹宋元諸大家山水圖（12幀）	冊	紙	設色	（每幀）33.3 x 21.8	丁未（雍正五年，1727）暮春	香港 招署東先生	
山水圖	摺扇面	紙	設色	不詳	辛丑（康熙六十年，1721）	旅順 遼寧省旅順博物館	
蛺蝶虞美人花圖	摺扇面	金箋	設色	17.3 x 53	戊寅（康熙三十七年，1698）	北京 故宮博物院	
石徑聽泉圖	摺扇面	紙	設色	16.9 x 51.3	甲申（康熙四十三年，1704）	北京 故宮博物院	
雜畫（8幀）	冊	紙	設色、水墨	不詳	己卯（康熙三十八年，1699）	北京 中國歷史博物館	
雜畫圖（8幀）	冊	紙	設色、水墨	（每幀）24 x 33.3	己酉（雍正七年，1729）	北京 中國歷史博物館	
山水圖（十家書畫扇面冊10之1幀）	摺扇面	金箋	設色	16.2 x 48.6	辛丑（康熙六十年，1721）潤夏	北京 首都博物館	
花鳥圖	摺扇面	紙	設色	不詳	丙午（雍正四年，1726）	北京 首都博物館	
梅雪爭春圖	摺扇面	紙	設色	17.5 x 52	丁未（雍正五年，1727）	北京 首都博物館	
山水圖（清各家山水扇面冊10之1幀）	摺扇面	紙	設色	不詳		北京 中央工藝美術學院	
山水圖	扇面	綾	水墨	不詳	辛丑（康熙六十年，1721）	天津 天津市藝術博物館	
為彥老作山水圖（清董邦達	冊頁	紙	水墨	30.5 x 57		天津 天津市藝術博物館	

名稱	形式	質地	色彩	尺寸 高x寬cm	創作時間	收藏處所	典藏號碼
等山水花卉冊 12 之 1 幀）							
丹桂圖（清董邦達等山水花卉冊 12 之 1 幀）	冊頁	紙	水墨	30.5 x 57		天津 天津市藝術博物館	
山水（8 幀）	冊	紙	設色	（每幀）29.5 x 38		上海 上海博物館	
仿古山水圖（12 幀）	冊	紙	設色	（每幀）29.4 x 38.1		蘇州 江蘇省蘇州博物館	
雜畫（10 幀）	冊	紙	水墨	（每幀）28 x 22.5		成都 四川大學	
雜畫（8 幀）	冊	紙	設色	（每幀）29 x 36.5		廣州 廣東省博物館	
松徑獨歸途	摺扇面	紙	設色	不詳	甲申（康熙四十三年，1704）初夏	日本 京都喬木獨山先生	
仿六如居士秋山蕭寺圖（為清公作）	摺扇面	紙	設色	16.6 x 51	癸卯（雍正元年，1723）)中秋	日本 私人	
背臨王晉卿煙江疊嶂圖一則	摺扇面	紙	設色	16.9 x 54.4	庚子（康熙五十九年，1720）暮秋	德國 柏林東方藝術博物館	
附：							
冒襄水繪園覓句圖（顧尊燾、上睿合作）	卷	絹	設色	33 x 131		紐約 佳仕得藝品拍賣公司/拍賣目錄 1986,06,04.	
山水圖	軸	紙	設色	不詳		北京 北京市工藝品進出口公司	
牡丹圖	軸	紙	水墨	87.3 x 46.3	庚午（康熙二十九年，1690）秋日	紐約 蘇富比藝品拍賣公司/拍賣目錄 1986,06,03.	
山水圖（激湍松鶴）	軸	絹	設色	85 x 33	辛卯（康熙五十年，1711）夏五月	紐約 蘇富比藝品拍賣公司/拍賣目錄 1988,11,30.	
溪橋策杖圖	軸	紙	水墨	81.3 x 47	癸酉（康熙三十二年，1693）清明前一日	紐約 蘇富比藝品拍賣公司/拍賣目錄 1986,06,03.	
秋景山水圖（仿唐子畏筆法）	軸	紙	設色	79.5 x 44		紐約 佳士得藝品拍賣公司/拍賣目錄 1992,12,02.	
桃源問津圖	軸	紙	設色	129 x 56	甲申（康熙四十三年，1704）春二月既望	紐約 佳士得藝品拍賣公司/拍賣目錄 1993,12,01.	

名稱	形式	質地	色彩	尺寸 高x寬cm	創作時間	收藏處所	典藏號碼
山水（4幅）	橫軸	紙	設色	（每幅）29.5 x 38		香港 佳士得藝品拍賣公司/拍賣目錄 1998,09,15.	
清溪漁釣（王翬及弟子山水集冊第16幀）	冊頁	紙	設色	不詳	乙亥（康熙三十四年，1695）	紐約 佳士得藝品拍賣公司/拍賣目錄 1989,12,04.	
寒林松屋（王翬及弟子山水集冊第17幀）	冊頁	紙	設色	不詳	己卯（康熙三十八年，1699）	紐約 佳士得藝品拍賣公司/拍賣目錄 1989,12,04.	

畫家小傳：上睿，一名瀞睿。僧。字尋游。號目存、蒲室子、童心道人、玉晨道者等。江蘇吳人。生於明思宗崇禎七（1634）年，清世宗雍正七（1729）年尚在世。善畫，山水師王翬，花鳥學惲壽平，人物有明唐寅筆意。（見國朝畫徵錄、桐陰論畫、讀畫閒評、歸愚詩集、墨林今話、中國畫家人名大辭典）

高　簡

名稱	形式	質地	色彩	尺寸 高x寬cm	創作時間	收藏處所	典藏號碼
仿江貫道江山不盡圖	卷	紙	設色	31 x 67.5	戊午（康熙十七年，1678）春三月十八日	香港 何光耀至樂樓	
探梅圖	卷	紙	設色	26.9 x 282.7	己卯（康熙三十八年，1699）	北京 故宮博物院	
滄浪亭話別圖	卷	紙	設色	28.3 x 116.6	辛巳（康熙四十年，1701）秋七月	北京 故宮博物院	
臨李公麟聽琴圖	卷	絹	設色	33.4 x 127.5		北京 故宮博物院	
慧香夜話圖（為聖一作）	卷	紙	設色	不詳	辛未（康熙三十年，1691）三月十四日	北京 中國歷史博物館	
山水圖	卷	紙	設色	16 x 85	癸未（康熙四十二年，1703）	天津 天津市歷史博物館	
浮巒暖翠圖	卷	絹	設色	29.8 x 37.6	己巳（康熙二十八年，1689）冬杪	上海 上海博物館	
仿宋元山水圖（8段）	卷	紙	設色	（每段）22 x 49	癸巳（康熙五十二年，1713）	上海 上海博物館	
擬劉松年筆意山水	軸	紙	設色	101 x 45	丙午（康熙五年，1666）小陽月上浣	台北 故宮博物院（王世先生杰寄存）	
春山靈秀圖	軸	紙	水墨	167 x 45		台北 歷史博物館	
青綠山水圖	軸	紙	設色	188 x 45.5		台北 長流美術館	
蟻林論古圖	軸	紙	設色	116.4 x 48.8		香港 黃仲方先生	

名稱	形式	質地	色彩	尺寸 高×寬cm	創作時間	收藏處所	典藏號碼
霜哺圖（為重其作）	幅	紙	設色	51.9 × 28	甲寅（康熙十三年，1674）七月	長春 吉林省博物館	
郊原曳杖圖	軸	紙	水墨	不詳		瀋陽 故宮博物院	
柴門高樹圖	軸	紙	設色	不詳	甲辰（康熙三年，1664）十月	瀋陽 遼寧省博物館	
柳溪讀書圖	軸	絹	設色	不詳		瀋陽 遼寧省博物館	
仿唐寅秋林書屋圖	軸	絹	設色	97 × 56.3	癸未（康熙四十二年，1703）	旅順 遼寧省旅順博物館	
為迎年作山水圖	軸	紙	設色	130.7 × 66	戊子（康熙四十七年，1708）	旅順 遼寧省旅順博物館	
仿唐寅山水圖	軸	紙	設色	不詳	庚戌（康熙九年，1670）	北京 故宮博物院	
仿曹知白山水圖	軸	紙	水墨	不詳	庚戌（康熙九年，1670）九秋	北京 故宮博物院	
夕照雁落圖	軸	絹	設色	55.4 × 23.8	丙子（康熙三十五年，1696）小春	北京 故宮博物院	
補韓友像	軸	紙	設色	不詳	壬午（康熙四十一年，1702）長夏	北京 故宮博物院	
山水圖	軸	紙	設色	不詳	乙酉（康熙四十四年，1705）初夏	北京 故宮博物院	
湖鄉秋霽圖	軸	紙	設色	不詳	丁亥（康熙四十六年，1707）長夏	北京 故宮博物院	
梅竹圖	軸	紙	水墨	97.7 × 37.8	戊子（康熙四十七年，1708）冬十一月	北京 故宮博物院	
江鄉初夏圖	軸	絹	設色	151.7 × 101		北京 故宮博物院	
仿陸天游山水圖	軸	紙	設色	不詳		北京 故宮博物院	
山水圖	軸	紙	水墨	不詳	戊寅（康熙三十七年，1698)	北京 中央美術學院	
仿李成萬峰積雪圖	軸	絹	設色	不詳		北京 中國歷史博物館	
清溪水閣圖	軸	綾	水墨	不詳	己巳（康熙二十八年，1689）	北京 中國歷史博物館	
片雲高樹圖	軸	紙	設色	110.5 × 50.5	甲辰（康熙三年，1664）	天津 天津市藝術博物館	

名稱	形式	質地	色彩	尺寸 高×寬㎝	創作時間	收藏處所	典藏號碼
松風草堂圖	軸	紙	設色	91.7 × 45.5	癸酉（康熙三十二年，1693）	天津 天津市藝術博物館	
仿六如山水圖	軸	紙	設色	不詳	丁亥（康熙四十六年，1707）時年七十有五	天津 天津市藝術博物館	
圍爐夜話圖	軸	絹	設色	84.7 × 45	己丑（康熙四十八年，1709）時年七十又六	天津 天津市藝術博物館	
仿唐寅山水圖	軸	金箋	設色	不詳		天津 天津市藝術博物館	
靜坐日長圖	軸	絹	設色	74.2 × 46.5		天津 天津市藝術博物館	
仿唐寅山水圖	軸	絹	設色	不詳		西安 陝西省西安市文物保護考古所	
萬山蒼翠圖	軸	絹	設色	180 × 91.8	戊子（康熙四十七年，1708）	合肥 安徽省博物館	
天寒有鶴守梅圖	軸	紙	設色	129.2 × 46.4	丙申（順治十三年，1656）涂月	上海 上海博物館	
水村圖	軸	紙	設色	146.9 × 57.9	辛丑（順治十八年，1661）	上海 上海博物館	
探幽圖	軸	紙	設色	不詳	丙戌（康熙四十五年，1706）	上海 上海博物館	
仿唐寅山水圖	軸	紙	水墨	80.5 × 43.3		上海 上海博物館	
溪山圖	軸	紙	設色	74 × 41.6		上海 上海博物館	
溪山策杖圖	軸	絹	設色	158.2 × 94.2		上海 上海博物館	
仿唐寅山水圖	軸	紙	設色	91 × 38		南京 南京博物院	
梅花高士圖	軸	絹	設色	不詳	辛酉（康熙二十年，1681）	蘇州 江蘇省蘇州博物館	
山水圖（似爾錫親翁壽）	軸	紙	設色	84 × 43	壬子（康熙十一年，1672）夏日	昆山 崑崙堂美術館	
松風澗水圖	軸	金箋	設色	不詳		杭州 浙江省博物館	
歲朝圖	軸	紙	設色	80.2 × 44	戊子（康熙四十七年，1708）冬日	杭州 浙江省杭州市文物考古所	
瓶供圖（高簡、王武、張熙、宋裔、沈昉合作）	軸	紙	設色	不詳		杭州 浙江省杭州西泠印社	

名稱	形式	質地	色彩	尺寸 高x寬cm	創作時間	收藏處所	典藏號碼
為梅道人作山水圖	軸	絹	設色	不詳	癸亥（康熙二十二年，1683）	寧波 浙江省寧波市天一閣文物保管所	
觀松圖	軸	絹	設色	94.6 x 50	丙戌（康熙四十五年，1706）	寧波 浙江省寧波市天一閣文物保管所	
五溪棹舟圖	軸	絹	設色	169 x 50	乙丑（康熙二十四年，1685）	武漢 湖北省博物館	
為君老壽作山水圖	軸	紙	設色	124 x 58	壬戌（康熙二十一年，1682）	重慶 重慶市博物館	
仿唐寅山水圖	軸	絹	設色	190 x 55.5	丙寅（康熙二十五年，1686）	廣州 廣東省博物館	
仿倪山水圖	軸	紙	水墨	不詳	七十六歲（康熙四十八年，1709）	廣州 廣東省博物館	
秋山晴靄圖	軸	金箋	設色	145 x 43	癸亥（康熙二十二年，1683）	廣州 廣州市美術館	
山谷清幽圖	軸	絹	設色	139 x 85	辛亥（康熙十年，1671）	佛山 廣東省佛山市博物館	
溪山亭子圖	軸	紙	水墨	不詳		貴陽 貴州省博物館	
老梅竹石圖	軸	紙	水墨	114.5 x 45.2	七十又五（康熙四十七年，1708）	日本 東京林宗毅先生	
五月江深草閣寒詩意圖	軸	紙	設色	不詳		日本 東京張允中先生	
仿劉松年山水圖	軸	紙	設色	68.3 x 32.9	丁亥（康熙四十六年，1707）冬日，時年七十四	日本 大阪橋本大乙先生	
仿沈石田筆意山水圖	軸	紙	設色	210.4 x 93.9		美國 印地安那波里斯市藝術博物館	79.3
山水圖	軸	紙	設色	86.1 x 38.6		美國 加州曹仲英先生	
仿趙孟頫山水圖	軸	紙	設色	26.6 x 32.8		美國 私人	
秋窗話雨圖	軸	絹	水墨	47.2 x 31	甲戌（康熙三十三年，1694）八月	英國 倫敦大英博物館	1881.12.10.51(ADD185)
三友圖（李炳、高簡、王武合作，名人畫扇（甲）冊12）	摺扇面	紙	水墨	不詳		台北 故宮博物院	故畫03547-12
溪山平遠（名人畫扇面（庚）冊之4）	摺扇面	紙	設色	不詳		台北 故宮博物院	故畫03552-4
山水圖（名人畫扇（下）冊之9）	摺扇面	紙	設色	不詳		台北 故宮博物院	故畫03555-9

名稱	形式	質地	色彩	尺寸 高x寬㎝	創作時間	收藏處所	典藏號碼
擬古梅花圖（12 幀）	冊	紙	水墨	（每幀）21.8 x 26.2	時年七十又五（康熙四十七年，戊子，1708）	台北 國泰美術館	
幽山靜居圖	摺扇面	金箋	設色	17.7 x 54	辛未（康熙三十年，1691）長夏	香港 香港美術館	FA1991.071
寫陶潛詩意（8 幀）	冊	絹	設色	（每幀）13.5 x 20		香港 何耀光至樂樓	
臨子昂崆峒成道圖（畫呈文翁老師，清初畫家集錦畫冊之8）	冊頁	紙	設色	39.5 x 26.5	丙午（康熙五年，1666）	香港 何耀光至樂樓	
江南春色圖	摺扇面	紙	水墨	不詳		長春 吉林省博物館	
山水圖（8 幀）	冊	紙	設色	不詳	丙戌（康熙四十五年，1706）	瀋陽 故宮博物院	
仿徐幼文山水（清惲壽平等山水花鳥冊 10 之第 8 幀）	冊頁	金箋	設色	23.2 x 13.4	（庚戌，康熙九年，1670）	瀋陽 遼寧省博物館	
山水圖（4 幀）	冊	紙	設色	不詳	乙亥（康熙三十四年，1695）	旅順 遼寧省旅順博物館	
拜影樓圖（為掌和作，史爾祉等作山水冊 12 之 1 幀）	冊頁	紙	設色	19.5 x 16		北京 故宮博物院	
仿倪山水圖（書畫集錦冊 12 之 1 幀）	冊頁	紙	設色	25 x 19.5	壬子（康熙十一年，1672）冬日	北京 故宮博物院	
山水圖	摺扇面	紙	水墨	不詳	己巳（康熙二十八年，1689）	北京 故宮博物院	
梅花圖（8 幀）	冊	紙	水墨	不詳	丙子（康熙三十五年，1696）	北京 故宮博物院	
山水圖（9 幀）	冊	紙	設色	不詳	庚辰（康熙三十九年，1700）	北京 故宮博物院	
墨梅圖（12 幀）	冊	紙	水墨	不詳	甲申（康熙四十三年，1704）重陽	北京 故宮博物院	
梅竹圖（8 幀）	冊	紙	水墨	（每幀）27.7 x 34.4	甲申（康熙四十三年，1704）	北京 故宮博物院	
梅花圖（10 幀）	冊	紙	水墨	不詳		北京 故宮博物院	
山水圖（名筆集勝冊 12 之 1）	冊頁	紙	設色	不詳		北京 故宮博物院	
山水圖（10 幀）	冊	紙	設色	不詳	戊子（康熙四十七年，1708）	北京 中國歷史博物館	

名稱	形式	質地	色彩	尺寸 高×寬㎝	創作時間	收藏處所	典藏號碼
山水圖（朱陵等雜畫冊 10 之 1 幀）	冊頁	紙	設色	不詳		北京 中國歷史博物館	
山水圖	摺扇面	金箋	設色	不詳	丁卯（康熙二十六年，1687）	北京 首都博物館	
名賢集錦（8 幀）	冊	絹	設色	不詳		北京 北京畫院	
山水圖（清各家山水扇面冊 10 之 1 幀）	摺扇面	紙	設色	不詳		北京 中央工藝美術學院	
山水圖	摺扇面	金箋	水墨	18.6 × 52.5	辛未（康熙三十年，1691）	天津 天津市藝術博物館	
柳堤新漲圖（為壽愷年翁作，王翬等山水冊 24 之 1 幀）	冊頁	紙	設色	21.5 × 27.5	（甲戌，康熙三十三年，1694）	天津 天津市藝術博物館	
竹深荷淨圖（為壽愷年翁作，王翬等山水冊 24 之 1 幀）	冊頁	紙	設色	21.5 × 27.5	（甲戌，康熙三十三年，1694）	天津 天津市藝術博物館	
仿吳仲圭溪山無盡圖（清王時敏等書畫冊 16 之 1 幀）	冊頁	金箋	設色	31 × 47.5	戊午（康熙十七年，1678）清和月	天津 天津市藝術博物館	
梅竹圖（8 幀）	冊	紙	水墨	（每幀）33.2 × 22	乙酉（康熙四十四年，1705）	天津 天津市歷史博物館	
梅花圖（10 幀，為月帆作）	冊	紙	水墨	（每幀）24.1 × 18.6	丙申（順治十三年，1656）	上海 上海博物館	
山水圖（高簡等八家山水合裝冊 8 之 8 幀）	冊頁	紙	水墨	不詳	壬寅（康熙元年，1662）	上海 上海博物館	
摹宋元諸家山水圖（12 幀）	冊	紙	設色、水墨	（每幀）28.2 × 37.6	庚戌（康熙九年，1670）九秋	上海 上海博物館	
仿揚補之筆意寫梅圖（二十家梅花圖冊 20 之第 9 幀）	冊頁	紙	設色	23 × 19.3	（己未，康熙十八年，1679）	上海 上海博物館	
梅花圖（8 幀）	冊	紙	水墨	（每幀）21.9 × 29.8	庚辰（康熙三十九年，1700）逼歲之夕	上海 上海博物館	
畫（項穆之、醒甫等雜畫冊 22 之 1 幀）	冊頁	紙	設色	約 38.5×23.6		上海 上海博物館	
墨梅圖（高簡、張照梅花圖合冊 10 之 5 幀）	冊	紙	水墨	（每幀）26.3 × 32.3 不等	甲申（康熙四十三年，1704）	南京 南京博物院	
為潤甫作山水圖（清初名家山水集冊 12 之 1 幀）	冊頁	絹	設色	22.6 × 19.1	癸卯（康熙二年，1663）中秋	南京 南京博物院	

名稱	形式	質地	色彩	尺寸 高x寬cm	創作時間	收藏處所	典藏號碼
煙寺晚鐘（高簡等四人合四時山水於一扇面）	摺扇面	紙	設色	不詳		南京　南京博物院	
山水圖（清吳歷等山水集冊12之1幀）	冊頁	紙	設色	不詳	（甲寅，康熙十三年，1674）	杭州　浙江省博物館	
松山圖	摺扇面	紙	設色	不詳	時年七十有五（康熙四十七年，1708）	湖州　浙江省湖州市博物館	
山水圖（清高簡等山水冊8之1幀）	冊頁	絹	設色	不詳	（乙卯，康熙十四年，1675）	廣州　廣東省博物館	
山水圖（8幀）	冊	紙	設色	（每幀）20.5 x 28	丙申（順治十三年，1656）	廣州　廣州市美術館	
仿趙大年山水圖	摺扇面	紙	設色	不詳		南寧　廣西壯族自治區博物館	
設色山水（清人書畫扇冊4）	摺扇面	金箋	設色	不詳		日本　東京橋本辰二郎先生	
擬古山水圖（9幀）	冊	紙	設色		壬申（康熙三十一年，1692）仲夏	日本　東京張允中先生	
為士昇作山水圖（明清諸大家扇面冊之一幀）	摺扇面	金箋	設色	16.5 x 51		日本　中埜又左衛門先生	
空山獨立圖（為汝諧作）	摺扇面	紙	水墨	16.7 x 48.5		日本　金岡酉三先生	
寒溪訪友圖	摺扇面	金箋	設色	17.6 x 52.7	丙辰（康熙十五年，1676）春日	日本　私人	
花卉圖（高簡花卉雜畫冊6）	冊頁	紙	設色	不詳		美國　耶魯大學藝術館	1986.4.1.6
仿巨然法山水圖（畫似端士年翁，清初八大家山水集景冊8之第4幀）	冊頁	紙	設色	23 x 31.2	乙卯（康熙十四年，1675）新秋	美國　紐約大都會藝術博物館	1979.500.1b
山水（12幀）	冊	絹	水墨	（每幀）26.6 x 16.4		美國　堪薩斯州立大學藝術博物館	
山水圖（8幀）	冊	紙	設色	（每幀）16.6 x 16.5		美國　勃克萊加州大學藝術館	1979.29.9
仿李成雪景山水圖	冊頁	紙	設色	26.2 x 32.8		美國　勃克萊加州大學藝術館	CC232
附：							
山水圖（為聖一作）	卷	紙	水墨	不詳	辛未（康熙三十年，1691）三月十日	北京　北京市文物商店	
品花圖（文珀、歸瑂、王年、高簡、王武、吳宮、沈洪、宋裔、葉雨、陳坤、朱白、	卷	紙	設色	21 x 319		紐約　佳士得藝品拍賣公司/拍賣目錄 1995,09,19.	

名稱	形式	質地	色彩	尺寸 高x寬㎝	創作時間	收藏處所	典藏號碼

沈昉合作）

名稱	形式	質地	色彩	尺寸 高x寬㎝	創作時間	收藏處所	典藏號碼
秋林遠眺圖	軸	紙	設色	91 × 44.6		北京 北京市工藝品進出口公司	
菖蒲拳石圖	軸	紙	水墨	不詳	康熙壬寅（元年，1662）	上海 朵雲軒	
赤壁夜遊圖	軸	紙	設色	60 × 54	戊申（康熙七年，1668）	上海 朵雲軒	
梅花圖（為我田作）	軸	紙	設色	128 × 54	戊子七十有五（康熙四十七年，1708)	上海 上海文物商店	
振策凭虛圖	軸	紙	設色	不詳	庚辰（康熙三十九年，1700）	上海 上海工藝品進出口公司	
仿沈周輕舟逍遙圖	軸	紙	設色	219 × 96	丙戌（康熙四十五年，1706）秋八月	蘇州 蘇州市文物商店	
雪江獨釣圖	軸	紙	設色	163.8 × 92	辛未（康熙三十年，1691）冬十一月	紐約 佳士得藝品拍賣公司/拍賣目錄 1996,03,27.	
人物山水圖（鄔曉、高簡合作）	軸	紙	設色	90.8 × 75.6	甲寅（康熙十三年，1674）永夏	紐約 佳士得藝品拍賣公司/拍賣目錄 1997,09,19.	
梅花書屋圖	軸	紙	設色	86.3 × 57.8	丁亥（康熙四十六年，1707）嘉平月既望	紐約 佳士得藝品拍賣公司/拍賣目錄 1998,03,24.	
松風潤響圖	軸	紙	設色	122 × 50.4	丙子（康熙三十五年，1696）秋	香港 蘇富比藝品拍賣公司/拍賣目錄 1999,10,31.	
山水圖（4幅）	軸	紙	設色	（每幅）42.8 × 28.9		香港 蘇富比藝品拍賣公司/拍賣目錄 1999,10,31.	
梅花圖（8幀）	冊	紙	水墨	（每幀）27 × 34	丁亥（康熙四十六年，1707）	北京 北京市工藝品進出口公司	
仿古山水圖（10幀）	冊	紙	設色	（每幀）39 × 28	己未（康熙十八年，1679）	天津 天津市文物公司	
山水圖（諸家山水詩畫冊之第二幀）	冊頁	紙	水墨	24 × 28.5	戊申（康熙七年，1668）夏五	紐約 佳士得藝品拍賣公司/拍賣目錄 1983,11,30.	
秋山放棹圖	摺扇面	紙	設色	17.2 × 50.2	戊午（康熙十七年，1678）夏日	紐約 佳士得藝品拍賣公司/拍賣目錄 1995,03,22.	
仿古山水圖（8幀）	冊	紙	設色	（每幀）27.8 × 37.2		香港 佳士得藝品拍賣公司/拍賣目錄 1996,04,28.	

名稱	形式	質地	色彩	尺寸 高x寬㎝	創作時間	收藏處所	典藏號碼
仿唐寅山水圖（12幀）	冊	紙	設色	（每幀）29 x 19.5	丁丑（康熙三十六年，1697）初春	紐約 佳士得藝品拍賣公司/拍賣目錄 1997,09,19.	

畫家小傳：高簡。字澹游。號旅雲山人。江蘇蘇州人。生於明思宗崇禎七（1634）年。清聖祖康熙五十二（1713）年尚在世。精於山水小品，秀潔妍雅，頗有風趣。（見國朝畫徵續錄、桐陰論畫、香祖筆記、在亭叢稿、中國畫家人名大辭典）

徐寀

| 補王古臣像 | 軸 | 紙 | 設色 | 不詳 | 己亥（順治十六年，1659）冬十月 | 北京 故宮博物院 | |

畫家小傳：徐寀。字寀臣。號鏡庵。江蘇常熟人。工詩。善畫山水，多用乾筆，淡著色，細勁媚秀；兼寫花卉。流傳署款作品約見於世祖順治十六（1659）年。（見倡和集、中國畫家人名大辭典）

陳薳

| 蘭蓀圖（為仁夫作） | 軸 | 紙 | 設色 | 不詳 | 己亥（順治十六年，1659）端陽 | 北京 故宮博物院 | |

畫家小傳：陳薳。字孝寬。畫史無傳。疑似陳邁兄弟。待考。流傳署款紀年作品見於世祖順治十六（1659）年。

錢侹

| 仿古山水圖（楊補等十四家仿古山水卷14之第10段） | 卷 | 紙 | 設色 | （全卷）20.1 x 654.5 | 己亥（順治十六年，1659）春三月 | 上海 上海博物館 | |
| 為潤甫作山水圖（清初名家山水集冊12之1幀） | 冊頁 | 絹 | 設色 | 22.6 x 19.1 | 癸卯（康熙二年，1663）一月上浣 | 南京 南京博物院 | |

畫家小傳：錢侹。畫史無傳。流傳署款作品見於世祖順治十六（1659）年至聖祖康熙二（1663）年。身世待考。

炤遠

附：

| 山水圖（祁豸佳、藍瑛山水合冊5之1幀） | 冊頁 | 紙 | 設色 | 不詳 | 己亥（順治十六年，1659） | 上海 上海文物商店 | |

畫家小傳：炤遠。畫史無載。身世待考。

張韞

| 柳禽圖 | 摺扇 | 金箋 | 設色 | 不詳 | 己亥（？順治十六年，1659） | 成都 四川省博物院 | |

附：

| 山水人物圖 | 軸 | 絹 | 設色 | 不詳 | | 上海 朵雲軒 | |

名稱	形式	質地	色彩	尺寸 高×寬㎝	創作時間	收藏處所	典藏號碼

畫家小傳：張韞。畫史無傳。流傳署款作品紀年疑為世祖順治十六(1659)年。身世待考。

宋之麟

| 仿北苑山水圖（楊補等十四家仿古山水卷14之第12段） | 卷 | 紙 | 設色 | （全卷）20.1 × 654.5 | | 上海 上海博物館 | |

畫家小傳：宋之麟。畫史無傳。流傳署款作品似在世祖順治十六(1659)年。身世待考。

史 漢

| 仿古山水圖（楊補等十四家仿古山水卷14之第13段） | 卷 | 紙 | 設色 | （全卷）20.1 × 654.5 | | 上海 上海博物館 | |
| 秋江晚渡圖（各人畫扇貳冊（下）冊之4） | 摺扇面 紙 | | 設色 | 不詳 | | 台北 故宮博物院 | 故畫03557-4 |

畫家小傳：史漢。畫史無傳。流傳署款作品似在世祖順治十六(1659)年。身世待考。

□文瑞

| 蘭蕙圖 | 摺扇面 金箋 | | 水墨 | 不詳 | 己亥（順治十六年，1659） | 合肥 安徽省博物館 | |

畫家小傳：□文瑞。姓氏不詳。流傳署款作品紀年疑似世祖順治十六(1659)年。身世待考。

朱在廷

| 思翁遺格圖 | 軸 | 金箋 | 設色 | 134.5×136.5 | 己亥（順治十六年，1659） | 廣州 廣州市美術館 | |

畫家小傳：朱在廷。姓氏不詳。流傳署款作品紀年疑似世祖順治十六(1659)年。身世待考。

張 珂

臨惠崇山水圖（為舒君作）	卷	紙	設色	不詳	庚午（康熙二十九年，1690）三月修禊日	西安 陝西省西安市文物研究中心	
仿元人山水圖	軸	紙	設色	不詳	庚辰（康熙三十九年，1700)	北京 故宮博物院	
竹石圖	軸	紙	設色	不詳		太原 山西省晉祠文物管理處	

畫家小傳：張珂。字玉可。號雪梅、碧田小癡。江蘇常熟人。生於明思宗崇禎八(1635)年，聖祖康熙三十九(1700)年尚在世。善畫山水，為王翬弟子，宗法元黃公望。(見虞山畫志、中國畫家人名大辭典)

王無回

名稱	形式	質地	色彩	尺寸 高×寬㎝	創作時間	收藏處所	典藏號碼
花果圖	卷	綾	水墨	25.4 × 173	甲辰（康熙三年，1664）春正月	北京 故宮博物院	

畫家小傳：王無回。字長留（一字又癡）。籍里不詳。善畫。流傳署款紀年作品見於世祖順治十七(1660)年，至聖祖康熙三(1664)年。（見清畫補錄、中國畫家人名大辭典、宋元明清書畫家年表）

毛錫年

名稱	形式	質地	色彩	尺寸 高×寬㎝	創作時間	收藏處所	典藏號碼
淡色山水圖	卷	紙	設色	不詳	庚子（順治十七年，1660）春日	哈爾濱 黑龍江省博物館	
溪山煙雨圖	卷	紙	設色	不詳	康熙庚午（二十九年，1690）	北京 故宮博物院	
蘆汀飛瀑圖	軸	灑金箋	設色	不詳		南京 南京博物院	

畫家小傳：毛錫年。字長儒。號康叔。江蘇震澤人。工畫，得祖母文俶傳授。寫山水，筆意瀟灑。流傳署款紀年作品見於世祖順治十七(1660)年，至聖祖康熙二十九（1690）年。（見袁樸庵稿、中國畫家人名大辭典）

吳 綃

名稱	形式	質地	色彩	尺寸 高×寬㎝	創作時間	收藏處所	典藏號碼
花卉草蟲圖	卷	紙	水墨	不詳		上海 上海博物館	
花鳥圖	軸	綾	設色	不詳	庚子（順治十七年，1660）秋孟	北京 故宮博物院	
海棠白燕圖	摺扇面	金箋	設色	不詳		成都 四川省博物院	
附：							
花卉果瓜圖	卷	紙	設色	18 × 525.5		香港 蘇富比藝品拍賣公司/拍賣目錄 1999.10.31	
花卉圖（8幀）	冊	絹	設色	不詳	乙卯（康熙十四年，1675）臘月	北京 榮寶齋	

畫家小傳：吳綃。女。字素公（一字冰仙）。號片霞。江蘇吳縣人。適常熟許氏。善琴，工詩。尤擅畫花卉。鉤勒、設色俱佳；蘭竹有生趣與沈宛君齊名。流傳署款紀年作品見於世祖順治十七(1660)年，至聖祖康熙十四（1675）年。（見圖繪寶鑑續纂、海虞畫苑略、海虞詩苑、中國畫家人名大辭典）

朱佳會

名稱	形式	質地	色彩	尺寸 高×寬㎝	創作時間	收藏處所	典藏號碼
山水圖（清章聲等山水冊8之第6幀）	冊頁	絹	設色	30.6 × 43.3	庚子（順治十七年，1660）春二月	旅順 遼寧省旅順博物館	
山水圖（10幀）	冊	紙	水墨	（每幀）23.5 × 15.5		合肥 安徽省博物館	

畫家小傳：朱佳會。字日可。浙江海寧人。工畫山水，有別致。流傳署款紀年作品見於世祖順治十七(1660)年（見圖繪寶鑑續纂、中國畫家人名大辭典）

名稱	形式	質地	色彩	尺寸 高x寬㎝	創作時間	收藏處所	典藏號碼

錢永清

| 曲徑山樓圖 | 軸 | 金箋 | 水墨 | 75.5 x 41.5 | 庚子（順治十七年，1660） | 濟南 山東省博物館 | |

畫家小傳：錢永清。畫史無載。流傳署款紀年作品見於世祖順治十七(1660)年。身世待考。

徐 牲

秋夜讀書圖	軸	絹	設色	84 x 42.1		香港 香港美術館・虛白齋	XB1992.177
三顧茅廬圖	軸	絹	設色	不詳	庚子（順治十七年，1660）春三月	北京 故宮博物院	
山水圖（8幀）	冊	紙	設色	不詳	庚午（康熙二十九年，1690）	上海 上海博物館	

畫家小傳：徐牲。字行來。號林丘、耦生。江蘇常熟人。工詩及書法。尤善山水畫，作松石野仙，更多擅勝。流傳署款紀年作品見於清世祖順治十七(1660)年，至聖祖康熙二十九（1690）年。（見海虞詩苑、常熟縣誌、清畫家詩史、中國畫家人名大辭典）

張 修

花蝶圖（金陵名家集勝冊8之1幀）	冊頁	絹	設色	不詳		北京 故宮博物院	
荷花圖	摺扇面	紙	設色	17.5 x 57	癸卯（康熙二年，1663）	北京 首都博物館	
為惕翁作山水圖（清高岑等山水冊12之1幀）	冊頁	絹	設色	27.3 x 24.8	丙辰（康熙十五年，1676）八月	天津 天津市藝術博物館	
花卉小禽（清葉欣等雜畫冊8之1幀）	冊頁	紙	設色	20.8 x 15.4		青島 山東省青島市博物館	
松巖瀑布圖（金陵名家山水冊之1幀）	冊頁	金箋	設色	29.1 x 35.1	庚子（順治十七年，1660）十月	南京 南京博物院	
山水圖（書畫扇面冊之12）	摺扇面	金箋	設色	16.3 x 50.5		日本 私人	

畫家小傳：張修。字損之。江蘇長洲人。工畫山水、花草蟲魚，更好繪藕花，人爭購之。生性狷介，自闢住舍於鷲峰寺側，籬落幽然，花竹靜好，作畫自娛。流傳署款紀年作品見於世祖順治十七（1660）年，至聖祖康熙十五（1676）年。（見櫟園讀畫錄、圖繪寶鑑續纂、中國畫家人名大辭典）

李 悅

| 仿黃子久富春山圖（金陵名家山水冊之1幀） | 冊頁 | 金箋 | 設色 | 29.1 x 35.1 | （庚子，順治十七年，1660） | 南京 南京博物院 | |

畫家小傳：李悅。畫史無載。流傳署款作品約見於世祖順治十七（1660）年。身世待考。

名稱	形式	質地	色彩	尺寸 高×寬cm	創作時間	收藏處所	典藏號碼

童 原

名稱	形式	質地	色彩	尺寸 高×寬cm	創作時間	收藏處所	典藏號碼
秋樹雙禽圖	軸	絹	設色	123 × 49.5		天津 天津市藝術博物館	
梅花錦雞圖	軸	絹	設色	不詳		煙臺 山東省煙臺市博物館	
荔枝圖	軸	絹	設色	175.5 × 92.5		杭州 浙江省杭州西泠印社	
牡丹湖石圖	軸	絹	設色	109 × 45.7		長沙 湖南省博物館	
梅竹圖	摺扇面	紙	設色	不詳	癸未（康熙四十二年，1703）	北京 故宮博物院	
花鳥圖（10幀）	冊	絹	設色	不詳		北京 中央工藝美術學院	
花鳥（24幀）	冊	絹	設色	（每幀）24.3 × 16.9		上海 上海博物館	
蔬果圖（6幀）	冊	紙	設色	（每幀）26 × 19.8	辛巳（康熙四十年，1701）	成都 四川大學	
柑子菊花圖（明清人畫冊之第3幀）	冊頁	紙	設色	22.2 × 21.3		英國 倫敦大英博物館	1902.6.6.52. 3(ADD352)
附：							
端陽花卉圖（黃鼎、楊晉、惲壽平、禹之鼎、童原、馬元馭、陳枚、王武合作）	軸	紙	設色	127 × 57		香港 佳士得藝品拍賣公司/拍賣目錄 1996,04,28.	
琵琶行圖	軸	絹	設色	147.3 × 48.6	丙午（康熙五年，1666）夏四月	紐約 佳士得藝品拍賣公司/拍賣目錄 1996,09,18.	
花鳥、蟲魚（12幀）	冊	絹	設色	不詳		北京 北京市工藝品進出口公司	
花鳥圖	冊頁	絹	設色	不詳	庚子（順治十七年，1660）	北京 北京市工藝品進出口公司	
花卉圖（10幀）	冊	絹	設色	不詳		無錫 無錫市文物商店	

畫家小傳：童原。字原山。江蘇華亭人。童壂之子。承家學，善畫，畫花鳥、草蟲，頗得宋元人筆意。流傳署款紀年作品見於世祖順治十七（1660）年至聖祖康熙四十二(1703)年。（見圖繪寶鑑續纂、國朝版畫徵錄）

袁 雪

名稱	形式	質地	色彩	尺寸 高×寬cm	創作時間	收藏處所	典藏號碼
山水圖（楊補等十四家仿古山水卷14之第4段）	卷	紙	設色	（全卷）20.1 × 654.5		上海 上海博物館	
溪亭對奕圖	軸	絹	設色	134.5 × 74	庚子（順治十七年，1660）	天津 天津市藝術博物館	

畫家小傳：袁雪。畫史無載。流傳署款紀年作品見於世祖順治十七(1660)年。身世待考。

名稱	形式	質地	色彩	尺寸 高x寬cm	創作時間	收藏處所	典藏號碼

唐宇全

| 仿倪雲林山水圖 | 軸 | 紙 | 水墨 | 87.5 x 47.7 | 庚子（順治十七年，1660） | 北京 故宮博物院 | |

畫家小傳：唐宇全。畫史無載。流傳署款紀年作品見於世祖順治十七(1660)年。身世待考。

伊天

花卉、草蟲圖（8幀）	冊	絹	設色	不詳	庚子（順治十七年，1660）	北京 故宮博物院	
花鳥圖（12幀）	冊	絹	設色	不評	丁卯（康熙二十六年，1687）	北京 故宮博物院	
花鳥、草蟲圖（12幀）	冊	絹	設色	不詳	己巳（康熙二十八年，1689）	北京 故宮博物院	
雜畫（？幀）	冊	絹	設色	不詳	癸酉（康熙三十二年，1693）	天津 天津市藝術博物館	
附：							
花鳥圖	軸	絹	設色	不詳		北京 中國文物商店總店	
綠萼梅圖	摺扇面 金箋		設色	不詳		天津 天津市文物公司	

畫家小傳：伊天麐。字魯庵。浙江杭州人。善畫花卉及草蟲，以繪蝴蝶為最。流傳署款紀年作品見於世祖順治十七(1660)年，至聖祖康熙三十二(1693)年。（見圖繪寶鑑續纂、中國畫家人名大辭典）

李 根

秋林磐石圖	軸	絹	設色	不詳		瀋陽 遼寧省博物館	
無量壽尊者圖	軸	絹	設色	169 x 83		英國 倫敦大英博物館	1919.12.16.02(ADD2)
林屋撫琴圖（諸家山水圖冊12之1幀）	冊頁	紙	設色	26.5 x 22	庚子（順治十七年，1660）年朝	北京 故宮博物院	

畫家小傳：李根。字雲谷。福建侯官人。工詩，善書及篆刻。擅畫山水，有遠致；兼作佛像，極靜穆。流傳署款紀年作品見於世祖順治十七(1660)年。（見櫟園讀畫錄、桐陰論畫、印人傳、中國畫家人名大辭典）

方世鳴

蘭石圖	軸	綾	水墨	141 x 48	庚子（順治十七年，1660）	濟南 山東省博物館	
蘭石圖	軸	綾	水墨	195 x 51.5	丙午（康熙五年，1666）	濟南 山東省博物館	
水閣漁舟圖	摺扇面 金箋		水墨	16.6 x 50.9		南京 南京博物院	

名稱	形式	質地	色彩	尺寸 高×寬cm	創作時間	收藏處所	典藏號碼
墨蘭圖（明清名家合裝書畫扇面二冊之5）	摺扇面	金箋	水墨	16.2 × 52		日本 私人	

畫家小傳：方世鳴。畫史無載。流傳署款紀年作品見於世祖順治十七（1660）年，至聖祖康熙五（1666）年。身世待考。

曹垣

名稱	形式	質地	色彩	尺寸 高×寬cm	創作時間	收藏處所	典藏號碼
林泉秋色圖	卷	紙	設色	不詳	康熙乙酉（四十四年，1705）仲秋	南京 南京博物院	
空山讀書圖	軸	絹	設色	不詳		瀋陽 遼寧省博物館	
空山讀書圖	軸	絹	設色	155 × 73.3	辛酉（康熙二十年，1681）	天津 天津市藝術博物館	
山徑高亭圖	軸	綾	設色	218.4 × 100	己巳（康熙二十八年，1689）	天津 天津市藝術博物館	
竹林觀書圖（諸昇、曹垣合作）	軸	絹	設色	161 × 66	甲寅（康熙十三年，1674）	天津 天津市楊柳青畫社	
水閣觀書圖	軸	絹	設色	155 × 46		鄭州 河南省博物館	
山溪釣艇圖	軸	綾	水墨	197.2 × 51.3	丁卯（康熙二十六年，1687）仲春	南京 南京博物院	
石屋觀泉圖（為正翁作）	軸	絹	設色	137.9 × 42.5	辛丑（順治十八年，1661）葭月	南京 南京博物院	
孤舟擊浪圖	軸	絹	設色	166.5 × 66	乙巳（康熙四年，1665）	杭州 浙江省博物館	
秋山紅樹圖	軸	絹	設色	不詳	壬戌（康熙二十一年，1682）季夏月	杭州 浙江省杭州市文物考古所	
載花圖（諸昇、曹垣合作）	軸	絹	設色	不詳	壬寅（康熙元年，1662）	寧波 浙江省寧波市天一閣文物保管所	
山水圖（為木翁作）	冊頁	紙	水墨	不詳	戊申（康熙七年，1668）中秋	北京 故宮博物院	
十二友圖（12幀）	冊	紙	設色	（每幀）16.1 × 19.2	壬子（康熙十一年，1672）清和	北京 故宮博物院	
山水圖（12幀）	冊	絹	設色	不詳	壬戌（康熙二十一年，1682）蒲月	北京 故宮博物院	
山水圖	摺扇面	紙	設色	不詳	乙丑（康熙二十四年，1685）蒲月	北京 故宮博物院	
山水圖（12幀）	冊	綾	水墨	不詳	壬申（康熙三十一年，1692）	天津 天津市歷史博物館	

名稱	形式	質地	色彩	尺寸 高x寬cm	創作時間	收藏處所	典藏號碼
秋禽野菊圖	摺扇面	金箋	設色	不詳	癸卯（康熙二年，1663）	合肥 安徽省博物館	
山水圖（為慶陽年翁作，俞齡等雜畫冊38之1幀）	冊頁	絹	設色	31.2 x 31.8	（丁卯，康熙二十六年，1687）	上海 上海博物館	
仿米山水圖	摺扇面	金箋	水墨	不詳	辛丑（順治十八年，1661）蒲月	杭州 浙江省博物館	
松下長春圖	摺扇面	金箋	設色	16.1 x 50.5	癸丑（康熙十二年，1673）暢月	德國 柏林東方藝術博物館	1988.187

附：

山水圖（清王琦等雜畫冊1）	冊頁	紙	設色	55 x 26		上海 朵雲軒	

畫家小傳：曹垣。字星子。江蘇長洲人，寓居武林（今杭州）。曹振之子。善畫人物、山水、花鳥，每欲舉筆，輒酣飲，故有意外之趣。流傳署款紀年作品見於世祖順治十八(1661)年，至聖祖康熙四十四(1705)年（見圖繪寶鑑續纂、杭州府志、中國畫家人名大辭典）

柴貞儀

草蟲圖（柴貞儀、柴靜儀合作）	卷	紙	設色	27.9 x 430.6		美國 芝加哥藝術中心	1954.104

畫家小傳：柴貞儀。女。字如光。浙江錢塘人。柴世堯長女，黃介眉妻。與柴靜儀並工詩、畫。作花鳥、草蟲，無不超妙。（見圖繪寶鑑續纂、清畫家詩史、玉臺畫史、清代婦女文學史、中國美術家人名辭典）

柴靜儀

草蟲圖（柴貞儀、柴靜儀合作）	卷	紙	設色	27.9 x 430.6		美國 芝加哥藝術中心	1954.104

畫家小傳：柴靜靜。女。字季嫻（一作季畹）。為柴貞儀妹，沈鏐妻。善詩。工寫梅竹，筆意韶秀。又能鼓琴。與姐同擅告。著有凝香室詩鈔行世。（見玉臺畫史、墨林韻語、國朝詩別裁小傳、清畫家詩史、中國美術家人名辭典）

吳 定

名稱	形式	質地	色彩	尺寸	創作時間	收藏處所	
仿古山水圖（8段）	卷	紙	設色	（每段）31.2 x 27.2	庚戌（康熙九年，1670）	合肥 安徽省博物館	
山水圖	軸	紙	設色	不詳	乙巳（康熙四年，1665）秋仲	北京 故宮博物院	
秋山觀瀑圖	軸	紙	設色	不詳	甲辰（康熙三年，1664）秋日	北京 中央美術學院	
貳柏有齡圖	軸	紙	設色	不詳	康熙辛亥（十年，1671）	合肥 安徽省博物館	
秋高葉醉圖	軸	紙	設色	164.5 x 58	丙辰（康熙十五年	合肥 安徽省博物館	

名稱	形式	質地	色彩	尺寸 高x寬cm	創作時間	收藏處所	典藏號碼
					，1676）		
山高水長圖	軸	紙	設色	132.7 x 35.9		合肥 安徽省博物館	
瓊峰玉樹圖	軸	絹	設色	不詳		合肥 安徽省博物館	
松亭對話圖	軸	紙	設色	92.5 x 39.3	庚子（順治十七年，1660）	上海 上海博物館	
山高水長圖	軸	紙	設色	267.5 x 117		廣州 廣東省博物館	
夕陽歸鴉圖	摺扇面	紙	設色	不詳	乙亥（康熙三十四年，1695）秋	北京 故宮博物院	
山水圖（12幀）	冊	紙	設色	（每幀）20.5 x 26.8	甲辰（康熙三年，1664）冬日	天津 天津市藝術博物館	
仿大癡筆法山水圖（名筆集勝圖冊12之第5幀）	冊頁	紙	設色	約23.9 x 32.8		上海 上海博物館	
桃源圖	軸	紙	設色	不詳	己未（康熙十八年，1679）	上海 上海文物商店	
附：							
山水（吳定、顧升山水合冊12之6幀）	冊	紙	水墨、設色	（每幀）22 x 15.9	丁未（康熙六年，1667）春王	紐約 佳仕得藝品拍賣公司/拍賣目錄1987,06,03.	

畫家小傳：吳定。字子靜。號息庵。安徽休寧人。善畫山水，宗法釋弘仁（漸江）。曾繪山水八法五十六幅，摹仿唐宋元明諸大家，於山水深淺、林木疏密、及人物、屋宇、舟車等悉為圖譜，別其用筆先後次序，洵為藝苑指南。署款紀年作品見於世祖順治十七(1660)年，至聖祖康熙三十四(1695)年。（見國朝畫徵錄、耕硯田齋筆記、中國畫家人名大辭典）

劉 源

名稱	形式	質地	色彩	尺寸 高x寬cm	創作時間	收藏處所	典藏號碼
摹李公麟人物故事圖	卷	絹	設色	不詳	庚子（順治十七年，1660）春三月	長春 吉林省博物館	
人物故事圖	軸	紙	設色	不詳	康熙庚子（五十九年，1720）	長春 吉林省博物館	
馬老師桃園修志圖	軸	紙	設色	不詳	壬寅（康熙元年，1662）	北京 故宮博物院	
竹圖（為大智作）	軸	紙	水墨	不詳	甲辰（康熙三年，1664）春二月	石家莊 河北省石家莊文物管理所	
墨竹圖	軸	綾	水墨	164 x 54	壬戌（康熙二十一年，1682）春日	西安 陝西歷史博物館	
騎驢過橋圖（為臨翁作）	軸	綾	設色	不詳	康熙丁巳（十六年，1677）八月	西安 陝西省西安市文物保護考古所	
石榴芝竹圖（為艾太夫子作）	軸	綾	設色	185.7 x 50.2	丙辰（康熙十五年	常熟 江蘇省常熟市文物管理	

名稱	形式	質地	色彩	尺寸 高x寬cm	創作時間	收藏處所	典藏號碼
					，1676)	委員會	
風篁戛玉圖	軸	絹	水墨	169 x 49.5	癸丑（康熙十二年，1673)	南京 南京博物院	
雜畫（9幀)	冊	紙	設色	不詳	王子（康熙十一年，1672)	北京 故宮博物院	
江流天地外詩意圖（清徐言等山水竹石圖冊6之1幀)	冊頁	紙	設色	23.3 x 17.2	王子歲（康熙十一年，1672)	深圳 廣東省深圳市博物館	
師文同竹石圖（清徐言等山水竹石圖冊6之1幀)	冊頁	紙	設色	23.3 x 17.2	王子歲（康熙十一年，1672)	深圳 廣東省深圳市博物館	
附:							
風竹圖	軸	綾	水墨	191 x 52	康熙八年（乙酉，1669) 秋月	石家莊 河北省文物商店	

畫家小傳：劉源。字伴阮。號恕齋。河南祥符人。聖祖康熙元（1662）年官工部郎中，八（1669）年繪凌煙閣功臣圖像。天才超詣。工書善畫。畫能山水、人物、、花鳥、龍水，超邁古健，有奇氣。署款紀年作品見於世祖順治十七（1660）年，至聖祖康熙五十九（1720)年。（見圖繪寶鑑續纂、國朝畫徵錄、梅村集、民齋集、中華畫人室隨筆、中國畫家人名大辭典）

仍詰

名稱	形式	質地	色彩	尺寸 高x寬cm	創作時間	收藏處所	典藏號碼
山水圖（金陵各家山水冊10之1幀)	冊頁	金箋	設色	29.1 x 35.1	（庚子，順治十七年，1660)	南京 南京博物院	

畫家小傳：仍詰。畫史無載。署款作品見於約世祖順治十七（1660）年。身世待考。

程義

名稱	形式	質地	色彩	尺寸 高x寬cm	創作時間	收藏處所	典藏號碼
黃山松峰圖	軸	絹	設色	不詳		合肥 安徽省博物館	
仿趙子固山水圖	軸	紙	設色	不詳		合肥 安徽省博物館	

畫家小傳：程義。字正路。號晶陽子。安徽歙縣人。身世不詳。善畫。（見虹廬畫談、中國畫家人名大辭典）

奚冠

名稱	形式	質地	色彩	尺寸 高x寬cm	創作時間	收藏處所	典藏號碼
西湖春曉圖	軸	絹	設色	不詳		重慶 重慶市博物館	

畫家小傳：奚冠。畫史無載。身世待考。

曾士衡

名稱	形式	質地	色彩	尺寸 高x寬cm	創作時間	收藏處所	典藏號碼
花蝶圖	摺扇面	金箋	設色	不詳	庚子（順治十七年，1660)	廣州 廣州市美術館	

畫家小傳：曾士衡。畫史無載。署款作品見於約世祖順治十七（1660）年。身世待考。

名稱	形式	質地	色彩	尺寸 高×寬㎝	創作時間	收藏處所	典藏號碼

王元慧

| 竹石圖（名人畫扇（甲）冊
之10） | 摺扇面 紙 | 水墨 | 不詳 | | | 台北 故宮博物院 | 故畫 03547-10 |

畫家小傳：王元慧。畫史無載。身世待考。

葉 釆

| 蔭下行吟（名人畫扇（甲）
冊之14） | 摺扇面 紙 | 水墨 | 不詳 | | | 台北 故宮博物院 | 故畫 03547-14 |

畫家小傳：葉釆。畫史無載。身世待考。

顧 驄

| 扶桑（清花卉畫冊三冊之1） | 冊頁 紙 | 設色 | 不詳 | | | 台北 故宮博物院 | 故畫 03519-11 |

畫家小傳：顧驄。畫史無載。身世待考。

鄒顯吉

四時花卉圖	卷	絹	設色	不詳		無錫 江蘇省無錫市博物館	
花卉圖（10幀）	冊	紙	設色	（每幀）30 ×26.9	康熙四十七年（ 戊子，1708）夏六 月	北京 故宮博物院	
花卉圖（10幀）	冊	紙	淺設色	（每幀）27.5 ×22.2		美國 加州曹仲英先生	
花鳥（？幀）	冊	紙	設色	不詳	丁亥（康熙四十六 年，1707）	北京 中國文物商店總店	
花卉（10幀）	冊	紙	設色	（每幀）27.5 ×25	康熙戊申（七年， 1668）十二月	紐約 佳士得藝品拍賣公司/拍 　　賣目錄 1996,03,27.	

畫家小傳：鄒顯吉。字黎眉。號思靜。江蘇無錫人。生於明思宗崇禎九（1636）年，聖祖康熙四十七（1708）年尚在世。工詩、畫。畫善
　　　　山水、人物、花卉，尤善畫菊，落筆盡妙。（見桐陰論畫、無錫縣志、顧光旭響泉集、中國畫家人名大辭典）

汪 楫

| 杖藜圖 | 軸 | 紙 | 設色 | 80×30.5 | | 昆山 崑崙堂美術館 | |

畫家小傳：汪楫。字舟次。生於明思宗崇禎九（1636）年，卒於康熙三十八（1699）年。畫史無載，身世待考。

吳 韋

| 菊石圖 | 軸 | 紙 | 水墨 | 109.8×28.7 | | 香港 中文大學中國文化研究 | 73.694 |

名稱	形式	質地	色彩	尺寸 高x寬cm	創作時間	收藏處所	典藏號碼
						所文物館	

畫家小傳：吳韋。字山帶。廣東人。生於明思宗崇禎九（1636）年。工畫花卉（見嶺南畫徵略、中國畫家人名大辭典）

徐 釚

名稱	形式	質地	色彩	尺寸 高x寬cm	創作時間	收藏處所	典藏號碼
移居圖詩畫	卷	紙	水墨	不詳	康熙王戌（二十一年，1682）臘月既望	北京 故宮博物院	
山水圖	卷	紙	水墨	不詳	辛未（康熙三十年，1691）閏七月望前一日	北京 故宮博物院	
松石圖	軸	綾	水墨	不詳	辛酉（康熙二十年，1681）除夕前二日	北京 故宮博物院	
松圖	軸	絹	設色	49.7 x 40.9	癸酉（康熙三十二年，1693）	上海 上海博物館	
米家山水圖	軸	紙	水墨	49.3 x 36.8		日本 兵庫縣黑川古文化研究所	
仿黃鶴山樵山水圖（為湘翁作，諸家書畫合璧冊4之1幀）	冊頁	紙	水墨	26.7 x 19.3	（乙巳，康熙四年，1665)	北京 故宮博物院	
山水圖	摺扇面	紙	設色	17 x 52		北京 故宮博物院	

畫家小傳：徐釚。字電發。號虹亭、菊莊、拙存、楓江漁父等。江蘇吳江人。生於明思宗崇禎九（1636）年，卒於聖祖康熙四十七（1708）年。康熙十八(1679)年舉鴻博。工詩及古文辭。善畫山水，筆致風秀，用墨簡淡清逸；亦能畫蟹。(見桐陰論畫、吳江續志、別裁詩傳、王漁洋集、中國畫家人名大辭典）

沈 韶

名稱	形式	質地	色彩	尺寸 高x寬cm	創作時間	收藏處所	典藏號碼
張之游像	卷	絹	設色	不詳	癸卯（康熙二年，1663）仲冬	上海 上海博物館	
嘉定三先生像	軸	紙	設色	不詳	康熙元年（王寅，1662）菊月	北京 故宮博物院	
昭君琵琶圖	軸	絹	設色	不詳	王子（康熙十一年，1672）秋日	北京 中央美術學院	
三仙圖	軸	紙	設色	99.5 x 57.5	康熙丁巳（十六年，1677）	上海 上海博物館	
通證禪師像	軸	絹	設色	不詳	丙辰（康熙十五年	南京 南京博物院	

名稱	形式	質地	色彩	尺寸 高×寬㎝	創作時間	收藏處所	典藏號碼
					，1676）春三月		
鍾馗圖	軸	紙	設色	69.5 × 31		嘉興 浙江省嘉興市博物館	
附：							
洗象圖	軸	絹	設色	154 × 68.1	順治辛丑（十八年，1661）	北京 北京市工藝品進出口公司	

畫家小傳：沈韶。字爾調。浙江嘉興人，流寓金山。為莆田曾鯨弟子。善寫照，旁及人物、仕女，作品秀媚絕俗。流傳署款紀年作品見於世祖順治十八(1661)年，至聖祖康熙十六(1677)年。（見明畫錄、圖繪寶鑑續纂、國朝畫徵錄、曝書亭集、婁縣志、中國畫家名大辭典）

沈 閎

名稱	形式	質地	色彩	尺寸 高×寬㎝	創作時間	收藏處所	典藏號碼
溪山秋色圖	軸	紙	設色	90 × 56	辛丑（順治十八年，1661）	天津 天津市藝術博物館	
松林古剎圖	軸	金箋	設色	67 × 43.4	辛酉（康熙二十年，1681）	天津 天津市藝術博物館	
秋林書屋圖	軸	絹	設色	258.6 × 99	癸酉（康熙三十二年，1693）	天津 天津市藝術博物館	
秋山疊翠（清朱軒等十人合作 10屏風之1）	軸	金箋	水墨、設色	206 × 48	己巳（康熙二十八年，1689）薄月	石家莊 河北省博物館	
秋山携琴圖	軸	紙	設色	不詳	康熙癸酉（三十二年，1693）夏	南京 南京博物院	
蒼松競秀圖	軸	金箋	水墨	78.8 × 432		日本 私人	
山水圖（16幀）	冊	紙	設色	不詳		北京 故宮博物院	
山水圖（清葉有年等山水冊 10之1幀）	冊頁	金箋	設色	31 × 35.5		合肥 安徽省博物館	
雪棧凝寒圖	冊頁	紙	水墨	不詳	癸未（康熙四十二年，1703）花朝	上海 上海博物館	
山水圖（清十家山水圖冊12之1幀）	冊頁	絹	設色	34 × 27.5		上海 上海博物館	
附：							
松林古剎圖	軸	紙	設色	不詳	康熙己卯（三十八年，1699）秋日	北京 中國文物商店總店	
雪景山水圖（為聖如作）	軸	紙	水墨	不詳	康熙丁未（六年，1667）清和月	北京 北京市文物商店	

名稱	形式	質地	色彩	尺寸 高x寬cm	創作時間	收藏處所	典藏號碼
秋山行旅圖	軸	絹	設色	165 x 51.4	乙酉（康熙四十四年，1705）春日	紐約 蘇富比藝品拍賣公司/拍賣目錄 1986,06,03.	
桃源圖	軸	金箋	設色	62.8 x 40.6		紐約 佳士得藝品拍賣公司/拍賣目錄 1996,03,27.	

畫家小傳：沈閎。字渚遠。號元渚。江蘇婁縣人。善畫山水，有沈周遺風。署款紀年作品見於世祖順治十八（1661）年至聖祖康熙四十四（1705）年。（見圖繪寶鑑續纂、清代書畫家筆錄、中國畫家人名大辭典）

劉若漢

名稱	形式	質地	色彩	尺寸 高x寬cm	創作時間	收藏處所	典藏號碼
白雲紅樹圖	卷	紙	設色	不詳	辛丑（順治十八年，1661）	天津 天津市藝術博物館	

畫家小傳：劉若漢。畫史無載。流傳署款紀年作品見於世祖順治十八(1661)年。身世待考。

丘 嶧

名稱	形式	質地	色彩	尺寸 高x寬cm	創作時間	收藏處所	典藏號碼
天池石壁圖	軸	紙	設色	185 x 42.7	辛丑（順治十八年，1661）	天津 天津市藝術博物館	

畫家小傳：丘嶧。畫史無載。流傳署款紀年作品見於世祖順治十八(1661)年。身世待考。

蘇 誼

名稱	形式	質地	色彩	尺寸 高x寬cm	創作時間	收藏處所	典藏號碼
白雲紅樹圖	軸	絹	設色	200.5 x 94.4		北京 北京畫院	
松蔭清聽圖	軸	絹	設色	不詳		青島 山東省青島市博物館	
秋林觀瀑圖	軸	絹	設色	不詳	戊辰（康熙二十七年，1688）秋日	太原 山西省博物館	
梅花書屋圖	軸	絹	設色	142 x 61		武漢 湖北省博物館	
雪山行旅圖（仿王摩詰畫，為太翁詞宗作）	軸	絹	設色	182.9 x 99.2	癸卯（康熙二年，1663）榴月	日本 繭山龍泉堂	
法李成蒼巖古樹圖	軸	紙	設色	123.5 x 55.8		日本 江田勇二先生	
仿郭熙山水圖	摺扇面	紙	設色	18.1 x 51		香港 劉作籌虛白齋	160
法大癡道人意山水圖（為武翁作）	摺扇面	金箋	設色	16.5 x 50.7	辛丑（順治十八年，1661）春暮	日本 私人	
附：							
山水圖（8幀）	冊	絹	設色	（每幀）24 x 19		天津 天津市文物公司	

名稱	形式	質地	色彩	尺寸 高x寬cm	創作時間	收藏處所	典藏號碼

畫家小傳：蘇誼(或作宜)。字仲瞻（一作仲展）。浙江杭州人。善畫山水，學藍瑛。流傳署款紀年作品見於世祖順治十八（1661）年至聖祖康熙二十七(1688)年。(見圖繪寶鑑續纂、中國畫家人名大辭典)

吳期遠

名稱	形式	質地	色彩	尺寸 高x寬cm	創作時間	收藏處所	典藏號碼
山水圖（5段）	卷	紙	水墨	不詳		南京 南京博物院	
山水圖（12屏）	軸	絹	設色	不詳	康熙甲戌（三十三年，1694）冬仲	南通 江蘇省南通博物苑	
水村圖	軸	絹	設色	不詳	康熙戊辰（二十七年，1688）	南京 南京市博物院	
山水圖（8幀）	冊	金箋	水墨	不詳	辛丑（順治十八年，1661）六月	北京 故宮博物院	
金、焦圖（為見翁作，金焦圖詠冊16之1幀）	冊頁	紙	設色	30 x 36		上海 上海博物館	
仿元人山水圖（為瑞老作）	摺扇面	金箋	設色	19 x 56.2	乙亥（康熙三十四年，1695）立秋前一日	南京 南京博物院	
山水圖（清程鵠等山水冊6之第6幀）	冊頁	紙	設色	不詳	戊申（康熙七年，1668）	重慶 重慶市博物館	
林亭山色圖	摺扇面	金箋	水墨	不詳	癸卯（康熙二年，1663）	南寧 廣西壯族自治區博物館	
師子久法山水圖（明遺老詩畫集冊之6）	冊頁	紙	水墨	19.5 x 13.2	庚戌（康熙九年，1670）冬仲	美國 勃克萊加州大學藝術館（高居翰教授寄存）	CC 193f
附：							
觀泉圖	軸	紙	水墨	不詳		上海 上海文物商店	

畫家小傳：吳期遠。字子遠。江蘇丹徒人。善畫山水，追摹元黃公望，筆情韶秀，頗有妙境。流傳署款紀年作品見於世祖順治十八(1661)年，至聖祖康熙三十四(1695)年。(見圖繪寶鑑續纂、檞園讀畫錄、桐陰論畫、魏叔子文鈔、扶荔堂集、中國畫家人名大辭典)

宋之繩

名稱	形式	質地	色彩	尺寸 高x寬cm	創作時間	收藏處所	典藏號碼
蘭石圖	軸	綾	水墨	不詳	順治辛丑（十八年，1661）長至前	北京 故宮博物院	

畫家小傳：宋之繩。畫史無載。流傳署款紀年作品見於世祖順治十八(1661)年。身世待考。

曹 珵

名稱	形式	質地	色彩	尺寸 高x寬cm	創作時間	收藏處所	典藏號碼
山澗鳴琴圖	卷	紙	設色	28.7 x 280	順治辛丑（十八年	成都 四川省博物院	

名稱	形式	質地	色彩	尺寸 高×寬cm	創作時間	收藏處所	典藏號碼
					，1661）長至前		
林巖飛瀑（名人書畫合冊之 20）	冊頁	紙	設色	18.3 × 58.8		台北 故宮博物院	故畫 03582-20

畫家小傳：曹瑆。畫史無載。流傳署款紀年作品見於世祖順治十八(1661)年。身世待考。

宋德宜

名稱	形式	質地	色彩	尺寸 高×寬cm	創作時間	收藏處所	典藏號碼
山水圖（為晉翁作）	軸	紙	設色	不詳	順治十八年（辛丑 ，1661）初秋	北京 故宮博物院	

畫家小傳：宋德宜。畫史無載。流傳署款紀年作品見於世祖順治十八(1661)年。身世待考。

李念慈

名稱	形式	質地	色彩	尺寸 高×寬cm	創作時間	收藏處所	典藏號碼
為子側作山水圖	軸	綾	水墨	176 × 52	辛丑（順治十八年 ，1661）秋七月	西安 陝西歷史博物館	

畫家小傳：李念慈（一名念茲）。字屺瞻。號劬庵。涇陽人。順治十五(1658)年進士，康熙十八(1679)年舉博學鴻詞。詩畫皆擅名於時。畫工山水，不拘景色，涉筆倜儻，皆能自寫胸臆，不為景縛。(見桐陰論畫、新城縣志、漁洋集、中國畫家人名大辭典)

郝惟訥

名稱	形式	質地	色彩	尺寸 高×寬cm	創作時間	收藏處所	典藏號碼
山水圖（為晉翁作）	軸	綾	水墨	不詳	辛丑（順治十八年 ，1661）夏日	北京 中央工藝美術學院	

畫家小傳：郝惟訥。畫史無載。流傳署款紀年作品見於世祖順治十八(1661)年。身世待考。

張 概
附：

名稱	形式	質地	色彩	尺寸 高×寬cm	創作時間	收藏處所	典藏號碼
花卉圖（清初諸家花卉山水 冊 10 之 1 幀）	冊頁	金箋	設色	30.5 × 38	辛丑（順治十八年 ，1661）	紐約 佳士得藝品拍賣公司/拍 賣目錄 1994.11.30.	

畫家小傳：張概。畫史無載。流傳署款紀年作品見於世祖順治十八(1661)年。身世待考。

馮仙湜

名稱	形式	質地	色彩	尺寸 高×寬cm	創作時間	收藏處所	典藏號碼
溪山漁隱圖	卷	絹	設色	不詳	辛丑（順治十八年 ， 1661）五月	北京 故宮博物院	
一峰小景圖	卷	紙	水墨	不詳		北京 故宮博物院	
山水圖	軸	紙	水墨	不詳	丙午（康熙五年， 1666）花朝	北京 故宮博物院	
萬里長城圖	軸	絹	設色	218.2 × 97.8	癸丑（康熙十二年	合肥 安徽省博物館	

名稱	形式	質地	色彩	尺寸 高×寬㎝	創作時間	收藏處所	典藏號碼
					，1673		
仿宋人山水圖	軸	絹	設色	不詳	乙卯（康熙三十八年，1699）	南京 南京市博物館	
山水圖	軸	絹	設色	不詳	甲子（康熙二十三年，1684）	杭州 浙江省博物館	
白雲深翠圖	軸	絹	設色	167.6 × 61.7	乙巳（康熙四年，1665）	重慶 重慶市博物館	
仿王叔明秋山圖	軸	絹	設色	191.8 × 47.9	丁未（康熙六年，1667）初冬	日本 東京帝室博物館	
山水圖（重嶺江村圖）	軸	絹	設色	156.1 × 47.1	丙午（康熙五年，1666）仲冬	日本 東京小幡醇一先生	
雲林冷岫圖	軸	絹	水墨	177 × 47	丁未（康熙六年，1667）小陽春	日本 和歌山縣濱口吉右衛門先生	
仿倪瓚山水圖	軸	絹	水墨	176.3 × 47		日本 私人	
林泉閒適圖（為徵翁作，？幀）	冊	紙	設色	不詳	丁亥（康熙四十六年，1707）冬日	北京 故宮博物院	
觀泉圖	摺扇面	紙	設色	不詳	丁酉（康熙五十六年，1717）仲夏	北京 故宮博物院	
山水圖（4幀）	冊	絹	設色	不詳	辛丑（順治十八年，1661）秋閏	杭州 浙江省博物館	
山水圖（清程鵠等山水冊6之第5幀）	冊頁	紙	設色	不詳	戊申（康熙七年，1668）	重慶 重慶市博物館	
没骨山水圖	摺扇面	紙	設色	不詳		日本 東京河井荃廬先生	
附：							
雲近蓬萊圖（為昱老四十壽作）	卷	絹	設色	42 × 364	己未（康熙十八年，1679）重九前二日	北京 中國文物商店總店	
古木寒鴉圖	軸	絹	設色	不詳	乙巳（康熙四年，1665）	上海 朵雲軒	
山水圖	軸	絹	設色	156.2 × 47	丙午（康熙五年，1666）仲冬	香港 佳士得藝品拍賣公司/拍賣目錄 2001,04,29.	
山水圖（清嚴延等山水集冊12之1幀）	摺扇面	金箋	水墨	不詳		上海 上海工藝品進出口公司	

畫家小傳：馮仙湜（一作湜），字沚鑑。浙江山陰人。善畫山水，學郭熙，筆墨清淡細秀，有雅趣。又精畫論，撰有國朝畫徵續錄行世。

名稱	形式	質地	色彩	尺寸 高x寬cm	創作時間	收藏處所	典藏號碼

流傳署款紀年作品見於世祖順治十八(1661)年，至聖祖康熙五十六(1717)年。(見國朝畫徵錄、中國畫家人名大辭典)

陸 遠

名稱	形式	質地	色彩	尺寸 高x寬cm	創作時間	收藏處所	典藏號碼
江村煙雨圖	卷	紙	設色	14.5 x 161	庚寅（康熙四十九年，1710）	貴陽 貴州省博物館	
桃源春靄圖通景屏	軸	絹	設色	不詳	辛丑（順治十八年，1661）十月望後	北京 故宮博物院	
擬劉松年山居讀書圖	軸	絹	設色	92 x 34.2	壬戌（康熙二十一年，1682）四月望後	紹興 浙江省紹興市博物館	
松閣高吟圖	軸	絹	設色	不詳		臨海 浙江省臨海市博物館	
仿李成山水圖	軸	絹	設色	200 x 50.5	丙子（康熙三十五年，1696）	廣州 廣東省博物館	
夏山煙雨圖	軸	絹	設色	163 x 79	辛巳（康熙四十年，1701）	廣州 廣東省博物館	
山水人物圖	冊頁	紙	設色	不詳	癸卯（康熙二年，1663）中秋	北京 故宮博物院	
山水圖	摺扇面	紙	設色	不詳	甲寅（康熙十三年，1674）新秋	北京 故宮博物院	
山水圖（嚴繩孫等書畫合裝冊24之1幀）	冊頁	金箋	設色	30.4 x 39.4		上海 上海博物館	

附：

名稱	形式	質地	色彩	尺寸 高x寬cm	創作時間	收藏處所	典藏號碼
仿劉松年山水圖	軸	金箋	水墨	166.3 x 41		紐約 佳士得藝品拍賣公司/拍賣目錄 1986.12.04.	

畫家小傳：陸遠。字清竇。浙江湖州(一作江蘇松江)人。善畫山水及設色花鳥，俱效法明陸治。流傳署款紀年作品見於世祖順治十八（1661）年，至聖祖康熙四十九（1710）年。（見簪雲樓雜說、讀畫輯略、中國美術家人名辭典）

張安泰

附：

名稱	形式	質地	色彩	尺寸 高x寬cm	創作時間	收藏處所	典藏號碼
山水圖（清初諸家花卉山水冊10之1幀）	冊頁	金箋	設色	30.5 x 38	辛丑（順治十八年，1661）	紐約 佳士得藝品拍賣公司/拍賣目錄 1994.11.30.	

畫家小傳：張安泰。字康侯。江蘇婁縣人。工畫山水。流傳署款紀年作品見於世祖順治十八(1661)年。(見松江府誌、中國美術家人名辭典)

名稱	形式	質地	色彩	尺寸 高x寬㎝	創作時間	收藏處所	典藏號碼

程士楲

萬松圖（為葦溪老先生寫）	卷	紙	水墨	23.1 x 193.2	歲在辛丑（順治十八年，1661）	台北 故宮博物院	故畫 01748
仿雲林山水圖	軸	絹	水墨	不詳		佛山 廣東省佛山市博物館	
山水圖（清俞金等山水冊 8 之 1 幀）	冊頁	紙	設色	不詳		天津 天津市藝術博物館	

畫家小傳：程士楲。畫史無載。流傳署款紀年作品見於世祖順治十八（1661）年。身世待考。

汪 喬

擊缶催詩圖	軸	絹	設色	104.3 x 51.3	壬寅（康熙元年，1662）秋日	北京 故宮博物院	
梧桐雙鳳圖	軸	絹	設色	不詳		北京 故宮博物院	
讀書圖	軸	絹	設色	不詳		北京 故宮博物院	
梅石狸奴圖	軸	紙	設色	133 x 62.5		天津 天津市藝術博物館	
雲端關羽像	軸	紙	設色	不詳		天津 天津市藝術博物館	
斗姥出遊圖	軸	絹	設色	不詳	辛酉（康熙二十年，1681）冬月吉日	南京 南京博物院	
天台採藥圖	軸	絹	設色	不詳		南京 南京博物院	
賞梅圖	軸	紙	設色	不詳		蘇州 江蘇省蘇州博物館	
關羽讀書圖	橫幅	絹	設色	不詳	辛丑（順治十八年，1661）	廣州 廣東省博物館	
山水圖	摺扇面	紙	設色	不詳	壬戌（康熙二十一年，1682）長夏	北京 故宮博物院	
山水圖（10 幀）	冊	絹	設色	（每幀）25.8 x 23.1	庚申（康熙十九年，1680）	天津 天津市藝術博物館	

附：

關羽像	軸	紙	設色	不詳		蘇州 蘇州市文物商店	
松林觀泉圖	軸	絹	設色	103 x 71		蘇州 蘇州市文物商店	

畫家小傳：汪喬。字宗晉。江蘇吳縣人。善畫人物，作品刻畫不同意態神情，生動逼真，見者莫不動容；又善畫寫意花卉。流傳署款紀年作品見於世祖順治十八（1661）年至聖祖康熙元（1662）至二十一（1682）年。（見圖繪寶鑑續纂、中國畫家人名大辭典）

周 經

林屋泊舟圖	軸	綾	水墨	113 x 41.7	辛丑（順治十八年	瀋陽 遼寧省博物館	

名稱	形式	質地	色彩	尺寸 高×寬cm	創作時間	收藏處所	典藏號碼
					，1661）		

畫家小傳：周經。畫史無載。流傳署款紀年作品見於世祖順治十八（1661）年。身世待考。

包 庶

| 芙蓉白鷺圖 | 軸 | 紙 | 設色 | 不詳 | 癸卯（康熙二年，1663） | 常熟 江蘇省常熟市文物管理委員會 | |

附：

| 花卉圖（清初諸家花卉山水冊10之1幀） | 冊頁 | 金箋 | 設色 | 30.5 × 38 | 辛丑歲（順治十八年，1661） | 紐約 佳士得藝品拍賣公司/拍賣目錄1994.11.30. | |

畫家小傳：包庶。畫史無載。惟圖繪寶鑑續纂載有包爾庶其人，字虞尹，善繪花卉。疑兩者為同一人。待考。流傳署款紀年作品見於世祖順治十八（1661）年至聖祖康熙二（1663）年。

黃 野

| 山水圖（清葉有年等山水冊10之1幀） | 冊頁 | 金箋 | 設色 | 31 × 35.5 | | 合肥 安徽省博物館 | |
| 山水圖（清王穀等山水冊5之1幀） | 摺扇面 | 金箋 | 設色 | 不詳 | | 南京 南京博物院 | |

附：

| 花卉圖（清初諸家花卉山水冊10之1幀） | 冊頁 | 金箋 | 設色 | 30.5 × 38 | 辛丑（順治十八年，1661） | 紐約 佳士得藝品拍賣公司/拍賣目錄1994.11.30. | |

畫家小傳：黃野。畫史無載。流傳署款紀年作品見於世祖順治十八（1661）年。身世待考。

韓 曠

瀟湘八景圖	卷	絹	水墨	25 × 701		廣州 廣東省博物館	
山莊圖	軸	紙	設色	不詳	戊午（康熙十七年，1678）	瀋陽 遼寧省博物館	
山高水長圖	軸	金箋	水墨	不詳	癸卯（康熙二年，1663）	北京 故宮博物院	
山水圖	摺扇面	紙	水墨	不詳	甲辰（康熙三年，1664）	北京 故宮博物院	
米法山水圖（弘齋先生祝壽書畫冊之7）	冊頁	金箋	水墨	29.2 × 36.8		日本 私人	

附：

| 雲山歸棹圖 | 軸 | 紙 | 設色 | 90.5 × 39 | | 南京 南京市文物商店 | |

名稱	形式	質地	色彩	尺寸 高x寬㎝	創作時間	收藏處所	典藏號碼
山水圖	軸	紙	設色	138 × 54	庚戌（康熙九年，1670）春仲	紐約 佳士得藝品拍賣公司/拍賣目錄 1992,12,02.	
山水圖（清初諸家花卉山水冊10之1幀）	冊頁	金箋	水墨	30.5 × 38	辛丑（順治十八年，1661）仲冬	紐約 佳士得藝品拍賣公司/拍賣目錄 1994,11,30.	

畫家小傳：韓曠。字野株。江蘇松江人。工畫山水。流傳署款紀年作品見於世祖順治十八（1661）年至聖祖康熙十七（1678）年。（見圖繪寶鑑續纂、中國畫家人名大辭典）

李 英

松溪閒居圖	軸	紙	設色	不詳	辛丑（順治十八年，1661）	濟南 山東省博物館	

畫家小傳：李英。畫史無載。流傳署款紀年作品見於世祖順治十八（1661）年。身世待考。

吳 箕

附：

花鳥圖	卷	絹	設色	39 × 574.5		天津 天津市文物公司	

畫家小傳：吳箕。畫史無載。身世待考。

卓 峰

布袋、寒山、拾得圖（3幅）	軸	紙	水墨	（每幅）129.9 × 34.5		日本 長崎縣立美術博物館	AI 口 18

畫家小傳：卓峰。畫史無載。身世待考。

(釋) 心 越

蘆葦達摩圖（自題贊）	軸	紙	水墨	不詳		日本 群馬縣長樂寺	
蜆子和尚圖	軸	紙	水墨	不詳		日本 祇園寺	
十六羅漢圖（2幅）	軸	紙	水墨	不詳		日本 祇園寺	
梅花鸚鵡圖	軸	紙	水墨	不詳		日本 祇園寺	
三星圖	軸	紙	水墨	不詳		日本 祇園寺	
出山釋迦圖	軸	紙	水墨	不詳		日本 祇園寺	
達摩圖	軸	紙	水墨	109.7 × 23.3		日本 東京住友寬一先生	
菊竹圖	軸	紙	水墨	42.6 × 52.1		日本 大阪橋本大乙先生	
三星圖	軸	絹	水墨	95.2 × 95.2		日本 大阪橋本大乙先生	
牡丹圖	軸	紙	水墨	102.6 × 41.6		日本 大阪橋本大乙先生	

名稱	形式	質地	色彩	尺寸 高x寬cm	創作時間	收藏處所	典藏號碼
牡丹圖	軸	紙	水墨	118 x 29.2		日本 松丸先生	

畫家小傳：心越。僧。畫史無載。字拙多。號東皐。錢塘人。身世待考。

米漢雯

名稱	形式	質地	色彩	尺寸 高x寬cm	創作時間	收藏處所	典藏號碼
浮丘山房圖（為成老夫子作）	卷	紙	水墨	42.7 x 249	壬寅（康熙元年，1662）初秋	石家莊 河北省博物館	
水閣依山圖	軸	絹	設色	151 x 62.5	庚申（康熙十九年，1680）	溫州 浙江省溫州博物館	
溪山訪隱圖	軸	綾	設色	164.4 x 48.3		日本 大阪橋本未吉先生	
山水圖（名筆集勝冊 12 之 1 幀）	冊頁	紙	設色	不詳		北京 故宮博物院	
附：							
山水圖並書（10 幀）	冊	紙	設色	（每幀）26 x 19		上海 朵雲軒	
山水、書法（20 幀，畫 10，書 10）	冊	紙	水墨、設色	（每幀）27.5 x 20.5		紐約 佳士得藝品拍賣公司/拍賣目錄 1996,3,27.	

畫家小傳：米漢雯。號紫來。居宛平。米萬鍾之孫。世祖順治十八（1661）年進士。工詩、善書。能畫山水，得其米氏家法。流傳署款紀年作品見於聖祖康熙元(1662)至三十一（1692）年。（見圖繪寶鑑續纂、國朝畫徵錄、香祖筆記、中國畫家人名大辭典）

金 玥

名稱	形式	質地	色彩	尺寸 高x寬cm	創作時間	收藏處所	典藏號碼
杏花鴛鴦圖（冒襄題）	軸	絹	設色	不詳	甲子（康熙二十三年，1684）長夏	上海 上海博物館	
花鳥圖	軸	絹	設色	不詳		上海 上海博物館	
秋花蝴蝶圖（金玥、蔡含合作）	軸	絹	設色	89.7 x 25.9		上海 上海博物館	
秋蓼蝴蝶圖（金玥、蔡含合作）	軸	綾	設色	85.1 x 30		上海 上海博物館	
秋花白鸜圖（金玥、蔡含合作）	軸	綾	設色	不詳		上海 上海博物館	
五瑞圖	軸	綾	設色	不詳		南京 南京博物院	
高冠午瑞圖（金玥、蔡含合作）	軸	紙	設色	160.5 x 46.2		英國 倫敦大英博物館	1966.7.25.015（ADD355）

名稱	形式	質地	色彩	尺寸 高x寬㎝	創作時間	收藏處所	典藏號碼
花鳥魚蟲（10幀，冒襄題贈汪蛟門）	冊	紙	設色	（每幀）26.6 x 36.4		上海 上海博物館	
附：							
百花圖	卷	絹	設色	40.6 x 193		紐約 佳士得藝品拍賣公司/拍賣目錄 1993,12,01.	
仿揚補之禽梅圖（冒襄題）	軸	絹	設色	不詳	戊辰（康熙二十七年，1688）新秋	揚州 揚州市文物商店	
仿米家山水	軸	紙	水墨	62 x 31	乙卯（康熙十四年，1675）清和	紐約 佳士得藝品拍賣公司/拍賣目錄 1993,12,01.	

畫家小傳：金玥。女。字曉珠。號圓玉。江蘇崑山人。為冒襄姬妾。善畫山水，得高克恭氣韻；又善水墨花卉。流傳署款紀年作品見於聖祖康熙元(1662)至二十七(1688)年。（見國朝畫徵續錄、樊樹山房集、中國畫家人名大辭典）

祝 昌

名稱	形式	質地	色彩	尺寸 高x寬㎝	創作時間	收藏處所	典藏號碼
山水圖（方玉如集諸家山水圖卷之第3幅）	卷	紙	水墨	22.6 x ？		香港 黃仲方先生	K92.25
山水圖	卷	紙	設色	17.8 x 369.5		北京 故宮博物院	
溪山無盡圖（為濱臣作）	卷	紙	設色	25.2 x 1049.5	丙午（康熙五年，1666）暮春	蘇州 江蘇省蘇州博物館	
嶺上白雲圖	卷	紙	設色	21 x 209.1		廣州 廣東省博物館	
山水圖	卷	紙	設色	25.5 x ？	壬寅（康熙元年，1662）仲夏	美國 勃克萊加州大學藝術館（高居翰教授寄存）	CC42
仿黃公望江山勝覽圖	卷	紙	設色	25.6 x ？		美國 私人	
山水圖	軸	紙	設色	不詳	丁巳（康熙十六年，1677）秋日	北京 故宮博物院	
仿倪雲林山水圖	軸	紙	水墨	177.4 x 53.4		合肥 安徽省博物館	
水閣秋深圖	軸	紙	水墨	174.2 x 81.7		上海 上海博物館	
巖壑風雨圖（為繁露道長作）	軸	綾	設色	183.1 x 49.4		日本 大阪橋本大乙先生	
山水圖（8幀）	冊	紙	設色	（每幀）20.5 x 27.6		北京 故宮博物院	

名稱	形式	質地	色彩	尺寸 高x寬cm	創作時間	收藏處所	典藏號碼
山水、蘭竹圖（羅聘、祝昌山水蘭竹冊11之6幀）	冊	紙	設色	（每幀）24 × 30.8	庚寅（康熙四十九年，1710）	天津 天津市藝術博物館	
山水圖（7幀）	冊	紙	設色	（每幀）20.5 × 27.6	戊午（康熙十七年，1678）秋日	天津 天津市歷史博物館	
山水圖（12幀）	冊	紙	設色	22.2 × 21.5	順治八年（辛卯，1651）	合肥 安徽省博物館	
松下高士圖（清人山水圖冊之10）	冊頁	紙	水墨	13.4 × 24.4		美國 勃克萊加州大學藝術館（高居翰教授寄存）	CC 12j

畫家小傳：祝昌。字山嘲。安徽舒城（一作廣德）人，居新安。清世祖順治六（1649）年進士。善畫山水，學釋弘仁，並仿元人，得其逸致。署款紀年作品見於聖祖康熙元(1662)至四十九(1710)年.（見圖繪寶鑑續纂、國朝畫徵錄、中國畫家人名大辭典）

洪 都

名稱	形式	質地	色彩	尺寸 高x寬cm	創作時間	收藏處所	典藏號碼
仿王蒙山水圖	軸	紙	設色	不詳	壬寅（康熙元年，1662）長至	北京 故宮博物院	
仿元人山水圖	軸	絹	水墨	80.5 × 43.4	壬寅（康熙元年，1662）長至	天津 天津市藝術博物館	
雲山秋色圖	軸	絹	設色	183.3 × 49.5	甲辰（康熙三年，1664）長至	天津 天津市藝術博物館	
秋林共話圖	軸	絹	設色	165 × 64	丙午（康熙五年，1666）	濟南 山東省博物館	
春溪雙笛圖	軸	絹	設色	不詳		上海 上海博物館	
仿黃子久山水圖	軸	紙	設色	120.2 × 145.8		杭州 浙江省博物館	
湊墅園亭圖	軸	絹	設色	154.5 × 43.1		杭州 浙江省杭州西泠印社	
龍孫圖（清洪都等雜畫冊8之1幀）	冊頁	絹	設色	26 × 17		天津 天津市歷史博物館	

畫家小傳：洪都。字客玄。浙江錢塘人。善畫山水、林木。流傳署款紀年作品見於聖祖康熙元(1662)至五（1666）年。（見圖繪寶鑑續纂、中國畫家人名大辭典）

范雪儀

名稱	形式	質地	色彩	尺寸 高x寬cm	創作時間	收藏處所	典藏號碼
吮筆敲詩圖	軸	絹	設色	110.5 × 52.5		天津 天津市藝術博物館	
華清出浴圖	摺扇面	紙	設色	不詳	康熙元年（壬寅，	北京 故宮博物院	

名稱	形式	質地	色彩	尺寸 高x寬cm	創作時間	收藏處所	典藏號碼
					1662）清和月		
人物故事圖（10幀）	冊	絹	設色	（每幀）37 x 32.8		北京 故宮博物院	

畫家小傳：范雪儀。女。籍里、身世不詳。善畫，花卉工秀彷彿惲壽平；人物、仕女亦秀雅可喜。署款紀年作品見於聖祖康熙元(1662)年。（見耕硯田齋筆記、中國畫家人名大辭典）

張一鵾

名稱	形式	質地	色彩	尺寸 高x寬cm	創作時間	收藏處所	典藏號碼
孟君易行樂圖（清吳歷、顧在湄等六人合作，張補景）	卷	絹	設色	63 x 68	甲寅歲（康熙十三年，1674）	瀋陽 遼寧省博物館	
贈王士禛山水	卷	絹	水墨	26.1 x 186.1	壬寅（康熙元年，1662）	上海 上海博物館	
雲氣煙姿圖	軸	綾	水墨	156.6 x 51.5	壬寅（康熙元年，1662）	青島 山東省青島市博物館	
山水圖並題（為王士禛作）	軸	紙	設色	不詳	壬申（康熙三十一年，1692）夏	上海 上海博物館	
春牛涉水圖	軸	絹	水墨	不詳		上海 上海博物館	
附：							
踏雪訪友圖	軸	紙	設色	不詳	丁卯（康熙二十六年，1687）	上海 上海文物商店	

畫家小傳：張一鵾。字友鴻。號忍齋、釣灘逸人。江蘇金山人。世祖順治十五(1658)年進士。工詩。善畫山水，得元人筆意，寫意者尤佳。曾與黃石齋、楊機部唱和於半山會，作半山圖，名動一時。流傳署款紀年作品見於聖祖康熙元（1662）至三十一（1692)年。（見圖繪寶鑑續纂、桐陰論畫、金山縣志、松江詩徵、雲山酬唱、漁洋集、中國畫家人名大辭典）

許夢龍

名稱	形式	質地	色彩	尺寸 高x寬cm	創作時間	收藏處所	典藏號碼
山水圖	軸	絹	設色	不詳	康熙元年（壬寅，1662）七月	廣州 廣州市美術館	

畫家小傳：許夢龍。字滄溟。江蘇崑山人。善畫。明崇禎末，與潘徵等十三人結畫社，各有其象，題曰玉山高隱。流傳署款紀年作品見於清聖祖康熙元(1662)年。（見崑新合志、中國畫家人名大辭典）

文 揆

附：

名稱	形式	質地	色彩	尺寸 高x寬cm	創作時間	收藏處所	典藏號碼
松竹梅石圖（文點、金侃、文揆合作）	軸	絹	水墨	131 x 62		上海 上海文物商店	

畫家小傳：文揆。字賓日。號加香、洗心子。江蘇長洲人。文從簡孫，文枏之子。承家學，工畫山水，師法倪、黃兩家，風致高潔。惟不交當世，故畫蹤罕見。（見國朝畫徵續錄、文氏族譜續集、長洲縣志、江南通志、中國畫家人名大辭典）

名稱	形式	質地	色彩	尺寸 高x寬㎝	創作時間	收藏處所	典藏號碼

程 敏

| 蘭竹石圖（20幀） | 冊 | 紙 | 水墨 | 不詳 | 壬寅（康熙元年，1662） | 北京 故宮博物院 | |
| 山水圖 | 摺扇面 | 紙 | 設色 | 不詳 | | 成都 四川省博物院 | |

畫家小傳：程敏。畫史無載。流傳署款紀年作品見於聖祖康熙元（1662）年。身世待考。

沈 峻

| 山水圖（10幀） | 冊 | 綾 | 設色 | （每幀）25.1 x 15.1 | 壬寅（康熙元年，1662） | 北京 故宮博物院 | |

畫家小傳：沈峻。畫史無載。流傳署款紀年作品見於聖祖康熙元（1662）年。身世待考。

汪應時

| 花卉圖 | 摺扇面 | 紙 | 設色 | 不詳 | 壬寅（？康熙元年，1662） | 北京 故宮博物院 | |

畫家小傳：汪應時。畫史無載。流傳署款作品紀年疑為清聖祖康熙元(1662)年。身世待考。

陳一元

| 竹石圖（藝林清賞冊之3） | 冊頁 | 紙 | 水墨 | 16.6 x 56 | | 台北 故宮博物院 | 故畫 03490-3 |

畫家小傳：陳一元。新城人。身世不詳。善畫竹。（見國朝畫徵錄、中國畫家人名大辭典）

詮 修

| 花卉圖（沈顥等八人花卉合卷8之1段） | 卷 | 絹 | 水墨 | 不詳 | | 北京 故宮博物院 | |
| 子瞻（蘇軾）小像（欽揖等八人山水合冊8之1幀） | 冊頁 | 絹 | 設色 | 23 x 20.5 | | 北京 故宮博物院 | |

畫家小傳：詮修。畫史無載。約與丘岳等同時間。身世待考。

雷濬

| 雪梅山禽圖 | 軸 | 絹 | 設色 | 184 x 103 | | 天津 天津市文化局文物處 | |

畫家小傳：雷濬。畫史無載。疑為活動於聖祖康熙初時畫家。身世待考。

袁文可

| 君山雪霽圖 | 卷 | 灑金箋 | 設色 | 27.7 x 127 | 壬寅（？康熙元年，1662） | 上海 上海博物館 | |

名稱	形式	質地	色彩	尺寸 高x寬㎝	創作時間	收藏處所	典藏號碼

畫家小傳：袁文可。畫史無載。流傳署款作品紀年疑為清聖祖康熙元年(1662)。身世待考。

郭元宰

| 梅花水仙圖 | 軸 | 絹 | 設色 | 不詳 | 壬寅（？康熙元年 杭州 浙江省博物館 ，1662） | | |

畫家小傳：郭元宰。畫史無載。流傳署款作品紀年疑為聖祖康熙元（1662）年。身世待考。

羅日琮

| 仿范寬山水圖 | 軸 | 絹 | 設色 | 117.4 x 54 | 壬寅（？康熙元年 杭州 浙江省博物館 ，1662） | | |

畫家小傳：羅日琮。畫史無載。流傳署款作品紀年疑為聖祖康熙元（1662）年。身世待考。

王應華

| 蘭花圖 | 卷 | 紙 | 水墨 | 不詳 | 壬寅（？康熙元年 廣州 廣州市美術館 ，1662） | | |
| 蘭花圖 | 摺扇面 金箋 | 水墨 | 不詳 | | | 廣州 廣州市美術館 | |

畫家小傳：王應華。畫史無載。流傳署款作品紀年疑為清聖祖康熙元（1662）年。身世待考。

鍾鶴齡

| 山水圖（江干樹石） | 摺扇面 金箋 | 水墨 | 16.6 x 50 | 壬寅（？康熙元年 日本 橫濱岡山美術館 ，1662）夏日 | | | |

畫家小傳：鍾鶴齡。畫史無載。流傳署款作品紀年疑為清聖祖康熙元（1662）年。身世待考。

（釋）高　泉

| 普賢菩薩圖 | 軸 | 絹 | 設色 | 88.6 x 33.5 | 壬寅（康熙元年， 日本 大阪橋本大乙先生 1662）十月聖制日 | | |

畫家小傳：高泉。自署黃檗高泉澂。畫史無載。身世待考。

吳　秋

附：

| 山水圖（清嚴延等山水集冊 12之1幀） | 摺扇面 金箋 | 水墨 | 不詳 | 壬寅（康熙元年， 上海 上海工藝品進出口公司 1662） | | | |

畫家小傳：吳秋。畫史無載。流傳署款作品紀年疑為清聖祖康熙元（1662）年。身世待考。

名稱	形式	質地	色彩	尺寸 高x寬cm	創作時間	收藏處所	典藏號碼

黃 梓

| 鄭成功像 | 軸 | 絹 | 設色 | 不詳 | | 北京 中國歷史博物館 | |

畫家小傳：黃梓。畫史無載。身世待考。

愛新覺羅福臨

鍾馗圖	軸	紙	水墨	132.4 x 63.6	順治乙未（十二年，1655）	台北 故宮博物院	故畫 00681
仿馬遠山水圖	軸	綾	水墨	不詳	順治乙未（十二年，1655）	天津 天津市藝術博物館	
古柏圖	軸	絹	水墨	167.5 x 47.6	順治乙未（十二年，1655）	廣州 廣東省博物館	
雪景山水圖	軸	綾	水墨	106.2 x 51.1		日本 佐賀縣鍋島報效會	3-軸-84
九天垂露圖（葡萄圖）	軸	紙	水墨	107.8 x 60.5	順治乙未（十二年，1655）仲冬望日	德國 科隆東亞藝術博物館	A38.1
蘆葉達摩圖（賜大學士傅以漸）	軸	紙	水墨	89.5 x 38.	順治乙未（十二年，1655）仲冬朔日	瑞典 斯德哥爾摩遠東古物館	NMOK293

畫家小傳：福臨。姓愛新覺羅。滿洲人。皇太極之子。生於清太宗崇德三(1638)年。卒於順治十八(1661)年。繼位登基，建號順治，在位十八年，諡號世祖。工書、善畫。書善鍾、王體，造精入妙。畫善山水，深得宋、元人三昧。又能以指上螺紋蘸墨作水牛、達摩等，神肖多姿。(見圖繪寶鑑續纂、書林紀事、歷代畫史彙傳、池北偶談、董含蓴鄉贅筆、中國美術家人名辭典)

薛 宣

雲山勝景圖（為敏卿作）	卷	絹	設色	23.4 x 171.7	癸丑（康熙十二年，1673）	南京 南京博物院	
南山蒼翠圖	軸	金箋	水墨	147 x 44	庚辰（康熙三十九年，1700）	瀋陽 故宮博物院	
仿燕文貴夏木山居圖（為瞻老作）	軸	紙	設色	不詳	丁亥（康熙四十六年，1707）	北京 中央美術學院	
雲壑松風圖（為郡翁作）	軸	紙	設色	186 x 94	壬午（康熙四十一年，1702）長夏	青島 山東省青島市博物館	
仿董源山水圖	軸	紙	設色	96.7 x 46	乙亥（康熙三十四年，1695）	上海 上海博物館	

名稱	形式	質地	色彩	尺寸 高×寬㎝	創作時間	收藏處所	典藏號碼
層嵐叠翠圖	軸	紙	設色	250.5×121.5	甲申（康熙四十三年，1704）長夏	上海 上海博物館	
山水圖（2幅，為景老作）	軸	絹	設色	34.4 × 28.1；34.3 × 28.2	壬戌（康熙二十一年，1682）小春	南京 南京博物院	
夏山圖	軸	絹	設色	44.9 × 31.3		南京 南京博物院	
仿李營丘山水圖	軸	紙	設色	201 × 91	乙丑（康熙二十四年，1685）嘉平月	常州 江蘇省常州市博物館	
溪山高士圖	軸	紙	設色	66.4 × 29.5	壬辰（康熙五十一年，1712）桂月	廣州 廣東省博物館	
山水圖	軸	紙	設色	175.3 × 87.1		美國 舊金山亞洲藝術館	B67 D3
仿倪瓚秋山亭子圖	軸	紙	水墨	122.2 × 64	己丑（康熙四十八年，1709）新秋	美國 勃克萊加州大學藝術館（高居翰教授寄存）	CC62
賞雪圖（12幀）	冊	紙	水墨、設色	（每幀）37 × 26	康熙辛未（三十年，1691）	瀋陽 遼寧省博物館	
仿宋元山水圖（10幀）	冊	紙	設色	（每幀）24.5 × 19.8	丁丑（康熙三十六年，1697）初夏	北京 故宮博物院	
仿富春山圖	摺扇面	紙	設色	18 × 52.4	壬午（康熙四十一年，1702）桂月	北京 故宮博物院	
仿宋元山水圖（10幀）	冊	紙	設色	（每幀）29.6 × 23.5	癸未（康熙四十三年，1704）	北京 故宮博物院	
山水圖（10幀）	冊	紙	設色	不詳		北京 故宮博物院	
山水圖（名筆集勝冊12之1幀）	冊頁	紙	設色	不詳		北京 故宮博物院	
山水圖（8幀）	冊	紙	設色	（每幀）24.2 × 18.2	甲子（康熙二十三年，1684）	上海 上海博物館	
仿古山水圖（10幀，為山翁作）	冊	紙	設色	不詳	甲子（康熙二十三年，1684）春日	上海 上海博物館	
山水圖（10幀）	冊	紙	設色	（每幀）25.5 × 32.4	辛巳（康熙四十年，1701）	廣州 廣東省博物館	
附：							
仿古山水圖（4幅）	軸	紙	設色	（每幅）142.2		紐約 佳士得藝品拍賣公司/拍	

名稱	形式	質地	色彩	尺寸 高×寬㎝	創作時間	收藏處所	典藏號碼
				× 36.8		賣目錄 1994,06,01.	

畫家小傳：薛宣。號竹田。浙江嘉善(一作江蘇婁東)人，僑居武塘。生於明思宗崇禎十一（1638）年，世宗雍正五(1727)年尚在世。善畫山水，宗法王鑑，用筆厚重。。(見國朝畫徵錄、柯庭餘習、中國畫家人名大辭典)

王 巘

名稱	形式	質地	色彩	尺寸 高×寬㎝	創作時間	收藏處所	典藏號碼
林屋山居圖（為南疑作）	卷	絹	設色	50.9 × 156.1	己巳（康熙二十八年，1689）初夏	上海 上海博物館	
劍閣圖	軸	紙	設色	不詳	辛丑（康熙六十年，1721）秋日	瀋陽 故宮博物館	
仿李唐山水圖	軸	絹	設色	不詳	乙酉（康熙四十四年，1705）夏四月	北京 故宮博物院	
仿唐寅山水圖	軸	絹	設色	不詳	戊子（康熙四十七年，1708）	上海 上海博物館	
山齋客來圖（仿元人筆）	軸	紙	設色	不詳	丙申（康熙五十五年，1716）冬日	上海 上海博物館	
九如圖	軸	絹	水墨	不詳	癸酉（康熙三十二年，1693）	南京 南京博物院	
仿古山水圖（8幅）	軸	絹	設色	不詳	八十四叟（康熙六十年，辛丑，1721）	南京 南京市博物院	
仿古山水圖（8幀，為雪舟作）	軸	紙	設色	不詳	辛丑（康熙六十年，1721）	鎮江 江蘇省鎮江市博物館	
柳下垂釣圖	軸	紙	設色	不詳		蘇州 江蘇省蘇州博物館	
仿李唐山水圖	軸	絹	設色	不詳	壬寅（康熙六十一年，1722）冬日	杭州 浙江省博物館	
荷亭納涼圖	軸	絹	設色	146.5 × 97.1		杭州 浙江省杭州西泠即社	
仿李唐山水圖	軸	絹	設色	169 × 97	壬申（康熙三十一年，1692）	德清 浙江省德清縣博物館	
法李唐筆意松芝書屋圖	軸	綾	設色	89.9 × 44.5		日本 山口良夫先生	
秋汀對話圖	軸	絹	設色	161.9 × 44.1		日本 私人	

附：

名稱	形式	質地	色彩	尺寸 高×寬㎝	創作時間	收藏處所	典藏號碼
仿梅花道人松石圖	軸	綾	水墨	不詳	壬寅（康熙六十一	上海 朵雲軒	

名稱	形式	質地	色彩	尺寸 高x寬cm	創作時間	收藏處所	典藏號碼
					年，1722)		
溪山行旅圖	軸	絹	設色	不詳	辛酉（康熙二十年，1681）	上海 上海文物商店	
山水（明清人山水書法冊之1幀）	摺扇面	金箋	設色	17.2 x 51		紐約 佳士得藝品拍賣公司/拍賣目錄 1995,03,22.	

畫家小傳：王鑨。字補雲。江蘇吳江人。生於明思宗崇禎十一（1638）年，聖祖康熙六十一（1722）年尚在世。善畫山水，全學董源、巨然，一木一石，人咸珍之。（見國朝畫徵錄、盛湖志、中國畫家人名大辭典）

孫 億

名稱	形式	質地	色彩	尺寸 高x寬cm	創作時間	收藏處所	典藏號碼
三顧一遇圖	卷	紙	設色	不詳		日本 東京帝室博物館	
荷塘柳燕圖（12幅）	軸	絹	設色	不詳	甲戌（康熙三十三年，1694）	北京 中央工藝美術學院	
滿園春色圖	軸	絹	設色	124 x 99	辛未（康熙三十年，1691）	成都 四川省博物院	
花鳥圖	軸	絹	設色	71.5 x 37.9	康熙甲申（四十三年，1704）蒲月	日本 東京國立博物館	TA-521
花鳥圖（花石燕雀）	軸	絹	設色	130.7 x 74.5	康熙辛卯（五十年，1711）夏	日本 東京熱海美術館	
美人圖	軸	絹	設色	116.7 x 70.5		日本 京都國立博物館	A甲802
三顧茅廬圖	橫幅	紙	設色	71 x 127.7	康熙壬辰（五十一年，1712）仲夏	日本 京都國立博物館	A甲211
牡丹聚禽圖	橫幅	絹	設色	63.4 x 114	康熙乙酉（四十四年，1705）仲夏	日本 京都慈照寺（銀閣寺）	
佛涅槃圖	軸	絹	設色	92.3 x 43.5		日本 福岡市博物館	
白桃小禽圖	軸	絹	設色	40.3 x 55.9		日本 沖繩縣立博物館	
松鶴圖	軸	絹	設色	123.4 x 41.5		日本 沖繩縣立博物館	
花鳥圖	軸	絹	設色	68.5 x 41.4		日本 沖繩縣立博物館	
白鷹圖	軸	絹	設色	84.6 x 43.7		日本 沖繩縣吉戶直氏觀寶堂	
雙雞圖	軸	絹	設色	39.6 x 59.3		日本 沖繩縣吉戶直氏觀寶堂	
梅花小禽圖	軸	絹	設色	70.4 x 42		日本 沖繩縣吉戶直氏觀寶堂	
菊花小禽圖	軸	絹	設色	58.3 x 26.6		日本 沖繩縣吉戶直氏觀寶堂	
花卉小禽圖	軸	絹	設色	41.2 x 21.2		日本 繭山龍泉堂	

名稱	形式	質地	色彩	尺寸 高x寬cm	創作時間	收藏處所	典藏號碼
花鳥圖（山茶梅禽）	軸	絹	設色	48.1 x 70.5	康熙癸酉（三十二年，1693）花朝	日本 不言堂	
松鶴梅竹圖	軸	絹	設色	124.1 x 41.5	康熙壬申（三十一年，1692）春三月	日本 江田勇二先生	
龍水圖	軸	絹	水墨	83.9 x 50.6	康熙辛卯（五十年，1711）蒲月	日本 本出精先生	
三星圖	軸	絹	設色	95.7 x 48.7		日本 私人	
花鳥圖	軸	絹	水墨	109.5 x 43.3		日本 私人	
花鳥圖	軸	絹	設色	88.7 x 45.1		日本 私人	
梅椿小禽圖	軸	絹	設色	147.2 x 96.2		日本 私人	
春園數種圖	軸	紙	設色	120.1 x 55.4		日本 私人	
花鳥圖（梅禽茶花）	軸	絹	設色	82.5 x 44.1	康熙丁亥（四十六年，1707）初夏，七十叟	英國 倫敦大英博物館	1913.5.1.021（ADD 172）
山水圖	軸	紙	設色	100 x 28.1		瑞典 斯德哥爾摩遠東博物館	NMOK429
花鳥圖	摺扇面	紙	設色	不詳		北京 故宮博物院	
花鳥圖（10幀）	冊	絹	設色	不詳		北京 中央工藝美術學院	
附：							
花鳥圖	軸	絹	設色	71 x 38	康熙甲申（四十三年，1704）蒲月	紐約 佳士得藝品拍賣公司/拍賣目錄 1989,06,01.	

畫家小傳：孫億。字維鏞。號于山、于峰。江蘇長洲人。生於明思宗崇禎十一（1638）年，清聖祖康熙四十六年尚在世。工畫花鳥、草蟲；兼善山水、人物。署款紀年作品見於聖祖康熙三十三（1694）至四十三（1704）年。（見耕硯田齋筆記、中國畫家人名大辭典）

姜廷幹

名稱	形式	質地	色彩	尺寸 高x寬cm	創作時間	收藏處所	典藏號碼
菊花（清花卉畫冊三冊之6）	冊頁	紙	設色	不詳		台北 故宮博物院	故畫 03519-6
為恥菴作山水圖（清曹岳等山水冊10之2幀）	冊頁	紙	設色	（每幀）23.8 x 15.5	（癸卯，康熙二年，1663）	瀋陽 遼寧省博物館	
古柏圖	摺扇面	紙	設色	不詳	戊戌（康熙五十七年，1718）	北京 故宮博物院	
為伯紫作山水圖（諸家山水圖冊12之1幀）	冊頁	紙	設色	26.5 x 22		北京 故宮博物院	

名稱	形式	質地	色彩	尺寸 高x寬㎝	創作時間	收藏處所	典藏號碼

畫家小傳：姜廷幹。字綺季。浙江山陰（一作餘姚）人。詩文俱妙。工畫山水。尤精寫生花鳥，為王武弟子。因家藏北宋人名蹟甚富，
　　　　極力摹倣，故用筆、賦色極佳。流傳署款紀年作品見於聖祖康熙二(1663)至五十七(1718)年。(見圖繪寶鑑續纂、國朝畫徵錄、
　　　　櫟園讀畫錄、桐陰論畫、中國畫家人名大辭典)

耿宗塤

名稱	形式	質地	色彩	尺寸 高x寬㎝	創作時間	收藏處所	典藏號碼
為恥菴作山水圖（清曹岳等山水冊10之1幀）	冊頁	紙	設色	23.8 x 15.5	（癸卯，康熙二年，1663）	瀋陽 遼寧省博物館	
寫黃鶴山樵山水（清曹岳等山水冊10之1幀，為恥菴作）	冊頁	紙	設色	23.8 x 15.5	（癸卯，康熙二年，1663）	瀋陽 遼寧省博物館	

畫家小傳：耿宗塤。畫史無載。流傳署款作品見於聖祖康熙二(1663)年。身世待考。

郭鼎京

名稱	形式	質地	色彩	尺寸 高x寬㎝	創作時間	收藏處所	典藏號碼
山水圖（清曹岳等山水冊10之2幀）	冊頁	紙	設色	（每幀）23.8 x 15.5	（癸卯，康熙二年，1663）	瀋陽 遼寧省博物館	

畫家小傳：耿宗塤。畫史無載。流傳署款作品見於聖祖康熙二(1663)年。身世待考。

吳心來

名稱	形式	質地	色彩	尺寸 高x寬㎝	創作時間	收藏處所	典藏號碼
山水圖（10幀）	冊	紙	設色	（每幀）32.4 x 17.5		北京 故宮博物院	
人物故事（8幀）	冊	絹	設色	不詳		北京 中央工藝美術學院	
山水圖（12幀）	冊	紙	設色	（每幀）26.7 x 32.5	癸卯（康熙二年，1663）仲秋	杭州 浙江省博物館	
附：							
行騎圖	軸	絹	設色	101.5 x 57.5		香港 佳士得藝品拍賣公司/拍賣目錄1996,04,28.	

畫家小傳：吳心來。字田午。號望穉子。安徽歙縣人。與江家棟友善。工畫人物、山水。流傳署款紀年作品見於聖祖康熙二(1663)年。
　　　　(見虹盧畫談、中國畫家人名大辭典)

（釋）紹 逺

名稱	形式	質地	色彩	尺寸 高x寬㎝	創作時間	收藏處所	典藏號碼
水仙石圖	卷	紙	水墨	23.8 x 154.2		天津 天津市藝術博物館	
水仙圖（龔賢作題）	軸	絹	設色	不詳	乙卯（康熙十四年，1675）秋九月	天津 天津市文化局文物處	
水仙花圖	摺扇面 紙		水墨	19 x 55		北京 故宮博物院	

名稱	形式	質地	色彩	尺寸 高x寬cm	創作時間	收藏處所	典藏號碼
水仙圖（為聖翁作）	摺扇面	紙	設色	不詳	癸卯（康熙二年，1663）夏	天津 天津市文化局文物處	

畫家小傳：紹逵。僧。畫史無載。流傳署款紀年作品見於聖祖康熙二(1663)至十四(1675)年。身世待考。

施餘澤

摹董源山水圖	卷	紙	水墨	不詳	康熙甲辰（三年，1664）長至日	北京 故宮博物院	
拜石圖	軸	絹	設色	54.4 x 46		台北 故宮博物院	故畫 02347
結廬高山圖（清曹岳等山水冊8之1幀）	摺扇面	金箋	設色	不詳	丁未（康熙六年，1667）夏日	天津 天津市楊柳青畫社	
山水圖（清宗塤等山水冊10之2幀）	冊頁	紙	設色	不詳	（乙卯，康熙十四年，1675）	天津 天津市藝術博物館	

畫家小傳：施餘澤。字溥霖。順天人。善畫山水、仕女。流傳署款紀年作品見於聖祖康熙二（1663）至三(1664)年。（見圖繪寶鑑續纂、中國畫家人名大辭典、宋元明清書畫家年表）

吳醇

| 水榭觀瀑圖（各人書畫扇（壬）冊之14） | 摺扇面 | 紙 | 設色 | 不詳 | | 台北 故宮博物院 | 故畫 03560-14 |
| 仿古山水圖（為潤甫作，清初名家山水集冊12之1幀） | 冊頁 | 絹 | 設色 | 22.6 x 19.1 | 癸卯（康熙二年，1663）中秋 | 南京 南京博物院 | |

畫家小傳：吳醇。畫史無載。流傳署款紀年作品見於聖祖康熙二（1663）年。身世待考。

梁擅

| 東山概勝圖 | 卷 | 紙 | 水墨 | 不詳 | | 天津 天津市歷史博物館 | |
| 山水圖（為楓仲作） | 冊頁 | 紙 | 設色 | 不詳 | 甲辰（康熙二年，1663）秋日 | 太原 山西省博物館 | |

畫家小傳：梁擅。字不塵（一作大塵、樂甫）。別號天外野人、蘆鷟居、兼葭主人、石崖居士等。山西太原諸生。先世為回族。與傅山相友善。工繪事，嘗前後專心臨摹古人山水、人物、花鳥、蟲魚，無所不工，能捨去形似，一味大寫取意。又工書法，自標一格。流傳署款紀年作品見於聖祖康熙二(1663)年。（見傅山撰太原三先生傳、骨董瑣記、中國美術家人名辭典）

王朗

| 靈芝筆筒圖 | 冊頁 | 絹 | 設色 | 33.1 x 47 | | 英國 倫敦大英博物館 | 1947.4.9.074（ADD250） |
| 木瓜圖 | 冊頁 | 絹 | 設色 | 33 x 47.3 | | 英國 倫敦大英博物館 | 1947.4.9.075 |

名稱	形式	質地	色彩	尺寸 高x寬㎝	創作時間	收藏處所	典藏號碼

(ADD254)

畫家小傳：王朗。女。字仲英。號屬提道人。江蘇金河人。詩人王彥泓之女。嫁無錫秦德澄為妻。工詩善畫。作沒骨花鳥，能自闢蹊徑；作水墨梅花，亦佳。(見國朝畫識、江南通志、無錫縣志、中國畫家人名大辭典)

張 翥

王士祿像	軸	絹	設色	151 × 62.4	癸卯（康熙二年，1663)	北京 故宮博物院	

畫家小傳：張翥。字運南。號北林。江蘇常熟人。世宗雍正十 (1732) 年，郡守欲繪流民圖，張應徵往畫，以不合制而被目莽畫師。為人能詩、善畫山水，作品沈鬱蒼老。流傳署款紀年作品見於聖祖康熙二 (1663) 年。(見虞山畫志、中國畫家人名大辭典)

王含光

竹石圖	軸	絹	水墨	不詳	癸卯（康熙二年，1663)	北京 故宮博物院	
雲水茅亭圖	軸	綾	水墨	197 × 48.3	甲辰（康熙三年，1664)	天津 天津市藝術博物館	
雲山泉石圖	軸	紙	設色	不詳	癸卯（康熙二年，1663)	太原 山西省晉祠文物管理處	

畫家小傳：王含光。字鶴山（一作似鶴）。山西人。明思宗崇禎四 (1631) 年進士。善畫山水，脫略冠冕，寫興筆墨。署款紀年作品見於聖祖康熙二 (1663)、三 (1664) 年。(見圖繪寶鑑續纂、國朝畫徵錄、蒲州府志、歷代畫史彙傳、中國畫家人名大辭典)

何友晏

山水圖	軸	金箋	設色	不詳	癸卯（康熙二年，1663) 春日	北京 故宮博物院	
山水圖（清葉有年等山水冊 10之1幀）	冊頁	金箋	設色	31 × 35.5		合肥 安徽省博物館	

畫家小傳：何友晏。字九陛。奉賢人。精醫術，善吟詠，工書畫，為世推重。流傳署款紀年作品見於聖祖康熙二(1663)年。(見奉賢縣志、中國畫家人名大辭典)

趙 荀

山水圖（清葉有年等山水冊 10之1幀）	冊頁	金箋	設色	31 × 35.5		合肥 安徽省博物館	

畫史無載。趙荀。畫史無載。身世待考。

繆予真

名稱	形式	質地	色彩	尺寸 高x寬cm	創作時間	收藏處所	典藏號碼
山水圖（清葉有年等山水冊 10之1幀）	冊頁	金箋	設色	31 x 35.5		合肥 安徽省博物館	

畫史無載。繆予真。畫史無載。身世待考。

廷 璧

| 山水圖（清葉有年等山水冊 10之1幀） | 冊頁 | 金箋 | 設色 | 31 x 35.5 | | 合肥 安徽省博物館 | |

畫史無載。廷 璧。畫史無載。身世待考。

張汝闓

| 山水圖（清葉有年等山水冊 10之1幀） | 冊頁 | 金箋 | 設色 | 31 x 35.5 | | 合肥 安徽省博物館 | |

畫史無載。張汝闓。畫史無載。身世待考。

顧尊燾

附：

| 冒襄水繪園覓句圖（顧尊燾、 上睿合作） | 卷 | 絹 | 設色 | 33 x 131 | | 紐約 佳仕得藝品拍賣公司/拍 賣目錄 1986,06,04. | |

畫家小傳：顧尊燾。字向臨。江蘇吳江人。博學工詩畫。寫真頗神肖。（見吳江志、中國畫家人名大辭典）

吳 善

| 山水圖（為中符詞翁作，清 人山水圖冊之12） | 冊頁 | 紙 | 水墨 | 13.4 x 24.4 | 癸卯（康熙二年， 1663） | 美國 勃克萊加州大學藝術館 CC12m （高居翰教授寄存） | |

畫家小傳：吳善。畫史無載。流傳署款紀年作品見於清聖祖康熙二（1663）年。身世待考。

俞衷一

百鳥朝鳳圖	軸	絹	設色	不詳	甲寅（康熙十三年 ，1674）	天津 天津市藝術博物館	
松風翠濤圖	軸	絹	水墨	164.4 x 45.9		天津 天津市藝術博物館	
山水圖（為壽中符先生作， 清人山水圖冊之11）	冊頁	紙	水墨	13.4 x 24.4	癸卯（康熙二年， 1663）冬	美國 勃克萊加州大學藝術館 （高居翰教授寄存）	

畫家小傳：俞衷一。字雪朗。浙江四明人。工畫山水。流傳署款紀年作品見於清聖祖康熙二（1663）至十三（1674）年。（見圖繪寶鑑
　　續纂、中國畫家人名大辭典）

名稱	形式	質地	色彩	尺寸 高x寬cm	創作時間	收藏處所	典藏號碼

俞衷言

| 山水圖（為壽中符先生作，
清人山水圖冊之8） | 冊頁 | 紙 | 水墨 | 13.4 x 24.4 | 癸卯（康熙二年，
1663）冬日 | 美國 勃克萊加州大學藝術館
（高居翰教授寄存） | |

畫家小傳：俞衷言。浙江四明人。畫史無載。疑為俞衷一兄弟。待考。署款紀年作品見於清聖祖康熙二（1663）年。

齊　民

渭川竹圖	軸	絹	設色	不詳		北京 故宮博物院	
附：							
西湖十景圖（10幀）	冊	絹	設色	32 x 51	癸卯（康熙二年， 1663）	天津 天津市文物公司	

畫家小傳：齊民。字逸名。浙江杭州人。善繪畫。為人甘貧約守，常時杜門却帚，焚香課詩。流傳署款紀年作品見於清聖祖康熙二（1663）
　　　　年。（見畫髓元詮、中國畫家人名大辭典）

謝為憲

| 松石圖 | 軸 | 綾 | 水墨 | 不詳 | | 鎮江 江蘇省鎮江市博物館 | |
| 茅亭逸舟圖 | 軸 | 絹 | 設色 | 不詳 | | 寧波 浙江省寧波市天一閣文
　　物保管所 | |

畫家小傳：謝為憲。字孝定。號恕齋。浙江鄞縣人。聖祖康熙二（1663）年孝廉。能詩，工書，善畫山水。所作隨意潑墨或散漫數筆，
　　　　生意迴出。（見四明畫記、甬上續耆舊集、中國畫家人名大辭典）

李　穎

為惠公作山水圖	軸	綾	水墨	222 x 52	壬戌（康熙二十一 年，1682）初秋	美國 鳳凰市美術館（Mr.Roy 　　And Marilyn Papp 寄存）	
為紀先生作山水圖（諸家山 水圖冊 12 之 1 幀）	冊頁	紙	設色	26.5 x 22		北京 故宮博物院	
羅浮草堂畫譜（5幀）	冊	紙	設色	不詳	康熙癸丑（十二年 ，1673）	鎮江 鎮江市博物館	
附：							
山水圖	軸	綾	水墨	不詳	癸卯（康熙二年， 1663）	北京 中國文物商店總店	

畫家小傳：李穎。字箕山。江蘇泰州人。善畫山水，墨焦筆健，氣勢大雄。流傳署款紀年作品見於聖祖康熙二（1663）至二十一（1682）
　　　　年。（見圖繪寶鑑續纂、羅浮草堂集、中國畫家人名大辭典）

張　辰

| 奇石圖（為席翁作，明清諸 | 摺扇面 紙 | | 水墨 | 16.5 x 51 | 癸卯（？康熙二年 | 日本 中埜又左衞門先生 | |

名稱	形式	質地	色彩	尺寸 高x寬㎝	創作時間	收藏處所	典藏號碼

大家扇面冊之1幀）　　　　　　　　　　　　　　　　　，1663）仲冬

畫家小傳：張辰。畫史無載。流傳署款作品紀年疑似聖祖康熙二（1663）年。身世待考。

錢瑞徵

仿宋人畫法花鳥圖　　　軸　　絹　　設色　　167.5 x 44.8　辛未（康熙三十年　日本 私人
　　　　　　　　　　　　　　　　　　　　　　　　　　　　，1691）夏四月

畫家小傳：錢瑞徵。字鶴庵，一字野鶴。號髯翁。浙江海鹽人。聖祖康熙二（1663）年舉人。工詩。善書畫。於畫好寫松石，不事規仿，
　　　獨抒性靈，而興趣雅合，用筆圓厚，風致散朗。（見國朝畫徵錄、曝書亭集、中國畫家人名大辭典）

程師崀

山水圖（為中符詞翁作，清　　冊頁　紙　　水墨　　13.4 x 24.4　　　　　　美國 勃克萊加州大學藝術館 CC12m
人山水圖冊之12）　　　　　　　　　　　　　　　　　　　　　　　　　　（高居翰教授寄存）

畫家小傳：程師崀。畫史無載。身世待考。

程　蘿

亂山草木圖	軸	絹	水墨	168.9 x 82	癸巳（康熙五十二 年，1713）	合肥 安徽省博物館	
枯木竹石圖	軸	紙	水墨	97 x 42	丁酉（康熙五十六 年，1717）	上海 上海博物館	
古檜圖	軸	絹	水墨	197.3 x 83.7	八十三老人（康熙 六十年，1721）	上海 上海博物館	
絕壁松泉圖	軸	絹	水墨	不詳	七十六（康熙五十 三年，1714）	廣州 廣州市美術館	
仿雲林山水圖	軸	紙	水墨	不詳	丁酉（康熙五十六 年，1717）立夏前 二日	藏處不詳	
山水圖（？幀）	冊	紙	設色	不詳	甲子（康熙二十三 年，1684）春末	北京 故宮博物院	
山水圖	摺扇面	紙	設色	16.2 x 50.2		香港 李潤桓心泉閣	K92.95
山水雜畫（22幀）	冊	紙	設色	（每幀）30. 4 x 24.6		日本 私人	

畫家小傳：程蘿。字賓白。號諟庵。安徽歙縣人。生於明思宗崇禎十二（1639）年，聖祖康熙六十（1721）年尚在世。能詩。善畫山水、
　　　人物，筆意在華嵒、王樹穀之間。（見畫傳編韻、虹廬畫談、中國畫家人名大辭典）

名稱	形式	質地	色彩	尺寸 高x寬cm	創作時間	收藏處所	典藏號碼

戴大有

名稱	形式	質地	色彩	尺寸 高x寬cm	創作時間	收藏處所	典藏號碼
竹石聚雀圖（諸昇、戴有合作）	卷	絹	設色	43.5 x 207.5		英國 倫敦大英博物館	1975.7.28.1（ADD ）
山水圖	軸	綾	設色	232.7 x 47.4		香港 葉承耀先生	
竹雀圖（為斐然作）	軸	絹	設色	165 x 95.5	壬辰（康熙五十一年，1712）中秋	瀋陽 遼寧省博物館	
竹石雙鳥圖	軸	綾	設色	不詳		北京 故宮博物院	
竹雀圖（諸昇、戴有合作）	軸	絹	設色	153 x 63	丙寅（康熙二十五年，1686）七夕	北京 故宮博物院	
竹禽圖	軸	絹	水墨	不詳	庚子（順治十七年，1660）	無錫 江蘇省無錫市博物館	
採芝圖	軸	絹	設色	184.1 x 94.5	戊寅（康熙三十七年，1698）	杭州 浙江省博物館	
竹林弈棋圖	軸	絹	設色	不詳	丁丑（康熙三十六年，1697）春日	南昌 江西省博物館	
竹雀圖（諸昇、戴有合作）	軸	紙	設色	不詳		福州 福建省博物館	
芝泉竹石圖	軸	絹	設色	189 x 99.5	甲戌（康熙三十三年，1694）春日	廣州 廣州市美術館	
山水圖（名賢集錦冊12之1）	冊頁	絹	設色	不詳		北京 故宮博物院	

附：

名稱	形式	質地	色彩	尺寸 高x寬cm	創作時間	收藏處所	典藏號碼
菊花小禽圖（清章日能等雜畫冊14之1幀）	摺扇面	金箋	設色	29 x 37.4	乙巳（康熙四年，1665）秋八月	武漢 湖北省武漢市文物商店	

畫家小傳：戴大有（一名有）。字書年。浙江杭州人。生於明思宗崇禎十二（1639）年，聖祖康熙五十一（1712）年尚在世。善畫人物、仕女；兼工花鳥，蘭竹亦佳。與諸昇友好，常相合作。（見圖繪寶鑑續纂、中國畫家人名大辭典）

王端淑

名稱	形式	質地	色彩	尺寸 高x寬cm	創作時間	收藏處所	典藏號碼
梅花（明花卉畫冊之4）	冊頁	紙	水墨	16.3 x 50.7		台北 故宮博物院	故畫 03515-4

附：

名稱	形式	質地	色彩	尺寸 高x寬cm	創作時間	收藏處所	典藏號碼
春江禽樂圖（為信臣表叔大人作）	摺扇面	紙	設色	18.5 x 50		紐約 佳士得藝品拍賣公司/拍賣目錄 1987.06.03	

畫家小傳：王端淑。女。字玉瑛。號映然子。浙江山陰人。王思任之女。工詩文，善書畫。畫工花卉，疏落蒼秀。流傳署款紀年作品見於聖祖康熙三（1664）年。（見圖繪寶鑑續纂、國朝畫徵錄、中國畫家人名大辭典、宋元明清書畫家年表）

名稱	形式	質地	色彩	尺寸 高x寬cm	創作時間	收藏處所	典藏號碼

陳 治

名稱	形式	質地	色彩	尺寸	創作時間	收藏處所	典藏號碼
山水圖（為西翁作，王翬等山水冊 12 之 1 幀）	冊頁	紙	水墨	18.5 x 17.3	（康熙五年，丙午，1666）	北京 故宮博物院	
樹石竹亭圖（王翬等山水冊 12 之 1 幀）	冊頁	紙	水墨	18.5 x 17.3	丙午（康熙五年，1666）之秋	北京 故宮博物院	
山水圖（？幀）	冊	紙	水墨	不詳	庚寅（康熙四十九年，1710）	上海 上海博物館	
喬遷圖（清人名家書畫扇面冊之一幀）	摺扇面	金箋	設色	16.3 x 50.4	甲辰（康熙三年，1664）秋	日本 中埜又左衛門先生	

附：

名稱	形式	質地	色彩	尺寸	創作時間	收藏處所	典藏號碼
春雨煙雲圖	軸	紙	設色	不詳	甲戌（康熙三十三年，1694）	蘇州 蘇州市文物商店	

畫家小傳：陳治。字山農。號泖莊。精醫術。善畫山水，私淑明董其昌，作品筆墨鬆靈恬靜，骨格風秀蒼潤中更饒幽雅之致。流傳署款紀年作品見於聖祖康熙三（1664）至四十九（1710）年。（見桐陰論畫、金山縣志、松江詩徵、石田茆屋詩話、中國畫家人名大辭典）

吳彥國

名稱	形式	質地	色彩	尺寸	創作時間	收藏處所	典藏號碼
嵩山圖	軸	紙	設色	不詳	康熙戊戌（五十七年，1718）夏	北京 故宮博物院	
仿黃鶴山樵山水圖	軸	絹	設色	不詳	康熙甲辰（三年，1664）春	北京 中國歷史博物館	
雪景山水	軸	絹	設色	99.8 x 37.3	康熙戊午（十七年，1678）	上海 上海博物館	

畫家小傳：吳彥國。字長文。安徽徽州人。善畫山水，多遊名山勝跡，寶閱宋元墨蹟，故落筆靈妙、布置得宜，名重當時。流傳署款紀年作品見於聖祖康熙三(1664)至五十七(1718)年。（見圖繪寶鑑續纂、中國畫家人名大辭典）

胡士昆

名稱	形式	質地	色彩	尺寸	創作時間	收藏處所	典藏號碼
蘭石圖	卷	紙	水墨	不詳	乙巳（康熙四年，1665）仲夏	北京 故宮博物院	
蘭石圖	卷	紙	水墨	不詳	乙丑（康熙二十四年，1685）陽月上浣	上海 上海博物館	
蘭石圖	卷	紙	水墨	33.9 x 405		南京 南京博物院	
芝蘭竹石圖	卷	紙	設色	29.2 x 350	甲辰（康熙三年，1664）陽月	常熟 江蘇省常熟市文物管理委員會	

名稱	形式	質地	色彩	尺寸 高x寬㎝	創作時間	收藏處所	典藏號碼
蘭蕙圖	卷	紙	水墨	31.3 x 395	戊午（康熙十七年，1678）	杭州 浙江省杭州市文物考古所	
紫草幽蘭圖	卷	紙	設色	29 x 331	甲寅（康熙十三年，1674）	廣州 廣東省博物館	
石壁幽香圖	軸	紙	水墨	不詳	丙辰（康熙十五年，1676）小春月	北京 故宮博物院	
蘭石圖	軸	花綾	設色	181.2 x 44.3	壬申（康熙三十一年，1692）	青島 山東省青島市博物館	
松石蘭花圖	軸	紙	水墨	205 x 100	戊午（康熙十七年，1678）陽月	常州 江蘇省常州市博物館	
為惕翁作山水圖（清高岑等山水冊 12 之 1 幀）附：	冊頁	絹	設色	27.3 x 24.8	丙辰（康熙十五年，1676）八月上浣	天津 天津市藝術博物館	
山水圖（龔賢等書畫屏 8 之 1 幅）	軸	紙	設色	24.7 x 15.5	（戊子，順治五年，1648）	武漢 湖北省武漢市文物商店	

畫家小傳：胡士昆。字元清。江蘇上元人。胡宗智之子。善畫，尤擅畫蘭。與周亮工熟稔。流傳署款紀年作品見於清聖祖康熙三年(1664)　　　　至三十一年(1692)。(見明畫錄、櫟園讀畫錄、中國美術家人名辭典)

沈　祁

山水圖	摺扇面	紙	設色	不詳	康熙三年（甲辰，1664）	北京 故宮博物院	
仿郭河陽筆山水圖（為元度作，明清諸大家扇面冊之 1）	摺扇面	紙	設色	16.4 x 50.8		日本 中埜又左衛門先生	
摹倪高士筆意山水圖	摺扇面	金箋	水墨	15.5 x 46.5	戊寅（康熙三十七年，1698）初夏	美國 勃克萊加州大學藝術館（高其翰教授寄存）	CM12F
附：山水（諸家書畫扇面冊 18 之 1 幀）	摺扇面	金箋	水墨	不詳		香港 佳士得藝品拍賣公司/拍賣目錄 1996.04.28	

畫家小傳：沈祁。字雨公。畫史無載。流傳署款紀年作品見於聖祖康熙三(1664)至三十七（1698）年。身世待考。

李瞳曦

山水圖	冊頁	紙	設色	32.5 x 53.8		韓國 首爾湖巖美術館	13-226

畫家小傳：李瞳曦。字艾庵。江蘇吳江人。善畫寫意花卉；尤工寫野禽水鳥。(見清朝書畫家筆錄、退齋心賞錄、中國畫家人名大辭典)

名稱	形式	質地	色彩	尺寸 高×寬cm	創作時間	收藏處所	典藏號碼

李 寅

名稱	形式	質地	色彩	尺寸 高×寬cm	創作時間	收藏處所	典藏號碼
秋山行旅圖	軸	絹	設色	189 × 97		台北 故宮博物院	國贈 024914
仿郭河陽山水圖（為歧庵作）	軸	紙	設色	126.2 × 59.7	己巳（康熙二十八年，1689）桐月	瀋陽 遼寧省博物館	
盤車圖	軸	絹	設色	133.5 × 73.5		北京 故宮博物院	
仿松雪道人山水圖	軸	絹	設色	154.2 × 58	丙辰（康熙十五年，1676）十一月	天津 天津市藝術博物館	
春山樓閣圖	軸	絹	設色	112.5 × 49	己卯（康熙三十八年，1699）長夏	天津 天津市藝術博物館	
共居圖	軸	絹	設色	102.5 × 47.6	康熙甲申（四十三年，1704）	天津 天津市藝術博物館	
仿巨然山水圖	軸	綾	設色	142.3 × 46.3		天津 天津市藝術博物館	
唐太宗芙蓉圖	軸	絹	設色	210 × 95.5	壬午（康熙四十一年，1702）	濟南 山東省博物館	
絹色山水圖	軸	絹	設色	不詳	丙戌（康熙四十五年，1706)	太谷 山西省太谷縣文管處	
張天師像	軸	紙	設色	不詳	乙亥（康熙三十四年，1695）	揚州 江蘇省揚州市博物館	
江上孤亭圖（擬宋人筆）	軸	紙	設色	57.5 × 37.3	甲申（康熙四十三年，1704）秋日	揚州 江蘇省揚州市博物館	
江亭憑眺圖	軸	絹	設色	190.7 × 96.7	辛巳（康熙四十年，1701）秋月	南京 南京博物院	
梅沙彌畫法山水（與查士標書法同裱一軸）	小軸	紙	水墨	38 × 33		昆山 崑崙堂美術館	
柴門秋色圖	軸	絹	設色	122.1 × 51.5		平湖 浙江省平湖縣博物館	
煙水樓臺圖	軸	絹	設色	125 × 52	辛巳（康熙四十年，1701）	廣州 廣東省博物館	
溪山行旅圖	軸	絹	設色	111 × 58.3	辛巳（康熙四十年，1701）	廣州 廣東省博物館	
平遠山水圖	軸	絹	水墨	186.6 × 68.8	康熙歲在旃蒙作噩（乙酉，四十四年	日本 東京岩崎小彌太先生	

名稱	形式	質地	色彩	尺寸 高×寬㎝	創作時間	收藏處所	典藏號碼
					，1705）之吉		
秋景山水圖	軸	絹	水墨	不詳		日本 東京岩崎小彌太先生	
擬李唐山水圖	軸	絹	設色	不詳	丙子（康熙三十五年，1696）涂月	日本 東京村上與四郎先生	
擬李成畫法作桃花源圖	軸	絹	設色	不詳	丙辰（康熙十五年，1676）三月	日本 組田昌平先生	
秋山圖	軸	絹	設色	不詳		美國 波士頓美術館	
山水圖	軸	絹	設色	224 × 114.1		美國 紐約大都會藝術博物館	1981.122
秋江待渡圖	軸	絹	設色	158.4 × 52.2		美國 紐約王季遷明德堂	
雪景山水圖	軸	絹	水墨	155.8 × 71.2		美國 華盛頓弗瑞爾藝術館	16.89
雪景山水圖	軸	絹	水墨	80 × 138		美國 華盛頓弗瑞爾藝術館	19.108
仿李唐山水圖	軸	絹	設色	200.1×104.3	甲戌（康熙三十三年，1694）秋月	美國 華盛頓弗瑞爾藝術館	11.262
渡海仙人圖	軸	絹	設色	176.7 × 98.1		加拿大 多倫多皇家安大略博物館	921.32.18
雅閣荷風圖	軸	絹	設色	263 × 161.3		德國 科隆東亞藝術博物館	A72.1
仿古山水圖（8幀）	冊	紙	設色	不詳	癸亥（康熙二十二年，1683）	北京 故宮博物院	
荷塘樓閣圖（李寅等雜畫冊12之1幀）	冊頁	紙	設色	17.2 × 12.1		北京 故宮博物院	
山水圖（10幀）	冊	紙	設色	不詳		北京 故宮博物院	
江天暮雪圖	摺扇面	紙	設色	18 × 54.5		北京 故宮博物院	
仿郭河陽山水圖	摺扇面	紙	設色	18 × 54.4		北京 中國歷史博物館	
山水圖（龔賢等書畫冊8之1幀）	冊頁	紙	水墨	不詳		北京 中國歷史博物館	
江山樓閣圖	摺扇面	紙	設色	不詳		杭州 浙江省博物館	
附：							
秋色圖	軸	絹	設色	不詳	康熙甲辰（三年，1664）	上海 上海文物商店	
桃源幻境圖	軸	絹	設色	142 × 70.2	甲申（康熙四十三	上海 上海文物商店	

名稱	形式	質地	色彩	尺寸 高x寬cm	創作時間	收藏處所	典藏號碼
					年，1704）		
疊嶂松泉圖	軸	絹	設色	49.5 x 62.5		武漢 湖北省武漢市文物商店	
秋山行旅圖	軸	絹	設色	132 x 58	康熙乙亥（三十四年，1695）秋	紐約 蘇富比藝品拍賣公司/拍賣目錄 1986,06,03.	
山水圖	軸	綾	設色	197 x 54		紐約 佳士得藝品拍賣公司/拍賣目錄 1994,11,30.	

畫家小傳：李寅。字白也。江蘇揚州人。善畫山水、花卉，宗法唐、宋人，與蕭晨齊名。流傳署款紀年作品見於聖祖康熙三(1664)至四十五(1706)年。（見圖繪寶鑑續纂、江都縣志、中國畫家人名大辭典）

陳騰桂

仿古山水圖（4幀）	冊	紙	設色	（每幀）23 x 23	康熙三年（甲辰，1664）	瀋陽 遼寧省博物館	

畫家小傳：陳騰桂。畫史無載。流傳署款紀年作品見於聖祖康熙三(1664)年。身世待考。

載 華

蒼松晚翠圖（清史爾祉等山水冊8之1幀）	冊頁	絹	設色	25.3 x 20.5	甲辰（康熙三年，1664）秋日	天津 天津市歷史博物館	

畫家小傳：戴華。畫史無載。流傳署款紀年作品見於聖祖康熙三(1664)年。身世待考。

鄭 淮

芝仙書屋圖（清王翬等三十人合作）	軸	紙	水墨	129 x 69	丁丑（康熙三十六年，1697）	廣州 廣東省博物館	
山水圖（6幀）	冊	紙	設色	不詳	辛酉（康熙二十年，1681）	北京 故宮博物院	
危峰聳秀圖（清史爾祉等山水冊8之1幀）	冊頁	絹	設色	25.3 x 20.5	（甲辰，康熙三年，1664）	天津 天津市歷史博物館	
山水圖（6幀）	冊	絹	設色	（每幀）26.5 x 18.5	丙午（康熙五年，1666）三月	上海 上海博物館	

畫家小傳：鄭淮。字桐源。江蘇江寧人。善畫山水、花卉、人物，師於樊沂。所畫山水，筆意展拓，氣宇軒爽，能去師之枯冷意致。流傳署款紀年作品見於聖祖康熙三(1664)至三十六（1697）年。（見圖繪寶鑑續纂、墨林韻語、中國畫家人名大辭典）

伊 峻

花鳥圖（8幀）	冊	絹	設色	不詳	丁未（康熙六年，	北京 故宮博物院	

名稱	形式	質地	色彩	尺寸 高x寬㎝	創作時間	收藏處所	典藏號碼
					1667）秒秋		
叢花圖	摺扇面	金箋	設色	不詳	甲辰（康熙三年，1664）	成都 四川省博物院	
附：							
花卉蟲鳥圖（2冊24幀）	冊	絹	設色	不詳	丙午（康熙五年，1666）秒秋	北京 中國文物商店總店	

畫家小傳：伊峻。字魯庵。籍里、身世不詳。善畫。清康熙六年嘗作花卉草蟲一冊八頁。流傳署款紀年作品見於聖祖康熙三(1664)至六（1667）年。（見宋元明清書畫家年表、中國美術家人名辭典）

尹從道

名稱	形式	質地	色彩	尺寸 高x寬㎝	創作時間	收藏處所	典藏號碼
仿梅道人山水圖	軸	綾	設色	264 × 68.3	甲辰（康熙三年，1664）	濟南 山東省博物館	

畫家小傳：尹從道。畫史無載。流傳署款紀年作品見於聖祖康熙三（1664）年。身世待考。

沈 洪

附：

名稱	形式	質地	色彩	尺寸 高x寬㎝	創作時間	收藏處所	典藏號碼
品花圖（文珤、歸珝、王年、高簡、王武、吳宮、沈洪、宋裔、葉雨、陳坤、朱白、沈昉合作）	卷	紙	設色	21 × 319		紐約 佳士得藝品拍賣公司/拍賣目錄1995,09,19.	

畫家小傳：沈洪（一名芳）。字子旋。浙江杭州人。能書，善畫。畫山水，宗法元黃公望，間為倪瓚小景；兼工花鳥。（見畫髓元詮、中國美術家人名辭典）

沈 昉

名稱	形式	質地	色彩	尺寸 高x寬㎝	創作時間	收藏處所	典藏號碼
瓶供圖（高簡、王武、張熙、宋裔、沈昉合作）	軸	紙	設色	不詳		杭州 浙江省杭州西泠印社	
花卉圖（吳歷等花竹禽魚圖冊12之1幀）	冊頁	紙	設色	26.2 × 23.8		上海 上海博物館	
品花圖（文珤、歸珝、王年、高簡、王武、吳宮、沈洪、宋裔、葉雨、陳坤、朱白、沈昉合作）	卷	紙	設色	21 × 319		紐約 佳士得藝品拍賣公司/拍賣目錄1995,09,19.	

畫家小傳：沈昉。與高簡、王武同時。畫史無載。身世待考。

名稱	形式	質地	色彩	尺寸 高×寬cm	創作時間	收藏處所	典藏號碼

楊維聰

名稱	形式	質地	色彩	尺寸 高×寬cm	創作時間	收藏處所	典藏號碼
鯉魚圖	軸	紙	水墨	186 × 90.5		英國 倫敦大英博物館	1910.2.12.490（ADD 218）

附：

鯉魚圖	軸	紙	水墨	不詳		上海 上海文物商店	

畫家小傳：楊維聰。字海石。浙江海鹽人。工畫魚，能盡得魚浮沉泳躍之情態。（見國朝畫徵錄、嘉興府志、中國畫家人名大辭典）

陳縢柱

仿古山水圖（陳縢柱、王無忝山水合冊8之4幀）	冊頁	紙	設色	（每幀）23.2 × 23.2	甲辰（康熙三年，1664）	瀋陽 遼寧省博物館	

畫家小傳：陳縢柱。畫史無載。流傳署款作品紀年疑似聖祖康熙三（1664）年。身世待考。

張 倫

溪山暮雲圖	軸	絹	設色	不詳	甲辰（？康熙三年，1664）	旅順 遼寧省旅順博物館	

畫家小傳：張倫。畫史無載。流傳署款作品紀年疑似聖祖康熙三（1664）年。身世待考。

縢 芳

溪橋疊嶺圖	軸	絹	設色	183 × 43.8	甲辰（康熙三年，1664）	天津 天津市藝術博物館	

畫家小傳：縢芳（一作方）。字公遠。浙江杭州人。善畫山水，師於劉度。流傳流傳署款紀年作品見於聖祖康熙三（1664）年。（見圖繪寶鑑續纂、國朝畫識、中國畫家人名大辭典）

賈漢復

雪景山水圖	軸	綾	水墨	不詳	甲辰（康熙三年，1664）	太原 山西省博物館	

畫家小傳：賈漢復。畫史無載。流傳流傳署款紀年作品見於聖祖康熙三（1664）年。身世待考。

朱胤雋

洞庭逸艇圖	摺扇面	金箋	設色	不詳	甲辰（？康熙三年，1664）	北京 故宮博物院	

畫家小傳：朱胤雋。畫史無載。流傳署款作品紀年疑似清聖祖康熙三(1664)年。身世待考。

何其仁

名稱	形式	質地	色彩	尺寸 高x寬cm	創作時間	收藏處所	典藏號碼
蘭花圖（為虎臣作）	卷	紙	水墨	不詳	辛未（康熙三十年，1691）孟春	北京 故宮博物院	
蘭竹圖	卷	紙	水墨	不詳	己丑（康熙四十八年，1709）五月	北京 故宮博物院	
蘭石圖	卷	紙	水墨	不詳	戊申（雍正六年，1728）冬日	北京 故宮博物院	
墨梅圖	軸	紙	水墨	不詳	癸卯（雍正元年，1723）夏日	北京 首都博物館	
蘭石圖	軸	紙	水墨	不詳	甲午（康熙五十三年，1714）	上海 上海博物館	
蘭芝圖	軸	綾	水墨	不詳	丙午（康熙五年，1666）冬日	南京 南京市博物館	
九畹幽芳圖	軸	紙	水墨	不詳	己亥（康熙五十八年，1719）三月	杭州 浙江省博物館	
蘭竹石圖	軸	紙	水墨	不詳	甲辰（康熙三年，1664）	廣州 廣東省博物館	
蘭石圖（名人畫扇冊之8）	摺扇面	紙	水墨	不詳		台北 故宮博物院	故畫 03554-8
墨蘭圖	摺扇面	紙	水墨	不詳	庚戌（康熙九年，1670）春日	北京 故宮博物院	
墨蘭圖（16幀）	冊	紙	水墨	不詳	辛未（康熙三十年，1691）孟春	北京 故宮博物院	
蘭石圖	摺扇面	紙	水墨	不詳	壬申（康熙三十一年，1692）	北京 故宮博物院	
蘭花圖	摺扇面	金箋	水墨	不詳		合肥 安徽省博物館	
蘭竹石圖	摺扇面	紙	水墨	18.4 x 57.9		日本 東京國立博物館	

附：

名稱	形式	質地	色彩	尺寸 高x寬cm	創作時間	收藏處所	典藏號碼
梅花圖	軸	紙	水墨	不詳	癸卯（雍正元年，1723）	北京 北京市工藝品進出口公司	

畫家小傳：何其仁。字元長。浙江海鹽人。善畫墨蘭，信手揮灑，花葉縱橫有趣；亦善墨竹。從落款稱謂顯示，似曾供奉內廷。流傳署款紀年作品見於聖祖康熙三(1664)年，至世宗雍正六(1728)年。（見圖繪寶鑑續纂、國朝畫徵錄、兩浙名畫記、中國畫家人名大辭典）

祁李孫

名稱	形式	質地	色彩	尺寸 高x寬cm	創作時間	收藏處所	典藏號碼
仿董源山水圖	摺扇面	金箋	水墨	不詳	甲辰（？康熙三年，1664）	北京 故宮博物院	

名稱	形式	質地	色彩	尺寸 高x寬㎝	創作時間	收藏處所	典藏號碼

畫家小傳：祁李孫。畫史無載。流傳署款作品紀年疑為清聖祖康熙三(1664)年。身世待考。

伍士齡

名稱	形式	質地	色彩	尺寸 高x寬㎝	創作時間	收藏處所	典藏號碼
雪景山水圖	軸	絹	設色	不詳	甲辰（康熙三年，1664）	西安 陝西省西安市文物保護考古所	

畫家小傳：伍士齡。畫史無載。流傳署款作品紀年見於聖祖康熙三(1664)年。身世待考。

陸志煜

名稱	形式	質地	色彩	尺寸 高x寬㎝	創作時間	收藏處所	典藏號碼
山中書屋圖	軸	絹	設色	193.2 × 51.1	甲辰（康熙三年，1664）新秋	廣州 廣東省博物館	

畫家小傳：陸志煜。字爾瑩。江蘇長洲人。身世不詳。工畫山水。流傳署款紀年作品見於聖祖康熙三(1664)年。（見歷代歷史彙傳附錄、中國畫家人名大辭典）

梅 庚

名稱	形式	質地	色彩	尺寸 高x寬㎝	創作時間	收藏處所	典藏號碼
湖山清勝圖	卷	紙	水墨	28.9 × 234	戊子（康熙四十七年，1708）新秋	長春 吉林省博物館	
松嶺雲濤圖（為敬翁作，梅清等雜畫六段卷之第2段）	卷	紙	設色	約20.5 × 56	（己巳，康熙二十八年，1689）	上海 上海博物館	
練溪舟泛圖	卷	綾	水墨	25.2 × 150	丙寅（康熙二十五年，1686）浴佛後一日	美國 堪薩斯市納爾遜-艾金斯藝術博物館	
山水圖	軸	絹	水墨	181.8 × 53.2	辛未（康熙三十年，1691）首夏	北京 故宮博物院	
松石圖	軸	絹	設色	不詳		北京 故宮博物院	
如川方至圖	軸	絹	水墨	146.2 × 41.5		北京 中國歷史博物館	
獨坐觀泉圖	軸	絹	水墨	157 × 44		北京 首都博物館	
小艇棹歌圖	軸	紙	水墨	71.8 × 47.6	戊辰（康熙二十七年，1688）六月既望	合肥 安徽省博物館	
松溪讀書圖	軸	綾	水墨	155.5 × 48		合肥 安徽省博物館	
松梅雙清圖（為徹翁作）	軸	綾	水墨	169.1 × 52.6	戊寅（康熙三十七年，1698）菊秋	上海 上海博物館	
秋林書屋圖	軸	紙	水墨	147.6 × 67.4	甲午（康熙五十三	上海 上海博物館	

名稱	形式	質地	色彩	尺寸 高x寬cm	創作時間	收藏處所	典藏號碼
					年，1714）秋		
水墨山水圖	軸	紙	水墨	83.5 x 37	康熙壬午（四十一年，1702）秋八月	美國 普林斯頓大學藝術館（ Edward Elliott 先生 寄存）	L227.70
山水圖	摺扇面	紙	水墨	不詳	丁丑（康熙三十六年，1697）	北京 故宮博物院	
山水圖（8幀）	冊	紙	水墨	（每幀）16.6 x 25	癸未（康熙四十二年，1703）	北京 故宮博物院	
山水圖（12幀，為环翁作）	冊	紙	水墨	（每幀）20.8 x 19	甲子(康熙二十三年，1684）冬日	天津 天津市藝術博物館	
山水圖（梅氏山水冊10之2幀）	冊頁	紙	設色	（每幀）31.7 x 70.8	癸酉（康熙三十二年，1693）	合肥 安徽省博物館	
山水圖（（為待老作，10幀）	冊	紙	設色	（每幀）28.2 x 40.5	癸酉（康熙三十二年，1693）六月望	上海 上海博物館	
絕巇樓觀圖（為見翁作，金焦圖詠冊16之1幀）	冊頁	紙	設色	30 x 36	癸酉（康熙三十二年，1693）六月既望	上海 上海博物館	
羅浮風雨圖（壽屈大均母九十壽書畫冊13之1幀）	冊頁	紙	設色	20.3 x 24.7	（癸酉，康熙三十二年，1693）	上海 上海博物館	
雪松圖（明清書畫合綴帖之20）	摺扇面	金箋	設色	15.6 x 49.5		美國 聖路易斯市吳納孫教授	
寫贈叔南詞丈山水圖	摺扇面	金箋	水墨	16.1 x 50.3	乙酉（康熙四十四年，1705）長夏	德國 科隆東亞藝術博物館	A55.26
附：							
山水圖	軸	紙	水墨	83.5 x 37	康熙壬午（四十一年，1702）秋八月	紐約 佳士得藝品拍賣公司/拍 賣目錄 1991,11,25.	

畫家小傳：梅庚。字耦長，一字子長。號雪坪、聽山翁。安徽宣城人。生於明思宗崇禎十三（1640）年，康熙五十三(1714)年尚在世。梅清之弟。聖祖康熙廿（1681）年舉人。工詩、書。善畫山水、花卉，不宗一家，脫略凡格。(見圖繪寶鑑續纂、國朝畫徵錄、桐陰論畫、蠹尾集、中國畫家人名大辭典)

章日能
附：

名稱	形式	質地	色彩	尺寸 高x寬cm	創作時間	收藏處所	典藏號碼
山水圖（清章日能等雜畫冊 14之1幀）	摺扇面	金箋	設色	29 x 37.4	乙巳（康熙四年，1665）仲秋	武漢 湖北省武漢市文物商店	

畫家小傳：章日能。畫史無載。流傳署款作品紀年見於聖祖康熙四（1665）年。身世待考。

曹 灝

附：

| 桃花山雀圖（清章日能等雜畫冊14之1幀） | 摺扇面 | 金箋 | 設色 | 29 x 37.4 | 乙巳（康熙四年，1665）秋日 | 武漢 湖北省武漢市文物商店 | |

畫家小傳：曹灝。畫史無載。流傳署款作品紀年見於聖祖康熙四（1665）年。身世待考。

施 洽

附：

| 水仙壽石圖（清章日能等雜畫冊14之1幀） | 摺扇面 | 金箋 | 設色 | 29 x 37.4 | 乙巳（康熙四年，1665）桂月 | 武漢 湖北省武漢市文物商店 | |

畫家小傳：施洽。籍里、身世不詳。善畫花鳥。流傳署款作品紀年見於聖祖康熙四（1665）年。（見畫名家錄、中國畫家人名大辭典）

陳 樸

附：

| 奇石圖（清章日能等雜畫冊14之1幀） | 摺扇面 | 金箋 | 設色 | 29 x 37.4 | 乙巳（康熙四年，1665）秋日 | 武漢 湖北省武漢市文物商店 | |
| 奇石圖（清章日能等雜畫冊14之1幀） | 摺扇面 | 金箋 | 設色 | 29 x 37.4 | 乙巳（康熙四年，1665）秋仲 | 武漢 湖北省武漢市文物商店 | |

畫史無載。陳樸。畫史無載。流傳署款作品紀年見於聖祖康熙四（1665）年。身世待考。

徐 來

| 觀瀑圖（清章日能等雜畫冊14之1幀） | 摺扇面 | 金箋 | 設色 | 29 x 37.4 | （乙巳，康熙四年，1665） | 武漢 湖北省武漢市文物商店 | |

畫史無載。徐來。畫史無載。流傳署款作品紀年見於聖祖康熙四（1665）年。身世待考。

張 遠

| 查初白（慎行）先生槐蔭抱膝圖 | 卷 | 紙 | 設色 | 28.6 x 128 | 壬戌（康熙二十一年，1682）秋 | 杭州 浙江省博物館 | |
| 劉景榮三生圖像 | 軸 | 絹 | 設色 | 不詳 | | 北京 故宮博物院 | |

名稱	形式	質地	色彩	尺寸 高x寬cm	創作時間	收藏處所	典藏號碼
劉伴阮像	軸	絹	設色	128.9 × 33.7	乙巳（康熙四年，1665）	杭州 浙江省博物館	
持書立像圖	軸	絹	設色	不詳	康熙乙巳（四年，1665）長夏	杭州 浙江省博物館	

附：

名稱	形式	質地	色彩	尺寸 高x寬cm	創作時間	收藏處所	典藏號碼
仿黃公望山水圖	卷	紙	設色	19.7 × 102.2	壬寅（康熙元年，1662）秋八月	紐約 蘇富比藝品拍賣公司/拍 賣目錄 1986,12, 04.	典藏號碼

畫家小傳：張遠。字子遊。江蘇無錫人。為曾鯨弟子。寫真神肖。流傳署款紀年作品見於康熙四(1665)至二十一（1682）年。（見明畫錄、國朝畫徵錄、嘉興府志、中國畫家人名大辭典）

方 維

名稱	形式	質地	色彩	尺寸 高x寬cm	創作時間	收藏處所	典藏號碼
雪景行旅圖（金陵諸家山水集錦冊 12 之 1 幀）	冊頁	紙	設色	26.3 × 21.3	（乙巳，康熙四年，1665）	北京 故宮博物院	
山水圖（陳丹衷等十家山水冊 10 之 1 幀）	冊頁	紙	設色	33.2 × 45.5		北京 故宮博物院	
山水圖（江左文心集冊 12 之 1 幀）	冊頁	紙	設色	16.8 × 21		北京 故宮博物院	
山水圖（金陵各家山水冊 10 之 1 幀）	冊頁	金箋	設色	29.1 × 35.1	（庚子，順治十七年，1660）	南京 南京博物院	

畫家小傳：方維。字爾張。浙江嘉善人。善畫仙像、山水，學鄭重而稍加流動。流傳署款紀年作品見於聖祖康熙四（1665）年（見櫟園讀畫錄、三秋閣書畫錄、中國畫家人名大辭典）

孫 綏

名稱	形式	質地	色彩	尺寸 高x寬cm	創作時間	收藏處所	典藏號碼
山水圖（金陵諸家山水集錦冊 12 之 1 幀）	冊頁	紙	設色	26.3 × 21.3	（乙巳，康熙四年，1665）	北京 故宮博物院	

畫家小傳：孫綏。畫史無載。流傳署款作品約見於聖祖康熙四（1665）年。身世待考。

何端正

名稱	形式	質地	色彩	尺寸 高x寬cm	創作時間	收藏處所	典藏號碼
山水圖（金陵諸家山水集錦冊 12 之 1 幀）	冊頁	紙	設色	26.3 × 21.3	（乙巳，康熙四年，1665）	北京 故宮博物院	

畫家小傳：何端正。畫史無載。流傳署款作品約見於聖祖康熙四（1665）年。身世待考。

張 遺

名稱	形式	質地	色彩	尺寸 高x寬cm	創作時間	收藏處所	典藏號碼
米家雲山圖（金陵諸家山水	冊頁	紙	設色	26.3 × 21.3	（乙巳，康熙四年	北京 故宮博物院	

名稱	形式	質地	色彩	尺寸 高x寬cm	創作時間	收藏處所	典藏號碼
集錦冊12之1幀）					，1665）		
附：							
山水圖（龔賢等書畫屏8之1幅）	軸	紙	設色	24.7 x 15.5	（戊子，順治五年，1648）	武漢 湖北省武漢市文物商店	

畫家小傳：張遺。畫史無載。流傳署款作品約見於聖祖康熙四（1665）年。身世待考。

陳維垓

| 黃山一望圖 | 卷 | 紙 | 水墨 | 31.6 x 127 | 乙巳（康熙四年，1665） | 長春 吉林省博物館 | |

畫家小傳：陳維垓。畫史無載。流傳署款紀年作品見於聖祖康熙四(1665)年。身世待考。

劉宓如

秋塘蛺蝶圖	軸	紙	水墨	94.8 x 29	乙巳（康熙四年，1665）	長春 吉林省博物館	
竹樹鵬鴿圖	軸	紙	設色	101.2 x 36.7		天津 天津市藝術博物館	
慈鳥圖	軸	紙	水墨	不詳		武漢 湖北省博物館	
松鴉圖	軸	綾	水墨	158 x 44.5		廣州 廣東省博物館	

畫家小傳：劉宓如。畫史無載。流傳署款紀年作品見於聖祖康熙四(1665)年。身世待考。

楊雍建
附：

| 為霖公作山水圖 | 軸 | 綾 | 水墨 | 不詳 | 乙巳（康熙四年，1665） | 上海 上海工藝品進出口公司 | |

畫家小傳：楊雍建。畫史無載。流傳署款紀年作品見於聖祖康熙四(1665)年。身世待考。

吳世睿

| 山水圖（為既老作，諸家書畫合璧冊4之1幀） | 冊頁 | 紙 | 水墨 | 26.7 x 19.3 | 乙巳（康熙四年，1665）仲秋 | 北京 故宮博物院 | |
| 為孝翁作山水圖 | 摺扇面 | 金箋 | 水墨 | 不詳 | 戊申（康熙七年，1668）冬日 | 上海 上海博物館 | |

畫家小傳：吳世睿。畫史無載。流傳署款紀年作品見於聖祖康熙四（1665）至七(1668)年。身世待考。

劉體仁

名稱	形式	質地	色彩	尺寸 高x寬cm	創作時間	收藏處所	典藏號碼
水閣遠眺圖	軸	綾	水墨	118.6 x 50.5	乙巳（康熙四年，1665）	天津 天津市藝術博物館	
蘭花圖	摺扇面	金箋	水墨	不詳		合肥 安徽省博物館	

畫家小傳：劉體仁。字公□。號蒲庵。安徽潁州人。世祖順治十二（1655）年進士。工詩文。善畫山水，蕭疎曠遠，寓興天真。唯其喜作畫，而不甚工，家常蓄有畫工代為捉刀。故真者不易見。流傳署款紀年作品見於聖祖康熙四(1665)年。（見圖繪寶鑑續纂、國朝畫徵錄、列朝詩別裁集小傳、居易錄、中華畫人室隨筆、中國畫家人名大辭典）

應耦

| 立石寒林圖（為湧幢作，金陵畫家集畫冊10之第5幀） | 冊頁 | 紙 | 設色 | 18.6 x 27.2 | 乙巳（康熙四年，1665）秋季 | 上海 上海博物館 | |

畫家小傳：應耦。畫史無載。流傳署款紀年作品見於聖祖康熙四（1665年。身世待考。

胡治

| 狩獵圖 | 摺扇面 | 金箋 | 設色 | 14.8 x 45.5 | 乙巳（?康熙四年，1665）小春 | 日本 京都萬福寺 | |

畫家小傳：胡治。畫史無載。流傳署款作品紀年疑為清聖祖康熙四(1665)年。身世待考。

麗宇

| 山水（江干行旅圖） | 摺扇面 | 金箋 | 設色 | 15.3 x 47.3 | 乙巳（?康熙四年，1665）春日 | 日本 京都萬福寺 | |

畫家小傳：麗宇。姓氏不詳。流傳署款作品紀年疑為清聖祖康熙四(1665)年。身世待考。

陳三謨

附：

| 山水圖（8幀） | 冊 | 絹 | 設色 | （每幀）30.4 x 21.1 | 乙巳（?康熙四年，1665） | 武漢 湖北省武漢市文物商店 | |

畫家小傳：陳三謨。畫史無載。流傳署款作品紀年疑為聖祖康熙四(1665)年。身世待考。

張孝思

蘭石圖（8幀）	冊	紙	水墨	不詳		北京 故宮博物院	
墨蘭圖（張翀、楊亭等山水花卉冊6之第3幀）	冊頁	絹	水墨	約28 x 14		上海 上海博物館	
蘭竹石圖	摺扇面	金箋	水墨	不詳		上海 上海博物館	

畫家小傳：張孝思。字則之。號懶逸。江蘇丹徒人。精鑑賞，富收藏。善畫，工畫蘭。流傳書畫作品約見於聖祖康熙四(1665)年。（見

名稱	形式	質地	色彩	尺寸 高×寬㎝	創作時間	收藏處所	典藏號碼

耕硯田齋筆記、中國畫家人名大辭典）

楊 廷

古木茅亭圖（髡殘等十人山水合冊 10 之 1 幀）	冊頁	金箋	設色	29.9 × 32.2	丙午（康熙五年，1666）	北京 故宮博物院	

畫家小傳：楊廷。畫史無載。約與樊沂同時。身世待考。

陸 灝

桃花雙禽圖	軸	絹	設色	188 × 60		瀋陽 故宮博物院	
仿王蒙山水圖	軸	紙	設色	不詳	丙午（康熙五年，1666）秋日	北京 故宮博物院	
四季山水圖（10 幀）	冊	紙	設色	不詳	壬子（康熙十一年，1672）人日	杭州 浙江省博物館	
山水圖（清程鵠等山水冊 6 之第 5 幀）	冊頁	紙	設色	不詳	戊申（康熙七年，1668）	重慶 重慶市博物館	
米法山水圖（台翁先生祝壽書畫冊之 2）	冊頁	金箋	水墨	32.5 × 41.5		日本 私人	
山水圖（台翁先生祝壽書畫冊之 10）	冊頁	金箋	水墨	32.5 × 41.5		日本 私人	
附：							
山水（10 幀）	冊	紙	設色	（每幀）28.5 × 29.5		北京中國文物商店總店	
山水圖	摺扇面	紙	設色	不詳	癸亥（康熙二十二年，1683）	上海 朵雲軒	

畫家小傳：陸灝。字平遠。自號天乙山人。江蘇華亭人。善畫山水，摹元諸家，自得生秀之趣。流傳署款紀年作品見於聖祖康熙五（1666）至二十二（1683）年。（見圖繪寶鑑續纂、國朝畫徵錄、桐陰論畫、中國畫家人名大辭典）

何元英

秋景山水圖	軸	綾	設色	200 × 46.8	丙午（康熙五年，1666）	上海 上海博物館	
仿北苑山水圖	軸	綾	水墨	260 × 63.5		廈門 福建省廈門華僑博物館	
附：							
山水圖（清嚴延等山水集冊 12 之 1 幀）	摺扇面	金箋	水墨	不詳		上海 上海工藝品進出口公司	

畫家小傳：何元英。畫史無載。流傳署款紀年作品見於聖祖康熙五（1666）年。身世待考。

名稱	形式	質地	色彩	尺寸 高×寬㎝	創作時間	收藏處所	典藏號碼

陸 逵

| 菊石圖 | 軸 | 絹 | 設色 | 167.8 × 46.9 | 丙午（康熙五年，1666） | 合肥 安徽省博物館 | |
| 花石草蟲圖（為卓翁作，樊雲等山水花鳥冊10之第10幀） | 冊頁 | 紙 | 設色 | 17.5 × 20.1 | 庚午（康熙二十九年，1690）桂秋 | 上海 上海博物館 | |

附：

| 花卉圖（陸逵等雜畫卷4之1段） | 卷 | 紙 | 設色 | 不詳 | 乙亥（康熙三十四年，1695） | 上海 上海文物商店 | |

畫家小傳：陸逵。畫史無載。流傳署款紀年作品見於聖祖康熙五（1666）至三十四（1695）年。身世待考。

王 揆

| 仿黃鶴山樵筆意山水（清初畫家集錦畫冊9，為文翁作） | 冊頁 | 紙 | 水墨 | 39.5 × 26.5 | 丙午（康熙五年，1666） | 香港 何耀光至樂樓 | |

畫家小傳：王揆。畫史無載。流傳署款紀年作品見於聖祖康熙五(1666)年。身世待考。

顧予咸

| 仿黃鶴山樵筆意山水（清初畫家集錦畫冊9，為文翁作） | 冊頁 | 紙 | 水墨 | 39.5 × 26.5 | 丙午（康熙五年，1666） | 香港 何耀光至樂樓 | |

畫家小傳：顧予咸。畫史無載。流傳署款紀年作品見於聖祖康熙五(1666)年。身世待考。

弘 修

山水圖（四家山水合冊8之1幀，為西樵作）	冊頁	紙	設色	17.5 × 18.8	丙午（康熙五年，1666）秋杪	上海 上海博物館	
倪法山水圖（四家山水合冊8之1幀，為西樵作）	冊頁	紙	設色	17.5 × 18.8	（丙午，康熙五年，1666）秋	上海 上海博物館	
為懷豐作山水圖（蕭一芸等書畫冊16之1幀）	冊頁	紙	水墨	23.7 × 16.2	丁未（康熙六年，1667）上巳日	上海 上海博物館	

畫家小傳：弘修。畫史無載。約與藍孟同時間。流傳署款紀年作品見於聖祖康熙五(1666)、六(1667)年。身世待考。

熊慧敏

| 仿北苑筆墨山水圖（四家山水合冊8之1幀，為西翁作） | 冊頁 | 紙 | 設色 | 17.5 × 18.8 | （丙午，康熙五年，1666） | 上海 上海博物館 | |

名稱	形式	質地	色彩	尺寸 高x寬cm	創作時間	收藏處所	典藏號碼
仿郭忠恕輞川圖（四家山水合冊8之1幀，為西翁作）	冊頁	紙	設色	17.5 x 18.8	（丙午，康熙五年　，1666）	上海 上海博物館	

畫家小傳：熊慧敏。畫史無載。約與藍孟同時間。流傳署款紀年作品見於聖祖康熙五(1666)年。身世待考。

李 章

名稱	形式	質地	色彩	尺寸 高x寬cm	創作時間	收藏處所	典藏號碼
山水圖	冊頁	紙	水墨	23.7 x 14.5		香港 劉作籌虛白齋	
仿一峰老人山水圖（四家山水合冊8之1幀，為西樵作）	冊頁	紙	設色	17.5 x 18.8	（丙午，康熙五年　，1666）	上海 上海博物館	
仿文休丞山水圖（四家山水合冊8之1幀，為西樵作）	冊頁	紙	設色	17.5 x 18.8	（丙午，康熙五年　，1666）	上海 上海博物館	
山水圖（秋雲林舍）	摺扇面	金箋	水墨	16.4 x 51.6		日本 岡山美術館	

畫家小傳：李章。畫史無載。約與藍孟同時間。流傳署款紀年作品見於聖祖康熙五(1666)年。身世待考。

何遠補

名稱	形式	質地	色彩	尺寸 高x寬cm	創作時間	收藏處所	典藏號碼
語公像	軸	絹	設色	不詳	丙午（康熙五年，1666）	北京 故宮博物院	

畫家小傳：何遠補。畫史無載。流傳署款紀年作品見於聖祖康熙五(1666)年。身世待考。

朱 璣

名稱	形式	質地	色彩	尺寸 高x寬cm	創作時間	收藏處所	典藏號碼
張仙像	軸	紙	設色	142.8 x 60.2	丙午（康熙五年，1666）	北京 故宮博物院	

畫家小傳：朱璣。畫史無載。流傳署款紀年作品見於聖祖康熙五(1666)年。身世待考。

姚是龍

名稱	形式	質地	色彩	尺寸 高x寬cm	創作時間	收藏處所	典藏號碼
叢山峻嶺圖	軸	絹	設色	162 x 43	丙午（康熙五年，1666）	瀋陽 故宮博物院	

畫家小傳：姚是龍。畫史無載。流傳署款紀年作品見於聖祖康熙五(1666)年。身世待考。

林華皖

附：

名稱	形式	質地	色彩	尺寸 高x寬cm	創作時間	收藏處所	典藏號碼
行雲紫嶂圖	軸	綾	水墨	不詳	丙午（康熙五年，1666）	上海 朵雲軒	

畫家小傳：林華皖。畫史無載。流傳署款紀年作品見於聖祖康熙五(1666)年。身世待考。

名稱	形式	質地	色彩	尺寸 高x寬㎝	創作時間	收藏處所	典藏號碼

陳醇儒

山水圖	軸	絹	設色	不詳		北京 首都博物館	
山水圖（12幀）	冊	紙	設色	不詳	戊午（康熙十七年，1678）	旅順 遼寧省旅順博物館	
山水圖（10幀）	冊	紙	設色	不詳	丙午（康熙五年，1666）	天津 天津市藝術博物館	

畫家小傳：陳醇儒。字蔚宗。安徽當塗人。工漢隸八分書，尤長於山水畫。流傳署款紀年作品見於聖祖康熙五(1666)、十七（1678）年。（見江南通志、中國畫家人名大辭典）

徐　瀛

| 關山雪棧圖 | 軸 | 絹 | 水墨 | 不詳 | 丙午（康熙五年，1666） | 天津 天津市人民美術出版社 | |

畫家小傳：徐瀛。畫史無載。流傳署款紀年作品見於聖祖康熙五(1666)年。身世待考。

(釋) 靈 幹

仿北苑溪山深秀圖（王翬等山水冊12之1幀，為西翁作）	冊頁	紙	水墨	18.5 x 17.3	丙午（康熙五年，1666）秋	北京 故宮博物院	
摹曹雲西法山水圖（王翬等山水冊12之1幀，為西翁作）	冊頁	紙	水墨	18.5 x 17.3	（康熙五年，丙午，1666）	北京 故宮博物院	
法巨然山水圖（王翬等山水冊12之1幀，為西翁作）	冊頁	紙	水墨	18.5 x 17.3	（康熙五年，丙午，1666）	北京 故宮博物院	

畫家小傳：靈幹。廬山僧。畫史無載。流傳署款紀年作品見於聖祖康熙五(1666)年。身世待考。

顏 胤

| 雲山雨意圖（吳歷等四人山水合冊12之1幀） | 冊頁 | 紙 | 設色 | 18.8 x 28.1 | 丙午（康熙五年，1666）初夏 | 北京 故宮博物院 | |
| 仿梅花庵筆意山水圖（吳歷等四人山水合冊12之1幀） | 冊頁 | 紙 | 設色 | 18.8 x 28.1 | | 北京 故宮博物院 | |

畫家小傳：顏胤。畫史無載。流傳署款紀年作品見於聖祖康熙五(1666)年。身世待考。

柳 堉

| 山水圖 | 卷 | 紙 | 水墨 | 29 x 643 | 康熙壬子（十一年，1672）冬月 | 北京 故宮博物院 | |
| 山水圖 | 卷 | 紙 | 設色 | 26.8 x 446.5 | | 北京 故宮博物院 | |

名稱	形式	質地	色彩	尺寸 高x寬cm	創作時間	收藏處所	典藏號碼
山水圖（柳堉、戴本孝合作 合卷）	卷	紙	水墨	約30.8x134.6	丙寅（康熙二十五年，1686）閏四月之望	上海 上海博物館	
山水圖	卷	紙	水墨	26.3 x ?	康熙庚申（十九年，1680）秋八月又閏	美國 紐約顧落阜先生	
幽谷深林圖	卷	紙	設色	25.7 x ?		美國 紐約 Mr.& Mrs Weill	
山水圖	卷	紙	水墨	26.4 x 497.8	康熙庚申（十九年，1680）秋八月閏	美國 紐約 Hobert 先生	
為石林作山水圖	軸	紙	水墨	不詳	癸丑（康熙十二年，1673）	北京 故宮博物院	
宋致寫照（與柳遇合作，王翬補靜聽松風圖）	軸	絹	設色	不詳	庚辰（康熙三十九年，1700)	北京 故宮博物院	
雲外高峰圖	軸	絹	水墨	171.1 x 47.5	丙午（康熙五年，1666）	合肥 安徽省博物館	
山水圖（7幀）	冊	紙	水墨	（每幀）16.2 x 23.6	丙辰（康熙十五年，1676）長至後	北京 故宮博物院	
山水圖（為敏老作）	摺扇面	紙	設色	不詳	戊午（康熙十七年，1678）初夏日	北京 故宮博物院	
山水圖（10幀）	冊	紙	設色	（每幀）22.8 x 17.2		北京 故宮博物院	
唐人詩意圖（16幀）	冊	紙	設色	（每幀）26 x 21		北京 故宮博物院	
山水圖（12幀）	冊	紙	設色	（每幀）20 x 34	丁巳（康熙十六年，1677）春	天津 天津市藝術博物館	
山水圖（吳山濤、鄭之紘、柳堉、陳舒四家山水冊4之3）	冊頁	紙	設色	不詳		上海 上海博物館	
山水（10幀）	冊	紙	水墨	（每幀）19.6 x 25		南京 南京博物院	
山水圖（？幀）	冊	紙	設色	（每幀）13.2 x 16.2		日本 私人	
畫唐人詩意山水(12幀)	冊	紙	水墨	23.8 x 20.3	康熙己巳（二十八	美國 紐約 Hobert 先生	

名稱	形式	質地	色彩	尺寸 高x寬cm	創作時間	收藏處所	典藏號碼

年，1689）陽月

| 山水圖（12幀） | 冊 | 紙 | 設色 | （每幀）30 x 32.6 | | 美國 華盛頓特區弗瑞爾藝術 館 | 80.127a 1 |

畫家小傳：柳堉。字公韓。號愚谷。江蘇江寧人。工詩、畫。善畫山水，為王翬、龔賢學生，逍逸蒼茫，最得董源、巨然遺法。流傳署款紀年作品見於聖祖康熙五(1666)至三十九(1701)年。（見圖繪寶鑑續纂、桐陰論畫、江寧縣志、慎墨詩話、中國畫家人名大辭典）

彭 城

| 疎樹草亭圖（吳歷等四人山水 合冊12之1幀） | 冊頁 | 紙 | 設色 | 18.8 x 28.1 | | 北京 故宮博物院 | |

畫家小傳：彭城。字子玉。畫史無載。身世待考。

馮肇杞

梅花圖（戴明說等雜畫冊12 之1幀）	冊頁	紙	水墨	18.5 x 17.3		北京 故宮博物院	
山水圖（為季西樵作，戴明 說等雜畫冊12之1幀）	冊頁	紙	水墨	18.5 x 17.3	丙午（康熙五年，1666）冬	北京 故宮博物院	
竹圖	摺扇面	金箋	水墨	不詳	丙午（康熙五年，1666）	北京 故宮博物院	

畫家小傳：馮肇杞。字幼將。浙江會稽人。精醫術，工詩文、詞曲以及書畫。書學米南宮。畫工蘭竹，宗法文湖州、蘇東坡；亦作山水、人物和花鳥。作品奇秀，每出人意表。流傳署款紀年作品見於聖祖康熙五(1666)年。（見周櫟園讀畫錄、中國畫家人名大辭典）

衲園生

| 竹石圖（為季西樵作，戴明 說等雜畫冊12之1幀） | 冊頁 | 紙 | 水墨 | 18.5 x 17.3 | 丙午（康熙五年，1666）小春 | 北京 故宮博物院 | |
| 蘭花圖（戴明說等雜畫冊12 之1幀） | 冊頁 | 紙 | 水墨 | 18.5 x 17.3 | 丙午（康熙五年，1666）陽月 | 北京 故宮博物院 | |

畫家小傳：衲園生。自號栖賢住道人。畫史無載。流傳署款紀年作品見於聖祖康熙五(1666)年。身世待考。

程 林

| 菊花圖（戴明說等雜畫冊12 之1幀） | 冊頁 | 紙 | 水墨 | 18.5 x 17.3 | （康熙五年，丙午 ，1666） | 北京 故宮博物院 | |
| 仿徐渭法作墨牡丹圖（戴明 說等雜畫冊12之1幀） | 冊頁 | 紙 | 水墨 | 18.5 x 17.3 | | 北京 故宮博物院 | |

畫家小傳：程林。字周卜。號青壑、靜觀居士。安徽新安人，占籍江蘇丹徒。善畫山水，不喜設色。活動時間約在聖祖康熙五(1666)年

名稱	形式	質地	色彩	尺寸 高×寬cm	創作時間	收藏處所	典藏號碼

前後。(見國朝畫徵續錄、中國畫家人名大辭典)

邵　郴

靈石圖(戴明說等雜畫冊12之1幀)	冊頁	紙	水墨	18.5 × 17.3	(丙午,康熙五年, 1666)	北京 故宮博物院	
墨梅圖(戴明說等雜畫冊12之1幀)	冊頁	紙	水墨	18.5 × 17.3		北京 故宮博物院	

畫家小傳:邵郴。號逈菴。畫史無載。活動時間約在聖祖康熙五(1666)年前後。身世待考。

(釋)大　雲

山水圖(16幀)	冊	紙	水墨	不詳		北京 故宮博物院	
江月瘦草圖(為湧幢作,金陵畫家集畫冊10之第3幀)	冊頁	絹	設色	18.6 × 27.2	(丙午,康熙五年,1666)	上海 上海博物館	

畫家小傳:大雲。僧。畫史無載。流傳署款作品約見於聖祖康熙五(1666)年。身世待考。

適道人

江岸村舍圖(為湧幢作,金陵畫家集畫冊10之第4幀)	冊頁	絹	設色	18.6 × 27.2	(丙午,康熙五年,1666)	上海 上海博物館	

畫家小傳:適道人。畫史無載。流傳署款作品約見於聖祖康熙五(1666)年。身世待考。

姚　淑

墨竹圖(戴明說等雜畫冊12之1幀)	冊頁	紙	水墨	18.5 × 17.3	(康熙五年,丙午,1666)	北京 故宮博物院	

畫家小傳:姚淑。女。字仲淑。號鍾山秀才。江蘇金陵人。為連州詩人李長祥繼室。工詩,善畫蘭竹。流傳署款紀年作品約在聖祖康熙五(1666)年。(見靜志居詩話、舳艆、中國畫家人名大辭典)

高　迁

山水圖(髡殘等十人山水合冊10之1幀)	冊頁	金箋	設色	29.9 × 32.2	丁未(康熙六年,1667)初冬	北京 故宮博物院	

畫家小傳:高迁。畫史無載。約與樊沂同時。流傳署款紀年作品見於聖祖康熙六(1667)年。身世待考。

海　靖

喬松柱石圖	軸	紙	水墨	167 × 81	己酉(康熙八年,1669)	重慶 重慶市博物館	

名稱	形式	質地	色彩	尺寸 高×寬cm	創作時間	收藏處所	典藏號碼
觀瀑圖（髡殘等十人山水合冊 10 之 1 幀）	冊頁	金箋	設色	29.9 × 32.2	（康熙六年，丁未，1667）	北京 故宮博物院	

畫家小傳：海靖。畫史無載。約與樊沂同時。流傳署款作品見於聖祖康熙六（1667）、八（1669）年。身世待考。

褚廷琯

名稱	形式	質地	色彩	尺寸 高×寬cm	創作時間	收藏處所	典藏號碼
山水圖（為西翁作，王翬等山水冊 12 之 1 幀）	冊頁	紙	水墨	18.5 × 17.3	丁未（康熙六年，1667）春仲	北京 故宮博物院	
輕舟過峽圖（王翬等山水冊 12 之 1 幀）	冊頁	紙	水墨	18.5 × 17.3	（康熙六年，丁未，1667）	北京 故宮博物院	

畫家小傳：褚廷琯。字研民。浙江嘉興人。為人豪情逸致，以書畫鳴於時。流傳署款紀年作品見於聖祖康熙六（1667）年。（見兩浙名畫記、中國畫家人名大辭典）

吳崑

名稱	形式	質地	色彩	尺寸 高×寬cm	創作時間	收藏處所	典藏號碼
山水圖	摺扇面	金箋	水墨	不詳	丁未（康熙六年，1667）	北京 故宮博物院	

畫家小傳：吳崑。畫史無載。流傳署款作品約在聖祖康熙六（1667）年。身世待考。

武 丹

名稱	形式	質地	色彩	尺寸 高×寬cm	創作時間	收藏處所	典藏號碼
虞山夜泛圖	卷	紙	水墨	37.9 × 130.2	壬戌（康熙二十一年，1682）	北京 故宮博物院	
山水圖	卷	紙	設色	16.3 × 21.7		北京 故宮博物院	
清溪歸棹圖	卷	紙	設色	31.4 × 143.1	壬辰（康熙五十一年，1712）	廣州 廣東省博物館	
天際歸帆圖	軸	絹	設色	143.5 × 54.8	辛酉（康熙二十年，1681）	天津 天津市藝術博物館	
清溪歸棹圖	卷	紙	水墨	不詳	壬辰（康熙五十一年，1712）秋月	福州 福建省博物館	
山水圖	卷	紙	設色	17.9 × 261.4	始於壬子（康熙十一年，1672）秋，成於乙卯（康熙十四年，1675））	美國 華盛頓特區弗瑞爾藝術館	50.11
山水圖	軸	紙	設色	216 × 51	戊子（康熙四十七年，1708）清和月	台北 吳文政先生	
雪瀑山水圖	軸	絹	設色	168 × 48	庚申（康熙十九年	北京 故宮博物院	

名稱	形式	質地	色彩	尺寸 高×寬㎝	創作時間	收藏處所	典藏號碼
					，1680）仲秋前五日		
山水圖	軸	綾	設色	167.5 × 48	丁丑（康熙三十六年，1697）菊秋	北京 故宮博物院	
高山烟雨圖	軸	絹	設色	232 × 106	辛巳（康熙四十年，1701）五月	北京 首都博物館	
秋景山水圖	軸	綾	設色	不詳	戊子（康熙四十七年，1708）	上海 上海博物館	
松溪歸棹圖	軸	紙	設色	不詳	戊子（康熙四十七年，1708）	上海 上海博物館	
仿元人墨法作秋山林屋圖	軸	絹	設色	190.8 × 99.6	丁巳（康熙十六年，1677）仲冬	南京 南京博物院	
林巒烟海圖（為豈老作）	軸	紙	水墨	112 × 47	丁巳（康熙十六年，1677）除夕	南京 南京博物院	
溪山泛舟圖	軸	紙	水墨	不詳	丁卯（康熙二十六年，1687）仲夏望前三日	南京 南京博物院	
九峰三泖圖通景（8屏）	軸	紙	設色	不詳		南京 南京博物院	
山水圖	軸	紙	設色	不詳		南京 南京市博物館	
山水圖	軸	紙	設色	不詳		南京 南京市博物館	
仿子久山水圖	軸	絹	設色	157 × 80.1		南京 南京市博物館	
仿黃鶴山樵山水圖（為子老作）	軸	絹	設色	132 × 54.5	乙丑（康熙二十四年，1685）清和月	常熟 江蘇省常熟市文物管理委員會	
山樓客話圖（為祖培作）	軸	絹	設色	121.6 × 43.8	辛酉（康熙二十年，1681）嘉平日	紹興 浙江省紹興市博物館	
松石圖	軸	絹	設色	247.5 × 94		成都 四川大學	
梅花書屋圖	軸	絹	設色	84.5 × 42.9	甲子（康熙二十三年，1684）春王月	日本 東京鈴木茂兵衛先生	
梅花書屋圖	軸	絹	設色	不詳	癸丑（康熙十二年，1673）正月	日本 東京岩崎小彌太先生	
寒林圖	軸	絹	設色	不詳		美國 波士頓美術館	

名稱	形式	質地	色彩	尺寸 高×寬 ㎝	創作時間	收藏處所	典藏號碼
山水圖（4幀）	冊	紙	設色	不詳	甲子（康熙二十三年，1684）春日	北京 故宮博物院	
溪山風雨圖（為湧幢作，金陵畫家集畫冊10之第8幀）	冊頁	絹	設色	18.6 × 27.2	（丙午，康熙五年，1666）	上海 上海博物館	
山水圖	冊頁		水墨	21 × 44	丁巳（康熙十六年，1677）	南京 南京市博物館	
山水圖（武丹等山水冊8之2幀）	冊頁	紙	設色	（每幀）28 × 22.5	辛未（康熙三十年，1691）	南寧 廣西壯族自治區博物館	
附：							
仿黃子久山水圖	軸	絹	設色	不詳		揚州 揚州市文物商店	
仿元人山水圖	軸	紙	設色	不詳	丙寅（康熙二十五年，1686）	上海 朵雲軒	
烟浮林壑圖	軸	絹	水墨	88 × 51	辛巳（康熙四十年，1701）陽月	成都 四川省文物商店	
山水圖	軸	絹	水墨	170 × 47		紐約 佳士得藝品拍賣公司/拍賣目錄1993,12,01.	
深山訪友圖	軸	紙	設色	228.6×110.5	壬辰（康熙五十一年，1712）仲冬	紐約 佳士得藝品拍賣公司/拍賣目錄1994,11,30.	
仿夏珪山水圖	軸	絹	設色	157.5 × 78.8	丁卯（康熙二十六年，1687）仲秋	紐約 蘇富比藝品拍賣公司/拍賣目錄1984,12,05.	
谿山曉翠圖	軸	紙	設色	120 × 54	庚寅（康熙四十九年，1710）嘉平	紐約 佳士得藝品拍賣公司/拍賣目錄1996,03,27.	

畫家小傳：武丹。字衷白。籍里不詳。善畫山水，清韻可喜。流傳署款紀年作品見於聖祖康熙五(1666)至五十一(1712)年。（見畫徵續錄、中國畫家人名大辭典）

金 璐

名稱	形式	質地	色彩	尺寸 高×寬 ㎝	創作時間	收藏處所	典藏號碼
牡丹海棠圖	軸	絹	設色	不詳	丙午（康熙五年，1666）	金華 浙江省金華市太平天國侍王府紀念館	

畫家小傳：金璐。字公在。浙江杭州人。身世不詳。約與樊沂、高迂同時。善畫花卉。流傳署款紀年作品見於聖祖康熙五(1666)年。（見圖繪寶鑑續纂、中國畫家人名大辭典）

管 鳩

名稱	形式	質地	色彩	尺寸 高×寬 ㎝	創作時間	收藏處所	典藏號碼
為駿卿作山水圖（明清書畫扇面冊之1幀）	摺扇面	金箋	設色	15.6 × 48.7	丙午（？康熙五年，1666）秋日	日本 中埜又左衛門先生	

名稱	形式	質地	色彩	尺寸 高x寬cm	創作時間	收藏處所	典藏號碼

畫家小傳：管鳩。畫史無載。流傳署款作品紀年疑為聖祖康熙五（1666）年。身世待考。

藍　泂

仿謝時臣江山蕭寺圖	軸	絹	設色	181.5 x 55.8		日本 私人	
法荊浩山水圖	摺扇面	金箋	設色	16.5 x 51.5	丙午（康熙五年， 1666）菊月	美國 鳳凰市美術館（Mr.Roy And Marilyn Papp 寄存）	

畫家小傳：藍泂。字青文。浙江錢塘人。藍瑛族孫。善畫山水，師法族祖晚年之筆。流傳署款作品紀年見於聖祖康熙五（1666）年。（見圖繪寶鑑續纂、中國畫家人名大辭典）